# ◆はじめに◆

藤原実資《ふじわらのさねすけ》は、参議《さんぎ》斉敏《ただとし》の子として天徳《てんとく》元年（九五七）に生まれ、

頼《より》の養子となった。母は藤原尹文《まさふみ》（藤原南家《なんけ》貞嗣《さだつぐ》流、大納言道明《みちあき》の子

の女《むすめ》。藤原道長《みちなが》よりも九歳、年長ということになる。円融《えんゆう》・花山《かざん》

の蔵人頭《くろうどのとう》に補されるなど、若い頃から有能ぶりを発揮した。忠平《ただひら》

る小野宮流《おののみやりゅう》の継承者として、永祚《えいそ》元年（九八九）に参議、長徳《ちょうとく》元

納言《なごん》、長徳二年（九九六）に中納言《ちゅうなごん》、長保《ちょうほう》三年（一〇〇一）に権

弘《こう》六年（一〇〇九）に大納言《だいなごん》と進んだ。

朝廷儀式や政務《せいむ》に精通し、その博学と見識は道長にも一目置か

〇二一）、ついに右大臣《うだいじん》に上り、以後、大臣在任二十六年に及んだ

を受け、「賢人右府《けんじんうふ》」と称された。永承《えいしょう》元年（一〇四六）、九十歳で死去した。

実資の日記である『小右記《しょうゆうき》』は、『野府記《やふき》』なども称される。逸文《いつぶん》を含めると、

二十一歳の貞元《じょうげん》二年（九七七）から八十四歳の長久《ちょうきゅう》元年（一〇四〇）までの六十三年

間に及ぶ記録で、当時の政務や儀式運営の様子が、詳細かつ精確に記録されている。『小右記』は実資の在世中にいったん日毎にばらばらに切られたと見られる。儀式毎にまとめた部類記《ぶるいき》を作るためである。実資の死去によってその計画は頓挫《とんざ》し、それをまた貼り継ぎしたものを書写したものが、古写本の基になっていると推測されている。また、『小記目録《しょうきもくろく》』と呼ばれる目録も作成された。

『小右記』の写本としては、平安《へいあん》・鎌倉《かまくら》期の書写とされる前田《まえだ》本三十七巻（甲乙二種、尊経閣文庫《そんけいかくぶんこ》蔵）、同じく平安・鎌倉期の書写とされる九条《くじょう》家旧蔵本十一巻（宮内庁書陵《くないちょうしょりょう》部《ぶ》蔵）、鎌倉期の書写とされる伏見宮《ふしみのみや》家旧蔵本三十二巻（宮内庁書陵部蔵）、室町《むろまち》期の抄写《しょうしゃ》とされる三条西公《さんじょうにしこう》本二冊（宮内庁書陵部蔵）が、古写本として存在する。一部の年は、江戸《えど》期に書写された東山御文庫《ひがしやまごぶんこ》本十二冊（東山御文庫蔵）、明治《めいじ》時代の補写を加えた秘閣《ひかく》本（内閣文庫《ないかくぶんこ》旧蔵）しか存在しない。

翻刻本としては、『史料通覧』（笹川種郎編、日本史籍保存會、二冊、一九一五年）、『史料大成』（笹川種郎編、矢野太郎校訂、内外書籍、四三冊、一九三四―四四年）、『増補史料大成』（増補史料大成刊行会編、臨川書店、三冊、一九六五年）、『大日本古記録』（東京大学史料編纂所編纂、岩波書店、一一冊、一九五九―九二年）がある。註釈《ちゅうしゃく》書としては『小右記註釈　長元四年』（黒板伸夫監修、三橋正編、八木書店、二冊、二〇〇八年）が

あり、現代語訳としては『現代語訳　小右記』（倉本一宏編、吉川弘文館、一六冊、二〇一五―二三年）がある。訓読文は「摂関期古記録データベース」（国際日本文化研究センター）で公開している。

平安時代というのは、ともすれば『源氏物語』に代表される文学作品を基にして考える傾向が強かった。平安貴族が実際に恋愛と遊宴にばかり熱中しているように誤解している人が多かったのである。しかし、女房文学も一面での真実を伝えているとはいえ、平安貴族の真実の姿、特に男性貴族によってとり行なわれる政務や儀式は、古記録を読み解くことによってしか解明できない。

この本では、『小右記』の現存五四六三条もの膨大な記事のなかから、比較的短めで初心者の方にも面白いものを選んだ。長い記事については、一部のみを抜粋して掲げた。少しでも興味を持たれた方は、現代語訳でも訓読文でもいいから、『小右記』の本質である政務や儀式の詳細な記述を、一度ご覧になっていただきたい。『小右記』と実資、ひいては平安貴族のすごさを、きっと実感していただけるものと思う。

なお、当時の女性の名前については、読みがわかっている例はほとんどない。しかたがないので、この本では音読みのルビを付すこととする。

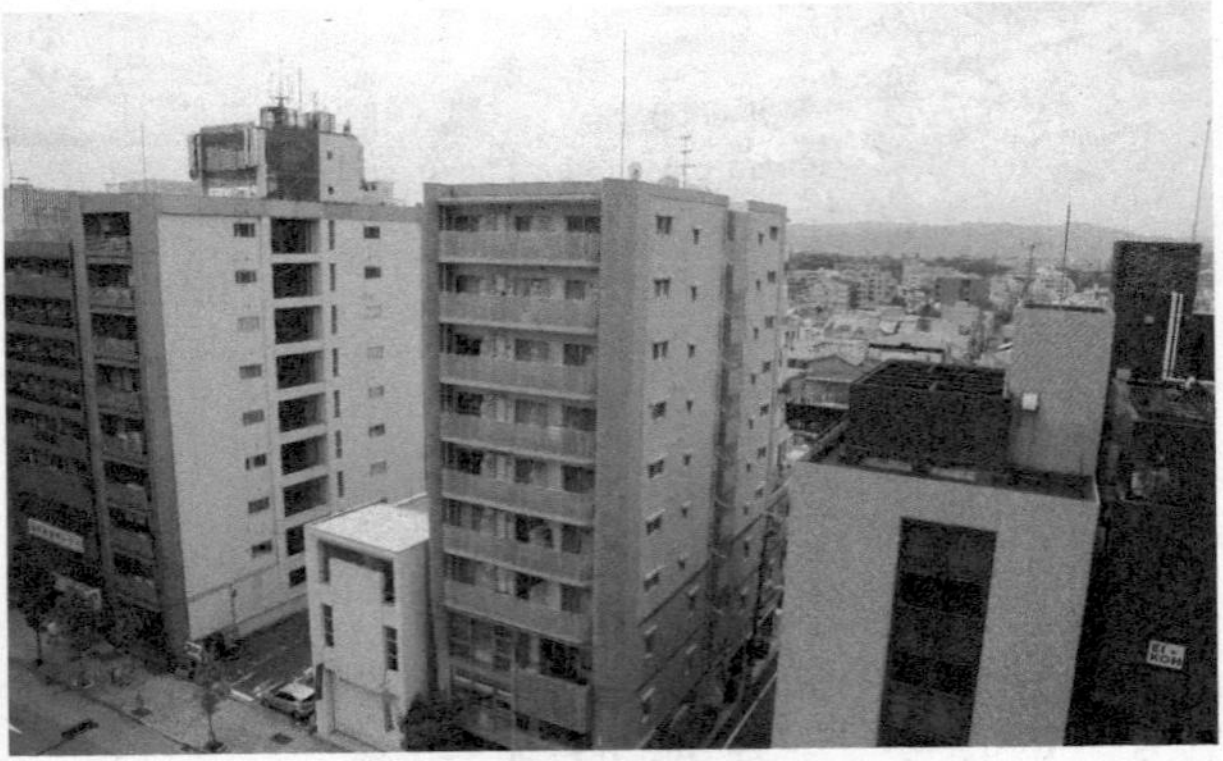

藤原実資小野宮故地

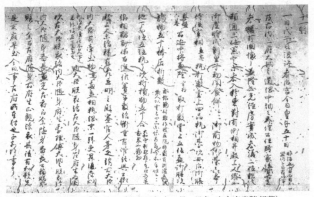

九条家旧蔵本『小右記』(寛弘五年十一月一日条。宮内庁書陵部蔵)

◆目　次◆

図表＝村松明夫
山下武夫（クラップス）

## ◆貞元《じようげん》二年（九七七）

藤原実資二十一歳（正五位下、右少将）　円融天皇十九歳　藤原兼通五十三歳

・三月二十八日（『小右記《しようゆうき》』長和《ちようわ》三年十一月十四日条による）東宮読書始
閑院《かんいん》に於《お》いて東宮《とうぐう》（師貞親王《もろさだしんのう》）の読書始《どくしよはじめ》の儀《ぎ》が行《おこ》なわれた。

❖閑院《かんいん》に於《お》いて御書始《おんふみはじめ》有《あ》り。

於二閑院一有二御書始一、

✽これが確認できるもっとも古い年次の『小右記《しようゆうき》』の記事である（三年前の天延《てんえん》二年〈九七四〉から記録していたという説もある）。後に花山《かざん》天皇となる東宮師貞《もろさだ》親王の読書始に関するもの。長和《ちようわ》三年（一〇一四）十一月に東宮敦成《あつひら》親王（後の後一条《ごいちじよう》天皇）の読

書始が問題になった際、道長《みちなが》から一条天皇《いちじょう》と花山天皇の読書始の先例《せんれい》を問われた実資《さねすけ》が、それに関する日記を書き出して提出したもの。ここに挙げたものは、読書始の記事そのものというよりは、趣意文《しゅいぶん》、あるいは事書きのようなものであろう。

読書始とは、皇族・貴族の子弟が、はじめて漢籍《かんせき》を読む儀式。七歳から十歳までの例が多い。師貞親王はこの年、数えで十歳であった。漢籍は『御注孝経《ぎょちゅうこうきょう》』が多く、『史記《しき》』五帝本紀《ごていほんぎ》なども使われた。

## ◆天元《てんげん》五年（九八二）

藤原実資二十六歳（従四位上、右少将・中宮亮・蔵人頭）　円融天皇二十四歳
藤原頼忠五十九歳　藤原遵子二十六歳　藤原詮子二十一歳

・正月一日（秘閣本〈広本〉）　小朝拝／元日節会

今日《きょう》は円融天皇《えんゆうてんのう》の御謹慎期間《ごきんしんきかん》であった。「ところが、再度《さいど》検討《けんとう》すると軽《かる》い」

ということだ。そこで先《ま》ず御経文《ごきようもん》を声《こえ》をあげて読《よ》んだ。自宅以外《じたくいがい》に泊《と》まっていた人《ひと》が参《まい》った。左右大臣《さゆうだいじん》（源　雅信《みなもとのまさのぶ》・藤原兼家《ふじわらのかねいえ》）以下《いか》の者《もの》は、議場《ぎじよう》に於《お》いて、天皇《てんのう》に拝賀《はいが》する儀《ぎ》について申《もう》しあげさせた。円融天皇《えんゆうてんのう》の回答《かいとう》があった。去年《きよねん》、内裏《だいり》は通例《つうれい》ではなかった〈去年《きよねん》は太政官《だいじようかん》にいらっしゃった。〉。そこで中止《ちゆうし》となった。ほとんど私的《してき》な礼法《れいほう》のようなものである。延喜《えんぎ》の頃《ころ》、すでにこの儀礼《ぎれい》を中止《ちゆうし》された。あの先例《せんれい》によって中止《ちゆうし》されたものである。内裏《だいり》に帰《かえ》られた後《のち》、永《なが》くこの儀礼《ぎれい》を中止《ちゆうし》するのは、如何《いかが》なものであろうか。公卿《くぎよう》たちは、やはりこの儀礼《ぎれい》を中止《ちゆうし》しないことを請《こ》うた。そこで天皇《てんのう》の許容《きよよう》が有《あ》った。公卿《くぎよう》は本来《ほんらい》はお祝《いわ》いを申《もう》しあげるべきである。ところがその詞《ことば》を申《もう》しあげることはなかった。旧《ふる》い事《こと》を知《し》らないのか。

❖今日《きよう》、御物忌《おんものいみ》。而《しか》るに「覆推《ふくすい》、軽《かろ》し」てへり。仍《よ》りて先《ま》づ御諷誦《おんふじゆ》を修《しゆ》す。外宿《がいしゆく》の人《ひと》、参入《さんにゆう》す。左右大臣以下《さゆうだいじんいげ》、陣座《じんのざ》に於《お》いて小朝拝《こちようはい》の事《こと》を奏《そう》せしむ。勅答《ちよくとう》あり。去《さ》ぬる年《とし》、皇居《こうきよ》、例《れい》に非《あら》ず〈去《さ》ぬる年《とし》、太政官《だいじようかん》に御《おわ》す。〉。仍《よ》りて停止《ちようじ》す。頗《すこぶ》る私礼《しれい》に似《に》る。延喜《えんぎ》の間《かん》、已《すで》に此《こ》の礼《れい》を停《とど》めらる。彼《か》の跡《あと》に依《よ》りて停《とど》むる所《ところ》。本宮《ほんぐう》に還《かん》御《ぎょ》の後《のち》、永《なが》く此《こ》の礼《れい》を停《とど》むること、如何《いかが》。公卿等《くぎょうなど》、尚《な》ほ此《こ》の礼《れい》を停《とど》めざるを請《こ》ふ。仍《よ》りて天許有《てんきょあ》り。公卿《くぎょう》、須《すべから》く慶《よろこ》びの由《よし》を奏《そう》すべし。而《しか》るに其《そ》の詞《ことば》を奏《そう》すること無《な》し。旧事《きゅうじ》を存《そん》せざるか。

今日御物忌、而覆推軽者、仍先修㆓御諷誦㆒、外宿人参入、左右大臣以下於㆓陣座㆒令㆑奏㆓小朝拝事㆒、勅答、去年皇居非㆑例〈去年御㆓太政官㆒〉、仍停止、頗似㆓私礼㆒、延喜間、已被㆑停㆓此礼㆒、依㆓彼跡㆒所㆑停、還㆓御本宮㆒之後、永停㆓此礼㆒如何、公卿等尚請㆑不㆑停㆓此礼㆒、仍有㆓天許㆒、公卿須㆑奏㆓慶由㆒、而無㆑奏㆓其詞㆒、不㆑存㆓旧事㆒歟、

✻この時代の元日の儀式としては、天皇が大極殿《だいごくでん》に出御して百官の賀を受ける大礼である朝賀《ちょうが》（朝拝《ちょうはい》とも）、その後、さらに殿上人《てんじょうびと》以上が天皇を拝する儀として小朝拝《こちょうはい》が行なわれた。これは天皇が清涼殿《せいりょうでん》の御倚子《いし》に出御し、王卿《おうけい》以下が東庭に列して拝舞《はいぶ》するという、簡略な儀式であった。その後、豊楽殿《ぶらくでん》に遷《うつ》って元日節会《がんじつのせちえ》が行なわれた。

徐々に朝拝は行なわれなくなり、一条《いちじょう》天皇の正暦《しょうりゃく》四年（九九三）に朝拝が復活したものの、以降は行なわれなくなり、小朝拝のみが中世まで行なわれることとなった。

この天元五年は、円融《えんゆう》天皇の物忌《ものいみ》であったが、新造内裏へ還御した後の最初の元日ということで、公卿《くぎょう》が小朝拝を行なうことを奏上し、勅許《ちょっきょ》があった。ところが、そのお礼を奏上すべきであるのにしなかったということで、実資は先例を知らないのかと批判している。二十六歳にしてこの見識こそ、実資の真骨頂なのである。

## ◆永観《えいかん》二年（九八四）

藤原実資二十八歳（従四位上、左中将・中宮亮・蔵人頭）　円融天皇二十六歳
藤原頼忠六十一歳　藤原遵子二十八歳　藤原詮子二十三歳

・七月二十七日（『園太暦《えんたいりやく》』文和《ぶんな》元年八月二日条による）　譲位・立太子日時勘申

召《め》しによって、殿《との》（藤原頼忠《ふじわらのよりただ》）の許《もと》に参《まい》った。おっしゃって云《い》われたことには、「昨日《きのう》、東宮《とうぐう》（師貞親王《もろさだしんのう》）の許《もと》に控《ひか》えていた際《さい》に、おっしゃって云《い》わ

れたことには、『ただ、汝《なれ》（頼忠《よりただ》）が申《もう》すことに随《したが》って行《おこ》なうこととする』ということだ。事《こと》はまったく意外《いがい》なことである。はなはだ驚嘆《きょうたん》するところである」ということだ。内裏《だいり》に参《まい》って、譲位《じょうい》と立太子《りったいし》の日時《にちじ》を占《うらな》わせた。（文《ふみの》）道光《みちみつ》と（安倍《あべの》）晴明《はるあきら》が占《うらな》ったことには、「来月十六日《らいげつじゅうろくにち》、癸巳《みずのとのみ》。時《とき》は巳《みの》刻《こく》（午前九時《ごぜんくじ》－十一時《じゅういちじ》）か申刻《さるのこく》（午後三時《ごごさんじ》－五時《ごじ》）」ということだ〈この事《こと》は、同《どう》日《じつ》・同時刻《どうじこく》である。〉。その日《ひ》は重日《じゅうにち》の忌《い》み日《び》である。忌《い》むべきであろうか。そこで事情《じじょう》を繰《く》り返《かえ》し問《と》うた。申《もう》して云《い》ったことには、「忌《い》みが有《あ》るはずはない」ということだ。新帝《しんてい》（花山天皇《かざんてんのう》）は、やはり忌《い》まれるべきであろうか。申《もう》して云《い》ったことには、「平城天皇《へいぜいてんのう》と陽成天皇《ようぜいてんのう》は、重日《じゅうにち》に譲位《じょうい》した。あと二《に》、三《さん》の帝《みかど》は、復日《ふくにち》に譲位《じょうい》した。また、この例《れい》が有《あ》る。忌《い》まれるべきではない」ということだ。……

❖召《め》しに依《よ》り、殿《との》に参《まい》る。仰《おお》せられて云《い》はく、「昨日《きのう》、東宮《とうぐう》に候《こう》ずる次《つ》いでに、仰《おお》せられて云《い》はく、『只《ただ》、汝《なれ》の申《もう》すに随《したが》ひて行《おこ》なふべし』てへり。事《こと》、已《すで》に慮外《りょがい》なり。太《はなは》だ驚歎《きょうたん》する所《ところ》なり」てへり。内《うち》に参《まい》る。譲位《じょうい》・立太子《りったいし》の日時《にちじ》等《など》を勘申《かんじん》せしむ。道光《みちみつ》・晴明《はるあきら》等《など》、勘申《かんじん》す、「来月十六日《らいげつじゅうろくにち》、癸巳《みずのとのみ》。時《とき》、巳《み》・申《さる》」てへり〈此《こ》の事《こと》、同日《どうじつ》・同時《どうじ》。〉。彼《か》の日《ひ》、重日《じゅうにち》なり。忌《い》むべきか。仍《よ》りて事《こと》の由《よし》を覆問《ふくもん》す。申《もう》して云《い》はく、「忌《い》み有《あ》るべからず」てへり。新帝《しんてい》、猶《な》ほ忌《い》ましめ給《たま》ふべきか。申《もう》して云《い》はく、「平城天皇《へいぜいてんのう》・陽成天皇《ようぜいてんのう》、重日《じゅうにち》に譲位《じょうい》す。今両三《いまりょうさん》の帝《みかど》、復日《ふくにち》に譲位《じょうい》す。又《また》、此《こ》の例有《れいあ》り。忌《い》み給《たま》ふべからず」てへり。……

依レ召参レ殿、被レ仰云、昨日候二東宮一次被レ仰云、只随二汝申一可レ行者、事已慮外、太所二驚歎一也者、参レ内、令レ勘二申譲位・立太子日時等一、道光・晴明等勘申、来月十六日癸巳、時巳・申者〈此事同日同時〉、彼日重日、可レ忌歟、仍覆二問事由一、申云、不レ可レ有レ忌者、新帝猶可二令レ忌給一歟、申云、平城天皇・陽成天皇重日譲位、今両三帝復日譲位、又有二此例一、不レ可二忌給一者、……

✽この日、円融《えんゆう》天皇の譲位と懐仁《やすひと》親王立太子の日時が勘申《かんじん》され、八月十六日の退位が決まった。代わって即位したのは、藤原兼家《ふじわらのかねいえ》を外戚《がいせき》としない花山《かざん》天皇であった。同日、五歳の懐仁が皇太子に立てられた。円融は譲位と引き替えに懐仁を立太子させ、一代限りという状況にピリオドを打ったのである。

兼家は花山の外戚ではないが、懐仁の外祖父《がいそふ》（生母は兼家の女《むすめ》の詮子《せんし》）ではあり、将来の懐仁の即位は、とりあえずその政治的野心を満たすものであった。

この日の議論は、暦のうえで凶事を避けるとされた重日（陽が重なるという巳《み》の日と、陰が重なるという亥《い》の日）に譲位や立太子を行なってもよいものかというものであったが、先例があるということで、八月十六日の譲位が決まった。ただし、翌七月二十八日、直近の十代は重日に譲位した例はないということで改めて勘申され、八月二十七日に譲位と決まった。先例とされた平城《へいぜい》天皇と陽成《ようぜい》天皇が、あまりよろしい例ではなかったことにもよるのであろう。

## ◆寛和《かんな》元年（九八五）

藤原実資二十九歳（従四位上、左中将・中宮権大夫・蔵人頭）　花山天皇十八歳　円融上皇二十七歳　藤原頼忠六十二歳　藤原忯子《しし》十七歳

### ・正月十日（前田本甲〈広本〉）弘徽殿小弓／雪山／作文会

内裏《だいり》に参《まい》った。花山天皇《かざんてんのう》は弘徽殿《こきでん》にいらっしゃった。小弓《こゆみ》の儀《ぎ》が行《おこ》なわれた。あらかじめ前後《ぜんご》の組《くみ》を別《わ》けられた。召《め》しによって参《まい》った。弘徽殿《こきでん》の東《ひがし》廂《びさし》で、この儀《ぎ》が行《おこ》なわれた。前方《まえかた》が勝《か》った。三度《さんど》で止《や》めた。（藤原《ふじわらの》）中清《なかきよ》朝臣《あそん》が陵王《りょうおう》を舞《ま》った。勝負楽《しょうぶがく》が行《おこ》なわれた。楽所《がくしょ》および侍臣《じしん》が加《くわ》わった。儀《ぎ》が終《お》わって、天皇《てんのう》は清涼殿《せいりょうでん》に帰《かえ》られた。後涼殿《こうりょうでん》の前《まえ》の南壺《みなみつぼ》に於《お》いて、急《きゅう》に雪山《ゆきやま》を作《つく》られた。その壺《つぼ》の南《みなみ》の方《ほう》に台盤《だいばん》および腰掛《こしか》けを立《た》てた。楽人《がくにん》と文人《ぶんじん》が控《ひか》えた。各々《おのおの》、皆《みな》、靴《くつ》と深履《ふかぐつ》を履《は》いた。後涼殿《こうりょうでん》の東廂《ひがしびさし》に垂《た》れ幕《まく》を懸《か》けた。（藤原《ふじわらの》）惟成朝臣《これしげあそん》が題《だい》を献上《けんじょう》して云《い》ったことには、「『春雪《しゅんせつ》を賀《が》す』と『春雪《しゅんせつ》が瑞《ずい》を呈《てい》す』と」ということだ。「『春雪《しゅんせつ》が瑞《ずい》を呈《てい》す』を題《だい》とした。新《しん》を韻《いん》とした」ということだ。管絃《かんげん》が音《おと》を合《あ》わせる間《あいだ》に、朗詠《ろうえい》を奏《そう》した。寅刻《とらのこく》（午前三時《ごぜんさんじ》－五時《ごじ》）の頃《ころ》、詩《し》を献上《けんじょう》し、文台《ぶんだい》に置《お》いた。七言四韻《しちごんしいん》。惟成《これしげ》を講師《こうじ》とした。私《わたし》（藤原実資《ふじわらのさねすけ》）は読師《どくし》の役《やく》を奉仕《ほうし》した。詩《し》を講《こう》じ終《お》わり、各々《おのおの》、帰《かえ》った。今日《きょう》の事《こと》は、とても奇怪《きかい》に思《おも》うことが有《あ》った。御斎会《ごさいえ》の期《き》間《かん》に、このような事《こと》を行《おこ》なうべきではない。……

❖内《うち》に参《まい》る。弘徽殿《こきでん》に御《おわ》す。小弓《こゆみ》の事有《ことあ》り。兼日《けんじつ》、前後《ぜんご》の方《かた》を取《と》り別《わ》けらる。召《め》しに依《よ》りて参入《さんにゅう》す。弘徽殿《こきでん》の東廂《ひがしびさし》に、此《こ》の事有《ことあ》り。前《まえ》、勝《か》つ。三度《さんど》にて止《や》む。中《なか》清朝臣《きよあそん》、竜王《りゅうおう》を舞《ま》ふ。勝負楽有《しょうぶがくあ》り。楽所幷《がくしょなら》びに侍臣等《じしんなど》、相交《あいまじ》はる。事了《ことおわ》りて、本《ほん》殿《でん》に還御《かんぎょ》す。後涼殿《こうりょうでん》の前《まえ》の南壺《みなみつぼ》に於《お》いて、忽《たちま》ち雪山《ゆきやま》を作《つく》る。其《そ》の壺《つぼ》の南方《なんぽう》に台《だい》盤幷《ばんなら》びに草墪等《そうとんなど》を立《た》つ。伶人《れいじん》・風客《ふうかく》、祗候《しこう》す。各《おのおの》、皆《みな》、靴《くつ》・深履等《ふかぐつなど》を着《ちゃく》す。後涼《こうりょう》殿《でん》の東庇《ひがしびさし》に斑幔《はんまん》を懸《か》く。惟成朝臣《これしげあそん》、題《だい》を献《けん》じて云《い》はく、「『春雪《しゅんせつ》を賀《が》す』『春雪《しゅんせつ》、瑞《ずい》を呈《てい》す』と」てへり。「『春雪《しゅんせつ》、瑞《ずい》を呈《てい》す』を以《もっ》て題《だい》と為《な》す。新《しん》を以《もっ》て韻《いん》と為《な》す」てへり。糸竹《しちく》、音《おと》を合《あ》はする間《あいだ》、朗詠《ろうえい》を奏《そう》す。寅時《とらのとき》ばかり、詩《し》を献《けん》じ、文台《ぶんだい》に置《お》く。七言四韻《しちごんしいん》。惟成《これしげ》を以《もっ》て、講師《こうじ》と為《な》す。下官《げかん》、読師《どくし》の役《やく》を奉仕《ほうし》す。詩《し》を講《こう》じ了《おわ》り、各《おのおの》、退出《たいしゅつ》す。今日《きょう》の事《こと》、頗《すこぶ》る奇《あや》しく思《おも》ふこと有《あ》り。御斎会《ごさいえ》の間《かん》、此《か》くのごとき事有《ことあ》るべからず。……

参レ内、御二弘徽殿一、有二小弓事一、兼日被レ取二別前後方一、依レ召参入、弘徽殿東廂有二此事一、前勝、三度止、中清朝臣舞二竜王一、有二勝負楽一、々所幷侍臣等相交、事了還二御本殿一、於二後涼殿前南壺一、忽雪山被レ作、其壺南方立二台盤幷草墪等一、伶人・風客祇候、各皆着二靴・深履等一、後涼殿東庇懸二斑幔一、惟成朝臣献レ題云、賀二春雪一・春雪呈レ瑞者、以二春雪呈レ瑞為レ題、以レ新為レ韻者、糸竹合レ音間、奏二朗詠一、寅時許献レ詩、置二文台一、七言四韻、以二惟成一為二講師一、下官奉二仕読師役一、講レ詩了各退出、今日事頗有二奇思一、御斎会間不レ可レ有二如レ此之事一、……

✻小弓というのは短い弓で小的を近距離から射る競技で、左右あるいは前後に分かれて競った。弓を射ることには破邪《はじゃ》の効果があるとされていた。その後、雪山を作り、作文会《さくもんかい》を行なった。実資《さねすけ》は作文会の読師（詩を書いた短冊や懐紙を整理する役）を務めたが、御斎会《ごさいえ》期間中の遊興に批判的である。

御斎会というのは、正月八日から七日間、大極殿《だいごくでん》（後には清涼殿《せいりょうでん》）に衆僧を召して、国家安寧《こっかあんねい》、五穀豊穣《ごこくほうじょう》の祈願をした法会であり、実資の謹厳な性格が窺《うかが》える。円融《えんゆう》天皇の代に続いて天皇側近の蔵人頭《くろうどのとう》を勤めている実資であったが、こういう点では筋を通すのであった。作文会を花山《かざん》天皇の側近である惟成《これしげ》が主導しているのも興味深い。

・正月二十五日（前田本甲〈広本〉）食卵を止む／円融上皇、受領任官について奏上

今年《ことし》から永《なが》く、卵《たまご》を食《た》べることを止《や》める。勝祚《しょうそ》を招《まね》いて本尊《ほんぞん》に申《もう》させた。召《め》しによって、内裏《だいり》に参《まい》った。晩方《ばんがた》、花山天皇《かざんてんのう》は御書状《ごしょじょう》を朱雀院《すざくいん》におられる円融院《えんゆういん》に送《おく》られた。円融院《えんゆういん》の御返事《ごへんじ》に云《い》ったことには、「恐《おそ》れ多《おお》く聞《き》いた」ということだ。内裏《だいり》に帰《かえ》り参《まい》って、このことを申《もう》しあげた。先日《せんじつ》、三《さん》位中将《みちゅうじょう》（藤原道隆《ふじわらのみちたか》）を介《かい》して円融院《えんゆういん》から申《もう》しあげた事《こと》である。「これは判《ほう》官代《がんだい》の受領任官《ずりょうにんかん》である」と云《い》うことだ。

❖今年《ことし》より永《なが》く、卵子《らんし》を食《しょく》すを止《や》む。勝祚《しょうそ》を以《もっ》て本尊《ほんぞん》に申《もう》さしむ。召《め》しに依《よ》り、内《うち》に参《まい》る。晩景《ばんけい》、御書《おんふみ》を朱雀院《すざくいん》に奉《たてまつ》る。院《いん》の御返事《おんかえりごと》に云《い》はく、「恐《かしこ》み承《うけたまわ》り了《おわ》んぬ」てへり。内《うち》に帰《かえ》り参《まい》り、此《こ》の由《よし》を奏《そう》す。一日《いちじつ》、三位中将《さんみちゅうじょう》を以《もっ》て院《いん》より奏《そう》せらるる事《こと》なり。「是《こ》れ判官代《ほうがんだい》の受領《ずりょう》」と云々《しかじか》。

従二今年一永止レ食二卵子一、以二勝祚一令レ申二本尊一、依レ召参レ内、晩景被レ奉二御書朱雀院一、々御返事云、恐承了者、帰二参内一奏二此由一、一日以二三位中将一従レ院被レ奏之事也、是判官代受領云々、

✽前半は平安《へいあん》貴族の日常的な食生活がわかる貴重な例である。仏教の影響か、これから卵を食べないようにすると書いているところをみると、それまでは食べていたのであろう。どのようにして食べていたかはわからないが。

後半は円融院の人事関与を語る。円融院判官代《ほうがんだい》の者をどこかの受領《ずりょう》に任じるようにと、花山に申し入れ、その了承を得たというもの。円融は花山の直系尊属《そんぞく》ではなく、親権《しんけん》を行使できる立場ではないのだが、これも円融の個性なのであろう。

なお、朱雀院《すざくいん》というのは朱雀《すざく》上皇のことではなく、累代後院《るいだいごいん》として置かれていた邸

第としての朱雀院のことである。この時、円融は朱雀院を御所としていたのである。

・二月二十日（前田本甲〈広本〉）円融上皇、藤原詮子御在所に御幸

院《いん》（円融院《えんゆういん》）から召《め》しが有《あ》った。謹慎期間《きんしんきかん》であったので、参《まい》らなかった。伝《つた》え聞《き》いたことには、「院《いん》が東宮女御《とうぐうにょうご》（藤原詮子《ふじわらのせんし》）の家《いえ》にいらっしゃった」と云《い》うことだ。「東三条第南院《ひがしさんじょうていなんいん》である」と云《い》うことだ。

❖院《いん》より召《め》し有《あ》り。物忌《ものいみ》に依《よ》り、参入《さんにゅう》せず。伝《つた》へ聞《き》く、「院《いん》、東宮女御《とうぐうにょうご》の家《いえ》に渡《と》御《ぎょ》す」と云々《しかじか》。「東三条宅《ひがしさんじょうたく》の南家《なんけ》」と云々《しかじか》。

従レ院有レ召、依二物忌一不二参入一、伝聞、院渡二御東宮女御家一云々、東三条宅南家云々、

＊円融天皇のただ一人の子である東宮懐仁親王《やすひと》（後の一条天皇《いちじょう》）は、兼家の東三条第《ひがしさんじょうてい》で兼家の女《むすめ》の詮子《せんし》から生まれたが、詮子は東三条第に里居《さとい》を続けた。円融と詮子との間の交渉は途絶え、第二子が誕生する可能性も消滅した。しかも円融が藤原頼忠《よりただ》の女の遵子《じゅんし》を中宮《ちゅうぐう》に立てたことから、円融と兼家との関係は決定的に破綻《はたん》した。円融と詮子が顔を合わせることはなくなったのであるが、例外がこの東三条第御幸《ごこう》である（後に詮子が円融のいる円融寺《えんゆうじ》に行ったことがあるが、すでに円融は出家していた）。この時の対面の様子を詳しく知りたいものであるが、残念ながら実資は召しに応じずに物忌に籠《こも》っている。

## ◈寛和二年（九八六）

藤原実資三十歳（従四位上↓正四位下、左中将・中宮権大夫・蔵人頭）　一条天皇七歳　円融上皇二十八歳　藤原兼家五十八歳　藤原詮子二十五歳

・十月十五日（『玉葉《ぎょくよう》』寿永《じゅえい》二年七月三十日条による）　円融上皇大井川逍遥

円融院《えんゆういん》が大井川《おおいがわ》に逍遥《しょうよう》した。舞《まい》の恩賞《おんしょう》によって、参議《さんぎ》に任《にん》じるということをおっしゃられた。後日《ごじつ》、任官者《にんかんしゃ》を列記《れっき》した名簿《めいぼ》に載《の》せられた。

❖円融院《えんゆういん》、太井川《おおいがわ》に逍遥《しょうよう》す。舞《まい》の賞《しょう》に依《よ》りて、参議《さんぎ》に任《にん》ずる由《よし》を仰《おお》せらる。後日《ごじつ》、除目《じもく》に載《の》せらる。

円融院、逍㆓遥太井川㆒、依㆓舞賞㆒、被㆑仰㆘任㆓参議㆒之由㆖、後日被㆑載㆓除目㆒

❖桂《かつら》川のうち、嵐山《あらしやま》近辺を大井《おおい》川（大堰川）という。この時は有名な三船《さんせん》の御遊が行なわれたのであったが、円融院は舞を舞った源時中《みなもとのときなか》を、その恩賞として参議に任じたのである。
官人に官職を任命する除目《じもく》は天皇の御前で行なう厳粛な政務《せいむ》であり、このような場で、しかも上皇が思いつきで任官を行なってよいものではなかった。いくらこの年六月に即位した一条《いちじょう》天皇が七歳の幼帝《ようてい》であったとはいえ、これはやりすぎであろう。

後日、時中の任官は除目（任官者を列記する名簿）に載せられたが、人々の非難は避けられなかった（『古事談《こじだん》』）。この『小右記《しょうゆうき》』逸文《いつぶん》に続く、「上皇の宣で参議に任じられたことは、甚だこれを非難した」という文も、『小右記』の趣意文《しゅいぶん》かもしれない。

・十二月八日（『台記別記《たいきべっき》』二・久安《きゅうあん》三年十二月十一日条による）　一条天皇読書始

左右大臣《さゆうだいじん》（源雅信《みなもとのまさのぶ》・藤原為光《ふじわらのためみつ》）が座《ざ》に着《つ》いた〈他《た》の公卿《くぎょう》も、多《おお》く控《ひか》えた。座《ざ》が無《な》かったので、侍所《さむらいどころ》に控《ひか》えた。書巻《しょかん》を取《と》らなかった。〉。侍臣《じしん》は座《ざ》に着《つ》かなかった〈侍臣《じしん》については、書巻《しょかん》を取《と》るべきである。〉。

❖左右丞相《さゆうじょうしょう》、座《ざ》に着《ちゃく》す〈他《た》の公卿《くぎょう》、多《おお》く候《こう》ず。座無《ざな》きに依《よ》りて、侍所《さむらいどころ》に候《こう》ず。書巻《しょかん》を取《と》らず。〉。侍臣《じしん》、座《ざ》に着《ちゃく》さず〈侍臣《じしん》に至《いた》りては、書巻《しょかん》を取《と》るべし。〉。

左右丞相着レ座〈他公卿多候、依レ無レ座候ニ侍所一、不レ取ニ書巻一〉、侍臣不レ着レ座〈至ニ侍臣一可レ取ニ書巻一〉、

✻こちらは一条天皇の読書始であるが、七歳という幼年で即位した一条は、天皇として読書始に臨むことになった。院政《いんせい》期の儀式書《ぎしきしょ》である『江家《ごうけ》次《し》第《だい》』に、この時の読書始の式次第が詳しく載せられており、それがスタンダードな儀式とされている。それによると、一条は『御注孝《ぎょちゅうこう》経《きょう》』を読んでいる。残念ながら『小右記』はこの年をすべて欠いており、この逸文でしか窺《うかが》い知ることはできないが、『江家次第』に載せられた式次第が『小右記』から採られた可能性も考えられる。

## ◆永延《えいえん》元年（九八七）

藤原実資三十一歳（正四位下、左中将・中宮権大夫）　一条天皇八歳　円融上皇二十九歳　藤原兼家五十九歳　藤原詮子二十六歳

・正月一日（九条本〈広本〉）四方拝

寅刻《とらのこく》（午前三時《ごぜんさんじ》－五時《ごじ》）の頃《ころ》、束帯《そくたい》を着《き》て、天地四方《てんちしほう》・属星《ぞくしょう》と墓所《ぼしょ》を拝《はい》した〈属星《ぞくしょう》の座《ざ》を拝《はい》し、天地四方《てんちしほう》の座《ざ》を拝《はい》し、墓所《ぼしょ》の座《ざ》を拝《はい》した。今年《ことし》から初《はじ》めて拝《はい》するものである。〉。

❖寅時《とらのとき》ばかり、束帯《そくたい》し、天地四方《てんちしほう》・属星及《ぞくしょうおよ》び墓所《ぼしょ》を拝《はい》す〈属星《ぞくしょう》の座《ざ》を拝《はい》し、天地四方《てんちしほう》の座《ざ》を拝《はい》し、墓所《ぼしょ》の座《ざ》を拝《はい》す。今年《ことし》より始《はじ》めて拝《はい》する所《ところ》なり。〉。

寅時許束帯、拝二天地四方・属星及墓所一〈拝二属星座一、拝二天地四方座一、拝二墓所座一、始レ自二今年一所レ拝也、〉、

✽これは実資《さねすけ》家の元旦《がんたん》の儀式。この後、実資は摂政《せっしょう》藤原兼家《ふじわらのかねいえ》の東三条第《ひがしさんじょうてい》に参って摂政第拝礼《はいらい》という儀礼に参列し、太政大臣《だいじょうだいじん》藤原頼忠《よりただ》の四条宮《しじょうのみや》に参ったが拝礼は行なわれ

ず、次いで内裏に参って元日節会《がんじつのせちえ》に参列した。この年は朝賀《ちょうが》（朝拝《ちょうはい》）も小朝拝《こちょうはい》も行なわれなかったようで、元日節会のみが行なわれた。『小右記《しょうゆうき》』によると、この年から天地四方・属星《ぞくしょう》・墓所を拝するようになったという。天地四方は文字どおり無限の空間を表わすが、属星というのは生年によってその人の生涯を支配する本命星《ほんみょうしょう》（北斗七星および金輪星、妙見星のいずれかの星）と、年度によって変わる当年星《とうねんしょう》（九星のいずれかの星）とを指す。墓所は父祖の墓所のある方角。

・二月九日（九条本〈広本〉）　窃盗、中宮御在所に入る

晩方《ばんがた》、中宮《ちゅうぐう》（藤原遵子《ふじわらのじゅんし》）の許《もと》に参《まい》った。「昨夜《さくや》、窃盗《せっとう》が居所《きょしょ》に入《はい》った。御衣《おんぞ》一襲《ひとかさね》・袴《はかま》・守《まも》り刀《がたな》・金属製《きんぞくせい》の器《うつわ》を盗《ぬす》んだ」と云《い》うことだ。

❖晩景《ばんけい》、宮《みや》に参《まい》る。「去《さ》ぬる夜《よる》、窃盗《せっとう》、御在所《ございしょ》に入《い》る。御衣《おんぞ》一襲《ひとかさね》・袴《はかま》・御釼《みはかし》・提《ひさげ》

等《など》を奸《かん》す」と云々《しかじか》。

晩景参レ宮、去夜竊盗入二御在所一、奸二御衣一襲・袴・御釼・提等一云々、

✻藤原遵子《じゅんし》は内裏の弘徽殿《こきでん》を御在所《ございしょ》としたが、なんとそこに窃盗が入ったのである。平安宮《へいあんきゅう》、とりわけ内裏に忍び込んでの窃盗となると、話は複雑である。宮中の深奥にまで盗人《ぬすびと》が侵入できるというのは、警備が緩怠《かんたい》しているせいでもあるが、宮中に出入りすることのできる人物の犯行ということになるからである。

また、現代とは違って、高貴な盗品を使用することのできる階層は限られていて、それを換金できる場も限られている。高価な盗品であればあるほど、すぐに足がついてしまう。まさか自分（やその妻）がそれらを使うわけにはいかないのである。

・二月十一日（九条本〈広本〉）奝然将来の仏経を蓮台寺に運ぶ

内蔵頭《くらのかみ》（藤原高遠《ふじわらのたかとお》）・権中将《ごんのちゆうじよう》（藤原公任《ふじわらのきんとう》）と一緒《いつしよ》に、入唐僧奝然《につとうそうちようねん》にお目《め》にかかった。「日本《につぽん》にもたらした仏経《ぶつきよう》は、初《はじ》め経論《きようろん》を□□寺《てら》に運《はこ》び置《お》いたが、一条天皇《いちじようてんのう》の命令《めいれい》を給《たま》わって、蓮台寺《れんだいじ》に運《はこ》び移《うつ》す。山城《やましろ》・河内《かわち》・摂津国《せつつのくに》の人《にん》夫《ぷ》が持《も》って運《はこ》ぶ」と云《い》うことだ〈「天皇《てんのう》の命令《めいれい》」と云《い》うことだ。〉。最初《さいしよ》に七宝《しつぽう》の合成塔《ごうせいとう》が有《あ》った。塔《とう》の中《なか》に釈迦《しやか》の遺骨《いこつ》を納《おさ》めた。すぐに御輿《みこし》に載《の》せ、人《ひと》がこれを担《かつ》いだ。その前《まえ》に、雅楽寮《ががくりよう》が高麗楽《こまがく》を発《はつ》した。次《つ》いで摺本《すりほん》の一切《いつさい》経論《きようろん》を納《おさ》めた五百合《ごひやくごう》の大《おお》きさの箱《はこ》を担《かつ》いだ。一人《ひとり》が二百合《にひやくごう》の大《おお》きさの箱《はこ》を担《かつ》いだ。道路《どうろ》の人《ひと》は争《あらそ》ってこれを担《かつ》ぎ、まことに結縁《けちえん》とした。最後《さいご》にまた、御輿《みこし》が有《あ》った。白檀《びやくだん》で五尺《ごしやく》の釈迦像《しやかぞう》を安置《あんち》した。雅楽《ががく》は大唐楽《だいとうがく》であった。その次《つぎ》に奝然《ちようねん》が続《つづ》いた。甲袈裟《こうげさ》を着《き》ていた。七《しち》、八人《はちにん》の僧《そう》が一緒《いつしよ》に歩行《ほこう》して続《つづ》いた。……

❖内蔵頭《くらのかみ》・権中将《ごんのちゆうじよう》と相共《あいとも》に入唐僧奝然《につとうそうちようねん》に拝見《はいけん》し畢《おわ》んぬ。「随身《ずいじん》する所《ところ》の仏経《ぶつきよう》、初《はじ》め経論《きようろん》を□□寺《てら》に運《はこ》び置《お》くも、宣旨《せんじ》を給《たま》はり、蓮台寺《れんだいじ》に運《はこ》び移《うつ》す。山城《やましろ》・河内《かわち》・

摂津等《せつつなど》の夫《ふ》、持《も》ち運《はこ》ぶ」と云々《しかじか》〈「宣旨《せんじ》」と云々《しかじか》。〉。最初《さいしょ》に七宝《しっぽう》の合成塔有《ごうせいとうあ》り。塔《とう》の中《なか》に仏舎利《ぶっしゃり》を籠《こ》む。即《すなわ》ち輿中《よちゅう》に載《の》せ、人《ひと》、之《これ》を担《にな》ふ。其《そ》の前《まえ》、雅楽寮《ががくりょう》、高麗楽《こまがく》を発《はっ》す。相次《あいつ》いで摺本《すりほん》の一切経論《いっさいきょうろん》を納《おさ》むる五百合匣《ごひゃくごうくしげ》を担《にな》ふ。一人《ひとり》、二百匣《にひゃくくしげ》を担《にな》ふ。道路《どうろ》の人《ひと》、相諍《あいあらそ》ひて之《これ》を担《にな》ひ、誠《まこと》に結縁《けちえん》と為《な》す。最後《さいご》に又《また》、御輿有《みこしあ》り。白檀五《びゃくだんご》尺《しゃく》の釈迦像《しゃかぞう》を安置《あんち》す。雅楽《ががく》、大唐楽《だいとうがく》。其《そ》の次《つぎ》に奝然《ちょうねん》。甲袈裟《こうげさ》を着《ちゃく》す。七《しち》、八人《はちにん》の僧等《そうなど》、相共《あいとも》に歩行《ほこう》し、相従《あいしたが》ふ。……

内蔵頭・権中将相共拝二見入唐僧奝然一畢、所二随身一仏経、初運二置経論於□□寺一、給二宣旨一、運二移蓮台寺一、山城・河内・摂津等夫持運云々〈宣旨云々、〉、最初有二七宝合成塔一、々中籠二仏舎利一、即載二輿中一人担レ之、其前雅楽寮発二高麗楽一、相次担下納二摺本一切経論一之五百合匣上、一人担二二百匣一、道路人相諍担レ之、誠為二結縁一、最後又有二御輿一、安二置白檀五尺釈迦像一、雅楽大唐楽、其次奝然着二甲袈裟一、七八人僧等相共歩行相従、……

＊遣唐使《けんとうし》に随行する留学僧《るがくそう》や請益僧《しょうやくそう》が絶えても、商船を利用しての僧の渡航は行なわれた。東大寺僧奝然《とうだいじそうちょうねん》は俗姓秦氏《はた》。天禄三年《てんろく》（九七二）に入宋《にっそう》を決意し、勅許を得た永観元年《えいかん》（九八三）に入宋、台州《たいしゅう》に到着した。時に四十六歳。天台山《てんだいさん》（国清寺《こくせいじ》）や五台《ごだい》

山《さん》に赴いた。太宗《たいそう》に謁見《えっけん》し、日本の風土・地理に関する質問に答えている。インド伝来の釈迦如来像《しゃかにょらいぞう》を模刻《もこく》し、寛和《かんな》二年（九八六）に帰朝した。翌永延《えいえん》元年に入京し、愛宕山《あたごやま》に清凉寺《せいりょうじ》を建立する勅許を得たが、長和《ちょうわ》五年（一〇一六）に死去した。公卿《くぎょう》たちも、実資が天元《てんげん》五年（九八二）に自邸に招いて法華《ほっけ》奥義《おうぎ》を問うたり、行成《ゆきなり》が長徳《ちょうとく》三年（九九七）に自邸で宣旨を問うたりと（『権記《ごんき》』）、奝然と交流を持った。

この日は釈迦生身《しょうじん》で三国伝来の栴檀釈迦如来像《せんだんしゃかにょらいぞう》をいったん蓮台寺《れんだいじ》に移した際の盛大な行列の記事。現在は嵯峨《さが》の清凉寺に本尊《ほんぞん》として安置されている釈迦如来像である。平安京の民衆にとっても、本場の仏教に触れることのできる貴重な体験だったことであろう。

・二月二十三日（九条本〈広本〉）　兼家第一種物

摂政殿《せっしょうどの》（藤原兼家《ふじわらのかねいえ》）の許《もと》に参《まい》った。右大臣《うだいじん》（藤原為光《ふじわらのためみつ》）以下《いか》の公卿多数《くぎょうたすう》が参《まい》られた。いきさつを調《しら》べると、「先日《せんじつ》、二人《ふたり》の大将《たいしょう》（藤原朝光《ふじわらのあさてる》・藤原済時《ふじわらのなりとき》）・

左衛門督《さえもんのかみ》（源《みなもとのしげみつ》 重光）・春宮権大夫《とうぐうごんのだいぶ》（藤原公季《ふじわらのきんすえ》）・修理大夫《しゅりだいぶ》（藤原懐平《ふじわらのかねひら》）が、あの殿《との》の許《もと》に参《まい》られた。各々《おのおの》、一種物《いっすもの》を持《も》って、今日《きょう》、参《まい》るようにとの約束《やくそく》が有《あ》った」ということだ。左大将《さだいしょう》（朝光《あさてる》）は銀鯉《ぎんこい》。その腹《はら》の中《なか》に子鱠《こなます》と腹子《こ》を入《い》れ、折櫃《おりびつ》に納《おさ》めた。右大将《うだいしょう》（済時《なりとき》）は鮨鮎一桶《すしあゆひとおけ》。桶《おけ》はつまり銀《ぎん》。これは普通《ふつう》の鮎《あゆ》である。同《おな》じく折櫃《おりびつ》に入《い》れた。左衛門督《さえもんのかみ》は酒一瓶《さけひとかめ》と雉一枝《きじいっし》。春宮権大夫《とうぐうごんのだいぶ》は葉餅《はもち》。葉《は》は銀《ぎん》。修理大夫《しゅりだいぶ》は俎一懸《まないたひとかけ》。各二枚《かくにまい》。摂政殿《せっしょうどの》は食物《しょくもつ》を準備《じゅんび》した。盃《さかずき》が頻《しき》りに巡《めぐ》った。管絃《かんげん》が行《おこ》なわれた。右大臣以下《うだいじんいか》に被物《かずけもの》があった。……

❖摂政殿《せっしょうどの》に参《まい》る。右大臣以下《うだいじんいげ》の卿相数多《けいしょうあまた》、参入《さんにゅう》せらる。由緒《ゆいしょ》を尋《たず》ぬるに、「先日《せんじつ》、両大将《りょうたいしょう》・左衛門督《さえもんのかみ》・春宮権大夫《とうぐうごんのだいぶ》・修理大夫《しゅりだいぶ》等《など》、彼《か》の殿《との》に参会《さんかい》せらる。各《おのおの》、一種物《いっすもの》を提《さ》げ、今日《きょう》、参入《さんにゅう》すべき契有《ちぎりあ》り」てへり。左将軍《さしょうぐん》、銀鯉《ぎんこい》。其《そ》の腹中《ふくちゅう》に児鱠《こなます》・ふえこみを入《い》れ、折櫃《おりびつ》に納《おさ》む。右大将《うだいしょう》、鮨鮎一桶《すしあゆひとおけ》。桶《おけ》、即《すなわ》ち銀《ぎん》。是《こ》れ例《れい》の鮎《あゆ》なり。同《おな》じく折櫃《おりびつ》に入《い》る。左衛門督《さえもんのかみ》、酒一瓶《さけひとかめ》・雉一枝《きじいっし》。春宮権大夫《とうぐうごんのだいぶ》、葉餅《はもち》。葉《は》、銀《ぎん》。修《しゅ》理《り》大夫《だいぶ》、俎《まないた》一懸《ひとかけ》。各《おのおの》二枚《まい》。摂政殿《せっしょうどの》、食物《じきもつ》を儲《もう》く。盃巡《はいじゅん》、頻《しき》りに下《くだ》る。絃管《げんかん》の事《こと》有《あ》り。右大臣《うだいじん》以下《いげ》に物《もの》を被《かず》く。……

参二摂政殿一、右大臣以下卿相数多被二参入一、尋二由緒一、先日両大将・左衛門督・春宮権大夫・修理大夫等被レ参二会彼殿一、各提二一種物一今日有下可二参入一之契上者、左将軍銀鯉、其腹中入二児鱠・不江こ美一、納二折櫃一、右大将鮨鮎一桶、々即銀、是例鮎也、同入二折櫃一、左衛門督酒一瓶・雉一枝、春宮権大夫菓餅、菓銀、修理大夫俎一懸、各二枚、摂政殿儲二食物一、盃巡頻下、有二絃管事一、右大臣以下被レ物、……

＊一種物《いっすもの》というのは、各自が一種ずつの肴《さかな》を出しあって催した酒宴のことで、ここは誰が何を持って来たかがわかる貴重な史料である。ただ、実資の関心は食べ物自体よりも、趣向を凝らした入れ物に向いているようである。

子鱠《こなます》というのは鯉や鮒《ふな》などのなます（生肉を細かく切ったもの）にその腹子（卵）を混ぜたもの、ふえこみは腹子のこと。鮎《あゆ》は京都《きょうと》では貴重な新鮮な魚であった。鮨鮎といっても現在の鮎の押し寿司のようなものではなく、鮎を塩と飯を加えて漬け、酸味を生じさせた熟《な》れ鮨である。

・三月十四日（九条本〈広本〉）　古銭発掘

左《さ》大臣《だいじん》（源雅信《みなもとのまさのぶ》）が談《かた》られて云《い》ったことには、「去《さ》る八日《ようか》、上賀茂《かみがも》社《しゃ》の中《なか》の鳥居《とりい》の内《うち》の、土鼠《もぐら》が掘《ほ》った所《ところ》に、人々《ひとびと》が集《あつ》まった。掘《ほ》り出《だ》すと、三種《さんしゅ》の銭《ぜに》が有《あ》った。一《ひと》つの文様《もんよう》には『和《わ》同開《どうかい》弥《ちん》』と、一《ひと》つの文様《もんよう》には『神功開宝《じんぐうかいほう》』と、一《ひと》つの文様《もんよう》には『万年通宝《まんねんつうほう》』とあった」と。

❖左府《さふ》、談《だん》ぜられて云《い》はく、「去《さ》ぬる八日《ようか》、賀茂上御社《かものかみのみやしろ》の中《なか》の鳥居《とりい》の内《うち》、土鼠《もぐら》の掘《ほ》る所《ところ》に人々《ひとびと》、相集《あいつど》ふ。掘《ほ》り出《い》だすに三種《さんしゅ》の銭有《ぜにあ》り。一文《いちもん》、云《い》はく、『神功開宝《じんぐうかいほう》』と。一文《いちもん》、云《い》はく、『和同開弥《わどうかいちん》』と。一文《いちもん》、云《い》はく、『万年通宝《まんねんつうほう》』と」と。

左府被レ談云、去八日賀茂上御社中鳥居内土鼠所レ掘人々相集、掘出有二三種銭一、一文云神功開宝、一文云和同開弥、一文云万年通宝、

✽これは珍しい古銭発掘の記事である。神功開宝《じんぐうかいほう》は天平神護《てんぴょうじんご》元年（七六五）、和同開《わどうかい》弥《ちん》は和銅《わどう》元年（七〇八）、万年通宝《まんねんつうほう》は天平宝字《てんぴょうほうじ》四年（七六〇）に発行されたもので、いわゆる皇朝十二銭《こうちょうじゅうにせん》の三、一、二番目にあたる。合わせて七百八十二枚も掘り出されたというが（『日本紀略《にほんきりゃく》』）、和同開弥だと約二百八十年も前のものである。

なお、銭の鋳造は天徳《てんとく》二年（九五八）の乾元大宝《けんげんたいほう》からは行なわれなくなっていた。公卿《くぎょう》たちは陣定《じんのさだめ》を開き、神祇官《じんぎかん》と陰陽寮《おんみょうりょう》に占わせ、またこれが通用するのかを勘申《かんじん》させたが、その結論については史料が残っていない。

・五月四日（九条本〈広本〉）　亡室周忌法事

東塔《とうとう》常行堂《じょうぎょうどう》に於《お》いて亡《な》き妻《つま》（源《みなもとの》　惟正《これまさ》の女《むすめ》）の周忌修法《しゅうきしゅほう》を行《おこ》なわせた。何《なに》事《ごと》につけ窮乏《きゅうぼう》しているので、堂童子《どうどうじ》に行香《ぎょうごう》を行《おこ》なわせなかった。法華曼荼《ほっけまんだ》羅《ら》・墨字《ぼくじ》の法華経《ほけきょう》一部八巻《いちぶはちかん》・開結経《かいけつきょう》・転女成仏《てんにょじょうぶつ》・阿弥陀《あみだ》・般若心経《はんにゃしんぎょう》各一《かくいっ》巻《かん》〈白《しろ》い色紙《しきし》、銀《ぎん》の筋《すじ》。〉を供養《くよう》した。御経文《ごきょうもん》を声《こえ》をあげて読《よ》んだことには信《しな》濃布百端《ののぬのひゃくたん》。講師《こうじ》〈平景《へいけい》。〉・呪願《じゅがん》〈円賀《えんが》僧都《そうず》。〉・唄師《ばいし》〈増因《ぞういん》。〉・散花《さんげ》〈玄寿《げんじゅ》。〉・三礼《さんらい》〈勝雅《しょうが》。〉・堂達《どうたつ》〈厳康《げんこう》。〉・堂僧十四口《どうそうじゅうよんく》である。布施《ふせ》は米《こめ》と布《ぬの》二種《にしゅ》。その数《かず》は、差《さ》が有《あ》った。

❖東塔常行堂《とうとうじょうぎょうどう》に於《お》いて修法《しゅほう》せしむ。事々《ことごと》、鄙乏《ひぼう》に依《よ》り、堂童子《どうどうじ》に行香《ぎょうごう》せしめず。法華《ほっけ》曼荼羅《まんだら》・墨字《ぼくじ》の法華経《ほけきょう》一部《いちぶ》八巻《はちかん》・開結経《かいけつきょう》・転女成仏《てんにょじょうぶつ》・阿弥陀《あみだ》・般若心経等《はんにゃしんぎょうなど》各一巻《おのおのいっかん》〈白《しろ》き色紙《しきし》、銀《ぎん》の筋《すじ》。〉を供養《くよう》す。諷誦《ふじゅ》。信濃布百端《しなののぬのひゃくたん》。講師《こうじ》〈平景《へいけい》。〉・呪願《じゅがん》〈円賀《えんが》僧都《そうず》。〉・唄《ばい》〈増因《ぞういん》。〉・散花《さんげ》〈玄寿《げんじゅ》。〉・三礼《さんらい》〈勝雅《しょうが》。〉・堂達《どうたつ》〈厳康《げんこう》。〉・堂僧十四《どうそうじゅうよん》口《く》等《など》なり。布施《ふせ》、米《こめ》・布《ぬの》二種《にしゅ》。其《そ》の数《かず》、差《しな》有《あ》り。

於㆓東塔常行堂㆒令㆓修法㆒、事々依㆓鄙乏㆒不㆑令㆑行㆔香堂童子㆒、供㆔養法華曼荼羅・墨字法華経一部八巻・開結経・転女成仏・阿弥陀・般若心経等各一巻㆒〈白色紙、銀筋、〉、諷誦、信濃布百端、講師〈平景、〉・呪願〈円賀僧都、〉・唄〈増因、〉・散花〈玄寿、〉・三礼〈勝雅、〉・堂達〈厳康、〉・堂僧十四口等也、布施米布二種、其数有㆑差、

✻実資の妻は、十七歳の天延《てんえん》元年（九七三）に結婚した源惟正《これまさ》の女が最初であった。実資は惟正の二条第に婿入りしたことになる。しかし、この人は寛和《かんな》二年（九八六）五月八日に死去してしまった。この記事はその一周忌の法事を盛大に行なったというもの。なお、実資はその後、正暦《しょうりやく》四年（九九三）に花山《かざん》天皇の女御《にょうご》であった婉子《えんし》女王と結婚したが、この人も長徳《ちょうとく》四年（九九八）に死去してしまった。その後は結婚することはなく、子女を産んだ女性が二人、確認できるが、いずれも正式な妻とはせず、妾《しょう》（または召人《めしうど》）のままとしている。

・六月十日（九条本〈広本〉）訶梨勒丸を服す

赤痢《せきり》は、やはりいまだ癒《い》えなかった。そこで訶梨勒丸三十丸《かりろくがんさんじゅうがん》を服用《ふくよう》した。三《さん》、四度《よんど》、快《こころよ》く下痢《げり》をした。その後《ご》、特別《とくべつ》な事《こと》は無《な》かった。

❖赤痢《せきり》、猶《な》ほ未《いま》だ愈《い》えず。仍《よ》りて呵梨勒丸三十丸《かりろくがんさんじゅうがん》を服《ふく》す。三《さん》・四度《よんど》、快瀉《かいしゃ》す。其《そ》の後《のち》、殊《こと》なる事無《ことな》し。

赤痢猶未ㇾ愈、仍服二呵梨勒丸三十丸一、三四度快瀉、其後無二殊事一、

✲実資は実は腹が弱かった。便秘になったり下痢をしたりといった記事が頻繁に見え、その都度、訶梨勒丸《かりろくがん》という薬を飲んでいる。訶梨勒はインドなどに産するシクンシ科の高木で、その果実を風邪・便通などの薬として使用する。訶梨勒丸はそれに生薬を混ぜた薬で、この時は血の混じった下痢をする赤痢用に処方されたものであろう。

これを服用できる道長や実資の経済力（と政治力）も推してはかるべきであるが（行成の『権記』には一度も見えない）、二人ともしばしばこれを大量に服用し、かえって体調を悪くしたりしている。

・十二月十六日（『小右記』長元《ちょうげん》二年九月二十日条による）　道長結婚

左京大夫《さきょうだいぶ》（藤原《ふじわらの》）道長《みちなが》が、左大臣《さだいじん》（源雅信《みなもとのまさのぶ》）の女《むすめ》（源倫子《みなもとのりんし》）に通婚《つうこん》した。

❖左京大夫《さきょうだいぶ》道長《みちなが》、左府《さふ》の女《むすめ》に通《つう》ず。

左京大夫道長通㆓左府女㆒、

✲道長が結婚した年月日がわかる貴重な記事。兼家の五男で左京大夫に過ぎなかった道長が、何故に左大臣源雅信《まさのぶ》の女である倫子《りんし》の婿となることができたのかはわからない。天皇も東宮も、倫子と結婚するには若すぎたことも原因であろう。雅信はむしろ摂関家《せっかんけ》の男を婿に取りたかったのであろうが、道隆《みちたか》や道兼《みちかね》は倫子が適齢期の時にはまだ地位が低く、結局道長まで待たされたということであろうか。いずれにせよ、倫子と結婚したことによって、道長の運は開け、宇多源氏《うだげんじ》の高貴な血と雅信の政治的後見と土御門第《つちみかどてい》を手に入れることができたのである。続く『小右記』の記事が、「大幸《たいこう》は、あの家から開いた」と記すのも、当然のことなのであった。

## ◆永延二年（九八八）

藤原実資三十二歳（正四位下、左中将・中宮権大夫・蔵人頭）　一条天皇九歳
円融上皇三十歳　藤原兼家六十歳　藤原詮子二十七歳

・二月二十八日（伏見宮本〈略本〉）　藤原誠信、実資を超越／三代の蔵人頭

昨日《きのう》、官職任命《かんしょくにんめい》の訂正《ていせい》を行《おこ》なったついでに、官職任命《かんしょくにんめい》の儀式《ぎしき》が行《おこ》なわれた。参議《さんぎ》に（藤原《ふじわらの》）誠信《さねのぶ》（蔵人頭《くろうどのとう》の功労《こうろう》か。「春宮亮《とうぐうのすけ》を兼《か》ねる」と云《い》うことだ。「菅丞相《かんじょうしょう》（菅原道真《すがわらのみちざね》）の例《れい》」と云《い》うことだ。二代《にだい》の蔵人頭《くろうどのとう》の功労《こうろう》が四年《よねん》、右中将《うちゅうじょう》の功労《こうろう》が三年《さんねん》。私《わたし》（藤原実資《ふじわらのさねすけ》）は三代《さんだい》の蔵人頭《くろうどのとう》の功労《こうろう》が八年《はちねん》、左中将《さちゅうじょう》の功労《こうろう》が六年《ろくねん》。現在《げんざい》の位階《いかい》は上《じょう》席《せき》である。ところが誠信《さねのぶ》は私《わたし》を超越《ちょうおつ》して参議《さんぎ》に任《にん》じられた。道理《どうり》が無《な》いようなものである。「右大臣《うだいじん》（藤原為光《ふじわらのためみつ》）が、去《さ》る二十五日《にじゅうごにち》の寅刻《とらのこく》（午前三時《ごぜんさんじ》－五時《ごじ》）の頃《ころ》、摂政《せっしょう》

(藤原兼家《ふじわらのかねいえ》)の邸宅《ていたく》に参《まい》って、切実《せつじつ》に愁《うれ》い申《もう》されたことには、『もし許容《きよよう》が無《な》かったならば、帰《かえ》るわけにはいきません』ということだ。そこで許容《きよよう》が有《あ》った」ということだ。「すぐに舞《ま》った」と云《い》うことだ。朝議《ちようぎ》は、すでに軽《かる》いものである。天下《てんか》の者《もの》は目《め》くばせした。「また、右大臣《うだいじん》は私《わたし》について多《おお》く悪《わる》く言《い》った」と云《い》うことだ。人々《ひとびと》が来《き》て告《つ》げた。記《しる》すことのできる暇《ひま》はない。〉。……

❖昨日《きのう》、直物《なおしもの》の次《つ》いでに除目有《じもくあ》り。参議《さんぎ》、誠信《さねのぶ》〈頭《とう》の労《ろう》か。「春宮亮《とうぐうのすけ》を兼《か》ぬ」と云々《しかじか》。「菅丞相《かんじようしよう》の例《れい》」と云々《しかじか》。二代《にだい》の頭《とう》の労《ろう》、四个年《よんかねん》、右中将《うちゆうじよう》の労《ろう》、三年《さんねん》。余《よ》、三代《さんだい》の頭《とう》の労《ろう》、八《はち》个年《かねん》、左中将《さちゆうじよう》の労《ろう》、六个年《ろつかねん》。当時《とうじ》の位《くらい》、上﨟《じようろう》なり。而《しか》るに参議《さんぎ》に越任《おつにん》す。道理《どうり》無《な》きに似《に》る。「右大臣《うだいじん》、去《さ》ぬる二十五日《にじゆうごにち》、寅時《とらのとき》ばかり、摂政《せつしよう》の第《だい》に参《まい》り、懇切《こんせつ》に愁《うれ》へ申《もう》さる、『若《も》し許容無《きよような》くば、罷《まか》り出《い》づべからず』てへり。仍《よ》りて許諾有《きよだくあ》り」てへり。「即《すなわ》ち拝舞《はいぶ》す」と云々《しかじか》。朝議《ちようぎ》、已《すで》に軽《かろ》し。天下《てんか》、以《もつ》て目《め》くばせす。「又《また》、右府《うふ》、余《よ》の為《ため》に多《おお》く讒舌《ざんぜつ》を動《うご》かす」と云々《しかじか》。人々《ひとびと》、来《き》たりて告《つ》ぐ。記《しる》すに遑《いとま》あること能《あた》はず。〉。……

昨日直物次有二除目一、参議誠信〈頭労歟、兼二春宮亮一云々、菅丞相例云々、二代頭労四个年、右中将労三年、余三代頭労八个年、左中将労六个年、当時位上臈也、而越二任参議一、似レ無二道理一、右大臣去二十五日寅時許、参二摂政第一、懇切被二愁申一、若無二許容一、不レ可二罷出一者、仍有二許諾一者、即拝舞云々、朝議已軽、天下以目、又右府為レ余多動二讒舌一云々、人々来告、不レ能レ遑レ記〉、……

✽太政大臣《だいじょうだいじん》藤原為光《ふじわらのためみつ》の後継者として当初は期待されていた誠信《さねのぶ》は、幼少時は聡敏《そうびん》であった（『口遊《くちずさみ》』序文）。寛和《かんな》元年（九八五）に二十二歳で蔵人頭《くろうどのとう》、寛和二年（九八六）に二十三歳で右中将《うちゅうじょう》に任じられたが、これらは為光の譲りによるものであった。

この年、二十五歳で参議《さんぎ》に任じられて公卿《くぎょう》となったが、ここではその際のいきさつが記されている。平安《へいあん》貴族は超越《ちょうおつ》といって序列を越えられるのを嫌がったが、実資《さねすけ》の書きぶりにもそれが表われている。

なお、為光が正暦《しょうりゃく》三年（九九二）に死去すると、有能な同母弟の斉信《ただのぶ》に期待が集まり、誠信は参議のまま留《とど》められた。長保《ちょうほう》三年（一〇〇一）に斉信が誠信を超越して権中納言《ごんちゅうなごん》に任じられると、誠信は盟言《めいげん》（神明《しんめい》に誓うこと）してそのまま憤死《ふんし》した（『権《ごん》記《き》』）。

・三月二十一日（伏見宮本〈略本〉）公卿の勤仕を戒告

摂政《せっしょう》（藤原兼家《ふじわらのかねいえ》）がおっしゃって云《い》われたことには、「何箇月《なんかげつ》か、公卿《くぎょう》は役所《やくしょ》の仕事《しごと》を勤《つと》めない。つくづく事情《じじょう》を思《おも》うと、或《ある》いは天皇《てんのう》の恩《おん》をいただき、或《ある》いは子孫《しそん》についても、また天皇《てんのう》の恩《おん》が有《あ》る。ところがその勤《つと》めは無《な》い。今《いま》から以後《いご》、一箇月《いっかげつ》の内《うち》に十日《とおか》は出勤《しゅっきん》せよ」と。また、弁官《べんかん》は文書《もんじょ》を読《よ》み上《あ》げる政務《せいむ》に着《ちゃく》さず、或《ある》いは政務《せいむ》の責任者《せきにんしゃ》が参《まい》るのを待《ま》たず、早《はや》く帰《かえ》った。この事《こと》も重《かさ》ねて戒告《かいこく》するよう、右大臣《うだいじん》（藤原為光《ふじわらのためみつ》）に伝《つた》えて命《めい》じられた。

❖摂政《せっしょう》、仰《おお》せられて云《い》はく、「月来《げつらい》、公卿《くぎょう》、官事《かんじ》を勤《つと》めず。倩《つらつ》ら事情《じじょう》を思《おも》ふに、或《ある》いは朝恩《ちょうおん》を蒙《こうむ》り、或《ある》いは子孫《しそん》の間《かん》、又《また》、朝恩有《ちょうおんあ》り。而《しか》るに其《そ》の勤《つと》め無《な》し。今《いま》より以後《いご》、一月《ひとつき》の内《うち》に十日《とおか》を見仕《げんし》せよ」と。又《また》、弁《べん》、結政《かたなし》に着《ちゃく》さず、或《ある》いは上卿《しょうけい》の参入《さんにゅう》を待《ま》たず、早《はや》く以《もっ》て罷《まか》り出《い》づ。此《こ》の事等《ことなど》、重《かさ》ねて誡《いまし》め仰《おお》すべき由《よし》、右大臣《うだいじん》に伝《つた》へ仰《おお》せらる。

摂政被レ仰云、月来公卿不レ勤二官事一、倩思二事情一、或蒙二朝恩一、或子孫間又有二朝恩一、而無二其勤一、自レ今以後一月内見二仕十日一、又弁不レ着二結政一、或不レ待二上卿参入一、早以罷出、此事等重可二誡仰一之由、被レ伝二仰右大臣一、

＊平安貴族は遊んでばかりいるわけではなく、深夜までの激務を続けていたと、私はあちこちで強調してきたが、よく考えれば日記を記録するような貴族は真面目で有能で実直に決まっているのである。いつの時代のどの階層もそうであるが、大多数の人間は怠惰で無能で嘘つきなのである。

この記事は、摂政兼家《かねいえ》が、懈怠《けたい》を繰り返す公卿《くぎょう》や実務官人に怒って、公卿にはせめて一箇月に十日は出勤せよと命じているものである。月十日の勤務ですむのなら、こんな楽な商売はないと考えるようでは、我々も彼らと同じなのである。

なお、天皇や摂関が代わると、公卿や実務官人が懈怠を続ける例がしばしば見られるが、これは無言の反体制運動と思われる。

・八月七日（伏見宮本〈略本〉）　天文異変

早朝《そうちょう》、□□□□摂政殿《せっしょうどの》（藤原兼家《ふじわらのかねいえ》）から召《め》しが有《あ》った。すぐに馳《は》せ参《まい》った。おっしゃって云《い》われたことには、「去《さ》る五日《いつか》の夜《よる》、火星《かせい》が軒轅星《けんえんせい》を犯《おか》した。『天子《てんし》（一条天皇《いちじょうてんのう》）と皇后《こうごう》（藤原詮子《ふじわらのせんし》）が、共《とも》に謹慎《きんしん》されるように』ということだ。天台惣持院《てんだいそうじいん》に於《お》いて熾盛光御修法《しじょうこうみしほ》を修《しゅう》するよう、座主尋禅《ざすじんぜん》に命《めい》じよ」ということだ〈勘文《かんもん》に云《い》ったことには、「十二日《じゅうににち》と十七日《じゅうしちにち》」ということだ。〉。「また、慈徳寺《じとくじ》に於《お》いて八万四千《はちまんよんせん》の泥塔《でいとう》を供養《くよう》されるように。その事《こと》は、誰《だれ》を招《まね》いて修《しゅう》させればよいであろうか」ということだ。「この趣旨《しゅし》を座主《ざす》の許《もと》に伝《つた》えよ」ということだ。泥塔《でいとう》を造《つく》ることは、すでに終《お》わった。また、熒惑星祭《けいこくせいさい》の占《うらな》いがあった〈（安倍《あべの》）晴明《はるあきら》が、十二日《じゅうににち》と十九日《じゅうくにち》を占《うらな》った。〉。

❖早朝《そうちょう》、□□□□摂政殿《せっしょうどの》より喚《め》し有《あ》り。即《すなわ》ち馳《は》せ参《まい》る。仰《おお》せられて云《い》はく、「去《さ》ぬる五日《いつか》の夜《よる》、熒惑星《けいこくせい》、軒轅女主《けんえんじょしゅ》を犯《おか》す。『天子《てんし》・皇后《こうごう》、共《とも》に慎《つつし》み御《おわ》すべし』てへり。天台惣持院《てんだいそうじいん》に於《お》いて熾盛光御修法《しじょうこうみしほ》を修《しゅ》すべき由《よし》、座主《ざす》尋禅《じんぜん》に仰《おお》せ遣《つか》はせ」てへり〈勘文《かんもん》に云《い》はく、「十二日《じゅうににち》・十七日《じゅうしちにち》」てへり。〉。「又《また》、慈徳寺《じとくじ》に於《お》いて八万四千《はちまんよんせん》泥塔《でいとう》を供養《くよう》せらるべし。其《そ》の事《こと》、誰《だれ》を以《もっ》て修《しゅ》し奉《たてまつ》らしむべきか」てへり。「此《こ》の趣《おもむ》きを以《もっ》て座主《ざす》の許《もと》に示《しめ》し遣《つか》はせ」てへり。泥塔《でいとう》を造《つく》り奉《たてまつ》ること、已《すで》に了《おわ》んぬ。
又《また》、熒惑星祭《けいこくせいさい》の事《こと》〈晴明《はるあきら》、十二日《じゅうににち》・十九日《じゅうくにち》を勘申《かんじん》す。〉。

早朝、□□□□従二摂政殿一有レ喚、即馳参、被レ仰云、去五日夜熒惑星犯二軒轅女主一、天子・皇后共可二慎御一者、於二天台惣持院一可レ修二熾盛光御修法一之由仰二遣座主尋禅一者〈勘文云、十二日・十七日者。〉、又於二慈徳寺一可レ被レ供二養八万四千泥塔一、其事以レ誰可レ令レ奉レ修乎者、以二此趣一示二遣座主許一者、泥塔奉レ造已了、又熒惑星祭事〈晴明勘二申十二日・十九日一〉、

✽日月蝕《にちげつしょく》、月星接近、惑星の犯合《はんごう》、大流星、彗星《すいせい》出現などの天文異変が起こると、陰《おん》陽寮《みょうりょう》による占いが行なわれ、その結果を密封して天皇に奏上した。これを天文密奏《てんもんみっそう》という。熒惑星《けいこくせい》は火星、軒轅星《けんえんせい》は北斗七星の北にある十七星（しし座31番星）のこと。

惑星の犯合というのは、太陰暦《たいいんれき》では予測するのが難しく、しばしば起こった。

・十月三日（伏見宮本〈略本〉）蔵人頭の昇進は上日による

左中弁《さちゅうべん》（藤原《ふじわらの》）有国《ありくに》が、仰《おお》せを伝《つた》えて云《い》ったことには、『蔵人頭《くろうどのとう》は、出勤《しゅっきん》日数《にっすう》によって昇進《しょうしん》を期《き》すように』ということだ。今日《きょう》から始《はじ》めることとなった事《こと》である」と云《い》うことだ。すぐに帰《かえ》った。昔《むかし》から聞《き》いたことのない事《こと》である。最《もっと》も奇怪《きかい》とするに足《た》る。今日《きょう》、本来《ほんらい》ならば内裏《だいり》に控《ひか》えることになっていた。ところが太政大臣《だいじょうだいじん》（藤原頼忠《ふじわらのよりただ》）から、珍《めずら》しい参詣《さんけい》を聞《き》いた。そこで政務《せいむ》をなげうって馳《は》せ参《まい》ったものである。後難《こうなん》を思《おも》わず、また公《おおやけ》の責《せ》めを忘《わす》れたのである。

❖左中弁在国《さちゅうべんありくに》、仰《おお》せを伝《つた》へて云《い》はく、「『蔵人頭《くろうどのとう》、上日《じょうじつ》に依《よ》り、昇進《しょうしん》を期《き》すべし』

てへり。今日《きょう》より始《はじ》め行《おこ》なふべき事《こと》なり」と云々《しかじか》。即《すなわ》ち罷《まか》り出《い》づ。往古《おうこ》、聞《き》かざる事《こと》なり。最《もっと》も奇《き》と為《な》すに足《た》る。今日《きょう》、須《すべから》く内《うち》に候《こう》ずべし。而《しか》るに太相国《だいしょうこく》より、希有《けう》の逃遊《とうゆう》を承《うけたまわ》る。仍《よ》りて公事《くじ》を抛《なげう》ち、馳《は》せ参《まい》る所《ところ》なり。後難《こうなん》を思《おも》はず、又《また》、公《おおやけ》の責《せ》めを忘《わす》るるのみ。

左中弁在国伝レ仰云、蔵人頭依二上日一可レ期二昇進一者、従二今日一可二始行一事也云々、即罷出、往古不レ聞事也、最足レ為レ奇、今日須レ候レ内、而太相国承二希有逃遊一、仍抛二公事一所二馳参一也、不レ思二後難一、又忘二公責一耳、

✽この日、頼忠《よりただ》は観音院《かんのんいん》に参詣《さんけい》したのだが、一族の長の誘いに、実資はこれに供奉《ぐぶ》した。ところが晩方に帰ってくると、内裏から召しが有り、蔵人頭《くろうどのとう》の昇進条件は上日《じょうじつ》（出勤日数）が第一と摂政兼家に叱られた。

その日から始まった制度ということで、実資は憤慨しているが、考えてみれば蔵人頭は上皇・天皇・摂政を連絡する重要な地位なので、兼家の言うことももっともなのである。もっとも、兼家が頼忠や実資の小《お》野宮家《ののみやけ》と別系統であったことにもよる。

・十月七日（伏見宮本〈略本〉）御庚申

夜《よる》に入《はい》って、内裏《だいり》に帰《かえ》り参《まい》った。侍臣多数《じしんたすう》が宿所《しゅくしょ》に来《き》た。皆《みな》、云《い》ったことには、「今夜《こんや》、酒殿《さかどの》の酒《さけ》を召《め》して、眠《ねむ》りません。庚申待《こうしんまち》によるものです」ということだ。そこで急《きゅう》に食物《しょくもつ》を求《もと》めて、その志《こころざし》を遂《と》げさせた。侍臣《じしん》は深《ふか》く酔《よ》った。或《ある》いは歌《うた》い、或《ある》いは舞《ま》った。暁方《あかつきがた》に及《およ》んで、連《つ》れだって皇《こう》太后宮《たいごうぐう》（藤原詮子《ふじわらのせんし》）のあたりに参《まい》って、舞《ま》い歌《うた》った。

❖夜《よる》に入《い》りて、内《うち》に帰《かえ》り参《まい》る。侍数多《さむらいあまた》、宿所《しゅくしょ》に来《き》たる。皆《みな》、云《い》はく、「今夜《こんや》、酒《さか》殿《どの》を召《め》し、眠《ねむ》らず。庚申《こうしん》に依《よ》る」てへり。仍《よ》りて卒爾《そつじ》に食物《じきもつ》を求《もと》め、其《そ》の志《こころざし》を遂《と》げしむ。侍臣《じしん》、淵酔《えんすい》す。或《ある》いは歌《うた》ひ、或《ある》いは舞《ま》ふ。暁更《ぎょうこう》に覃《およ》び、相率《あいひき》ゐて皇太《こうたい》后宮《ごうぐう》の辺《あた》りに参《まい》り、舞《ま》ひ歌《うた》ふ。

入レ夜帰二参内一、侍数多来二宿所一、皆云、今夜召二酒殿一不レ眠、依二庚申一者、仍卒爾求二食物一、令レ遂二其志一、侍臣淵酔、或歌或舞、覃二暁更一相率参二皇太后宮辺一舞歌、

＊庚申待《こうしんまち》というのは、庚申の日に体内の三尸《さんし》という虫が体内から抜け出して天に上り、天帝《てんてい》にその人が犯した罪過を報告するというので、眠らないようにしたことをいう。睡気ざましや時間つぶしに、双六《すごろく》・管絃《かんげん》・歌合《うたあわせ》その他の遊びをし、酒を飲んで賑《にぎ》やかに徹夜した。

酒殿は造酒司《みきのつかさ》の中にある酒を造る建物。実はどうも、実資は酒好きらしいのである。実資の舞なんて、見てみたいものであるが。

## ◆永祚《えいそ》元年（九八九）

藤原実資三十三歳（正四位下、左中将・蔵人頭→参議）一条天皇十歳　円融上皇三十一歳　藤原兼家六十一歳　藤原詮子二十八歳

・正月二十五日（九条本〈広本〉）　円融院、中文を下す

今日《きょう》、召《め》しによって、院《いん》（円融院《えんゆういん》）の許《もと》に参《まい》った。大学助《だいがくのすけ》（藤原《ふじわらの》）有家《ありいえ》が式《しき》部丞《ぶのじょう》を申請《しんせい》した文書《もんじょ》および左衛門志《さえもんのさかん》 多《た》米国定《めのくにさだ》が外記《げき》を申請《しんせい》した文書《もんじょ》を下《くだ》された。摂政《せっしょう》（藤原兼家《ふじわらのかねいえ》）の許《もと》に送《おく》られた。また、院《いん》の年官《ねんかん》である加賀《かが》については、相違《そうい》が無《な》いという仰《おお》せが有《あ》った。すぐに摂政《せっしょう》に申《もう》した。申《もう》されて云《い》ったことには、「加賀《かが》については、前日《ぜんじつ》、仰《おお》せを聞《き》きました。また、両人《りょうにん》については、公卿《くぎょう》たちが合議《ごうぎ》して申《もう》すことにします」ということだ。

❖今日《きょう》、召《め》しに依《よ》り、院《いん》に参《まい》る。大学助有家《だいがくのすけありいえ》の式部《しきぶ》を申《もう》す申文幷《もうしぶみなら》びに左衛門志《さえもんのさかん》 多《た》米国定《めのくにさだ》の外記《げき》を申《もう》す申文等《もうしぶみなど》を下《くだ》し給《たま》ふ。摂政《せっしょう》の許《もと》に遣《つか》はさる。又《また》、院分《いんぶん》の加賀《かが》の事《こと》、相違《そうい》無《な》かるべき由《よし》、仰《おお》せ事有《ごとあ》り。即《すなわ》ち摂政《せっしょう》に申《もう》す。奏《そう》せられて云《い》はく、「加《か》賀《が》の事《こと》、前日《ぜんじつ》、仰《おお》せを奉《うけたまわ》る。又《また》、両人《りょうにん》の事《こと》、諸卿《しょきょう》、僉議《せんぎ》して申《もう》すべし」てへり。

今日依レ召参レ院、下下給大学助有家申二式部一申文幷左衛門志多米国定申二外記一申文等上、被レ遣二摂政許一、又院分加賀事可レ無二相違一之由有二仰事一、即申二摂政一、被レ奏云、加賀事前日奉レ仰、又両人事諸卿僉議可レ申者、

＊一条《いちじょう》天皇の時代になると、円融院《えんゆういん》の人事介入は、より顕著になった。この記事は、式部丞《しきぶのじょう》と外記《げき》の申文と、院分国《いんぶんこく》（上皇が受領《ずりょう》の任命権を持つ国）の申文について、摂政兼家《かねいえ》に下したというもの。この時、式部丞を申請した藤原有家《ふじわらのありいえ》は、長徳《ちょうとく》二年（九九六）に式部少丞《しきぶのしょうじょう》に任じられている（「長徳二年大間書《ちょうとくにねんおおまがき》」）。

・二月十九日（九条本〈広本〉）　兼家、実資任参議を非難

早朝《そうちょう》、院《いん》（円融院《えんゆういん》）の許《もと》に参《まい》った。しばらくして帰《かえ》った。「権中納言《ごんちゅうなごん》（藤原《ふじわらの》

道兼《みちかね》)が院《いん》の□によって参《まい》った」と云《い》うことだ。これは私《わたし》(藤原実資《ふじわらのさねすけ》)の参《さん》議任命《ぎにんめい》についてである。昨日《きのう》、摂政《せっしょう》(藤原兼家《ふじわらのかねいえ》)が申《もう》しあげて云《い》ったことには、「加《くわ》えて任《にん》じることについては、やはり難《むずか》しいのではないでしょうか」ということだ。今日《きょう》、院《いん》がおっしゃって云《い》ったことには、「今回《こんかい》の事《こと》は、他人《たにん》から非難《ひなん》は無《な》いはずである。ただ、私《わたし》(円融院《えんゆういん》)が決《き》めたことであるから、すぐに帰《かえ》り参《まい》って、摂政《せっしょう》に申《もう》せ」ということだ。夜《よる》に入《はい》って、権中納言《ごんちゅうなごん》に会《あ》って、事情《じじょう》を聞《き》いた。「すでに許容《きょよう》が有《あ》った」ということだ。

❖早朝《そうちょう》、院《いん》に参《まい》る。暫《しばら》くして罷《まか》り出《い》づ。「権中納言《ごんちゅうなごん》、院《いん》の□に依《よ》り参入《さんにゅう》す」と云々《しかじか》。是《こ》れ余《よ》の八座《はちざ》の事《こと》なり。昨日《きのう》、摂政《せっしょう》、奏《そう》せられて云《い》はく、「加任《かにん》の事《こと》、猶《な》ほ難《かた》かるべきか」てへり。今日《きょう》、院《いん》、仰《おお》せて云《い》はく、「此般《このはん》の事《こと》、他人《たにん》の為《ため》、謗《ぼう》難無《なんな》かるべし。只《ただ》、吾《われ》に在《あ》れば、即《すなわ》ち帰《かえ》り参《まい》り、摂政《せっしょう》に申《もう》せ」てへり。夜《よる》に入《い》りて、権中納言《ごんちゅうなごん》に遇《あ》ひ、案内《あない》を聞《き》く。「已《すで》に許容有《きょようあ》り」てへり。

早朝参レ院、暫罷出、権中納言依二院□一参入云々、是余八座事也、昨日摂政被レ奏云、加任事猶可レ難歟者、今日院仰云、此般事為二他人一可レ無二謗難一、只在二於吾一者、即帰参申二摂政一者、入レ夜遇二権中納言一聞二案内一、已有二許容一者、

✲普通、天皇側近の蔵人頭《くろうどのとう》を一、二年も勤めれば、参議に任じられて公卿《くぎょう》の一員となる。ところが実資《さねすけ》の場合、あまりの有能さや謹厳な勤務態度ゆえ、歴代の天皇が手放そうとせず、皇統《こうとう》が代わっても蔵人頭を辞めさせてもらえずに、八年間もこの地位にあったのである（これは六年間勤めた藤原行成《ゆきなり》も同様）。我々としては、王権の中枢に関わる蔵人頭の日記が残されていることは、ありがたいのであるが、一日も早く公卿に上りたい彼らとしては、ありがた迷惑なことなのであった。

　この年、実資にやっとチャンスが廻《めぐ》ってきた。嫡男《ちゃくなん》藤原道隆《ふじわらのみちたか》の内大臣《ないだいじん》任命を求める兼家に対し、円融院はそれと引き替えに実資を参議に推挙したのである。二月十七日、十八日、十九日と兼家に実資の任参議を求め、二十日、ついに渋る兼家にこれを許容させ、実資は二十三日に参議に任じられている。同じ二十三日、道隆は内大臣に任じられ、これで名実ともに兼家の後継者としての地位を確立した。

・三月二日〈九条本〈広本〉〉　藤原忠平巡方帯を質から出す

室町殿《むろまちどの》（藤原実資姉《ふじわらのさねすけのあね》）の白玉隠文巡方《はくぎょくいんもんじゅんぽう》の帯《おび》〈貞信公《ていしんこう》（藤原忠平《ふじわらのただひら》）の御帯《おんおび》で、故殿《ことの》（藤原実頼《ふじわらのさねより》）が伝《つた》えられた御帯《おんおび》である。〉は、この数年《すうねん》、（藤原《ふじわらの》）永頼朝臣《ながよりあそん》の許《もと》にあった。今日《きょう》、出《だ》し取《と》ってきた〈質《しち》として百貫《ひゃっかん》を置《お》いたのである。〉。

❖室町殿《むろまちどの》の白玉隠文巡方《はくぎょくいんもんじゅんぽう》の帯《おび》〈貞信公《ていしんこう》の御帯《おんおび》。故殿《ことの》、伝《つた》へ給《たま》ふ御帯《おんおび》なり。〉、年来《ねんらい》、永《なが》頼朝臣《よりあそん》の許《もと》に在《あ》り。今日《きょう》、出《い》だし取《と》り了《おわ》んぬ〈質《しち》に百貫《ひゃっかん》を置《お》く。〉。

室町殿白玉隠文巡方帯〈貞信公御帯、故殿伝給之御帯也〉、年来在二永頼朝臣許一、今日出取了〈置二質百貫一之〉、

✽隠文巡方《いんもんじゅんぽう》の帯というのは、石帯《せきたい》の石に彫刻の模様があり（有文《うもん》）、銙《か》（装飾の座金）が正方形のもの。この日、忠平《ただひら》―実頼《さねより》と伝わった帯を、預けておいた永頼《ながより》の許《もと》から出

してきた。その質として百貫の銭を置いてきたという記事。

永頼は中宮亮《ちゅうぐうのすけ》で後に三位《さんみ》にいたった。出家する際に実資に告げてきたり、頼通《よりみち》の妾《しょう》となっていた女性の法事を実資に託したりと、実資とは深い関係にあった。

藤原北家《ほっけ》の嫡流は忠平一男の実頼と二男の師輔《もろすけ》の間で争われた（本人同士は仲がよかったようであるが）。参議に任じられた直後に忠平の帯を手に入れたというのも、実資の何らかの意識の表われであろう。

・三月十九日（九条本〈広本〉）　北野天満天神の託宣

左中弁《さちゅうべん》（藤原《ふじわらの》）有国《ありくに》が議場《ぎじょう》に出《で》て、中納言《ちゅうなごん》（源《みなもとのやすみつ》　保光）に伝《つた》えて云《い》ったことには、「ただ今《いま》、北野《きたの》天満天神《てんまんてんじん》（菅原道真《すがわらのみちざね》）が、皇太后宮《こうたいごうぐう》（藤原詮子《ふじわらのせんし》）に取《と》り憑《つ》きました。行幸《ぎょうこう》を願《ねが》っておられるようです。その詞《ことば》に云《い》ったことには、『春日行幸《かすがぎょうこう》は、神明《しんめい》がすでに歓悦《かんえつ》している。ただし宮中《きゅうちゅう》に急《きゅう》に火事《かじ》が有《あ》るであろうから、もし自分《じぶん》（道真《みちざね》）が護助《ごじょ》を加《くわ》えれば、災害《さいがい》を除《のぞ》くことができるであろう』と」と云《い》うことだ。

❖左中弁在国《さちゅうべんありくに》、陣《じん》に出《い》で、中納言《ちゅうなごん》に仰《おお》せて云《い》はく、「只今《ただいま》、北野天満天神《きたのてんまんてんじん》、皇太后宮《こうたいごうぐう》に寄託《きたく》す。行幸《ぎょうこう》を庶《こ》ひ幾《ねが》ふに似《に》る。其《そ》の詞《ことば》に云《い》はく、『春日行幸《かすがぎょうこう》、神明《しんめい》、已《すで》に歓悦《かんえつ》有《あ》り。但《ただ》し宮中《きゅうちゅう》、俄《にわ》かに火《ひ》有《あ》るべければ、若《も》し護助《ごじょ》を加《くわ》へば、災殃《さいおう》を攘《はら》ふべし』と」と云々《しかじか》。

左中弁在国出レ陣仰二中納言一云、只今北野天満天神寄二託皇太后宮一、似レ庶二幾行幸一、其詞云、春日行幸神明已有二歓悦一、但宮中俄可レ有レ火者、若加二護助一可レ攘二災殃一云々、

❖この頃、兼家は一条天皇の春日《かすが》行幸を計画していた。藤原氏の氏神《うじがみ》への初度の天皇行幸、しかも山城《やましろ》国を離れてのものとなると、きわめて異例のことである。一条の健康状態に不安を感じていた円融院は、これに強く反対した。

二月五日、春日行幸を三月二十三日に行なうことを、兼家が「人々の夢想《むそう》」を根拠

に円融院に奏して以来、両者の折衝が始まった。二月十三日、陰陽師《おんみょうじ》賀茂光栄《かものみつよし》に「不快の由《よし》」を示した勘文《かんもん》を出させ、三月十二日には御物忌《ものいみ》が重なっていることと二度にわたって夢想がよくなかったことを理由に、行幸延引《えんいん》を兼家に指示した。こうして十三日、いったん行幸延引の宣旨《せんじ》が下ったのである。

対する兼家は、三月十五日、「不快の夢想」や「怪異《かいい》」があったことを根拠に、やはり行幸を強行しようとして陰陽家に問い、十六日、行幸を行なうべきことを円融に奏したが、この折衝の結末に決定打となったのは、十九日の菅原道真《すがわらのみちざね》の詮子《せんし》への託宣《たくせん》（神のお告げ）であった。それは行幸を行なうならば、近々起こる内裏火災に護助を加えようというものであった。病弱な一条に対する円融の心配もさることながら、詮子に「託宣」まで行なわせて円融を脅した兼家の強烈な意志もまた、注目に値する。

結局、当初の予定通りの三月二十二日の朝、詮子とともに葱花輦《そうかれん》に乗って内裏を出た一条は、春日行幸に出立《しゅったつ》し、夜には春日社頭の御在所である著到殿《ちゃくとうでん》に着いた。これが一条が山城国を出た生涯ただ一度の経験ということになる。ちなみに、天皇が山城国を出たのは、弘仁《こうにん》六年（八一五）の嵯峨《さが》天皇の近江《おうみ》行幸以来、実に百七十四年ぶりのことであった。

・三月二十三日（九条本〈広本〉）春日行幸

辰刻《たつのこく》（午前七時《ごぜんしちじ》－九時《くじ》）、宿所《しゅくしょ》から摂政殿《せっしょうどの》（藤原兼家《ふじわらのかねいえ》）の御休幕《おんきゅうばく》〈これは興福寺《こうふくじ》が準備《じゅんび》したものである。〉に参《まい》った。……摂政《せっしょう》が云《い》ったことには、「心中《しんちゅう》の悦《よろこ》びは、少《すく》なくない。またかつて、このような事《こと》は有《あ》ったであろうか。帝《みかど》（一条天皇《いちじょうてんのう》）と后《きさき》（藤原詮子《ふじわらのせんし》）を率《ひき》いて賀茂社《かもしゃ》に参《まい》るのでさえも、やはり大幸《たいこう》と称《しょう》すべきである。汝《なれ》（藤原実資《ふじわらのさねすけ》）は今後《こんご》、このような事《こと》が有《あ》ったならば、参賀《さんが》するであろうか、如何《いかが》か」ということだ。もしかしたらこれは、神《かみ》の告《つ》げか。心底《しんそこ》から悦《よろこ》んでいた。敢《あ》えて人《ひと》に語《かた》らない。……

❖辰時《たつのとき》、宿所《しゅくしょ》より摂政殿《せっしょうどの》の御休幕《おんきゅうばく》〈是《こ》れ興福寺《こうふくじ》、儲《もう》くる所《ところ》。〉に参《まい》る。……摂政《せっしょう》、曰《い》はく、「心中《しんちゅう》の欣悦《きんえつ》、少《すく》なからず。又《また》、往代《おうだい》、此《か》くのごとき事有《ことあ》るや。帝后《ていこう》、相率《あいひき》ゐて賀茂社《かもしゃ》に参《まい》るも、猶《な》ほ大幸《たいこう》と謂《い》ふべし。汝《なれ》、向後《こうご》、之《こ》のごとき事有《ことあ》らば、参賀《さんが》すべきや、如何《いかが》」てへり。若《も》しくは是《こ》れ、神告《しんこく》か。心底《しんそこ》、欣々《きんきん》たり。敢《あ》へて人《ひと》に語《かた》らず。……

辰時自二宿所一参二摂政殿御休幕〈是興福寺所レ儲、〉一、……摂政曰、心中欣悦不レ少、又往代有二如レ此之事一乎、帝后相率参二賀茂社一、猶可レ謂二大幸一、汝向後有二如レ之事一可二参賀一乎如何者、若是神告歟、心底欣々、敢不レ語レ人、……

✻この春日行幸において、女《むすめ》である国母《こくも》、外孫《がいそん》である天皇を引き連れ、藤原氏の大臣以下に藤花《とうか》を頭に挿して付き従わせた兼家の喜びは、尋常ではなかった。これは言わば、自己の権勢を誇示するための「兼家の行幸」とも称すべき大パフォーマンスだったのである。実資に語った興言《きょうげん》も、その一環であろう。
ただし、これが兼家にとっても最後の遠出になろうとは、誰一人知る者はなかった。

・五月一日（九条本〈広本〉）　山籠法師に米塩を施す

或《あ》る者《もの》が云《い》ったことには、「上安祥寺《かみあんしょうじ》の山籠法師《やまごもりほうし》たちが飢饉《ききん》となっている」と云《い》うことだ。そこで米塩《べいえん》を紙《かみ》に包《つつ》み、密《ひそ》かに持《も》って馳《は》せ向《む》かった。山《やま》に向《む》かったが、その道《みち》を知《し》らない。たまたま一人《ひとり》の法師《ほうし》がいた。名《な》を講忠《こうちゅう》と称《しょう》した。彼《かれ》を道案内《みちあんない》として、歩行《ほこう》して寺《てら》を訪《たず》ねた。嶺《みね》からよじ登《のぼ》った。山《やま》道《みち》は堪《た》え難《がた》かった。未刻《ひつじのこく》（午後《ごご》一時《いちじ》－三時《さんじ》）の頃《ころ》、寺《てら》に着《つ》いた。山籠僧八人《やまごもりそうはちにん》に米《こめ》と塩《しお》を施《ほどこ》した。一人《ひとり》の僧《そう》が云《い》ったことには、「建立《こんりゅう》の師《し》慧雲《けいうん》が入唐《にっとう》した時《とき》の香水《こうずい》が、瓶《かめ》に納《おさ》めて広目天《こうもくてん》の御足《みあし》の下《もと》にあります。事情《じじょう》を祈《いの》らせます」と。一升《いっしょう》ほどを乞《こ》い取《と》って、これをもらった。途中《とちゅう》に於《お》いて、雨《あめ》に遭《あ》った。

❖或《あ》る者《もの》、云《い》はく、「上安祥寺《かみあんしょうじ》の山籠法師等《やまごもりほうしなど》、飢饉《ききん》す」と云々《しかじか》。仍《よ》りて米塩等《べいえんなど》を紙《かみ》に裹《つつ》み、密々《みつみつ》に随身《ずいじん》し、馳《は》せ向《む》かふ。山《やま》に向《む》かふに、其《そ》の道《みち》を知《し》らず。偶《たまた》ま一《ひとり》の法師《ほうし》有《あ》り。名《な》を講忠《こうちゅう》と称《しょう》す。彼《かれ》を以《もっ》て指南《しなん》と為《な》し、歩行《ほこう》して寺《てら》を尋《たず》ぬ。嶺《みね》より攀《よ》ぢ登《のぼ》る。羊腸《ようちょう》、堪《た》へ難《がた》し。未時《ひつじのとき》ばかり、寺《てら》に到《いた》る。山籠僧八人《やまごもりそうはちにん》に米塩等《べいえんなど》を施《ほどこ》す。一《ひとり》の僧《そう》、云《い》はく、「建立《こんりゅう》の師《し》慧雲《けいうん》の入唐《にっとう》の時《とき》の香水《こうずい》、瓶《かめ》に納《おさ》めて西方天《さいほうてん》の御足《みあし》の下《もと》に在《あ》り。事《こと》の由《よし》を祈《いの》り申《もう》さしむ」と。一升《いっしょう》ばかりを乞《こ》ひ取《と》りて之《これ》を持《も》つ。途中《とちゅう》に於《お》いて、雨《あめ》に遇《あ》ふ。

或者云、上安祥寺山籠法師等飢饉云々、仍米塩等裹レ紙密々随身馳向、々レ山不レ知二其道一、偶有二一法師一、名称二講忠一、以レ彼為二指南一、歩行尋レ寺、自レ嶺攀登、羊腸難レ堪、未時許到レ寺、山籠僧八人施二米塩等一、一僧云、建立師慧雲入唐之時香水、納レ瓶在二西方天御足下一、令レ祈二申事由一、一升許乞取持レ之、於二途中一遇レ雨、

✻上安祥寺《かみあんしょうじ》というのは、修行場として山科《やましな》の山中に建立されたのであるが、山籠《やまごもり》法師たちが飢饉《ききん》となっているということを聞いた実資は、米と塩を施すために、みずから徒歩で嶺《みね》をよじ登った。唐《とう》から船来した香水《こうずい》（仏前に供えたり仏像に注いだりする水）一升をもらって帰京した実資は、翌日にも供養《くよう》の米と塩を施している。まだ実資は三十三歳、あんな山奥まで歩いて登れたのである。

・六月十八日（九条本〈広本〉）実資室、実資を怨む

「内方《ないほう》（藤原実資室《ふじわらのさねすけのしつ》）は、今夜《こんや》、室町《むろまち》から帰《かえ》ってきました。迎《むか》え取《と》られた際《さい》に、とても怨《うら》むことが有《あ》りました」と云《い》うことだ。まったく拠《よ》るところが無《な》い、拠《よ》るところが無《な》い。

❖「内方《ないほう》、今夜《こんや》、室町《むろまち》より帰《かえ》り度《わた》る。迎《むか》へ取《と》らるる所《ところ》、頗《すこぶ》る相怨《あいうら》むこと有《あ》り」と云々《しかじか》。極《きわ》めて拠《よ》る所無《ところな》し、拠《よ》る所無《ところな》し。

内方今夜従二室町一帰度、所レ被二迎取一、頗有二相怨一云々、極無レ所レ拠、々々々、

✽「内方」は他人の妻への敬称に使うことが多いが、ここは誰かが実資室を敬って使ったもの。室町《むろまち》の姉の許《もと》に住まわせていた女性（良円《りょうえん》を産んだ人）である。その室が

室町から実資邸に帰ってきた際に、実資を怨《うら》んでいたという記事である。とかく男女の仲ははかりがたいが、この室は自分の扱い、あるいは実資の迎えについて怒っているのに対し、実資は何で怒っているのかがわかっていないようである。実は実資はこの日、穢《え》に触れていたのである。

・十月十日（九条本〈広本〉）　殿上御遊／一条天皇、笛を吹く

……内蔵寮《くらりょう》が殿上《てんじょう》の饗宴《きょうえん》を準備《じゅんび》した。盃酒《はいしゅ》が四、五巡《ごじゅん》した後《のち》、召《め》しによって御前《ごぜん》に参《まい》った。また、膳《ぜん》を下賜《かし》された。御遊《ぎょゆう》が行《おこ》なわれた。主上《しゅじょう》（一条《いちじょう》天皇《てんのう》）は御笛《おんふえ》を吹《ふ》かれた。上下《じょうげ》の者《もの》は涙《なみだ》を拭《ぬぐ》った。これは天《てん》の授《さず》けたものと称《しょう》すべきである。御笛師《おんふえし》は内蔵頭《くらのかみ》（藤原《ふじわらの》高遠《たかとお》）であった。摂政《せっしょう》（藤原兼《ふじわらのかね》家《いえ》）以下《いかじ》侍臣以上《しんいじょう》に禄《ろく》を下《くだ》したことは、差《さ》が有《あ》った。今日《きょう》の御遊《ぎょゆう》は、また何事《なにごと》によるものであろうか。「今日《きょう》は天皇《てんのう》の御衰日《ごすいにち》である。やはり忌避《きひ》さ

「れるべきではないか」と云《い》うことだ。深夜《しんや》、儀《ぎ》が終《お》わって、各々《おのおの》、帰《かえ》った。

❖……内蔵寮《くらりょう》、殿上《てんじょう》の饗《きょう》を設《もう》く。盃酒《はいしゅ》、四《し》・五巡《ごじゅん》の後《のち》、召《め》しに依《よ》りて御前《ごぜん》に参《さん》入《にゅう》す。又《また》、衝重《ついがさね》を賜《たま》ふ。御遊有《ぎょゆうあ》り。主上《しゅじょう》、御笛《おんふえ》を吹《ふ》かしむ。上下《じょうげ》、涙《なみだ》を拭《のご》ふ。是《こ》れ天《てん》の授《さず》け奉《たてまつ》ると謂《い》ふべし。御笛師《おんふえし》、内蔵頭高遠《くらのかみたかとお》。摂政以下《せっしょういげ》侍臣以上《じしんいじょう》に禄《ろく》を給《たま》ふこと差有《しなあ》り。今日《きょう》の御遊《ぎょゆう》、又《また》、何事《なにごと》に依《よ》るや。「是《こ》れ御衰日《ごすいにち》。猶《な》ほ忌避《きひ》せらるべきか」と云々《しかじか》。深更《しんこう》、事了《ことおわ》りて、各《おのおの》、退出《たいしゅつ》す。

……内蔵寮設㆓殿上饗㆒、盃酒四五巡之後依㆑召参㆓入御前㆒、又賜㆓衝重㆒、有㆓御遊㆒、主上令㆑吹㆓御笛㆒、上下拭㆑涙、是可㆑謂㆓天之奉㆑授、御笛師内蔵頭高遠、摂政以下侍臣以上給㆑禄有㆑差、今日御遊又依㆓何事㆒乎、是御衰日猶可㆑被㆓忌避㆒歟云々、深更事了各退出、

✻八月十三日、大風《おおかぜ》によって内裏をはじめとする京中の建造物が顛倒《てんとう》し、河川の洪水や海岸の高潮による人畜田畝《でんぽ》への被害が、これに追い打ちをかけた。いわゆる「永祚《えいそ》の風」である。

その復興も終わらないなか、御遊が行なわれたのである。もっとも、実資が批判しているのは、一条天皇の衰日《すいにち》（陰陽道《おんみょうどう》の悪日の一つで、生年の十二支による生年衰日と、年齢によって毎年変わる行年衰日とがある）に宴遊を行なったためである。

なお、一条の即位以来、これまでの三年間には御遊や管絃《かんげん》の興も少なかったが、これ以降は御遊が頻繁に開かれ、一条はほとんどに出御しているとのことである。後世の説話にも描かれた一条の笛の才能の開花の、これが始まりである。

・十一月二日（九条本〈広本〉）　斉敏遺領処分／実資、筑前国高田牧を譲られる

故《こ》太殿《おおとの》（藤原頼忠《ふじわらのよりただ》）の御荘園《おんしょうえん》や牧《まき》は、故督殿《こかんのとの》（藤原斉敏《ふじわらのただとし》）に分《わ》けて相続《そうぞく》されていた。その荘園《しょうえん》を、今日《きょう》、右兵衛督《うひょうえのかみ》（藤原高遠《ふじわらのたかとお》）が分《わ》けて給《たま》わったのである。私《わたし》（藤原実資《ふじわらのさねすけ》）は二十《にじっ》個所《かしょ》ほどに関《かか》わることになった。ところが思《おも》

うところが有《あ》って、数個所《すうかしょ》を給《たま》わらないということを伝《つた》えさせた。そこでまた、関《かか》わらなかった。今日《きょう》の相談《そうだん》では、ただ筑前《ちくぜん》の高田牧一個所《たかだのまきいっかしょ》を贈《おく》られた。

❖故太殿《こおおとの》の御庄園《おんしょうえん》・牧等《まきなど》、故督殿《こかんのとの》に分《わ》かち奉《たてまつ》らる。其《そ》の庄等《しょうなど》、今日《きょう》、右兵衛督《うひょうえのかみ》、分《わ》かち給《たま》はるるなり。余《よ》、二十処《にじっしょ》ばかりに関《かか》はるべし。然《しか》れども思《おも》ふ所有《ところあ》りて、数処《すうしょ》を給《たま》はるべからざる由《よし》を聞《き》かしめ了《おわ》んぬ。随《したが》ひて又《また》、関《かか》はらず。今日《きょう》の議《ぎ》、只《ただ》、筑前高田牧一処《ちくぜんたかだのまきいっしょ》を送《おく》らる。

故太殿御庄園・牧等被レ分二奉故督殿一、其庄等今日右兵衛督被二分給一也、余可レ関二廿処許一、然而有レ所レ思不レ可レ給二数処一之由令レ聞了、随又不レ関、今日議只被レ送二筑前高田牧一処一、

✻頼忠《よりただ》の遺領は、父の実頼から相続したものであるが、実資は実頼の養子なのであるから、本来は大部分を相続できるはずであった。この日は実資の実父である斉敏《ただとし》（天《てん》

延《えん》元年〈九七三〉死去）の遺領相続に関する小野宮家《おののみやけ》内部の相談に関する記事。実資の長兄である高遠《たかとお》が取り仕切ったようである。なお、高遠は実資よりも八歳、年長である。

実資が相続した高田牧《たかだのまき》は、所在地不詳であるが、これ以降、唐物《からもの》交易品や高田牧例進物として年貢絹・米・贄《にえ》などを実資の許に届けている。高田牧が大宰府《だざいふ》および筑前《ちくぜん》国衙《こくが》の管轄下で私貿易の拠点の一つであったと考える説もある。

・十二月五日（九条本〈広本〉）　円融上皇の懇詞／公の御後見

晩方《ばんがた》、院《いん》（円融院《えんゆういん》）の許《もと》に参《まい》った。すぐに御前《ごぜん》に控《ひか》えた際《さい》に、おっしゃって云《い》われたことには、「汝《なれ》（藤原実資《ふじわらのさねすけ》）は特《とく》に公家《くげ》（一条天皇《いちじょうてんのう》）の御為《おんため》に、この上《うえ》ない忠義《ちゅうぎ》を尽《つ》くすことが有《あ》った。寒熱《かんねつ》を我慢《がまん》して、御祈願《ごきがん》の為《ため》に参《まい》った。公卿《くぎょう》は無数《むすう》にいるけれども、公《おおやけ》（一条天皇《いちじょうてんのう》）を思《おも》っている者《もの》はいないので、今後《こんご》は必《かなら》ず天皇《てんのう》の御後見《ごこうけん》を行《おこ》なえ。また、行幸《ぎょうこう》が行《おこ》なわれるついでに、そのことを天皇《てんのう》に申《もう》すようにということだ。私《わたし》（実資《さねすけ》）が申《もう》して云《い》ったことには、「とてもありがたい事《こと》です。ただし摂政《せっしょう》（藤原兼家《ふじわらのかねいえ》）が、もしこの事《こと》を聞《き》いたならば、思《おも》うところが有《あ》るでしょう。ただ恩顧《おんこ》が有《あ》るということを問《と》われれば、たいへん宜《よろ》しいのではないでしょうか」と。ただ、叡慮《えいりょ》に染《し》みて、そうあるべき時《とき》に、格別《かくべつ》な恩《おん》をいただくということを洩《も》らしておいた。心中《しんちゅう》に歓《よろこ》びを起《お》こすばかりである。

❖晩景《ばんけい》、院《いん》に参《まい》る。即《すなわ》ち御前《ごぜん》に候《こう》ずる次《つ》いでに仰《おお》せられて云《い》はく、「汝《なれ》、殊《こと》に公家《くげ》の奉為《おおんため》に、至忠《しちゅう》を致《いた》すこと有《あ》り。寒熱《かんねつ》を凌《しの》ぎ、御祈願《ごきがん》の為《ため》に参入《さんにゅう》す。公卿《くぎょう》、無数《むすう》に有《あ》れども、公《おおやけ》を思《おも》ひ奉《たてまつ》りたる無《な》きを、向後《こうご》、必《かなら》ず御後見《ごこうけん》仕《つかまつ》れ。又《また》、行幸有《ぎょうこうあ》らむ次《つ》いでに其《そ》の由《よし》を申《もう》すべし」てへり。余《よ》、申《もう》して云《い》はく、「極《きわ》めて貴《とうと》き事《こと》なり。但《ただ》し摂政《せっしょう》、若《も》し此《こ》の事《こと》を聞《き》かば、思《おも》ふ所有《ところあ》るか。唯《ただ》、恩顧有《おんこあ》るべき由《よし》を問《と》はしめ給《たま》はば、極《きわ》めて宜《よろ》しきか」と。只《ただ》、叡慮《えいりょ》に染《し》みて、然《しか》るべき時《とき》に、殊恩《しゅおん》を蒙《こうむ》るべき由《よし》を洩《も》らし奏《そう》し了《おわ》んぬ。寸心《すんしん》、歓《よろこ》びを致《いた》すのみ。

晩景参レ院、即候二御前一之次被レ仰云、汝殊奉二為公家一有レ致二至忠一、凌二寒熱一為二御祈願一参入、公卿無数有礼止毛、公を思奉たる無を、向後必御後見仕礼、又行幸有ム次ニ可レ申二其由一者、余申云、極貴事也、但摂政若聞二此事一有レ所レ思歟、唯可レ有二恩顧一由を令レ問給は丶、極宜歟、只染二叡慮一天可レ然時尓可レ蒙二殊恩一之由を洩奏了、寸心致レ歓耳、

✻一条天皇の健康を願う円融院は、四月二十二日に賀茂社、五月二十六日に石清水八幡宮《いわしみずはちまんぐう》、十月七日に賀茂社、十三日に石清水八幡宮、十二月四日に大原野社《おおはらのしゃ》、八日に石清水八幡宮へと実資を遣わして一条のために祈らせているほか、十一月八日には「御夢想」によってみずから石清水八幡宮に参詣している。

一条の健康に対する不安が、円融にとって拭《ぬぐ》いきれなかったのである。円融にとっては、みずからの血を承《う》けた者としては一条しかいないわけであり、兼家の冷泉皇統《れいぜいこうとう》への親近を考えると、その皇統の存続をはかることは、最優先の課題となっていたのである。この実資への懇詞《こんし》も、その感謝の表われであろう。

ただし、公の御後見となると、普通は政権担当を指すのであり、これが兼家の耳に

入った際の危険視を、実資は危惧《きぐ》している。なお、実資はこの後も、一条、そして三《さん》条《じょう》天皇からも同様の懇詞を賜わっており、その時々の天皇から頼りにされやすいのであった。

**★コラム1　小野宮家の盛衰**

かつて藤原北家《ふじわらほっけ》の嫡流であり、摂政《せっしょう》や関白《かんぱく》に補されて太政大臣《だいじょうだいじん》に任じられた実《さね》頼《より》や頼忠《よりただ》を出した門流は、文徳天皇《もんとくてんのう》第一皇子惟喬親王《これたかしんのう》の邸第であった小野宮《おののみや》に居住したため、小野宮流《おののみやりゅう》（小野宮家《おののみやけ》とも）と称された。

実頼以来の日記を蓄積し、儀式次第の権威として道長《みちなが》や頼通《よりみち》に重んじられた実《さね》資《すけ》や、摂関期《せっかんき》最高の文化人であった公任《きんとう》の代までは、その富裕も相まって、実頼の弟師輔《もろすけ》を祖とする九条流《くじょうりゅう》にかろうじて比肩していたが、天皇に入内《じゅだい》させた后妃がいずれも皇子を産まなかったことから（これは天皇側の選択なのかもしれない）、権力を握ることはなかった。

その後は次第に家勢が衰え、その過程で実資の『小右記《しょうゆうき》』も他家の手に渡ったりして流出した。結局、『小右記』で抄略されていない広本で一年すべてが残っている年は、わずかに永祚《えいそ》元年（九八九）、寛仁《かんにん》三年（一〇一九）の二年のみということになってしまった。

それでも実頼をはじめ、実資・公任・資仲《すけなか》・通俊《みちとし》など、故実《こじつ》に通暁《つうぎょう》した人材を輩出したため、有職道《ゆうそくどう》の名家として尊重された。資仲は後三条天皇《ごさんじょうてんのう》の許《もと》で宣旨枡《せんじます》の制定を執行し、通俊は「近古の名臣」と讃《たた》えられた人物である（『古事談《こじだん》』）。

しかし院政期《いんせいき》の資信《すけのぶ》（資平《すけひら》の曾孫《そうそん》）を最後にこの家が公卿《くぎょう》を出すこともなくなった。道長の子孫である忠実《ただざね》によって、「小野宮関白（実頼）は日記を秘蔵したので子孫がいない」と語られたり（『中外抄《ちゅうがいしょう》』）。まあ、『小右記』が流出したおかげで種々の古記録や部類記《ぶるいき》に引用されたり、数々の写本が制作されたりしたのだが。

実頼は父忠平《ただひら》の「口伝《くでん》」および「教命《きょうみょう》」を伝《つた》え、また自身の『清慎公記《せいしんこうき》』を記録して、小野宮流故実を創始した。それは養子実資に伝《つた》えられ、実資も日記『小右記』を記録するかたわら『小野宮《おののみや》年中行事《ねんちゅうぎょうじ》』を作成し、故実を大成した。なお、資房《すけふさ》も『春記《しゅんき》』を記録し、小野宮流は「日記の家」としての地位を確立した。

一方、公任は儀式書《ぎしきしょ》『北山抄《ほくざんしょう》』を編纂《へんさん》したが、その過程で実資から借り出した『清慎公記』を部類《ぶるい》分けするために切り継ぎしたため、『清慎公記』は早くに散逸《さんいつ》してしまった。『北山抄』の編纂が、公任の婿となった道長《みちなが》五男の教通《のりみち》に儀式を教えるために始められたことは、皮肉な結末であった。

### ◆正暦《しょうりやく》元年（九九〇）

藤原実資三十四歳（正四位下↓従三位、参議）　一条天皇十一歳　円融上皇三十二歳　藤原兼家六十二歳　藤原道隆三十八歳　藤原詮子二十九歳

・七月十一日（九条本〈広本〉）女児薬延入滅

申刻《さるのこく》（午後《ごご》三時《さんじ》－五時《ごじ》）の頃《ころ》、小女児《しょうじょじ》（薬延《やくえん》）は入滅《にゅうめつ》した。悲嘆《ひたん》・泣血《きゅうけつ》した。これより先《さき》に、種々《しゅじゅ》の大願《たいがん》を立《た》てた。加《くわ》えて童三人《わらわさんにん》の首《くび》を剃《そ》って、戒《かい》を授《さず》けさせた。悲慟《ひどう》に耐《た》えなかった。夜通《よどお》し、加持《かじ》を行《おこ》なわせた。

## 79　正暦元年（九九〇）

❖申剋《さるのこく》ばかり、小女児《しょうじょじ》、入滅《にゅうめつ》す。悲嘆《ひたん》・泣血《きゅうけつ》す。是《これ》より先《さき》、種々《しゅじゅ》の大願《たいがん》を立《た》つ。兼《か》ねて童三人《わらわさんにん》の首《くび》を剃《そ》り、戒《かい》を授《さず》けしむ。悲慟《ひどう》に耐《た》へず。通夜《つうや》、加持《かじ》せしむ。

申剋許小女児入滅、悲歎泣血、先レ是立二種々大願一、兼剃二童三人首一、令レ授レ戒、不レ耐二悲慟一、通夜令二加持一、

✲寛和《かんな》元年（九八五）四月二十八日に嫡妻の藤原惟正《これまさ》の女から生まれた女児は、この日、死んでしまった。肉親を亡くした悲しみは、平安貴族もさぞや辛《つら》かったことであろうが、葬送《そうそう》の儀礼は現代とは随分と異なる。

特に子女の死は、当時は名前（諱《いみな》）もつけられないまま幼年で死去した場合は葬礼《そうれい》も行なわず、墓も造られないことから、よけいに親の悲しみが伝わってくる。しばらくこの女児をめぐる動きを見ていくことにしよう。

・七月十二日（九条本〈広本〉）女児の葬り方

（藤原《ふじわらの》）陳泰朝臣《のぶやすあそん》を召《め》して、女児《じょじ》（薬延《やくえん》）を出《だ》すべき事《こと》を問《と》うた。「七歳以下《ななさいいか》は、まったく厳重《げんじゅう》にしてはなりません。今日《きょう》は万事《ばんじ》に凶《きょう》である日《ひ》であって、重《おも》く忌《い》むところです。明日《あす》は戌《いぬ》の日《ひ》であって、特《とく》に忌《い》むところは無《な》いでしょう。このような児《こ》は、まったく日《ひ》を経《へ》てはなりません。本来《ほんらい》ならば明日《あす》の寅刻《とらのこく》（午前三時《ごぜんさんじ》－五時《ごじ》）に、出《だ》し送《おく》るべきです」ということだ。「穀《こく》織《おり》〈有《あ》るに随《したが》った。〉を衣《ころも》とします。また、手作布《たづくりのぬの》の袋《ふくろ》に納《おさ》めます。また、桶《おけ》に納《おさ》めます」と云《い》うことだ。

❖陳泰朝臣《のぶやすあそん》を召《め》し、児《こ》を出《い》だすべき事《こと》を問《と》ふ。「七歳以下《ななさいいげ》、更《さら》に厳重《げんじゅう》にすべからず。今日《きょう》、坎日《かんにち》にて、重《おも》く忌《い》む所《ところ》。明日《あす》、戌《いぬ》の日《ひ》にて、指《さ》して忌《い》む所無《ところな》し。此《か》くのごとき児《こ》、惣《すべ》て日《ひ》を経《ふ》べからず。須《すべから》く明日《あす》の寅時《とらのとき》、出《い》だし送《おく》るべし」てへり。

「穀《こく》を以《もっ》て〈有《あ》るに随《したが》ふ。〉、衣《ころも》と為《な》す。又《また》、手作《たづくり》の裹《つつみ》に納《おさ》む。又《また》、桶《おけ》に納《おさ》む」と云々《しかじか》。

召二陳泰朝臣一問三可レ出レ児之事一、七歳以下更不レ可二厳重一、今日欠日、重所レ忌、明日戌日、指無レ所レ忌、如レ此之児惣不レ可レ経レ日、須明日寅時可二出送一者、以レ穀〈随レ有、〉為レ衣、又納二手作裹一、又納レ桶云々、

✲実資《さねすけ》は遺児の処置を、陰陽道《おんみょうどう》に造詣《ぞうけい》が深かった藤原陳泰《ふじわらのぶやす》に聞いた。それによると、七歳以下の葬送は厳重にしてはならず、遺体は穀織《こくおり》という薄織物を衣とし、手作《たづくりの》布《ぬの》（簡単な道具を用いて手で織った布）の袋に納めて桶《おけ》に入れるとのことであった。ずいぶんと薄情な措置だと思うが、それが当時の慣例だったのである。この日は万事に凶であるという坎日《かんにち》であるというので、翌日に遺体を出すこととした。

・七月十三日（九条本〈広本〉）　女児の遺骸を東山に置く

寅刻《とらのこく》（午前三時《ごぜんさんじ》－五時《ごじ》）、昨日《きのう》、（藤原《ふじわらの》）陳泰《のぶやす》の申《もう》した趣旨《しゅし》によって、小児《しょうに》（薬《やく》延《えん》）を包《つつ》ませた。（源《みなもとの》）扶義《すけよし》・懐通《かねみち》〈懐通《かねみち》が抱《だ》いた。〉・（石作《いしづくりの》）忠節《ただとき》を副《そ》えた。
雑人《ぞうにん》二、三人《さんにん》に、今八《いまや》坂《さか》の東方《とうほう》の平山《ひらやま》に置《お》かせた。

❖寅時《とらのとき》、昨日《きのう》、陳泰《のぶやす》の申《もう》す旨《むね》を以《もっ》て、小児《しょうに》を裹《つつ》ましむ。扶義《すけよし》・懐通《かねみち》〈懐通《かねみち》、抱《だ》く。〉・忠節《ただとき》を相副《あいそ》ふ。雑人両三《ぞうにんりょうさん》をして、今八《いまや》坂《さか》の東方《とうほう》の平山《ひらやま》に置《お》かしむ。

寅時以㆓昨日陳泰申旨㆒、令㆑裹㆓小児㆒、相㆓副扶義・懐通〈々々抱、〉・忠節㆒、雑人両三令㆑置㆓今八坂東方平山㆒

✻翌十三日、雑人二、三人に命じて、遺体を東山《ひがしやま》の今八《いまや》坂《さか》の東方の平山に置かせた。八坂は山城《やましろ》国愛宕《おたぎ》郡八《や》坂《さか》郷で、その中心は法観寺《ほうかんじ》（八坂の塔）を中心にした一帯であろうが、今八坂というのは新しく開かれた場所を指すのであろう。八坂の東側の山に入ったあたりの、平たくなった所に置いたものと思われる。

ここに見える石作忠節《ただとき》は、実資のもっとも忠実な家司《けいし》（家政を掌《つかさど》る職員）である。

・七月十四日（九条本〈広本〉）女児の遺骸、すでに形無し

小女《しょうじょ》（薬延《やくえん》）の事《こと》を思《おも》うと、心神《しんしん》は不覚《ふかく》である。悲恋《ひれん》に堪《た》えず、人《ひと》を遣《つか》わして、遺骸《いがい》を見《み》させた。「すでにその形《かたち》はありませんでした」ということだ。いよいよ心神《しんしん》を衝《つ》いた。

❖小女《しょうじょ》の事《こと》を思《おも》ふに、心神《しんしん》、不覚《ふかく》。悲恋《ひれん》に堪《た》へず、人《ひと》を差《さ》して見《み》しむ。「既《すで》に其《そ》の形無《かたちな》し」てへり。弥《いよい》よ以《もっ》て神《かみ》を舂《つ》く。

思㆓小女事㆒、心神不覚、不㆑堪㆓悲恋㆒、差㆑人令㆑見、既無㆓其形㆒者、弥以舂㆑神、

✲女児のことを思って心神不覚《しんしんふかく》となった実資は、人を遣わして遺骸《いがい》を見させた。しかし、「すでにその形はありませんでした」ということで、いよいよ悲嘆を増している。わざわざ事実どおりに報告しなくてもよさそうなものであるが、そこは実資の家人《けにん》、正直でなければならなかったのであろう。その遺体は犬か烏に食われてしまったのか、それとも何かの薬（児干《じかん》）の原料として持ち去られたのであろうか。

・八月二十一日（九条本〈広本〉）長谷寺に僧を遣わし、女子を乞う祈願

今日《きょう》、叡増《えいぞう》を長谷寺《はせでら》に遣《つか》わした。来《き》たる二十四日《にじゅうよっか》から七箇日《なぬかにち》、参籠《さんろう》させることとした。御明《みあかし》を奉《たてまつ》り、加《くわ》えて供養《くよう》させる。女子《じょし》を乞《こ》う祈願《きがん》を申《もう》させるのである。亡児《ぼうじ》（薬延《やくえん》）への遺愛《いあい》によって、特《とく》に祈請《きしょう》するものである。

❖今日《きょう》、叡増《えいぞう》を以《もっ》て長谷寺《はせでら》に奉《たてまつ》らしむ。来《き》たる二十四日《にじゅうよっか》より七个日《なぬかにち》、候《こう》ぜしむべ

きなり。御明《みあかし》を奉《たてまつ》り、兼《か》ねて供養《くよう》せしめ奉《たてまつ》る。女子《じよし》を乞《こ》ふ祈願《きがん》を申《もう》さしむるなり。亡児《ぼうじ》の遺愛《いあい》に依《よ》り、殊《こと》に祈請《きしょう》する所《ところ》なり。

今日以二叡増一令レ奉二長谷寺一、自二来二十四日一七个日可レ令レ候也、奉二御明一、兼奉レ令二供養一、令レ申下乞二女子一祈願上也、依二亡児遺愛一殊所二祈請一也、

✻女児を喪《うしな》うという悲しい目に遭った実資であったが、そこは将来、大臣にも上ろうかという立場、天皇の后妃《こうひ》として入内《じゅだい》させる女子は小野宮家《おののみやけ》のためにも必要ということで、八月になると、僧を延暦寺《えんりゃくじ》や長谷寺《はせでら》に遣わし、新たな女子を得る祈願を行なっている。「亡児への遺愛によって」というのが、よくわからないのだが。

九月にはみずから物詣《ものもうで》に出立《しゅったつ》し、石清水八幡宮《いわしみずはちまんぐう》・石山寺《いしやまでら》・大安寺《だいあんじ》・元興寺《がんごうじ》・春日《かすが》社《しゃ》・長谷寺・清水寺《きよみずでら》で、女児誕生を祈願し、長谷寺では女児を得るという夢想《むそう》を得た。

その甲斐《かい》あってか、正暦《しょうりゃく》四年（九九三）二月にふたたび子供が誕生した。その子の行く末については、後に述べる。

・九月三十日（九条本〈広本〉）立后儀式の日記を貸す

右頭中将《うとうのちゅうじょう》（藤原伊周《ふじわらのこれちか》）が、（弓削《ゆげの》）以言《もちとき》を遣《つか》わして、立后《りつごう》の際《さい》の儀式《ぎしき》の日《にっ》記《き》を借《か》りに来《き》た。すぐに書写《しょしゃ》させて、彼《かれ》に託《たく》して送《おく》った。「来月五日《らいげついつか》、立《りっ》后《ごう》の儀《ぎ》が行《おこ》なわれる」と云《い》うことだ。皇后四人《こうごうよにん》の例《れい》は、昔《むかし》から聞《き》いたことのない事《こと》である。

❖右頭中将《うとうのちゆうじよう》、以言《もちとき》を使《つか》はし、立后《りつごう》の時《とき》の儀式《ぎしき》の日記《にき》を借《か》る。即《すなわ》ち書写《しよしや》せしめ、彼《かれ》に付《ふ》して之《これ》を送《おく》る。「来月五日《らいげついつか》、其《そ》の事有《ことあ》るべし」と云々《しかじか》。皇后四人《こうごうよにん》の例《れい》、往《おう》古《こ》、聞《き》かざる事《こと》なり。

右頭中将使二以言一借二立后時儀式日記一、即令二書写一付レ彼送レ之、来月五日可レ有二其事一云々、皇后四人例往古不レ聞事也、

✲一条天皇《いちじょう》の外舅《がいきゅう》（国母《こくも》の兄）に過ぎなかった藤原道隆《ふじわらのみちたか》にとって、その権力基盤を固めるためには、定子《ていし》の立后を強行する必要があった。当時はまだ七月に死去した藤原兼家《かねいえ》の服喪中であり、加えて円融中宮《えんゆうちゅうぐう》の藤原遵子《じゅんし》がいた。道隆はこれを皇后《こうごう》とし、十五歳の長女定子を中宮とするという、前例のない強硬手段を執ったのである。

本来、后《きさき》には皇后・皇太后《こうたいごう》・太皇太后《たいこうたいごう》の三人がいて、その総称、またそれぞれを中宮とも称した。この場合、中宮を独立した身位《しんい》として、皇后と併存させたのである。もちろん、別の天皇の后ではあるが、明らかな律令《りつりょう》違反である。しかし、この詐術《さじゅつ》によって、後に定子は道長《みちなが》から酷《ひど》いしっぺ返しをくらうことになるのである。

・十一月十六日（九条本〈広本〉）二日酔い

今日《きょう》、左大臣《さだいじん》（源《みなもとのまさのぶ》　雅信）が審議《しんぎ》される事《こと》が有《あ》った。その告《つ》げが有《あ》ったとはいっても、昨夜《さくや》の深酔《ふかよ》いの残《のこ》った気分《きぶん》が堪《た》え難《がた》く、参《まい》ることができなかった。

❖今日《きょう》、左府《さふ》、定《さだ》め申《もう》さるる事等有《ことなどあ》り。其《そ》の告《つ》げ有《あ》りと雖《いえど》も、去《さ》ぬる夜《よる》の淵酔《えんすい》の余気《よき》、堪《た》へ難《がた》く、参入《さんにゅう》することを得《え》ず。

今日左府有下被二定申一之事等上、雖レ有二其告一、去夜淵酔余気難レ堪、不レ得二参入一、

✻実資が二日酔いで陣定《じんのさだめ》を欠席したという記事。陣定は最末の参議《さんぎ》から順に意見を述べるものであったから、実資の欠席は目立ったであろう。

前日、藤原道兼《みちかね》の粟田山荘《あわたのさんそう》で芋次《いもついで》と称する饗宴《きょうえん》が開かれた。芋次というのは、芋（長芋か山芋）を賞味するついでに開かれる饗宴のこと。大納言《だいなごん》藤原朝光《あさてる》が食物を準備したらしい。「二、三の卿相《けいしょう》及び侍臣《じしん》は淵酔《えんすい》して、深夜に及んだ」とある。

陣定は通常、日が暮れてから開かれるから、よほど酒が残ったのであろう。当時の酒は現在のどぶろくをもっと薄くしたようなもので、アルコール度数は低いから、呑《の》みすぎるとかえって後にひびいたようである。

なお、こんな糖質の高い酒を大量に呑んでいたものだから、当時の貴族の多くは糖尿病に苦しめられたものと思われる。

・十一月二十七日（九条本〈広本〉）小野宮東家造営／犯土

小野宮《おののみや》の東町《ひがしまち》の土《つち》の禁忌《きんき》によって、今朝《けさ》、（宮道《みやじの》）義行朝臣《よしゆきあそん》の宅《たく》に移《うつ》った。東町《ひがしまち》の寝殿《しんでん》の壇《だん》を、巳刻《みのこく》（午前九時《ごぜんくじ》－十一時《じゅういちじ》）、初《はじ》めて築《きず》いた。同《おな》じ時刻《じこく》、礎石《そせき》を据《す》えた。また、西《にし》と北《きた》の両方《りょうほう》の門《もん》を立《た》てさせた。また、雑舎《ぞうしゃ》を立《た》てた。

❖小野宮《おののみや》の東家《とうか》等《など》の犯土《ぼんど》に依《よ》り、今旦《こんたん》、義行朝臣《よしゆきあそん》の宅《たく》に渡《わた》る。東家《とうか》の寝屋《ねや》の壇《だん》、巳時《みのとき》、初《はじ》めて築《きず》く。同剋《どうこく》、石《いし》を居《す》う。又《また》、西《にし》・北《きた》の両方《りょうほう》の門《もん》を立《た》てしむ。又《また》、雑《ぞう》舎《しゃ》を立《た》つ。

依二小野宮東家等犯土一、今旦渡二義行朝臣宅一、東家寝屋壇巳時初築、同剋居レ石、又令レ立二西北両方門一、又立二雑舎一、

✲小野宮は文徳《もんとく》天皇第一皇子惟喬《これたか》親王（比叡山西麓《ひえいざんさいろく》の小野《おの》に隠棲《いんせい》した）の京内の邸第であった。惟喬から藤原実頼《ふじわらのさねより》、実資へと伝領された。元は大炊御門大路《おおいみかどおおじ》の南、烏丸小路《からすまるこうじ》の西の一町四方であったが、実資は隣接する北宅、西町、東町、南町と手に入れて、それぞれ造営した。北宅は養子の資平《すけひら》、西町ははじめ姉尼、後に藤原経任《つねとう》、また女《むすめ》の千古《ちふる》と婿の藤原兼頼《かねより》、東町と南町は家人たちが居住していた（『平安京提要』）。

この日、実資は東町に寝殿を造営しようとして土壇を築き、礎石を据えた。犯土《ぼんど》があったので宮道義行《みやじのよしゆき》の宅に移った。義行は実資家政所の執行《しっこう》を勤めた人で、彼が死去した時には、実資は、「大いに惜しむ」と嘆いている。なお、この寝殿は間もなく火災に遭い、以後は家人たちが居住した。有名な「少将井《しょうしょうのい》」もこの東町にあった。

犯土というのは、土公《どくう》という神が土中にいる期間に穴掘・築土・動土など土を犯すことを忌む陰陽道の俗信。雑舎というのは、邸宅の主要でない建物で、北方に設けて、炊事関係、雑具置場、使用人の住居などに使った。

## ◈正暦二年（九九一）

藤原実資三十五歳（従三位、参議）一条天皇十二歳　円融上皇三十三歳　藤

原道隆三十九歳　藤原詮子三十歳　藤原定子十六歳

・九月十六日（『院号定部類記《いんごうさだめぶるいき》』による）　藤原詮子出家／東三条院と号す

辰刻《たつのこく》（午前七時《ごぜんしちじ》－九時《くじ》）、内裏《だいり》に参《まい》った。午刻《うまのこく》（午前十一時《ごぜんじゅういちじ》－午後一時《ごごいちじ》）、一条《いちじょう》天皇《てんのう》は職御曹司《しきのみぞうし》に行幸《ぎょうこう》を行《おこ》なった。母后《ははきさき》（藤原詮子《ふじわらのせんし》）は、この曹司《ぞうし》にいらっしゃる。今日《きょう》、出家《しゅっけ》される。……蔵人頭《くろうどのとう》（源《みなもとの》）扶義《すけよし》が議場《ぎじょう》に於《お》いて左《さ》大臣《だいじん》（源　雅信《みなもとのまさのぶ》）に命《めい》じて云《い》ったことには、「御出家《ごしゅっけ》によって、皇太后《こうたいごう》の職《しき》号《ごう》と大炊寮《おおいりょう》の御稲《おんいね》・畿内《きない》の御贄《みにえ》を止《や》めるように。そもそも院号《いんごう》が有《あ》るべきであろうか。もしかしたら判官代《ほうがんだい》や主典代《しゅてんだい》が有《あ》るべきであろう。もしくはまた、先例《せんれい》は如何《いかが》であろう。都合《つごう》に随《したが》って審議《しんぎ》するように」ということだ。公卿《くぎょう》が合議《ごうぎ》して云《い》ったことには、「淳和《じゅんな》の后《きさき》（正子内親王《まさこないしんのう》）・嵯峨《さが》の太后《おおきさき》（橘　嘉智子《たちばなのかちこ》）・染殿《そめどの》の后《きさき》（藤原明子《ふじわらのめいし》）は、国史《こくし》にまったくそのことを詳《くわ》しく記《しる》していない。院号《いんごう》は、御領所《ごりょうしょ》をその号《ごう》とする。その所《ところ》を聞《き》いていないことは、如何《いかが》であろう。また、判官代《ほうがんだい》や主典代《しゅてんだい》については、確《たし》かな例《れい》を調《しら》べることができなかった」と。また、云《い》ったことには、「調《しら》べさせて、審議《しんぎ》すべきであろうか。ただし二条皇后《にじょうこうごう》（藤原高子《ふじわらのこうし》）は、廃《はい》された後《のち》、判官代《ほうがんだい》や主典代《しゅてんだい》が有《あ》ったとのことだ」と云《い》うことだ。また、「これはいまだ明《あき》らかではないのである。たとえその例《れい》が有《あ》ったとはいっても、宜《よろ》しい例《れい》ではないのではないか。もしかしたら避《さ》けるべきである。たとえば進代《じんだい》や属代《さかんだい》と称《しょう》すべきか、如何《いかが》であろう。そもそも天皇《てんのう》の御決定《ごけってい》があるべきである」とのことを審議《しんぎ》された。天皇《てんのう》が決定《けってい》を下《くだ》されて云《い》ったことには、「院《いん》の例《れい》によって、判官代《ほうがんだい》や主典代《しゅてんだい》を置《お》くのが宜《よろ》しいであろう。また、院号《いんごう》は東三《ひがしさん》条院《じょういん》と号《ごう》するように」と。

❖辰時《たつのとき》、内《うち》に参《まい》る。午時《うまのとき》、職御曹司《しきのみぞうし》に幸《こう》す。母后《ははきさき》、件《くだん》の曹司《ぞうし》に御《おわ》す。今日《きょう》、出家《しゅつけ》し給《たま》ふ。……蔵人頭扶義《くろうどのとうすけよし》、陣《じん》に於《お》いて左大臣《さだいじん》に仰《おお》せて云《い》はく、「御出家《ごしゅつけ》に依《よ》り、職号及《しきごうおよ》び大炊寮《おおいりょう》の御稲《おんいね》・畿内《きない》の御贄《みにえ》を止《とど》むべし。抑《そもそ》も院号有《いんごうあ》るべきか。若《も》しくは判官代《ほうがんだい》・主典代有《しゅてんだいあ》るべし。若《も》しくは又《また》、先例《せんれい》、如何《いかが》。宜《よろ》しきに随《したが》ひて定《さだ》め申《もう》すべし」てへり。公卿《くぎょう》、僉議《せんぎ》して云《い》はく、「淳和《じゅんな》の后《きさき》・嵯峨《さが》の太后《おおきさき》・染殿《そめどの》の后《きさき》、国史《こくし》、更《さら》に其《そ》の旨《むね》を細《こま》かく記《しる》さず。院号《いんごう》は、御領処《ごりょうしょ》を以《もっ》て、其《そ》の号《ごう》と為《な》す。其《そ》の処《ところ》を承《うけたまわ》らざること、如何《いかが》。又《また》、判官代《ほうがんだい》・主典代等《しゅてんだいなど》の事《こと》、慥《たし》かなる例《れい》を尋《たず》ね得《う》ること能《あた》はず」と。又《また》、云《い》はく、「勘申《かんじん》せしめ、定《さだ》め申《もう》すべきか。但《ただ》し二条《にじょう》の皇后《こうごう》、廃《はい》する以後《いご》、判官代《ほうがんだい》・主典代有《しゅてんだいあ》る由《よし》」と云々《しかじか》。又《また》、「是《こ》れ未《いま》だ明《あき》らかならざるなり。縦《たと》ひ其《そ》の例有《れいあ》りと雖《いえど》も、宜《よろ》しき例《れい》に非《あら》ざるか。若《も》しくは避《さ》くべし。縦《たと》へば進代《じんだい》・属代《さかんだい》と謂《い》ふべきか、如何《いかが》。抑《そもそ》も御定在《おんさだめあ》るべき由《よし》」を定《さだ》め申《もう》さしめ了《おわ》んぬ。定《さだ》め下《くだ》されて云《い》はく、「院《いん》の例《れい》に依《よ》り、判官《ほうがん》・主典代《しゅてんだい》、宜《よろ》しかるべし。又《また》、院号《いんごう》、東《ひがし》三条院《さんじょういん》と号《ごう》すべし」と。

辰時参レ内、午時幸二職御曹司一、母后御二件曹司一、今日出家給、……蔵人頭扶義於レ陣仰二左大臣一云、依二御出家一可レ止二職号及大炊寮御稲・畿内御贄一、抑可レ有二院号一歟、若可レ有二判官代・主典代一、若又先例如何、随レ宜可二定申一者、公卿僉議云、淳和后・嵯峨太后・染殿后国史更不レ細二記其旨一、院号者以二御領処一為二其号一、不レ承二其処一如何、又判官代・主典代等事、不レ能レ尋二得慥例一、又云、令二勘申一可二定申一歟、但二条皇后廃以後有二判官代・主典代一之由云々、又是未レ明也、縦雖レ有二其例一非二宜例一歟、若可レ避、縦者可レ謂二進代・属代一歟如何、抑可レ在二御定一之由令二定申一了、被二定下一云、依二院例一判官・主典代可レ宜矣、又院号可レ号二東三条院一、

✲権力基盤の構築に余念のない藤原道隆《ふじわらのみちたか》は、落飾した詮子《せんし》を女院《にょういん》とするという、前代未聞の措置を執った。円融院《えんゆういん》が三月に死去した後に天皇家の長となった詮子を、一条《いちじょう》天皇の政治的後見《こうけん》として、より公的な政治権力に引き上げる必要があったのであろう。公卿《くぎょう》層がこれを快く思っていなかったことは、議定《ぎじょう》の場で出された意見を見れば明らかである。それにもかかわらず、結局は詮子への東三条院《ひがしさんじょういん》号奉呈が決定された。

これ以降、詮子は一条の後見として、政治に深く関わっていくことになるが、それがより鮮明になるのは、藤原道長《みちなが》政権を成立させてからのことであった。

## ◆正暦三年（九九二）

藤原実資三十六歳（従三位、参議・左兵衛督）　一条天皇十三歳　藤原道隆四

十歳　藤原詮子三十一歳　藤原定子十七歳

・正月十七日（九条本〈広本〉）除目

召使《めしつかい》が来《き》て、今日《きょう》から官職任命《かんしょくにんめい》の儀式《ぎしき》が行《おこ》なわれるということを告《つ》げた。四位《しい》と五位《ごい》の者《もの》が、官職任命《かんしょくにんめい》の願書《がんしょ》を出《だ》そうとして、何人《なんにん》か来《き》た。ところが会《あ》わなかったのである。

❖召使《めしつかい》、来《き》たり、今日《きょう》より除目《じもく》有《あ》るべき由《よし》を告《つ》ぐ。四品《しほん》・五位《ごい》、申文《もうしぶみ》を出《い》ださんが為《ため》、数輩《すうはい》、来《き》たる。然《しか》れども相会《あいあ》はざるなり。

召使来、告下自二今日一可レ有二除目一之由上、四品・五位為レ出二申文一数輩来、然而不二相会一也、

✻摂関期《せっかんき》、任官希望者は申文という願書を提出し、公卿《くぎょう》たちによって任官希望者の審

査が行なわれ、一官の欠員ごとに三、四枚の中文が選び出されたうえで、天皇（もしくは摂政）が最終的に任官者を決定した（『西宮記《さいきゆうき》』）。

三年前に参議《さんぎ》に任じられたばかりの実資《さねすけ》も、一応は中文の選定に関わることができた。この日、四位と五位の中級官人が受領《ずりよう》への任官を有利にしてくれるよう、実資の許《もと》を訪れた。末席の参議に人事の依頼をしても、あまり効果は期待できそうにないような気がするが、やはり実資の存在の重みに期待したのであろうか。

しかし、さすがは実資、そいつらには会わなかったとある。この公平さも、平安《へいあん》貴族のなかで実資が独自の存在感を持つゆえんなのであった。

## ◆正暦四年（九九三）

藤原実資三十七歳（従三位、参議・左兵衛督）　一条天皇十四歳　藤原道隆四十一歳　藤原詮子三十二歳　藤原定子十八歳

・正月二十五日（九条本〈広本〉）　源重光第焼亡／伊周男の乳母焼死／源高

## 明の年中行事・臨時行事

寅刻《とらのこく》（午前三時《ごぜんさんじ》－五時《ごじ》）の頃《ころ》、前大納言《さきのだいなごん》（源《みなもとの》）重光《しげみつ》の家《いえ》が焼失《しょうしつ》した。権大納《ごんだいな》言《ごん》（藤原伊周《ふじわらのこれちか》）が同宿《どうしゅく》している。……「火《ひ》は修善《しゅぜん》の壇《だん》から発《はっ》した」と云《い》うことだ。「あの権大納言《ごんだいなごん》の第二子《だいにし》の乳母《めのと》が、火《ひ》の中《なか》にいて出《で》られなかった。火《ひ》が消《き》えた後《あと》、ただ骸骨《がいこつ》が有《あ》った」と云《い》うことだ。今朝《けさ》、納言《なごん》（伊周《これちか》）が勘解由判官《かげゆのじょう》（大江《おおえの》）正言《まさとき》を遣《つか》わし、伝《つた》えられて云《い》ったことには、「見舞《みま》いに訪《たず》ねられた事《こと》は、返《かえ》す返《がえ》す歓《よろこ》びとします。ただし文書《もんじょ》がすべて焼失《しょうしつ》し、一《いち》枚《まい》も取《と》り出《だ》せず、嘆《なげ》いています。故帥《こそち》（源《みなもとのたかあきら》高明）の年中行事《ねんじゅうぎょうじ》と臨時行事《りんじぎょうじ》二《に》巻《かん》を、使《つかい》に託《たく》して送《おく》ってください」ということだ。使《つかい》に託《たく》した。

❖寅時《とらのとき》ばかり、前大納言重光《さきのだいなごんしげみつ》の家《いえ》、焼亡《しょうぼう》す。権大納言《ごんだいなごん》、同宿《どうしゅく》す。……「火《ひ》、修善《しゅぜん》の壇《だん》より起《お》こる」と云々《しかじか》。「彼《か》の権大納言《ごんだいなごん》の二郎児《じろうじ》の乳母《めのと》、火中《かちゅう》に在《あ》り、出《い》でず。火《ひ》、消《き》ゆる後《のち》、只《ただ》、骸骨有《がいこつあ》り」と云々《しかじか》。今朝《けさ》、納言《なごん》、勘解由判官正言《かげゆのじょうまさとき》を差《さ》し、示《しめ》されて云《い》はく、「過《す》ぎ訪《おとな》ふ事《こと》、返《かえ》す返《がえ》す歓《よろこ》びと為《な》す。但《ただ》し文書《もんじょ》、悉《ことごと》く焼亡《しょうぼう》し、一《いち》枚《まい》も取《と》り出《い》ださず、嘆《なげ》きと為《な》す。故帥《こそち》の年中行事《ねんじゅうぎょうじ》及《およ》び臨時《りんじ》二《に》巻等《かんなど》、付《ふ》し廻《めぐ》らして送《おく》るべし」てへり。使《つかい》に付《ふ》し了《おわ》んぬ。

寅時許前大納言重光家焼亡、権大納言同宿、……火起レ自二修善壇一云々、彼権大納言二郎児乳母在二火中一不レ出、火消後只有二骸骨一云々、今朝納言差二勘解由判官正言一被レ示云、過訪事返々為レ歓、但文書悉焼亡、不レ取二出一枚一、為レ嘆、故帥年中行事及臨時二巻等付廻可レ送者、付レ使了、

✻伊周《これちか》は、源重光《みなもとのしげみつ》の女《むすめ》を嫡妻としていた。重光は正暦《しょうりゃく》二年（九九一）に権大納言に上ったが、翌正暦三年（九九二）にこれを女婿《じょせい》の伊周に譲って致仕《ちし》した（『権記《ごんき》』）。その重光の邸第が焼亡した。伊周は難を逃れたが、「二郎児」の乳母が焼死してしまった。「二郎児」というと二男と思いがちであるが、重光の女からは男子は道雅《みちまさ》しか生まれていない。あるいはこれは第二子のことで、後に藤原頼宗《よりむね》（道長《みちなが》二男）の室となった長女のことかと考えられる。

普通だったら、焼死したこの乳母のことを悼《いた》むものだが、そういった言葉はまった

く見えない。伊周の方も、実資《さねすけ》が見舞いに訪れたことへの謝意と（実は行っていない）、源高明《たかあきら》の儀式書《ぎしきしょ》が焼失したのでそれを貸してほしいとの依頼を伝えてきたのみである。彼らの感覚にはいつも戸惑うばかりであるが、この儀式書こそ、後に『西宮記《さいきゅうき》』と呼ばれるものである。

・二月九日（九条本〈広本〉）　実資児死去／遺骸を廃棄

女人《にょにん》（藤原実資室《ふじわらのさねすけのしつ》）は今朝《けさ》から重《おも》く悩《や》み患《わずら》った。辰刻《たつのこく》（午前七時《ごぜんしちじ》－九時《くじ》）、御《お》産《さん》があった。ただし児《こ》は死亡《しぼう》した。そこで（県《あがたの》）奉平《ともひら》を召《め》して、事情《じじょう》を問《と》うた。申《もう》して云《い》ったことには、「未刻《ひつじのこく》（午後一時《ごごいちじ》－三時《さんじ》）が吉時《きつじ》です。そうとはいっても、女人《にょにん》の忌《い》みの時間帯《じかんたい》に当《あ》たります。申一刻《さるのいっこく》（午後三時《ごごさんじ》－三時《さんじ》半《はん》）に出《だ》して棄《す》てるのが、宜《よろ》しいでしょうか。その方角《ほうがく》は北西《ほくせい》を用《もち》いますように」ということだ。そこで申一刻《さるのいっこく》、石作忠節《いしづくりのただとき》を遣《つか》わして、北西《ほくせい》の方《ほう》に棄《す》て置《お》かせた。「その所《ところ》は、蓮台寺《れんだいじ》の南《みなみ》あたり」と云《い》うことだ。

❖女人《にょにん》、今暁《こんぎょう》より重《おも》く悩《や》み煩《わずら》ふ。辰時《たつのとき》、産《う》む。但《ただ》し児《こ》、夭《よう》し了《おわ》んぬ。仍《よ》りて奉平《ともひら》を召《め》し、案内《あない》を問《と》ふ。申《もう》して云《い》はく、「未時《ひつじのとき》、吉時《きつじ》。然《しか》りと雖《いえど》も、女人《にょにん》の衰時《すいじ》に相当《あいあ》たる。申一点《さるのいってん》、出《い》だし棄《す》つるが宜《よろ》しきか。其《そ》の方《ほう》、乾《いぬい》の方《かた》を用《もち》ゐるべし」てへり。仍《よ》りて申一点《さるのいってん》、石作忠節《いしづくりのただとき》を使《つか》はし、乾《いぬい》の方《かた》に棄《す》て置《お》かしむ。「其《そ》の処《ところ》、蓮《れん》台寺《だいじ》の南辺《みなみあた》り」と云々《しかじか》。

女人自㆓今暁㆒重悩煩、辰時産、但児夭了、仍召㆓奉平㆒問㆓案内㆒、申云、未時吉時、雖㆑然相㆓当女人衰時㆒、申一点出棄宜歟、其方可㆑用㆓乾方㆒者、仍申一点使㆓石作忠節㆒令㆑棄㆓置乾方㆒、其処蓮台寺南辺云々、

✻種々の祈願の結果、ようやく子供を得た実資であったが、この子もすぐに死亡してしまった。またこの遺骸《いがい》を棄てなければならないが、今度は北山《きたやま》の紫野《むらさきの》にある蓮台寺《れんだいじ》の南あたりに棄て置かせている。前回の東山《ひがしやま》に懲りたのであろうか。

船岡山《ふなおかやま》の東側は朝廷の禁野《しめの》で、天皇が行幸《ぎょうこう》して遊宴が行なわれていたが、西側の蓮《れん》台野《だいの》は葬送《そうそう》の場として多くの遺骸が火葬されたり棄てられたりした。状況としては東山の鳥辺野《とりべの》とさほどの違いはなかったのである。

なお、この子の母のことは、実資は一貫して「女人」と表記していることから、良《りょう》円《えん》を産んだ女性であろう。

・二月二十五日（九条本〈広本〉）『清慎公記』を伊周に奉らず

権大納《ごんだいな》言《ごん》（藤原伊周《ふじわらのこれちか》）が（大江《おおえの》）正言《まさとき》を遣《つか》わして、伝《つた》えられて云《い》ったことには、「二十八日《にじゅうはちにち》に座《ざ》に着《ちゃく》す儀式《ぎしき》を行《おこ》ないます。その際《さい》の式次第《しきしだい》はあれこれで、同《おな》じではありません。各所《かくしょ》の故殿《ことの》（藤原実頼《ふじわらのさねより》）の御日記《おんにっき》を記《しる》して送《おく》ってください」ということだ。ところが送《おく》らなかったのである。

❖権大納言《ごんだいなごん》、正言《まさとき》を使《つか》はし、示《しめ》されて云《い》はく、「二十八日《にじゅうはちにち》、着座《ちゃくざ》すべし。其《そ》の間《かん》の事等《ことなど》、云々《うんぬん》、同《おな》じからず。各所《かくしょ》、故殿《ことの》の御日記《おんにき》を注《しる》し送《おく》るべし」てへり。然《しか》れども奉《たてまつ》らざるなり。

権大納言使㆓正言㆒被㆑示云、二十八日可㆓着座㆒、其間事等云々不㆑同、各所故殿御日記可㆓注送㆒者、然而不㆑奉也、

✲着座《ちゃくざ》というのは、公卿《くぎょう》が新任・昇任の後に太政官庁《だいじょうかんちょう》・外記庁《げきちょう》の座に着する儀式。関白藤原道隆《ふじわらのみちたか》の嫡男《ちゃくなん》として、前年に十九歳で権大納言に任じられた伊周が、三十七歳で参議《さんぎ》のままの実資に、その儀式の参考として実頼《さねより》の『清慎公記《せいしんこうき》』から抜き書きして送ってくるよう求めてきたのである。

血縁でも姻戚《いんせき》でもない伊周から、出世の象徴である着座の記事をよこせと言われても、実資ならずとも断わるのは当然であろう。そもそもそういう人に依頼する伊周の若さと甘さがよく表われている。

この例でもわかるように、父祖の日記を所有している貴族は、政務や儀式の遂行に際して、圧倒的に有利なのであった。しかもそれを誰には見せて誰には見せないと選

ぶとなると、人間関係の構築にもつながる。『清慎公記』を所有する実資の強味は、そういった点にもあったのである。

政務や儀式の先例どおりの遂行が政治の源泉であるということは、実資は父祖や自己の日記を通して、権力を行使していたのであった。

・三月十三日（九条本〈広本〉）射儀の負態／藤原道長、中科

「昨日《きのう》、摂政《せっしょう》（藤原道隆《ふじわらのみちたか》）の邸宅《ていたく》に於《お》いて射儀《しゃぎ》が行《おこ》なわれた。内大臣《ないだいじん》（藤原《ふじわらの》道兼《みちかね》）以下《いか》の公卿《くぎょう》が多《おお》く会《かい》した。前日《ぜんじつ》の射儀《しゃぎ》の負態《まけわざ》である」と云《い》うことだ。藤大納言《とうだいなごん》〈藤原《ふじわらの》朝光《あさてる》。〉が、銀《ぎん》の弦袋《つるぶくろ》を懸物《かけもの》とした。「ところが主人《しゅじん》（道《みち》隆《たか》）は、虎《とら》の皮《かわ》の尻鞘《しりざや》を替《か》わりに懸《か》けた」と云《い》うことだ。「上下《じょうげ》の者《もの》は目《め》くばせした」と云《い》うことだ。中宮大夫《ちゅうぐうだいぶ》〈藤原《ふじわらの》道長《みちなが》。〉が中科《ちゅうか》であった。

❖「昨日《きのう》、摂政《せつしよう》の第《だい》に於《お》いて射有《しやあ》り。内大臣以下《ないだいじんいげ》の公卿《くぎよう》、多《おお》く会《かい》す。前日《ぜんじつ》の弓《ゆみ》の負態《まけわざ》」と云々《しかじか》。藤大納言《とうだいなごん》〈朝光《あさてる》。〉、銀《ぎん》の弦袋《つるぶくろ》を以《もつ》て懸物《かけもの》と為《な》す。「而《しか》るに主人《しゆじん》、虎《とら》の皮《かわ》の尻鞘《しりざや》を以《もつ》て、相替《あいか》へ懸《か》く」と云々《しかじか》。「上下《じようげ》、以《もつ》て目《め》くばせす」と云々《しかじか》。中《ちゆう》宮大夫《ぐうだいぶ》〈道長《みちなが》。〉、中科《ちゆうか》。

昨日於㆓摂政第㆒有㆑射、内大臣以下公卿多会、前日弓負態云々、藤大納言〈朝光、〉以㆓銀弦袋㆒為㆓懸物㆒、而主人以㆓虎皮尻鞘㆒相替懸云々、上下以目云々、中宮大夫〈道長、〉中科、

❖道隆の二条第《にじようてい》で前日の射儀の負態《まけわざ》が行なわれ、そのついでにまた射儀が行なわれた。負態というのは、歌合《うたあわせ》・花合《はなあわせ》・碁《ご》・蹴鞠《けまり》・相撲《すまい》・賭弓《のりゆみ》などの勝負事で、負けた組が罰として勝った方の人々に行なう供応や贈物のことで、また勝負事が行なわれることが多かった。道隆が懸物を替えたということで非難されたことが記されている。

弦袋は弦巻《つるまき》ともいって、予備の弓弦《ゆづる》を巻いておく道具。尻鞘は太刀の鞘《さや》を覆うために毛皮で作った袋。虎皮の尻鞘となると、道隆自慢の品だったのであろう。

中科は的の中央に当てることで、道長が当てたとある。後世、これを基として、道

長が藤原伊周と弓競《ゆみくら》べをして、自分の家から帝《みかど》や后《きさき》が立ったり、自分が摂政・関白になったりするのなら当たれと言って射たら中科に当たったという『大鏡《おおかがみ》』の説話が作られたのであろう。

・三月十八日（九条本〈広本〉）円賢、再び来る／虚夢

前日《ぜんじつ》、来《き》た法師《ほうし》が、今日《きょう》、重《かさ》ねて来《き》た。その名《な》を問《と》うと、「円賢《えんけん》」ということだ。逢《あ》わなかった。人《ひと》を介《かい》して云《い》ったことには、「夢想《むそう》の告《つ》げを申《もう》す為《ため》に、参《まい》ったものです」ということだ。人々《ひとびと》が云《い》ったことには、「あの者《もの》は偽《いつわ》りの夢《ゆめ》をあちこちに来《き》て告《つ》げます。その事《こと》を生活《せいかつ》の糧《かて》とする者《もの》です」と云《い》うことだ。

❖前日《ぜんじつ》、来《き》たる所《ところ》の法師《ほうし》、今日《きょう》、重《かさ》ねて来《き》たる。其《そ》の名《な》を問《と》ふに、「円賢《えんけん》」てへ

り。相逢《あいあ》はず。人《ひと》を以《もっ》て云《い》はく、「夢想《むそう》の告《つ》げを申《もう》さんが為《ため》、参入《さんにゅう》する所《ところ》なり」てへり。人々《ひとびと》、云《い》はく、「虚夢《きょむ》を以《もっ》て、処々《しょしょ》に来《き》たり告《つ》ぐ。其《そ》の事《こと》を以《もっ》て便《たよ》りと為《な》す者《もの》」と云々《しかじか》。

前日所レ来法師今日重来、問二其名一、円賢者、不二相逢一、以レ人云、為レ申二夢想告一所二参入一也者、人々云、以二虚夢一来二告処々一、以二其事一為レ便者云々、

✽この円賢《えんけん》というのは延暦寺《えんりゃくじ》僧で、有名な元三大師《がんざんだいし》良源《りょうげん》の弟子というが、他には見えず、実資以外の所にも行っていたのかどうかは不明である。いずれにせよ、「虚夢《きょむ》」の夢解《ゆめと》きをして世間を渡っている者のようである。

僧がこんな事を言ってきたら興味を持ちそうなものであるが、実資はいたって冷静な対応をしている。これもこれからしばしば見える、神秘的なものに対する実資の対応の特徴である。

・四月十五日（九条本〈広本〉）賀茂祭

……祭使《さいし》（藤原隆家《ふじわらのたかいえ》）は西対《にしのたい》を出立《しゅったつ》した。母屋《もや》に簾《すだれ》を懸《か》け、鉤《かぎ》で簾《すだれ》を上《あ》げた。先例《せんれい》では、簾《すだれ》を懸《か》けない。奇怪《きかい》とした、奇怪《きかい》とした。摂政《せっしょう》（藤原道隆《ふじわらのみちたか》）は出《で》なかった。ただし同《おな》じ西対《にしのたい》の西側《にしがわ》にいた。烏帽子《えぼし》と直衣《のうし》を着《き》て、公卿《くぎょう》たちに逢《あ》った。礼節《れいせつ》を知《し》らないようなものである。大納言《だいなごん》（藤原《ふじわらの》）朝光《あさてる》が、その所《ところ》に入《はい》り、一緒《いっしょ》に酒《さけ》を飲《の》んだ。とても都合《つごう》が悪《わる》いことである。……

❖……西対《にしのたい》を出立《しゅったつ》す。母屋《もや》に簾《すだれ》を懸《か》け、鉤《かぎ》を以《もっ》て簾《すだれ》を上《あ》ぐ。先例《せんれい》、簾《すだれ》を懸《か》けず。奇《き》と為《な》す、奇《き》と為《な》す。摂政《せっしょう》、出《い》でず。但《ただ》し同《おな》じ対《たい》の西面《にしおもて》に在《あ》り。烏《え》・直衣等《のうしなど》を着《ちゃく》し、公卿達《くぎょうたち》に相逢《あいあ》ふ。礼節《れいせつ》を知《し》らざるに似《に》る。大納言《だいな》朝光《ごんあさてる》、其《そ》の所《ところ》に入《い》り、相共《あいとも》に酒《さけ》を飲《の》む。極《きわ》めて便無《びんな》きなり。……

……西対出立、母屋懸レ簾、以レ鉤上レ簾、先例不レ懸レ簾為レ奇々、摂政不レ出、但在二同対西面一、着二烏・直衣等一、相二逢公卿達一、似レ不レ知二礼節一、大納言朝光入二其所一、相共飲レ酒、極無レ便也、……

✻この年の賀茂祭《かものまつり》では、道隆四男の隆家《たかいえ》が祭使《さいし》を務めた。その出立所《しゅったつしょ》の室礼《しつらい》が違例《いれい》であったと、実資は非難している。また、道隆が簡略な装束で、挨拶《あいさつ》に訪れた公卿たちを応接したのも、実資は非難している。

さらには、朝光《あさてる》が道隆の座の近くに入り込み、一緒に酒を呑《の》んだというので、実資の怒りは増している。このようなことから、道隆が死去する際に、朝光や済時《なりとき》が極楽《ごくらく》にいるのなら念仏《ねんぶつ》も唱えようと言ったという『大鏡』の説話が作られたのであろう。

・五月四日（九条本〈広本〉）　済時に装束を問う

八省院《はっしょういん》行幸《ぎょうこう》の時《とき》、衛府《えふ》を兼《か》ねている公卿《くぎょう》は平胡籙《ひらやなぐい》を負《お》うべきか、それとも壺胡籙《つぼやなぐい》を負《お》うのか。これについては、いまだ確《たし》かな説《せつ》がない。そこで（源《みなもとの》）弘遠朝臣《ひろとおあそん》を遣《つか》わして、左大将《さだいしょう》（藤原済時《ふじわらのなりとき》）に問《と》うた。伝《つた》えられて云《い》ったことには、「壺胡籙《つぼやなぐい》を負《お》うのが通例《つうれい》である。ただし検非違使別当《けびいしべっとう》は平胡《ひらやな》籙《ぐい》を佩用《はいよう》する。ところが前大納言《さきのだいなごん》（源《みなもとの》）重光《しげみつ》が検非違使別当《けびいしべっとう》であった時《とき》、やはり壺胡籙《つぼやなぐい》を佩用《はいよう》した」ということだ。また、太政官《だいじょうかん》の政務《せいむ》が終《お》わって東門《ひがしもん》から出《で》る儀《ぎ》について、同《おな》じく事情《じじょう》を問《と》うた。「確《たし》かに覚《おぼ》えていない。もしかしたら記《しる》し置《お》いたことが有《あ》るか。調《しら》べて見《み》て、追《お》って伝《つた》え送《おく》る」ということだ。

❖八省行幸《はっしょうぎょうこう》の時《とき》、衛府《えふ》の公卿《くぎょう》、平胡籙《ひらやなぐい》を負《お》ふべきか、将《は》た壺胡籙《つぼやなぐい》を負《お》ふか。此《こ》の間《かん》、未《いま》だ慥《たし》かなる説《せつ》を得《え》ず。仍《よ》りて弘遠朝臣《ひろとおあそん》を以《もっ》て左大将《さだいしょう》に達《たっ》す。示《しめ》されて云《い》はく、「壺胡籙《つぼやなぐい》を負《お》ふが例《れい》なり。但《ただ》し検非違使別当《けびいしべっとう》、平胡籙《ひらやなぐい》を佩《は》く。而《しか》るに前大納《さきのだいな》言重光《ごんしげみつ》、廷尉別当《ていいべっとう》たる時《とき》、猶《な》ほ壺胡籙《つぼやなぐい》を佩《は》く」てへり。又《また》、官政《かんせい》、了《おわ》りて東門《ひがしもん》より出《い》づる儀《ぎ》、同《おな》じく案内《あない》を達《たっ》す。「慥《たし》かに覚《おぼ》えず。若《も》しくは注《しる》し置《お》くこと有《あ》るか。

尋《たず》ね見《み》て、追《お》ひて示《しめ》し送《おく》る」てへり。

八省行幸時、「衛府公卿可レ負二平胡簶一歟、将負二壺胡簶一歟、此間未レ得二慥説一、仍以二弘遠朝臣一達二左大将一、被レ示云、負二壺胡簶一之例也、但検非違使別当佩二平胡簶一、而前大納言重光為二廷尉別当一時、猶佩二壺胡簶一者、又官政了出レ自二東門一之儀、同達二案内一、慥不レ覚、若有二注置一歟、尋見追示送者、

＊七日に予定されていた臨時《りんじ》諸社《しょしゃ》奉幣使《ほうへいし》発遣では、天皇が八省院《はっしょういん》（朝堂院《ちょうどういん》正殿の大極《だいごく》殿《でん》）に行幸するのが恒例であったが、その際、武官である衛府《えふ》の長官を兼任している公卿が平胡簶《ひらやなぐい》と壺胡簶《つぼやなぐい》のどちらを負うのか、左兵衛督《さひょうえのかみ》を兼任している実資は、装束に詳しい済時に問うた。

なお、胡簶は矢を携行するための武具で、重要な朝儀や行幸などの際にその威容を整えるため、参列・供奉《ぐぶ》する武官が腰に負った。平胡簶は丈が短く口が開いており、壺胡簶は丈が長く筒状のもの。通例、近衛大将《このえのたいしょう》と検非違使《けびいし》別当は平胡簶を用いる。

また、太政官《だいじょうかん》の政務が終わって東門から出る儀についても問うたところ、確かに覚えていないから、記録を調べて伝えるとのことであった。このように、公卿同士で先

例を調べては儀式をすり合わせることが行なわれていたのである。ただしそれも、儀式に詳しく、父祖の日記を所持している、そして仲のいい公卿同士のことである。

・七月二十七日（伏見宮本〈略本〉）相撲召合

……次《つ》いで相撲《すまい》を取《と》った。一番《いちばん》は左方《ひだりかた》が勝《か》った。二番《にばん》〈左方《ひだりかた》は（大鹿《おおがの》）文時《ふみとき》、右方《みぎかた》は昌延《まさのぶ》。〉は、長《なが》い時間《じかん》、取《と》り組《く》んだ。左方《ひだりかた》の男《おとこ》は、右方《みぎかた》の男《おとこ》の指《ゆび》を噛《か》んだ。血《ち》が流《なが》れ出《で》た。そこで故障《こしょう》を申《もう》した。公卿《くぎょう》に故障《こしょう》を許《ゆる》すかどうかを審議《しんぎ》させた。あれこれの者《もの》が申《もう》して云《い》ったことには、「指《ゆび》から血《ち》が、すでに流《なが》れ出《で》ている。事《こと》はすでに顕《あき》らかである。相撲《すまい》というものは、手《て》を用《もち》いるものである」と。各々《おのおの》、免《めん》じることにしようということを申《もう》した。権大《ごんだい》納言《なごん》（藤原《ふじわらの》）伊周卿《これちかきょう》が云《い》ったことには、「毎年《まいとし》の日記《にっき》を見《み》ると、このような時《とき》は、特《とく》に免《めん》じることは無《な》い」と。ところが群議《ぐんぎ》によって、免《めん》じられた。

他《ほか》の儀《ぎ》は通例《つうれい》のとおりであった。ただし左方《ひだりかた》が勝《か》った。勝《か》ち越《こ》した数《かず》は十《じゅう》番《ばん》であった〈ただし天判《てんぱん》が三番有《さんばんあ》った。〉。最手《ほて》と腋《わき》は、決《けっ》しなかった。皆《みな》、故障《こしょう》があったからである。黄昏《たそがれ》の頃《ころ》、儀《ぎ》が終《お》わった。……

❖……次《つ》いで相撲《すまい》。一番《いちばん》、左勝《ひだりか》つ。二番《にばん》〈左《ひだり》、文時《ふみとき》、右《みぎ》、昌延《まさのぶ》。〉、良久《ややひさ》しく角力《すまい》す。左《ひだり》の男《おとこ》、右《みぎ》の男《おとこ》の指《ゆび》を喫《くら》ふ。血《ち》、流《なが》れ出《い》づ。仍《よ》りて故障《こしょう》を申《もう》す。公卿《くぎょう》をして故障《こしょう》を許《ゆる》すや不《いな》やを定《さだ》め申《もう》さしむ。彼是《かれこれ》、申《もう》して云《い》はく、「指《ゆび》より血《ち》、已《すで》に流《なが》れ出《い》づ。事《こと》、已《すで》に顕然《けんぜん》たり。相撲《すまい》に至《いた》りては、手《て》を用《もち》ゐる事《こと》なり」と。各《おのおの》、免《めん》ずべき由《よし》を申《もう》す。権大納言伊周卿《ごんだいなごんこれちかきょう》、云《い》はく、「年々《ねんねん》の日記《にき》を見《み》るに、此《か》くのごとき時《とき》、殊《こと》に免《めん》ずること無《な》し」てへり。然《しか》れども群議《ぐんぎ》に依《よ》り、免《めん》ぜられ了《おわ》んぬ。自余《じょ》の儀《ぎ》、例《れい》のごとし。但《ただ》し左勝《ひだりか》つ。数《かず》、十《じゅう》〈但《ただ》し天判三番有《てんぱんさんばんあ》り。〉。最手《ほて》・腋《わき》、決《けっ》せず。皆《みな》、故《こ》障《しょう》に依《よ》るなり。黄昏《こうこん》、事了《ことおわ》んぬ。……

……次相撲、一番左勝、二番〈左文時、右昌延、〉、良久角力、左男喫㆓右男指㆒、血流出、仍申㆓故障㆒、令㆔公卿定㆓申故障許不㆒、彼是申云、自㆑指血已流出、事已顕然、至㆓于相撲㆒

用レ手事也、各申二可レ免之由一、権大納言伊周卿云、見二年々日記一、如レ此之時殊無レ免者、然而依二群議一被レ免了、自余儀如レ例、但左勝、数十〈但有二天判三番一〉、最手・腋不レ決、皆依二故障一也、黄昏事了、……

✲当時の相撲は、土俵や制限時間もないうえに、文字どおり撲《なぐ》る、蹴《け》る、絞める、果ては木に相手の背中を押しつけるなどが許される総合格闘技であり、しかも判定勝負であって、しばしば天判《てんぱん》（天皇の判定）が入り込んだ。なお、全体としては「帝王方」とされた（『江家《ごうけ》次第《しだい》』裏書《うらがき》）左方が勝つのが通例であった。この年の相撲節会《すまいのせちえ》でも、三番の天判によって、左方が勝っている。

それはさておき、二番の左方の相撲人が右方の相撲人の指を噛《か》んで流血させてしまったのは、血を穢《え》として忌む平安貴族にとっては、大変な事態であった。大方の公卿は二番の続行を免除しようという意見を述べたのに対し、伊周だけは先例をタテに免除してはならないとの意見を述べて納得しなかった。伊周が見た「年々の日記」が誰の日記であるのか、興味深いところであるが（忠平《ただひら》の『貞信公記《ていしんこうき》』か師輔《もろすけ》の『九暦《きゅうれき》』か）、結局、多数意見に押し切られてしまった。

最手《ほて》（相撲人中の最高位）と腋《わき》（最手に次ぐ位）は、故障を称して勝負を決しなかったとあるが、当時の相撲は全体として左方が一番でも多く勝っていれば、それでよしとしたのである。高位の相撲人も、必ずしも実力によらず、経験や体格などで選んだため、このようなこともよく起こった。

・閏十月六日（伏見宮本〈略本〉）菅原道真に太政大臣を贈る夢想

内大臣《ないだいじん》（藤原道兼《ふじわらのみちかね》）の許《もと》に参《まい》った。対面《たいめん》のついでにおっしゃって云《い》ったことには、「一昨夜《いっさくや》の夢《ゆめ》に、菅丞相《かんじようしよう》（菅原道真《すがわらのみちざね》）に太政大臣《だいじようだいじん》を贈《おく》るべきであるという夢想《むそう》が有《あ》った。昨日《きのう》と一昨日《おととい》は、謹慎期間《きんしんきかん》であった。そこで今朝《けさ》、関白《かんぱく》（藤原道隆《ふじわらのみちたか》）の許《もと》に参《まい》って、このことを申《もう》したところ、『早《はや》く太政大臣《だいじようだいじん》を贈《おく》るように』とのことであった」ということだ。私《わたし》（藤原実資《ふじわらのさねすけ》）が思慮《しりよ》するに、（藤原《ふじわらの》）時平左大臣《ときひらさだいじん》に太政大臣《だいじようだいじん》を贈《おく》った。今《いま》、あの人《ひと》（時平《ときひら》）と同《おな》じとなることを欲《ほっ》しているのか。この考《かんが》えを内大臣《ないだいじん》に談《かた》ったところ、深《ふか》く感銘《かんめい》を受《う》けている様子《ようす》が有《あ》った。

❖内府《ないふ》に詣《もう》づ。対面《たいめん》の次《つ》いでに命《おお》せられて云《い》はく、「一昨夜《いっさくや》の夢《ゆめ》に、菅丞相《かんじょうしょう》に太《だい》政大臣《じょうだいじん》を贈《おく》るべき夢有《ゆめあ》り。昨《きのう》・一昨《おととい》、物忌《ものいみ》。仍《よ》りて今旦《こんたん》、関白《かんぱく》に詣《もう》で、此《こ》の由《よし》を申《もう》すに、『早《はや》く太政大臣《だいじょうだいじん》を贈《おく》り奉《たてまつ》るべし』てへり」と。余《よ》、思慮《しりょ》するに、時平左《ときひらさ》大臣《だいじん》に太政大臣《だいじょうだいじん》を贈《おく》る。今《いま》、彼《か》の人《ひと》と同《おな》じきを欲《ほっ》するか。此《こ》の意《い》を以《もっ》て内府《ないふ》に談《かた》るに、深《ふか》く感《かん》ぜらるる気有《けあ》り。

詣二内府一、対面之次被レ命云、一昨夜夢菅丞相有下可レ贈二太政大臣一之夢上、昨・一昨物忌、仍今旦詣二関白一申二此由一、早可レ奉レ贈二太政大臣一者、余思慮、時平左大臣贈二太政大臣一、今欲レ同二彼人一歟、以二此意一談二内府一、深有二被レ感之気一、

✻大宰府《だざいふ》で死去して怨霊《おんりょう》になり、藤原時平《ときひら》や醍醐《だいご》天皇を葬ったとされた道真《みちざね》は、この頃にはすでに藤原氏を守護する信仰の対象となっていた。生前の従二位右大臣に戻されたのはもちろん、この年の六月には贈正一位左大臣、そしてこの閏《うるう》十月には道兼の

夢想を根拠に、太政大臣が贈られたのである。

夢想を根拠とするというと、古代人は夢のお告げを信じていたと短絡的に考えがちであるが、そうではなくて、貴族社会全体が道真の復権を望んでおり、夢がそのきっかけになったと考えるべきであろう。

実資はその後、道真の曾孫《そうそん》である菅原輔正《すがわらのすけまさ》に自分の意見を開陳した。輔正は感嘆が極まり無く、「託宣《たくせん》の趣旨は、懇切《こんせつ》に太政大臣に昇ろうと欲しているのである。今、その□を思うと、私が思っていたとおりである。いよいよ神異《しんい》を知った」と語った。

・閏十月十四日（伏見宮本〈略本〉）藤原娍子懐妊により、藤原師輔の霊、出現

観修僧都《かんしゅうそうず》が来《き》て云《い》ったことには、「近頃《ちかごろ》、東宮《とうぐう》（居貞親王《おきさだしんのう》）更衣《こうい》〈左大将《さだいしょう》（藤《ふじ》原《わらの》）済時卿《なりときぎょう》の女《むすめ》（藤原娍子《ふじわらのせいし》）。〉の修法《しゅほう》を行《おこ》なうと、猛霊《もうれい》が急《きゅう》に出《で》て来《き》て、云《い》

ったことには、『我《われ》はこれは、九条《くじょう》丞相《じょうしょう》（藤原師輔《ふじわらのもろすけ》）の霊《れい》である。生前《せいぜん》の時《とき》、或《ある》いは仏事《ぶつじ》に寄《よ》せ、或《ある》いは幻術《げんじゅつ》を頼《たの》んで、切実《せつじつ》に子孫繁昌《しそんはんじょう》の思《おも》いを致《いた》した。その願《がん》は成熟《せいじゅく》した。特《とく》に小野宮太政《おののみやだいじょう》大臣《だいじん》（藤原実頼《ふじわらのさねより》）の子孫《しそん》が滅亡《めつぼう》するようにとの願《がん》は、あの時《とき》、たいへん深《ふか》かった。陰陽《おんみょう》の術《じゅつ》を施《ほどこ》し、あの子孫《しそん》を断《た》とうと欲《ほっ》した。期《き》したところは、先《ま》ず六十年《ろくじゅうねん》である。その効験《こうげん》は、すでに灼《あらた》かである。今《いま》、他《た》を滅《ほろ》ぼす思《おも》いによって、苦《く》を受《う》けることはとても重《おも》い。苦《く》を抜《ぬ》くことは終《お》わりが無《な》い。小野宮太政大臣《おののみやだいじょうだいじん》の子孫《しそん》が生《う》まれる時《とき》は、我《われ》は必《かなら》ずその所《ところ》に行《い》って、その事《こと》を妨《さまた》げる。生前《せいぜん》の心願《しんがん》によって、先《ま》ず期《き》したところは六十年《ろくじゅうねん》である。その残《のこ》りは幾《いくば》くもない。あの時《とき》の幻《げん》術《じゅつ》は、あと二年《にねん》ほどである。その後《ご》は、この妨術《ぼうじゅつ》を廻《めぐ》らせることは難《むずか》しいであろう。また、この更衣《こうい》は、すでに懐妊《かいにん》の様子《ようす》が有《あ》った。そこで来《き》て、煩《わずら》わせるものである。他《た》の同族《どうぞく》を断《た》とうとする為《ため》である』と」と云《い》うことだ。今《いま》、この事《こと》を聞《き》いて、昔《むかし》の事《こと》を思《おも》い出《だ》した。同族《どうぞく》とはいっても、用心《ようじん》しなければならないのであろうか。僧都《そうず》が云《い》ったことには、「すぐに大威《だいい》徳尊像《とくそんぞう》を造顕《ぞうけん》して、帰依《きえ》するべきです」ということだ。それならば天運《てんうん》に任《まか》せるべきものである。

❖観修僧都《かんしゅうそうず》、来《き》たりて云《い》はく、「近曾《きんそ》、東宮更衣《とうぐうこうい》〈左大将済時卿《さだいしょうなりときぎょう》の女《むすめ》。〉の修法《しゅほう》を行《おこ》なふに、猛霊《もうれい》、忽《たちま》ち出《い》で来《き》て云《い》はく、『我《われ》は是《こ》れ、九条丞相《くじょうじょうしょう》の霊《れい》。存生《ぞんじょう》の時《とき》、或《ある》いは仏事《ぶつじ》に寄《よ》せ、或《ある》いは外術《げじゅつ》を付《ふ》し、懇切《こんせつ》に子孫繁昌《しそんはんじょう》の思《おも》ひを致《いた》す。其《そ》の願《がん》、成《せい》熟《じゅく》す。就中《なかんずく》、小野宮太相国《おののみやだいしょうこく》の子族《しぞく》、滅亡《めつぼう》すべき願《がん》、彼《か》の時《とき》、極《きわ》めて深《ふか》し。陰陽《おんみょう》の術《じゅつ》を施《ほどこ》し、彼《か》の子孫《しそん》を断《た》たんと欲《ほっ》す。期《き》する所《ところ》、先《ま》づ六十年《ろくじゅうねん》。其《そ》の験《しるし》、已《すで》に新《あら》たなり。今《いま》、他《た》を滅《ほろ》ぼす思《おも》ひに依《よ》り、苦《く》を受《う》くること極《きわ》めて重《おも》し。苦《く》を抜《ぬ》くこと期《ご》無《な》し。小野宮相国《おののみやしょうこく》の子孫《しそん》、産《う》まるる時《とき》、吾《われ》、必《かなら》ず其《そ》の所《ところ》に向《む》かひ、此《こ》の事《こと》を妨《さまた》ぐ。存生《ぞんじょう》の心願《しんがん》に依《よ》り、先《ま》づ期《き》する所《ところ》、六十年《ろくじゅうねん》。其《そ》の遺《のこ》り、幾《いくば》くならず。彼《か》の時《とき》の外《げ》術《じゅつ》、今《いま》二年《にねん》ばかりなり。其《そ》の後《のち》、此《こ》の妨術《ぼうじゅつ》を廻《めぐ》らし難《かた》かるべし。又《また》、此《こ》の更衣《こうい》、已《すで》に懐妊《かいにん》の気《け》有《あ》り。仍《よ》りて来《き》たり煩《わずら》はす所《ところ》なり。他《た》の同胤《どういん》を断《た》たんが為《ため》なり』と」と云々《しかじか》。今《いま》、此《こ》の事《こと》を聞《き》き、往古《おうこ》の事《こと》を覚《おぼ》ゆ。骨肉《こつにく》と云《い》ふと雖《いえど》も、用心有《ようじんあ》るべきか。僧都《そうず》、云《い》はく、「忽《たちま》ち大威徳尊《だいいとくそん》を造《つく》り、帰依《きえ》し奉《たてまつ》るべし」てへり。然《しか》らば天運《てんうん》に任《まか》すべき者《もの》なり。

観修僧都来云、近曾行二東宮更衣〈左大将済時卿女、〉修法一、猛霊忽出来云、我是九条丞相霊、存生之時、或寄二仏事一、或付二外術一、懇切致二子孫繁昌之思一、其願成熟、就中小野宮太相国子族可二滅亡一之願彼時極深、施二陰陽術一欲レ断二彼子孫一、所レ期先六十年、其験已新、今依二滅レ他之思一、受レ苦極重、抜レ苦無レ期、小野宮相国子孫産時、吾必向二其所一妨二此事一、依二存生心願一、先所レ期六十年、其遺不レ幾、彼時外術今二年許也、其後可レ難レ廻二此妨術一、又此更衣已有二懐妊気一、仍所二来煩一也、為レ断二他同胤一云々、今聞二此事一覚二往古事一、雖レ云二骨肉一、可レ有二用心一歟、僧都云、忽造二大威徳尊一可レ奉二帰依一者、然者可レ任二天運一者也、

✲観修《かんしゅう》が東宮居貞《おきさだ》親王（後の三条《さんじょう》天皇）の妃《ひ》である娍子《せいし》（小一条流《こいちじょうりゅう》の藤原師尹《ふじわらのもろまさ》の孫）平産の祈《き》禱《とう》をしていたところ、師輔《もろすけ》の猛霊が出現し、御産を妨害すると告げたという。

もちろん、師輔家（九条流《くじょうりゅう》）の者が実頼《さねより》家（小野宮流《おののみやりゅう》）や師尹家（小一条流）の者の繁栄を喜んではいないであろうという、観修の脳内で起こった想像が形を持って現わ

れたのが、この「猛霊」であることは、言うまでもない。しかし、当時は九条流の人々が小野宮流や小一条流の繁栄を妨害したくなるのは当然であるという社会通念も存在したであろう。この噂が宮廷社会に広まり、娍子の耳に入ることによって、母胎《ぼたい》に悪影響を及ぼすことを恐れた（あるいは、期待した）向きも存在したことであろう。

観修は実資《さねすけ》に、大威徳尊像を造顕することを勧めたが（これがそもそもの目的であったのかもしれない）、実資はそれには取り合わず、天運に任せるべきであると記している。いつもながら霊的なものには冷静な実資の態度である。

なお、翌正暦《しょうれき》五年（九九四）五月、娍子は無事に東宮の第一皇子敦明《あつあきら》（後の小一条院《こいちじょういん》）を出産している（『日本紀略《にほんきりやく》』）。

◆長徳《ちょうとく》元年（九九五）

藤原実資三十九歳（従三位、参議→権中納言・左兵衛督→右衛門督・検非違使別当）　一条天皇十六歳　藤原道隆四十三歳　藤原道兼三十五歳　藤原伊周二十二歳　藤原道長三十歳　藤原詮子三十四歳　藤原定子二十歳

・三月八日（前田本甲〈略本〉）　藤原伊周に関白病間の内覧宣旨

「また頭中将《とうのちゅうじょう》（藤原《ふじわらの》）斉信《ただのぶ》が一条天皇《いちじょうてんのう》の命令《めいれい》を聞《き》いて、議場《ぎじょう》に出《で》た。内大臣《ないだいじん》（藤原伊周《ふじわらのこれちか》）に伝《つた》えて云《い》ったことには、『関白《かんぱく》（藤原道隆《ふじわらのみちたか》）が病《やまい》を患《わずら》っている間《あいだ》、様々《さまざま》な文書《もんじょ》や天皇《てんのう》の命令《めいれい》は、先《ま》ず関白《かんぱく》に覧《み》せ、続《つづ》いて内大臣《ないだいじん》に覧《み》せて、天皇《てんのう》に申《もう》しあげるように』ということだ。内大臣《ないだいじん》が云《い》ったことには、『天皇《てんのう》の命令《めいれい》を伝《つた》えた趣旨《しゅし》は、とても相違《そうい》している。関白《かんぱく》が病《やまい》を患《わずら》っている間《あいだ》、もっぱら内大臣《ないだいじん》に委《ゆだ》ねるということは、すでに聞《き》いているところである。ところが先《ま》ず関白《かんぱく》に覧《み》せ、続《つづ》いて私《わたし》（伊周《これちか》）に文書《もんじょ》を覧《み》せるという仰《おお》せが有《あ》ったというのは、如何《いかが》であろう』ということだ。そこでこの趣旨《しゅし》を申《もう》しあげた。天皇《てんのう》がおっしゃって云《い》ったことには、『それではこの趣旨《しゅし》を関白《かんぱく》に伝《つた》え、その申《もう》す趣旨《しゅし》に随《したが》って、処置《しょち》を命《めい》じよ』ということだ。『頭中将《とうのちゅうじょう》は関白《かんぱく》の家《いえ》に馳《は》せ向《む》かった』と」と云《い》うことだ。この事《こと》は、大《おお》いに奇異《きい》の極《きわ》まりである。必《かなら》ずこの事《こと》は失敗《しっぱい》するであろう。昔《むかし》からいまだこのような事《こと》を聞《き》いたことはない。

❖「又、頭中将《とうのちゅうじょう》斉信《ただのぶ》、勅《ちょく》を奉《うけたまわ》り、陣《じん》に出《い》づ。内大臣《ないだいじん》に仰《おお》せて云《い》はく、『関白《かんぱく》、病《やまい》を煩《わずら》ふ間《あいだ》、雑文書《ぞうもんじょ》・宣旨《せんじ》等《など》、先《ま》づ関白《かんぱく》に触《ふ》れ、次《つ》いで内大臣《ないだいじん》に触《ふ》れ、奏聞《そうもん》を経《ふ》べし』てへり。内大臣《ないだいじん》、云《い》はく、『勅《ちょく》を伝《つた》ふる旨《むね》、頗《すこぶ》る以《もっ》て相違《そうい》す。関白《かんぱく》、病《やまい》を煩《わずら》ふ間《あいだ》、専《もは》ら内大臣《ないだいじん》に委《ゆだ》ぬる由《よし》、已《すで》に承《うけたまわ》る所《ところ》有《あ》り。而《しか》るに先《ま》づ関白《かんぱく》に触《ふ》れ、相続《あいつ》いで文書《もんじょ》を見《み》しむべき仰《おお》せ有《あ》るは如何《いかが》』てへり。仍《よ》りて此《こ》の旨《むね》を以《もっ》て奏聞《そうもん》を経《ふ》。仰《おお》せて云《い》はく、『須《すべか》らく此《こ》の趣《おもむ》きを以《もっ》て関白《かんぱく》に仰《おお》せ、彼《か》の申《もう》す旨《むね》に随《したが》ひて、事《こと》の由《よし》を仰《おお》すべし』てへり。『頭中将《とうのちゅうじょう》、関白《かんぱく》の家《いえ》に馳《は》せ向《む》かふ』と」と云々《しかじか》。此《こ》の事《こと》、大《おお》いに奇異《きい》の極《きわ》まりなり。必《かなら》ず事《こと》の敗《やぶ》るること有《あ》るか。往古《おうこ》、未《いま》だ此《か》くのごとき事《こと》を聞《き》かず。

又頭中将斉信奉レ勅出レ陣、仰二内大臣一云、関白煩レ病之間、雑文書・宣旨等先触二関白一、次触二内大臣一可レ経二奏聞一者、内大臣云、伝レ勅之旨頗以相違、関白煩レ病之間、専委二内大臣一之由、已有レ所レ承、而先触二関白一、相続有下可レ令レ見二文書一之仰上如何者、仍以二此旨一経二奏聞一、仰云、須下以二此趣一仰二関白一、随二彼申旨一仰上二事由一者、頭中将馳二向関白家一云々、此事大奇異之極也、必有二事敗一歟、往古未レ聞二如レ此事一、

✽三月に入り、病の篤《あつ》くなった道隆《みちたか》は一条《いちじょう》天皇との間で、自分の病の間の政務運営について合意に達した。それは道隆の病の間は伊周《これちか》に政務を委《ゆだ》ねるというものであった。ところが一条はこの三月八日、道隆と伊周二人による文書の内覧《ないらん》を命じる勅語《ちょくご》を伊周に伝えた。これが道隆との合意を一条が故意に言い換えたものかはわからない。これに対し伊周は、道隆が病を患う間は専ら自分に政務を委ねると聞いていたのに、これは話が違うと抗議した。一条は、道隆の指示を仰ぐことを命じた。実資《さねすけ》は、こんなことは失敗するであろうと、一連の動きに批判的である。

・三月十日（前田本甲〈略本〉）宣旨改作の謀計／伊周に関白詔を蒙るよう奏上

頭弁《とうのべん》（源　俊賢《みなもとのとしかた》）が云《い》ったことには、「昨日《きのう》、権大納言《ごんだいなごん》（藤原《ふじわらの》）道頼卿《みちよりきよう》が、関白《かんぱく》（藤原道隆《ふじわらのみちたか》）が病《やまい》の間《あいだ》、太政官《だいじようかん》・外記《げき》の文書《もんじよ》を内大臣《ないだいじん》（藤原伊周《ふじわらのこれちか》）に覧《み》せるということを、大外記《だいげき》（中原《なかはらの》）致時朝臣《むねときあそん》と史《し》（小槻《おつきの》）奉親宿禰《ともちかすくね》に仰《おお》せ下《くだ》した。左少弁《さしようべん》（高階《たかしなの》）信順《さねのぶ》が致時《むねとき》たちに語《かた》って云《い》ったことには、『「関白《かんぱく》が病《やまい》の間《あいだ》」の「間《あいだ》」の字《じ》を除《のぞ》くべきである。「関白《かんぱく》の病《やまい》に替《か》えて、内大臣《ないだいじん》に太政官《だいじようかん》・外記《げき》の文書《もんじよ》を覧《み》せる」というように書《か》き下《くだ》すように』ということだ。致時朝臣《むねときあそん》が云《い》ったことには、『この事《こと》は、頭弁《とうのべん》が一条天皇《いちじようてんのう》の命令《めいれい》を聞《き》いたものです。あの弁《べん》の仰《おお》せを、宜《よろ》しく書《か》いたものです。それならばあの弁《べん》に伝《つた》えて、改《あらた》め直《なお》してください』と」ということだ。謀計《ぼうけい》の甚《はなは》しいことは、誰《だれ》がこれに勝《まさ》るであろうか。主上《しゆじよう》（一条天皇《いちじようてんのう》）の御意向《ごいこう》は、関白《かんぱく》が病《やまい》の間《あいだ》は、文書《もんじよ》を覧《み》ることのできる人《ひと》がいない。これを如何《いかが》すればいいであろうかと、仰《おお》せ下《くだ》したものである。「あの人《ひと》（信順《さねのぶ》）たちは、ひとえに関白《かんぱく》詔《しよう》をいただくようにと申《もう》しあげた」と云《い》うことだ。ところが天皇《てんのう》の意向《いこう》は許《ゆる》さなかった。近代《きんだい》の事《こと》は、わからないものである。「左衛門督《さえもんのかみ》（藤原《ふじわらの》）顕《あき》光《みつ》・右衛門督《えもんのかみ》（源《みなもとの》）伊陟《これただ》、参議《さんぎ》（藤原《ふじわらの》）誠信《さねのぶ》は、昨日《きのう》、内大臣《ないだいじん》の宿所《しゅくしょ》に向《む》かい、お祝《いわ》いを申《もう》した」と云《い》うことだ。心《こころ》のよこしまな人《ひと》と称《しょう》すべきである。或《あ》るいは云《い》ったことには、「昨日《きのう》、内大臣《ないだいじん》は宿所《しゅくしょ》にいた。殿上人《てんじょうびと》や侍臣《じしん》が、多《おお》く訪《おとず》れた。大臣《だいじん》（伊周《これちか》）は客亭《かくてい》に出《で》て、頭中将《とうのちゅうじょう》（藤原斉信《ふじわらのただのぶ》）を招《まね》き、様々《さまざま》な事《こと》を述《の》べた」と云《い》うことだ。

❖頭弁《とうのべん》、云《い》はく、「昨日《きのう》、権大納言《ごんだいな》道頼卿《ごんみちよりきょう》、関白《かんぱく》、病《やまい》の間《あいだ》、官《かん》・外記《げき》の文書《もんじょ》、内《ない》大臣《だいじん》に見《み》しむべき由《よし》、大外記《だいげき》致時朝臣《むねときあそん》・史《し》奉親《ともちか》宿禰《すくね》等《など》に仰《おお》せ下《くだ》す。左少弁《さしょうべん》信順《さねのぶ》、致時等《むねときなど》に語《かた》りて云《い》はく、『「関白《かんぱく》、病《やまい》の間《あいだ》」の「間《あいだ》」字《じ》を除《のぞ》くべきなり。「関白《かんぱく》の病《やまい》の替《か》はりに、内大臣《ないだいじん》を以《もっ》て官《かん》・外記《げき》の文《ふみ》を見《み》しむべき」由《よし》を書《か》き下《くだ》すべし』てへり。致時朝臣等《むねときあそんなど》、云《い》はく、『件《くだん》の事《こと》、頭弁《とうのべん》、奉《うけたまわ》る所《ところ》なり。彼《か》の弁《べん》の仰《おお》せを以《もっ》て宜《よろ》しく書《か》く所《ところ》なり。須《すべか》く彼《か》の弁《べん》に触《ふ》れ、改《あらた》め直《なお》すべし』と」てへり。謀計《ぼうけい》の甚《はなは》だしき、何人《なにびと》、之《これ》に勝《まさ》らんや。主上《しゅじょう》の御気色《みけしき》、関白《かんぱく》、病《やまい》の間《あいだ》、見《み》るべき人《ひと》無《な》し。

之《これ》を如何為《いかんせ》んと、仰《おお》せ下《くだ》す所《ところ》なり。「彼《か》の人等《ひとなど》、偏《ひと》へに関白詔《かんぱくしょう》を蒙《こうむ》るべき由《よし》を奏《そう》す」と云々《しかじか》。然《しか》れども天気《てんき》、許《ゆる》さず。近代《きんだい》の事《こと》、知《し》らざる所《ところ》なり。「左《さ》衛門督《えもんのかみ》顕《あき》光《みつ》・右衛門督《えもんのかみ》伊陟《これただ》、参議《さんぎ》誠信《さねのぶ》、昨日《きのう》、内府《ないふ》の直盧《じきろ》に向《む》かふ。慶賀《けいが》の由《よし》」と云々《しかじか》。佞人《ねいじん》と謂《い》ふべし。或《ある》いは云《い》はく、「昨日《きのう》、内府《ないふ》、直盧《じきろ》に在《あ》り。雲上《うんじょう》・侍臣《じしん》、多《おお》く詣《もう》で到《いた》る。丞相《じょうしょう》、客亭《かくてい》に出《い》で、頭中将《とうのちゅうじょう》を招《まね》き、雑事《ぞうじ》を陳《の》ぶ」と云々《しかじか》。

頭弁云、昨日権大納言道頼卿関白病間、官・外記文書可レ令レ見二内大臣一之由、仰三下大外記致時朝臣・史奉親宿禰等一、左少弁信順語二致時等一云、関白病間々字可レ除也、関白病替以二内大臣一可レ書下レ下可レ令レ見二官・外記文一之由上者、致時朝臣等云、件事頭弁所レ奉、以二彼弁仰一宜所レ書也、須下触二彼弁一改直上者、謀計之甚何人勝レ之、主上御気色、関白病間無二可レ見人一、為二之如何一、所二仰下一也、彼人等偏奏下可レ蒙二関白詔一之由上云々、然而天気不レ許、近代之事所レ不レ知也、左衛門督顕光・右衛門督伊陟、参議誠信、昨日向二内府直盧一、慶賀之由云々、可レ謂二佞人一、或云、昨日内府在二直盧一、雲上・侍臣多詣到、丞相出二客亭一招二頭中将一陳二雑事一云々、

✲翌三月九日、一条天皇は道隆の指示によって伊周の抗議を容《い》れ、道隆の病の間は文

書を伊周に内覧させるようにという宣旨《せんじ》を下させようとした。ところがその時、伊周の外戚《がいせき》の高階信順《たかしなのさねのぶ》が、宣旨を書き換え、道隆の病に替えて伊周に文書を内覧させるとするよう、外記に指示した。「関白の病に替えて」ということになると、道隆が回復したり死去したりした後にも、伊周がそのまま内覧の地位に留《とど》まることになる。

それに対して大外記の中原致時《なかはらのむねとき》は、「関白の病の間」は一条の仰せであるとして、信順の策動を拒否した。また、信順はこの動きとは別個に、伊周に関白詔を下すよう一条に奏上したが、一条はこれを拒絶している。結局、「関白の病の間」という期限付きで、伊周に内覧宣旨が下ったのである。

それにしても、中納言顕光《あきみつ》をはじめとする貴族たちが多く伊周の許《もと》に参り、慶賀《けいが》を申しているのは、何ともやりきれない感があるし、伊周が蔵人頭斉信《くろうどのとうただのぶ》を招いて雑事を述べたりしているのも、やはり若さゆえの軽率の誹《そし》りは免れまい。

・四月十一日（前田本甲〈略本〉）　道隆薨去

民部丞《みんぶのじょう》（藤原《ふじわらの》）国幹《くにもと》が告《つ》げ送《おく》って云《い》ったことには、「入道関白殿《にゅうどうかんぱくどの》（藤原道隆《ふじわらのみちたか》）は、昨夜《さくや》、亥刻《いのこく》（午後九時《ごごくじ》－十一時《じゅういちじ》）の頃《ころ》、入滅《にゅうめつ》しました」と云《い》うことだ。（源《みなもとの》）遠資朝臣《とおすけあそん》がまた、告《つ》げ送《おく》って云《い》ったことには、「戌刻《いぬのこく》（午後七時《ごごしちじ》－九時《くじ》）の頃《ころ》、入滅《にゅうめつ》しました」ということだ〈時《とき》に年《とし》、四十三歳《よんじゅうさんさい》。〉。

❖民部丞国幹《みんぶのじょうくにもと》、告《つ》げ送《おく》りて云《い》はく、「入道関白殿《にゅうどうかんぱくどの》、去《さ》ぬる夜《よる》、亥時《いのとき》ばかり、入滅《にゅうめつ》す」と云々《しかじか》。遠資朝臣《とおすけあそん》、又《また》、告《つ》げ送《おく》りて云《い》はく、「戌時《いぬのとき》ばかり、入滅《にゅうめつ》す」てへり〈時《とき》に年《とし》、四十三《しじゅうさん》。〉。

民部丞国幹告送云、入道関白殿去夜亥時許入滅云々、遠資朝臣又告送云、戌時許入滅者〈時年卌三、〉、

✲四月十日の夜、ついに道隆は死去した。時に四十三歳。藤原兼家《かねいえ》から譲られてから、わずか五年間の政権であった。その死によって、藤原伊周の内覧の付帯条件である「関白の病の間」は消滅したことになる。

道隆の死からわずか二日後の四月十二日、中宮定子《ていし》は内裏に還御した。これで内裏は触穢《しょくえ》になってしまった。引き続いての伊周の執政、できれば正式な関白任命を一条天皇に要請するための定子の強引な参内だったと考えるべきであろう。

・五月七日（前田本甲〈略本〉）　藤原道頼、服喪の装束を問う

権大納言《ごんだいなごん》（藤原《ふじわらの》）道頼《みちより》が、（讃岐《さぬきの》）扶範朝臣《すけのりあそん》を遣《つか》わして、伝《つた》え送《おく》って云《い》ったことには、「故関白《こかんぱく》（藤原道隆《ふじわらのみちたか》）の御服喪《おんふくも》の装束《しょうぞく》は、汝《なれ》（藤原実資《ふじわらのさねすけ》）の故殿《ことの》（藤原実頼《ふじわらのさねより》）の例《れい》を、その規範《きはん》とすることとした」ということだ。あの間《かん》の事《こと》を申《もう》し伝《つた》えた。また、云《い》ったことには、「檳榔毛《びろうげ》の車《くるま》を用《もち》いるべきかどうか。修理権大夫《しゅりのごんのだいぶ》（藤原《ふじわらの》）安親《やすちか》が云《い》ったことには、『檳榔《びんろう》を鈍色《にびいろ》に染《そ》める。もしかしたら古《ふる》い檳榔毛《びろうげ》の車《くるま》を用《もち》いる』と」ということだ。私《わたし》（実資《さねすけ》）が答《こた》えて云《い》ったことには、「檳《びん》を染《そ》めるのは、はなはだ都合《つごう》が悪《わる》い。古《ふる》い物《もの》

を用《もち》いるとはいっても、また同《おな》じである。檳榔毛《びろうげ》は法令《ほうれい》に見《み》えるところが無《な》い。筵《むしろ》を張《は》った粗末《そまつ》な車《くるま》を用《もち》いられては如何《いかが》か。重《おも》い服喪《ふくも》では、筵《むしろ》を張《は》った車《くるま》の上《うえ》に墨《すみ》を塗《ぬ》る。塗《ぬ》らないとはいっても、また、筵《むしろ》を張《は》った車《くるま》を用《もち》いられるのが宜《よろ》しいであろうか」と。また、答《こた》えて云《い》ってきたことには、「伝《つた》え送《おく》ったところは、最《もっと》も上策《じょうさく》である」ということだ。

❖権大納言道頼《ごんだいなごんみちより》、扶範朝臣《すけのりあそん》を使《つか》はし、示《しめ》し送《おく》りて云《い》はく、「故関白《こかんぱく》の御服《おんぷく》の装束《しょうぞく》、汝《なれ》の故殿《ことの》の例《れい》を以《もっ》て其《そ》の規模《きぼ》と為《な》すべし」てへり。彼《か》の間《かん》の事等《ことなど》を申《もう》し達《たっ》す。又《また》、云《い》はく、「檳榔毛《びろうげ》の車《くるま》を用《もち》ゐるべきや否《いな》や。修理権大夫安親《しゅりのごんのだいぶやすちか》、云《い》はく、『檳榔《びんろう》を以《もっ》て鈍色《にびいろ》に染《そ》む。若《も》しくは古弊《こへい》の檳榔毛《びろうげ》の車《くるま》を用《もち》ゐる』と」てへり。余《よ》、答《こた》へて云《い》はく、「檳《びん》を染《そ》むるは、甚《はなは》だ便宜《びんぎ》無《な》し。古弊《こへい》を用《もち》ゐると雖《いえど》も、又《また》、以《もっ》て相同《あいおな》じ。檳榔毛《びろうげ》、法条《ほうじょう》の見《み》ゆる所《ところ》無《な》し。筵張《むしろばり》を用《もち》ゐらるるは如何《いかが》。重服《じゅうぶく》、筵張《むしろばり》の上《うえ》に墨《すみ》を塗《ぬ》る。塗《ぬ》らずと雖《いえど》も、亦《また》、筵張《むしろばり》を用《もち》ゐらるるが宜《よろ》しきか」と。又《また》、答報《とうほう》して云《い》はく、「示《しめ》し送《おく》る所《ところ》、最《もっと》も上件《じょうけん》なり」てへり。

権大納言道頼使㆓扶範朝臣㆒示送云、故関白御服装束、以㆓汝故殿例㆒可㆑為㆓其規模㆒者、申㆓達彼間事等㆒、又云、可㆑用㆓檳榔毛車㆒否、修理権大夫安親云、以㆓檳榔㆒染㆓鈍色㆒、若用㆓古弊檳榔毛車㆒者、余答云、染㆑檳甚無㆓便宜㆒、雖㆑用㆓古弊㆒又以相同、檳榔毛法条之無㆑所㆑見、被㆑用㆓筵張㆒如何、重服筵張上塗㆑墨、雖㆑不㆑塗亦被㆑用㆓筵張㆒宜歟、又答報云、所㆓示送㆒最上件也者、

✻藤原道頼《ふじわらのみちより》は道隆の庶長子で、伊周よりも三歳、年長。母は藤原守仁《もりひと》の女である。祖父兼家の養子となっていた。小野宮家《おののみやけ》における実資と同じような立場と言えようが、道隆は道頼ではなく嫡長子の伊周を後継者とした。『枕草子《まくらのそうし》』『大鏡《おおかがみ》』『栄花物語《えいがものがたり》』によれば、道頼は伊周よりも容貌が美しかったとされている。

人の死が突然やって来ることは、『方丈記《ほうじょうき》』や『徒然草《つれづれぐさ》』の説くところであるが、この記事を読んでいると、いつも無常の感に慄然《りつぜん》とする。道隆の服喪の期間中の装束について、実資の許《もと》に実頼の服喪期間中の例を問い合わせてきたのである。中関白家《なかのかんぱくけ》にはこのような先例が蓄積されていなかったことが窺《うかが》える。

比較的道頼とは友好的な関係にあった実資は、適切に答えてやっている。しかし何

と、道頼はこの年に流行した疫病《えきびょう》（疱瘡《ほうそう》）に罹《かか》り、約一箇月後の六月十一日に二十五歳で死去してしまうのであった。時に正三位権大納言。

・五月十一日（前田本甲〈略本〉）藤原道長に内覧宣旨

「大納言《だいなごん》（藤原《ふじわらの》）道長卿《みちながきょう》が、関白詔《かんぱくしょう》を下《くだ》された」と云《い》うことだ。そこで事情《じじょう》を聞《き》くと、頭弁《とうのべん》（源《みなもとのとしかた》　俊賢）が伝《つた》え送《おく》って云《い》ったことには、「関白詔《かんぱくしょう》ではない。太政官中《だいじょうかんちゅう》の諸事《しょじ》を、堀川大臣《ほりかわだいじん》（藤原兼通《ふじわらのかねみち》）の例《れい》に准《じゅん》じて行《おこ》なうようにとのことである」ということだ。

❖「大納言《だいなごん》道長卿《みちながきょう》、関白詔《かんぱくしょう》を蒙《こうむ》る由《よし》」と云々《しかじか》。仍《よ》りて案内《あない》を取《と》るに、頭弁《とうのべん》、示《しめ》し送《おく》りて云《い》はく、「関白詔《かんぱくしょう》に非《あら》ず。官中《かんちゅう》の雑事《ぞうじ》、堀川大臣《ほりかわだいじん》の例《れい》に准《なぞら》へ、行《おこ》なふべきなり」てへり。

大納言道長卿蒙二関白詔一之由云々、仍取二案内一、頭弁示送云、非二関白詔一、官中雑事准二堀川大臣例一可レ行也者、

✱四月二十七日、一条天皇は藤原道隆の同母弟の右大臣道兼《みちかね》を関白に選んだ（『日本《にほん》紀略《きりやく》』）。一方で、五月五日、藤原伊周の内覧が止《とど》められた（『公卿補《くぎようぶ》任《にん》』）。そして五月八日、道兼は死去した。時に三十五歳（『日本紀略』）。世に「七日関白」と称される。

こうして五月十一日、道長に内覧宣旨が下った。すでに道隆から道兼へと兄弟で継承させた以上、道兼の次に伊周へと世代交代させるわけにはいかず、道長政権の誕生となったわけである。当初は道長が関白詔を蒙《こうむ》ったとの噂が立ったものの、実際には、太政官雑事を、天禄《てんろく》三年（九七二）に権中納言兼通《ごんちゆうなごんかねみち》に内覧を命じた例に准じて行なわせるということであった。

権大納言に過ぎなかった道長を執政者とするには、関白に任じるというわけにはいかず、そこに内覧という地位が二十三年ぶりに浮上してきたのであろう。

道長の関白任命を求める藤原詮子《せんし》と、それを喜ばず、定子の兄である伊周の政権担当も視野に入れる一条との間に、様々な交渉や妥協が行なわれたことを窺わせる。

・六月十九日（前田本甲〈略本〉） 大臣召／藤原道長を右大臣に任ず

今日《きょう》、大臣召《だいじんめし》の儀《ぎ》が行《おこ》なわれた。午刻《うまのこく》（午前十一時《ごぜんじゅういちじ》－午後一時《ごごいちじ》）の頃《ころ》、内裏《だいり》に参《まい》った。これより先《さき》に、権大納言《ごんだいなごん》（藤原《ふじわらの》）顕光卿《あきみつきょう》が議場《ぎじょう》にいて、宣命《せんみょう》の責任者《せきにんしゃ》を務《つと》めた〈大納言《だいなごん》（藤原《ふじわらの》）道長《みちなが》を右大臣《うだいじん》とし、中納言《ちゅうなごん》（藤原《ふじわらの》）公季《きんすえ》を権大納《ごんだいな》言《ごん》とした。ただし権大納言《ごんだいなごん》顕光《あきみつ》と権中納言《ごんちゅうなごん》（源《みなもとの》）時中《ときなか》・（藤原《ふじわらの》）懐忠《かねただ》は、正官《せいかん》に転《てん》じた。〉。……今日《きょう》、中納言《ちゅうなごん》と参議《さんぎ》を任《にん》じられなかった。或《ある》いは云《い》ったことには、「一条天皇《いちじょうてんのう》の叡慮《えいりょ》は不快《ふかい》であった。そこで任《にん》じられなかったものである」と。

❖今日《きょう》、大臣召《だいじんめし》。午剋《うまのこく》ばかり、内《うち》に参《まい》る。是《これ》より先《さき》、権大納言《ごんだいなごん》顕光卿《あきみつきょう》、陣《じん》に在《あ》り、宣命《せんみょう》の事《こと》を承《うけたまわ》る〈大納言《だいなごん》道長《みちなが》を以《もつ》て右大臣《うだいじん》と為《な》し、中納言《ちゅうなごん》公季《きんすえ》を以《もつ》て権大納言《ごんだいなごん》と為《な》す。但《ただ》し、権大納言《ごんだいなごん》顕光《あきみつ》・権中納言《ごんちゅうなごん》時中《ときなか》・懐忠《かねただ》等《など》、正《せい》に転《てん》ず。〉。……今日《きょう》、中納言《ちゅうなごん》・参議《さんぎ》を任《にん》ぜられず。或《ある》いは云《い》はく、「叡慮《えいりょ》、不快《ふかい》。仍《よ》りて任《にん》ぜられざる所《ところ》なり」と。

今日大臣召、午剋許参㆑内、先㆑是権大納言顕光卿在㆑陣、承㆓宣命事㆒〈以㆓大納言道長㆒為㆓右大臣㆒、以㆓中納言公季㆒為㆓権大納言㆒、但権大納言顕光・権中納言時中・懐忠等転㆑正、〉、……今日不㆑被㆑任㆓中納言・参議㆒、或云、叡慮不快、仍所㆑不㆑被㆑任也、

✽大臣召というのは、大臣任命の儀式のことである。六月十九日、内大臣藤原伊周より下位の権大納言のままでは都合が悪かろうということで、道長は右大臣に任じられ、一上《いちのかみ》・氏長者《うじのちょうじゃ》となった（『御堂御記抄《みどうぎょきしょう》』『公卿補任』）。

右大臣となった道長が改めて関白にならなかったことによって、結果的には、太政官一上も兼ね、伊周を抑えて陣定《じんのさだめ》を主宰できることになり、その権力を万全にしたのである。

ただし、この時の大臣召では中納言と参議を任じなかったのであるが、実資はその理由を「叡慮《えいりょ》不快」と記している。一条天皇の心情に、いかなる不快の念が生じたのであろうか。ちなみに、この日の夜、一条は定子を内裏に参入させている（『日本紀略』）。

・七月五日（『枕草子《まくらのそうし》』上「心もとなき物」傍注による） 中宮女房、陰陽寮の
楼に登り、侍従所に遊ぶ

中宮《ちゅうぐう》（藤原定子《ふじわらのていし》）の女房《にょうぼう》が、昨日《きのう》、陰陽寮《おんみようりょう》の楼《ろう》に登《のぼ》った。また、侍従所《じじゅうしょ》に向《む》かって、巡見《じゅんけん》した。四位少将《しいしょうしょう》（源《みなもとの》）明理《あきまさ》が、直衣《のうし》と烏帽子《えぼし》を着《き》て従《したが》った。左衛門府《さえもんふ》の武官《ぶかん》は、これを見《み》て怪《あや》しんだ。

❖中宮女房《ちゅうぐうにょうぼう》、昨日《きのう》、陰陽寮《おんみようりょう》の楼《ろう》に登《のぼ》る。又《また》、侍従所《じじゅうしょ》に向《む》かひ、巡見《じゅんけん》す。四位少将《しいしょう》明理《しょうあきまさ》、直衣《のうし》・烏帽子《えぼし》にて陪従《べいじゅう》す。左衛門《さえもん》の陣官等《じんかんなど》、之《これ》を見《み》て奇《あや》しむ。

中宮女房昨日登㆓陰陽寮楼㆒、又向㆓侍従所㆒巡見、四位少将明理直衣・烏帽子陪従、左衛門陣官等見㆑之奇之、

✻藤原道隆の服喪中とはいえ、相変わらず活発な定子付き女房たちであった。当時、定子は内裏の登花殿《とうかでん》にいたはずであるが、そこから内裏外の陰陽寮《おんみようりよう》までは、そこそこ距離もあったはずであるし、女房装束を着しながら、どうやって楼に登ったのであろう。

なお、陰陽寮の楼というのは天文観測のためのものである。侍従所はこれも内裏外の外記局《げききよく》の南にあった侍従の詰め所のこと。いったい何をしに行ったのであろうか。

・七月二十四日（前田本甲〈略本〉）　藤原道長と藤原伊周、仗座に於いて口論

「右大臣《うだいじん》（藤原道長《ふじわらのみちなが》）と内大臣《ないだいじん》（藤原伊周《ふじわらのこれちか》）が、議場《ぎじよう》に於《お》いて口論《こうろん》を行《おこ》なった。あたかも闘乱《とうらん》のようであった。太政官《だいじようかん》の実務《じつむ》官人《かんじん》とか武官《ぶかん》の人々《ひとびと》や護衛《ごえい》は、壁《かべ》の後《うし》ろに群《むら》がり立《た》って、これを聴《き》いた。皆《みな》、非常《ひじよう》を嘆《なげ》いた」と云《い》うこと

だ。頭弁《とうのべん》（源　俊賢《みなもとのとしかた》）の談《かた》った説《せつ》である。

❖「右大臣《うだいじん》・内大臣《ないだいじん》、仗座《じようのざ》に於《お》いて口論《こうろん》す。宛《あたか》も闘乱《とうらん》のごとし。上官及《しようかんおよ》び陣官《じんかん》の人々《ひとびと》・随身等《ずいじんなど》、壁《かべ》の後《うし》ろに群《むら》がり立《た》ち、之《これ》を聴《き》く。皆《みな》、非常《ひじよう》を嗟《なげ》く」と云々《しかじか》。頭《とうの》弁《べん》の談説《だんせつ》なり。

右大臣・内大臣於二仗座一口論、宛如二闘乱一、上官及陣官人々・随身等群二立壁後一聴レ之、皆嗟二非常一云々、頭弁談説也、

✼中関白家は、道長との反目を強めていった。七月二十二日に道長は新しい倚子《いし》を自分の席に立てた（『御堂御記抄』）。自分の下位にあった道長が新調の倚子を作らせて、自分の上位にそれを設置するのを見た伊周の心境は、当事者でないとわかるまい。伊周自身は、これまで数多《あまた》の公卿《くぎよう》を超越《ちようおつ》して、内大臣の座に上りつめたのであるが、他人に抜かれた経験は、なかったことである。そういった心境が暴発したのであろうか、二十四日には、道長と伊周が仗座《じようのざ》におい

て口論に及んだ。それは闘乱に近いものであり、下級官人たちは壁の後ろに群がり立ってこれを聴き、皆、非常を嘆いたという。やがて起こるかもしれない政変の予感も感じたことであろう。

・七月二十七日（前田本甲〈略本〉）　藤原隆家従者、道長従者と合戦

人々《ひとびと》が云《い》ったことには、「七条大路《しちじょうおおじ》で合戦《かっせん》が有《あ》った。これはつまり、中納言《ちゅうなごん》（藤原《ふじわらの》）隆家《たかいえ》の僕従《ぼくじゅう》が行《おこ》なったものである」と云《い》うことだ。未刻《ひつじのこく》（午後《ごご》一時《いちじ》－三時《さんじ》）の頃《ころ》、（茜《あかねの》）忠宗《ただむね》が申《もう》し送《おく》って云《い》ったことには、「急《きゅう》に右大臣《うだいじん》（藤原《ふじわらの》道長《みちなが》）の仰《おお》せが有《あ》って、七条《しちじょう》の闘乱《とうらん》の所《ところ》に馳《は》せ向《む》かうことになりました。先《さき》に参《まい》って申《もう》させることはできません」ということだ。日没《にちぼつ》の頃《ころ》、左衛門府生《さえもんのふしょう》茜忠宗《あかねのただむね》・右衛門志《うえもんのさかん》美麻那近政《みまなのちかまさ》・右衛門府生《うえもんのふしょう》美努伊遠《みぬのこれとお》が来《き》た。近政《ちかまさ》と忠宗《ただむね》が、右大臣《うだいじん》の命《めい》によって、日記《にっき》した。伊遠《これとお》は中納言《ちゅうなごん》の命《めい》によって、ま

た日記《にっき》した。右大臣《うだいじん》の僕従《ぼくじゅう》と、玉手則武《たまてののりたけ》、これはつまり中納言《ちゅうなごん》の従者《じゅうしゃ》である。多数《たすう》の弓矢《ゆみや》を持《も》った者《もの》を引《ひ》き連《つ》れていた。「召《め》し捕《と》えさせた際《さい》、則武《のりたけ》は堪《た》えられず、矢《や》を放《はな》って二人《ふたり》を射《い》た。検非違使《けびいし》の官人《かんじん》が現場《げんば》に向《む》かった際《さい》、雑人《ぞうにん》はすべて分散《ぶんさん》した。矢《や》に当《あ》たった者二人《ものふたり》と捕《とら》えた則武《のりたけ》についての日記二通《にっきにつう》を持《も》って来《き》た。暗《くら》くなっていたので、細《こま》かくは見《み》なかった。各々《おのおの》、返《かえ》した。則武《のりたけ》については、しばらく看督長《かどのおさ》に預《あず》けよ」ということだ。乱暴《らんぼう》な事《こと》が多《おお》い。朝廷《ちょうてい》の法《ほう》は無《な》いようなものである。

❖人々《ひとびと》、云《い》はく、「七条大道《しちじょうおおじ》に合戦有《かっせんあ》り。是《こ》れ則《すなわ》ち中納言隆家《ちゅうなごんたかいえ》の僕従《ぼくじゅう》、為《な》す所《ところ》」と云々《しかじか》。未剋《ひつじのこく》ばかり、忠宗《ただむね》、申《もう》し送《おく》りて云《い》はく、「忽《たちま》ち右府《うふ》の仰《おお》せ有《あ》り。七条《しちじょう》の闘乱《とうらん》の所《ところ》に馳《は》せ向《む》かふ。先《ま》づ参《まい》りて申《もう》さしむること能《あた》はず」てへり。昏黒《こんこく》、左府生《さふしょう》　茜忠宗《あかねのただむね》・右志美麻那近政《うさかんみまなのちかまさ》・府生美努伊遠《ふしょうみぬのこれとお》、来《き》たる。近政《ちかまさ》・忠宗《ただむね》、右府《うふ》の命《めい》に依《よ》りて、日記《にき》す。伊遠《これとお》は中納言《ちゅうなごん》の命《めい》に依《よ》りて、又《また》、日記《にき》す。右府《うふ》の僕《ぼく》、玉手則武《たまてののりたけ》、是《こ》れ則《すなわ》ち中納言《ちゅうなごん》の従者《じゅうしゃ》、数多《あまた》の弓箭《きゅうせん》の者《もの》を引率《いんそつ》す。「召《め》し捕《とら》へしむる間《あいだ》、則武《のりたけ》、其《そ》の責《せき》に能《あた》はず、矢《や》を放《はな》ち、二人《ふたり》を射《い》る。使《し》の官人等《かんじんなど》、事発所《じはっしょ》に向《む》かふ間《かん》、雑人《ぞうにん》、悉《ことごと》く分散《ぶんさん》す。矢《や》に中《あた》る者二人《ものふたり》・捕《とら》へ得《う》る則武《のりたけ》の日記二通《にきにつう》を持《も》ち来《き》たる。暗《くら》きに入《い》るに依《よ》りて、細見《さいけん》せず。各《おのおの》、返給《へんきゅう》す。則武《のりたけ》に至《いた》りては、暫《しばら》く看督長《かどのおさ》に預《あず》けよ」てへり。濫吹《らんすい》の事《こと》、多《おお》し。皇憲無《こうけんな》きに似《に》る。

人々云、七条大道有㆓合戦㆒、是則中納言隆家僕従所㆑為云々、未剋許忠宗申送云、忽有㆓右府仰㆒、馳㆓向七条闘乱所㆒、先参不㆑能㆑令㆑申者、昏黒左府生茜忠宗・右志美麻那近政・府生美努伊遠来、近政・忠宗依㆓右府命㆒日記、伊遠者依㆓中納言命㆒又日記、右府僕、玉手則武是則中納言従者、引㆓率数多弓箭者㆒、令㆓召捕㆒之間、則武不㆑能㆓其責㆒放㆑矢射㆓二人㆒、使官人等向㆓事発所㆒間、雑人悉分散、中㆑矢者二人・捕得則武日記二通持来、依㆑入㆑暗不㆓細見㆒、各返給、至㆓則武㆒暫預㆓看督長㆒者、濫吹事多、似㆑無㆓皇憲㆒、

✱七月二十七日には、道長と隆家《たかいえ》の従者同士が七条大路《しちじょうおおじ》において合戦に及び、実資は検非違使《けびいし》別当《べっとう》として処置にあたった。隆家の従者には、どうも乱暴な者が多いようである。血気盛んな高位の若者の手下ということで、致し方ないところではあるが。兄の伊周を差し措《お》いて政権の座に就いた道長の従者と遭遇したというので、突発的

に合戦に及んだといったところであろうか。日頃から伊周あたりが隆家に愚痴《ぐち》でもこぼしていたことの影響もあるのかもしれない。

この合戦の報復措置か、八月二日には隆家の従者が道長の随身《ずいじん》を殺害した（『百練抄《ひやくれんしよう》』）。水面下においても、八月十日には伊周の外祖父《がいそふ》である高階成忠《たかしなのなりただ》が、陰陽師《おんみようじ》に道長を呪詛《じゆそ》させていたことが発覚し、「事の体は、内府《ないふ》（伊周）が行なったところのようである」と言われた（『百練抄』）。

## ◆長徳二年（九九六）

藤原実資四十歳（従三位、権中納言→中納言・右衛門督・太皇太后宮大夫・検非違使別当）　一条天皇十七歳　藤原道長三十一歳　藤原詮子三十五歳　藤原定子二十一歳

・正月十六日（『三条西家重書古文書《さんじようにしけじゆうしよこもんじよ》』一・花山法皇為内府等被陵轢給事による）
伊周・隆家の従者、花山院従者と闘乱

右大臣《うだいじん》（藤原道長《ふじわらのみちなが》）の書状《しょじょう》に云《い》ったことには、「花山法皇《かざんほうおう》は、内大臣《ないだいじん》（藤原《ふじわらの》伊周《これちか》）・中納言《ちゅうなごん》（藤原《ふじわらの》）隆家《たかいえ》と、故一条太政大臣《こいちじょうだいじょうだいじん》（藤原為光《ふじわらのためみつ》）の家《いえ》で遭遇《そうぐう》した。闘乱《とうらん》が行《おこ》なわれた。（隆家《たかいえ》の従者《じゅうしゃ》は）御童子《おんどうじ》二人《ふたり》を殺害《さつがい》し、首《くび》を取《と》って持《も》ち去《さ》った」と云《い》うことだ。

❖右府《うふ》の消息《しょうそく》に云《い》はく、「花山法王《かざんほうおう》、内大臣《ないだいじん》・中納言隆家《ちゅうなごんたかいえ》と、故一条太政大臣《こいちじょうだいじょうだいじん》の家《いえ》に相遇《あいあ》ふ。闘乱《とうらん》の事《こと》有《あ》り。御童子《おんどうじ》二人《ふたり》を殺害《さつがい》し、首《くび》を取《と》り、持《も》ち去《さ》る」と云々《しかじか》。

右府消息云、花山法王、内大臣・中納言隆家相㆓遇故一条太政大臣家㆒、有㆓闘乱事㆒、御童子二人殺害、取㆑首持去云々、

✤いわゆる「長徳《ちょうとく》の変」の発端については、『栄花物語《えいがものがたり》』には、花山《かざん》院と伊周《これちか》が藤原《ふじわらの》為光《ためみつ》の女《むすめ》をめぐって誤解を来たしたという背景が載っているが、史実として確認できるのは、この『小右記《しょうゆうき》』逸文《いつぶん》にあるように、花山と伊周・隆家《たかいえ》が、故為光家（一条第《いちじょうてい》、

後の一条院内裏《いちじょういんのだいり》で遭遇して闘乱に及んだという、従者同士の闘乱である。
なお、『小記目録《しょうきもくろく》』に「華山法皇、隆家卿と闘乱の事」とあることから、花山の従者と闘乱を行なったのは隆家の従者のようである。検非違使別当《けびいしべっとう》の実資《さねすけ》が、この情報を道長《みちなが》からの書状で得ている点も、興味深い。いったい道長は、どのような経路でこの情報を得たのであろうか。

・二月十一日（伏見宮本〈略本〉）　伊周・隆家の罪名勘申

……内大臣《ないだいじん》（藤原伊周《ふじわらのこれちか》）と中納言《ちゅうなごん》（藤原《ふじわらの》）隆家《たかいえ》の罪名《ざいめい》を調《しら》べるよう、頭中将《とうのちゅうじょう》（藤原斉信《ふじわらのただのぶ》）が議場《ぎじょう》に出《で》て、右大臣《うだいじん》（藤原道長《ふじわらのみちなが》）に命《めい》じた。一同《いちどう》は傾《かたむ》き嘆《なげ》いた。

❖内大臣《ないだいじん》・中納言隆家《ちゅうなごんたかいえ》の罪名《ざいめい》を勘《かんが》ふべき由《よし》、頭中将《とうのちゅうじょう》、陣《じん》に出《い》で、右大臣《うだいじん》に仰《おお》す。満座《まんざ》、傾《かたむ》き嗟《なげ》く。

内大臣・中納言隆家罪名可レ勘之由、頭中将出レ陣仰ニ右大臣一、満座傾嗟、

✽正月二十五日に行なわれた除目《じもく》では、すでに伊周の円座《わろうだ》が取り払われており、「時の人」は「もっとも当然のことである」と言ったという（『愚管抄《ぐかんしょう》』所引『小右記』）。

その後、二月五日に一条《いちじょう》天皇は実資に細々と指示を与え、精兵《せいへい》を多く隠しているという噂のある伊周家司《けいし》の宅を検非違使《けびいし》に捜検《そうけん》させた。

この十一日、一条は、明法博士《みょうぼうはかせ》に伊周と隆家の罪名を勘申《かんじん》させよとの命を下した。道長をはじめとする公卿《くぎょう》は、その決定を聞くまで何らこの件に関与しておらず、一条がこの件に関しても主導していたことがわかる。なお、『日本紀略《にほんきりやく》』では、「今日、明法博士に命じて、内大臣および中納言隆家の家人《けにん》が花山院の人と闘乱した事を勘申させた」とあり、やはり事件の真相は、家人同士の闘乱であったことがわかる。

・三月二十八日（伏見宮本〈略本〉）東三条院御在所から厭物

早朝《そうちょう》、女院《にょういん》（藤原詮子《ふじわらのせんし》）の許《もと》に参《まい》った。右大臣《うだいじん》（藤原道長《ふじわらのみちなが》）にお目《め》にかかった。「院《いん》（詮子《せんし》）の御病悩《ごびょうのう》は昨日《きのう》、たいへん重《おも》かった。院号《いんごう》と年爵《ねんしゃく》・年官《ねんかん》といった収入《しゅうにゅう》を停《とど》められたいということを、昨夜《さくや》、一条天皇《いちじょうてんのう》に申《もう》しあげられた」と。また、云《い》ったことには、「或《あ》る人《ひと》の呪詛《じゅそ》である」と云《い》うことだ。「人々《ひとびと》は厭物《えんもつ》を寝殿《しんでん》の板敷《いたじき》の下《した》から掘《ほ》り出《だ》した」と云《い》うことだ。

❖早朝《そうちょう》、女院《にょういん》に参《まい》る。右大臣《うだいじん》に謁《えつ》す。「院《いん》の御悩《ごのう》、昨日《きのう》、極《きわ》めて重《おも》し。院号《いんごう》・年《ねん》爵《しゃく》・年官等《ねんかんなど》の事《こと》を停《とど》めらるる由《よし》、昨夜《さくや》、奏聞《そうもん》せられ了《おわ》んぬ」と。又《また》、云《い》はく、「或《あ》る人《ひと》の呪詛《じゅそ》」と云々《しかじか》。「人々《ひとびと》、厭物《えんもつ》を寝殿《しんでん》の板敷《いたじき》の下《した》より掘《ほ》り出《い》だす」と云々《しかじか》。

早朝参二女院一、謁二右大臣一、院御悩昨日極重、被レ停二院号・年爵・年官等事一之由、昨夜被二奏聞一了、又云、或人呪詛云々、人々厭物自二寝殿板敷下一掘出云々、

✻三月二十八日には詮子《せんし》の病悩に対して呪詛《じゅそ》の噂が立ち、その「証拠」まで出現させ

た。さらに四月一日には、法琳寺《ほうりんじ》によって、藤原伊周が臣下の行なってはならない太《たい》元帥《げんの》法《ほう》を修して道長を呪詛していたことが奏された（『日本紀略』『覚禅鈔《かくぜんしょう》』）。

なお、この『覚禅鈔』の説話（『真言伝《しんごんでん》』『三宝院血脈《さんぼういんけちみゃく》』も同様）では、伊周が太元帥法を修して太元明王に道長を射させたとある。道長を射たという風聞が交錯して、『栄花物語』などに花山院を射たという説話が作られていったのであろう。

・四月二十四日（伏見宮本〈略本〉）　除目／伊周・隆家の配流宣命

……この頃《ころ》、公卿《くぎょう》たちは仰《おお》せによって内裏《だいり》に入《はい》った。官職任命《かんしょくにんめい》の儀式《ぎしき》の清《せい》書《しょ》を右大将《うだいしょう》（藤原顕光《ふじわらのあきみつ》）が一条天皇《いちじょうてんのう》に申《もう》しあげた。式部丞《しきぶのじょう》を召《め》して、官職《かんしょく》任命《にんめい》の名簿《めいぼ》を賜《たま》わった。大内記《だいないき》（紀《きの》）斉名《ただな》朝臣《あそん》を召《め》して、配流宣命《はいるせんみょう》〈花山法《かざんほう》皇《おう》を射《い》た事《こと》、女院《にょういん》（藤原詮子《ふじわらのせんし》）を呪詛《じゅそ》した事《こと》、私《わたくし》に太元帥法《たいげんのほう》を行《おこ》なった事《こと》である。〉、および固関《こげん》の命令《めいれい》について命《めい》じた〈これより先《さき》に、諸門《しょもん》を警固《けいご》させた。〉。左衛《さえ》門権佐《もんのごんのすけ》（惟宗《これむねの》）允亮朝臣《ただすけあそん》を召《め》し、権帥《ごんのそち》（藤原伊周《ふじわらのこれちか》）を追《お》い下《くだ》すよう伝《つた》えた。……允亮朝臣《ただすけあそん》が権帥《ごんのそち》の家《いえ》〈中宮《ちゅうぐう》（藤原定子《ふじわらのていし》）の居所《きょしょ》である。二条北宮《にじょうきたみや》と称《しょう》す。〉に向《む》かった。使《し》は東門《ひがしもん》から入《はい》った〈陣門《じんもん》は無《な》かったのである。〉。寝殿《しんでん》の北《きた》を経《へ》て、西対《にしのたい》〈権帥《ごんのそち》の住居《じゅうきょ》である。〉に赴《おもむ》き、勅語《ちょくご》を伝《つた》えた。ところが重《おも》い病《やまい》であることを申《もう》した。すぐに配所《はいしょ》に向《む》かうのは難《むずか》しいということを、（茜《あかねの》）忠宗《ただむね》を遣《つか》わして申《もう》させた。天皇《てんのう》の許容《きょよう》は無《な》かった。早《はや》く車《くるま》に載《の》せて赴《おもむ》くよう、重《かさ》ねて仰《おお》せが有《あ》った。

❖……此《こ》の間《かん》、諸卿《しょきょう》、仰《おお》せに依《よ》りて陣中《じんちゅう》に入《い》る。除目《じもく》の清書《せいしょ》を右大将《うだいしょう》、奏聞《そうもん》す。式部丞《しきぶのじょう》を召《め》して下名《おりな》を賜《たま》ふ。大内記斉名朝臣《だいないきただなあそん》を召《め》し、配流宣命《はいるせんみょう》の事《こと》〈花山法皇《かざんほうおう》を射《い》る事《こと》、女院《にょういん》を呪詛《じゅそ》せる事《こと》、私《わたくし》に大元法《たいげんのほう》を行《おこ》なふ事等《ことなど》なり。〉、幷《なら》びに固関《こげん》の勅符《ちょくふ》の事《こと》を仰《おお》す〈是《これ》より先《さき》、諸陣《しょじん》を警固《けいご》せしむ。〉。左衛門権佐《さえもんのごんのすけ》允亮朝臣《ただすけあそん》を召《め》し、権帥《ごんのそち》を追《お》ひ下《くだ》すべき由《よし》を仰《おお》す。……允亮朝臣《ただすけあそん》、権帥《ごんのそち》の家《いえ》〈中宮《ちゅうぐう》の御在所《ございしょ》なり。二条北宮《にじょうきたみや》と謂《い》ふ。〉に向《む》かふ。使等《しなど》、東門《ひがしもん》より入《い》る〈陣門無《じんもんな》きなり。〉。寝殿《しんでん》の北《きた》を経《へ》、西対《にしのたい》〈帥《そち》の住居《じゅうきょ》なり。〉に就《つ》き、勅語《ちょくご》を仰《おお》す。而《しか》るに重《おも》き病《やまい》の由《よし》を申《もう》す。忽《たちま》ちに配所《はいしょ》に赴《おもむ》き向《む》かひ難《がた》き由《よし》、忠宗《ただむね》を差《さ》して申《もう》さしむ。許容無《きょような》し。早《はや》く車《くるま》に載《の》せて赴《おもむ》くべき由《よし》、重《かさ》ねて仰《おお》せ事有《ごとあ》り。

……此間諸卿依レ仰入二陣中一、除目清書右大将奏聞、召二式部丞一賜二下名一、召二大内記斉名朝臣一、仰下配流宣命事〈射二花山法皇一事、呪二詛女院一事、私行二大元法一事等也、〉幷固関勅符事上〈先レ是令レ警二固諸陣一、〉、召二左衛門権佐允亮朝臣一、仰下可レ追二下権帥一之由上、……允亮朝臣向下権帥家〈中宮御在所也、謂二二条北宮一、〉上使等入レ自二東門一〈無二陣門一也、〉、経二寝殿北一就二西対〈帥住居也、〉一、仰二勅語一、而申二重病由一、忽難レ赴二向配所一之由、差二忠宗一令レ申、無二許容一、早載レ車可レ赴之由重有二仰事一、

＊一条天皇の御前で除目《じもく》があり、伊周を大宰権帥《だざいのごんのそち》、隆家を出雲権守《いずものごんのかみ》に降《くだ》すという決定が下された。それを承けた道長は、大内記《だいないき》を召して、配流宣命と固関《こげん》（鈴鹿《すずか》・不破《ふわ》・逢坂《おうさか》の三関を固めること）の勅符《ちょくふ》の作成を命じた。配流宣命に載せられた罪名のうち、「花山法皇を射た事」とはいっても、花山院自身を狙ったわけではあるまい。ただ、太上天皇《だいじょうてんのう》は日本の律令《りつりょう》では天皇と同等の権能を与えられており、女院も太上

天皇に准じるとなると、花山と詮子に対する不敬行為は、奈良《なら》時代ならば確実に死罪に相当する重罪であった。

翌四月二十五日、伊周は定子《ていし》の御在所《ございしょ》に籠《こも》り、検非違使の催促に従わなかった。一条は許容せず、「ただ、早く追い下すよう」命じた。しかし、二十八日にいたっても、伊周と定子は手に手を取って離れないという有様であった。

・五月一日（伏見宮本〈略本〉）隆家を捕獲／伊周は逃隠

……出雲権守《いずものごんのかみ》（藤原《ふじわらの》）隆家《たかいえ》を、今朝《けさ》、中宮《ちゅうぐう》（藤原定子《ふじわらのていし》）の許《もと》に於《お》いて捕獲《ほかく》して、配所《はいしょ》に遣《つか》わした。「網代車《あじろぐるま》に乗《の》せた。病《やまい》を称《しょう》したことによるものである」と云《い》うことだ。「ただし、騎《の》る為《ため》の馬《うま》を連《つ》れていた」と云《い》うことだ。「見物《けんぶつ》の者《もの》は雲《くも》のようであった」と云《い》うことだ。「権帥《ごんのそち》（藤原伊周《ふじわらのこれちか》）と出雲《いずもの》権守《ごんのかみ》は、共《とも》に中宮《ちゅうぐう》の居所《きょしょ》に籠《こも》っていて、出《だ》すことができなかった」と云《い》うことだ。「そこで一条天皇《いちじょうてんのう》の命令《めいれい》を下《くだ》して、寝所《しんじょ》の戸《と》を破《やぶ》り壊《こわ》した。そこでその責《せき》に堪《た》えず、隆家《たかいえ》は出《で》て来《き》た」と云《い》うことだ。「権帥伊周《ごんのそちこれちか》は逃《に》げ隠《かく》れた。宮司《みやづかさ》に中宮《ちゅうぐう》の居所《きょしょ》やあちこちを捜《さが》させたが、すでにその身《み》は無《な》かった」ということだ。……

❖……出雲権守《いずものごんのかみ》隆家《たかいえ》を今朝《けさ》、中宮《ちゅうぐう》に於《お》いて捕《とら》へ得《え》て、配所《はいしょ》に遣《つか》はす。「網代車《あじろぐるま》に乗《の》らしむ。病《やまい》を称《しょう》せるに依《よ》るなり」と云々《しかじか》。「但《ただ》し騎《の》るべき馬《うま》を随身《ずいじん》す」と云々《しかじか》。「見《み》る者《もの》、雲《くも》のごとし」と云々《しかじか》。「権帥《ごんのそち》・出雲権守《いずものごんのかみ》、共《とも》に中宮《ちゅうぐう》の御所《ごしょ》に候《こう》じ、出《い》だすべからず」と云々《しかじか》。「仍《よ》りて宣旨《せんじ》を降《くだ》し、夜大殿《よるのおとど》の戸《と》を撤《てっ》し破《やぶ》る。仍《よ》りて其《そ》の責《せき》に堪《た》へず、隆家《たかいえ》、出《い》で来《き》たる」と云々《しかじか》。「権帥伊周《ごんのそちこれちか》、逃《に》げ隠《かく》る。宮司《みやづかさ》をして御《ご》在所《ざいしょ》及《およ》び所々《しょしょ》を捜《さが》さしむ。已《すで》に其《そ》の身《み》無《な》し」てへり。……

……出雲権守隆家今朝於二中宮一捕得、遣二配所一、令レ乗二編代車一、依レ称レ病也云々、但随二身可レ騎之馬一云々、見者如レ雲云々、権帥・出雲権守共候二中宮御所一、不レ可レ出云々、仍降二宣旨一、撤二破夜大殿戸一、仍不レ堪二其責一、隆家出来云々、権帥伊周逃隠、令三宮司捜二於御在所及所々、已無二其身一者、……

✿ついに宣旨が下り、検非違使は定子御在所である寝殿の夜御殿《よるのおとど》の戸を破り壊して組《くみ》入天井《いれてんじょう》や板敷を剝《はが》し、定子を車に載せたうえで大索《おおあなぐり》（大規模捜索）を行なった。
隆家はその責に堪えずに出て来て捕われ、領送使《りょうそうし》の家に入った後、出雲へ送られた。病を称したので網代車《あじろぐるま》に乗せられた。一方、伊周は何処かへ逃隠《とういん》した。所々を捜させたが、すでにその身は無かった。なお、定子はこの日、出家している。

・五月三日（伏見宮本〈略本〉）隆家逗留を取り次ぐ

……「出雲権守《いずものごんのかみ》（藤原《ふじわらの》）隆家《たかいえ》は、胸病《きょうびょう》を患《わずら》ったので、まだ皮島《かわしま》のあたりにいる」と云《い》うことだ。出雲権守《いずものごんのかみ》の許《もと》から書状《しょじょう》を送《おく》ってきた。「病《やまい》によってしばらく留《とど》まります。加《くわ》えて母《はは》（高階貴子《たかしなのきし》）の生死《せいし》を見《み》たいということについて、一条天皇《いちじょうてんのう》への書状《しょじょう》を託《たく》したいと思《おも》います」ということだ。私《わたし》（藤原《ふじわらの》実資《さねすけ》）は返事《へんじ》を送《おく》った。月日《がっぴ》を記《しる》さなかった。必《かなら》ず配慮《はいりょ》を行《おこ》なうという趣《しゅ》旨《し》を報《ほう》じた。□□女院《にょういん》（藤原詮子《ふじわらのせんし》）のあたりから申《もう》しあげるよう、指示《しじ》しておいた。もしかしたら天皇《てんのう》が聞《き》き及《およ》ぶ事《こと》も有《あ》るであろう。

❖……「出雲権守《いずものごんのかみ》 隆家《たかいえ》、胸病《きょうびょう》を煩《わずら》ふに依《よ》りて、尚《な》ほ皮島《かわしま》の辺《あた》りに在《あ》り」と云々《しかじか》。出雲権守《いずものごんのかみ》の許《もと》より書札《しょさつ》を送《おく》る。「病《やまい》に依《よ》りて暫《しばら》く逗留《とうりゅう》す。兼《か》ねて母氏《ぼし》の存亡《そんぼう》を見《み》るべき由《よし》、奏状《そうじょう》を付《ふ》さんと欲《ほっ》す」てへり。余《よ》、返事《かえりごと》を送《おく》る。月日《がっぴ》を注《しる》さず。必《かなら》ず用意《ようい》を致《いた》すべき旨《むね》を報《ほう》ず。□□女院《にょういん》の辺《あた》りより奏《そう》せらるべき由《よし》、相示《あいしめ》し了《おわ》んぬ。若《も》しくは承《うけたまわ》り及《およ》ぶ事有《ことあ》らん。

……出雲権守隆家依レ煩二胸病一尚在二皮島辺一云々、自二出雲権守許一送二書札一、依レ病暫逗留、兼可レ見二母氏存亡一之由、欲レ付二奏状一者、余送二返事一、不レ注二月日一、必報下可レ致二用意一之旨上、□□自二女院辺一可レ被レ奏之由、相示了、若有二承及事一、

✽胸病《きょうびょう》を患《わずら》ったとして皮島《かわしま》（現京都市西京《にしきょう》区川島）のあたりに留《とど》まっていた隆家が、

実資に書札《しょきつ》を送り、逗留《とうりゅう》を一条天皇に奏上することを要請した。それに対し実資は、必ず配慮を行なうという趣旨の返事を送り、詮子から天皇に奏上されるよう、指示した。

兄の伊周とは異なり、隆家が公卿層と比較的友好な関係を維持していたことを示す事例である。政変の発端となった事件の首謀者でありながら、詮子や一条、検非違使別当の実資とも、連繫《れんけい》が取れているのである。

伊周の方は、五月四日にいたって、出家姿で二条北宮に戻ってきた。そして出家姿の母の貴子《きし》を伴って網代車に乗り、勝手に山崎離宮《やまざきりきゅう》（現京都府乙訓《おとくに》郡大山崎町）に向けて出発した。十二日、領送使は、伊周は病によって発向《はっこう》することができないということを言上《ごんじょう》し、隆家は病によって丹後《たんご》国に逗留するということを言上した。その結果、病が癒《い》えてから任所《にんしょ》に送るようにという宣旨が下された。

・六月八日（伏見宮本〈略本〉）　出雲犯人を放免

……頭弁《とうのべん》（藤原行成《ふじわらのゆきなり》）を介《かい》して、出雲《いずも》の犯人《はんにん》が飢餓《きが》を養《やしな》うことができないということを申《もう》しあげさせた。特《とく》に一条天皇《いちじょうてんのう》の恩《おん》が有《あ》って、赦免《しゃめん》されるということを、奏《そう》に加《くわ》えさせた。天皇《てんのう》がおっしゃって云《い》ったことには、「申《もう》しあげさせた趣旨《しゅし》は、たしかに聞《き》いた。ただし出雲《いずも》の犯人《はんにん》は、特《とく》に赦免《しゃめん》するように」ということだ〈出雲為義《いずものためよし》・勝部久道《かつべのひさみち》・佐伯惟時《さえきのこれとき》・内蔵正興《くらのまさおき》・伊福部守《いふくべのもり》光《みつ》・勝部延道《かつべののぶみち》。〉。また、一条天皇《いちじょうてんのう》の命令《めいれい》によって、権帥《ごんのそち》（藤原伊周《ふじわらのこれちか》）の護衛《ごえい》伴秀吉《とものひでよし》を免《ゆる》した。出雲《いずも》の犯人《はんにん》について申《もう》しあげさせたついでに、加《くわ》えておっしゃられたものである。左衛門府生《さえもんのふしょう》（茜《あかねの》）忠宗《ただむね》に命《めい》じた。忠宗《ただむね》が帰《かえ》って来《き》て、云《い》ったことには、「出雲《いずも》の犯人《はんにん》を免《ゆる》されました。地《ち》に伏《ふ》し、涙《なみだ》を流《なが》したことは、敢《あ》えて言《い》うことはできません」ということだ。今朝《けさ》、（伴《ともの》）忠信《ただのぶ》を遣《つか》わして、飯粥《いいがゆ》を出雲《いずも》の犯人《はんにん》に下《くだ》させた。

❖……頭弁《とうのべん》を以《もつ》て出雲《いずも》の犯人《はんにん》、飢餓《きが》を養《やしな》ふべからざる由《よし》を奏《そう》せしむ。殊《こと》に天恩有《てんおんあ》り、假《か》を給《たま》はるべき由《よし》、奏《そう》に相加《あいくわ》へしむること有《あ》り。仰《おお》せて云《い》はく、「奏《そう》せしむる旨《むね》、慥《たし》かに聞《きこ》し食《め》し了《おわ》んぬ。但《ただ》し出雲《いずも》の犯人等《はんにんなど》、殊《こと》に假《か》を給《たま》ふべし」てへり〈出雲為義《いずものためよし》・勝部久道《かつべのひさみち》・佐伯惟時《さえきのこれとき》・内蔵正興《くらのまさおき》・伊福部守光《いふくべのもりみつ》・勝部延道《かつべのぶみち》。〉。又《また》、宣旨《せんじ》に依《よ》り、権帥《ごんのそち》の随身伴《ずいじんともの》秀吉《ひでよし》を免《ゆる》す。出雲《いずも》の犯人《はんにん》の事《こと》を奏《そう》せしむる次《つ》いでに加《くわ》へ仰《おお》せらる所《ところ》なり。左府生忠宗《さふしょうただむね》に仰《おお》す。忠宗《ただむね》、帰《かえ》り来《き》たりて云《い》はく、「出雲《いずも》の犯人《はんにん》を免《ゆる》し給《たま》ひ了《おわ》んぬ。地《ち》に伏《ふ》し、涙《なみだ》を流《なが》すこと、敢《あ》へて言《い》ふこと能《あた》はず」てへり。今朝《けさ》、忠信《ただのぶ》を以《もっ》て飯粥《いいがゆ》を出雲《いずも》の犯人《はんにん》に賜《たま》はしむ。

……以二頭弁一令レ奏二出雲犯人飢餓不レ可レ養由一、殊有二天恩一可レ被レ給レ假之由、有レ令レ相二加奏一、仰云、令レ奏之旨慥聞食了、但出雲犯人等殊可レ給レ假者〈出雲為義・勝部久道・佐伯惟時・内蔵正興・伊福部守光・勝部延道〉、又依二宣旨一免二権帥随身伴秀吉一、令レ奏二出雲犯人事一之次、所レ被二加仰一也、仰二左府生忠宗一、々々帰来云、出雲犯人免給了、伏レ地流レ涙不レ能二敢言一者、今朝以二忠信一令レ賜二飯粥於出雲犯人一、

✽六月七日、検非違使別当であった実資は、検非違使の官人を左右獄に遣わして囚人の実状を実検《じっけん》させた。その結果、左右獄の囚人十二人はすでに窮乏《きゅうぼう》していて、落命は目前に迫っていることがわかった。そこでまず六人を赦免《しゃめん》した。あとの六人は、出雲《いずもの》

国《くに》で罪を犯した犯人であって実資が自由にするのは難しいということであった。

翌八日に一条天皇に、出雲の犯人が飢餓《きが》を養うことができないということを奏上させ、一条は特に天恩《てんおん》を降して赦免した。出雲の犯人たちは、地に伏して涙を流したという。実資は、飯粥《いいがゆ》を彼らに施している。

その後、十三日に実資は、人夫の食糧を自費で出して、左獄《さごく》の東門の前に井戸を掘らせた。長年、囚徒《しゅうと》は水を飲むことが難しかったので、仮に掘らせたものである。「渇死《かっし》した囚衆は、実に哀憐《あいれん》しなければならない」ということである。

・六月二十九日（伏見宮本〈略本〉）　一条天皇の懇詞

右兵衛督《うひょうえのかみ》（源《みなもとのとしかた》　俊賢）が談《かた》って云《い》ったことには、「昨日《きのう》、一条天皇《いちじょうてんのう》の御前《ごぜん》に控《ひか》えた。天皇《てんのう》がおっしゃって云《い》ったことには、『大納言《だいなごん》に任《にん》じるべき人《ひと》は、世《よ》の許《ゆる》すところは、右衛門督《えもんのかみ》（藤原実資《ふじわらのさねすけ》）である』と云《い》うことだ。申《もう》しあげて云《い》ったことには、『私《わたし》（俊賢《としかた》）に申《もう》させないでください』ということだ」と。私《わたし》（実資《さねすけ》）は超越《ちょうおつ》の気持《きも》ちは無《な》いということを申《もう》しあげようか。
今回《こんかい》の事《こと》は、思《おも》いがけないものである。ただ天《てん》の意思《いし》に任《まか》せる。

❖右兵衛督《うひょうえのかみ》、談《かた》りて云《い》はく、「昨日《きのう》、御前《ごぜん》に候《こう》ず。仰《おお》せて云《い》はく、『大納言《だいなごん》に任《にん》ずべき人《ひと》、世《よ》の許《ゆる》す所《ところ》、右衛門督《えもんのかみ》に在《あ》り』と云々《しかじか》。奏《そう》して云《い》はく、『申《もう》さしめざれ』てへり」と。余《よ》、超越《ちょうおつ》の心無《こころな》きを奏《そう》するか。此《こ》の度《たび》の事《こと》、思《おも》ひ懸《か》けざる所《ところ》なり。只《ただ》、天道《てんどう》に任《まか》せ了《おわ》んぬ。

右兵衛督談云、昨日候二御前一、仰云、可レ任二大納言一之人、世之所レ許在二右衛門督一云々、奏云、不レ令レ申者、余奏レ無二超越之心一歟、此度事所レ不二思懸一也、只任二天道一了、

✻六月二十五日、一条天皇は、道長を左大臣に、顕光を右大臣に任じた。実資も正中納言に転じることとなったが、興味深いことに、二十八日、一条は、大納言に任じるべき人は実資であるという言葉を俊賢《としかた》に語っているのである。これを聞いた実資は、その喜びと当惑を記している。

それにしても、人事に関する重要事を、実資のライバルとなる俊賢に語るとは、一条もまだまだ若いといったところか。

## ◆長徳三年（九九七）

藤原実資四十一歳（従三位、中納言・太皇太后宮大夫）　一条天皇十八歳　藤原道長三十二歳　藤原詮子三十六歳　藤原定子二十二歳

・四月五日（伏見宮本〈略本〉）　伊周・隆家召還の議

左大臣《さだいじん》（藤原道長《ふじわらのみちなが》）は、召《め》しによって一条天皇《いちじょうてんのう》の御所《ごしょ》に参上《さんじょう》した。しばらくして議場《ぎじょう》に戻《もど》った。公卿《くぎょう》たちに伝《つた》えて云《い》ったことには、「大宰前帥《だざいのさきのそち》（藤原《ふじわらの》伊周《これちか》）と出雲権守《いずものごんのかみ》藤原朝臣《ふじわらあそん》（隆家《たかいえ》）に先月二十五日《せんげつにじゅうごにち》の恩詔《おんしょう》を適用《てきよう》すべきかどうか、召還《しょうかん》すべきではないか、恩詔《おんしょう》を適用《てきよう》するとはいってもやはり元《もと》

の所《ところ》に留《とど》めるべきか。それらについて審議《しんぎ》せよ」ということだ。右大臣《うだいじん》（藤原顕光《ふじわらのあきみつ》）・左衛門督《さえもんのかみ》（藤原誠信《ふじわらのさねのぶ》）・宰相中将《さいしょうちゅうじょう》（藤原斉信《ふじわらのただのぶ》）が申《もう》して云《い》ったことには、「この二人《ふたり》は、罪《つみ》は恩詔《おんしょう》を適用《てきよう》するか。ただし召還《しょうかん》については明《みょう》法家《ぼうか》に命《めい》じて調《しら》べさせるべきである」ということだ。左大将《さだいしょう》（藤原公季《ふじわらのきんすえ》）・民部卿《みんぶきょう》（藤原懐忠《ふじわらのかねただ》）が申《もう》して云《い》ったことには、「罪《つみ》は恩詔《おんしょう》を適用《てきよう》すべきである。召還《しょうかん》については、先例《せんれい》を調《しら》べられるべきである」と。私《わたし》（藤原実資《ふじわらのさねすけ》）・平中納言《へいちゅうなごん》（惟仲《これなか》）、右衛門督《えもんのかみ》（藤原公任《ふじわらのきんとう》）・勘解由長官《かげゆのかみ》（源 俊賢《みなもとのとしかた》）が申《もう》して云《い》ったことには、「罪《つみ》は恩詔《おんしょう》を適用《てきよう》すべきである。『八虐《はちぎゃく》を犯《おか》した者《もの》も免《ゆる》す』という文《ぶん》による。ただし召還《しょうかん》については、ただ天皇《てんのう》の決定《けってい》による。あれこれ審議《しんぎ》することは難《むずか》しい」と。左大弁《さだいべん》（源 扶義《みなもとのすけよし》）が申《もう》して云《い》ったことには、「罪《つみ》は恩赦《おんしゃ》を適用《てきよう》すべきである。また、恩詔《おんしょう》を適用《てきよう》しながらも、やはり元《もと》の所《ところ》に留《とど》めるべきである」ということだ。私《わたし》が秘《ひそ》かに思《おも》ったことには、これは法令《ほうれい》の示《しめ》すところは、すでに明《あき》らかである。ところが敢《あ》えて申《もう》すわけにはいかない。左大臣《さだいじん》が申《もう》した意見《いけん》は、確《たし》かには聞《き》かなかった。左大臣《さだいじん》は各々《おのおの》が申《もう》した趣旨《しゅし》を心《こころ》に銘《めい》じ、座《ざ》を起《た》って御所《ごしょ》に参上《さんじょう》した。長《なが》い時間《じかん》の後《のち》、還《かえ》ってきて都合《つごう》のよい座《ざ》に着《つ》いて、公卿《くぎょう》たちに伝《つた》えて云《い》ったことには、「前《まえ》の非常大赦《ひじょうたいしゃ》の時《とき》、このような流人《るにん》を、特《とく》に天皇《てんのう》が思《おも》われるところが有《あ》って召還《しょうかん》した例《れい》が有《あ》った。どうしてましてや、罪《つみ》に赦令《しゃれい》を適用《てきよう》したのであるから、召還《しょうかん》すべきである」ということだ。左大臣《さだいじん》は大外記《だいげき》（中原《なかはらの》）致時《むねとき》朝臣《あそん》を召《め》し、流人《るにん》を召還《しょうかん》した使者《ししゃ》の例《れい》を調《しら》べさせた。

❖左大臣《さだいじん》、喚《め》しに依《よ》りて御所《ごしょ》に参上《さんじょう》す。頃《しばら》くして陣《じん》に復《ふく》す。諸卿《しょきょう》に仰《おお》せて云《い》はく、「大宰前帥《だざいのさきのそち》・出雲権守《いずものごんのかみ》藤原朝臣《ふじわらあそん》、去《さ》ぬる月二十五日《つきにじゅうごにち》の恩詔《おんしょう》を霑《うるお》すべきや否《いな》や。召《め》し上《あ》ぐべからざるか。恩詔《おんしょう》を潤《うるお》すと雖《いえど》も尚《な》ほ本所《ほんしょ》に在《あ》るべきか。其《そ》の間《かん》、定《さだ》め申《もう》せ」てへり。右大臣《うだいじん》、左衛門督《さえもんのかみ》・宰相中将《さいしょうちゅうじょう》、定《さだ》め申《もう》して云《い》はく、「件《くだん》の両人《りょうにん》、罪《つみ》は恩詔《おんしょう》を潤《うるお》すか。但《ただ》し召《め》し上《あ》ぐる事《こと》に至《いた》りては明法家《みょうぼうか》に下《くだ》し勘《かん》ぜらるべきなり」てへり。左大将《さだいしょう》、民部卿《みんぶきょう》、申《もう》して云《い》はく、「罪《つみ》は恩詔《おんしょう》を霑《うるお》すべし。召《め》し上《あ》ぐる事《こと》に於《お》いては、先例《せんれい》を尋《たず》ねらるべきなり」と。余《よ》・平中納言《へいちゅうなごん》、右衛門督《えもんのかみ》・勘解由長《かげゆのか》官《み》、申《もう》して云《い》はく、「罪《つみ》は恩詔《おんしよう》を潤《うるお》すべし。『犯八虐《はんはちぎやく》を免《ゆる》す』の文《ぶん》に依《よ》る。但《ただ》し召《め》し上《あ》ぐる事《こと》に至《いた》りては、只《ただ》、勅定《ちよくじよう》に在《あ》り。左右《とこう》、定《さだ》め申《もう》し難《がた》し」と。左大弁《さだいべん》、申《もう》して云《い》はく、「罪《つみ》は恩赦《おんしや》を潤《うるお》すべし。又《また》、恩詔《おんしよう》を潤《うるお》しながら猶《な》ほ本処《ほんしよ》に在《あ》るべし」てへり。余《よ》、窃《ひそ》かに思《おも》ふに、惟《こ》れ法条《ほうじよう》の指《さ》す所《ところ》、已《すで》に以《も》て分明《ぶんめい》なり。然《しか》れども敢《あ》へて申《もう》すべからず。左大臣《さだいじん》の定《さだ》め申《もう》す旨《むね》、慥《たし》かに聞《き》かず。左大臣《さだいじん》、各《おのおの》の申《もう》す旨《むね》を以《もつ》て心《こころ》に銘《めい》じ、座《ざ》を起《た》ちて御所《ごしよ》に参上《さんじよう》す。良久《ややひさ》しくして還《かえ》り、便座《びんざ》に着《ちやく》し、諸《しよ》卿《きよう》に示《しめ》して云《い》はく、「前《さき》の非常大赦《ひじようたいしや》の時《とき》、此《か》くのごとき流人《るにん》、殊《こと》に思食《おぼしめ》す所《ところ》有《あ》りて召《め》し上《あ》ぐる例《れい》有《あ》り。何《なん》ぞ矧《いわ》んや罪《つみ》、赦令《しやれい》を潤《うるお》せば、召《め》し上《あ》ぐべし」てへり。左《さ》大臣《だいじん》、大外記《だいげき》致時朝臣《むねときあそん》を召《め》し、流人《るにん》を召《め》す使《つかい》の例《れい》を勘申《かんじん》せしむ。

左大臣依レ喚参二上御所一、頃之復レ陣、仰二諸卿一云、大宰前帥・出雲権守藤原朝臣可レ霑二去月廿五日恩詔一乎否、不レ可二召上一歟、雖レ潤二恩詔一尚可レ在二本所一歟、其間定申者、右大臣・左衛門督・宰相中将定申云、件両人罪潤二恩詔一歟、但至二召上事一可レ被レ下二勘明法家一也者、左大将・民部卿申云、罪可レ霑二恩詔一、於二召上事一、可レ被レ尋二先例一也、余・平中納言・右衛門督・勘解由長官申云、罪可レ潤二恩詔一、依下免二犯八虐一之文上、但至二于召上事一只在二勅定一、左右難二定申一、左大弁申云、罪可レ潤二恩赦一、又乍レ潤二恩詔一猶レ在二本処一者、余窃思、惟法条之所レ指、已以分明、然而不レ可二敢申一、左大臣定申旨不二慥聞一、左大臣以二各申旨一銘レ心、起レ座参二上御所一、良久還着二便座一、示二諸卿一云、前之非常大赦之時、如レ此之流人、殊有レ所二思食一有二召上之例一、何矧罪潤二赦令一者、可二召上一者、左大臣召二大外記致時朝臣一、令レ勘下申召二流人一使之例上、

✻藤原詮子《せんし》の病悩《びょうのう》は一向に回復に向かう気配がなかった。詮子の平復《へいふく》を期して、長徳《ちょうとく》三年三月二十五日に大赦《たいしゃ》が詔された。それは通常の赦では赦免《しゃめん》しない者も、ことごとく赦除《しゃじょ》するというものであったが（『日本紀略《にほんきりゃく》』）、そうなると問題になるのは伊周《これちか》と隆《たか》家《いえ》の処置である。

四月五日、伊周・隆家にこの赦を適用すべきか否か、適用した場合に召還《しょうかん》すべきか否かという問題を議す陣定《じんのさだめ》が開かれた。『小右記《しょうゆうき》』の記事は陣定の結果を定文《さだめぶみ》に列記したものと同じ形式で記したものである。これを天皇に奏上《そうじょう》して、天皇は最終決定（勅定《ちょくじょう》）を下すのである。摂政《せっしょう》がいる場合は天皇の代わりに勅定を下し、関白《かんぱく》（もしくは内覧《ないらん》）がいる場合には天皇に奏上する前に内覧する。道長《みちなが》は内覧兼左大臣なので、陣定の上卿《しょうけい》（議長）を務めるとともに、一条《いちじょう》天皇に意見を言う立場にある。

公卿《くぎょう》の意見は、バラバラに分かれてしまっているが、結果的には、一条の「勅定」によって最終的に赦免と召還が決定された。道長の権力の源泉を考えるうえで、きわめて興味深い事例である。

・四月十七日（伏見宮本〈略本〉）　花山院司を追捕

或《あ》る者《もの》が云《い》ったことには、「検非違使《けびいし》が一条天皇《いちじょうてんのう》の命令《めいれい》によって花山院《かざんいん》を囲《かこ》み、去《さ》る夕方《ゆうがた》の乱暴《らんぼう》な行為《こうい》の下手人《げしゅにん》を請《こ》うた」と云《い》うことだ。この間《かん》、確《たし》かな説《せつ》を得《え》ることは難《むずか》しい。花山院《かざんいん》の御為《おんため》に、はなはだ面目《めんもく》を無《な》くした。「積悪《せきあく》が致《いた》したのである」と云《い》うことだ。或《ある》いは云《い》ったことには、「下手人《げしゅにん》を、もし遂《つい》に出《だ》されなければ、花山院《かざんいん》の内《うち》を捜索《そうさく》するよう、一条天皇《いちじょうてんのう》の命《めい》令《れい》が有《あ》った。この事《こと》は、左衛門尉《さえもんのじょう》（橘《たちばなの》）則光《のりみつ》〈検非違使《けびいし》。また、あの院《いん》の御《おん》乳母子《めのとご》である。〉があの院《いん》に伝《つた》えた」と云《い》うことだ。嗷々《ごうごう》の説《せつ》は記《しる》すことができない。

❖或《あ》る者《もの》、云《い》はく、「検非違使等《けびいしなど》、勅《ちょく》に依《よ》りて華山院《かざんいん》を囲《かこ》み、去《さ》ぬる夕《ゆうべ》の濫行《らんぎょう》の下手人《げしゅにん》を申《もう》す」と云々《しかじか》。此《こ》の間《かん》、慥《たし》かなる説《せつ》を得難《えがた》し。院《いん》の奉為《おおんため》、太《はなは》だ面目無《めんぼくな》し。「積悪《せきあく》の致《いた》し奉《たてまつ》るなり」と云々《しかじか》。或《ある》いは云《い》はく、「下手人等《げしゅにんなど》、若《も》し遂《つい》に出《い》ださしめ給《たま》はざらば、院内《いんない》を捜検《そうけん》すべき由《よし》、綸旨《りんじ》有《あ》り。此《こ》の事《こと》、左衛門尉《さえもんのじょう》則光《のりみつ》〈検非違使《けびいし》。又《また》、彼《か》の院《いん》の御乳母子《おんめのとご》なり。〉、彼《か》の院《いん》に通《つう》ず」と云々《しかじか》。嗷々《ごうごう》の説《せつ》、記《しる》すべからず。

或者云、検非違使等依レ勅囲二華山院一、申二去夕濫行下手人一云々、此間難レ得二慥説一、奉二為院一太無二面目一、積悪之奉レ致也云々、或云、下手人等若遂不二令レ出給一、可レ捜二検院内一之由有二綸旨一、此事左衛門尉則光〈検非違使、又彼院御乳母子也、〉通二彼院一云々、嗷々説不レ可レ記、

✻四月十六日の賀茂祭《かものまつり》の日に、花山院《かざん》の院司《いんじ》数十人が、藤原公任《きんとう》と藤原斉信《ただのぶ》が同車していた車に濫行《らんぎょう》をはたらくという事件が起こった。牛童《うしわらわ》を捕え籠《こ》め、また雑人《ぞうにん》が走っ

て来て、飛礫《ひれき》を行なったという。翌十七日には道長の奏聞によって院司の追捕《ついぶ》が行なわれ、検非違使は花山院を囲んだ。十八日には花山は下手人を差し出している。このような史実に尾鰭《おひれ》を付けて、花山院乱行説話が作られていったのである。

・六月十二日（伏見宮本〈略本〉）高麗国の牒状

勘解由長官《かげゆのかみ》（源《みなもとのとしかた》俊賢）が云《い》ったことには、「高麗国《こうらいこく》からの文書《もんじょ》に、日本国《にっぽんこく》を辱《はずかし》める句《く》が有《あ》った。怖《おそ》れることが無《な》いわけではないものである」ということだ。前丹波守《さきのたんばのかみ》（藤原《ふじわらの》）貞嗣朝臣《さだつぐあそんき》が来て、云《い》ったことには、「大宰大弐《だざいのだいに》（藤原有国《ふじわらのありくに》）の書状《しょじょう》には、『六箇国《ろっかこく》の兵《へい》を徴発《ちょうはつ》して要害《ようがい》を警固《けいご》させる。また、高麗国使《こうらいこくし》は日本国《にっぽんこく》の人《ひと》である』と云《い》うことでした」と。

❖勘解由長官《かげゆのかみ》、云《い》はく、「高麗国《こうらいこく》の啓牒《けいちょう》に、日本国《にっぽんこく》を辱《は》ぢしむる句《く》有《あ》り。怖畏《ふい》すること無《な》きに非《あら》ざる所《ところ》」てへり。前丹波守貞嗣朝臣《さきのたんばのかみさだつぐあそん》、来《き》たりて云《い》はく、「大弐《だいに》の消息《しょうそく》に、『六个国《ろっかこく》の人兵《じんぺい》を徴誡《ちょうかい》し、要害《ようがい》を警固《けいご》せしむ。又《また》、高麗国使《こうらいこくし》、日本国《にっぽんこく》の人《ひと》』と云々《しかじか》」と。

勘解由長官云、高麗国啓牒有下使レ辱二日本国一之句上、所レ非レ無二怖畏一者、前丹波守貞嗣朝臣来云、大弐消息徴二誡六个国人兵一、令レ警二固要害一、又高麗国使日本国人云々、

✲長徳三年五月、高麗《こうらい》から牒状《ちょうじょう》（上下関係のない者同士の文書）が届けられた。石見《いわみ》国に漂着した高麗人を、食糧を供給して送還した際に日本から派遣された使者に対する返牒《へんちょう》と言われている。その文言は、「文章が旧儀《きゅうぎ》に違《たが》ううえに、その状の体は蕃礼《ばんれい》に背く」というものであった（『異国牒状記《いこくちょうじょうき》』）。

六月十三日に開かれた陣定では、返牒を送る必要がないこと、要害を警固し、内外の祈禱《きとう》を行なうこと、高麗使となった大宰府《だざいふ》の人をふたたび高麗に渡航させずにその罪を勘申《かんじん》させること、越前《えちぜん》や鎮西《ちんぜい》（九州）に在留している宋人《そうじん》を送還すべきこと、などの意見が出された。返牒を送らないという対応は、きわめて違例《いれい》のこととされる。

ともあれ、これでもともと敵国視していた高麗に対する警戒感が強まり、高麗が報

復攻撃をしかけてくる可能性を恐れることになったのである。

・六月二十二日（伏見宮本〈略本〉）定子、職曹司に参入

今夜《こんや》、中宮《ちゅうぐう》（藤原定子《ふじわらのていし》）は、職曹司《しきのぞうし》に参《まい》られた。天下《てんか》の者《もの》は感心《かんしん》しなかった。「あの宮《みや》の人々《ひとびと》は、『中宮《ちゅうぐう》は出家《しゅっけ》されていない』と称《しょう》している」と云《い》うことだ。はなはだ珍《めずら》しい事《こと》である。外記《げき》が中宮《ちゅうぐう》のお出《で》ましに付《つ》き従《したが》うよう申《もう》させた。ところが付《つ》き従《したが》わなかった。お出《で》ましについては、民部卿《みんぶきょう》（藤原《ふじわらの》懐忠《かねただ》）が責任者《せきにんしゃ》を務《つと》めた。

❖今夜《こんや》、中宮《ちゅうぐう》、職曹司《しきのぞうし》に参《まい》り給《たま》ふ。天下《てんか》、甘心《かんしん》せず。「彼《か》の宮《みや》の人々《ひとびと》、出家《しゅっけ》し給《たま》はざるを称《しょう》す」と云々《しかじか》。太《はなは》だ希有《けう》の事《こと》なり。外記《げき》、行啓《ぎょうけい》に扈従《こしょう》すべき由《よし》を申《もう》さしむ。然《しか》れども候《こう》ぜず。行啓《ぎょうけい》の事《こと》、戸部《こぶ》、承《うけたまわ》り行《おこ》なふ。

今夜中宮参㆓給職曹司㆒、天下不㆓甘心㆒、彼宮人々称レ不㆓出家給㆒云々、太希有事也、外記令レ申下可レ扈㆓従行啓㆒之由上、然而不レ候、行啓事戸部承行、

✻この日の夜、一条天皇は、脩子《しゅうし》内親王を伴った定子をふたたび職曹司《しきのぞうし》に遷御させた。職曹司というのは中宮職の一局で、内裏の東側に隣接する。

第一子や定子と対面した一条の感慨はさておき、天下の者は感心しなかったという実資《さねすけ》の感想は、宮廷社会全般に共通するものだったことであろう。

この後しばらく、一条は定子の許をしばしば訪れたり（内裏を出たことになる）、内裏に参入させたりして「寵愛《ちょうあい》」を続け、ふたたび懐妊させることとなる。宮廷社会の安定を第一に考えなければならない天皇としては、それは決して誉められた行為ではないが、これは一条の生涯を通じて数少ない我意《がい》であった。

・七月五日（伏見宮本〈略本〉）　大臣召／道綱、大納言に越任

今日《きょう》、大納言《だいなごん》藤原公季《ふじわらのきんすえ》を内大臣《ないだいじん》とした。中納言《ちゅうなごん》藤原道綱《ふじわらのみちつな》を大納言《だいなごん》とした。中納言《ちゅうなごん》藤原懐忠《ふじわらのかねただ》を権大納言《ごんだいなごん》とした。参議《さんぎ》藤原時光《ふじわらのときみつ》を中納言《ちゅうなごん》とした。道綱《みちつな》は、去年《きょねん》、中納言《ちゅうなごん》に任《にん》じられた。私《わたし》（藤原実資《ふじわらのさねすけ》）は去《さ》る長徳元年《ちょうとくがんねん》、中納言《ちゅうなごん》に任《にん》じられた。ところが道綱《みちつな》を昇任《しょうにん》される理由《りゆう》は、いまだその意味《いみ》がわからない。もしかしたら外舅《がいきゅう》および大将《たいしょう》であるということで昇任《しょうにん》されたものであろうか。……万事《ばんじ》、推量《すいりょう》すると、賢《かしこ》い人《ひと》を登用《とうよう》する世《よ》は、貴賤《きせん》の者《もの》が励《はげ》んで務《つと》める。ところが近臣《きんしん》（道長《みちなが》）が頻《しき》りに国政《こくせい》を執《と》り、母后《ははきさき》（藤原詮子《ふじわらのせんし》）もまた、朝廷《ちょうてい》をもっぱらにしている。無縁《むえん》の身《み》（実資《さねすけ》）は、処《しょ》するにどうすればよいのであろうか。……延喜《えんぎ》の聖代《せいだい》には、貞信公《ていしんこう》（藤原忠平《ふじわらのただひら》）を昇任《しょうにん》されたのである。また、賢《かしこ》い人《ひと》を登用《とうよう》し、能《のう》ある者《もの》を用《もち》いた時代《じだい》だったのである。今《いま》、あの時代《じだい》の例《れい》によって道綱《みちつな》を昇任《しょうにん》されたのは、いまだその道理《どうり》を知《し》らない。道綱《みちつな》はわずかに名前《なまえ》だけを書《か》き、一《いち》、二《に》も知《し》らない者《もの》である。また、大昔《おおむかし》の例《れい》を調《しら》べて行《おこ》なわれるというのならば、法師《ほうし》（道《どう》鏡《きょう》）を大臣《だいじん》に任《にん》じた例《れい》によって、大納言《だいなごん》とすべきであろうか。どうして良《よ》い例《れい》であろうか。……思《おも》うところが有《あ》ったので、内裏《だいり》に参《まい》らなかった。

❖今日《きょう》、大納言《だいなごん》藤原公季《ふじわらのきんすえ》を以《もっ》て内大臣《ないだいじん》と為《な》す。中納言《ちゅうなごん》藤原道綱《ふじわらのみちつな》を以《もっ》て大納言《だいなごん》と為《な》す。中納言《ちゅうなごん》藤懐忠《とうかねただ》を以《もっ》て権大納言《ごんだいなごん》と為《な》す。参議《さんぎ》藤時光《とうときみつ》を中納言《ちゅうなごん》と為《な》す。道綱《みちつな》、去《さ》ぬる年《とし》、中納言《ちゅうなごん》に任《にん》ず。下官《げかん》、去《さ》ぬる長徳元年《ちょうとくがんねん》、中納言《ちゅうなごん》に任《にん》ず。而《しか》るに道綱《みちつな》を以《もっ》て抽任《ちゅうにん》せらるる故《ゆえ》、未《いま》だ其《そ》の心《こころ》を得《え》ず。若《も》しくは外舅《がいきゅう》幷《なら》びに大将《たいしょう》を以《もっ》て抽《ちゅう》せらるる所《ところ》か。……万事《ばんじ》、推量《すいりょう》するに、用賢《ようけん》の世《よ》、貴賤《きせん》、研精《けんせい》す。而《しか》るに近臣《きんしん》、頻《しき》りに国柄《こくへい》を執《と》り、母后《ははきさき》、又《また》、朝事《ちょうじ》を専《もは》らにす。無縁《むえん》の身《み》、処《しょ》するに何《なん》と為《せ》んや。……延喜《えんぎ》の聖代《せいだい》、貞信公《ていしんこう》を以《もっ》て抽任《ちゅうにん》せらるるなり。又《また》、賢《けん》を抽《ちゅう》し能《のう》を用《もち》ゐる時《とき》なり。今《いま》、彼《か》の例《れい》を以《もっ》て道綱《みちつな》を抽《ちゅう》せらるるは、未《いま》だ其《そ》の理《ことわり》を知《し》らず。僅《わず》かに名字《みょうじ》を書《か》き、一《いち》、二《に》を知《し》らざる者《もの》なり。又《また》、上古《じょうこ》の例《れい》を勘《かんが》へて行《おこ》なはるべくんば、法師《ほうし》を大臣《だいじん》に任《にん》ずるを以《もっ》て、大納言《だいなごん》と為《な》すべきか。豈《あ》に能《よ》き例《れい》たるや。……思《おも》ふ所有《ところあ》るに依《よ》りて、内《うち》に参《まい》らず。

今日以二大納言藤原公季一為二内大臣一、以二中納言藤原道綱一為二大納言一、以二中納言藤懐忠一為二権大納言一、参議藤時光為二中納言一、道綱去年任二中納言一、下官去長徳元年任二中納言一、而以二道綱一被二抽任一之故未レ得二其心一、若以三外舅幷大将二所レ被レ抽歟、……万事推量、用賢之世、貴賤研精、而近臣頻執二国柄一、母后又専二朝事一、無縁之身処何為乎、……延喜聖代以二貞信公一被二抽任一也、又抽レ賢用レ能之時也、今以二彼例一被レ抽二道綱一、未レ知二其理一、僅書二名字一、不レ知二一二一者也、又勘二上古例一可レ被レ行者、以三法師任二大臣一可レ為二大納言一歟、豈為二能例一乎、……依レ有レ所レ思不レ参レ内、

✻同じ兼家《かねいえ》の子でも、道綱《みちつな》となると、生母の道綱母（藤原倫寧《ともやす》の女《むすめ》）と寂しく同居しており、そこは日記類は所蔵していなかったであろう。兼家が訪れることもまれで（これは道綱母のせいであるが）、兼家から政務や儀式のやり方を教えられる機会もなかったはずである。それでも摂政《せっしょう》の子ということで出世を続けた。

しかし大中納言となると、上卿《しょうけい》（諸公事《くじ》を上首《じょうしゅ》として指揮する公卿）を務めなければならない。当然のこと、道綱はそれを適切に遂行することはできず、ますます無能な公卿として、皆に馬鹿にされ続ける人生を送った。道綱母が長徳《ちょうとく》元年（九九五）の疫《えき》

病《びょう》で死亡し、愛息の行く末を知らなかったのは、幸いだったかもしれない。

・十月一日（伏見宮本〈略本〉）　大宰府より飛駅／奄美島人濫行を議定／高麗来寇の説

……饗宴《きょうえん》の一献《いっこん》が終《お》わった頃《ころ》、左近衛府《さこのえふ》の武官《ぶかん》が声高《こわだか》に云《い》ったことには、「大宰府《だざいふ》の飛駅《ひえき》が届《とど》いて云《い》ったことには、『高麗国《こうらいこく》の人《ひと》が対馬《つしま》・壱岐《いき》島《とう》を掠奪《りゃくだつ》しました。また、肥前国《ひぜんのくに》に着《つ》いて、掠奪《りゃくだつ》しようとしています』と」と云《い》うことだ。上下《じょうげ》の者《もの》は驚愕《きょうがく》した。三大臣《さんだいじん》（藤原道長《ふじわらのみちなが》・藤原顕光《ふじわらのあきみつ》・藤原公季《ふじわらのきんすえ》）は取《と》り乱《みだ》して東《ひがしのきざはし》階から降《お》り、状況《じょうきょう》を問《と》うた。加《くわ》えて大宰大弐《だざいのだいに》（藤原有国《ふじわらのありくに》）の書状《しょじょう》を開《ひら》いて読《よ》んだ。公卿《くぎょう》たちは大臣《だいじん》（道長《みちなが》）の所《ところ》に進《すす》み向《む》かい、はなはだ狼狽《ろうばい》した。非常《ひじょう》の事《こと》であるとはいっても、階下《かいか》に於《お》いて三大臣《さんだいじん》が大宰《だざいの》大弐《だいに》の書状《しょじょう》を開《ひら》いて読《よ》むなどとは、言《い》うに足《た》りない。私《わたし》（藤原実資《ふじわらのさねすけ》）は座を起《た》たなかった。大臣《だいじん》が座《ざ》に戻《もど》って、云《い》ったことには、「『奄美《あまみ》島《とう》の者《もの》が海《かい》夫《ふ》の宅《たく》を焼失《しょうしつ》し、財物《ざいぶつ》を奪《うば》い取《と》った。また、男女《だんじょ》の者《もの》を舟《ふね》に獲《と》って載《の》せて、連《つ》れ去《さ》った。なおも海上《かいじょう》に浮《う》かび、犯行《はんこう》を行《おこ》なっている』と云《い》うことだ。飛駅言上《ひえきごんじょう》してきた」ということだ。……

❖……一献《いっこん》、畢《おわ》る間《かん》、左近《さこん》の陣官《じんかん》、高声《こうしょう》に曰《い》はく、「大宰《だざい》の飛駅《ひえき》、到来《とうらい》して云《い》はく、『高麗国《こうらいこく》の人《ひと》、対馬《つしま》・壱岐《いき》島《とう》を虜掠《りょりゃく》す。又《また》、肥前国《ひぜんのくに》に着《つ》き、虜領《りょりょう》せんと欲《ほっ》す』と」と云々《しかじか》。上下《じょうげ》、驚駭《きょうがい》す。三丞相《さんじょうしょう》、度《ど》を失《うしな》ひ、東階《ひがしのきざはし》より降《お》り、案内《あない》を問《と》ふ。兼《か》ねて大弐《だいに》の書状《しょじょう》を披《ひら》き読《よ》む。上達部《かんだちめ》、丞相《じょうしょう》の所《ところ》に進《すす》み向《む》かふ。太《はなは》だ以《もっ》て周章《しゅうしょう》す。非常《ひじょう》の事《こと》と云《い》ふと雖《いえど》も、階下《かいか》に於《お》いて三丞相《さんじょうしょう》、都督《ととく》の書《ふみ》を披《ひら》き読《よ》むは、言《い》ふに足《た》らず。下官《げかん》、座《ざ》を起《た》たず。丞相《じょうしょう》、座《ざ》に復《ふく》して云《い》はく、「『奄美《あまみ》島《とう》の者《もの》、海夫《かいふ》等《など》の宅《たく》を焼亡《しょうぼう》し、財物《ざいぶつ》を奪《うば》ひ取《と》る。又《また》、男女《だんじょ》を舟《ふね》に執《と》り載《の》せ、将《も》ち去《さ》る。尚《な》ほ海上《かいじょう》に浮《う》かび、犯《はん》を成《な》す由《よし》』と云々《しかじか》。飛駅言上《ひえきごんじょう》す」てへり。……

……一献畢間、左近陣官高声之曰、大宰飛駅到来云、高麗国人虜二掠対馬・壱岐島一、又着二肥前国一欲二虜領一云々、上下驚駭、三丞相失レ度、降レ自二東階一問二案内一、兼披二読大弐書状一、上達部進二向丞相所一、太以周章、雖レ云二非常事一、於二階下一三丞相披二読都督書一、不レ足レ言、下官不レ起レ座、丞相復レ座云、奄美島者焼二亡海夫等宅一、奪二取財物一、又執二載男女於舟一将去、尚浮二海上一成レ犯之由云々、飛駅言上者、……

＊旬政《しゅんせい》という儀式の饗宴《きょうえん》の最中、大宰府が奄美《あまみ》海賊の九州乱入を飛駅言上《ひえきごんじょう》してきた。最高度の緊急連絡である。高麗の来寇《らいこう》を叫んだのは、六月の一件があったことによる。三大臣や公卿連中の狼狽《ろうばい》の様子を、実資は非難している。

やり残した儀式を即座に停止し、対策を議す陣定が開かれた。その結果、要所の警固や賊の追討、神仏への祈禱《きとう》、奉幣使《ほうべいし》の発遣《はっけん》、仁王会《にんのうえ》、太元帥《たいげんの》法《ほう》、戦功者の褒賞《ほうしょう》などが定められた。また、事は頗《すこぶ》る軽事のようであるから、勅符《ちょくふ》ではなく官符《かんぷ》を下すべきであるという結論にも達した。

蔵人頭《くろうどのとう》の藤原行成《ゆきなり》はその結論を一条《いちじょう》天皇に奏聞《そうもん》しようとしたが、一条はすでに眠っていたので奏聞することはできず、翌二日になって奏聞し、一条はこれを裁可《さいか》した。五箇国の沿岸が襲われて三百人の住民が拉致《らち》され、さらには高麗国の兵船五百艘《そう》が日本に向かっているという風聞《ふうぶん》を伝える解文《げぶみ》の内容を考えれば、彼らの対応における危機感の欠如は驚くばかりである。

## ◆長徳四年（九九八）

藤原実資四十二歳（従三位、中納言・太皇太后宮大夫）一条天皇十九歳　藤原道長三十三歳　藤原詮子三十七歳　藤原定子二十三歳

・正月十五日（『小右記』万寿《まんじゅ》元年正月十五日条による）　御斎会内論義

史《し》（小槻《おつきの》）奉親宿禰《ともちかすくね》が云《い》ったことには、「昨日《きのう》、一条天皇《いちじょうてんのう》の御謹慎期間《ごきんしんきかん》でしたので、紫宸殿《ししんでん》に於《お》いて内論義《ないろんぎ》が行《おこ》なわれました。右大臣《うだいじん》〈（藤原《ふじわらの》）顕光《あきみつ》。〉、平納言《へいなごん》（平《たいらの》）惟仲《これなか》、参議《さんぎ》（菅原《すがわらの》）輔正《すけまさ》・（藤原《ふじわらの》）誠信《さねのぶ》・（藤原《ふじわらの》）斉信《ただのぶ》・（藤原《ふじわらの》）忠輔《ただすけ》・（源《みなもとの》）俊賢《としかた》が参《まい》りました」と。また、云《い》ったことには、「右大臣《うだいじん》の膳《ぜん》

の取次《とりつ》ぎは、外記《げき》（菅野《すがのの》）重忠《しげただ》が奉仕《ほうし》しました。右大臣《うだいじん》が云《い》ったことには、『大外記《だいげき》（滋野《しげのの》）善言朝臣《よしときあそん》に奉仕《ほうし》させよ』ということでした。このような事《こと》は前例《ぜんれい》がありません」ということだ。「ところが、儀式《ぎしき》の責任者《せきにんしゃ》（顕光《あきみつ》）の命《めい》によって、無理《むり》に奉仕《ほうし》しました」ということだ。

❖史奉親宿禰《しともちかすくね》、云《い》はく、「昨《きのう》、御物忌《おんものいみ》に依《よ》り、南殿《なでん》に於《お》いて内論義《ないろんぎ》有《あ》り。右大臣《うだいじん》〈顕光《あきみつ》。〉、平納言惟仲《へいなごんこれなか》、参議輔正《さんぎすけまさ》・誠信《さねのぶ》・斉信《ただのぶ》・忠輔《ただすけ》・俊賢等《としかたなど》、参入《さんにゅう》す」と。又《また》、云《い》はく、「右大臣《うだいじん》の手長《てなが》、外記重忠《げきしげただ》、奉仕《ほうし》す。大臣《だいじん》、云《い》はく、『大外記善言朝臣《だいげきよしときあそん》を以《もっ》て奉仕《ほうし》せしめよ』てへり。件《くだん》の事《こと》、前例無《ぜんれいな》し」てへり。「然《しか》れども、上卿《しょうけい》の命《めい》に依《よ》り、憖《なまじ》ひに以《もっ》て奉仕《ほうし》す」てへり。

史奉親宿禰云、昨依二御物忌一於二南殿一有二内論義一、右大臣〈顕光〉、平納言惟仲、参議輔正・誠信・斉信・忠輔・俊賢等参入、又云、右大臣手長外記重忠奉仕、大臣云、以二大外記善言朝臣一令二奉仕一者、件事無二前例一者、然而依二上卿命一憖以奉仕者、

＊御斎会《ごさいえ》内論義というのは、御斎会の結願《けちがん》に際して宮中で行なわれる論義のことで、『金光明《こんこうみょう》最勝王経《さいしょうおうきょう》』の教義について高僧が五番の問答を行なう。手長は饗宴《きょうえん》の際に膳《ぜん》の取次ぎをする役で、食膳を食事の場に運ぶ役送《やくそう》よりも上位の人が務める。

この年は、上卿《しょうけい》顕光《あきみつ》の手長は権少外記《ごんのしょうげき》で六位の菅野重忠《すがののしげただ》が奉仕することになっていたものの、顕光が自分の手長は大外記で従五位下の滋野善言《しげののよしとき》に奉仕させるよう主張し、前例のないことと皆が諫《いさ》めたにもかかわらず、無理に善言に奉仕させた。儀式の先例にこだわらず、自分のやり方を押し通す顕光の性格がよく表われている。

なお、この重忠、長保《ちょうほう》二年（一〇〇〇）にめでたく大外記に任じられ、長保三年（一〇〇一）に従五位下に叙されて、寛弘《かんこう》二年（一〇〇五）に大隅守《おおすみのかみ》に任じられたものの（『外記補任《げきぶにん》』）、寛弘四年（一〇〇七）に大宰府《だざいふ》で射殺されてしまった（『日本紀略《にほんきりゃく》』）。

◆長保《ちょうほう》元年（九九九）

藤原実資四十三歳（正三位、中納言・太皇太后宮大夫）　一条天皇二十歳　藤原道長三十四歳　藤原詮子三十八歳　藤原定子二十四歳　藤原彰子十二歳

・七月三日（前田本甲〈広本〉）　実資室婉子女王周忌法事

暁方《あかつきがた》、禅林寺《ぜんりんじ》に向《む》かった。故女御《こにょうご》（婉子女王《えんしじょおう》）の周忌法事《しゅうきほうじ》の日《ひ》である。源《げん》相公《しょうこう》（俊賢《としかた》）・右兵衛督《うひょうえのかみ》（源《みなもとの》　憲定《のりさだ》）・右源中将《うげんちゅうじょう》（頼定《よりさだ》）が、早《はや》く来《き》た。堂《どう》の東《ひがし》の妻《つま》に仮庇《かりびさし》を接《せっ》し、食事《しょくじ》を供《きょう》した〈準備《じゅんび》させたものである。〉。四位《しい》と五位《ごい》の者《もの》が参列《さんれつ》した。「公卿《くぎょう》・殿上人《てんじょうびと》・諸大夫《しょたいぶ》は、多《おお》く俗客所《ぞくきゃくしょ》にいる」と云《い》うことだ。早朝《そうちょう》、先《ま》ず法服《ほうふく》を七僧《しちそう》に送《おく》った〈高僧《こうそう》は紫《むらさき》の甲袈裟《こうげさ》、凡僧《ぼんそう》は櫨《はぜ》の甲袈裟《こうげさ》。〉。阿弥陀浄土《あみだじょうど》を画《えが》き、銀字《ぎんじ》の法華経《ほけきょう》と阿弥陀経《あみだきょう》・般若心経《はんにゃしんぎょう》を書《か》いた。紺紙《こんし》、水晶《すいしょう》の軸《じく》で、紫檀《したん》の箱《はこ》に納《おさ》めた〈蘇芳《すおう》で彩色《さいしき》した。〉。未刻《ひつじのこく》（午後《ごご》一時《いちじ》－三時《さんじ》）の頃《ころ》、鐘《かね》を打《う》った。僧《そう》たちは堂《どう》に入《はい》った。参列《さんれつ》した者《もの》は座《ざ》に着《つ》いた。申《さる》の終刻《しゅうこく》（午後四時半《ごごよじはん》－五時《ごじ》）に、法会《ほうえ》が終《お》わった。

❖払暁《ふつぎょう》、禅林寺《ぜんりんじ》に向《む》かふ。故女御《こにょうご》の周忌法事《しゅうきほうじ》の日《ひ》なり。源相公《げんしょうこう》・右兵衛督《うひょうえのかみ》・右源《うげん》中将《ちゅうじょう》、早《はや》く来《き》たる。堂《どう》の東《ひがし》の妻《つま》に仮庇《かりびさし》を接《せつ》し、食《しょく》を羞《すす》む〈儲《もう》けしむる所《ところ》。〉。四《し》品《ほん》・五品《ごほん》、来会《らいかい》す。「上達部《かんだちめ》・殿上人《てんじょうびと》・諸大夫《しょたいふ》、多《おお》く俗客所《ぞくきゃくしょ》に在《あ》る由《よし》」と云々《しかじか》。早朝《そうちょう》、先《ま》づ法服《ほうふく》を七僧《しちそう》に送《おく》る〈僧綱《そうごう》は紫《むらさき》の甲《こう》、凡僧《ぼんそう》は櫨《はぜ》の甲《こう》。〉。阿弥陀浄土《あみだじょうど》を図《ず》し奉《たてまつ》り、銀字《ぎんじ》の法花経《ほけきょう》・具経等《ぐきょうなど》を書《か》き奉《たてまつ》る。紺紙《こんし》、水晶《すいしょう》の軸《じく》。紫檀《したん》の筥《はこ》に納《おさ》む〈蘇木《そぼく》を以《もっ》て潤色《じゅんしょく》す。〉。未剋《ひつじのこく》ばかり、鐘《かね》を打《う》つ。諸僧《しょそう》、堂《どう》に入《い》る。入礼《じゅらい》、座《ざ》に着《ちゃく》す。申《さる》の終《お》はり、事訖《ことおわ》んぬ。

払暁向二禅林寺一、故女御周忌法事日也、源相公・右兵衛督・右源中将早来、堂東妻接二仮庇一羞レ食〈所レ令レ儲。〉、四品・五品来会、上達部・殿上人・諸大夫多在二俗客所一之由云々、早朝先送二法服七僧一〈僧綱紫甲、凡僧櫨甲。〉、奉レ図二阿弥陀浄土一、奉レ書二銀字法花経・具経等一、紺紙水精軸、納二紫檀筥一〈以二蘇木一潤色。〉、未剋許打レ鐘、諸僧入レ堂、入礼着レ座、申終事訖、

✻先にも述べたが、実資《さねすけ》の妻としては、源惟正《みなもとのこれまさ》の女《むすめ》が最初であったが、この人は寛《かん》和《な》二年（九八六）に死去してしまった。その後、正暦《しょうりゃく》四年（九九三）に花山《かざん》天皇の女御であった婉子《えんし》女王と結婚したが、この人も長徳《ちょうとく》四年（九九八）に死去してしまい、

その後は実資は結婚することはなかった。この日の記事は、婉子女王の一周忌法事についてのもの。なお、寛和二年も長徳四年も、『小右記《しょうゆうき》』はまったく写本が残っておらず、実資が妻の死をどのように記録したかはわからない。

婉子女王は、村上《むらかみ》天皇第四皇子為平《ためひら》親王の一女。母は源高明《たかあきら》の女。寛和《かんな》元年（九八五）十二月に十四歳で花山天皇の後宮に入内《じゅだい》し、女御となった。半年後の翌寛和二年六月に花山が出家した後、藤原道信《ふじわらのみちのぶ》と実資とが婉子女王を争ったが、結局、実資の室となった。長徳四年に死去した時は二十七歳であった。

・八月九日（前田本甲〈広本〉）　定子移御に上卿無し／道長、宇治に遊ぶ

藤宰相《とうさいしょう》（藤原懐平《ふじわらのかねひら》）が伝《つた》え送《おく》って云《い》ったことには、「今日《きょう》、中宮《ちゅうぐう》（藤原定子《ふじわらのていし》）は里第《りてい》に出《で》られることになっている。ところが儀式《ぎしき》の責任者《せきにんしゃ》がおらず、ただ今《いま》、中宮《ちゅうぐう》のお出《で》ましに付《つ》き従《したが》う官人《かんじん》を命《めい》じなければならない」というこ

とだ。「左大臣《さだいじん》（藤原道長《ふじわらのみちなが》）が、暁方《あかつきがた》に人々《ひとびと》を引《ひ》き連《つ》れて宇治《うじ》の家《いえ》〈六条左府《ろくじょうさふ》（源重信《みなもとのしげのぶ》）の後家《ごけ》（藤原師輔《ふじわらのもろすけ》の女《むすめ》）から買《か》い取《と》った所《ところ》である。〉に向《む》かった。今夜《こんや》、あの家《いえ》に赴《おもむ》くことになっている」と云《い》うことだ。お出《で》ましを妨《さまた》げるようなものである。公卿《くぎょう》たちは憚《はばか》るところが有《あ》って、内裏《だいり》に参《まい》らないのであろうか。

❖藤宰相《とうさいしょう》、示《しめ》し送《おく》りて云《い》はく、「今日《きょう》、中宮《ちゅうぐう》、里第《りてい》に出御《しゅつぎょ》すべし。而《しか》るに上卿《しょうけい》無《な》し。只今《ただいま》、行啓《ぎょうけい》に供奉《ぐぶ》する所司《しょし》を召《め》し仰《おお》すべし」てへり。「左府《さふ》、払暁《ふつぎょう》、人々《ひとびと》を引率《いんそつ》し、宇治《うじ》の家《いえ》〈六条左府《ろくじょうさふ》の後家《ごけ》の手《て》より買領《かいりょう》せる処《ところ》なり。〉に向《む》かふ。今夜《こんや》、彼《か》の家《いえ》に渡《わた》るべし」と云々《しかじか》。行啓《ぎょうけい》の事《こと》を妨《さまた》ぐるに似《に》る。上達部《かんだちめ》、憚《はばか》る所《ところ》有《あ》りて、内《うち》に参《まい》らざるか。

藤宰相示送云、今日中宮可レ出二御里第一、而無二上卿一、只今可レ召下仰供二奉行啓一之所司上者、左府払暁引二率人々一向下宇治家〈自二六条左府後家手一買領処也、〉上、今夜可レ渡二彼家一云々、似レ妨二行啓事一、上達部有レ所レ憚不レ参レ内歟、

✲二度目の御産が近づいた定子《ていし》は、八月九日に平生昌《たいらのなりまさ》邸（竹三条宮《たけさんじょうのみや》）に移御《いぎょ》することになり、一条《いちじょう》天皇は行啓の上卿《しょうけい》を命じるために公卿《くぎょう》を召したが、ことごとく故障を申して参入してこなかった。重ねての一条の催促によって、藤原時光《ときみつ》と実資が参入したが、時光が上卿を務めることとなり、実資は空しく退出した。

この時、道長《みちなが》が宇治《うじ》の別業《べつぎょう》に遊覧してこれを妨害したのであるが、実は道長に従って宇治に赴いた公卿は藤原道綱《みちつな》と藤原斉信《ただのぶ》の二人に過ぎず、ほとんどの公卿は自邸に籠《こも》って静観するという状況であった。定子行啓の上卿を務めて道長の機嫌を損ねるのも困るが、定子が皇子を出産でもしたら、あまり道長べったりの立場も取りたくないといった、彼らの保身の論理が見え隠れしている。

・九月十九日（前田本甲〈広本〉）　内裏御猫産養

「この何日《なんにち》か、内裏《だいり》の御猫《おんねこ》が子《こ》を産《う》んだ。女院《にょういん》（藤原詮子《ふじわらのせんし》）・左大臣《さだいじん》（藤原道《ふじわらのみち》長《なが》)・右大臣《うだいじん》(藤原顕光《ふじわらのあきみつ》)が、産養《うぶやしない》を行《おこ》なった。膳《ぜん》・飯《めし》・箱《はこ》に納《おさ》めた衣《ころも》が有《あ》った」と云《い》うことだ。「猫《ねこ》の乳母《めのと》は馬命婦《うまのみょうぶ》である。時《とき》の人《ひと》はこれを笑《わら》った」と云《い》うことだ。奇怪《きかい》な事《こと》である。天下《てんか》の者《もの》は目《め》を向《む》けた。もしかしたらこれは、悪《わる》い報《むく》いが有《あ》るのではないか。いまだ禽獣《きんじゅう》に人《ひと》の礼《れい》を用《もち》いるのを聞《き》いたことがない。ああ。

❖「日《ひ》ごろ、内裏《だいり》の御猫《おんねこ》、子《こ》を産《う》む。女院《にょういん》・左大臣《さだいじん》・右大臣《うだいじん》、産養《うぶやしない》の事有《ことあ》り。衝《つい》重《がさね》・垸飯《おうばん》・筥《はこ》に納《おさ》むる衣等有《ころもなどあ》り」と云々《しかじか》。「猫《ねこ》の乳母《めのと》、馬命婦《うまのみょうぶ》。時《とき》の人《ひと》、之《これ》を咲《わら》ふ」と云々《しかじか》。奇恠《きかい》なる事《こと》なり。天下《てんか》、以《もっ》て目《め》くばせす。若《も》しくは是《こ》れ、徴有《しるしあ》るべきか。未《いま》だ禽獣《きんじゅう》に人《ひと》の礼《れい》を用《もち》ゐるを聞《き》かず。嗟乎《ああ》。

日者内裏御猫産レ子、女院・左大臣・右大臣有二産養事一、有二衝重・垸飯、納レ筥之衣等一云々、猫乳母馬命婦、時人咲レ之云々、奇恠之事、天下以目、若是可レ有レ徴歟、未レ聞三禽獣用二人礼一、嗟乎、

＊内裏で飼っていた猫が産んだ子猫の「産養《うぶやしない》」が、詮子《せんし》と道長の臨席のもとで挙行された。産養というのは、皇族や貴族の生誕儀礼の一つで、新生児に対する饗応《きょうおう》と、人生の門出に際して悪鬼を祓《はら》い、将来の多幸と産婦の無病息災を祈念する意味を持つ。

この記事は、子猫に乳母を賜い、昇殿《しょうでん》させるために子猫を五位に叙爵《じょしゃく》するなど（『枕草子《まくらのそうし》』）、常軌を逸した行為と見られがちである。しかし、詮子が絡んでいるとなると、それは定子からの皇子誕生を祈願した儀式の意味もあったのかもしれない。

・十月十九日（前田本甲〈広本〉）藤原彰子の入内を問う／道長、実資に馬を下賜

日暮《ひぐ》れ頃《ごろ》、左大臣《さだいじん》（藤原道長《ふじわらのみちなが》）の許《もと》に参《まい》り、女御《にょうご》（藤原彰子《ふじわらのしょうし》）の入内《じゅだい》について問《と》うた。長《なが》い時間《じかん》、談話《だんわ》した。帰《かえ》る際《さい》、武蔵守《むさしのかみ》（藤原《ふじわらの》）寧親《やすちか》が、馬六疋《うまろっぴき》を左大臣《さだいじん》に献上《けんじょう》した。左大臣《さだいじん》は私《わたし》（藤原実資《ふじわらのさねすけ》）を招《まね》いて、見《み》せた。見終《みお》わ

って、そのまま帰る《かえ》際《さい》、馬一疋《うまいっぴき》〈葦毛《あしげ》。〉を私《わたし》に志《こころざ》した。私《わたし》は綱《つな》の末《すえ》を執《と》って小《ちい》さく拝礼《はいらい》した。主人《しゅじん》（道長《みちなが》）は地下《じげ》に下《お》り立《た》った。

❖日暮《ひぐれ》、左府《さふ》に詣《もう》で、女御《にょうご》の入内《じゅだい》の事《こと》を訪《とぶら》ふ。良久《ややひさ》しく談話《だんわ》す。退帰《たいき》する間《かん》、武《む》蔵守寧親《さしのかみやすちか》、馬六疋《うまろっぴき》を左府《さふ》に献《けん》ず。左府《さふ》、余《よ》を招《まね》きて見《み》しむ。見了《みおわ》りて、迺《すなわ》ち出《い》づる比《ころ》、馬一疋《うまいっぴき》〈葦毛《あしげ》。〉を志《こころざ》す。余《よ》、綱《つな》の末《すえ》を執《と》りて小拝《しょうはい》す。主人《しゅじん》、地下《じげ》に下《お》り立《た》つ。

日暮詣㆓左府㆒、訪㆓女御入内事㆒、良久談話、退帰之間、武蔵守寧親献㆓馬六疋於左府㆒、々々招㆑余令㆑見、々了迺出之比、志㆓馬一疋〈葦毛、〉㆒、余執㆓綱末㆒小拝、主人下㆔立地下㆒、

✻二月九日に著裳《もぎ》の式を迎え、いまだ十二歳ながら大人ということになった道長長女の彰子《しょうし》が、いよいよ一条《いちじょう》天皇の後宮に入内《じゅだい》することになった。その日が近付いたというので、実資は道長の土御門第《つちみかどてい》を訪れ、詳細を聞いている。

ちょうどその時、武蔵守《むさしのかみ》藤原寧親《やすちか》が道長に馬六疋《ぴき》を献上してきたが、上機嫌の道長は、実資に一疋を贈った。実は道長は貢進されてきた馬のほとんどを皇族や他の貴族、寺社に分与している。しかも多くの場合、賀茂祭《かものまつり》や御禊《ごけい》、行幸《ぎょうこう》、大嘗会《だいじょうえ》など、特定の行事の前に貢進されてくることが多い。つまり道長は、あらかじめ分与先と使途を把握したうえで、受領《ずりょう》に貢進を求めていたのであり、貢進されるとすぐに、その用途に充てているのである。

六疋のうちの一疋を実資に贈ると、その用途に不足を生じることになる。ところが十一月九日、寧親はふたたび馬一疋を道長に献上している（『御堂関白記《みどうかんぱくき》』）。実資に贈った分の補塡《ほてん》ということであろう。

・十月二十三日（前田本甲〈広本〉）　道長、彰子入内の屏風和歌を諸卿に課す源相公《げんしょうこう》（俊賢《としかた》）が左大臣《さだいじん》（藤原道長《ふじわらのみちなが》）の使者《ししゃ》として来《き》て、屏風《びょうぶ》の和歌《わか》の題《だい》を授《さず》けた。その詞《ことば》に云《い》ったことには、「和歌《わか》を詠《よ》むように」ということだ。あれこれ、まったく御返事《ごへんじ》は申《もう》し難《がた》い。ただ自《みずか》らこれを申《もう》することにすることを述《の》べた。「公卿《くぎょう》たちは、多《おお》くはこの題《だい》を得《え》た」と云《い》うことだ。「また、非参議《ひさんぎ》で和歌《わか》をよく詠《よ》む者《もの》に給《たま》わった」と云《い》うことだ。公卿《くぎょう》の仕事《しごと》は、荷《に》物運《もつはこ》びと水汲《みずく》みに及《およ》ぶというのか。

❖源相公《げんしょうこう》、左府《さふ》の使《つかい》と為《し》て来《き》たりて、屏風《びょうぶ》の和歌《わか》の題《だい》を授《さず》く。其《そ》の詞《ことば》に云《い》はく、「倭歌《わか》を読《よ》むべし」てへり。左右《とこう》、更《さら》に御返事《おんかえりごと》を申《もう》し難《がた》し。只《ただ》、自《みずか》ら是《これ》を申《もう》すべき由《よし》を陳《の》ぶ。「上達部《かんだちめ》、多分《たぶん》に件《くだん》の題《だい》を得《う》」と云々《しかじか》。「又《また》、非参議《ひさんぎ》の歌《うた》を能《よ》くする者《もの》に給《たま》ふ」と云々《しかじか》。上達部《かんだちめ》の役《えき》、荷汲《かきゅう》に及《およ》ぶべきか。

源相公為二左府使一来、授二屏風和哥題一、其詞云、可レ読二倭歌一者、左右更難レ申二御返事一、只陳下可レ申二自是一由上、上達部多分得二件題一云々、又給二非参議能レ哥者一云々、上達部役可レ及二荷汲一歟、

＊道長は九月二十五日にはじめて彰子入内のことを定め（『御堂関白記』）、この十月二十三日に入内調度としての屛風《びょうぶ》和歌を諸卿に課し、実資を怒らせている。結局は、花山院《かざん》はともかく、二十七日に道長に和歌を献じた公卿は、藤原公任《きんとう》・藤原高遠《たかとお》・藤原懐平《かねひら》・藤原斉信《ただのぶ》・源俊賢《としかた》ら数人に過ぎなかった（『御堂関白記』）。同じ小野宮流《おののみやりゅう》の公任や高遠・懐平が和歌を献じたことについて、実資は、「近頃の様子は、やはり追従《ついしょう》しているようなものである。一家の風は、どうしてこのようなものであろうか。ああ痛いことよ」と嘆いている。

・十一月七日（前田本甲〈広本〉）　定子、皇子敦康出産／彰子に女御宣旨

卯刻《うのこく》（午前五時《ごぜんごじ》－七時《しちじ》）、中宮《ちゅうぐう》（藤原定子《ふじわらのていし》）が男子《だんし》（敦康《あつやす》）を産《う》んだ〈前但馬守《さきのたじまのかみ》（平《たいらの》）生昌《なりまさ》の三条《さんじょう》の宅《たく》。〉。世《よ》に云《い》ったことには、「横川《よかわ》の皮仙《かわひじり》（行円《ぎょうえん》）のような

ものだ」と。左大臣《さだいじん》（藤原道長《ふじわらのみちなが》）が（藤原《ふじわらの》）輔公朝臣《すけきみあそん》を遣《つか》わして、伝《つた》え送《おく》られて云《い》ったことには、「今日《きょう》、女御《にょうご》とするという一条天皇《いちじょうてんのう》の命令《めいれい》が下《くだ》る。藤原氏《ふじわらし》の公卿《くぎょう》たちは、一緒《いっしょ》にお礼《れい》を申《もう》しあげる為《ため》、参《まい》るように」ということだ。午刻《うまのこく》（午前十一時《ごぜんじゅういちじ》－午後一時《ごごいちじ》）の頃《ころ》、内裏《だいり》に参《まい》った。……伝《つた》え聞《き》いたことには、「主上《しゅじょう》（一条天皇《いちじょうてんのう》）は、今日《きょう》、初《はじ》めて女御《にょうご》（藤原彰子《ふじわらのしょうし》）の宿所《しゅくしょ》に来《こ》られた」と。左大臣《さだいじん》の意向《いこう》が有《あ》って、公卿《くぎょう》たちは女御《にょうご》の宿所《しゅくしょ》に参《まい》った。……戌刻《いぬのこく》（午後七時《ごごしちじ》－九時《くじ》）の頃《ころ》、天皇《てんのう》は紫宸殿《ししんでん》に帰《かえ》られた。主人《しゅじん》（道長《みちなが》）は、私《わたし》（藤原実資《ふじわらのさねすけ》）の手《て》を取《と》って御供《おんとも》に付《つ》き従《したが》わせたついでに、さらに女御《にょうご》の宿所《しゅくしょ》に引《ひ》き入《い》れ、装束《しょうぞく》を見《み》せた。

❖卯剋《うのこく》、中宮《ちゅうぐう》、男子《だんし》を産《う》む〈前但馬守生昌《さきのたじまのかみなりまさ》の三条《さんじょう》の宅《たく》。〉。世《よ》に云《い》はく、「横川《よかわ》の皮《かわ》仙《ひじり》」と。左府《さふ》、輔公朝臣《すけきみあそん》を使《つか》はし、示《しめ》し送《おく》られて云《い》はく、「今日《きょう》、女御宣旨《にょうごせんじ》、下《くだ》る。氏《うじ》の上達部《かんだちめ》、相共《あいとも》に慶賀《けいが》を奏《そう》すべく、参入《さんにゅう》すべし」てへり。午剋《うまのこく》ばかり、内《うち》に参《まい》る。……伝《つた》へ聞《き》く、「主上《しゅじょう》、今日《きょう》、初《はじ》めて女御《にょうご》の直廬《じきろ》に渡《わた》り給《たま》ふ」と。左府《さふ》の気色有《けしきあ》り、上達部《かんだちめ》、女御《にょうご》の直廬《じきろ》に詣《もう》づ。……戌時《いぬのとき》ばかり、南殿《なでん》に還御《かんぎょ》す。左府《さふ》主人《しゅじん》、余《よ》の手《て》を携《たずさ》へて御共《おんとも》に候《こう》ずる便《たよ》りに、更《さら》に直廬《じきろ》に引《ひ》き入《い》れ、装束《しょうぞく》を見《み》しむ。

卯剋中宮産㆓男子㆒〈前但馬守生昌三条宅、〉、世云横川皮仙、左府使㆓輔公朝臣㆒被㆓示送㆒云、今日女御宣旨下、氏上達部相共可㆑奏㆓慶賀㆒、可㆓参入㆒者、午剋許参㆑内、……伝聞、主上今日初渡㆓給女御直廬㆒、有㆓左府気色㆒、上達部詣㆓女御直廬㆒、……戌時許還㆓御南殿㆒、左府主人携㆓余手㆒候㆓御共㆒之便、更引㆓入直廬㆒、令㆑見㆓装束㆒、

✲十一月一日、彰子は入内した。公卿の多くが入内の行列に付き従ったというのも、彰子の入内が宮廷に安定をもたらす要因として、公卿社会から歓迎された結果によるものであろう。それは同時に、定子に対する公卿社会の不支持の表明でもあった。

そしてこの七日、彰子を女御とするという宣旨が下った。公卿たちは、道長の意向によって彰子の直廬《じきろ》（内裏《だいり》内に与えられた個室）に参った。一条天皇ははじめて彰子の直廬に渡御《とぎょ》したものの、すぐに還御《かんぎょ》してしまった。渡御とはいっても、単なる顔合わせに過ぎなかったのである。その後、道長は実資の手を取って彰子の直廬に引き入れ、装束（調度）を見せた。その装束の中には、例の屏風が含まれていたことであろう。

ところが、彰子が女御となったのと同じ十一月七日の早朝、定子は待望の第一皇子を出産していた。一条は行成《ゆきなり》に、「中宮が男子を産んだ。私の気持ちは快然《かいぜん》としている。七夜の産養に物を遣わすことについては、通例によって奉仕させるように」と語ったように、喜びを隠そうとはしなかった（『権記《ごんき》』）。藤原詮子からも御釼《みはかし》が奉献《ほうけん》されており、その期待のほどが窺《うかが》える。

一方、道長の『御堂関白記』は、彰子を女御とするという記事ばかりで占められ、皇子誕生については何も語っていない。『小右記《しょうゆうき》』は、彰子の女御宣旨については詳しく記しているのに、皇子誕生については、ここに挙げただけしか記していない。ほとんどの貴族は定子の許《もと》にいなかったのであるから、当然ではあるが。

「横川《よかわ》の皮仙《かわひじり》」とは行円《ぎょうえん》のことであるが、「出家らしからぬ出家」という意味で、落飾《らくしょく》しながら子を儲《もう》けた中宮に対する陰口《かげぐち》に転用されたものとのことである。彰子の女御宣旨を祝う宴席ででも出た言葉であろうか。

ただし、当分は彰子から皇子懐妊の「可能性」がなく、当時はまだ嫡流であった冷泉《れい》皇統《ぜいこうとう》の東宮居貞《おきさだ》親王（後の三条《さんじょう》天皇）には藤原娍子《せいし》から何人もの皇子が誕生しているといった状況のもとでは、詮子や道長としては、当面は東宮候補としてこの第一皇子敦康を政治的・経済的に後見《こうけん》するしか、選択肢は残されていなかったのである。

・十一月十五日（前田本甲〈広本〉）花山院熊野参詣を諫止

戌刻《いぬのこく》（午後七時《ごごしちじ》－九時《くじ》）の頃《ころ》、内裏《だいり》から召《め》しが有《あ》った。病悩《びょうのう》が有《あ》るということを申《もう》させた。亥刻《いのこく》（午後九時《ごごくじ》－十一時《じゅういちじ》）の頃《ころ》、頭弁《とうのべん》（藤原行成《ふじわらのゆきなり》）が重《かさ》ねておっしゃって云《い》ったことには、「病悩《びょうのう》を我慢《がまん》して、必《かなら》ず参《まい》るように。すでに深夜《しんや》に臨《のぞ》んでいる。宿直装束《とのいしょうぞく》を着《き》て参《まい》るように」ということだ。そこで参《まい》った〈時《とき》に子二刻《ねのにこく》（午後十一時半《ごごじゅういちじはん》－午前〇時《ごぜんれいじ》）。〉。頭弁《とうのべん》を介《かい》して申《もう》しあげさせた。一条天皇《いちじょうてんのう》がおっしゃって云《い》ったことには、「花山法皇《かざんほうおう》が熊野《くまの》に参《まい》られることについてである」と云《い》うことだ。御詞《おことば》はとても多《おお》かった。そこで詳細《しょうさい》を記《しる》さない。参《まい》らせるわけにはいかないということである〈二度《にど》、頭弁《とうのべん》を遣《つか》わして御書状《ごしょじょう》が有《あ》った。法皇《ほうおう》は聞《き》かれなかった。そこで私《わたし》（藤原実資《ふじわらのさねすけ》）に命《めい》じられたものである。〉。すぐに花山院《かざんいん》に参《まい》って、事情《じじょう》を申《もう》しあげた。あれこれ仰《おお》せに随《したが》うということを、法皇《ほうおう》は申《もう》しあげられた。「もしかしたら粉河寺《こかわでら》に参《まい》るのは如何《いかが》であろう。そもそも仰《おお》せに随《したが》うことにする」と。また帰《かえ》り参《まい》った。同《おな》じ人《ひと》（行成《ゆきなり》）を介《かい》して、法皇《ほうおう》の御書状《ごしょじょう》を申《もう》しあげさせた。「厳寒《げんかん》の間《あいだ》は、参《まい》られてはならない」ということだ。法皇《ほうおう》の許《もと》に参《まい》って、天皇《てんのう》の御書状《ごしょじょう》を申《もう》した。二箇所《にかしょ》とも参《まい》られてはならないということは決定《けってい》した。丑刻《うしのこく》（午《ご》前一時《ぜんいちじ》－三時《さんじ》）の頃《ころ》、帰《かえ》った。

❖戌剋《いぬのこく》ばかり、内《うち》より召《め》し有《あ》り。所労有《しょろうあ》る由《よし》を申《もう》さしむ。亥剋《いのこく》ばかり、頭弁《とうのべん》、重《かさ》ねて仰《おお》せて云《い》はく、「所労《しょろう》を相扶《あいたす》け、必《かなら》ず参入《さんにゅう》すべし。已《すで》に深更《しんこう》に臨《のぞ》む。宿装《しゅくそう》を着《ちゃく》し、参入《さんにゅう》すべし」てへり。仍《よ》りて参入《さんにゅう》す〈時《とき》に子二《ねのに》刻《こく》。〉。頭弁《とうのべん》を以《もっ》て奏《そう》せしむ。仰《おお》せて云《い》はく、「華山法皇《かざんほうおう》、熊野《くまの》に参《まい》らしめ給《たま》ふ由《よし》」と云々《しかじか》。御詞《おんことば》、極《きわ》めて多《おお》し。仍《よ》りて事《こと》の旨《むね》を記《しる》さず。参入《さんにゅう》せしむべからざる由《よし》なり〈両度《りょうど》、頭弁《とうのべん》を以《もっ》て御消息有《おんしょうそくあ》り。法皇《ほうおう》、聞《きこ》し食《め》さず。仍《よ》りて仰《おお》せらるる所《ところ》なり。〉。即《すなわ》ち院《いん》に参《まい》り、事《こと》の由《よし》を奏《そう》す。抑《そもそ》左右《とこう》、仰《おお》せに随《したが》ふべき由《よし》、奏《そう》せらるる事有《ことあ》り。「若《も》しくは粉河《こかわ》に参《まい》るは如何《いかが》。も仰《おお》せ事《ごと》に随《したが》ふべし」と。又《また》、帰《かえ》り参《まい》る。同《おな》じ人《ひと》を以《もっ》て御消息《おんしょうそく》を奏《そう》せしむ。「厳《げん》寒《かん》の間《あいだ》、参《まい》るべからず」てへり。院《いん》に参《まい》り、御消息《おんしょうそく》を申《もう》す。両処《りょうしょ》に参《まい》らしむべからざる由《よし》、一定《いちじょう》、了《おわ》んぬ。丑剋《うしのこく》ばかり、罷《まか》り出《い》づ。

戌剋許自レ内有レ召、令レ申下有二所労一由上、亥剋許頭弁重仰云、相二扶所労一必可二参入一、已臨二深更一、着二宿装一可二参入一者、仍参入〈時子二剋〉、以二頭弁一令レ奏、仰云、華山法皇令レ参二熊野一給由云々、御詞極多、仍不レ記二事旨一、不レ可レ令二参入一之由也〈両度以二頭弁一有二御消息一、法皇不二聞食一、仍所レ被レ仰也〉、即参レ院奏二事由一、左右可レ随レ仰之由有二被レ奏事一、若参二粉河一如何、抑可レ随二仰事一、又帰参、以二同人一令レ奏二御消息一之、厳寒間不レ可レ被レ参者、参レ院申二御消息一、不レ可レ令レ参二両処一之由一定了、丑剋許罷出、

✲この頃、花山院が宿願の熊野《くまの》御幸《ごこう》を遂げるため、十一月十六日暁の出立《しゅったつ》を準備していた。実資には三日に馬一疋を献上するよう命じてきた（十五日に献上している）。一条天皇は再三、中止を要請していたが、十五日の夜、行成を花山院に遣わし、中止を求めた（『権記』）。花山がそれを聞き入れないとの報告を受けるや、一条は今度は実資を呼び出し、説得を依頼した。実資は、熊野御幸は諦《あきら》めるが、代わりに粉河寺《こかわでら》に参りたいという花山の返事を奏したが、一条はこれに対しても中止を求めている。結局、

実資がふたたび花山を説得し、すべて中止と決まった。

結局、花山は一度も熊野に行かずに終わったのであるが、後世、花山が熊野の那智《なち》で修行したとか、途中で和歌を詠んだとかいう説話が作られた。

◆長保二年（一〇〇〇）
藤原実資四十四歳（正三位、中納言）　一条天皇二十一歳　藤原道長三十五歳
藤原詮子三十九歳　藤原定子二十五歳　藤原彰子十三歳

・十一月十五日（『河海抄《かかいしょう》』十二・藤裏葉による）　紫宸殿御遊
新造内裏遷御《しんぞうだいりせんぎょ》の後《のち》、一条天皇《いちじょうてんのう》が紫宸殿《ししんでん》に出御《しゅつぎょ》した日《ひ》、右大臣《うだいじん》（藤原顕光《ふじわらのあきみつ》）以下《いか》の管絃《かんげん》に堪能《たんのう》な人《ひと》が、天皇《てんのう》の御前《ごぜん》の腰掛《こしか》けに坐《すわ》った。次《つ》いで書司《ふみのつかさ》を召《め》した。書司《ふみのつかさ》の下級女官《かきゅうにょうかん》が宇陀法師《うだのほうし》を取《と》り、御障子《みしょうじ》の戸《と》から出《で》て、腰掛《こしか》けの

前《まえ》に置《お》いた。また管絃《かんげん》の楽器《がっき》を次々《つぎつぎ》に取《と》り出《だ》した。皆《みな》、書司《ふみのつかさ》の女官《にょうかん》が運《はこ》んだ。前例《ぜんれい》を見《み》ると、或《ある》いは書司《ふみのつかさ》の女官《にょうかん》が和琴《わごん》を取《と》り出《だ》し、その後《あと》、次々《つぎつぎ》の管絃《かんげん》の楽器《がっき》は近衛次将《このえのじしょう》が執《と》って賜《たま》う。

❖新宮《しんぐう》の後《のち》、南殿《なでん》に出御《しゅつぎょ》する日《ひ》、右大臣以下《うだいじんいげ》の管絃《かんげん》の人《ひと》、御前《ごぜん》の草墪《そうとん》に着《ちゃく》す。次《つ》いで書司《ふみのつかさ》を召《め》す。書司《ふみのつかさ》の女孺《にょじゅ》、宇陀法師《うだのほうし》を取《と》り、御障子《みしょうじ》の戸《と》より出《い》で、草墪《そうとん》の前《まえ》に置《お》く。又《また》、糸竹《しちく》の器《うつわ》を次々《つぎつぎ》に取《と》り出《い》だす。皆《みな》、書司《ふみのつかさ》の女官《にょうかん》、之《これ》を役《やく》す。前例《ぜんれい》を見《み》るに、或《ある》いは書司《ふみのつかさ》の女官《にょうかん》、和琴《わごん》を取《と》り出《い》だし、已後《いご》、次々《つぎつぎ》の糸竹《しちく》、近衛次将等《このえのじしょうなど》、之《これ》を執《と》りて賜《たま》ふ。

新宮之後出二御南殿一日、右大臣以下管絃人着二御前草墪一、次召二書司一、々々女孺取二宇陀法師一、出レ自二御障子戸一、置二草墪前一、又糸竹之器次々取出、皆書司女官役レ之、見二前例一、或書司女官取二出和琴一、已後次々糸竹、近衛次将等執レ之賜、

✻長徳《ちょうとく》四年（九九八）から寛弘《かんこう》元年（一〇〇四）まで、『小右記《しょうゆうき》』の写本は残っていな

い（長保《ちょうほう》元年〈九九九〉の七月から十二月、寛弘元年の七月を除く）。

前年の六月十四日に焼亡した内裏は、この頃には再建され、一条《いちじょう》天皇と正月に中宮になった藤原彰子《しょうし》は、十月十一日に新造内裏に遷御している。この十一月十五日の御《ぎょ》遊《ゆう》は紫宸殿《ししんでん》に顕光以下を招いて催されたもので、藤原道長《みちなが》は招かれていない。実はこの年、重く病悩《びょうのう》し、上表して藤原伊周《これちか》を本官《ほんかん》・本位《ほんい》に復すようにという「邪気《じゃき》（物《もの》怪《のけ》）の詞《ことば》」を一条に奏上させていたのである（『権記《ごんき》』）。

そして十二月十五日、藤原定子《ていし》は皇女媄子《びし》を出産したものの、翌十六日の早朝に死去してしまった。一条は我慢できない心中を藤原行成《ゆきなり》に語っている（『権記』）。

## ◆長保三年（一〇〇一）

藤原実資四十五歳（従二位、中納言→権大納言・右大将）　一条天皇二十二歳

藤原道長三十六歳　藤原詮子四十歳　藤原彰子十四歳

・十月九日（『野府記《やふき》』七・東三条院御賀試楽事による）　東三条院四十算賀

……日《ひ》は西山《にしやま》に迫《せま》った。そこで一条天皇《いちじょうてんのう》の命令《めいれい》が有《あ》り、陵王《りょうおう》と納蘇利《なそり》の舞《まい》を奏《そう》させた。納蘇利《なそり》はたいへん優妙《ゆうみょう》であった。主上《しゅじょう》（一条天皇《いちじょうてんのう》）は感動《かんどう》される様子《ようす》が有《あ》った。上下《じょうげ》の者《もの》は感嘆《かんたん》し、涙《なみだ》を拭《ぬぐ》う者《もの》が多《おお》かった。右大臣《うだいじん》（藤原顕光《ふじわらのあきみつ》）は意向《いこう》を申《もう》しあげた。一条天皇《いちじょうてんのう》の許容《きょよう》が有《あ》った。爵《しゃく》を右兵衛《うひょうえの》尉《じょう》多好茂《おおのよしもち》に賜《たま》わった。舞《ま》った。今《いま》、先例《せんれい》を思《おも》うと、天皇《てんのう》の命令《めいれい》を聞《き》いた人《ひと》が座《ざ》を起《た》ち、都合《つごう》のよい所《ところ》に於《お》いて命《めい》じるものである。先例《せんれい》を失《しっ》したようなものである。特《とく》に、すでに左大臣《さだいじん》（藤原道長《ふじわらのみちなが》）は納蘇利《なそり》の童《わらわ》（藤原頼宗《ふじわらのよりむね》）の父《ちち》である。また、執政《しっせい》の臣《しん》である。ところが意向《いこう》を得《え》ず□□□□好茂《よしもち》が急《きゅう》に栄爵《えいしゃく》に与《あずか》るのは、悦《よろこ》びとしてはならない〈天皇《てんのう》の命令《めいれい》を承《うけたまわ》って□□□爵《しゃく》に与《あずか》ってはならないということを□□□□□〉。左大臣《さだいじん》は心《こころ》に怨《うら》む様子《ようす》を□、座《ざ》を起《た》ち、衣《ころも》を脱《ぬ》いで寝所《しんじょ》の中《なか》に入《はい》った。時《とき》の人《ひと》は怪《あや》しんだ。「陵王《りょうおう》の兄《あに》（藤原頼通《ふじわらのよりみち》）は、すでに愛子《あいし》であって、中宮《ちゅうぐう》（藤原彰子《ふじわらのしょうし》）の弟《おとうと》であり、当腹《むかいばら》（源　倫子《みなもとのりんし》）の長子《ちょうし》である。納蘇利《なそり》は外腹《そとばら》（源　明子《みなもとのめいし》）の子《こ》である。その愛《あい》は、やはり浅《あさ》い。今《いま》、納蘇利《なそり》の師《し》（好茂《よしもち》）を褒賞《ほうしょう》された。そこでひどく怒《いか》ったものである」と云《い》うことだ。……

❖……日《ひ》、西山《にしやま》に迫《せま》る。仍《よ》りて勅有《ちょくあ》り、竜王《りゅうおう》・納蘇利《なそり》を奏《そう》せしむ。納蘇利《なそり》、極《きわ》めて優妙《ゆうみょう》。主上《しゅじょう》、感《かん》ぜしめ給《たま》ふ気有《けあ》り。上下《じょうげ》、感歎《かんたん》し、涙《なみだ》を拭《のご》ふ者衆《ものおお》し。右大臣《うだいじん》、事《こと》の由《よし》を奏《そう》す。天許有《てんきょあ》り。爵《しゃく》を右兵衛尉《うひょうえのじょう》多好茂《おおのよしもち》に賜《たま》ふ。拝舞《はいぶ》す。今《いま》、先例《せんれい》を思《おも》ふに、勅《ちょく》を奉《うけたまわ》る人《ひと》、座《ざ》を起《た》ち、便所《びんしょ》に於《お》いて召《め》し仰《おお》する者《もの》なり。故実《こじつ》を失《うしな》ふに似《に》る。就中《なかんずく》、已《すで》に是《こ》れ、納蘇利《なそり》の童《わらわ》の父《ちち》なり。又《また》、執柄《しっぺい》の臣《しん》なり。而《しか》るに気色《けしき》を得《え》ず□□□□□好茂《よしもち》、忽《たちま》ち栄爵《えいしゃく》に預《あず》かるは、悦《よろこ》びと為《な》すべからず〈勅《ちょく》を奉《うけたまわ》□□□爵《しゃく》に預《あず》かるべからざる由《よし》□□□□□〉。□□心《こころ》に怨色《えんしょく》を□、座《ざ》を起《た》ち、解脱《げだつ》して、臥《が》内《だい》に入《い》る。時《とき》の人《ひと》、奇《あや》しむ。「竜王《りゅうおう》の兄《あに》、既《すで》に愛子《あいし》たり、中宮《ちゅうぐう》の弟《おとうと》、当腹《むかいばら》の長《ちょう》子《し》。納蘇利《なそり》は外腹《そとばら》の子《こ》。其《そ》の愛《あい》、猶《な》ほ浅《あさ》し。今《いま》、納蘇利《なそり》の師《し》を賞《しょう》せらる。仍《よ》りて忿怒《ふんぬ》する所《ところ》」と云々《しかじか》。……

……日迫二西山一、仍有レ勅、令レ奏二竜王・納蘇利一、々々極優妙、主上有二令レ感給之気一、上下感歎、拭レ涙者衆、右大臣奏二事由一、有二天許一、賜二爵於右兵衛尉多吉茂一、拝舞、今思二先例一、奉レ勅之人起レ座、於二便所一召仰者也、似レ失二故実一、就中已是納蘇利童父也、又執柄臣也、而不レ得二気色一□□□□□吉茂忽預二栄爵一、不レ可レ為レ悦〈奉レ勅□□□不レ可レ預レ爵之由□□□□□〉、□□□心怨色、起レ座解脱入二臥内一、時人奇矣、竜王兄既愛子、中宮弟、当腹長子、納蘇利外腹子、其愛猶浅、今被レ賞二納蘇利師一、仍所二忿怒一云々、……

……

✿藤原詮子《せんし》の四十の算賀《さんが》は、九月十八日の病悩《びょうのう》を乗り越え、十月九日に道長《みちなが》の土御門《つちみかど》第《てい》において、一条《いちじょう》天皇と彰子《しょうし》を迎えて行なわれた。ところがこの時、勅によって奏された童舞《わらわまい》のうち、道長一男で十歳の鶴《たづ》君（後の藤原頼通《よりみち》）が舞った陵王《りょうおう》よりも、同じく二男で九歳の巌《いわ》君（後の藤原頼宗《よりむね》）が舞った納蘇利《なそり》の方が優れていた。巌君の舞の師である多好茂《おおのよしもち》が五位の栄爵を賜わったことから、道長は怒り、座を起《た》って寝所に入ってしまった。一条の再三の詔命によって道長は席に戻ったものの、不《ふ》興《きょう》は収まらず、一条を一宿させて翌日は競馬《くらべうま》を覧《み》る予定が、亥刻《いのこく》（午後九時－十一時）に還御ということになった。

嫡妻である源《みなもとのりんし》倫子と、正式な妻であるかどうかもわからない源明子《めいし》では、特にその所生の子女の地位に関して、明確な差が生じた。ここはそれが明確に現われた最初の史料である。しかもその背景が、実資《さねすけ》によって記録されていることが重要である。道長が頼通を嫡男《ちゃくなん》として扱っていたことは、貴族社会では周知のことだったのである。

こうして算賀を何とか終えた詮子であったが、閏《うるう》十二月五日頃から、腫物《しゅもつ》がいよいよ危急《ききゅう》となった。十六日には一条が御所に行幸《ぎょうこう》し、藤原伊周《これちか》を本位の正三位に復したが（『権記《ごんき》』『百練抄《ひゃくれんしょう》』）、その効果はなく、二十二日に死去した（『権記』）。時に四十歳。

なお、この長保《ちょうほう》三年の八月、実資は右大将《うだいしょう》を兼任した。儀式や年中行事に際して、きわめて重要な役割を果たす官である。以後、長久《ちょうきゅう》四年（一〇四三）に辞すまで、実資はこの官を四十二年も勤め続ける。長和《ちょうわ》四年（一〇一五）に道長から左大将に遷任《せんにん》することを勧められても、右大将に坐《すわ》り続けたくらいである。

## ◆長保四年（一〇〇二）

藤原実資四十六歳（従二位、権大納言・右大将）　一条天皇二十三歳　藤原道

長三十七歳　藤原彰子十五歳

・二月三十日（『魚魯愚別録《ぎょろぐべつろく》』八上・顕官挙事による）除目

内大臣《ないだいじん》（藤原公季《ふじわらのきんすえ》）は目《め》くばせし、私《わたし》（藤原実資《ふじわらのさねすけ》）は座を起《た》った。簀子敷《すのこじき》から大臣《だいじん》（公季《きんすえ》）の後《うし》ろに就《つ》いた。民部丞《みんぶのじょう》を申請《しんせい》する願書《がんしょ》を下《くだ》された。笏《しゃく》に取《と》り副《そ》えて、座《ざ》に戻《もど》った。順番《じゅんばん》にこれを見《み》て、三人《さんにん》の中文《もうしぶみ》を撰《えら》んで上《あ》げた〈一人《ひとり》の欠《けつ》。〉。さらにまた、見終《みお》わって、下《くだ》して別紙《べっし》に書《か》かせ、その中文《もうしぶみ》を加《くわ》えた。内大臣《ないだいじん》の後《うし》ろに就《つ》いて進上《しんじょう》し、座《ざ》に戻《もど》った。

❖内大臣《ないだいじん》、目《め》くばせし、余《よ》、座《ざ》を起《た》つ。簀子《すのこ》より相府《しょうふ》の後《うし》ろに就《つ》く。民部丞《みんぶのじょう》を申《もう》す中文《もうしぶみ》を下《くだ》さる。笏《しゃく》に取《と》り副《そ》へ、座《ざ》に復《ふく》す。次第《しだい》に之《これ》を見《み》る。三人《さんにん》の中文《もうしぶみ》を撰《えら》び上《あ》ぐ〈一人《ひとり》の欠《けつ》。〉。更《さら》に又《また》、見了《みおわ》りて、下《くだ》し給《たま》ひて別紙《べっし》に書《か》かしめ、彼《か》の中文《もうしぶみ》を相加《あいくわ》ふ。内府《ないふ》の後《うし》ろに就《つ》きて進上《しんじょう》し、座《ざ》に復《ふく》す。

内大臣目、余起レ座、自二簀子一就二相府後一、被レ下下申二民部丞一申文上、取二副於笏一復レ座、次第見レ之、撰二上三人申文一〈一人欠、〉、更又見了、下給令レ書二別紙一、相二加彼申文一、就二内府後一進上復レ座、

※この年の除目《じもく》は、二月三十日にまでずれこんだ。ここでは顕官挙《けんかんのきょ》という、外記《げき》や史《し》、式部《しきぶ》・民部《みんぶ》・兵部《ひょうぶ》・大蔵省《おおくらしょう》の丞《じょう》、式部・民部省の録《さかん》、左《さ》右衛門尉《ゆうえもんのじょう》など、（下級官人にとっては）「顕官」と称された重要下級実務官の任官について記録している。

ここは申文を執筆《しゅひつ》（除目の上卿《しょうけい》）に進上する場面であるが、さすがは実資《さねすけ》、まったくそつなくこなしている。この時の実資は、はたして将来、自分が大臣として執筆を務めることを想定していたであろうか。

## ◆長保五年（一〇〇三）

藤原実資四十七歳（従二位→正二位、権大納言・右大将）一条天皇二十四歳

藤原道長三十八歳　藤原彰子十六歳

・十二月四日（『小右記』長元《ちょうげん》五年十一月二十九日条による）宇佐使に香椎廟宣命を託す

宇佐宮使《うさぐうし》については、私《わたし》（藤原実資《ふじわらのさねすけ》）が責任者《せきにんしゃ》を務《つと》めた。皆《みな》、香椎廟《かしいびょう》の宣《せん》命《みよう》が有《あ》った。

❖宇佐宮使《うさぐうし》の事《こと》、余《よ》、承《うけたまわ》り行《おこ》なふ。皆《みな》、香椎廟《かしいびょう》の宣命《せんみよう》有《あ》り。

宇佐宮使事余承行、皆有二香椎廟宣命一、

✻長保《ちょうほう》五年は短い逸文《いつぶん》が二つ、残されているだけである。これは宇佐宮使《うさぐうし》発遣の上卿《しょうけい》を務めたという記事。宇佐宮使は天皇即位の時と国家に異変ある時に、豊前《ぶぜん》国の宇佐《うさ》八幡宮《はちまんぐう》に奉告《ほうこく》祈願の奉幣《ほうへい》をするため派遣される勅使《ちょくし》のこと。

なお、筑前《ちくぜん》国の香椎廟《かしいびょう》に下す宣命と御幣《ごへい》を、この使に託すかどうかが、二十九年後の長元《ちょうげん》五年（一〇三二）に問題になった際、実資《さねすけ》は、「先年、上卿を務めたことが有ったが、宣命二枚が有った。ほのかに覚えているものである」と言って、後で暦（『小右記《しょうゆうき》』の暦記《れきき》）を引見《いんけん》すると、長保《ちょうほう》五年十二月四日と寛弘《かんこう》三年十月十三日に、宇佐宮使の上卿を務めていて、どちらも香椎廟に宣命が有ったという。恐るべし。

## ◆寛弘《かんこう》元年（一〇〇四）

藤原実資四十八歳（正二位、権大納言・右大将）　一条天皇二十五歳　藤原道長三十九歳　藤原彰子十七歳

・七月三日（九条本〈広本〉）　道長病悩

早朝《そうちょう》、読経僧《どきょうそう》が云《い》ったことには、「左大臣《さだいじん》（藤原道長《ふじわらのみちなが》）は、昨夜《さくや》から急《きゅう》に重《おも》

く患《わずら》われています」ということだ。次《つ》いで相公《しょうこう》（藤原懐平《ふじわらのかねひら》）が伝《つた》え送《おく》ってきたことには、「昨日《きのう》の子刻《ねのこく》（午後十一時《ごごじゅういちじ》－午前一時《ごぜんいちじ》）の頃《ころ》に霍乱《かくらん》のように悩《や》まれた」と云《い》うことだ。午刻《うまのこく》（午前十一時《ごぜんじゅういちじ》－午後一時《ごごいちじ》）の頃、内裏《だいり》に参《まい》った。一条天皇《いちじょうてんのう》の命令《めいれい》□□左中弁《さちゅうべん》（藤原説孝《ふじわらのときたか》）に下《くだ》した。中納言《ちゅうなごん》（藤原《ふじわらの》）斉信《ただのぶ》・（藤《ふじ》原《わらの》）隆家《たかいえ》、参議《さんぎ》（藤原《ふじわらの》）有国《ありくに》・懐平《かねひら》が参《まい》った。連《つ》れだって左大臣《さだいじん》の許《もと》に参《まい》った。左大臣《さだいじん》が左頭中将《さとうのちゅうじょう》（源経房《みなもとのつねふさ》）を介《かい》して言《い》い出《だ》されて云《い》ったことには、「子《ね》・丑刻《うしのこく》（午前一時前後《ごぜんいちじぜんご》）の頃《ころ》から、霍乱《かくらん》のように病悩《びょうのう》している。嘔吐《おうと》は間隙《かんげき》が無《な》い。今《いま》の間《あいだ》は嘔吐《おうと》は止《や》んでいる。ところが心神《しんしん》はとても悩《や》んでいる。無力《むりょく》は特《とく》に甚《はなはだ》しい。そこで会《あ》うことはできない。はなはだ恐《きょう》縮《しゅく》している」ということだ。しばらくして、拙宅《せったく》に帰《かえ》った。

❖早旦《そうたん》、読経僧《どきょうそう》、云《い》はく、「左府《さふ》、去《さ》ぬる夜《よる》より俄《にわ》かに重《おも》く煩《わずら》はる」てへり。次《つ》いで相公《しょうこう》、示《しめ》し送《おく》る。「昨日《きのう》の子刻《ねのこく》ばかり、霍乱《かくらん》のごとく悩《や》まる」と云々《しかじか》。午刻《うまのこく》ばかり、内《うち》に参《まい》る。宣旨《せんじ》□□左中弁《さちゅうべん》に給《たま》ふ。中納言斉信《ちゅうなごんただのぶ》・隆家《たかいえ》、参議有国《さんぎありくに》・懐平《かねひら》、参入《さんにゅう》す。相倶《あいとも》に左府《さふ》に参《まい》る。左府《さふ》、左頭中将《さとうのちゅうじょう》を以《もっ》て言《い》ひ出《い》だされて云《い》はく、「子《ね》・丑剋《うしのこく》ばかりより霍乱《かくらん》のごとく病悩《びょうのう》す。嘔吐《おうと》、隙無《すきな》し。今《いま》の間《かん》、嘔吐《おうと》、止《や》む。然《しか》れども心神《しんしん》、極《きわ》めて悩《や》む。無力《むりょく》、殊《こと》に甚《はなは》だし。仍《よ》りて相遇《あいあ》ふこと能《あた》はず。太《はなは》だ恐《かしこ》み申《もう》す」てへり。小時《しばら》くして、華《ひっ》に帰《かえ》る。

早旦読経僧云、左府自二去夜一俄被二重煩一者、次相公示送□日子剋許如二霍乱一被レ悩云々、午剋許参レ内、宣旨□□給二左中弁一、中納言斉信・隆家、参議有国・懐平参入、相倶参二左府一、々々以二左頭中将一被二言出一云、自二子丑剋許一如二霍乱一病悩、嘔吐無レ隙、今間嘔吐止、然而心神極悩、無力殊甚、仍不レ能二相遇一、太恐申者、小時帰レ華、

＊寛弘《かんこう》元年は七月だけ、九条《くじょう》本という、戦後発見された古写本が残っている。この年、道長《みちなが》は六月七日から「頭をひどく痛めた」という病悩が続き、七月二日の夜からは霍《かく》乱《らん》のように病んだ。実資《さねすけ》をはじめ、何人かの公卿《くぎょう》が連れだって見舞いに訪れたが、道長は会うことができなかった。

霍乱というのは日射病や飲食物が原因で、頭痛・腹痛を訴え、激しく吐いたり下したりする病気で、急性胃腸カタルにコレラ・チフスなどの症を含めたもの。なお、道

長の病は四日には回復したようである（『御堂関白記《みどうかんぱくき》』）。

## ◆寛弘二年（一〇〇五）

藤原実資四十九歳（正二位、権大納言・右大将）一条天皇二十六歳　藤原道長四十歳　藤原彰子十八歳

・正月一日（前田本甲〈広本〉）元日節会／顕光、式次第の懐紙を実資に請うも見せず

……左頭中将《さとうのちゆうじよう》（源経房《みなもとのつねふさ》）が右大臣《うだいじん》（藤原顕光《ふじわらのあきみつ》）に命《めい》じて云《い》ったことには、「内弁《ないべん》を奉仕《ほうし》するように」ということだ。右大臣《うだいじん》が私《わたし》（藤原実資《ふじわらのさねすけ》）を招《まね》いて云《い》ったことには、「病悩《びようのう》が有《あ》るということを称《しよう》した。ところがまた、さらに内弁《ないべん》を奉仕《ほうし》するよう命《めい》じられた。これを如何《いかが》しよう。また、今日《きよう》の式次《しきし》

第《だい》を、もしかしたら懐紙《かいし》に記《しる》しているか。授《さず》けるように」ということだ。実際《じっさい》には有《あ》ったのではあるが、持《も》っていないということを称《しょう》した。私《わたし》が云《い》ったことには、「膝《ひざ》の下《した》に病悩《びょうのう》が有《あ》るということを申《もう》しあげられたのに、内弁《ないべん》が拝礼《はいらい》するのは如何《いかが》なものでしょう。もう一度《いちど》、申《もう》しあげられるべきでしょうか」と。承諾《しょうだく》され、右頭中将《うとうのちゅうじょう》（藤原《ふじわらの》）実成《さねなり》を介《かい》して一条天皇《いちじょうてんのう》に申《もう》しあげられた。天皇《てんのう》の許容《きょよう》は無《な》かった。……

❖……左頭《さとう》、右大臣《うだいじん》に仰《おお》せて云《い》はく、「内弁《ないべん》を奉《うけたまわ》るべし」てへり。右府《うふ》、余《よ》を招《まね》きて云《い》はく、「所労有《しょろうあ》る由《よし》を称《しょう》す。而《しか》るに又《また》、更《さら》に内弁《ないべん》を奉仕《ほうし》すべき由《よし》を仰《おお》せらる。之《これ》を如何為《いかんせ》ん。又《また》、今日《きょう》の次第《しだい》、若《も》しくは懐紙《かいし》に注《しる》すか。授《さず》くべし」てへり。其《そ》の実有《じつあ》りと雖《いえど》も、随身《ずいじん》せざる由《よし》を称《しょう》す。余《よ》、云《い》はく、「膝下《しっか》に恙有《つつがあ》る由《よし》を奏《そう》せらるるに、内弁《ないべん》の謝座《しゃざ》、如何《いかが》。今一度《いまいちど》、奏《そう》せらるべきか」と。諾《だく》せられ、右《うと》頭中将《うのちゅうじょう》実成《さねなり》を以《もっ》て奏聞《そうもん》せらる。天許無《てんきょな》し。……

……左頭仰二右大臣一云、可レ奉二内弁一者、右府招レ余云、称下有二所労一由上、而又更被レ仰下可レ奉二仕内弁一之由上、為二之如何一、又今日次第若注二懐紙一歟、可レ授者、雖レ有二其実一、称下不二随身一由上、余云、被レ奏二膝下有レ恙由一、内弁謝座如何、今一度可レ被レ奏歟、被レ諾、以二右頭中将実成一被レ奏二聞一、無二天許一、……

✻内弁というのは、即位や節会など重要な儀式の時に、承明門《しょうめいもん》の内で諸役をつかさどった大臣のこと。ここは一条《いちじょう》天皇が元日節会《がんじつのせちえ》の内弁を顕光《あきみつ》に命じたものの、顕光は病を称して辞退しようとした。一条がそれを許さなかったので、顕光は元日節会の式次第を記した懐紙を実資《さねすけ》に請うたが、実資は、実際は持っていたのに持っていないと称し、懐紙を見せることはなかった。

ただ、実資は顕光に意地悪をしているわけではなく、その後、「御所に進んで奏聞した後に、召し仰すべきであろうか」と御酒勅使《みきのちょくし》を命じるタイミングを顕光から聞かれた際には、「その説は有るとはいっても、そうであってはなりません」と、適切にアドバイスしている。実資にとっては、あくまで持参してきた懐紙を見られる、あるいはそのまま持って行かれるのが嫌だったのであろう。

このような懐紙や笏紙《しゃくし》に儀式の式次第をあらかじめ記したものを持参し、特筆すべきこと（主に違例《いれい》）を注記したものを具注暦《ぐちゅうれき》の暦の行の次に貼り継いだものが、『小《しょう》右記《ゆうき》』の「自筆本」だったのである（必ずしも実資自身が出席したとは限らない）。

・四月二日（前田本甲〈広本〉）作文会で伊周の詩に感涙／道長・公任、和歌を贈答

前越後守朝臣《さきのえちごのかみあそん》（藤原尚賢《ふじわらのなおかた》）が云《い》ったことには、「一昨日《おととい》、左大臣《さだいじん》（藤原道長《ふじわらのみちなが》）の作文会《さくもんかい》で、外帥《がいそち》（藤原伊周《ふじわらのこれちか》）の詩《し》に述懐《じゅっかい》が有《あ》りました。上下《じょうげ》の者《もの》は涙《なみだ》を流《なが》して泣《な》きました。主人《しゅじん》（道長《みちなが》）は感嘆《かんたん》しました。贈《おく》り物《もの》が有《あ》りました。昨日《きのう》、左大臣《さだいじん》が和歌一首《わかいっしゅ》を左衛門督《さえもんのかみ》（藤原公任《ふじわらのきんとう》）に贈《おく》られて云《い》ったことには、『谷《たに》の戸《と》を閉《と》じてしまったのか。鶯《うぐいす》を待《ま》っていたのに、声《こえ》もしないで春《はる》も過《す》ぎてしまった』と。返歌《へんか》は、『春《はる》がめぐってきたことも知《し》らず、花《はな》も咲《さ》かない深山《みやま》の陰《かげ》で鳴《な》く鶯《うぐいす》の声《こえ》なのです』でした」と。

❖前越後守朝臣《さきのえちごのかみあそん》、云《い》はく、「一昨《いっさく》、左府《さふ》の作文《さくもん》、外帥《がいそち》の詩《し》、述懐有《じゅつかいあ》り。上下《じょうげ》、涕《てい》泣《きゅう》す。主人《しゅじん》、感歎《かんたん》す。牽出物有《ひきでものあ》り。昨《きのう》、和歌《わか》一首《いっしゅ》を以《もっ》て左金吾《さきんご》に贈《おく》られて云《い》はく、『谷《たに》の戸《と》を閉《と》ぢやはてつる鶯《うぐいす》の待《ま》つに声《こえ》せで春《はる》も過《す》ぎぬる』と。返《かえ》し、『往《ゆ》き帰《かえ》る春《はる》をも知《し》らず花《はな》さかぬ御山《みやま》かくれの鶯《うぐいす》の声《こえ》』と」と。

前越後守朝臣云、一昨左府作文、外帥詩有㆓述懐㆒、上下涕泣、主人感歎、有㆓牽出物㆒、昨以㆓和哥一首㆒被㆑贈㆓左金吾㆒云、谷戸を閉や者て鶴鶯の待尓声世天春毛過ぬる、返、往帰る春を毛不知花佐可ぬ御山可久礼の鶯声、

✻述懐というのは、心中の思いを述べた和歌や漢詩のこと。特にこの世に生きながらえることのつらさや、はかなさに関する思いを詠んだもの。

この頃、一条天皇と道長《みちなが》は中関白家《なかのかんぱくけ》の復権に意を注いでいた。一条としては、中関白家を敦康《あつやす》親王の後見《こうけん》に相応《ふさわ》しい立場に戻す必要を考えたのであろうし、道長としては、政権復帰の望みを絶った政敵に恨みを残されたくなかったのであろう。

この時の伊周《これちか》の詩は、『本朝麗藻《ほんちょうれいそう》』に載せられている。「花が落ちて、春、路に帰

る」と題されたその詩では、「年月が遷《うつ》り、年齢も老いた。余生はただ、恩心を思う」と結ばれている。まだ三十二歳の伊周の述懐に皆は涙して、素直な道長は伊周に引出物《ひきでもの》を贈ったのである。実際の伊周の心中は、とてもそのようなものではなかったのであるが。

次いで道長と公任《きんとう》の和歌の贈答が記録されている。公任は当時最高の文化人で、道長は好んで公任と和歌を詠み合ったのである（『御堂関白記《みどうかんぱくき》』）。

・四月八日（前田本甲〈広本〉）興福寺僧、茸を食し死ぬ

議場《ぎじよう》に於《お》いて、左大臣《さだいじん》（藤原道長《ふじわらのみちなが》）が談《かた》られて云《い》ったことには、「興福寺《こうふくじ》の雅敬《がきよう》は、この何日《なんにち》か、読経《どきよう》を奉仕《ほうし》していた。ところが昨日《きのう》、茸《きのこ》を食《た》べて、今日《きよう》、中毒死《ちゆうどくし》した。弟子《でし》一人《ひとり》も、同《おな》じく食《た》べて死《し》んだ」ということだ。

❖陣《じん》に於《お》いて左府《さふ》、談《だん》ぜられて云《い》はく、「興福寺《こうふくじ》の雅敬《がきょう》、日来《ひごろ》、読経《どきょう》に在《あ》り。而《しか》るに昨《きのう》、茸《きのこ》を食《た》べ、今日《きょう》、酔死《えいしに》す。弟子《でし》一人《ひとり》、同《おな》じく食《た》べて死《し》ぬ」てへり。

於レ陣左府被レ談云、興福寺雅敬日来在二読経一、而昨食レ茸今日酔死、弟子一人同食死者、

✲道長の土御門第《つちみかどてい》で行なわれていた読経に招請されていた興福寺《こうふくじ》僧の雅敬《がきょう》と弟子たちは、この日の朝、宿所で八人が茸《きのこ》の毒に中《あ》たった。二人は死に、六人は生きながらえた（『日本紀略《にほんきりゃく》』）。土御門第で死んだわけではないので、道長は穢《え》に触れていない。

後世、この史実を基にして、『今昔物語集《こんじゃくものがたりしゅう》』の笑い話が作られている。道長からこの二人が葬料《そうりょう》を得たと聞いた東大寺《とうだいじ》の下法師が、自分も葬料を得たいと思って茸を食ったが死ねなかったというので笑いものになったというものである。

・四月二十四日（前田本甲〈広本〉）　大宰大弐の妻たちの車争い

「昨日《きのう》、大宰大弐《だざいのだいに》（藤原高遠《ふじわらのたかとお》）の二人《ふたり》の妻《つま》に車争《くるまあらそ》いが有《あ》った。前典侍《さきのないしのすけ》は大《おお》いに怒《おこ》って、留《とど》まった。人々《ひとびと》が宥《なだ》めた。晩方《ばんがた》になって、やっと車《くるま》に乗《の》って山崎《やまざき》に向《む》かった」と云《い》うことだ。あれこれの者《もの》が談《かた》ったところである。昨日《きのう》の車争《くるまあらそ》いと他《ほか》の事《こと》は、そうであってはならないということを、詳《くわ》しく書状《しょじょう》に記《しる》して大宰大弐《だざいのだいに》に申《もう》し伝《つた》えた。

❖「昨《きのう》、都督《ととく》の両妻《りょうさい》の車論《しゃろん》、前典侍《さきのないしのすけ》、大《おお》いに怒《いか》り、留《とど》まる。人々《ひとびと》、相勧《あいすす》む。晩《ばん》景《けい》に臨《のぞ》み、僅《わず》かに車《くるま》に乗《の》りて、山崎《やまざき》に向《む》かふ」と云々《しかじか》。彼是《かれこれ》、談《だん》ずる所《ところ》なり。昨日《きのう》の車論《しゃろん》及《およ》び他《ほか》の事等《ことなど》、然《しか》るべからざる由《よし》を具《つぶ》さに書状《しょじょう》に注《しる》し、都督《ととく》に申《もう》し達《たつ》し了《おわ》んぬ。

昨都督両妻車論、前典侍大怒留、人々相勧、臨㆓晩景㆒僅乗㆑車向㆓山崎㆒云々、彼是所㆑談、昨日車論及他事等、不㆑可㆑然之由具注㆓書状㆒、申㆓達都督㆒了、

✲大宰大弐《だざいのだいに》に任じられた藤原高遠《たかとお》が任地に下向《げこう》しようとしていたところ、「頗《すこぶ》る見苦

しい事」が起こった。桂川《かつらがわ》において、二人の妻が車争いを行なったというのである。前典侍《さきのないしのすけ》（こちらが前妻《こなみ》か）は大いに怒り、留《とど》まろうとしたが、人々の勧めでやっと乗車して山崎《やまざき》に向かったとのことである。何とも「くわばら、くわばら」である。

通常、平安《へいあん》貴族も一時には妻（嫡妻）は一人しか持たず、他の配偶者と妻とは明確な格差があった。ところが、ほぼ同格の配偶者が二人いた場合、このような紛争が起こり得たのである。どちらを伴って大宰府《だざいふ》に下向するのか、配偶者たちにとっても、唐物《からもの》が手に入り、実入りのいい大宰府での生活は、おいしいものだったのであろう。

・五月七日（前田本甲〈広本〉）右近衛府真手結／近代の人、自案を以て故実と為す

夜《よる》に入《はい》って、右近府生《うこんのふしよう》（中臣《なかとみの》）嘉数《よしかず》が取組表《とりくみひよう》を持《も》って来《き》た。頭中将《とうのちゆうじよう》（藤原《ふじわらの》）実成《さねなり》と右近権中将《うこんのごんのちゆうじよう》（藤原《ふじわらの》）公信《きんのぶ》が座《ざ》に就《つ》いた。ところが頭中将《とうのちゆうじよう》は、内《うち》

217　寛弘二年（一〇〇五）

（一条天皇《いちじょうてんのう》）の召《め》しと称《しょう》して、途中《とちゅう》で内裏《だいり》に参《まい》った。「近代《きんだい》、蔵人《くろうど》の人《ひと》は、召《め》しであることを称《しょう》し、儀《ぎ》を終《お》えていないのに座《ざ》を起《た》つ」と云《い》うことだ。昔《むかし》から聞《き》いたことのない事《こと》である。「先日《せんじつ》、左近衛府《さこのえふ》の取組《とりくみ》の日《ひ》に、蔵人《くろうど》少将《しょうしょう》（藤原《ふじわらの》）経通《つねみち》が、召《め》しが有《あ》ると称《しょう》して、内裏《だいり》に参《まい》った」と云《い》うことだ。或《ある》いは云《い》ったことには、「人《ひと》に異《こと》なることを知《し》らせる為《ため》に、蔵人《くろうど》に語《かた》って召《め》させたものである」ということだ。奇怪《きかい》な事《こと》である。誰《だれ》の伝《つた》えた先《せん》例《れい》であろう。取組《とりくみ》は近衛府《このえふ》の大事《だいじ》である。公家《くげ》（一条天皇《いちじょうてんのう》）が知《し》っておられるところである。止《や》むを得《え》ない事《こと》が無《な》いのであれば、まったく召《め》すはずはない。経通朝臣《つねみちあそん》は、一家《いっか》の先例《せんれい》を尋《たず》ね問《と》うべきであろう。近代《きんだい》の人《ひと》は、自分《じぶん》の考《かんが》えを先例《せんれい》とする。はなはだ前例《ぜんれい》に背《そむ》く事《こと》である。後《のち》の為《ため》にいささか記《しる》す。

❖夜《よる》に入《い》りて、府生嘉数《ふしょうよしかず》、手結《てつがい》を持《も》ち来《き》たる。頭中将《とうのちゅうじょう》実成《さねなり》・中将《ちゅうじょう》公信《きんのぶ》、着《ちゃく》す。而《しか》るに頭中将《とうのちゅうじょう》、内《うち》の召《め》しと称《しょう》し、中間《ちゅうかん》に内《うち》に参《まい》る。「近代《きんだい》、職事《しきじ》の人《ひと》、召《め》しの由《よし》を称《しょう》し、事《こと》を了《お》へざるに、座《ざ》を起《た》つ」と云々《しかじか》。往古《おうこ》、聞《き》かざる事《こと》なり。「一日《いちじつ》、左近《さこん》の手結《てつがい》の日《ひ》、蔵人少将《くろうどしょうしょう》経通《つねみち》、喚《め》し有《あ》るを称《しょう》し、内《うち》に参《まい》る」と云々《しかじか》。或《ある》いは云《い》はく、「人《ひと》に異《こと》なる由《よし》を知《し》らしめんが為《ため》、蔵人等《くろうどなど》に語《かた》りて召《め》さしむる所《ところ》なり」てへり。奇恠《きかい》なる事《こと》なり。誰人《たれびと》の伝《つた》ふる所《ところ》の固実《こじつ》か。手結《てつがい》は府《ふ》の大事《だいじ》なり。公家《くげ》、知《し》ろし食《め》す所《ところ》なり。止《や》む事《こと》無《な》きに非《あら》ずんば、更《さら》に召《め》すべからず。経通朝臣《つねみちあそん》、一家《いっか》の古実《こじつ》を尋《たず》ね問《と》ふべきか。近代《きんだい》の人《ひと》、自案《じあん》を以《もっ》て固実《こじつ》と為《な》す。甚《はなは》だ前跡《ぜんせき》に背《そむ》く事《こと》なり。後《のち》の為《ため》、聊《いささ》か記《しる》す。

入レ夜府生嘉数持二来手結一、頭中将実成・中将公信着、而頭中将称二内召一、中間参レ内、近代職事人称二召由一不レ了レ事起レ座云々、往古不レ聞事也、一日左近手結日蔵人少将経通称レ有レ喚参レ内云々、或云、為レ令レ知二異レ人之由一、語二蔵人等一、所レ令レ召也者、奇恠事也、誰人之所レ伝固実乎、手結者府大事、公家所二知食一、非レ無二止事一不レ可二更召一、経通朝臣可レ尋二問一家古実一歟、近代之人以二自案一為二固実一、甚背二前跡一之事也、為レ後聊記、

✻近衛府《このえふ》は正月の賭射《のりゆみ》、五月五日の騎射《うまゆみ》に際して、予行演習の荒手結《あらてつがい》と本番の真手結《まてつがい》を行なう。弓を射ることは破邪《はじゃ》につながるので、いずれも重要な儀式である。

ところがその真手結において、頭中将《とうのちゅうじょう》の実成《さねなり》が天皇の召しと称して、途中で内裏に参って行ったのである。実資は、誰の伝えた故実《こじつ》（先例）であろうと怒っている。

しかし、当時はまだ、律令《りつりょう》や『延喜式《えんぎしき》』をはじめとする法令と、各家の日記に記録された先例、時には父祖からの口伝《くでん》、貴族社会の規範である道理《どうり》などを基準にして、儀式次第が整備されていた途上であって、絶対的な基準が存在していたわけではなかったので、はなはだ厄介であった。しかも、それぞれの家によって先例が異なることもあったので、よけいに大変であった。「一家の故実」といっても、自邸に父祖の日記を持っているかどうかが、大きな意味を持ったのである。

・七月二十一日（前田本甲〈略本〉）公任上表、一階を叙される

左衛門督《さえもんのかみ》（藤原公任《ふじわらのきんとう》）が辞表《じひょう》の草案《そうあん》を送《おく》られた。すぐに見終《みお》わって、返送《へんそう》したのである。……左頭中将《さとうのちゅうじょう》（源頼定《みなもとのよりさだ》）が内裏《だいり》から伝《つた》え送《おく》って云《い》った

ことには、「今日《きょう》、左衛門督《さえもんのかみ》が上表《じょうひょう》を行《おこ》ないました。すぐに返却《へんきゃく》されました。次《つ》いで従二位《じゅにい》に叙《じょ》されました。この上表《じょうひょう》の使者《ししゃ》は右中弁《うちゅうべん》（藤原《ふじわらの》）経通《つねみち》です」と云《い》うことだ。悦《よろこ》びながら事情《じじょう》を伝《つた》えた。……辞表《じひょう》を返却《へんきゃく》した一条《いちじょう》天皇《てんのう》の命令《めいれい》に云《い》ったことには、「思《おも》うところがあって進上《しんじょう》した辞表《じひょう》か。特《とく》に一階《いっかい》を叙《じょ》す。元《もと》のように出仕《しゅっし》するように」ということだ。これは（藤原《ふじわらの》）資平《すけひら》が帰《かえ》って来《き》て、伝《つた》えたものである。この慶事《けいじ》は珍《めずら》しい事《こと》である。先日《せんじつ》の恥《はじ》を雪《すす》ぎ、かえって光華《こうか》を増《ま》した。下襲《したがさね》・表袴《うえのはかま》・平緒《ひらお》を贈《おく》った。あの書状《しょじょう》による。夜《よる》に入《はい》って、権中納言《ごんちゅうなごん》（藤原隆家《ふじわらのたかいえ》）が来《き》た。左衛門督《さえもんのかみ》の加階《かかい》について賞嘆《しょうたん》した。

❖左金吾《さきんご》、表案《ひょうあん》を送《おく》らる。即《すなわ》ち見《み》畢《おわ》りて返《かえ》し送《おく》るなり。……左頭《さとう》、内《うち》より示《しめ》し送りて云《い》はく、「今日《きょう》、左衛門督《さえもんのかみ》、上表《じょうひょう》す。即《すなわ》ち返給《へんきゅう》す。次《つ》いで従二位《じゅにい》に叙《じょ》す。件《くだん》の表《ひょう》の使《つかい》、右中弁経通《うちゅうべんつねみち》」と云々《しかじか》。悦《よろこ》びながら事《こと》の由《よし》を達《たっ》す。……表《ひょう》を返給《へんきゅう》する勅《ちょく》命《めい》に云《い》はく、「懐《おも》ふ所《ところ》有《あ》りて上《たてまつ》る所《ところ》の表《ひょう》か。殊《こと》に一階《いっかい》を叙《じょ》す。元《もと》のごとく仕《つか》ふべし」てへり。是《こ》れ資平《すけひら》、帰《かえ》り来《き》たり、伝《つた》へ示《しめ》す所《ところ》なり。件《くだん》の慶《よろこ》び、希代《きたい》の事《こと》なり。先日《せんじつ》の恥《はじ》を雪《すす》ぎ、還《かえ》りて光華《こうか》を増《ま》す。下襲《したがさね》・表袴《うえのはかま》・平緒《ひらお》等《など》を奉《たてまつ》る。彼《か》の消息《しょうそく》に依《よ》る。夜《よる》に入《い》りて、権中納言《ごんちゅうなごん》、来《き》たる。左衛門督《さえもんのかみ》の加階《かかい》の事《こと》を賞嘆《しょうたん》す。

左金吾表案被レ送、即見畢返送也、……左頭自レ内示送云、今日左衛門督上表、即返給、次叙二従二位一、件表使右中弁経通云々、乍レ悦達二事由一、……返二給表一之勅命云、有レ所レ懐所レ上之表歟、殊叙二一階一、如レ元可レ仕者、是資平帰来所二伝示一也、件慶希代之事也、雪二先日恥一、還増二光華一、下襲・表袴・平緒等奉之、依二彼消息一、入レ夜権中納言来、賞二嘆左衛門督加階事一、

✲公任は案外に難しい性格で、前年の十月に権中納言の藤原斉信《ただのぶ》が従二位に叙されて自分の上位に立つと、十一月以来、出仕していないのであった。

この日、辞表を提出すると、その才を惜しんだ一条天皇は、辞表を返却するとともに従二位に叙し、斉信と同じ位階とした。公任は中納言なので、ふたたび斉信の上位に立ったことになる。

とまあ、我々から見たらくだらない出世争いであるが、彼らには職業が公卿《くぎょう》しかな

いのであり、いかに昇進するかが子孫の繁栄（と没落）に直結していたので、このような出世志向も、笑うわけにはいかないのである。

それにしても、他の家の者がこうやって昇進したら、実資は怒るところであろうが、そこは小野宮家《おののみやけ》の同族として、喜んでいるところが面白い。事前に辞表に目を通してあげたくらいである。隆家《たかいえ》が賞嘆しているのは、実資と邸第が隣同士という気軽さと、もともと実資と仲が良かったからであろう。

・十一月十五日（前田本甲〈略本〉）皆既月蝕／内裏焼亡／神鏡焼損

この頃《ころ》、月蝕《げっしょく》があった。亥刻《いのこく》（午後九時《ごごくじ》－十一時《じゅういちじ》）に及《およ》んで、皆既《かいき》となった。同《おな》じ時刻《じこく》の終刻《しゅうこく》（午後十一時前《ごごじゅういちじまえ》）、末《すえ》に戻《もど》った。子刻《ねのこく》（午後十一時《ごごじゅういちじ》－午前一時《ごぜんいちじ》）の頃《ころ》、護衛《ごえい》の近衛番長《このえのばんちょう》若倭部高範《わかやまとべのたかのり》が、自《みずか》ら先《ま》ず最初《さいしょ》に来《き》て、云《い》ったことには、「内裏《だいり》が焼失《しょうしつ》しました」ということだ。驚《おどろ》きながら馳《は》せ参《まい》った。左《さ》大臣《だいじん》（藤原道長《ふじわらのみちなが》）と帥《そち》（藤原伊周《ふじわらのこれちか》）に、郁芳門《いくほうもん》の内《うち》で会《あ》った。一緒《いっしょ》に参《まい》った。この頃《ころ》、火勢《かせい》ははなはだ猛々《たけだけ》しかった。下人《げにん》が云《い》ったことには、「主上《しゅじょう》（一条天皇《いちじょうてんのう》）は神嘉殿《しんかでん》におられます」ということだ。そこで参《まい》った。「中宮《ちゅうぐう》（藤原彰子《ふじわらのしょうし》）も、同《おな》じくいらっしゃいます」と云《い》うことだ。人々《ひとびと》が云《い》ったことには、「火《ひ》は温明殿《うんめいでん》から発《はっ》した。神鏡《しんきょう》〈いわゆる賢所《かしこどころ》。〉・大刀《だいと》および契《けい》は、取《と》り出《だ》すことができなかった」と云《い》うことだ。

❖此《こ》の間《かん》、月蝕《げっしょく》。亥剋《いのこく》に及《およ》び、皆既《かいき》。同剋《どうこく》の終《お》はり、末《すえ》に復《ふく》す。子剋《ねのこく》ばかり、随身番長《ずいじんばんちょう》若倭部高範《わかやまとべのたかのり》、自《みずか》ら先《ま》づ第一《だいいち》に来《き》たりて云《い》はく、「内裏《だいり》、焼亡《しょうぼう》す」てへり。驚《おどろ》きながら馳《は》せ参《まい》る。左大臣《さだいじん》・帥《そち》、郁芳門《いくほうもん》の内《うち》に相逢《あいあ》ふ。相共《あいとも》に参入《さんにゅう》す。此《こ》の間《かん》、火勢《かせい》、太《はなは》だ猛《たけ》し。下人《げにん》、云《い》はく、「主上《しゅじょう》、神嘉殿《しんかでん》に御《おわ》す」てへり。仍《よ》りて参《まい》り着《ちゃく》す。「中宮《ちゅうぐう》、同《おな》じく御坐《おわしま》す」と云々《しかじか》。人々《ひとびと》、云《い》はく、「火《ひ》、温明殿《うんめいでん》より起《お》こる。神鏡《しんきょう》〈所謂《いわゆる》、恐所《かしこどころ》。〉・大刀《だいと》幷《なら》びに契《けい》、取《と》り出《い》だすこと能《あた》はず」と云々《しかじか》。

此間月蝕、及㆓亥剋㆒皆既、同剋終復㆑末、子剋許随身番長若倭部高範、自先第一来云、内裏焼亡者、乍㆑驚馳参、左大臣・帥相㆓逢郁芳門内㆒、相共参入、此間火勢太猛、下人云、主上御㆓神嘉殿㆒者、仍参着、中宮同御坐云々、人々云、火起㆑自㆓温明殿㆒、神鏡〈所謂恐所〉・大刀幷契不㆑能㆓取出㆒云々、

✻月蝕《げっしょく》の後、内裏の温明殿《うんめいでん》と綾綺殿《りょうきでん》の間から出た火は、瞬《また》く間に内裏を包み込んだ。馳《は》せ参じた道長は、神鏡を守護すべしとの意向を示したが（『御堂関白記』）、火元に近いこともあって、もはや手遅れであった。一条天皇は彰子《しょうし》とともに徒歩で脱出行を行なった。

　夜が明けた後、賢所《かしこどころ》のあたりを捜索してみると、はたして灰の中の瓦《かわら》の上に、焼損した神鏡が発見された。わずかに帯を残すものの、残りは焼損して円規はなく、すでに鏡の形を失っていた。もちろん、これは後世「三種の神器《じんぎ》」の一つとされることになる八咫鏡《やたのかがみ》である。何回もの議定の結果、結局はこの神鏡（の残骸《ざんがい》）は御卜《みうら》が行なわれ（『権記《ごんき》』）、そのまま賢所に安置された（『日本紀略』）。そして三十五年を経た長久《ちょうきゅう》元年（一〇四〇）、また火災に遭ってまったく原形を失った（『春記《しゅんき》』）。安徳《あんとく》天皇とともに西海に沈んだのは、さらに百四十五年の後のことである。

・十二月十日〈前田本甲〈略本〉〉神鏡、東三条第移御の際、照り耀く

頭中将《とうのちゅうじょう》（源頼定《みなもとのよりさだ》）が伝《つた》え送《おく》って云《い》ったことには、「神鏡《しんきょう》は昨日《きのう》、移《うつ》しました。ただし古《ふる》い御櫃《おんひつ》を開《ひら》いて、まさに新《あたら》しい櫃《ひつ》に納《おさ》めようとしていた際《さい》に、急《きゅう》に日光《にっこう》のように照《て》り耀《かがや》くことが有《あ》りました。内侍《ないし》や女官《にょうかん》も、同《おな》じく見《み》ました。神《かみ》の霊験《れいげん》は、やはり灼《あらた》かです。最《もっと》もこれは畏《かし》み驚《おどろ》くに足《た》ることです」ということだ。

❖頭中将《とうのちゅうじょう》、示《しめ》し送《おく》りて云《い》はく、「神鏡《しんきょう》、昨《きのう》、移《うつ》し奉《たてまつ》る。但《ただ》し旧《ふる》き御韓櫃《おんからびつ》を開《ひら》き、将《まさ》に新《あら》たな辛櫃《からびつ》に納《おさ》め奉《たてまつ》らんとする間《あいだ》、忽然《こつぜん》と日光《にっこう》のごとく照《て》り耀《かがや》くこと有《あ》り。内侍《ないし》・女官等《にょうかんなど》、同《おな》じく見《み》る。神験《しんげん》、猶《な》ほ新《あら》たか。最《もっと》も是《こ》れ恐《かし》み驚《おどろ》くに足《た》る」てへり。

頭中将示送云、神鏡昨奉レ移、但開二旧御韓櫃一、将レ奉レ納二新辛櫃一之間、忽然有下如二日光一照耀上、内侍・女官等同見、神験猶新、最是足二恐驚一者、

＊十一月二十七日、一条天皇は出生の地である東三条第《ひがしさんじょうてい》に藤原彰子とともに遷御し、里内裏《さとだいり》とした。天皇遷御に伴い、神鏡（の残骸）もまた、十二月九日に東三条第に移されたのであるが、その時、新しい辛櫃《からびつ》に納めて塗籠《ぬりごめ》に安置したところ、辛櫃の中から神鏡（の残骸）が光を放ち、室内は照り輝くという奇蹟《きせき》が起こった（『御堂関白記』『小右記』『権記』）。神鏡復活に対する人々の思いの深さは、推して知るべきであろう。

・十二月二十一日（前田本甲〈略本〉）　造宮定／播磨守重任宣旨

……左大臣《さだいじん》（藤原道長《ふじわらのみちなが》）が一条天皇《いちじょうてんのう》の命令《めいれい》を伝《つた》えて云《い》ったことには、「内裏《だいり》造営《ぞうえい》が重《かさ》なり、諸国《しょこく》は亡弊《ぼうへい》している。随《したが》ってまた、官物《かんもつ》もその実体《じったい》は無《な》い。

また、国司《こくし》の褒賞《ほうしょう》は、もしかしたら有《あ》るべきかどうか。造営《ぞうえい》し終《お》わる時期《じき》はいつか。宜《よろ》しく審議《しんぎ》するように」ということだ。……また、殿舎《でんしゃ》や内廊《ないろう》を造営《ぞうえい》する国々《くにぐに》を審議《しんぎ》して宛《あ》てていた際《さい》、播磨守《はりまのかみ》（藤原《ふじわらの》）陳政《のぶまさ》の願書《がんしょ》〈「私物《ぶっ》で常寧殿《じょうねいでん》と宣耀殿《せんようでん》を造営《ぞうえい》するので、重任《ちょうにん》を許可《きょか》されたい」ということだ。〉を下《くだ》した。公卿《くぎょう》たちが審議《しんぎ》した。左大臣《さだいじん》（藤原道長《ふじわらのみちなが》）が申《もう》して云《い》ったことには、「今《いま》の堂《どう》や殿舎《でんしゃ》に加《くわ》えて許《ゆる》されるのが宜《よろ》しいのではないか。……」ということだ。……（藤原《ふじわらの》）公任《きんとう》と参議《さんぎ》（藤原《ふじわらの》）行成《ゆきなり》が云《い》ったことには、「造営《ぞうえい》を初《はじ》めて奉仕《ほうし》する国《くに》が、このような事《こと》を申請《しんせい》してきた。いまだその事《こと》が始《はじ》まらない前《まえ》に申請《しんせい》するというのは、そうであってはならないのではないか」と。……申請《しんせい》については、「もし重要《じゅうよう》な殿舎《でんしゃ》を割《わ》り宛《あ》てた諸国《しょこく》に不足《ふそく》が有《あ》ったならば、陳政朝臣《のぶまさあそん》の申請《しんせい》は、申請《しんせい》によるように」ということだ。左大《さだい》臣《じん》は割《わ》り宛《あ》てられる国《くに》が無《な》いということを申《もう》しあげられた。そこで裁許《さいきょ》された。ただし蔵人宿所《くろうどしゅくしょ》の建物《たてもの》を加《くわ》えられた〈「常寧殿《じょうねいでん》は国《くに》に託《たく》す。宣耀殿《せんようでん》と蔵《くろ》人屋《うどのや》は、陳政《のぶまさ》が私物《しぶつ》で造営《ぞうえい》することになった。常寧殿《じょうねいでん》は、官物《かんもつ》を宛《あ》て用《もち》いてはならない」と云《い》うことだ。〉。大工《だいく》・少工《しょうく》を申《もう》しあげて決定《けってい》した。深夜《しんや》であったので、申《もう》しあげずに下《くだ》した。深夜《しんや》に及《およ》んで、公卿《くぎょう》たちは帰《かえ》った。播磨《はりま》の重任《ちょうにん》に関《かん》する天皇《てんのう》の命令《めいれい》を下《くだ》した。

❖……左府《さふ》、勅語《ちょくご》を伝《つた》へて云《い》はく、「造宮《ぞうぐう》、重畳《ちょうじょう》し、諸国《しょこく》、亡弊《ぼうへい》す。随《したが》ひて又《また》、官物《かんもつ》、其《そ》の実無《じつな》し。又《また》、国司《こくし》の勧賞《けんじょう》、若《も》しくは有《あ》るべきか否《いな》か。造畢《ぞうひつ》の期等《きなど》、宜《よろ》しく定《さだ》め申《もう》すべし」てへり。……又《また》、殿舎《でんしゃ》・内廊《ないろう》を造《つく》る国々《くにぐに》を定《さだ》め宛《あ》つる間《かん》、播《はり》万守陳政《まのかみのぶまさ》の中文《もうしぶみ》〈「私物《しぶつ》を以《もっ》て常寧《じょうねい》・宣耀殿《せんようでん》を造《つく》り、重任《ちょうにん》せられんことを」てへり。〉を下《くだ》し給《たま》ふ。諸卿《しょきょう》、定《さだ》め申《もう》す。左大臣《さだいじん》、申《もう》して云《い》はく、「今《いま》の堂宇殿《どううでん》に加《くわ》へて許《ゆる》さるるが宜《よろ》しきか。……」てへり。……公任《きんとう》、参議行成《さんぎゆきなり》、云《い》はく、「作事《さくじ》を始《はじ》め仕《つかまつ》る国《くに》、此《か》くのごとき事《こと》を申請《しんせい》す。未《いま》だ其《そ》の事《こと》を始《はじ》めざる前《まえ》に申請《しんせい》する間《かん》、然《しか》るべからざるか」と。……申請《しんせい》、「若《も》し要須《ようす》の殿々《でんでん》を配《はい》し宛《あ》つる諸国《しょこく》、不足有《ふそくあ》らば、陳政朝臣《のぶまさあそん》の申請《しんせい》、請《こ》ひに依《よ》れ」てへり。左府《さふ》、然《しか》るべき国無《くにな》き由《よし》を奏《そう》せらる。仍《よ》りて裁許《さいきょ》す。但《ただ》し蔵人宿所《くろうどしゅくしょ》の屋《おく》を加《くわ》へらる〈「常寧殿《じょうねいでん》、国《くに》に付《ふ》す。宣耀殿《せんようでん》・蔵人屋《くろうどのや》、陳政《のぶまさ》、私物《しぶつ》を以《もつ》て造《つく》るべし。常寧殿《じょうねいでん》、官物《かんもつ》を宛《あ》て用《もち》ゐるべからず」と云々《しかじか》。〉。大工《だいく》・少《しょう》工《く》を奏《そう》し定《さだ》む。深更《しんこう》に依《よ》り、奏《そう》せず下《くだ》し給《たま》ふ。深夜《しんや》に及《およ》び、諸卿《しょきょう》、退出《たいしゅつ》す。播磨《はりま》の重任宣旨《ちょうにんせんじ》を下《くだ》し畢《おわ》んぬ。

……左府伝二勅語一云、造宮重畳諸国亡弊、随又官物無二其実一、又国司勧賞若可レ有乎否、造畢期等宜二定申一者、……又造二殿舎・内廊一之国々定宛之間、下下給播万守陳政申文〈以二私物一造二常寧・宣耀殿一被二重任一者〉上、諸卿定申、左大臣申云、加二今堂宇殿一被レ許宜歟、……者、……公任、参議行成云、始二仕作事一之国申二請如レ此之事一、未レ始二其事一之前、申請之間不レ可レ然歟、……申請若要須殿々配宛諸国、有二不足一者、陳政朝臣申請依レ請者、左府被レ奏下無二可レ然之国一由上、仍裁許、但被レ加二蔵人宿所屋一〈常寧殿付レ国、宣耀レ殿・蔵人屋陳政以二私物一可レ造、常寧殿不レ可レ宛二用官物一云々〉、奏二定大工・少工一、依二深更一不レ奏下給、及二深夜一諸卿退出、播磨重任宣旨下畢、

✲内裏造営の国充《くにあて》に関する造宮定は十二月二十一日に行なわれ、内裏造営が重なって官物がないので、もっぱら受領《ずりょう》に賦課したらどうかとの一条天皇の勅語が示された。この造宮定では、播磨守《はりまのかみ》藤原陳政《のぶまさ》から、私物で常寧殿《じょうねいでん》と宣耀殿《せんようでん》を造営するので重任宣

旨を賜わりたいとの、成功重任《じょうごうちょうにん》を求める申文が出された。功績の実行以前に賞を与えるべきではないという意見も出されたが、「公益《こうえき》によって免《ゆる》さるべし」という道長の意見を承《う》けた一条の勅定《ちょくじょう》によって、陳政の重任が決定された（『御堂関白記』）。こうして、結局は一条の入ることのなかった内裏の造営が始まったのである。

## ◆寛弘三年（一〇〇六）

藤原実資五十歳（正二位、権大納言・右大将）　一条天皇二十七歳　藤原道長四十一歳　藤原彰子十九歳

・七月十三日、癸丑（『神木動座之記《しんぼくどうざのき》』四による）　興福寺僧の参入を阻止

人々《ひとびと》が云《い》ったことには、「興福寺《こうふくじ》□□□馬《うま》に騎《の》り、或《あ》いは歩行《ほこう》して、数千人《すうせんにん》が入京《にゅうきょう》し、八省院《はっしょういん》に集合《しゅうごう》している。次《つ》いで左大臣《さだいじん》（藤原道長《ふじわらのみちなが》）の邸宅《ていたく》

に到《いた》ることになるであろう」と云《い》うことだ。……同《おな》じく云《い》ったことには、「四《し》、五千人《ごせんにん》の僧《そう》が、大臣《だいじん》（道長《みちなが》）の邸宅《ていたく》の東西門《とうざいもん》を取《と》り囲《かこ》み、加《くわ》えて国司《こくし》〈（源《みなもとの》）頼親朝臣《よりちかあそん》。〉の宅《たく》に到《いた》って、念仏《ねんぶつ》の声《こえ》を発《はっ》した。『すぐに頭《あたま》を剃《そ》るべきだ』と言《い》っている」と。すぐにこの趣旨《しゅし》を伝《つた》えて談《かた》った。事《こと》の奇怪《きかい》は、敢《あ》えて云《い》うことができない。今《いま》となっては、氏長者《うじのちょうじゃ》（道長《みちなが》）の邸宅《ていたく》を囲《かこ》み、国司《こくし》を踏《ふ》みにじっている。すでに近《ちか》くにいるのではないか。「たとえ非常《ひじょう》の事《こと》が有《あ》ったとはいっても、憚《はばか》り恐《おそ》れるほどのことではない。乱暴《らんぼう》の甚《はなは》だしいことは、王威《おうい》が無《な》いようなものである」ということだ。右衛門督《えもんのかみ》（藤原《ふじわらの》斉信《ただのぶ》）が□云《い》ったことには、「弁別当《べんべっとう》〈右大弁《うだいべん》（藤原《ふじわらの》）説孝《ときたか》。〉に伝《つた》えられ、先《ま》ず事情《じじょう》を命《めい》じられるべきでしょうか。その趣旨《しゅし》は、『もし、愁《うれ》えることが有《あ》るのならば、高僧《こうそう》・講師《こうじ》を勤《つと》めた僧《そう》・官司《かんし》の者《もの》が参《まい》って、申《もう》すべきものである。数千《すうせん》の僧《そう》を引《ひ》き連《つ》れて押《お》しかけ、訴《うった》える事《こと》は、そうであってはならない』とのことである」と。大臣《だいじん》はすぐに右大弁《うだいべん》を召《め》し遣《つか》わした。……

❖人々《ひとびと》、云《い》はく、「興福寺《こうふくじ》□□□□馬《うま》に騎《の》り、或《ある》いは歩行《ほこう》して数千《すうせん》、入京《にゅうきょう》し、八《はっ》省《しょう》に会集《かいしゅう》す。次《つ》いで左府《さふ》に到《いた》るべし」と云々《しかじか》。……同《おな》じく云《い》はく、「四《し》、五千人《ごせんにん》の僧等《そうなど》、相府《しょうふ》の東西門《とうざいもん》を囲繞《いにょう》し、兼《か》ねて国司《こくし》〈頼親朝臣《よりちかあそん》。〉の宅《たく》に到《いた》り、念仏《ねんぶつ》の声《こえ》を発《はっ》す。『即《すなわ》ち頭《あたま》を剃《そ》るべし』てへり」と。即《すなわ》ち此《こ》の趣《おもむ》きを以《もっ》て伝《つた》へ談《だん》ず。事《こと》の奇恠《きかい》、敢《あ》へて云《い》ふべからず。今《いま》に至《いた》りては、長者《ちょうじゃ》を囲《かこ》み、国司《こくし》を凌《しの》ぐ。已《すで》に近《ちか》きに在《あ》るべきか。「仮令《たとい》、非常《ひじょう》の事有《ことあ》りと雖《いえど》も、憚《はばか》り恐《おそ》るべきに非《あら》ず。濫吹《らんすい》の甚《はなは》だしき、王威《おうい》無《な》きに似《に》る」てへり。右金吾《うきんご》□云《い》はく、「弁別当《べんべっとう》〈右大弁説孝《うだいべんときたか》。〉を召《め》し仰《おお》せられ、先《ま》づ事《こと》の由《よし》を仰《おお》せらるべきか。其《そ》の趣《おもむ》きは、若《も》し愁《うれ》へ申《もう》すこと有《あ》らば、僧綱《そうごう》・已講《いこう》・所司等《しょしなど》、参入《さんにゅう》し、申《もう》すべき者《もの》なり。数千《すうせん》の僧《そう》を引率《いんそつ》して参《まい》り、訴《うった》ふる事《こと》、然《しか》るべからざる由《よし》なり」と。相府《しょうふ》、迺《すなわ》ち右大弁《うだいべん》を召《め》し遣《つか》はす。……

人々云、興福寺□□□□騎レ馬或歩行数千入京、会二集八省一、次可レ到二左府一云々、……同云、四□千人僧等囲二繞相府東西門一、兼到二国司〈頼親朝臣、〉宅一、発二念仏声一、即可レ剃レ頭者、即以二此趣一伝談、事之奇恠不レ可二敢云一、至レ今囲二長者一、凌二国司一、已可レ在レ近歟、仮令雖レ有二非常事一非レ可二憚恐一、濫吹之甚似レ無二王威一者、右金吾□云、被レ召二仰弁別当

〈右大弁説孝、〉一、先可レ被レ仰二事由一歟、其趣者、若有二愁申一、僧綱・已講・所司等参入可レ申者也、引二率数千僧一参訴事不レ可レ然由也、相府迺召二遣右大弁一、……

✲この年、大和守《やまとのかみ》源《みなもとの》頼親《よりちか》と興福寺《こうふくじ》とのあいだに紛争が起こっていた。七月七日に提出した愁状《しゅうじょう》が返却されたのを承《う》けて、十二日に三千人が大挙して上京してきた。興福寺別当《べっとう》の定澄《じょうちょう》は、二日以来、何度も道長《みちなが》に面会し、事態の収拾をはかった。定澄は道長に脅しをかけたが、さすがは道長、逆に定澄を脅している（『御堂関白記《みどうかんぱくき》』）。

翌十三日、道長は、不安を口にする公卿《くぎょう》連中を宥《なだ》め、八省院《はっしょういん》（朝堂院《ちょうどういん》）に参集している大衆《だいしゅ》を、検非違使《けびいし》を遣わして追い立てるべきであるという宣旨《せんじ》を下した（『御堂関白記』）。十四日には大衆はすべて退去し、別当以下の高僧が十五日に土御門第《つちみかどてい》を訪れ、道長が興福寺僧の申文《もうしぶみ》四箇条を一々裁定したところ、僧たちは事毎《ことごと》に道理《どうり》であると称して還《かえ》り去った（『御堂関白記』）。

院政期《いんせい》の僧兵《そうへい》に対する朝廷の対応と比較して、いまだ朝廷、および天皇の権威は大きなものであったことを実感させられる。

なお、この年か前年の年末、藤原為時《ためとき》の女《むすめ》である紫式部《むらさきしきぶ》が、彰子の女房として出仕している。

## ◆寛弘四年（一〇〇七）

藤原実資五十一歳（正二位、権大納言・右大将・按察使《あぜち》）　一条天皇二十八歳

藤原道長四十二歳　藤原彰子二十歳

・十二月二日（『三条西家重書古文書《さんじようにしけじゆうしよこもんじよ》』一・塔供養年々による）浄妙寺多宝塔供養

浄妙寺《じようみようじ》の塔《とう》を、左大臣《さだいじん》（藤原道長《ふじわらのみちなが》）が供養《くよう》した。

❖浄妙寺《じようみようじ》の塔《とう》、左大臣《さだいじん》、供養《くよう》す。

浄妙寺塔左大臣供養之、

＊宇治《うじ》の北端にある木幡《こはた》は、藤原基経《ふじわらのもとつね》が一族の埋骨地として墓所を集結した地であった。道長《みちなが》の時代にはすでに荒廃していたので、道長はここに菩提所《ぼだいしょ》としての浄妙寺《じょうみょうじ》の造営を思い立ち、寛弘《かんこう》二年（一〇〇五）に三昧堂《さんまいどう》が完成、寛弘四年に多宝塔《たほうとう》が造られた。発掘調査によって、木幡小学校の校庭に三昧堂と多宝塔の遺構が確認されている。
寛弘二年十月の三昧堂供養では、道長は燧石《ひうちいし》を取って、仏に啓白《けいびゃく》し、一度にして火がつくと、道長以下の参列者は感涙《かんるい》を流した（『御堂関白記《みどうかんぱくき》』）。一方、寛弘四年に行なわれた多宝塔供養も盛大なものであったが、感動的な出来事は起こっていない。

その後は道長は、実は寛仁《かんにん》元年（一〇一七）まで十年間、浄妙寺には参詣《さんけい》していない。寛仁元年の参詣は嫡男の頼通《よりみち》への摂政委譲の布石とされるが、まったく道長の面目躍如といったところであろう。道長自身の墓も浄妙寺の東に営まれた。

## ◆寛弘五年（一〇〇八）

藤原実資五十二歳（正二位、権大納言・右大将・按察使）　一条天皇二十九歳

藤原道長四十三歳　藤原彰子二十一歳

・九月十一日（『御産部類記《ごさんぶるいき》』四・後一条院による）道長、伊周に会わず／皇子敦成誕生

左兵衛督《さひょうえのかみ》（藤原懐平《ふじわらのかねひら》）が伝《つた》え送《おく》られて云《い》ったことには、「丑刻《うしのこく》（午前一時《ごぜんいちじ》－三時《さんじ》）の頃《ころ》、中宮《ちゅうぐう》（藤原彰子《ふじわらのしょうし》）の居所《きょしょ》から帰《かえ》った。すでに御産《おさん》の気配《けはい》は無《な》かった。ただし物怪《もののけ》が出《で》て来《き》た。昨日《きのう》、右大臣《うだいじん》（藤原顕光《ふじわらのあきみつ》）と内大臣《ないだいじん》（藤原公季《ふじわらのきんすえ》）が参《まい》られた。左大臣《さだいじん》（藤原道長《ふじわらのみちなが》）は会《あ》って談《かた》られた。ところが、帥《そち》（藤原伊《ふじわらのこれ》周《ちか》）が参《まい》ったが、会《あ》われなかった。何《なに》か理由《りゆう》が有《あ》るのであろうか」と云《い》うことだ。（藤原《ふじわらの》）資平《すけひら》が中宮《ちゅうぐう》の状況《じょうきょう》を聞《き》いた。午刻《うまのこく》（午前十一時《ごぜんじゅういちじ》－午後一時《ごごいちじ》）の頃《ころ》、伝《つた》え送《おく》って云《い》ったことには、「ただ今《いま》、御産《おさん》を遂《と》げられました〈男《おとこ》。〉」と。驚《おどろ》きながら参《まい》った。左大臣《さだいじん》にお目《め》にかかった。談《かた》られて云《い》ったことには、「昨日《きのう》からその気配《けはい》が有《あ》った。特《とく》に亥刻《いのこく》（午後九時《ごごくじ》－十一時《じゅういちじ》）の頃《ころ》から

重《おも》く悩《や》まれた。今日《きょう》に及《およ》んで、すでに不覚《ふかく》となった。私《わたし》(道長《みちなが》)は心神《しんしん》はどうしようも無《な》かった。たまたま仏神《ぶっしん》の冥助《みょうじょ》によって、平安《へいあん》に遂《と》げた」と。御喜悦《おんきえつ》の心《こころ》は、喩《たと》えることのできる方法《ほうほう》も無《な》かった。様子《ようす》は敢《あ》えて云《い》うこともできない。……

❖左武衛《さぶえい》、示《しめ》し送《おく》られて云《い》はく、「丑剋《うしのこく》ばかり、宮《みや》より退出《たいしゅつ》す。已《すで》に御産《おさん》の気《け》無《な》し。但《ただ》し邪気《じゃき》、出《い》で来《き》たる。昨日《きのう》、右府《うふ》・内府《ないふ》、参入《さんにゅう》せらるるに、左相府《さしょうふ》、謁談《えつだん》す。而《しか》るに帥《そち》、参入《さんにゅう》するに、謁《えつ》せられず。事《こと》の故《ゆえ》有《あ》るか」と云々《しかじか》。資平《すけひら》、宮《みや》の案内《ない》を奉《うけたまわ》る。午刻《うまのこく》ばかり、示《しめ》し送《おく》りて云《い》はく、「只今《ただいま》、御産《おさん》、遂《と》げ給《たま》ふ〈男《おとこ》。〉」と。驚《おどろ》きながら参入《さんにゅう》す。左府《さふ》に謁《えつ》す。談《だん》ぜられて云《い》はく、「昨日《きのう》より其《そ》の気《け》有《あ》り。就中《なかんずく》、亥刻《いのこく》ばかりより重《おも》く悩《や》み給《たま》ふ。今日《きょう》に及《およ》び、已《すで》に以《もっ》て不覚《ふかく》。心神《しんしん》、措《お》くこと無《な》し。適《たま》ま仏神《ぶっしん》の冥助《みょうじょ》に依《よ》り、平安《たいら》かに遂《と》ぐ」と。御喜悦《おんきえつ》の心《こころ》、喩《たと》ふべき方《かた》無し。気色《けしき》、敢《あ》へて云《い》ふべからず。……

左武衛被㆓示送㆒云、丑刻許自㆑宮退出、已無㆓御産気㆒、但邪気出来、昨日右府・内府被㆓参入㆒、左相府謁談、而帥参入、不㆑被㆑謁、有㆓事故㆒歟云々、資平奉㆓宮案内㆒、午刻許示送云、只今御産遂給〈男〉、乍㆑驚参入、謁㆓左府㆒、被㆑談云、自㆓昨日㆒有㆓其気㆒、就中自㆓亥刻許㆒重悩給、及㆓今日㆒已以不覚、心神無㆑措、適依㆓仏神冥助㆒、平安遂、御喜悦之心無㆑方㆑可㆑喩、気色不㆑可㆓敢云㆒、……

＊九月九日夜半、彰子《しょうし》に産気が起こり、土御門第寝殿《つちみかどていしんでん》の東母屋《ひがしのもや》に白木の御帳《みちょう》を立てて、産所とした（『権記《ごんき》』）。十日が明けると、道長《みちなが》の招集に応じた諸卿《しょきょう》が続々と駆けつけ、寝殿の簀子敷《すのこじき》に伺候した。ところがこの日は、産気は微々たるものであり、邪気《じゃき》（物《もの》怪《のけ》）が出現するばかりで、一向に御産はなかった。

この日、道長は土御門第を訪れた顕光《あきみつ》と公季《きんすえ》に面談したが、その後に伊周《これちか》が参入しても会おうとはしなかった。実資《さねすけ》は「事の故あるか」と記している。これまでの一条《いちじょう》天皇後宮の推移を考えると、多くの物怪が彰子に襲いかかり、道長が藤原定子《ていし》の兄である伊周を怖れるのも当然であった。

翌十一日の暁に寝殿の北廂《きたびさし》に移った彰子は、「物怪がくやしがってわめきたてる声などの何と恐ろしいことよ」（『紫式部日記《むらさきしきぶにっき》』）という状況の中、「平安に」皇子を出産した（『御堂関白記《みどうかんぱくき》』）。道長は諸卿にその喜びを語った。

ただ、勅使《ちょくし》を遣わし、御釼《みはかし》を持たせてはいるものの、かつての敦康《あつやす》親王の誕生時とは異なり、諸史料に一条《いちじょう》天皇の喜びの言葉は残っていない。

ともあれ、これで敦康は、道長にとってまったく無用の存在、むしろ邪魔な存在となったのである。同様、伊周をはじめとする中関白家《なかのかんぱくけ》の没落も決定的となった。そればかりか、外孫《がいそん》を早く立太子させたいという道長の願望は、やがて一条との関係も微妙なものとすることとなる。

・十月十六日（九条本〈略本〉）　土御門第行幸

午刻《うまのこくご》（午前十一時《ぜんじゅういちじ》－午後一時《ごごいちじ》）、一条天皇《いちじょうてんのう》の鳳輿《ほうよ》は、東門《ひがしもん》から御出《ぎょしゅつ》した〈葱花形《きのはながた》の御輿《みこし》を用《もち》いるべきであろうか。〉。后宮《きさいのみや》（藤原彰子《ふじわらのしょうし》）の許《もと》〈上東門院《じょうとうもんいん》である。〉に行幸《ぎょうこう》した。……天皇《てんのう》の輿《こし》が后宮《きさいのみや》の西中門《にしちゅうもん》に御入《ぎょにゅう》した際《さい》、船首《せんしゅ》に竜《りゅう》の頭《あたま》と水鳥《みずとり》の首《くび》を彫《ほ》った一対《いっつい》の船《ふね》に乗《の》った楽人《がくにん》が御輿《みこし》を迎《むか》え、楽《がく》を奏《そう》した。御輿《みこし》が退《しりぞ》いた後《のち》、公卿《くぎょう》たちは座《ざ》に就《つ》いた〈西対《にしのたい》の南廂《みなみびさし》。〉。新皇子《しんおうじ》敦成《あつひら》を親王《しんのう》とするという天皇《てんのう》の命令《めいれい》を下《くだ》した。……左大臣《さだいじん》（藤原道長《ふじわらのみちなが》）の意向《いこう》によって、内大臣《ないだいじん》（藤原公季《ふじわらのきんすえ》）が菊《きく》の枝《えだ》を折《お》らせ、一枝《ひとえだ》を撰《えら》び取《と》って、天皇《てんのう》に献上《けんじょう》した〈御挿頭《おんかざし》にするためか。天皇《てんのう》の御意向《ごいこう》も無《な》いのに、勝手《かって》に献上《けんじょう》するのは、如何《いかが》なものか。〉。天皇《てんのう》は取《と》られた。ただ御手《おんて》に持《も》った。次《つ》いで左大臣《さだいじん》は、同《おな》じ花《はな》を挙《あ》げさせ、公卿《くぎょう》たちの冠《かんむり》に挿《さ》した。また、公卿《くぎょう》たちに命《めい》じて控《ひか》えさせた。殿上人《てんじょうびと》と地下人《じげにん》の管絃《かんげん》は、声《こえ》を合《あ》わせた。左大臣《さだいじん》は主殿寮《とのもりょう》に命《めい》じて、立《たち》明《あかし》を退《しりぞ》かせた。月華《げっか》を賞翫《しょうがん》する為《ため》である。……子三刻《ねのさんこく》（午前〇時《ごぜんれいじ》－〇時半《れいじはん》）、天皇《てんのう》は内裏《だいり》に還《かえ》った。

❖午剋《うまのこく》、鳳輿《ほうよ》、東門《ひがしもん》より出《い》づ〈葱花形《きのはながた》の御輿《みこし》を用《もち》ゐるべきか。〉。后宮《きさいのみや》〈上東門院《じょうとうもんいん》なり。〉に幸《こう》す。……乗輿《じょうよ》、后宮《きさいのみや》の西中門《にしちゅうもん》に入御《にゅうぎょ》する間《かん》、竜頭《りょうとう》・鷁首《げきしゅ》に乗《の》る伶人《れいじん》、御輿《みこし》を迎《むか》へ、楽《がく》を奏《そう》す。御輿《みこし》、退《しりぞ》く後《のち》、諸卿《しょきょう》、座《ざ》に着《ちゃく》す〈西対《にしのたい》の南庇《みなみびさし》。〉。新皇子《しんおうじ》敦成《あつひら》を以《もっ》て、親王《しんのう》と為《な》す宣旨《せんじ》を下《くだ》し了《おわ》んぬ。……左府《さふ》の気色《けしき》に依《よ》り、内大臣《ないだいじん》、菊《きく》の枝《えだ》を折《お》らしめ、一枝《ひとえだ》を撰《えら》び取《と》り、天皇《てんのう》に献《けん》ず〈御挿頭料《おんかざしりよう》か。御気色《みけしき》無《な》く、直《ただ》ちに献《けん》ずるは如何《いかが》。〉。取《と》らしめ給《たま》ふ。只《ただ》、御手《おんて》に在《あ》り。次《つ》いで左府《さふ》、同《おな》じ花《はな》を挙《あ》げしめ、群卿《ぐんきよう》の冠《かんむり》に挿《さ》す。又《また》、諸卿《しよきよう》に仰《おお》せ、祗候《しこう》せしむ。殿上《てんじよう》・地下《じげ》の竹肉《ちくにく》、声《こえ》を合《あ》はす。左府《さふ》、主殿寮《とのもりよう》に仰《おお》せ、立明《たちあかし》を退《しりぞ》かしむ。月華《げつか》を翫《もてあそ》ばんが為《ため》なり。……子三《ねのさん》剋《こく》、宮《みや》に還《かえ》る。

午剋鳳輿出レ自二東門一〈可レ用二葱花形御輿一歟、〉、幸二后宮〈上東門院也、〉一、……乗輿入三御后宮西中門二之間、乗二竜頭・鷁首一之伶人、迎二御輿一奏レ楽、御輿退後、諸卿着レ座〈西対南庇、〉、以二新皇子敦成一為二親王一宣旨下了、……依二左府気色一、内大臣令レ折二菊枝一、撰三取一枝二献三天皇一〈御挿頭料歟、無二御気色一、直献如何、〉、令レ取給、只在二御手一、次左府令レ挙二同花一、挿二群卿冠一、又仰二諸卿一令二祗候一、殿上・地下竹肉合レ声、左府仰二主殿寮一令レ退二立明一、為レ翫二月華一、……子三剋還レ宮、

＊皇子敦成《あつひら》と彰子の内裏参入の日は十一月十七日と定められていたが、それでは遅いと一条天皇が気配りを見せ、異例の土御門第《つちみかどてい》行幸が行なわれることとなった。

行幸は十月十六日に行なわれた。敦成に親王宣旨《しんのうせんじ》が下り、行幸叙位《じよい》が行なわれ、管《かん》

絃《げん》の遊びに移った（『御堂関白記』、『小右記』、『御産部類記《ごさんぶるいき》』所引『不知記《ふちき》』）。それは後世、「寛弘《かんこう》の佳例《かれい》」と賞讃《しょうさん》された、摂関期《せっかんき》を代表する盛儀であった。

それはさておき、この行幸における一条と彰子との交流は、諸史料には見えない。一条が彰子の御帳の中に入ったとたん、皆が還幸《かんこう》をせき立て、結局、一条は還御《かんぎょ》してしまったのである（『紫式部日記』）。

・十一月一日（九条本〈略本〉）　敦成親王五十日の儀

日没《にちぼつ》の頃《ころ》、后宮《きさいのみや》（藤原彰子《ふじわらのしょうし》）の許《もと》に参《まい》った。今日《きょう》、皇子《おうじ》（敦成親王《あつひらしんのう》）の五十日《いか》の儀《ぎ》が行《おこ》なわれた。……「戌刻《いぬのこく》（午後《ごご》七時《しちじ》－九時《くじ》）、皇子《おうじ》は初《はじ》めて餅《もち》を食《た》べられた」と云《い》うことだ。……公卿《くぎょう》は酩酊《めいてい》した。召《め》しによって進《すす》み、簀子敷《すのこじき》に控《ひか》えた。膳《ぜん》を給《たま》わった。管絃《かんげん》の興《きょう》が有《あ》った。公卿《くぎょう》と殿上人《てんじょうびと》たちに禄《ろく》を下《くだ》したことは、差《さ》が有《あ》った。……

❖日没《にちぼつ》ばかり、后宮《きさいのみや》に参《まい》る。今日《きょう》、皇子《おうじ》の五十日《いか》。……「戌剋《いぬのこく》、皇子《おうじ》、初《はじ》めて餅《もち》を聞《きこ》し食《め》す」と云々《しかじか》。……卿相《けいしょう》、酩酊《めいてい》す。召《め》しに依《よ》りて進《すす》み、簀子敷《すのこじき》に候《こう》ず。衝重《ついがさね》を給《たま》ふ。管絃《かんげん》の興有《きょうあ》り。公卿《くぎょう》・殿上人等《てんじょうびとなど》に禄《ろく》を給《たま》ふこと、差有《しなあ》り。……

日没許参二后宮一、今日皇子五十日、……戌剋皇子初聞二食餅一云々、……卿相酩酊、依レ召進候二簀子敷一、給二衝重一、有二管絃興一、公卿・殿上人等給レ禄有レ差、……

✻敦成五十日《いか》の儀（子供が生まれて五十日目の祝い。この日、餅《もち》を作り、父や外祖父などが箸《はし》をとって赤子の口に含ませる儀式を行なう）が行なわれた。『紫式部日記』には、藤原顕光が几帳《きちょう》の綻《ほころ》びを破ってはしたない冗談を喋《しゃべ》り、藤原公季が嫡男実成《ちゃくなんさねなり》の態度に感激して酔い泣きし、実資が女房の袖口《そでぐち》を取って衣装の数を数え、藤原公任《きんとう》が「このあたりに若紫《わかむらさき》はおいででしょうか」と言って紫式部《むらさきしきぶ》を探しまわり、藤原隆家《たかいえ》が女房を柱もとに引っ張り込んで聞き苦しい戯《たわむ》れを言いかけるという、信じられないような公卿連中の泥酔状態が描かれている（『紫式部日記』。『小右記』では「卿相、酩酊す」とある）。

もっとも、土御門第《つちみかどてい》に参集した彼らは、単純に新皇子誕生を祝う気持ちにはなれなかったはずである。特に女《むすめ》や姉を一条天皇の後宮に入れていた顕光や公季、隆家の心中は、察するに余りある。彼らの心中を斟酌《しんしゃく》することもなく、彰子に向かって、「宮の御父としてわたしは不相応でないし、わたしの娘として宮もお恥ずかしくなくいらっしゃる」とか、「この親があるからこそ子供も立派になったのじゃ」などという戯《ざ》れ言《ごと》を吐く（『紫式部日記』）道長というのも、大したものである。

また、ここで紫式部が実資に、「右大将《うだいしょう》にちょっとした言葉なども話しかけてみたところ、ひどく当世風に気どっている人よりも、一段とご立派でいらっしゃるようでした」という評価をしているのは（『紫式部日記』）、後年の両者の関係を考えると、興味深い。

・十二月二十日（九条本〈略本〉）　敦成親王百日の儀／伊周序題を書く

今日《きょう》、若宮《わかみや》（敦成親王《あつひらしんのう》）の百日《ももか》の儀《ぎ》が行《おこ》なわれた。……盃酌《はいしゃく》が頻《しき》りに巡《めぐ》り、すでに酩酊《めいてい》に及《およ》んだ。……（藤原《ふじわらの》）斉信卿《ただのぶきょう》を給仕《きゅうじ》とした。敷物《しきもの》を執《と》って、御前《ごぜん》に進《すす》んだ。ところが右大臣《うだいじん》（藤原顕光《ふじわらのあきみつ》）が座《ざ》を離《はな》れ、さらに敷物《しきもの》を取《と》り替《か》えて、給仕《きゅうじ》を奉仕《ほうし》した。いまだその理由《りゆう》を知《し》らない。一同《いちどう》は目《め》を向《む》けた。泥酔《でいすい》の様子《ようす》が有《あ》った。……命令《めいれい》が有《あ》って、左大弁《さだいべん》（藤原《ふじわらの》）行成卿《ゆきなりきょう》が硯《すずり》を執《と》った。近《ちか》くに進《すす》んで、和歌《わか》を書《か》こうとしたが、帥《そち》（藤原伊周《ふじわらのこれちか》）が紙《かみ》と筆《ふで》を乞《こ》い取《と》って、序題《じょだい》を書《か》いた。一同《いちどう》はとても傾《かたむ》き怪《あや》しむことが有《あ》った。帥《そち》は自分《じぶん》を大臣《だいじん》になぞらえた。どうしてたちまち筆《ふで》を執《と》ったのか。身《み》にはまた、忌諱《きき》が有《あ》る。思《おも》い知《し》っていないようなものである。おおよそ分別《ふんべつ》がないのか。源中納言《げんちゅうなごん》（源《みなもとの》）俊賢卿《としかたきょう》も、同《おな》じくこのような趣旨《しゅし》を談《かた》った。さらにまた、左大弁《さだいべん》に和歌《わか》を書《か》かせた。左大臣《さだいじん》（藤原道長《ふじわらのみちなが》）は一条天皇《いちじょうてんのう》に御《み》酒《き》を供《きょう》そうとした。ところが、天皇《てんのう》の御盃《おんさかずき》を給《たま》わるという意向《いこう》を得《え》た。……右大臣《うだいじん》は御酒《みき》を供《きょう》して退《しりぞ》いた。御盃《おんさかずき》を酒台《しりざら》の机《つくえ》に置《お》いた際《さい》、顛倒《てんとう》した。上下《じょうげ》の者《もの》は目《め》を向《む》けた。酔気《すいき》の致《いた》したところか。……その後《ご》、左大臣《さだいじん》は天皇《てんのう》の意向《いこう》を承《う》けた。すぐに御製《ぎょせい》が有《あ》った。大臣《だいじん》は御前《ごぜん》に進《すす》んで、仰《おお》せを聞《き》き、伝《つた》えて書《か》かせた〈左大弁《さだいべん》。〉。大臣《だいじん》（道長《みちなが》）は御返歌《おんへんか》を献上《けんじょう》した。とても思《おも》うところが有《あ》った。親王《しんのう》が後《うし》ろに向《む》かった頃《ころ》、しばらくして主上《しゅじょう》（一条《いちじょう》天皇《てんのう》）が入御《にゅうぎょ》した。……

❖今日《きょう》、若宮《わかみや》の百日《ももか》。……盃酌《はいしゃく》、頻《しき》りに巡《めぐ》り、既《すで》に酩酊《めいてい》に及《およ》ぶ。……斉信卿《ただのぶきょう》を陪《ばい》膳《ぜん》と為《な》す。打敷《うちしき》を執《と》り、御前《ごぜん》に進《すす》む。而《しか》るに右大臣《うだいじん》、座《ざ》を離《はな》れ、更《さら》に打敷《うちしき》を取《と》り替《か》へて、陪膳《ばいぜん》を奉仕《ほうし》す。未《いま》だ其《そ》の由《よし》を知《し》らず。満座《まんざ》、目《め》を属《しょく》す。泥酔《でいすい》の気《け》有《あ》り。……令《れい》有《あ》りて、左大弁行成卿《さだいべんゆきなりきょう》、硯《すずり》を執《と》る。近《ちか》くに進《すす》み、和歌《わか》を書《か》かんと欲《ほっ》するに、帥《そち》、紙筆《しひつ》を乞《こ》ひ取《と》りて序題《じょだい》を書《か》く。満座《まんざ》、頗《すこぶ》る傾《かたむ》き奇《あや》しむこと有《あ》り。帥《そち》、丞相《じょうしょう》に擬《ぎ》す。何《なん》ぞ輙《たちま》ち筆《ふで》を執《と》るや。身《み》、亦《また》、忌諱《きき》有《あ》り。思《おも》ひ知《し》らざるに似《に》る。大底《たいてい》、無《む》心《しん》か。源中納言俊賢卿《げんちゅうなごんとしかたきょう》、同《おな》じく斯《こ》の旨《むね》を談《だん》ず。更《さら》に亦《また》、左大弁《さだいべん》を以《もっ》て和歌《わか》を書《か》かしむ。左大臣《さだいじん》、御酒《みき》を供《きょう》せんと欲《ほっ》す。而《しか》るに御盃《おんさかずき》を給《たま》ふべき気色《けしき》を得《う》。……右大《うだい》臣《じん》、御酒《みき》を供《きょう》し、退帰《たいき》す。御盃《おんさかずき》を以《もっ》て酒台《しりざら》の机《つくえ》に置《お》く間《かん》、顛仆《てんとう》す。上下《じょうげ》、目《め》を属《しょく》す。酔気《すいき》の致《いた》す所《ところ》か。……其《そ》の後《のち》、左府《さふ》、天気《てんき》を候《こう》ず。即《すなわ》ち御製有《ぎょせいあ》り。相府《しょうふ》、御《ご》前《ぜん》に進《すす》み、仰《おお》せを奉《うけたまわ》り、伝《つた》へ書《か》かしむ〈左大弁《さだいべん》。〉。相府《しょうふ》、御返《おんかえ》しを献《けん》ず。頗《すこぶ》る思《おも》ふ所《ところ》有《あ》り。親王《しんのう》、後《うし》ろに向《む》かふ間《あいだ》、小選《しばら》くして、主上《しゅじょう》、入御《にゅうぎょ》す。……

今日若宮百日、……盃酌頻巡、既及二酩酊一、……斉信卿為二陪膳一、執二打敷一進二御前一、而右大臣離レ座、更取二替打敷一奉二仕陪膳一、未レ知二其由一、満座属レ目、有二泥酔気一、……有レ令左大弁行成卿執レ硯、進レ近欲レ書二和哥一、帥乞二取紙筆一書二序題一、満座頗有二傾奇一、帥擬二丞相一、何輙執レ筆、身亦有二忌諱一、似レ不二思知一、大底無心歟、源中納言俊賢卿同談二斯旨一、更亦以二左大弁一令レ書二和歌一、左大臣欲レ供二御酒一、而得下可レ給二御盃一之気色上、……右大臣供二御酒一退帰、以二御盃一置二酒台机一之間顚仆、上下属レ目、酔気之所レ致歟、……其後左府候二天気一、即有二御製一、相府進二御前一、奉レ仰、令二伝書一〈左大弁〉、相府献二御返一頗有レ所レ思、親王向レ後之間、小選主上入御、……

✲この日、敦成の百日《ももか》の儀が行なわれた。皆が酩酊《めいてい》に及んだ頃、能書《のうしょ》の行成《ゆきなり》が、公卿たちの詠んだ歌の序題《じょだい》を書こうとしていた時、伊周が行成から筆を取り上げ、自作の序題を書いた。その行為だけでも、公卿層の非難を浴びたのであるが（『御堂関白記』『小右記』）、さらに問題なのは、その内容である。

この序では、敦成を「第二皇子」と呼称し、「隆周《りゅうしゅう》の昭王《しょうおう》・穆王《ぼくおう》は、暦数《れきすう》（在位）が長かった。我が君（一条天皇）も又《また》、暦数が長い。本朝の延暦《えんりゃく》（桓武《かんむ》天皇）と延喜《えんぎ》（醍醐《だいご》天皇）は、胤子《いんし》が多い。我が君も又《また》、胤子が多い。康なるかな帝道《ていどう》。誰が歓娯《かんご》しない者があろうか」という「私語」が続いている（『本朝文粋《ほんちょうもんずい》』）。

一条には敦成の他にも皇子女が多く存在することをアピールしたうえ、「隆周」というのは、道隆・伊周父子を意識したものであろうし、「康なるかな帝道」のうちの「康」は、敦康の名に通じる。これは敦成の誕生を祝う宴において、藤原定子《ていし》所生の皇子女、特に第一皇子である敦康の存在を皆に再確認させようとした、伊周のパフォーマンスだったのである。

場の雰囲気がすっかり気まずくなっていた時、気配りの人である一条は道長を召して、御盃《ぎょはい》を賜い、道長と和歌の贈答を行なった。『御堂関白記』は、「天皇は私を召されて、御盃を賜わった。おっしゃって云われたことには、」で記事が終わっている。いったい一条は、何と言ったのであろうか、また道長は、何故これを記さなかったのであろうか。『権記』には、「左大臣は天皇の召しによって近くに伺候《しこう》し、御盃を賜わった。私は天皇の御製及び大臣の和歌と和《わ》し奉った。唱和《しょうわ》が終わって、天皇は還御《かんぎょ》された」としか記されていない。『小右記』では、「頗る思う所が有った」と記されているが、「思う所」というのは、いったい実資は何を思ったのであろうか。この儀において、顕光は泥酔して無理に陪膳《ばいぜん》を奉仕したり、一条の御盃を酒台《しりざら》の机に置く際に顚倒《てんとう》したりと、数々の違例《いれい》を演じているが、伊周の行動はそれらを忘れさせるに十分なものであった。

## ◆寛弘六年（一〇〇九）

藤原実資五十三歳（正二位、大納言・右大将・按察使）　一条天皇三十歳　藤原道長四十四歳　藤原彰子二十二歳

・十月五日（『百練抄《ひやくれんしよう》』四による）　一条天皇寿限の夢想

主上《しゆじよう》（一条天皇《いちじようてんのう》）の御年齢《ごねんれい》は、今年《ことし》で三十歳《さんじつさい》である。御寿命《ごじゆみよう》が尽《つ》きるという夢《ゆめ》が有《あ》った。ところが今《いま》、内裏《だいり》の火事《かじ》が有《あ》った。すでに禍《わざわい》を転《てん》じられた

ようなものである。

❖主上《しゅじょう》の御年《おんとし》、今年《ことし》、三十《さんじゅう》。御寿限《ごじゅげん》の由《よし》、夢有《ゆめあ》り。而《しか》るに今《いま》、火事有《かじあ》り。已《すで》に転《てん》じ御《おわ》するに似《に》る。

主上御年今年卅、御寿限之由有㆑夢、而今有㆓火事㆒、似㆔已転御㆒、

✤十月五日、里内裏《さとだいり》にしていた一条院内裏《いちじょういんだいり》も焼亡した（『御堂関白記《みどうかんぱくき》』）。一条が常に座右に備えてあった醍醐《だいご》・村上《むらかみ》の二代御記《にだいぎょき》や累代《るいだい》の御物《ぎょぶつ》は焼失してしまった（『権記《ごんき》』）。この頃、覚運僧都《かくうんそうず》に、今年が一条天皇の御寿限《じゅげん》であるという夢想《むそう》があったのであるが、実資《さねすけ》は、この焼亡によって一条の禍が転じたとの解釈を示している（『百練抄《ひゃくれんしょう》』所引『小右記《しょうゆうき》』、『小記目録《しょうきもくろく》』）。一条が死去したのは、二年後のことであった。

なお、新造内裏はすでに三年前の寛弘三年十二月には完成していたのであるが、十月十九日、一条は何故か道長《みちなが》の枇杷殿《びわどの》に遷御している。道長は一条院内裏焼亡の日以来、慌《あわ》ててこの邸第に内裏の様を模していた（『御堂関白記』）。

・十一月二十五日（『御産記《ごさんき》』による）皇子敦良誕生

寅刻《とらのこく》（午前三時《ごぜんさんじ》－五時《ごじ》）の頃《ころ》、源宰相《げんさいしょう》（経房《つねふさ》）・前大和守朝臣《さきのやまとのかみあそん》（源《みなもとのよりちか》　頼親）・（藤《ふじ》原《わらの》）資平《すけひら》の許《もと》から、中宮《ちゅうぐう》（藤原彰子《ふじわらのしょうし》）に御産《おさん》の気配《けはい》が有《あ》るということを告《つ》げ送《おく》ってきた。そこで事情《じじょう》を取《と》ると、「上下《じょうげ》の者《もの》はこぞって参《まい》った」ということだ。辰《たつ》の初刻《しょこく》（午前七時《ごぜんしちじ》－七時半《しちじはん》）の頃《ころ》、参《まい》った。これより先《さき》に、公卿《くぎょう》たちが参《まい》っていた。私《わたし》（藤原実資《ふじわらのさねすけ》）が参《まい》った後《のち》、内大臣《ないだいじん》（藤原公季《ふじわらのきんすえ》）、次《つ》いで右大臣《うだいじん》（藤原顕光《ふじわらのあきみつ》）が参《まい》られた。辰刻《たつのこく》の正中《せいちゅう》（午前八時《ごぜんはちじ》）、御産《おさん》が有《あ》った〈男《おとこ》。〉。その後《ご》、左大臣《さだいじん》（藤原道長《ふじわらのみちなが》）が簾《すだれ》の外《そと》に出《で》た。喜悦《きえつ》は特《とく》に甚《はなは》しかった。おっしゃって云《い》ったことには、「寅刻《とらのこく》の頃《ころ》から、その気配《けはい》が有《あ》った。今《いま》、この時《とき》に臨《のぞ》んで、まったく苦痛《くつう》も無《な》く、平安《へいあん》に遂《と》げられた。今回《こんかい》については、男女《だんじょ》を考《かんが》えず、ただ平安《へいあん》を祈《いの》った。ところが平安《へいあん》に遂《と》げられた上《うえ》に、また、男子《だんし》の喜《よろこ》びが有《あ》る」ということだ。……

❖寅剋《とらのこく》ばかり、源宰相《げんさいしょう》・前大和守朝臣《さきのやまとのかみあそん》・資平等《すけひらなど》の許《もと》より、中宮《ちゅうぐう》、御産《おさん》の気《け》有《あ》る由《よし》を告《つ》げ送《おく》る。仍《よ》りて案内《あない》を取《と》るに、「上下《じょうげ》、首《くび》を挙《あ》げて参会《さんかい》す」てへり。辰《たつ》の始《はじ》めばかり、参入《さんにゅう》す。是《これ》より先《さき》、諸卿《しょきょう》、参入《さんにゅう》す。下官《げかん》、参《まい》る後《のち》、内府《ないふ》、次《つ》いで右府《うふ》、参入《さんにゅう》せらる。辰剋《たつのこく》の正中《せいちゅう》、御産《おさん》あり〈男《おとこ》。〉。其《そ》の後《のち》、左相府《さしょうふ》、簾外《れんがい》に出《い》づ。喜悦《きえつ》、殊《こと》に甚《はなは》だし。命《おお》せて云《い》はく、「寅剋《とらのこく》ばかりより、其《そ》の気色有《けしきあ》り。今《いま》、此《こ》の時《とき》に臨《のぞ》み、幾《いくば》くの悩気無《のうけな》く、平安《たいら》かに遂《と》げ給《たま》ふ。今般《こんぱん》に至《いた》りては男女《だんじょ》を顧《かえりみ》ず、只《ただ》、平安《へいあん》を祈《いの》る。而《しか》るに平《たい》らかに遂《と》げ給《たま》ふ上《うえ》、又《また》、男子《だんし》の喜《よろこ》び有《あ》り」てへり。……

寅剋許、自二源宰相・前大和守朝臣・資平等許一告下送有二中宮御産気一之由上、仍取二案内一上下挙レ首参会者、辰始許参入、先レ是諸卿参入、下官参之後、内府、次右府被二参入一、辰剋正中御産〈男〉、其後左相府出二簾外一、喜悦殊甚、命云、自二寅剋許一有二其気色一、今臨二此時一無二幾悩気一平安遂給、至二今般一不レ顧二男女一、只祈二平安一、而平遂給之上、又有二男子之喜一者、……

＊宮内庁書陵部《くないちょうしょりょうぶ》に勤務していた後輩の石田実洋《いしださねひろ》氏が、「後西《ごさい》天皇御記」と題する史料が実は『小右記』の逸文《いつぶん》『御産記《ごさんき》』であることを発見した。石田氏は二〇二〇年に逝去されたが、ここに謹んでご冥福《めいふく》を祈りたい。

この日、彰子は第三皇子敦良《あつなが》を出産した。後に後朱雀《ごすざく》天皇となって皇統《こうとう》を伝える皇子である。道長《みちなが》は参入した実資《さねすけ》に、「今般に至るまで男女を顧みず、ただ平安を祈っていた」と語っている。四年後に三条《さんじょう》天皇中宮である二女の妍子《けんし》が禎子《ていし》内親王を産んだ時の道長の不興《ふきょう》を考えると、「男女を顧みず」というのは、とても本心とは思えない。

・十二月一日（『御産記』による）　藤原伊成出家

……（藤原《ふじわらの》）資平《すけひら》が云《い》ったことには、「（藤原《ふじわらの》）伊成朝臣《これなりあそん》が出家《しゅっけ》しました」と云《い》うことだ。私《わたし》（藤原実資《ふじわらのさねすけ》）は長年《ながねん》、子孫《しそん》が無《な》いことを愁《うれ》いていたが、今《いま》、伊成《これなり》を見《み》るにつけ、子供《こども》というのは、かえって嘆《なげ》きとなるようである。

❖……資平《すけひら》、云《い》はく、「伊成朝臣《これなりあそん》、出家《しゅつけ》す」と云々《しかじか》。年来《ねんらい》、子孫《しそん》無《な》きを愁《うれ》ふ。今《いま》、伊成《これなり》を見《み》るに、還《かえ》りて歎《なげ》きと為《な》すべし。……

……資平云、伊成朝臣出家云々、年来愁レ無二子孫一、今見二伊成一、還可レ為レ歎、……

✻十一月二十九日の皇子敦良の五夜の産養《うぶやしない》において、藤原伊成《これなり》が道長四男の藤原能信《よしのぶ》に凌辱《りょうじょく》された。凌辱された伊成は責に堪えず、笏《しゃく》で能信の肩を打ったところ、蔵人《くろうど》の藤原定輔《さだすけ》が縁から伊成を突き落とし、能信が従者《じゅうしゃ》を召し集めて、伊成を殴り、髪を執って打擲《ちょうちゃく》（殴打）させ、また踏み臥《ふ》して松明《たいまつ》で打った。十二月一日には、それによって伊成が出家するという事件が起こった（『御産記〈小右記〉』『権記』）。

源明子腹《めいし》の能信なればこそ、源倫子腹《りんし》の藤原彰子《しょうし》が産んだ皇子の産養の席で、鬱屈《うっくつ》していた感情が爆発したのであろう。伊成の出家を聞いた実資は、かえって子供がいる方が嘆きとなると、その感慨を記している。

## ◆寛弘七年（一〇一〇）

藤原実資五十四歳（正二位、大納言・右大将・按察使）一条天皇三十一歳
藤原道長四十五歳　藤原彰子二十三歳

・十一月二十八日（『遷幸部類記《せんこうぶるいき》』所引『野記《やき》』による）一条院内裏還御

……左大臣《さだいじん》（藤原道長《ふじわらのみちなが》）が御馬十疋《おんうまじっぴき》を献上《けんじょう》した。……左大臣《さだいじん》が云《い》ったことには、「中分《ちゅうぶん》して左右馬寮《さゆうめりょう》に給《たま》うべきか。それとも序列《じょれつ》どおりに給《たま》うべきか」と。私《わたし》（藤原実資《ふじわらのさねすけ》）が答《こた》えて云《い》ったことには、「上《うえ》の五疋《ごひき》を左馬寮《さめりょう》に給《たま》い、下《した》の五疋《ごひき》を右馬寮《うめりょう》に給《たま》わったならば、右馬寮《うめりょう》は愁《うれ》いが有《あ》るでしょう。やはり序列一《じょれついち》の馬《うま》を左馬寮《さめりょう》に給《たま》い、序列二《じょれつに》の馬《うま》を右馬寮《うめりょう》に給《たま》わってください。このように分給《ぶんきゅう》したならば、愁《うれ》いは無《な》いのではないでしょうか」と。

大臣《だいじん》（道長《みちなが》）はとても笑気《しょうき》が有《あ》った。右大臣《うだいじん》（藤原顕光《ふじわらのあきみつ》）がこのことを一条《いちじょう》天皇《てんのう》に申《もう》しあげたところ、天皇《てんのう》の許容《きょよう》が有《あ》った。「申請《しんせい》に任《まか》せて給《たま》うように」ということだ。そこで分給《ぶんきゅう》した〈一《いち》・三《さん》・五《ご》・七《なな》・九《きゅう》の馬《うま》は左馬寮《さめりょう》、二《に》・四《よん》・六《ろく》・八《はち》・十《じゅう》の馬《うま》は右馬寮《うめりょう》。〉。……

❖……左大臣《さだいじん》、御馬十疋《おんうまじっぴき》を貢《こう》ず。……左府《さふ》、云《い》はく、「中分《ちゅうぶん》して左右《さゆう》に給《たま》ふべきか。将《は》た次第《しだい》に給《たま》ふべきか」と。予《よ》、答《こた》へて云《い》はく、「上《うえ》の五疋《ごひき》を以《もつ》て左《ひだり》に給《たま》ひ、下《した》の五疋《ごひき》を以《もつ》て右《みぎ》に給《たま》はば、右《みぎ》、愁《うれ》へ有《あ》るべし。尚《な》ほ次第一《しだいいち》を左《ひだり》に給《たま》ひ、次第二《しだいに》を右《みぎ》に給《たま》へ。此《か》くのごとく分《わ》け給《たま》はば、愁《うれ》へ無《な》かるべきか」と。相府《しょうふ》、頗《すこぶ》る咲気《しょうき》有《あ》り。右大臣《うだいじん》、此《こ》の由《よし》を以《もつ》て奏聞《そうもん》するに、天許有《てんきょあ》り。「申請《しんせい》に任《まか》せて給《たま》ふべし」てへり。仍《よ》りて分《わ》け給《たま》ひ了《おわ》んぬ〈一《いち》・三《さん》・五《ご》・七《なな》・九《きゅう》は左《ひだり》、二《に》・四《よん》・六《ろく》・八《はち》・十《じゅう》は右《みぎ》。〉。……

……左大臣貢二御馬十疋一、……左府云、中分可レ給二左右一歟、将次第可レ給歟、予答云、以二上五疋一給レ左、以二下五疋一給レ右、々可レ有レ愁、尚次第一給レ左、次第二給レ右、如レ此

分給可レ無レ愁歟、相府頗有二咲気一、右大臣以二此由一奏聞、有二天許一、任二申請一可レ給者、仍
分給了〈一・三・五・七・九左、二・四・六・八・十右、〉、……

✲こちらは丸山裕美子《まるやまゆみこ》氏が発見した『小右記《しょうゆうき》』の逸文《いつぶん》。甘露寺親長《かんろじちかなが》の『遷幸部類記《せんこうぶるいき》』の中に『野記《やき》』と題する『小右記』が引かれていることを発見したのである。

この日、一条天皇と藤原彰子《しょうし》は新造一条院《いちじょういん》内裏に還御した。ここが半年後に一条の終焉《しゅうえん》の場となろうとは、誰一人予想した者はいなかったであろう。

ここでは、道長《みちなが》が貢上した馬十疋《ぴき》を、左右馬寮《めりょう》にどうやって分けて下給するかについて、実資《さねすけ》が意見を言った。右大将《うだいしょう》の実資としては、左方に優秀な馬が集中するのを避けたかったのであろう。いかにも実資らしいこだわりである。

## ◆寛弘八年（一〇一一）

藤原実資五十五歳（正二位、大納言・右大将・按察使）　一条天皇三十二歳
三条天皇三十六歳　藤原道長四十六歳　藤原彰子二十四歳

・正月十三日（秘閣本〈略本〉）　行成の質問

昨日《きのう》、侍従中納言《じじゅうちゅうなごん》〈（藤原《ふじわらの》）行成《ゆきなり》。〉が、（藤原《ふじわらの》）資平《すけひら》を介《かい》して問《と》い送《おく》ってきた事《こと》が有《あ》った。節会《せちえ》の日《ひ》に親王《しんのう》が宜陽殿《ぎようでん》に行《い》くかどうかについて、読奏《どくそう》の日《ひ》の大臣《だいじん》の座《ざ》は北向《きたむ》きか東向《ひがしむ》きかについてである。「右大臣《うだいじん》（藤原顕光《ふじわらのあきみつ》）と相《そう》論《ろん》しました」と云《い》うことだ。疑問《ぎもん》が有《あ》ったのか。今日《きょう》、詳《くわ》しく答《こた》えた〈節《せち》会《え》の日《ひ》、親王《しんのう》は宜陽殿《ぎようでん》に行《い》く。これは通例《つうれい》の事《こと》である。読奏《どくそう》の日《ひ》、大臣《だいじん》は北向《きたむ》きに面《めん》し、次席《じせき》の者《もの》は東西《とうざい》に面《めん》する。ただ、太政大臣《だいじょうだいじん》がいる時《とき》は、太政大臣《だいじょうだいじん》が北向《きたむ》きに面《めん》し、左大臣以下《さだいじんいか》の者《もの》は東西《とうざい》に面《めん》するのである。〉。

❖昨日《きのう》、侍従中納言《じじゅうちゅうなごん》〈行成《ゆきなり》。〉、資平《すけひら》を以《もっ》て問《と》ひ送《おく》る事等《ことなど》有《あ》り。節会《せちえ》の日《ひ》、親王《しんのう》、宜陽殿《ぎようでん》に着《ちゃく》すや否《いな》やの事《こと》、読奏《どくそう》の日《ひ》、大臣《だいじん》の座《ざ》、北面《ほくめん》か東面《とうめん》か等《など》の事《こと》なり。「右《う》大臣《だいじん》と相論《そうろん》す」と云々《しかじか》。疑問《ぎもん》有《あ》るか。今日《きょう》、詳《つまび》らかに以《もっ》て答報《とうほう》し訖《おわ》んぬ〈節会《せちえ》の日《ひ》、親王《しんのう》、宜陽殿《ぎようでん》に着《ちゃく》す。之《こ》れ例事《れいじ》なり。読奏《どくそう》の日《ひ》、大臣《だいじん》、北面《ほくめん》し、已次《いし》、東西《とうざい》に面《めん》す。唯《ただ》、太政大臣《だいじょうだいじん》有《あ》る時《とき》、太政大臣《だいじょうだいじん》、北面《ほくめん》し、左大臣已下《さだいじんいげ》、東西《とうざい》に面《めん》するなり。〉。

昨日侍従中納言〈行成、〉以二資平一有二問送事等一、節会日親王着二宜陽殿一乎否事、読奏日大臣座北面歟東面歟等事也、与二右大臣一相論云々、有二疑問一歟、今日詳以答報訖〈節会日親王着二宜陽殿一之例事也、読奏日大臣北面、已次東西面、唯有二太政大臣一之時、太政大臣北面、左大臣已下東西面也、〉、

✽すでに揺るぎない儀式の権威となっていた実資《さねすけ》の許《もと》には、政務や儀式に関する問い合わせや、日記貸与の申し込みが相次いでいた。ここは、これも若い頃から儀式に一家言持っていた行成《ゆきなり》から、節会《せちえ》の日に親王が宜陽殿《ぎようでん》に着すかどうか、読奏《どくそう》の日に大臣は北面するのか東面するのかについて、問い合わせがきた。

自説に固執したがる顕光《あきみつ》と議論して納得がいかなかったので、実資に問うたのである。もちろん実資は、適切に回答している。儀式に関するこういったやりとりを日記に記録することが、将来の儀式のスタンダード作りに有益となるのである。

・二月十五日（秘閣本〈略本〉）　藤原頼通春日詣／一条天皇の陪膳伺候せず

「左衛門督《さえもんのかみ》（藤原《ふじわらの》）頼通卿《よりみちきょう》が春日社《かすがしゃ》に参《まい》った。殿上人《てんじょうびと》や地下人《じげにん》の四位《しい》・五《ご》位《い》・六位《ろくい》の者《もの》は、すべて催促《さいそく》して使役《しえき》し、連《つ》れて参《まい》った。もし饗応《きょうおう》しなかったならば、深《ふか》く怒《おこ》った」と云《い》うことだ。……（藤原《ふじわらの》）資平《すけひら》が云《い》ったことには、「度々《たびたび》、催促《さいそく》が有《あ》りました」と云《い》うことだ。ところが付《つ》き従《したが》わせなかった。「大臣《だいじん》（藤原道長《ふじわらのみちなが》）は何《なに》かにつけて不快《ふかい》でした」と云《い》うことだ。……資平《すけひら》が申《もう》し送《おく》って云《い》ったことには、「昨日《きのう》と今日《きょう》は、謹慎《きんしん》するところが有《あ》りました。ところが今日《きょう》、一条天皇《いちじょうてんのう》の給仕《きゅうじ》が控《ひか》えていませんので、内《うち》（一条天皇《いちじょうてんのう》）の召《め》しが有《あ》りました。これを如何《いかが》いたしましょう」ということだ。参《まい》るよう答《こた》えた。午《うま》の後刻《ごこく》（午後〇時《ごごれいじ》－午後一時《ごごいちじ》）、来《き》て云《い》ったことには、「殿上人《てんじょうびと》は、すべて左衛門督《さえもんのかみ》に付《つ》き従《したが》って春日社《かすがしゃ》に参《まい》りました」と云《い》うことだ。そこで資平《すけひら》を内裏《だいり》に参《まい》らせた。暗《くら》くなって、内裏《だいり》から来《き》て云《い》ったことには、「二度《にど》、給仕《きゅうじ》を奉仕《ほうし》しました。主上《しゅじょう》（一条天皇《いちじょうてんのう》）がおっしゃって云《い》われたことには、『殿上人《てんじょうびと》の男《おとこ》たちは、皆《みな》、春日社《かすがしゃ》に参《まい》ったのか』と云《い》うことでした。（藤原《ふじわらの》）説孝朝臣《ときたかあそん》と左大弁《さだいべん》（藤原《ふじわらの》）相尹朝臣《すけただあそん》〈左馬頭《さまのかみ》。〉は、休暇届《きゅうかとどけ》を進上《しんじょう》し、その他《た》の者《もの》は春日社《かすがしゃ》に参《まい》っているということを申《もう》しあげました。天皇《てんのう》がおっしゃって云《い》ったことには、『明日《あす》もまた、給仕《きゅうじ》はいないのか』と。天皇《てんのう》の意向《いこう》を伺《うかが》わせると、明日《あす》も給仕《きゅうじ》を奉仕《ほうし》するようにとのようでした」と云《い》うことだ。……

❖「左衛門督頼通卿《さえもんのかみよりみちきょう》、春日《かすが》に参《まい》る。雲上《うんじょう》の侍臣《じしん》、地下《じげ》の四位《しい》・五位《ごい》・六位《ろくい》、悉《ことごと》く以《もっ》て催《もよお》し役《えき》し、随身《ずいじん》して参入《さんにゅう》す。若《も》し響応《きょうおう》せずんば、深《ふか》く忿怒《ふんぬ》を結《むす》ぶ」と云々《しかじか》。……資平《すけひら》、云《い》はく、「度々《たびたび》、気色有《けしきあ》り」と云々《しかじか》。然《しか》れども追従《ついしょう》せしめず。「事《こと》に触《ふ》れて不快《ふかい》」と云々《しかじか》。……資平《すけひら》、申《もう》し送《おく》りて云《い》はく、「昨《きのう》・今《きょう》、慎《つつし》む所有《ところあ》り。而《しか》るに今日《きょう》、陪膳《ばいぜん》、候《こう》ぜざるに依《よ》り、内《うち》の召《め》し有《あ》り。之《これ》を如何為《いかんせ》ん」てへり。参入《さんにゅう》すべき由《よし》を答《こた》ふ。午後《ごご》、来《き》たりて云《い》はく、「雲上《うんじょう》の侍臣《じしん》、悉《ことごと》く金吾《きんご》に従《したが》ひて春日《かすが》に参《まい》る」と云々《しかじか》。仍《よ》りて資平《すけひら》をして内《うち》に参《まい》らしむ。暗《くら》きに入《い》りて、内《うち》より来《き》たりて云《い》はく、「両度《りようど》、陪膳《ばいぜん》を奉仕《ほうし》す。主上《しゆじよう》、仰《おお》せられて云《い》はく、『殿上《てんじよう》の男等《おとこなど》、皆《みな》、春日《かすが》に参《まい》るか』と云々《しかじか》。説孝朝臣《ときたかあそん》・左大弁相尹朝臣《さだいべんすけただあそん》〈左馬頭《さまのかみ》。〉、假文《かぶん》を進《たてまつ》り、其《そ》の外《ほか》、春日《かすが》に参《まい》る由《よし》を奏《そう》す。仰《おお》せて云《い》はく、『明日《あす》、又《また》、陪膳《ばいぜん》、候《こう》ぜざるか』と。天気《てんき》を見《み》しむるに、明日《あす》、陪膳《ばいぜん》を奉仕《ほうし》すべきに似《に》る」と云々《しかじか》。……

左衛門督頼通卿参二春日一、雲上侍臣、地下四位・五位・六位悉以催役随身参入、若不二響応一、深結二忿怒一云々、……資平云、度々有二気色一云々、然而不レ令二追従一、触レ事不快云々、……資平申送云、昨・今有レ所レ慎、而今日依二陪膳不一レ候、有二内召一、為二之如何一者、答下可二参入一之由上、午後来云、雲上侍臣悉従二金吾一参二春日一云々、仍資平令レ参レ内、入レ暗自レ内来云、両度奉二仕陪膳一、主上被レ仰云、殿上男等皆参二春日一歟云々、奏下説孝朝臣・左大弁相尹朝臣〈左馬頭〉、進二假文一、其外参二春日一之由上、仰云、明日又陪膳不レ候歟、令レ見二天気一、似二明日可一レ奉二仕陪膳一云々、……

✿当時、摂関春日詣《せつかんかすがもうで》という儀式があり、摂政や関白は多くの貴族を引き連れて藤原《ふじわら》氏の氏神《うじがみ》である春日社に参詣《さんけい》した。早くから道長《みちなが》の後継者として扱われていた頼通《よりみち》も、この年、その予行演習を行なったといったところであろうか。

ところが、頼通の春日詣に際し、道長の命で殿上人や地下人《じげにん》のほとんどが扈従《こしょう》してしまい、一条《いちじょう》天皇の食事の陪膳《ばいぜん》に奉仕する者がいなくなってしまった。「殿上の男等、皆、春日に参るか」「明日、又、陪膳、候ざるか」という一条の言葉は、むしろ悲惨にさえ響く。すでに一条の退位は道長の政治日程に上っており、一条に対する扱いにも変化が生じてきているのであろう。

・三月六日（秘閣本〈略本〉）道長解除の怪異

或《ある》いは云《い》ったことには、「大臣《だいじん》（藤原道長《ふじわらのみちなが》）が穢《え》を祓《はら》い清《きよ》める為《ため》、先日《せんじつ》、河辺《かわべ》に臨《のぞ》まれた際《さい》、車副《くるまぞい》の男《おとこ》が、途中《とちゅう》〈堤《つつみ》のあたり。〉に於《お》いて、鼻血《はなぢ》を流《なが》し出《だ》し、牛《うし》の綱《つな》を捨《す》てて逃《に》げた」ということだ。「また、祓《はらえ》の際《さい》、風《かぜ》が吹《ふ》いて陰陽師《おんみょうじ》が差《さ》した御麻《おんぬさ》を切《き》った。見《み》た者《もの》が云《い》ったことには、『不吉《ふきつ》である』

と。また、烏《からす》が祓所《はらえどころ》に来《く》ることが止《や》まなかった。穢以前《えいぜん》に□烏《からす》が集《あつ》まった」と云《い》うことだ。

❖或《ある》いは云《い》はく、「相府《しょうふ》、穢《え》の事《こと》を祓《はら》ひ清《きよ》めんが為《ため》、一日《いちじつ》、河頭《かとう》に臨《のぞ》まる間《かん》、車副《くるまぞい》の男《おとこ》、途中《とちゅう》〈堤《つつみ》の辺《あた》り。〉に於《お》いて、鼻血《はなぢ》を流《なが》し出《い》だし、牛《うし》の綱《つな》を棄《す》てて走《はし》る」てへり。「亦《また》、解除《げじょ》の程《ほど》、風吹《かぜふ》きて陰陽師《おんみょうじ》の指《さ》す所《ところ》の御麻《おんぬさ》を切《き》る。見《み》る者《もの》、云《い》はく、『不吉《ふきつ》』と。亦《また》、烏《からす》、祓所《はらえどころ》に来《く》ること止《や》まず。穢以前《えいぜん》、□烏《からす》、相集《あいつど》ふ」と云々《しかじか》。

或云、相府穢事為二祓清一、一日被レ臨二河頭一之間、車副男於二途中〈堤辺〉一、鼻血流出棄二牛綱一走者、亦解除程風吹切二陰陽師所レ指御麻一、見者云不吉、亦烏不下来二祓所一止上、穢以前□烏相集云々、

✻道長は、正月八日からふたたび金峯山詣《きんぷせんもうで》のための長斎《ちょうさい》を始めていた（『御堂関白記《みどうかんぱくき》』）。寛弘《かんこう》四年（一〇〇七）の金峯山詣に彰子《しょうし》の懐妊祈願という意味が含まれていたとする

ならば、この時には敦成《あつひら》親王の立太子（つまり一条天皇の譲位）も祈願しようとしていたのであろうか。

この金峯山詣は、三月二日に道長の長斎処である枇杷殿《びわどの》に犬の産穢《さんえ》があり、この六日にそれを解除《げじょ》しようとしたところ、またもや数々の怪異《かいい》が重なって、八日、道長自身の金峯山詣は中止となった。道長は済信僧都《さいしんそうず》を代参に遣わそうとしたのであるが、その済信も腫物《しゅもつ》を思い、十二日、結局はすべて中止ということになった。道長の大願成就に対する人々の様々な思いが、様々な形で襲いかかってきたのであろう。

・七月十二日（前田本甲〈広本〉）　一条院、土葬の意向

一条院《いちじょういん》に参《まい》った。春宮大夫《とうぐうだいぶ》（藤原斉信《ふじわらのただのぶ》）と藤中納言《とうちゅうなごん》（藤原隆家《ふじわらのたかいえ》）に会《あ》った。清談《せいだん》のついでに云《い》ったことには、「故院《こいん》（一条院《いちじょういん》）が御存生《ごぞんじょう》の日《ひ》、中宮《ちゅうぐう》（藤《ふじ》原彰子《わらのしょうし》）と左大臣《さだいじん》（藤原道長《ふじわらのみちなが》）におっしゃられ、また近習《きんじゅう》の人々《ひとびと》におっしゃ

られて云《い》ったことには、『土葬《どそう》の礼《れい》を行《おこ》なわれるように。また、御骨《おんほね》を円《えん》融院法皇《ゆういんほうおう》の御陵《ごりょう》のあたりに埋《う》めるように』ということでした。ところが忘《わす》れてしまって、その事《こと》を行《おこ》ないませんでした。大臣《だいじん》（道長《みちなが》）は思《おも》い出《だ》して、また嘆息《たんそく》しました。そこで御骸骨《おんがいこつ》をしばらく円成寺《えんじょうじ》に安置《あんち》し、三箇年《さんかねん》を過《す》ぎて〈大将軍《たいしょうぐん》が西方《さいほう》にいる。〉、円融院法皇《えんゆういんほうおう》の陵《りょう》のあたりに移《うつ》すこととなりました。……」ということだ。

❖院《いん》に参《まい》る。春宮大夫《とうぐうだいぶ》・藤中納言《とうちゅうなごん》等《など》に相遇《あいあ》ふ。清談《せいだん》の次《つ》いでに云《い》はく、「故院《こいん》、御存生《ごぞんじょう》の日《ひ》、中宮《ちゅうぐう》・左府《さふ》に聞《き》かせられ、又《また》、近習《きんじゅう》の人々《ひとびと》に仰《おお》せられて云《い》はく、『土葬《どそう》の礼《れい》を行《おこ》なはるべし。又《また》、御骨《おんほね》を円融院法皇《えんゆういんほうおう》の御陵《ごりょう》の辺《あた》りに埋《う》め奉《たてまつ》るべし』てへり。而《しか》るに忘却《ぼうきゃく》して其《そ》の事《こと》を行《おこ》なはず。相府《しょうふ》、思《おも》ひ出《い》だし、又《また》、歎息《たんそく》す。仍《よ》りて御骸骨《おんがいこつ》を暫《しば》く円成寺《えんじょうじ》に安置《あんち》し奉《たてまつ》り、三箇年《さんかねん》を過《す》ぎ〈大将軍《たいしょうぐん》、西方《さいほう》に在《あ》り。〉、円《えん》融院法皇《ゆういんほうおう》の陵《りょう》の辺《あた》りに移《うつ》し奉《たてまつ》るべし。……」てへり。

参レ院、相二遇春宮大夫・藤中納言等一、清談次云、故院御存生日被レ聞二中宮・左府一、又被レ仰二近習人々一云、可レ被レ行二土葬礼一、又御骨可レ奉レ埋二円融院法皇御陵辺一者、而忘却不レ行二其事一、相府思出又歎息、仍御骸骨暫奉レ安二置円成寺一、過二三箇年一〈大将軍在二西方一〉、可レ奉レ移二円融院法皇陵辺一……者、

✻五月二十二日に病に倒れた一条天皇は、東宮居貞《おきさだ》親王に譲位し、敦成親王を立太子させたうえで、六月二十二日に死去した。ただ残念なことに、『小右記《しょうゆうき》』はこの年は夏巻（四・五・六月）が残されていないので、その間の動きを知ることはできない。秋巻（七・八・九月）から、また詳細な記事が残されている。ここは七月八日の一条の葬送《そうそう》（火葬）に続いて、九日に道長が、葬送について一条が生前に道長や彰子、近習に語っていた意向を思い出して行成に語った内容が、十二日にいたって実資の耳に届いたのである。

それは、（藤原定子《ていし》と同じく）土葬して父の円融院《えんゆういん》御陵の側に置いて欲しいというものであった。逆ならば何とかなるが、すでに火葬してしまった場合は、もう手遅れであった。しかも遺骨は東山《ひがしやま》の円成寺《えんじょうじ》に安置され、希望どおり円融陵（北山《きたやま》の朱山《しゅやま》にある火葬塚か）の側に葬られたのは、九年も経った寛仁《かんにん》四年（一〇二〇）のことであっ

た。

なお、「日ごろ惣《すべ》て覚えず。只今、思い出だすなり。然れども定めて益《えき》無き事、已《すで》に定まれるなり」という道長の言葉（『権記《ごんき》』）は、一条に対する彼の関わり方を最後に象徴したものであろう。

・七月十八日（前田本甲〈広本〉）公任父子、一条院を等閑／俊賢等、一条院を誹謗

「皇太后宮大夫《こうたいごうぐうだいぶ》（藤原公任《ふじわらのきんとう》）および子《こ》の（藤原《ふじわらの》）定頼《さだより》が、故院《こいん》（一条院《いちじょういん》）の御《おん》為《ため》に、疎《おろそ》かにする事《こと》があった」と云《い》うことだ。「先夜《せんや》、左大臣《さだいじん》（藤原道長《ふじわらのみちなが》）の宿所《しゅくしょ》に於《お》いて、近習《きんじゅう》の公卿《くぎょう》たちが会合《かいごう》し、一条院《いちじょういん》の悪口《わるくち》を言《い》い、馬鹿《ばか》にしてからかったことが有《あ》った」と云《い》うことだ。「その先頭《せんとう》の人《ひと》は、礼部納《れいほうな》言《ごん》〈（源《みなもとの》）俊賢《としかた》。〉であった」と云《い》うことだ。年齢《ねんれい》は五十歳《ごじっさい》を過《す》ぎ、本人《ほんにん》は

一条院《いちじょういん》の一族《いちぞく》ではないか。ああ、ああ。

❖「皇太后宮大夫《こうたいごうぐうだいぶ》幷《なら》びに子《こ》定頼《さだより》、故院《こいん》の奉為《おおんため》、等閑《とうかん》の事有《ことあ》り」と云々《しかじか》。「一夜《いちや》、左《さ》府《ふ》の宿所《しゅくしょ》に於《お》いて、近習《きんじゅう》の上達部《かんだちめ》、会合《かいごう》し、誹謗《ひぼう》・嘲哢《ちょうろう》すること有《あ》り」と云々《しかじか》。「其《そ》の専一《せんいつ》の人《ひと》、礼部納言《れいほうなごん》〈俊賢《としかた》。〉」と云々《しかじか》。齢《よわい》、艾年《がいねん》を過《す》ぎ、人《ひと》、一族《いちぞく》に非《あら》ずや。嗟乎《ああ》、々々《ああ》。

皇太后宮大夫幷子定頼奉㆓為故院㆒有㆓等閑事㆒云々、一夜於㆓左府宿所㆒、近習上達部会合、有㆓誹謗・嘲哢㆒云々、其専一人礼部納言〈俊賢〉云々、齢過㆓艾年㆒、人非㆓一族㆒、嗟乎々々、

✽十七日、道長の直廬《じきろ》において、一条院の後院別当《ごいんべっとう》の俊賢《としかた》をはじめとする近習の公卿《くぎょう》が、一条を誹謗《ひぼう》・嘲弄《ちょうろう》するという事件が起こった。道長もその場にいたのであろうが、いったい彼らは一条のことをどのように愚弄していたのであろうか。おそらくは定子と敦康《あつやす》親王についてであろうが。

また、翌十八日にも、今度は公任《きんとう》父子に、一条に対して「等閑《なおざり》の事」があった。連日このようなことが起こっているのは、どのような事情が存在したのであろうか。

・七月二十六日（前田本甲〈広本〉）斉信・俊賢、道長に讒言／俊賢、顧問の臣たるべきを奏上

近日《きんじつ》、上下《じょうげ》の者《もの》が云《い》ったことには、「（藤原《ふじわらの》）斉信《ただのぶ》・（源《みなもとの》）俊賢《としかた》の二人《ふたり》は、左大臣《さだいじん》（藤原道長《ふじわらのみちなが》）の宿所《しゅくしょ》に於《お》いて、毎日《まいにち》、尊卑《そんぴ》の者《もの》を悪《わる》く言《い》っている。特《とく》に俊賢《としかた》は、狂《くる》ったようである」と。或《ある》いは云《い》ったことには、「俊賢《としかた》は、先主《せんしゅ》（一条天皇《いちじょうてんのう》）の代《だい》のように、顧問《こもん》の臣《しん》となるということを、書状《しょじょう》で女《にょう》房《ぼう》〈天皇《てんのう》の御乳母《おんめのと》。所謂《いわゆる》、本宮宣旨《ほんぐうせんじ》。〉の許《もと》に送《おく》った。すぐに三条天皇《さんじょうてんのう》に申《もう》しあげたところ、天皇《てんのう》の機嫌《きげん》は不快《ふかい》となった」と云《い》うことだ。聞《き》く毎《ごと》に、このような事《こと》ばかりである。もしかしたら尋常《じんじょう》ではないのではないか。貪《どん》

欲《よく》・謀略《ぼうりやく》の風聞《ふうぶん》が、共《とも》に高《たか》い人《ひと》である。

❖近日《きんじつ》、上下《じようげ》、云《い》はく、「斉信《ただのぶ》・俊賢両人《としかたりようにん》、左相府《さしようふ》の宿所《しゆくしよ》に於《お》いて、毎日《まいにち》、尊卑《そんぴ》を讒言《ざんげん》す。就中《なかんずく》、俊賢《としかた》、狂《くる》ふがごとし」と。或《ある》いは云《い》はく、「俊賢《としかた》、先主《せんしゆ》の時《とき》のごとく、顧問《こもん》の臣《しん》たるべき由《よし》を、書状《しよじよう》を以《もつ》て女房《にようぼう》〈御乳母《おんめのと》。所謂《いわゆる》、本宮宣旨《ほんぐうせんじ》。〉の許《もと》に送《おく》る。即《すなわ》ち奏聞《そうもん》を経《ふ》るに、天気《てんき》、不快《ふかい》」と云々《しかじか》。聞《き》く毎《ごと》に此《か》くのごとき事《こと》なり。若《も》しくは尋常《じんじよう》ならざるか。貪欲《どんよく》・謀略《ぼうりやく》、其《そ》の聞《き》こえ、共《とも》に高《たか》き人《ひと》なり。

近日上下云、斉信・俊賢両人於二左相府宿所一、毎日讒二言尊卑一、就中俊賢如レ狂、或云、俊賢如二先主之時一可レ為二顧問臣一之由、以二書状一送二女房〈御乳母、所謂本宮宣旨、〉許一、即経二奏聞一、天気不快云々、毎レ聞如レ此事、若不二尋常一歟、貪欲・謀略其聞共高之人也、

✲どうも代替わりや政権交代があると、出世を求めてうごめく連中が出てくるものである。この日、斉信《ただのぶ》と俊賢の二人が、道長の直廬において、毎日、尊卑《そんぴ》の者を讒言《ざんげん》しているという情報が実資に届いた。

また俊賢は、一条天皇の時代のように顧問《こもん》の臣となることを、書状で三条天皇《さんじょう》の女房《にょうぼう》の許《もと》に送ったという報も届いた。その女房が三条に奏聞したところ、三条は「天気《てんき》不快」となったとのこと。実資が嘆くまでもなく、何ともやるせない気分になってくる情報であるが、公卿社会における昇進だけが、子孫を存続させる方途であった彼らであってみれば、とても笑うわけにはいかない。

このように、若い頃は仲が良くて、互いに尊重し合っていた仲間が、年齢を重ねて出世が見えてくると、だんだんと敵視し合うようになるというのは、現代でもよく見られることであろうが、実資ならずとも天を見上げるばかりである。

・七月三十日（前田本甲〈広本〉）道長・公季・実資の議論／『公卿補任』

申刻《さるのこく》（午後《ごご》三時《さんじ》－五時《ごじ》）の頃《ころ》、故院《こいん》（一条院《いちじょういん》）に参《まい》った。左大臣《さだいじん》（藤原道長《ふじわらのみちなが》）・内大臣《ないだいじん》（藤原公季《ふじわらのきんすえ》）と次席《じせき》の公卿《くぎょう》が集《あつ》まった。御念仏《ごねんぶつ》の間《あいだ》、御前《ごぜん》に控《ひか》えた。

両大臣《りようだいじん》（道長《みちなが》・公季《きんすえ》）と清談《せいだん》した。私《わたし》（藤原実資《ふじわらのさねすけ》）は言語《げんご》を交《かわ》した。左大臣《さだいじん》の機嫌《きげん》は、はなはだ温和《おんわ》であった。和《な》やかで、不快《ふかい》であることは無《な》かった。内大臣《ないだいじん》が云《い》ったことには、「醍醐天皇《だいごてんのう》の臨終《りんじゆう》の頃《ころ》、貞信公《ていしんこう》（藤原忠平《ふじわらのただひら》）が太《だい》政大臣《じようだいじん》に任《にん》じられた」ということだ。私《わたし》が答《こた》えて云《い》ったことには、「そうではない事《こと》です。朱雀院《すざくいん》のご治世《ちせい》でしょう」と。あれこれ議論《ぎろん》した。左大《さだい》臣《じん》は疑《うたが》い、内大臣《ないだいじん》だけが確執《かくしつ》した。私《わたし》が云《い》ったことには、「『公卿補任《くぎようぶにん》』を見《み》て決《けっ》すればよいでしょう」と。左大臣《さだいじん》は御宿所《おんしゆくしよ》に取《と》りにやった。開《ひら》いて見《み》たところ、やはり私《わたし》の言《い》ったとおりであった。左大臣《さだいじん》は大《おお》いに笑《わら》った。内大臣《ないだいじん》は答《こた》えるところが無《な》いばかりであった。

❖申剋《さるのこく》ばかり、故院《こいん》に参《まい》る。左大臣《さだいじん》・内大臣及《ないだいじんおよ》び已次《いし》の卿相《けいしよう》、会《かい》す。御念仏《ごねんぶつ》の間《あいだ》、御前《ごぜん》に候《こう》ず。両府《りようふ》と清談《せいだん》す。予《よ》、言語《げんご》を交《かわ》す。左府《さふ》の気色《けしき》、太《はなは》だ温和《おんわ》なり。和《わ》して不快《ふかい》なること無《な》し。内府《ないふ》、云《い》はく、「醍醐先帝《だいごせんてい》の臨終《りんじゆう》の比《ころ》、貞信公《ていしんこう》、太政大臣《だいじようだいじん》を拝《はい》し給《たま》ふべし」てへり。余《よ》、答《こた》へて云《い》はく、「然《しか》らざる事《こと》なり。朱雀院《すざくいん》の御時《おんとき》か」と。左右《とこう》、云々《うんぬん》。左府《さふ》、疑慮《ぎりよ》有《あ》り、内府《ないふ》ばかり、確執《かくしつ》す。予《よ》、云《い》はく、「『公《く》卿補任《ぎようぶにん》』を以《もつ》て決《けつ》すべし」と。左府《さふ》、御宿所《おんしゆくしよ》に取《と》り遣《つか》はす。抜《ひら》き見《み》る処《ところ》、果《は》たして予《よ》の言《げん》有《あ》り。左府《さふ》、大《おお》いに咲《わら》ふ。内府《ないふ》、答《こた》ふる所無《ところな》きのみ。

申剋許参二故院一、左大臣・内大臣及已次卿相会、御念仏間候二御前一、両府清談、予交二言語一、左府気色太温和、々無二不快一、内府云、醍醐先帝比二臨終一、貞信公可下拝二太政大臣一給上者、余答云、不レ然事也、朱雀院御時歟、左右云々、左府有二疑慮一、内府許確執、予云、以二公卿補任一可レ決、左府取二遣御宿所一、披見之処、果有二予言一、左府大咲、内府無レ所レ答而已、

✲皆の共通の先祖として尊敬を集めた忠平《ただひら》が太政大臣に任じられた年をめぐって、公《きん》季《すえ》と実資の間で議論となった。実資が『公卿補任《くぎようぶにん》』を見ればわかると言ったので、道長が直廬に『公卿補任』を取りに遣《や》らせたところ、実資の言ったとおりであった。なお、忠平が太政大臣に任じられたのは朱雀《すざく》天皇の承平《じようへい》六年（九三六）のことである。『公卿補任』は一八六八年（明治《めいじ》元）にいたる間の、公卿を対象とする毎年の官員録。『歴運記《れきうんき》』を基として、延喜《えんぎ》年間（九〇一―二三）以降に成立した。その後も毎

年書き継がれたものと考えられる。
ここは道長が座右に『公卿補任』を置いていたことがわかる史料でもある。なお、『小右記』には長徳《ちょうとく》元年（九九五）五月、実資が夜中に『公卿補任』を引見《いんけん》したという記事がある。

・九月二日（前田本甲〈広本〉）密々の奏上

五日《いつか》の官職任命《かんしょくにんめい》の儀式《ぎしき》は、重日《じゅうにち》の忌《い》みがあるということを、密《ひそ》かに女房《にょうぼう》を介《かい》して三条天皇《さんじょうてんのう》に伝《つた》えて申《もう》しあげさせた。このような事《こと》は、密《ひそ》かに申《もう》しあげさせるよう、蔵人《くろうど》や女房《にょうぼう》を介《かい》して仰《おお》せが有《あ》ったからである。

❖五日《いつか》の除目《じもく》、重日《じゅうにち》の忌《い》みたるべき由《よし》、密々《みつみつ》に女房《にょうぼう》を以《もつ》て達《たつ》し奏《そう》せしめ了《おわ》んぬ。然《しか》るべき事《こと》、密々《みつみつ》に奏《そう》せしむべき由《よし》、男女《だんじょ》の人《ひと》を以《もつ》て仰《おお》せ有《あ》る故《ゆえ》なり。

五日除目可㆓重日忌㆒之由、密々以㆓女房㆒令㆓達奏㆒了、可㆑然之事密々可㆑令㆑奏之由、以㆓男女人㆒有㆑仰之故也、

✽九月五日には東宮敦成の坊官除目《ぼうかんじもく》が予定されていたが、二日、実資は、五日は重日《じゅうにち》の忌みがあるということを、密々に女房を介して三条天皇に奏上させた。その結果、除目の延期が四日に決定し、三条から実資に悦《よろこ》びの仰せが伝えられた。何故《なにゆえ》に実資がこのような密奏《みっそう》を行なったかというと、「しかるべきことを密々に奏上せよ」という仰せが、あらかじめ三条から実資に伝えられていたからであった。

確かに、故実《こじつ》に明るい実資の意見を取り入れることは、政務や儀式の円滑な運営に資するところは多かろうが、このような秘密の行動は、宮廷社会にはすぐに知れわたるものである。その報を耳にした時の道長や公卿たちの気持ちを考えると、あまり有効な方法とは考えられない。

三条が東宮時代に側近としていたのは、無能で有名な道綱《みちつな》であったが、さすがに即位した後は、政務や儀式に暗い道綱を頼りにするわけにはいかなかったであろう。道長には関白就任を拒絶されたとなると、有能でどの天皇にも忠実な実資を頼るしかなかったのであろう。

・九月十六日（前田本甲〈広本〉）大嘗会悠紀主基行事所始／即位式の幡

今日《きょう》の午刻《うまのこく》（午前十一時《ごぜんじゆういちじ》－午後一時《ごごいちじ》）、米《こめ》や酒《さけ》を献上《けんじょう》する第一《だいいち》・第二《だいに》の国郡《こくぐん》の行事所《ぎょうじしょ》を始《はじ》めた。……今日《きょう》、右近将監《うこんのしょうげん》（身人部《むとべの》）仲重《なかしげ》が、左兵衛府《さひょうえふ》と右兵衛府《うひょうえふ》の旗《はた》を持《も》って来《き》た。これは鬼頭《おにがしら》の縁《ふち》の幡《はた》である。「この府《ふ》の大儀《たいぎ》の様々《さまざま》な道具《どうぐ》は、納倉《おさめぐら》が焼失《しょうしつ》した際《さい》に、すべて焼失《しょうしつ》しました。隣《となり》の府《ふ》の器仗《きじょう》を借《か》り、手本《てほん》として調備《ちょうび》させたのです。ただし左兵衛府《さひょうえふ》の鬼頭《おにがしら》の縁《ふち》の繍《しゅう》は、『左虎賁衛《さこほんえい》の鬼頭《おにがしら》』と有《あ》ります」ということだ。この銘《めい》を見《み》ると、長年《ながねん》の憤《いきどお》りを散《さん》じたばかりである。先年《せんねん》、左大臣《さだいじん》（藤原道長《ふじわらのみちなが》）が左大将《さだいしょう》であった日《ひ》、大将《たいしょう》を辞任《じにん》する文書《もんじょ》を進上《しんじょう》した。私《わたし》（藤原実資《ふじわらのさねすけ》）は一条天皇《いちじょうてんのう》の回答《かいとう》を作成《さくせい》させよとの命令《めいれい》を聞《き》いて、大内記《だいないき》（紀《きの》）斉名《ただな》に命《めい》じて作成《さくせい》させた。大《たい》将《しょう》の職《しょく》を「虎賁《こほん》」と記《しる》すことが有《あ》った。私《わたし》が疑《うたが》って非難《ひなん》し、云《い》ったことには、『虎賁《こほん》』が将軍《しょうぐん》を指《さ》す文書《もんじょ》が有《あ》るのか」と。その答《こたえ》は明《あき》らかではなかった。そこで直《なお》して「羽林《うりん》」とした。この事《こと》は、長年《ながねん》、鬱屈《うっくつ》して問《と》うていたものである。今《いま》、左兵衛府《さひょうえふ》の旗《はた》の銘《めい》を見《み》ると、無知《むち》を開《ひら》くことに感動《かんどう》した。あの時《とき》の愚《おろ》かな疑問《ぎもん》は、今日《きょう》、たまたま当《あ》たった。後《のち》の為《ため》に、いささか由緒《ゆいしょ》を記《しる》す。

❖今日《きょう》、午剋《うまのこく》、悠紀《ゆき》・主基行事所《すきぎょうじしょ》を始《はじ》む。……今日《きょう》、将監仲重《しょうげんなかしげ》、左兵衛《さひょうえ》・右兵衛府《うひょうえふ》の旌《せい》を持《も》ち来《き》たる。是《こ》れ纛《とう》の縁等《ふちなど》の幡《はた》なり。「当府《とうふ》の大儀《たいぎ》の雑具《ぞうぐ》、納倉《おさめぐら》の焼亡《しょうぼう》の次《つ》いでに悉《ことごと》く焼失《しょうしつ》す。傍府《ぼうふ》の器仗《きじょう》を借《か》り、本《もと》と為《し》て調《ととの》へしむるなり。但《ただ》し左兵衛府《さひょうえふ》の纛《とう》の縁《ふち》の繡《しゅう》、『左虎賁衛纛《さこほんえいとう》』と有《あ》り」てへり。件《くだん》の銘《めい》を見《み》るに、年来《ねんらい》の憤《いきどお》りを散《さん》ずるのみ。先年《せんねん》、左相国《さしょうこく》、左大将《さだいしょう》たる日《ひ》、将軍《しょうぐん》を辞《じ》する表《ひょう》を上《たてまつ》る。余《よ》、勅答《ちょくとう》を作《つく》らしむべき仰《おお》せを奉《うけたまわ》り、大内記斉名《だいないきただな》に仰《おお》せて作《つく》らしむ。大将《たいしょう》の職《しょく》を以《もっ》て「虎賁《こほん》」と作《つく》ること有《あ》り。余《よ》、疑《うたが》ひ難《なん》じて云《い》はく、「『虎賁《こほん》』、将軍《しょうぐん》を指《さ》す文有《ふみあ》るか」と。其《そ》の答《こたえ》、分明《ぶんめい》ならず。仍《よ》りて直《なお》すに「羽林《うりん》」を以《もっ》てす。件《くだん》の事《こと》、年来《ねんらい》、鬱《うっ》し問《と》ふ所《ところ》なり。今《いま》、左武衛《さぶえい》の旌銘《せいめい》を見《み》るに、蒙《もう》を開《ひら》くこと、感有《かんあ》り。彼《か》の時《とき》の愚疑《ぐぎ》、今日《きょう》、偶《たまた》ま中《あた》る。後《のち》の為《ため》、聊《いささ》か由緒《ゆいしょ》を記《しる》す。

今日午剋始二悠紀・主基行事所一、……今日将監仲重持二来左兵衛・右兵衛府旌一、是纛縁等幡也、当府大儀雑具納倉焼亡次悉焼失、借二傍府之器仗一為レ本令レ調也、但左兵衛府纛縁繡有二左虎賁衛纛一者、見二件銘一散二年来憤一耳、先年左相国為二左大将一之日、上下辞二将軍一之表上、余奉下可レ令レ作二勅答一之仰上、々二大内記斉名一令レ作、以二大将職一有レ作二虎賁一、余疑難云、虎賁有下指二将軍一文上乎、其答不二分明一、仍直以二羽林一、件事年来所二鬱問一、今見二左武衛旌銘一、開レ蒙有レ感、彼時愚疑今日偶中、為レ後聊記二由緒一、

✻実は私が『小右記』の膨大な記事のなかでもっとも感動するものが、これである。長徳《ちょうとく》二年（九九六）十月九日、一条天皇は道長の童随身《わらわずいじん》を停《とど》め、随身として左右近衛府生《このえのふしょう》を賜うという勅書《ちょくしょ》を下した。ところが、勅書の草案《そうあん》に、近衛大将を「虎賁《こほん》」と称していたので、実資は「朕の羽林《うりん》を分く」と替えさせた。

実資は十五年前のこれらの疑問をずっと憤り、鬱屈《うっくつ》して頭に留《とど》めていて、この時に解決した喜びを、また後のために日記に記録しているのである。

なお、羽林は近衛府、虎賁《こほん》は武衛《ぶえい》とともに兵衛府《ひょうえふ》の唐名《とうめい》である。「朕の羽林を分く」というのは、一条直属の近衛官人を賜うという意味で適切だったのである。

・十二月十五日（東山御文庫本〈略本〉）北野斎場所／道雅の狂言

今日《きょう》、議場《ぎじょう》に於《お》いて藤大納言《とうだいなごん》（藤原道綱《ふじわらのみちつな》）が云《い》ったことには、「侍臣《じしん》が北野《きたの》の斎場所《さいじょうしょ》に到《いた》り、見物《けんぶつ》を行《おこ》なった。標屋《しめや》を廻《めぐ》って云《い》ったことには、『皇城《こうじょう》の近《ちか》くに大《おお》きな建物《たてもの》を造営《ぞうえい》した』と云《い》うことだ。『高声《こうせい》に念仏《ねんぶつ》を唱《とな》えた』と云《い》うことだ。この事《こと》は三条天皇《さんじょうてんのう》が聴《き》くに及《およ》び、先日《せんじつ》、おっしゃられたのである。あるいは女房《にょうぼう》が洩《も》らしたのか」と云《い》うことだ。その後《ご》、議場《ぎじょう》の壁《かべ》の後《うし》ろに於《お》いて、藤中納言《とうちゅうなごん》（藤原隆家《ふじわらのたかいえ》）も、同《おな》じくこの事《こと》を談《かた》った。「これは春宮亮《とうぐうのすけ》（藤原《ふじわらの》）道雅《みちまさ》が云《い》ったものである。近日《きんじつ》、道雅《みちまさ》の狂言《きょうげん》は取《と》り上《あ》げて数《かぞ》えることができない。あの見物《けんぶつ》の日《ひ》に、高松三位中将《たかまつさんみちゅうじょう》（藤原頼宗《ふじわらのよりむね》）および舎弟《しゃてい》たちを率《ひき》いて吐《は》いた悪言《あくげん》である」と云《い》うことだ。道雅《みちまさ》一人《ひとり》が云《い》ったのではない。「この事《こと》は、藤大納言《とうだいなごん》が申《もう》しあげて天皇《てんのう》が聴《き》いた」と云《い》うことだ。先日《せんじつ》、或《ある》いは云《い》ったことには、「天皇《てんのう》が倚廬《いろ》にいらっしゃった際《さい》、女房《にょうぼう》たちは素服《そふく》を着《き》ていた。道雅朝臣《みちまさあそん》が女房《にょうぼう》の許《もと》に進《すす》み寄《よ》って云《い》ったことには、『着《き》はや、われ着《き》たれ』と云《い》った。呪詛《じゅそ》の詞《ことば》である。女房《にょうぼう》が天皇《てんのう》に伝《つた》えた」と云《い》うことだ。この他《ほか》の悪言《あくげん》は、数《かぞ》え尽《つ》くすことはできない。災《さい》禍《か》の家《いえ》から成長《せいちょう》し、必《かなら》ずまた、凶事《きょうじ》が有《あ》るに違《ちが》いない。万人《ばんにん》が推測《すいそく》するところである。

❖今日《きょう》、陣《じん》に於《お》いて藤大納言《とうだいなごん》、云《い》はく、「侍臣《じしん》、北野《きたの》の斎場所《さいじょうしょ》に到《いた》り、見物《けんぶつ》す。標屋《しめや》を廻《めぐ》りて云《い》はく、『皇城《こうじょう》近《ちか》く大屋《おおや》を造《つく》りたり』と云々《しかじか》。『高声《こうせい》に念仏《ねんぶつ》す』と云々《しかじか》。此《こ》の事《こと》、天聴《てんちょう》に及《およ》び、一日《いちじつ》、仰《おお》せらるるなり。若《も》しくは女房等《にょうぼうなど》、洩《も》らし奏《そう》せるか」と云々《しかじか》。其《そ》の後《のち》、陣《じん》の壁《かべ》の後《うし》ろに於《お》いて、藤中納言《とうちゅうなごん》、同《おな》じく此《こ》の事《こと》を談《だん》ず。「是《こ》れ春宮亮道雅《とうぐうのすけみちまさ》、云《い》ふ所《ところ》なり。近日《きんじつ》、道雅《みちまさ》の狂言《きょうげん》、勝《あ》げて計《かぞ》ふべからず。彼《か》の見物《けんぶつ》の日《ひ》、高松三位中将《たかまつさんみちゅうじょう》 并《なら》びに舎弟等《しゃていなど》を相引《あいひ》きて、吐《は》く所《ところ》の悪言《あくげん》」と云々《しかじか》。道雅一人《みちまさひとり》、云《い》ふに非《あら》ず。「此《こ》の事《こと》、藤大納言《とうだいなごん》、奏《そう》し達《たつ》す」と云《い》ふ。先日《せんじつ》、或《ある》いは云《い》はく、「倚廬《いろ》に御座《おわしま》す間《あいだ》、女房等《にょうぼうなど》、素服《そふく》を着《ちゃく》す。道雅朝臣《みちまさあそん》、女房《にょうぼう》の許《もと》に進《すす》み倚《よ》りて云《い》はく、『着《き》はや、われ着《き》たれ』と云《い》ふ。呪咀《じゅそ》の詞《ことば》なり。女房《にょうぼう》、天聴《てんちょう》に達《たっ》す」と云々《しかじか》。此《こ》の外《ほか》の悪言《あくげん》、数《かぞ》へ尽《つ》くすべからず。禍殃《かおう》の家《いえ》より成長《せいちょう》し、必《かなら》ず又《また》、凶《きょう》有《あ》るべきか。万人《ばんにん》、推《お》す所《ところ》なり。

今日於㆑陣藤大納言云、侍臣到㆓北野斎場所㆒見物、廻㆓標屋㆒云、皇城近く大屋乎造た□と云々、高声念仏云々、此事及㆓天聴㆒、一日被㆑仰也、若女房等洩奏歟云々、其後於㆓陣壁後㆒、藤中納言同談㆓此事㆒、是春宮亮道雅所㆑云也、近日道雅狂言不㆑可㆓勝計㆒、彼見物日高松三位中将幷舎弟等相引所㆑吐之悪言云々、非㆓道雅一人云㆒、此事藤大納言奏達云、先日或云、御㆔座倚廬㆒之間、女房等着㆓素服㆒、道雅朝臣進㆔倚女房許㆓云、着者や、王れ着多礼と云、呪咀詞也、女房達㆓天聴㆒云々、此外之悪言不㆑可㆓数尽㆒、成㆔長自㆓禍殃家㆒、必又可㆑有㆑凶歟、万人所㆑推也、

✲藤原伊周《これちか》の嫡男《ちゃくなん》である「荒三位《あらざんみ》」道雅《みちまさ》は、『枕草子《まくらのそうし》』に出てくる可愛い松君《まつぎみ》のことで、中関白家《なかのかんぱくけ》が政権から離れなければ、摂関の座も狙える立場にあった。しかし、伊周が失脚したことでそれも叶《かな》わず、数々の奇行で名を残すこととなってしまった。

この日の記事には、大嘗会《だいじょうえ》の北野《きたの》斎場で、「皇城近く大屋を造った」と言って高声《こうしょう》念仏《ねんぶつ》を唱えたり、喪服を着した女房の許に進んで呪詞《じゅし》を吐いたとある。実資は、「禍《か》殃《おう》の家（中関白家）より成長し、必ず又、凶有るべきか」と記している。そしてそれは、すぐに現実のものとなることになる。

しかし、摂関政治というのは、まったくの偶然の積み重ねで政権の座に就いたり、逆に没落したりするということが、構造的に決定づけられているものである。たった一人の勝者は、このような没落者の群れに囲まれて生きなければならないのである。

## ◈長和《ちょうわ》元年（一〇一二）

藤原実資五十六歳（正二位、大納言・右大将・按察使）　三条天皇三十七歳

藤原道長四十七歳　藤原妍子十九歳　藤原娍子四十一歳

・四月十二日（前田本甲〈広本〉）人魂、道長邸より出現／不祥雲

右馬允《うまのじょう》（藤原《ふじわらの》）有信《ありのぶ》が云《い》ったことには、「去《さ》る十日《とおか》の黄昏《たそがれ》の頃《ころ》、人魂《ひとだま》が左《さ》大臣《だいじん》（藤原道長《ふじわらのみちなが》）の邸宅《ていたく》から出《で》て、南東《なんとう》の方角《ほうがく》の山辺《やまべ》に落《お》ちました。その光《ひかり》はとても明《あか》るいものでした。人《ひと》は多《おお》くこれを見《み》ました」ということだ。あの時《とき》、男《おとこ》四《し》、五人《ごにん》ほどが庭《にわ》にいて、同《おな》じくこれを見《み》た。私《わたし》（藤原実資《ふじわらのさねすけ》）もまた、これを見《み》た。ただし出《で》た所《ところ》を見《み》ず、落《お》ちた所《ところ》を見《み》た。有信《ありのぶ》の申《もう》すところに合《あ》っている。「去《さ》る八日《ようか》の早朝《そうちょう》、異雲《いうん》が有《あ》った。謂《い》うところの不《ふ》祥雲《しょううん》である」と云《い》うことだ。

❖右馬允《うまのじょう》有信《ありのぶ》、云《い》はく、「去《さ》ぬる十日《とおか》の黄昏《こうこん》、人魂《ひとだま》、左府《さふ》より出《い》で、巽方《たつみかた》の山辺《やまべ》に落《お》つ。其《そ》の光《ひかり》、極《きわ》めて明《あか》し。人《ひと》、多《おお》く之《これ》を見《み》る」てへり。彼《か》の時《とき》、男等《おとこなど》四《し》、五《ご》人《にん》ばかり、庭中《ていちゅう》に居《お》り、同《おな》じく之《これ》を見《み》る。予《よ》、亦《また》、之《これ》を見《み》る。但《ただ》し出《い》づる処《ところ》を見《み》ず、落《お》つる処《ところ》を見《み》る。有信《ありのぶ》の申《もう》す所《ところ》に合《あ》ふ。「去《さ》ぬる八日《ようか》の早朝《そうちょう》、異雲《いうん》有《あ》り。所謂《いわゆる》、不祥雲《ふしょううん》」と云々《しかじか》。

右馬允有信云、去十日黄昏人魂出レ自二左府一、落二巽方山辺一、其光極明、人多見レ之者、彼時男等四五人許居二庭中一同見レ之、予亦見レ之、但不レ見二出処一、見二落処一、合二有信所レ申、去八日早朝有二異雲一、所謂不祥雲云々、

✽人魂《ひとだま》というのは、最近ではプラズマによる発光現象と言われているが、前近代では死体から放出された燐《りん》も含め、空中を浮遊する光り物を、ひろく人魂と称した。古記録にはしばしば、人魂が記録されている。有力な人物が死んだりすると、人魂が目撃されたりするから不思議である。

道長《みちなが》と三条《さんじょう》天皇の確執が明らかとなると、様々な怪異《かいい》が「出現」した。道長の生死に関わる人々の思いが、これらを見させたのであろう。ただ、人魂が東京極《ひがしきょうごく》の土御門《つちみかど》第《てい》から出て、大炊御門《おおいみかど》大路《おおじ》の南、烏丸小路《からすまるこうじ》の西の小野宮《おののみや》上空を飛行し、京の南東の山辺に落ちたとなると、プラズマにしては飛行距離が長すぎる。流星か光球か、何か他の現象を誤認したのであろう。

不祥雲（歩障雲《ほしょううん》とも）は葬列《そうれつ》を表わす凶変の前兆の雲で、定子《ていし》や一条《いちじょう》が死去した際にも出現している。これも何らかの凶事を予感させるものだったのであろう。

### ・四月十六日（前田本甲〈広本〉）　三条天皇、道長の無礼に逆鱗／天皇、実資を味方に

夜《よる》に入《はい》って、（藤原《ふじわらの》）資平《すけひら》が来《き》て云《い》ったことには、「右衛門督《えもんのかみ》（藤原懐平《ふじわらのかねひら》）が云《い》ったことには、『昨日《きのう》、内裏《だいり》に参《まい》って三条天皇《さんじょうてんのう》の御前《ごぜん》に控《ひか》えた。諸事《しょじ》をおっしゃられたついでに云《い》ったことには、「左大臣《さだいじん》（藤原道長《ふじわらのみちなが》）は、私《わたし》（三《さん》条天皇《じょうてんのう》）に礼《れい》が無《な》いことは、もっとも甚《はなは》だしい。この一《いち》、二日《ににち》、寝食《しんしょく》は通例《つうれい》ではない。とても愁《うれ》い思《おも》うことが有《あ》った。必《かなら》ず天《てん》の責《せ》めを受《う》けるのではないか。はなはだ安《やす》らかではない事《こと》である」ということであった。おっしゃられた趣旨《しゅし》は、たいへん多《おお》かったのである。大臣《だいじん》（道長《みちなが》）の為《ため》に、御機嫌《ごきげん》は宜《よろ》しくなかった。そのついでにおっしゃって云《い》われたことには、「右大《うだい》将《しょう》（藤原実資《ふじわらのさねすけ》）を我《わ》が味方《みかた》にする」と云《い》うことだ。「そうあるべき人《ひと》を召《め》して諸事《しょじ》を相談《そうだん》しても、また何事《なにごと》が有《あ》るであろうか」と』ということでし

た」と。

❖夜《よる》に入《い》りて、資平《すけひら》、来《き》たりて云《い》はく、「右衛門督《えもんのかみ》、云《い》はく、『昨《きのう》、内《うち》に参《まい》り、御《ご》前《ぜん》に候《こう》ず。雑事《ぞうじ》を仰《おお》せらるる次《つ》いでに云《い》はく、「左大臣《さだいじん》、我《わ》が為《ため》に礼無《れいな》きこと、尤《もつと》も甚《はなはだ》し。此《こ》の一両日《いちりょうじつ》、寝食《しんしょく》、例《れい》ならず。頗《すこぶ》る愁《うれ》へ思《おぼ》すこと有《あ》り。必《かなら》ず天責《てんせき》を被《こうむ》らんか。太《はなは》だ安《やす》んぜざる事《こと》なり」てへり。仰《おお》せらるる所《ところ》の趣《おもむ》き、極《きわ》めて以《もっ》て多々《たた》たり。相府《しょうふ》の為《ため》に御気色《みけしき》、宜《よろ》しからず。其《そ》の次《つ》いでに仰《おお》せられて云《い》はく、「右大将《うだいしょう》を我《わ》が方人《かたひと》に」と云々《しかじか》。「然《しか》るべき人《ひと》を召《め》して雑事《ぞうじ》を云《い》ひ合《あ》はすに、亦《また》、何事《なにごと》か有《あ》らんや」と』てへり」と。

入㆑夜資平来云、右衛門督云、昨参㆑内候㆓御前㆒、被㆑仰㆓雑事㆒次云、左大臣為㆑我無㆑礼尤甚、此一両日寝食不㆑例、頗有㆓愁思㆒、必被㆓天責㆒歟、太不㆑安事也者、所㆑被㆑仰之趣極以多々、為㆓相府㆒御気色不㆑宜、其次被㆑仰云、右大将乎我方人尓云々、召㆓可㆑然之人㆒云㆓合雑事㆒、亦有㆓何事㆒哉者、

✻実資《さねすけ》の実兄である懐平《かねひら》が三条天皇の御前に伺候した際、道長が無礼であるということを語ったことが、懐平から実子で実資養子の資平《すけひら》を介して実資に伝えられた。実資は続けて、「仰せられた趣旨は、極めて多くに及んでいる」と記している。実際には、日記に記すことのできないような激烈な言葉が発せられていたのであろう。

その次に三条が伝えさせた言葉というのは、実資を味方として、諸事を相談するというものであった。もっとも、実資としても、道長との関係を悪化させている三条から頼りにされても、ありがた迷惑なところだったであろう。

なお、三条を怒らせた道長の行動というのは、すでに死去している大納言藤原済時《なりとき》の女《むすめ》に過ぎない娍子《せいし》を皇后に立てるという意向に対して、それを諫止《かんし》し、四月二十七日と定められた娍子立后の儀に中宮の妍子《けんし》（道長二女）の内裏参入をかち合わせることが知らされたことであろう。

・四月二十七日（前田本甲〈広本〉）　娍子立后／内弁・宣命上卿を務める／宮司除目／本宮の儀

雑用《ざつよう》の者《もの》が来《き》て云《い》ったことには、「先《さき》に式部省《しきぶしょう》が伝《つた》えて云《い》ったことには、『大臣三人《だいじんさんにん》（藤原道長《ふじわらのみちなが》・藤原顕光《ふじわらのあきみつ》・藤原公季《ふじわらのきんすえ》）は、障《さわ》りが有《あ》って参《まい》りません。巳刻《みのこく》（午前九時《ごぜんくじ》－十一時《じゅういちじ》）以前《いぜん》に参《まい》ってください』ということでした」と。何事《なにごと》かを知《し》らない。推量《すいりょう》したところは、もしかしたら今日《きょう》の立后《りっごう》の事《こと》であろうか。左大臣《さだいじん》（道長《みちなが》）を憚《はばか》って、参《まい》られないものか。天《てん》に二日《にじつ》は無《な》く、土《ど》に二主《にしゅ》は無《な》い。そこで巨害《きょがい》（道長《みちなが》）を恐《おそ》れないばかりである。……内裏《だいり》に参《まい》った〈未一刻《ひつじのいっこく》（午後《ごご》一時《いちじ》－一時半《いちじはん》）。〉。公卿《くぎょう》たちは参《まい》らなかった。……その後《ご》、頭弁《とうのべん》（源　道方《みなもとのみちかた》）がおっしゃって云《い》ったことには、「宣耀殿女御《せんようでんにょうご》（藤原娍子《ふじわらのせいし》）を皇后《こうごう》とするという宣命《せんみょう》を作成《さくせい》させるように」ということだ。私《わたし》（藤原実資《ふじわらのさねすけ》）が問《と》うて云《い》ったことには、「中宮《ちゅうぐう》（藤原妍子《ふじわらのけんし》）を尊《とうと》んで皇后《こうごう》とし、女御《にょうご》を中宮《ちゅうぐう》とするのでしょうか」と。云《い》ったことには、「ただ皇后《こうごう》とするように」ということだ。問《と》うて云《い》ったことには、「御名《おんな》は娍子《せいし》でしょうか」と。云《い》ったことには、「そうである」ということだ。また、云《い》ったことには、「位《くらい》は従五位下《じゅごいのげ》」ということだ。内記《ないき》（菅原《すがわらの》）資信《すけのぶ》が参《まい》った。従《じゅ》五位下《ごいのげ》藤原娍子《ふじわらのせいし》を皇后《こうごう》とするという宣命《せんみょう》について命《めい》じた。……見終《みお》わって、左大臣《さだいじん》に見《み》せた。時刻《じこく》が多《おお》く経《た》ったけれども、帰《かえ》ってこなかった。もしかしたらこれは、取《と》り次《つ》ぐ人《ひと》がいないのではないか。頭弁《とうのべん》および（菅野《すがのの》）敦頼朝臣《あつよりあそん》も、同《おな》じくこの疑《うたが》いを持《も》った。大臣《だいじん》（道長《みちなが》）は立后《りつごう》について、頻《しき》りに妨害《ぼうがい》していたからである。万人《ばんにん》は怖畏《ふい》を抱《いだ》いた。按察中納言《あぜちちゅうなごん》〈（藤原《ふじわらの》）隆家《たかいえ》。〉・右衛門督《えもんのかみ》〈（藤原《ふじわらの》）懐平《かねひら》。〉・修理大夫《しゅりだいぶ》〈（藤原《ふじわらの》）通任《みちとう》。〉が参《まい》った。他《た》の公卿《くぎょう》は中宮《ちゅうぐう》の居所《きょしょ》に参《まい》った〈東三条第《ひがしさんじょうてい》。「左大臣《さだいじん》も同《おな》じくいらっしゃる」と云《い》うことだ。〉。召使《めしつかい》に、公卿《くぎょう》たちに内裏《だいり》に参《まい》るよう申《もう》させた。公卿《くぎょう》の前《まえ》に召《め》し出《だ》し、口々《くちぐち》に馬鹿《ばか》にしてからかい、罵《ののし》り辱《はずかし》めた。敢《あ》えて云《い》うことはできない。朝廷《ちょうてい》の行事《ぎょうじ》は無《な》いようなものである。……今夜《こんや》、戌刻《いぬのこく》（午後七時《ごごしちじ》－九時《くじ》）、東三条第《ひがしさんじょうてい》から、中宮《ちゅうぐう》は内裏《だいり》に入《はい》られる。万人《ばんにん》は、この事《こと》によって、立后《りつごう》の儀《ぎ》を疎《おろそ》かにしている。宣命《せんみょう》を読《よ》む目印《めじるし》の札《ふだ》は、数度《すうど》、督促《とくそく》した後《のち》、中務《なかつかさ》省《しょう》が置《お》いた。式部省《しきぶしょう》は、晩《ばん》に臨《のぞ》んで、やっと札《ふだ》を立《た》てた。今日《きょう》の事《こと》は、あたかも水を厳に投げるようなものである。これは左大臣《さだいじん》の意向《いこう》によるのである。申《さる》の終刻《しゅうこく》（午後四時半《ごごよじはん》－五時《ごじ》）の頃《ころ》、内記《ないき》が帰《かえ》って来《き》て、云《い》ったことには、「宣命《せんみょう》の草案《そうあん》を左大臣《さだいじん》に覧《み》せたところ、おっしゃって云《い》ったことには、『宣命《せんみょう》の文《ぶん》は、通例《つうれい》の文《ぶん》と違《ちが》っていない。ただし、先《さき》に后《きさき》〈中宮《ちゅうぐう》。〉を立《た》てられたことが有《あ》った。「敷居《しきい》の内《うち》」「後《しり》への政《まつりごと》」の文《ぶん》は除《のぞ》かれるべきであろう。そもそも、考《かんが》えて行《おこ》なうように』ということでした」と。意味《いみ》がわからないとはいっても、その文《ぶん》を削《けず》らせて、また大臣《だいじん》に覧《み》せた。「また、おっしゃって云《い》ったことには、『「天《あめ》の下《した》の政《まつりごと》」と云《い》う文《ぶん》とその次《つぎ》の文《ぶん》（「独《ひと》り知《し》るべき物《もの》ではない」）を停《とど》めるように。また、「食《お》す国《くに》として古《いにしえ》より行《い》き来《き》た」と書《か》くように。以下《いか》の文《ぶん》は元《もと》のとおりでよい』ということでした。無理《むり》な非難《ひなん》です。怪《あや》しむべきです。『改《あらた》め直《なお》した後《あと》は、また持《も》って来《こ》なくてもよい。天皇《てんのう》に申《もう》しあげるよう、伝《つた》えるように』ということでした」と。その命令《めいれい》のとおりに改《あらた》め書《か》かせて、御所《ごしょ》に進《すす》み〈階下《かいか》を経《へ》て、射場《いば》に進《すす》んだ。〉、申《もう》しあげさせた。すぐに返却《へんきゃく》された。清書《せいしょ》させて、進《すす》んで申《もう》しあげた。……御前《ごぜん》に参《まい》り〈又廂《またびさし》から進《すす》んだのは通例《つうれい》である。〉、東廂《ひがしびさし》の円座《わろうだ》に控《ひか》えた〈天皇《てんのう》の御座《ぎょざ》に当《あ》たった。〉。天皇《てんのう》は官職任命《かんしょくにんめい》について命《めい》じられた。……私《わたし》・皇后宮大夫《こうごうぐうだいぶ》〈隆家《たかいえ》。同車《どうしゃ》した。〉・右衛門督《えもんのかみ》〈（藤原《ふじわらの》）懐平《かねひら》。〉・修理大夫《しゅりだいぶ》〈通任《みちとう》。〉が、新后宮《しんきさいのみや》（娍子《せいし》）〈皇后宮亮《こうごうぐうのすけ》（藤原《ふじわらの》）為任《ためとう》の堀河《ほりかわ》あたりの故《こ》（高階《たかしなの》）道順《みちのぶ》の宅《たく》。〉の許《もと》に参《まい》った。……皇后宮亮為任《こうごうぐうのすけためとう》を介《かい》して、公卿《くぎょう》が参《まい》ったということを申《もう》しあげさせた。すぐに申《もう》しあげたということを伝《つた》えた。そこで序列《じょれつ》どおりに庭《にわ》の中《なか》に進《すす》み、礼《れい》を行《おこ》なった〈公卿《くぎょう》は四人《よにん》。侍従《じじゅう》は一人《ひとり》も参《まい》らなかった。〉。……「また、所々《ところどころ》・殿上人《てんじょうびと》・諸大夫《しょたいふ》の饗宴《きょうえん》は、酒《さけ》の仮屋《かりや》が有《あ》った」と云《い》うことだ。殿上人《てんじょうびと》は一人《ひとり》も参《まい》らなかった。給仕《きゅうじ》の五位《ごい》の者《もの》は、五《ご》、六《ろく》人《にん》ほどか。その他《ほか》は見《み》えなかった。……

後《のち》に聞《き》いたことには、「公卿《くぎょう》たちが東三条第《ひがしさんじょうてい》に集《あつ》まっていた際《さい》、迎《むか》えの使《し》者《しゃ》が内裏《だいり》に参《まい》るよう申《もう》したところ、手《て》を打《う》って一斉《いっせい》に笑《わら》った。その後《ご》、馬《ば》鹿《か》にしてからかったことは極《きわ》まり無《な》かった。大蔵卿《おおくらきょう》（藤原正光《ふじわらのまさみつ》）が石《いし》を執《と》って迎《むか》えの使者《ししゃ》を打《う》ったことは、二《に》、三度《さんど》であった」と云《い》うことだ。狂乱《きょうらん》したのか、神《かみ》の咎《とが》めが有《あ》るか、天《てん》の責《せ》めが有《あ》るか。至愚《しぐ》と称《しょう》すべき者《もの》である。

❖内豎《ないじゅ》、来《き》たりて云《い》はく、「先《さき》に式部《しきぶ》、仰《おお》せて云《い》はく、『大臣三人《だいじんさんにん》、障《さわ》り有《あ》りて参《まい》らず。巳剋以前《みのこくいぜん》に参入《さんにゅう》すべし』と」てへり。何事《なにごと》かを知《し》らず。推量《すいりょう》する所《ところ》は、若《も》しくは今日《きょう》の立后《りつごう》の事《こと》か。左相府《さしょうふ》を憚《はばか》り、参《まい》られざる所《ところ》か。天《てん》に二日《にじつ》無《な》く、土《ど》に二主《にしゅ》無《な》し。仍《よ》りて巨害《きょがい》を懼《おそ》れざるのみ。……
内《うち》に参《まい》る〈未一点《ひつじのいってん》〉。諸卿《しょきょう》、参《まい》らず。……其《そ》の後《のち》、頭弁《とうのべん》、仰《おお》せて云《い》はく、「宣耀殿《せんようでん》女御《にょうご》を皇后《こうごう》と為《な》すべき宣命《せんみょう》を作《つく》らしむべし」てへり。余《よ》、問《と》ひて云《い》はく、「中宮《ちゅうぐう》を尊《とうと》びて皇后《こうごう》と為《な》し、女御《にょうご》を以《もっ》て中宮《ちゅうぐう》と為《な》すべきか」と。云《い》はく、「只《ただ》、皇后《こうごう》と為《な》すべし」てへり。問《と》ひて云《い》はく、「御名《おんな》は娍子《せいし》か」と。云《い》はく、「然《しか》るなり」てへり。又《また》、云《い》はく、「位《くらい》は従五位下《じゅごいのげ》」てへり。内記資信《ないきすけのぶ》、参入《さんにゅう》す。従五位下《じゅごいのげ》藤原《ふじわらの》娍子《せいし》を皇后《こうごう》と為《な》すべき宣命《せんみょう》の事《こと》を仰《おお》す。……見了《みおわ》りて、左相府《さしょうふ》に奉《たてまつ》る。時剋《じこく》、多《おお》く移《うつ》るも、帰《かえ》り参《まい》らず。若《も》しくは是《こ》れ申《もう》し通《とお》す人無《ひとな》きか。頭弁幷《とうのべんなら》びに敦頼朝臣《あつよりあそん》、同《おな》じく此《こ》の疑《うたが》ひを成《な》す。相府《しようふ》、立后《りつごう》の事《こと》、頻《しき》りに妨遏《ぼうあつあ》有る故《ゆえ》なり。万人《ばんにん》、怖畏《ふい》を致《いた》す。按察中納言《あぜちちゆうなごん》〈隆家《たかいえ》。〉・右衛門督《えもんのかみ》〈懐平《かねひら》。〉・修理大夫《しゆりだいぶ》〈通任《みちとう》。〉等《など》、参入《さんにゆう》す。自余《じよ》の卿相《けいしよう》、中宮《ちゆうぐう》に候《こう》ず〈東三条《ひがしさんじよう》。「左府《さふ》、同《おな》じく坐《おわ》す」と云《い》ふ。〉。召使《めしつかい》に、諸卿《しよきよう》、内《うち》に参《まい》るべき由《よし》を申《もう》さしむ。卿相《けいしよう》の前《まえ》に召《め》し出《い》だし、口々《くちぐち》に嘲哢《ちようろう》・罵辱《ばじよく》す。敢《あ》へて云《い》ふべからず。公事《くじ》無《な》きに似《に》る。……今夜《こんや》、戌剋《いぬのこく》、東三条《ひがしさんじよう》より中宮《ちゆうぐう》、内裏《だいり》に入《い》り給《たま》ふ。万人《ばんにん》、此《こ》の事《こと》に帰《き》し、立后《りつごう》の事《こと》を忽諸《こつしよ》にす。宣命版《せんみようのへん》、数度《すうど》、催《もよお》す後《のち》、中務《なかつかさ》、置《お》く。式部《しきぶ》、晩《ばん》に臨《のぞ》み、僅《わず》かに標《しめ》を立《た》つ。今日《きよう》の事《こと》、猶《な》ほ水《みず》を以《もつ》て巌《いわお》に投《な》ぐるがごとし。是《こ》れ相府《しようふ》の気《け》に依《よ》るなり。中《なか》の終《お》はりばかり、内記《ないき》、帰《かえ》り来《き》たりて云《い》はく、「宣命草《せんみようそう》を左府《さふ》に内覧《ないらん》するに、命《おお》せて云《い》はく、『宣命《せんみよう》の文《ぶん》、例《れい》の文《ぶん》に違《たが》はず。但《ただ》し、先《さき》に后《きさき》〈中宮《ちゆうぐう》。〉を立《た》て給《たま》ふこと有《あ》り。「閫《しきみ》の内《うち》」「しりへの政《まつりごと》」の文《ぶん》、除《のぞ》かるべきか。抑《そもそ》も計《はか》り行《おこ》なふべし』と」てへり。意《い》を得《え》ずと雖《いえど》も、其《そ》の文《ぶん》を削《けず》らしめ、亦《また》、相府《しようふ》に奉《たてまつ》る。「亦《また》、命《おお》せて云《い》はく、『「天《あめ》の下《した》の政《まつりごと》」と云《い》ふ文《ぶん》、及《およ》び其《そ》の次《つぎ》の文《ぶん》を停《とど》むべし。亦《また》、「食《お》す国《くに》として古《いにし》へより行《い》き来《き》たる」と書《か》くべし。已下《いげ》の文《ぶん》、旧《もと》のごとし』」てへり。強《あなが》ちなる御難《ごなん》なり。奇《あや》しむべきなり。『改《あらた》め直《なお》す後《のち》、更《さら》に持《も》ち来《き》たるべからず。奏聞《そうもん》すべき由《よし》を示《しめ》すべし』てへり」と。彼《か》の命《めい》のごとく改《あらた》め書《か》かしめ、御所《ごしよ》に進《すす》み〈階下《かいか》を経《へ》、射場《いば》に進《すす》む。〉、奏《そう》せしむ。即《すなわ》ち返給《へんきゆう》す。清書《せいしよ》せしめ、進《すす》みて奏《そう》す。……御前《ごぜん》に参《まい》り〈又廂《またびさし》より進《すす》むは例《れい》なり。〉、東廂《ひがしびさし》の円座《わろうだ》に候《こう》ず〈御座《ぎよざ》に当《あ》たる。〉。除目《じもく》の事《こと》を仰《おお》せらる。……余《よ》・大夫《だいぶ》〈隆家《たかいえ》。同車《どうしや》す。〉・右衛門督《えもんのかみ》〈懐平《かねひら》。〉・修理大夫《しゆりだいぶ》〈通任《みちとう》。〉、新后宮《しんきさいのみや》〈亮為任《すけためとう》の堀河辺《ほりかわあた》りの故道順《こみちのぶ》の宅《たく》。〉に参《まい》る。……亮為任《すけためとう》を以《もつ》て、上達部《かんだちめ》、参入《さんにゆう》の由《よし》を啓《けい》せしむ。即《すなわ》ち啓《けい》する由《よし》を伝《つた》ふ。仍《よ》りて次第《しだい》に庭中《ていちゆう》に進《すす》み、拝礼《はいらい》す〈上達部四人《かんだちめよにん》。侍従《じじゆう》、一人《ひとり》も参《まい》らず。〉。……「亦《また》、所々《しよしよ》・殿上人《てんじようびと》・諸大夫《しよたいふ》の饗《きよう》、酒部《さかべ》の幄《あくあ》有り」と云々《しかじか》。殿上人《てんじようびと》、一人《ひとり》も参《まい》らず。役送《やくそう》の五位《ごい》、五《ご》、六人《ろくにん》ばかりか。其《そ》の外《ほか》、見《み》えず。……後《のち》に聞《き》く、「諸卿《しよきよう》、東三条《ひがしさんじよう》に候《こう》ずる間《かん》、喚使《かんし》、内《うち》に参《まい》るべき由《よし》を申《もう》すに、手《て》を打《う》ちて同音《どうおん》に咲《わら》ふ。其《そ》の後《のち》、嘲哢《ちようろう》、極《きわ》まり無《な》し。大蔵卿《おおくらきよう》、石《いし》を執《と》りて召使《めしつかい》を打《う》つこと、両三度《りようさんど》」と云々《しかじか》。狂乱《きようらん》せるか、神《かみ》の咎《とが》め有《あ》るか、天譴《てんけん》有《あ》るか。至愚《しぐ》と謂《い》ふべき者《もの》なり。

内豎来云、先式部仰云、大臣三人有レ障不レ参、巳剋以前可二参入一者、不レ知二何事一、所二推量一者若今日立后事歟、憚二左相府一所レ不レ被レ参歟、天無二二日一、土無二二主一、仍不レ懼二巨害一耳、……

参レ内〈未一点、〉、諸卿不レ参、……其後頭弁仰云、宣耀殿女御可レ為二皇后一之宣命可レ令レ作者、余問云、尊二中宮一為二皇后一、以二女御一可レ為二中宮一歟、云、只可レ為二皇后一者、問云、御名娍子歟、云、然也者、又云、位従五位下者、内記資信参入、仰下従五位下藤原娍子可レ為二皇后一之宣命事上、……見了奉二左相府一、時剋多移不二帰参一、若是無二申通人一歟、頭弁幷敦頼朝臣同成二此疑一、相府立后事頻有二妨遏一之故也、万人致二怖畏一、按察中納言〈隆家、〉・右衛門督〈懐平、〉・修理大夫〈通任、〉等参入、自余卿相候二中宮一〈東三条、左府同坐云、〉、召使令レ申二諸卿可レ参レ内之由一、召二出卿相前一、口々嘲哢・罵辱、不レ可二敢云一、似レ無二公事一、……今夜戌剋東三条中宮入二給内裏一、万人帰二此事一、忽二諸立后事一、宣命版数度催後中務置、式部臨レ晩僅立レ標、今日事猶二以レ水投一レ巌、是依二相府気一也、中終許内記帰来云、宣命草内二覧左府一、命云、宣命文不レ違二例文一、但有下先立二給后一〈中宮、〉上、闔内・斯理幣政文可レ被レ除歟、抑可二計行一者、雖レ不レ得レ意令レ削二其文一、亦奉二相府一、亦命云、天下政と云文及其次文可レ停、亦食国止之天自レ古行来と可レ書、巳下文如レ旧者、強御難也、可レ奇也、改直後更不レ可二持来一、可レ示下可二奏聞一之由上者、如二彼命一令二改書一、進二御所一〈経二階下一進二射場一、〉、令レ奏、即返給、令二清書一進奏、……参二御前一〈進レ自二又廂一例也、〉、候二東廂円座一〈当二御座一〉、被レ仰二除目事一、……余・大夫〈隆家、同車、〉・右衛門督〈懐平、〉・修理大夫〈通任、〉、参二新后宮〈亮為任堀河辺故道順宅、〉一、……以二亮為任一令レ啓二上達部参入之由一、即伝二啓由一、仍次第進二庭中一拝礼〈上達部四人、侍従一人不レ参、〉、……亦所々・殿上人・諸大夫饗有二酒部幄一云々、殿上人一人不レ参、役送五位五六人許歟、其外不レ見、……

後聞、諸卿候二東三条一之間喚使申二可レ参レ内之由一、打レ手同音咲、其後嘲哢無レ極、大蔵卿執レ石打二召使一両三度云々、狂乱歟、有二神咎一歟、有二天譴一歟、可レ謂二至愚一者也、

✽娍子が皇后に立つ儀式と、中宮妍子が内裏に参入する儀式が同日に行なわれる日がやってきた。立后宣命《りつごうせんみょう》の内弁《ないべん》（責任者）を務めるために意気込んで実資が参入すると、諸卿や必要な官人は参入していなかった。妍子の御在所《ございしょ》である東三条第《ひがしさんじょうてい》に喚使《かんし》を遣わして、参内《さんだい》するよう命じても、公卿たちは参って来なかった。

仕方なく四人の公卿で立后宣命を作成し、道長に内覧《ないらん》させると、宣命の文の中に不適切な文言があると、二度にわたって難癖《なんくせ》を付け、書き直させた。道長としては、正式な后妃が妍子であることを確認するためのものであった。

宣命の宣制《せんせい》が終わって、宮司除目《みやづかさじもく》が行なわれ、皇后宮大夫《こうごうぐうだいぶ》に隆家、皇后宮亮《こうごうぐうのすけ》に娍子

の異母兄の為任《ためとう》が任じられた。実資たちは内裏を退出し、娍子の御在所である為任宅に移動して、寂しい本宮《ほんぐう》の儀を行なった。

自分の御在所に参入してきた人々の顔ぶれと人数を眼前にして、娍子は自分と敦《あつ》明《あきら》親王の置かれた政治的情況を再確認したはずである。この報を受けた三条天皇の感情もまた、同様である。道長の意図も、そこにあったのであろう。

・四月二十八日（前田本甲〈広本〉）妍子饗宴／三条天皇の愬詞

内裏《だいり》に参《まい》った。一《いち》、二《に》人《にん》の公卿《くぎょう》と一緒《いっしょ》に中宮《ちゅうぐう》（藤原妍子《ふじわらのけんし》）の居所《きょしょ》に参《まい》った。左大臣《さだいじん》（藤原道長《ふじわらのみちなが》）や公卿《くぎょう》が多数《たすう》、控《ひか》えられていた。昨日《きのう》の事《こと》を思《おも》うと、いよいよ王道《おうどう》は弱《よわ》く、臣威《しんい》が強《つよ》いことを知《し》った。ああ、ああ。饗饌《きょうせん》が有《あ》ったが、酒《さけ》はなかった。……

今夜《こんや》、皇太后宮《こうたいごうぐう》（藤原彰子《ふじわらのしょうし》）の許《もと》から帰《かえ》った際《さい》、（藤原《ふじわらの》）資平《すけひら》が車内《しゃない》に控《ひか》えて、云《い》ったことには、「今日《きょう》、内《うち》（三条天皇《さんじょうてんのう》）の給仕《きゅうじ》を奉仕《ほうし》した際《さい》に、おっしゃって云《い》ったことには、『近《ちか》く寄《よ》るように』ということでした。そこで御台盤《みだいばん》の下《もと》に進《すす》んで控《ひか》えました。おっしゃって云《い》ったことには、『昨日《きのう》の立后《りっごう》については、格別《かくべつ》に思《おも》っていた事《こと》である。ところが大臣《だいじん》（藤原道長《ふじわらのみちなが》・藤《ふじ》原顕光《わらのあきみつ》・藤原公季《ふじわらのきんすえ》）を始《はじ》め、公卿《くぎょう》たちは参《まい》らなかった。大将藤原朝臣《たいしょうふじわらあそん》（実《さね》資《すけ》）は、召《め》しに応《おう》じてすぐに参《まい》って、この大事《だいじ》を務《つと》めてくれた。悦《よろこ》びに思《おも》うことは極《きわ》まり無《な》い。自分《じぶん》（三条天皇《さんじょうてんのう》）は久《ひさ》しく東宮《とうぐう》にいて、天下《てんか》を統治《とうち》してこなかった。今《いま》、たまたま皇位《こうい》に即《つ》いたからには、自分《じぶん》の意《い》に任《まか》せて政事《まつりごと》を行《おこ》なうべきである。そうでなければ、愚頑《ぐがん》なことである。そうあるべき時《とき》が至《いた》ったならば、大将《たいしょう》に諸事《しょじ》を相談《そうだん》するようになるであろうことを、まずはこの事《こと》を大将《たいしょう》に伝《つた》えておきなさい。汝《なれ》（資平《すけひら》）は、このことを外《そと》に漏《も》らしてはならない。また、大将《たいしょう》は漏《も》らすようなことのない人《ひと》である。汝《なれ》は見所《みどころ》が有《あ》る。そこで伝《つた》えるところである』と。仰《おお》せ終《お》わって、すぐに起《た》って入《はい》られました」ということだ。私《わたし》（藤原実資《ふじわらのさねすけ》）が戒《いまし》めて云《い》ったことには、「決《けっ》して決《けっ》して、妻子《さいし》にも談《かた》ってはならないぞ。ただし、明日《あす》、必《かなら》ず天皇《てんのう》の給仕《きゅうじ》を奉仕《ほうし》し、ただ恐縮《きょうしゅく》しているということを申《もう》しあげておくように。有《あ》りがたい仰《おお》せである」と。

❖内《うち》に参《まい》る。一両《いちりょう》の卿相《けいしょう》と相共《あいとも》に中宮《ちゅうぐう》の御方《おんかた》に参《まい》る。左府《さふ》・卿相数多《けいしょうあまた》、候《こう》ぜらる。昨日《きのう》の事《こと》を思《おも》ふに、弥《いよい》よ王道弱《おうどうよわ》く臣威《しんい》強《つよ》きを知《し》る。嗟乎《ああ》、々々《ああ》。饗饌《きょうせん》有るも、酒《さけ》あらず。……

今夜《こんや》、皇太后宮《こうたいごうぐう》より退出《たいしゅつ》の間《かん》、資平《すけひら》、車後《くるまじり》に侍《はべ》りて云《い》はく、「今日《きょう》、内《うち》の陪膳《ばいぜん》に候《こう》ずるに、仰《おお》せて云《い》はく、『近《ちか》く祗候《しこう》すべし』てへり。仍《よ》りて御台盤《みだいばん》の下《もと》に進《すす》み候《こう》ず。仰《おお》せて云《い》はく、『昨日《きのう》の立后《りつごう》の事《こと》、止《や》むこと無《な》く思《おぼ》す事《こと》なり。而《しか》るに大臣《だいじん》より始《はじ》め、諸卿《しょきょう》、参《まい》らず。大将藤原朝臣《たいしょうふじわらあそん》、召《め》しに応《おう》じ、即《すなわ》ち参入《さんにゅう》し、件《くだん》の大事《だいじ》を行《おこ》なふ。悦《よろこ》び思《おぼ》すこと極《きわ》まり無《な》し。久《ひさ》しく東宮《とうぐう》に在《あ》り、天下《てんか》を知《し》ろさず。今《いま》、適《たまた》ま登極《とうきょく》すれば、意《い》に任《まか》すべきなり。然《しか》らざる事《こと》、愚頑《ぐがん》なり。然《しか》るべき時有《ときあ》らば、雑事《ぞうじ》を云《い》ひ合《あ》はすべき由《よし》、且《か》つ此《こ》の事《こと》を伝《つた》へ仰《おお》すべし。汝《なれ》、外《そと》に漏《も》らすべからず。

又《また》、大将《たいしょう》、漏《も》らすべからざる人《ひと》なり。汝《なれ》、見《み》る所有《ところあ》り。仍《よ》りて伝《つた》へ仰《おお》する所《ところ》なり』と。仰《おお》せ了《おわ》りて、早《はや》く起《た》ちて入《い》り給《たま》ふ」てへり。余《よ》、戒《いまし》めて云《い》はく、「努《ゆ》力々《めゆめ》、妻子《さいし》に談《かた》るべからず。但《ただ》し明日《あす》、必《かなら》ず陪膳《ばいぜん》に候《こう》じ、只《ただ》、恐《かしこ》む由《よし》を奏《そう》すべきなり。希有《けう》の仰《おお》せ事《ごと》なり」と。

参㆑内、一両卿相々共参㆓中宮御方㆒、左府卿相数多被㆑候、思㆓昨日事㆒、弥知㆓王道弱臣威強㆒、嗟乎々々、有㆓饗饌㆒不㆑酒、……
今夜自㆓皇太后宮㆒退出之間、資平侍㆓車後㆒云、今日候㆓内陪膳㆒、仰云、近可㆓祗候㆒者、仍進㆓候御台盤下㆒、仰云、昨日立后事無㆑止思事也、而始㆑自㆓大臣㆒諸卿不㆑参、大将藤原朝臣応㆑召即参入、行㆓件大事㆒、悦思無㆑極、久在㆓東宮㆒不㆑知㆓天下㆒、今適登極可㆑任㆑意也、不㆑然之事愚頑也、有㆓可㆑然之時㆒、可㆑云㆓合雑事㆒之由且可㆑伝㆓仰此事㆒、汝不㆑可㆓外漏㆒、又大将不㆑可㆑漏之人也、汝有㆑所㆑見、仍所㆓伝仰㆒也、仰了早起入給者、余戒云、努々力々不㆑可㆑談㆓妻子㆒、但明日必候㆓陪膳㆒、只可㆑奏㆓恐由㆒也、希有仰事也、

✲藤原娍子立后の翌二十八日には、中宮姸子の御在所に饗饌《きょうせん》が設けられた。集まったのは、公卿十四人。道長の記すところである（『御堂関白記《みどうかんぱくき》』）。前日、娍子立后の儀に

参入した四人の公卿のうち、通任を除く三人が馳《は》せ参じている点に注目すべきである。彼らを完全な反対派の立場に置くことを、道長は避けたのであろう。

もっとも、実資は、饗宴の最中にも、「昨日の事を思うと、いよいよ王道は弱く、臣威が強いことを知った」と嘆いている。三条天皇の方は二人の后に後朝《きぬぎぬ》の御使を遣わしているが、二人に対する思いは、いかなるものだったのであろうか。

この日、三条は、陪膳に伺候《しこう》していた資平に対し、実資に対する感謝の意を述べ、その後、重大な言葉が伝えられた。これは前回の恩詔《おんしょう》で依頼された単なる政務の相談という範囲を越えて、来たるべき政権に関するものと考えた方がよいであろう。娍子立后の翌日ということもあり、三条も実資に対する感謝の意があふれ出て、このような言葉となったものと思われるが、その姿勢で一貫していたわけではない。

もちろん、三条の政治姿勢に微妙な「ぶれ」が存在することも、すでに実資にはお見通しであった（なお、資平の妻は道長家司《けいし》の藤原知章《ともあきら》の女である）。

・五月十一日（前田本甲〈広本〉）　宮司除目の際の蜈蚣の解釈

月《つき》に乗《じょう》じて、式部大輔《しきぶのたいふ》（大江《おおえの》）匡衡《まさひら》が来《き》た。諸事《しょじ》を談《かた》ったついでに云《い》ったことには、「先日《せんじつ》は召《め》しに応《おう》じ、早《はや》く参《まい》って、立后《りつごう》の行事《ぎょうじ》および官職任命《かんしょくにんめい》の儀式《ぎしき》の責任者《せきにんしゃ》を務《つと》めました。とても感心《かんしん》して思《おも》ったところです」と。申《もう》したところは、はなはだ多《おお》く、敢《あ》えて記《しる》すことはできない。そのついでに、宮司任命《みやづかさにんめい》の際《さい》の蜈蚣《むかで》について語《かた》った。「蜈蚣《むかで》」を解釈《かいしゃく》して云《い》ったことには、「呉《ご》の字《じ》は天《てん》が口《くち》を載《の》せ、公《こう》の字《じ》は三公《さんこう》です。天《てん》の口《くち》から出《で》て、三公《さんこう》に上《のぼ》ることになるのでしょうか。呉《ご》は十二月《じゅうにがつ》を期《き》すことは疑《うたが》いは無《な》いでしょう。あの日《ひ》は甲子《かっし》で、物《もの》の始《はじ》めに官職任命《かんしょくにんめい》を行《おこ》なわれました。事《こと》の始《はじ》めと称《しょう》すべきでしょう。また、初《はじ》めて皇后宮《こうごうぐう》（藤原娍子《ふじわらのせいし》）の官職任命《かんしょくにんめい》を行《おこ》ないました。皇《こう》は御門《みかど》、后《こう》はきさきです。帝后《ていこう》〈御門《みかど》きさき。〉を兼《か》ねます。官職任命《かんしょくにんめい》に事《こと》の相《そう》が有《あ》りました。また、皇后宮大夫《こうごうぐうだいぶ》の名前《なまえ》は（藤原《ふじわらの》）隆家《たかいえ》です。訓読《くんどく》して云《い》うと、『いへをさかやかす』です。もっとも興《きょう》の有《あ》る事《こと》です」と。また、云《い》ったことには、「周公《しゅうこう》および呉公《ごこう》です。あの家《いえ》は周公《しゅうこう》です。

汝《なれ》（藤原実資《ふじわらのさねすけ》）の家《いえ》は呉公《ごこう》です。あれこれ思慮《しりょ》しますと、三公《さんこう》に昇《のぼ》ることは近《ちか》くあるでしょう」ということだ。識者《しきしゃ》（匡衡《まさひら》）の言《い》ったことを、後々《のちのち》の為《ため》、いささか記《しる》し置《お》いたものである。

❖月《つき》に乗《じょう》じ、式部大輔《しきぶのたいふ》匡衡《まさひら》、来《き》たる。雑事《ぞうじ》を談《だん》ずる次《つ》いでに云《い》はく、「一日《いちじつ》、召《め》しに応《おう》じ、早《はや》く参《まい》り、立后《りつごう》の事《こと》幷《なら》びに除目《じもく》の事《こと》を行《おこ》なふ。極《きわ》めて感《かん》じ思《おも》ふ所《ところ》」と。言《もう》す所《ところ》、太《はなは》だ多《おお》し。敢《あ》へて記《しる》すべからず。其《そ》の次《つ》いでに除書《じょしょ》の間《かん》の蜈蚣《むかで》の事《こと》を語《かた》る。「蜈蚣《むかで》」を会釈《えしゃく》して云《い》はく、「呉字《ごじ》は天《てん》、口《くち》を載《の》す。公字《こうじ》は三公《さんこう》なり。天《てん》の口《くち》より出《い》で、三公《さんこう》と為《な》るべきか。呉《ご》は十二月《じゅうにがつ》を期《き》すること、疑《うたが》ひ無《な》かるべし。彼《か》の日《ひ》は甲子《かっし》、物《もの》の始《はじ》めに除目《じもく》を行《おこ》なはる。事始《ことはじ》めと謂《い》ふべきなり。亦《また》、初《はじ》めて皇后《こうごう》宮《ぐう》の除目《じもく》を行《おこ》なふ。皇《こう》は御門《みかど》なり。后《こう》はきさき。帝后《ていこう》〈御門《みかど》きさき。〉、相兼《あいか》ぬ。除目《じもく》、事《こと》の相有《そうあ》り。亦《また》、大夫《だいぶ》の名字《みょうじ》、隆家《たかいえ》。訓読《くんどく》して云《い》はく、『いへをさかやかす』と。尤《もっと》も興有《きょうあ》る事《こと》なり」と。又《また》、云《い》はく、「周公幷《しゅうこうなら》びに呉公《ごこう》なり。彼《か》の家《いえ》は周公《しゅうこう》なり。予《よ》の家《いえ》は呉公《ごこう》なり。左右《とこう》、思慮《しりょ》するに、三公《さんこう》に昇《のぼ》るは近《ちか》くに在《あ》るべし」てへり。識者《しきしゃ》の言《げん》、後鑑《ごかん》の為《ため》、聊《いささ》か記《しる》し置《お》く所《ところ》。

乗レ月式部大輔匡衡来、談二雑事一次云、一日応レ召早参、行二立后事幷除目事一、極所二感思一所レ言太多、不レ可二敢記一、其次語二除書間蜈蚣事一、会二釈蜈蚣一云、呉字者天載レ口、公字者三公也、出レ自二天口一可レ為二三公一歟、呉者期二十二月一可レ無レ疑、彼日甲子、物始被レ行二除目一、可レ謂二事始一也、亦初行二皇后宮除目一、皇者御門也、后者き佐き、帝后〈御門きさき、〉相兼、除目有二事相一、亦大夫名□隆家、訓読云、伊部乎佐加や加寸、尤有レ興事也、又云、周公幷呉公也、彼家周公也、予家呉公也、左右思慮、昇二三公一可レ在レ近者、識者言、為二後鑑一聊所二記置一、

✻この日、一代の碩学《せきがく》であり、死の病に罹《かか》っている大江匡衡《おおえのまさひら》が実資の許《もと》を訪れ、立后の日の宮司除目の際に蜈蚣《むかで》が現われたという怪異についての語釈を語った。隆家《たかいえ》の名については家を隆《さか》んにすると解釈し、隆家の家は周公《しゅうこう》（周公旦《しゅうこうたん》）、実資の家は呉公《ごこう》（河《こう》南太守《なんたいしゅ》）であるとして、実資が「三公（大臣）に昇るのは近いようだ」とも語っている。

道長の専権に対して反発する勢力が広範に存在することを示すものであるが、匡衡

がこのような解釈を行なったということは、すぐに道長の知るところとなったようである。六月十九日、匡衡は実資に書状を送ってきて、自分が実資に送った書状を「近《きん》習《じゅう》の女や拾遺《しゅうい》（行成《ゆきなり》）」が見たことが有るかどうか聞いてきた。行成がこのように思われているのを知るのは、とても辛《つら》いところである。

なお、匡衡は七月十六日に卒去した。実資は珍しく、「現在の名儒《めいじゅ》であって、比肩《ひけん》する人はいない。文道《ぶんどう》は滅亡した」と、その死を悼《いた》む記事を残している。

・五月二十四日（前田本甲〈広本〉）　道長一行、比叡山で飛礫を受ける／顕信受戒

（藤原《ふじわらの》）資平《すけひら》が云《い》ったことには、「左大臣《さだいじん》（藤原道長《ふじわらのみちなが》）は昨日《きのう》、寅刻《とらのこく》（午前三《ごぜんさん》時《じ》－五時《ごじ》）の頃《ころ》、京《きょう》を出《で》て〈馬《うま》に騎《の》った。〉、東坂《ひがしざか》から比叡山《ひえいざん》に登《のぼ》りました。公卿《くぎょう》・殿上人《てんじょうびと》・諸大夫《しょたいふ》は、馬《うま》に騎《の》って先導《せんどう》しました。檀那院《だんないん》のあたりから、

石《いし》を先導《せんどう》に投《な》げてきました。その中《なか》の一個《いっこ》が、皇太后宮亮《こうたいごうぐうのすけ》（大江《おおえの》）清通《きよみち》の腰《こし》に当《あ》たりました。あれこれの者《もの》は驚《おどろ》き怪《あや》しみました。或《ある》いは制止《せいし》を命《めい》じ、或《ある》いは叫《さけ》んで云《い》ったことには、『殿下《てんが》（道長《みちなが》）が参《まい》り登《のぼ》られているのだぞ。何者《なにもの》が非常《ひじょう》の事《こと》を行《おこ》なうのか』と。覆面《ふくめん》の法師《ほうし》五、六人《ろくにん》が出《で》て立《た》って、云《い》ったことには、『ここは檀那院《だんないん》だぞ、下馬所《げばしょ》だぞ。大臣《だいじん》・公卿《くぎょう》は物《もの》の道理《どうり》は知《し》らぬ物《もの》か』と云《い》うことでした。『飛礫《ひれき》は十度《じゅうど》ほどであった』と云《い》うことでした。『一個《いっこ》は、大臣《だいじん》（道長《みちなが》）の馬《うま》の前《まえ》に到《いた》りました』と云《い》うことでした。……」と。……後日《ごじつ》、或《あ》る僧《そう》が云《い》ったことには、「飛礫《ひれき》は（藤原《ふじわらの》）広業《ひろなり》と清通《きよみち》に当《あ》たりました」と云《い》うことだ。法師《ほうし》が敢《あ》えて言《い》ったことには、「馬《うま》に騎《の》っては、これまでは、まったく比叡山《ひえいざん》に登《のぼ》ることはなかった。たとえ大臣《だいじん》や公卿《くぎょう》であっても、髪《かみ》を執《と》って引《ひ》き落《お》とせ」と云《い》うことだ。大臣《だいじん》は、現在《げんざい》と後代《こうだい》の大《おお》きな恥辱《ちじょく》である。世《よ》に云《い》ったことには、「人《ひと》が行《おこ》なったものではない。もしかしたら山王護法《さんのうごほう》が、人《ひと》の心《こころ》を催《もよお》して狂《くる》わせたのであろうか。珍《めずら》しい事《こと》である。大臣《だいじん》は、□気《き》を損《そこ》なった。また、謹慎《きんしん》されるべきであろうか」と。座主《ざす》（覚慶《かくぎょう》）が云《い》ったことには、「最高権力者《さいこうけんりょくしゃ》（道長《みちなが》）であるから、馬《うま》に騎《の》るというのも、人《ひと》に准《じゅん》じるのであるから、何事《なにごと》が有《あ》りましょうか。他《ほか》の人《ひと》は、馬《うま》に騎《の》って数十人《すうじゅうにん》で比叡山《ひえいざん》に登《のぼ》るのは、そうであってはなりません。飛礫《ひれき》は三宝《さんぼう》が行《おこ》なったものでしょうか。投石《とうせき》に当《あ》たった者《もの》は、謹慎《きんしん》しなければなりません」と云《い》うことだ。

❖資平《すけひら》、云《い》はく、「左相府《さしょうふ》、昨日《きのう》、寅剋《とらのこく》ばかり、京《きょう》を出《い》で〈馬《うま》に騎《の》る。〉、東坂《ひがしざか》より山《やま》に登《のぼ》る。卿相《けいしょう》・殿上人《てんじょうびと》・諸大夫《しょたいふ》、騎馬《きば》にて前駆《ぜんく》す。檀那院《だんないん》の辺《あた》りより石《いし》を以《もっ》て前駆《ぜんく》に投《な》ぐ。中《なか》の一石《いっせき》、皇太后宮亮清通《こうたいごうぐうのすけきよみち》の腰《こし》に当《あ》たる。彼是《かれこれ》、驚《おどろ》き奇《あや》しむ。或《ある》いは仰《おお》せ、或《ある》いは叫《さけ》びて云《い》はく、『殿下《てんが》、参《まい》り登《のぼ》り給《たま》ふぞ。何者《なにもの》の非常《ひじょう》の事《こと》を致《いた》すや』と。裏頭《かとう》の法師《ほうし》五《ご》、六人《ろくにん》、出《い》で立《た》ちて云《い》はく、『ここは檀那院《だんないん》ぞ、下馬所《げばしょ》ぞ。大臣《だいじん》・公卿《くぎょう》は物《もの》の故《ゆえ》は知《し》らぬ物《もの》か』と云々《しかじか》。『飛礫《ひれき》、十度《じゅうど》ばかり』と云々《しかじか》。『一石《いっせき》、相府《しょうふ》の馬《うま》の前《まえ》に到《いた》る』と云々《しかじか》……」と。……後日《ごじつ》、或《あ》る僧《そう》、云《い》はく、「飛礫《ひれき》、広業《ひろなり》・清通等《きよみちなど》に当《あ》たる」と云々《しかじか》。法師《ほうし》、敢《あ》へて言《い》ひて云《い》はく、「馬《うま》に騎《の》りて、前々《さきざき》、専《もは》ら山《やま》に登《のぼ》らず。縦《たと》ひ大臣《だいじん》・公卿《くぎょう》なりとも髪《かみ》を執《と》りて引《ひ》き落《お》とせ」と云々《しかじか》。相府《しょうふ》、当時《とうじ》・後代《こうだい》の大《おお》いなる恥辱《ちじょく》なり。世《よ》、云《い》はく、「人《ひと》の為《な》す所《ところ》に非《あら》ず。若《も》しくは山《さん》王護法《のうごほう》、人《ひと》の心《こころ》をして催《もよお》し狂《くる》はしむるか。希代《きだい》の事《こと》なり。相府《しょうふ》、□気損《きそん》ず。又《また》、慎《つつし》まるべきか」と。座主《ざす》、云《い》はく、「一《いち》の人《ひと》に在《あ》りては馬《うま》に騎《の》るとも、人《ひと》に准《なぞら》ふる間《かん》、何事《なにごと》か有《あ》らん。自余《じよ》の人《ひと》、騎馬《きば》にて数十人《すうじゅうにん》、山《やま》に登《のぼ》るは、然《しか》るべからず。飛礫《ひれき》、三宝《さんぼう》、為《な》す所《ところ》か。投石《とうせき》に当《あ》たる者《もの》、慎《つつし》むべきか」と云々《しかじか》。

資平云、左相府昨日寅剋許出レ京〈騎レ馬、〉、自二東坂一登レ山、卿相・殿上人・諸大夫騎馬前駆、従二檀那院辺一以レ石投二前駆一、中一石当二皇太后宮亮清通之腰一、彼是驚奇、或仰或叫云、殿下参登給そ、何者乃致二非常事一乎、裹頭法師五六人出立云、こゝハ檀那院そ、下馬所そ、大臣・公卿波物故は知良ぬ物かと云々、飛礫十度許云々、一石到二相府馬前一云々、……後日或僧云、飛礫当二広業・清通等一云々、法師敢言云、騎レ馬て前々専不レ登レ山、縦大臣・公卿那りと毛執レ髪て引落世云々、相府当時・後代大恥辱也、世云、非二人之所一レ為、若山王護法令二人心催狂一歟、希代之事也、相府□気損、又可レ被レ慎歟、座主云、在二一人一騎レ馬、准レ人間有二何事一、自余人騎馬数十人登レ山不レ可レ然、飛礫三宝所レ為歟、当二投石一之者可レ慎歟云々、

＊この年正月十六日に道長三男藤原顕信《あきのぶ》は、比叡山東塔《ひえいざんとうとう》の無動寺《むどうじ》に入って出家した。道長は四月五日に比叡山に登って顕信に会い、五月二十三日にも比叡山に登って、顕信の受戒《じゅかい》の儀に参列したのであるが、その際、道長や公卿《くぎょう》の馬列に、僧が放言《ほうごん》や投石をしている（『御堂関白記』）。飛礫《ひれき》は広業《ひろなり》や大江清通《きよみち》に当たり、一石は道長の前に達した。

「殿下《てんが》（道長）が参られているのだぞ」という制止に対し、僧が叫んだ放言の言葉というのは、「ここは檀那院《だんないん》だぞ、下馬所だぞ。大臣や公卿は物の道理は知らない者か」「前々は、馬に騎《の》って山に登ることは、まったくなかった。たとえ大臣や公卿であっても、髪を執って引き落とせ」というものであった。緊迫したせりふが仮名交じりで記録されているところが興味深い。

何やら中世の僧兵のはしりといったところか。天台座主《てんだいざす》も、「飛礫は三宝（仏教）の行なったところでしょうか」と語っている。

・五月二十八日（前田本甲〈広本〉）彰子の許に伺候／一条院を懐旧し落涙

皇太后宮《こうたいごうぐう》（藤原彰子《ふじわらのしょうし》）の許《もと》に参《まい》った。しばらく渡殿《わたどの》に控《ひか》えた。女房《にょうぼう》が御簾《みす》の中《なか》から菅円座《すげのわろうだ》を差《さ》し出《だ》した〈元々《もともと》、畳《たたみ》を敷《し》いていた。その上《うえ》に円座《わろうだ》を差《さ》し出《だ》した。〉。女房《にょうぼう》の意向《いこう》は、近《ちか》く寄《よ》るようにとのようであった。しばらく見入《みい》れないかのように控《ひか》えた。ところが頻《しき》りにその意向《いこう》が有《あ》った。そこで進《すす》んで寄《よ》って、女房《にょうぼう》に会《あ》った。先日《せんじつ》の仰《おお》せの恐縮《きょうしゅく》を申《もう》しあげさせた〈御八講《みはっこう》に参《まい》った事《こと》である。〉。すぐに御書状《ごしょじょう》を伝《つた》えた。また、多《おお》くは故院《こいん》（一条院《いちじょういん》）の御周《おんしゅう》忌法会《きほうえ》が終《お》わったという事《こと》であった。「室礼《しつらい》を替《か》えたので、はしたない状《じょう》態《たい》である」と云《い》うことだ。御簾《みす》は皆《みな》、尋常《じんじょう》のようであった。懐旧《かいきゅう》の心《こころ》を急《きゅう》に催《もよお》し、落涙《らくるい》を禁《きん》じ得《え》なかった。女房《にょうぼう》が見《み》ている所《ところ》を憚《はばか》らず、時々《ときどき》、涙《なみだ》を拭《ぬぐ》った。やはり留《とど》め難《がた》かった。

❖皇太后宮《こうたいごうぐう》に参《まい》る。暫《しばら》く渡殿《わたどの》に候《こう》ず。女房《にょうぼう》、御簾《みす》の中《なか》より菅円座《すげのわろうだ》を指《さ》し出《い》だす〈元来《がんらい》、畳《たたみ》を敷《し》く。其《そ》の上《うえ》に円座《わろうだ》を指《さ》し出《い》だす。〉。女房《にょうぼう》の気色《けしき》、近《ちか》く候《こう》ずべきに似《に》る。

暫《しばら》く見《み》入《い》れざるがごとく祇候《しこう》す。然《しか》れども頻《しき》りに其《そ》の気色《けしき》有《あ》り。仍《よ》りて進《すす》み候《こう》じ、女房《にようぼう》に相逢《あいあ》ふ。先日《せんじつ》の仰《おお》せ事《ごと》の恐《かしこ》みを啓《けい》せしむ〈御八講《みはっこう》に参《まい》る事《こと》なり。〉。即《すなわ》ち御消息《おんしょうそく》を伝《つた》ふ。又《また》、多《おお》くは故院《こいん》の御周忌《おんしゅうき》、畢《おわ》る事《こと》なり。「装束《しょうぞく》の替《か》へたれば、はしたなくなん有《あ》りける」と云々《しかじか》。御簾《みす》、皆《みな》、尋常《じんじょう》のごとし。懐旧《かいきゅう》の心《こころ》、忽《たちま》ち催《もよお》し、落涙《らくるい》、禁《きん》じ難《がた》し。女房《にようぼう》の見《み》る所《ところ》を憚《はばか》らず、時々《ときどき》、涙《なみだ》を拭《のご》ふ。猶《な》ほ留《とど》め難《がた》し。

参二皇太后宮一、暫候二渡殿一、女房自二御簾中一指二出菅円座一〈元来敷レ畳、其上指二出円座一〉、女房気色似レ可二近候一、暫如レ不二見入一祇候、然而頻有二其気色一、仍進候、相二逢女房一、令レ啓二先日仰事之恐一〈参二御八講一事也、〉、即伝二御消息一、又多故院御周忌畢事也、装束乃替多礼者、波志多奈久なん有けると云々、御簾皆如二尋常一、懐旧之心忽催、落涙難レ禁、不レ憚二女房之所一レ見、時々拭レ涙、猶難レ留、

＊一条《いちじょう》天皇の退位に際しての新東宮選定の頃から、藤原道長と彰子《しょうし》の間には確執が生まれていた。彰子は自分の産んだ敦成《あつひら》親王より先に、定子に代わって育てていた敦康《あつやす》親王の立太子を望んでいたのに、道長にそれを無視されたのである。

彰子はもともと一目置いていた実資に親しむようになった。そして彰子と実資の間

を取り次いでいたのは、『小右記』後文に明記されているように、紫式部《むらさきしきぶ》であった。

ここは彰子と実資と「女房」の三人が、一条を懐旧して落涙しているという場面である。彰子が一条を偲《しの》んだ歌は『栄花物語《えいがものがたり》』などに見られるが、実資としても、道長と確執する三条を見るにつけ、一条のことを懐かしんだことであろう。

・六月九日（前田本甲〈広本〉）道長、心事を実資に談る／道長の辞表、返却されず

大臣《だいじん》（藤原道長《ふじわらのみちなが》）は右衛門督《えもんのかみ》（藤原懐平《ふじわらのかねひら》）を介《かい》して、私《わたし》（藤原実資《ふじわらのさねすけ》）を簾《すだれ》の外《そと》に招《まね》き、病苦《びょうく》が身命《しんめい》を攻《せ》めている事《こと》を談《かた》った。「今日《きょう》は合間《あいま》の日《ひ》であって、ほとんど尋常《じんじょう》を得《え》た。ただし、病体《びょうたい》は異例《いれい》であって、すでに生《い》きることはできないであろう。今《いま》となっては、思《おも》うところは無《な》い。命《いのち》を惜《お》しむものではない。三宮《さんぐう》の御事《おんこと》〈二后《にこう》（藤原彰子《ふじわらのしょうし》・藤原妍子《ふじわらのけんし》）と東宮《とうぐう》（敦成親王《あつひらしんのう》）。〉や男女《だんじょ》

の子《こ》たちの事《こと》の内《うち》で、もっとも嘆《なげ》くところは、ただ皇太后宮《こうたいごうぐう》（彰子《しょうし》）の御《おん》事《こと》だけである。去年《きょねん》、故院《こいん》（一条院《いちじょういん》）に死《し》に後《おく》れなされ、哀傷《あいしょう》の御心《みこころ》が今《いま》に休《やす》まない。また私《わたし》（道長《みちなが》）に非常《ひじょう》の事《こと》が有《あ》れば、深《ふか》く心神《しんしん》を砕《くだ》くのではないか。悲《かな》しく思《おも》うのは、このことである。他《ほか》の事《こと》は嘆《なげ》くことはない。汝《なれ》（実資《さねすけ》）が志《こころざし》をあの宮《みや》（彰子《しょうし》）に尽《つ》くしてくれるということは、悦《よろこ》びとすることが極《きわ》まり無《な》い」ということだ。この間《かん》、時々《ときどき》、涙《なみだ》を落《お》とし、言談《げんだん》は多々《たた》であった。詳《くわ》しく記《しる》すことはできない。しばらくして、元《もと》の座《ざ》に戻《もど》った。大臣《だいじん》は西対《にしのたい》に帰《かえ》った。行歩《ぎょうほ》は通例《つうれい》のとおりであった。その後《ご》、私《わたし》は拙宅《せったく》に帰《かえ》った。

「左大臣《さだいじん》の辞表《じひょう》を、三条天皇《さんじょうてんのう》は返却《へんきゃく》されなかった」と云《い》うことだ。

❖相府《しょうふ》、右衛門督《えもんのかみ》を以《も》て予《よ》を簾外《れんがい》に招《まね》き、病苦《びょうく》、身命《しんめい》を攻《せ》むる事《こと》を談《だん》ず。「今日《きょう》、間日《まび》にて、頗《すこぶ》る尋常《じんじょう》を得《う》。但《ただ》し病体《びょうたい》、異例《いれい》にして、已《すで》に存《そん》すべからず。今《いま》に至《いた》りては、思《おも》ふ所無《ところな》し。命《いのち》を惜《お》しむべからず。三宮《さんぐう》の御事《おんこと》〈二后《にこう》・東宮《とうぐう》。〉・男女《だんじょ》の子《こ》等《など》の事《こと》の内《うち》、尤《もつと》も歎《なげ》く所《ところ》、只《ただ》、皇太后宮《こうたいごうぐう》の御事《おんこと》のみ。去《さ》ぬる年《とし》、故院《こいん》に後《おく》れ給《たま》ひ、哀傷《あいしよう》の御心《みこころ》、今《いま》に休《やす》まず。又《また》、非常有《ひじようあ》らば、深《ふか》く心神《しんしん》を摧《くだ》くか。悲《かな》しみ思《おも》ふこと、之《これ》に在《あ》り。自余《じよ》の事《こと》、歎《なげ》くべからず。志《こころざし》を彼《か》の宮《みや》に致《いた》す由《よし》、悦《よろこ》びと為《な》すこと極《きわ》まり無《な》し」てへり。此《こ》の間《かん》、時々《ときどき》、涙《なみだ》を落《お》とし、言談《げんだん》、多々《たた》たり。記《しる》すに遑《いとま》あること能《あた》はず。小時《しばら》くして、本座《ほんざ》に復《ふく》す。相府《しようふ》、西対《にしのたい》に帰《かえ》る。行歩《ぎようほ》、例《れい》のごとし。其《そ》の後《のち》、予《よ》、華《ひつ》に帰《かえ》る。

「左相府《さしようふ》の表《ひよう》、返給《へんきゆう》せず」と云々《しかじか》。

相府以㆓右衛門督㆒招㆓予於簾外㆒、談㆘病苦攻㆓身命㆒事㆖、今日間日頗得㆓尋常㆒、但病体異例已不㆑可㆑存、至㆑今無㆑所㆑思、命不㆑可㆑惜、三宮御事〈二后・東宮、〉・男女子等事内、尤所㆑歎只皇太后宮御事而已、去年後㆓給故院㆒、哀傷御心不㆑休㆓于今㆒、又有㆓非常㆒深摧㆓心神㆒歟、悲思在㆑之、自余事不㆑可㆑歎、致㆓志於彼宮㆒之由、為㆑悦無㆑極者、此間時々落㆑涙、言談多々、不㆑能㆑遑㆑記、小時復㆓本座㆒、相府帰㆓西対㆒、行歩如㆑例、其後予帰㆑華、

左相府表不㆓返給㆒云々、

✱重病に罹《かか》った道長は、六月四日に内覧《ないらん》と左大臣《さだいじん》の辞表《じひよう》を奏上《そうじよう》したが、三条天皇はす

ぐにこれを返却している。ところが八日の第二度の上表《じょうひょう》については、三条はこれをすぐに返却することはなかった。収められたままでいた道長の辞表は、七月八日にいたって、ようやく返却された。三条はそれまで、道長の病悩《びょうのう》がこのまま平癒《へいゆ》しない場合のことを想定していたのであろうか。

この九日には、道長は実資に対し、一条を喪《うしな》って哀傷の心が止まない彰子のことだけが気がかりであると涙ながらに語るなどの弱気を見せたが、十七日ごろには平復《へいふく》したようである。

それにしても、敦康親王立太子をめぐって確執している道長と彰子であるが、いやはや父と娘というのも、道長は彰子のことをこんなに心配しているのに、何とも心が通じないものである。

・六月十七日（前田本甲〈広本〉）為任、道長呪詛の落書

「先日《せんじつ》、左大臣《さだいじん》（藤原道長《ふじわらのみちなが》）の邸宅《ていたく》に落書《らくしょ》が有《あ》った」と云《い》うことだ。「民部《みんぶの》

大輔《たいふ》（藤原《ふじわらの》）為任《ためとう》が、陰陽師五人《おんみょうじごにん》に命《めい》じて呪詛《じゅそ》させたとのことだ」と云《い》うことだ。「その事《こと》は、和泉国《いずみのくに》にいる弥保方宿禰《ちぬのやすかたすくね》が執《と》り行《おこ》なった」と云《い》うことだ。大臣《だいじん》（道長《みちなが》）は一生《いっしょう》の間《あいだ》に、このような事《こと》は断絶《だんぜつ》することができない。事《こと》に坐《ざ》す者《もの》は、すでに恒例《こうれい》の事《こと》である。悲嘆《ひたん》するばかりである。

❖「一日《いちじつ》、左府《さふ》に落書有《らくしょあ》り」と云々《しかじか》。「民部大輔為任《みんぶのたいふためとう》、陰陽師五人《おんみょうじごにん》を以《もっ》て呪咀《じゅそ》せしむる由《よし》」と云々《しかじか》。「其《そ》の事《こと》、和泉国《いずみのくに》に在《あ》る弥保方宿禰《ちぬのやすかたすくね》、知行《ちぎょう》す」と云々《しかじか》。相府《しょうふ》、一生《いっしょう》の間《あいだ》、此《か》くのごとき事《こと》、断絶《だんぜつ》すべからず。事《こと》に坐《ざ》する者《もの》、已《すで》に例事《れいじ》たり。悲《ひ》歎《たん》するのみ。

一日左府有二落書一云々、民部大輔為任以二陰陽師五人一令二呪咀一之由云々、其事在二和泉国一之弥保方宿禰知行云々、相府一生間、如レ此之事不レ可二断絶一、坐レ事之者已為二例事一、悲歎而已、

✤六月八日にはまたもや人魂が土御門第《つちみかどてい》から出、九日には鵄《とび》が鼠の死骸《しがい》を道長の眼前

に落とし、十日には蛇が堂上に落ち、十二日には種々の厭術《えんじゅつ》が発覚するなど、道長の周辺には怪異や呪詛《じゅそ》の噂が相次いだ。

そして十七日には、為任が陰陽師《おんみょうじ》に道長を呪詛させているとの落書（時の権力者に対する批判の意を含んだ匿名の文書《もんじょ》）があったという情報が届いた。実資は、道長は一生の間に、このような事が断絶することなく起こると、感慨を記している。

・六月二十日（前田本甲〈広本〉）　道長の病を喜ぶ五人の公卿

また、（藤原資平《ふじわらのすけひら》が）云《い》ったことには、「大臣《だいじん》（藤原道長《ふじわらのみちなが》）の病《やまい》を喜悦《きえつ》する公卿《くぎょう》が五人《ごにん》いて、大納言《だいなごん》（藤原《ふじわらの》）道綱《みちつな》・汝《なれ》（藤原実資《ふじわらのさねすけ》）、中納言《ちゅうなごん》（藤原《ふじわらの》）隆家《たかいえ》、参議《さんぎ》（藤原《ふじわらの》）懐平《かねひら》・（藤原《ふじわらの》）通任《みちとう》とのことです」と云《い》うことだ。「これは二《に》、三人《さんにん》が告《つ》げたものです」と云《い》うことだ。あれこれ、これを思《おも》うと、意味《いみ》を知《し》ることができなかった。もしかしたら、立后《りっごう》の日《ひ》に、三条天皇《さんじょうてんのう》の命令《めいれい》に応《おう》じて参《まい》った後《あと》、このような事《こと》が有《あ》るのであろうか。天運《てんうん》に任《まか》せるしかない。心神《しんしん》を悩《なや》ませるところである。無益《むえき》、無益《むえき》。

❖又《また》、云《い》はく、「相府《しょうふ》の病《やまい》を喜悦《きえつ》する卿相《けいしょう》五人《ごにん》、大納言《だいなごん》道綱《みちつな》・予《よ》、中納言《ちゅうなごん》隆家《たかいえ》、参議《さんぎ》懐平《かねひら》・通任《みちとう》」と云々《しかじか》。「是《こ》れ両三《りょうさん》、告《つ》ぐる所《ところ》なり」と云々《しかじか》。左右《とこう》、之《これ》を思《おも》ふに、意《い》を得《う》ること能《あた》はず。若《も》しくは立后《りつごう》の日《ひ》、勅命《ちょくめい》に応《おう》じ、参入《さんにゅう》の後《のち》、此《か》くのごとき事有《ことあ》るか。天運《てんうん》に任《まか》すべし。心神《しんしん》を悩《や》む所《ところ》か。無益《むえき》、々々《むえき》。

又云、喜‐悦相府病㆓之卿相五人、大納言道綱・予、中納言隆家、参議懐平・通任云々、是両三所㆑告也云々、左右思㆑之、不㆑能㆑得㆑意、若立后日応㆓勅命㆒参入之後、有㆓如㆑此之事㆒歟、可㆑任㆓天運㆒、所㆑悩㆓心神㆒哉、無益々々、

✻六月二十日、藤原資平《すけひら》が聞いてきた噂として実資に伝えたところでは、道長の病悩を喜悦している公卿が五人いて、それは道綱《みちつな》・実資・隆家・懐平・通任《みちとう》とのことであった。実資は、娍子《せいし》立后に参入したことによるものであろうかと推測しているが、道

長からは、「そのような噂は、（隆家を除いて）信用していない」との報が実資の許に二十八日に届いているし、七月二十一日にも道長は、「道綱と実資については信用していない」と語っている。隆家にも同じように言ったのかもしれないが……。

また、六月二十八日には、虹《にじ》が彰子の御在所や道長の土御門第《つちみかどてい》をはじめ、藤原頼通《よりみち》・藤原教通《のりみち》・道長家司《けいし》・源倫子《りんし》母の藤原穆子《ぼくし》など、「左府《さふ》（道長）に相親しむ人々の宅」に立った。これも怪異とされるなど、不穏な雰囲気が道長周辺に立ちこめていることが窺《うかが》えるが、これらが娍子立后の後に一挙に噴出していることに注目すべきであろう。

・八月十七日（秘閣本〈略本〉）　除目に怪文書／藤原忠輔、男相任の信濃守任命を請う

昨日《きのう》、左大臣《さだいじん》（藤原道長《ふじわらのみちなが》）の許《もと》に参《まい》ったついでに云《い》ったことには、「先日《せんじつ》の

官職任命《かんしょくにんめい》の儀式《ぎしき》の際《さい》、奇怪《きかい》な事《こと》が有《あ》った。議場《ぎじょう》にいた際《さい》、右大臣《うだいじん》（藤原顕光《ふじわらのあきみつ》）が春宮大夫《とうぐうだいぶ》（藤原斉信《ふじわらのただのぶ》）に耳打《みみう》ちしていた。驚《おどろ》き怪《あや》しむ様子《ようす》が有《あ》った。そこで右大臣《うだいじん》に問《と》うたが、秘《ひ》して語《かた》らなかった。再三《さいさん》、問《と》うたところ、わずかに答《こた》えて云《い》ったことには、『兵部卿《ひょうぶきょう》（藤原忠輔《ふじわらのただすけ》）が云《い》ったことには、「事情《じじょう》のわからない文書《もんじょ》が出《で》て来《き》ているらしい」と云《い》うことでした。用心《ようじん》されるように』ということであった。とても奇怪《きかい》な事《こと》である。先日《せんじつ》、右宰《うさい》相中将《しょうちゅうじょう》（藤原兼隆《ふじわらのかねたか》）を介《かい》して云《い》わせた事《こと》が有《あ》った。『これは兵部卿《ひょうぶきょう》が中納言《ちゅうなごん》を返上《へんじょう》して、子《こ》の（藤原《ふじわらの》）相任《すけとう》を信濃守《しなののかみ》に任《にん》じるようにとの事《こと》である。代《か》わりの中納言《ちゅうなごん》は、そこで（藤原《ふじわらの》）教通《のりみち》を任《にん》じるよう天皇《てんのう》に申《もう》すことにする』と云《い》うことだ。相任《すけとう》は、元《もと》の任国《にんごく》の租税《そぜい》をいまだ勘済《かんさい》していない。また、交替《こうたい》に与《あずか》っていない。そこで、そうであってはならないということを答《こた》えておいた。ところが、この事《こと》が有《あ》った。とても都合《つごう》が悪《わる》い事《こと》である。今《いま》、この事《こと》について思慮《しりょ》を廻《めぐ》らすと、相任《すけとう》の謀略《ぼうりやく》であろうか。親《おや》（忠輔《ただすけ》）として実体《じったい》の無《な》い文書《もんじょ》を考《かんが》え出《だ》したのであろうか。巨賊《きょぞく》と称《しょう》すべきである。

すぐに兵部卿忠輔《ひょうぶきょうただすけ》に問《と》うたところ、右大臣《うだいじん》に告《つ》げてはいないということを答《こた》え述《の》べた。右大臣《うだいじん》は大《おお》いに驚《おどろ》いて、責《せ》めて争《あらそ》った。その間《かん》の事《こと》について、公卿《くぎょう》たちは頤《あご》が外《はず》れるほど笑《わら》った。嘲弄《ちょうろう》するに足《た》る」と。事《こと》は奇怪《きかい》であるので、いささか記《しる》したものである。「この文書《もんじょ》は、もっぱら実体《じったい》が無《な》く、まったく聞《き》いたことがない」と云《い》うことだ。

❖昨日《きのう》、左府《さふ》に参《まい》る次《つ》いでに云《い》はく、「一日《いちじつ》の除目《じもく》の間《かん》、奇恠《きかい》なる事有《ことあ》り。陣《じん》に在《あ》る間《かん》、右府《うふ》、春宮大夫《とうぐうだいぶ》に耳語《じご》す。驚《おどろ》き奇《あや》しむ気色有《けしきあ》り。仍《よ》りて右府《うふ》に問《と》ふに、秘《ひ》して語《かた》らず。再三《さいさん》、問《と》ふに、纔《わず》かに答《こた》へて云《い》はく、『兵部卿《ひょうぶきょう》、云《い》はく、「案内《あない》を知《し》らざる文書《もんじょ》、出《い》で来《き》たるべし」と云々《しかじか》。用意《ようい》すべし』てへり。極《きわ》めて奇《あや》しき事《こと》なり。先日《せんじつ》、右宰相中将《うさいしょうちゅうじょう》を以《もつ》て云《い》はしむる事有《ことあ》り。『是《こ》れ中納言《ちゅうなごん》を返《かえ》し、子《こ》相任《すけとう》を以《もつ》て信乃《しなの》に拝《はい》すべき事《こと》なり。件《くだん》の中納言《ちゅうなごん》を以《もつ》て便《たよ》りに教通《のりみち》を任《にん》ずるを奏《そう》すべし』と云々《しかじか》。相任《すけとう》、本《もと》の任国《にんごく》の事《こと》、未《いま》だ済《す》まず。又《また》、放還《ほうかん》に預《あず》からず。仍《よ》りて然《しか》るべからざる由《よし》を答《こた》へ了《おわ》んぬ。而《しか》るに此《こ》の事有《ことあ》り。極《きわ》めて便《びん》ならざる事《こと》。今《いま》、此《こ》の事《こと》に就《つ》きて思慮《しりよ》を廻《めぐ》らすに、相任《すけとう》の謀略《ぼうりやく》か。祖《おや》と為《し》て、実無《じつな》き書《しよ》を構《かま》へ出《い》だすか。巨賊《きよぞく》と謂《い》ふべし。即《すなわ》ち兵部卿忠輔《ひようぶきようただすけ》に問《と》ふに、右府《うふ》に触《ふ》れざる由《よし》を答《こた》へ陳《の》ぶ。右府《うふ》、大《おお》いに驚《おどろ》き、責《せ》め相諍《あいあらそ》ふ由《よし》。其《そ》の間《かん》の事《こと》、諸卿《しよきよう》、頤《おとがい》を解《と》く。嘘嘲《ろちよう》に足《た》る」と。事《こと》、奇恠《きかい》なるに依《よ》り、聊《いささ》か注《しる》す所《ところ》なり。「件《くだん》の書《しよ》、専《もは》ら実無《じつな》く、更《さら》に聞《き》かず」と云々《しかじか》。

昨日参二左府一次云、一日除目間、有二奇恠事一、在レ陣之間、右府耳二語春宮大夫一、有二驚奇気色一、仍問二右府一、秘而不レ語、再三問、纔答云、兵部卿云、不レ知二案内一之文書可二出来一云々、可二用意一者、極奇事也、先日以二右宰相中将一有二令レ云事一、是返二中納言一以二子相任一可レ拝二信乃一事也、以二件中納言一便可レ奏レ任二教通一云々、相任本任国事未レ済、又不レ預二放還一、仍答二不レ可レ然由一了、而有二此事一、極不レ便事、今就二此事一廻二思慮一、相任謀略歟、為レ祖構二出無レ実書一歟、可レ謂二巨賊一、即問二兵部卿忠輔一、答下陳不レ触二右府一之由上、右府大驚、責相諍由、其間事諸卿解レ頤、足二嘘嘲一、事依二奇恠一、聊所レ注也、件書専無レ実、更不レ聞云々、

✻これは何とも奇怪な事件である。除目の際に顕光《あきみつ》が斉信《ただのぶ》に耳打ちしたことを道長が

問い詰めると、忠輔《ただすけ》をめぐる動きがあるとのことであった。それは自分の権中納言の官を辞任して、代わりに子の相任《すけとう》を信濃守《しなののかみ》に任じてもらい、権中納言の後任には道長五男の教通《のりみち》を任じるように工作したというのである。実は相任の謀略かともある。相任はいまだ前官の交替政《こうたいせい》が終わっていないし、忠輔も怪文書に用心するよう顕光に言っているなど、わけのわからない顚末《てんまつ》で、皆が笑ったのもわからないではない。しかし、もしかしたら除目のたびに、このような裏の動きがあったのかもしれないと、勘ぐってしまうのである。

なお、忠輔は藤原北家《ほっけ》山蔭流《やまかげりゅう》、文章道《もんじょうどう》から身を起こした学者出身の公卿である。この年、六十九歳。こんなに偉くなっても、子孫のことを考えると、なかなか大変なのであった。相任はこの時以前に遠江守《とおとうみのかみ》には任じられたものの、その後は受領《ずりょう》の地位を得ることはできなかったようである（『尊卑分脈《そんぴぶんみゃく》』）。

## ◆長和二年（一〇一三）

藤原実資五十七歳（正二位、大納言・右大将）　三条天皇三十八歳　藤原道長四十八歳　藤原姸子二十歳　藤原娍子四十二歳

正月十七日〈前田本甲〈広本〉〉資平褒誉の三条天皇綸言

（藤原《ふじわらの》）朝経《あさつね》が云《い》ったことには、「昨日《きのう》、主上《しゅじょう》（三条天皇《さんじょうてんのう》）が密《ひそ》かに諸事《しょじ》をおっしゃられたついでに、（藤原《ふじわらの》）資平《すけひら》を褒《ほ》められることが有《あ》りました。おっしゃって云《い》ったことには、『昨日《きのう》、ある事《こと》を問《と》うたところ、答《こた》えることが有《あ》った。これはただ、大将《たいしょう》（藤原実資《ふじわらのさねすけ》）の意向《いこう》によるものか。この事《こと》は、先年《せんねん》、故左大将《こさだいしょう》（藤原《ふじわらの》）済時《なりとき》が云《い》ったところが有《あ》ったが、その答《こたえ》と同《おな》じであった。そこで感心《かんしん》したものである』ということでした。三条天皇《さんじょうてんのう》の意向《いこう》を伺《うかが》わせたところ、恩《おん》が有《あ》るようです。弁官《べんかん》に、もし欠《けつ》が有《あ》って、左大臣《さだいじん》（藤原道長《ふじわらのみちなが》）がたまたま妨害《ぼうがい》しなければ、思《おも》うに、叶《かな》うのではないでしょうか」ということだ。「大臣《だいじん》（道長《みちなが》）は（橘《たちばなの》）為義朝臣《ためよしあそん》を推挙《すいきょ》し、他念《たねん》が無《な》い」と云《い》うことだ。

❖朝経《あさつね》、云《い》はく、「昨日《きのう》、主上《しゅじょう》、密々《みつみつ》に雑事《ぞうじ》を仰《おお》せらるる次《つ》いでに、資平《すけひら》を褒誉《ほうよ》せしめ給《たま》ふこと有《あ》り。仰《おお》せて云《い》はく、『前日《ぜんじつ》、事《こと》を問《と》ふに答対《とうたい》すること有《あ》り。是《こ》れ只《ただ》、大将《たいしょう》の気《け》に縁《よ》るか。件《くだん》の事《こと》、先年《せんねん》、故左大将済時《こさだいしょうなりとき》の云《い》ふ所有《ところあ》るに、彼《か》の言《げん》に同《おな》じ。仍《よ》りて感《かん》じ思《おぼ》す所《ところ》なり』てへり。天気《てんき》を伺《うかが》はしむるに、恩有《おんあ》るに似《に》る。尚書《しょうしょ》、若《も》し欠有《けつあ》りて、左相府《さしょうふ》、適《たま》ま遏絶《あつぜつ》無《な》くんば、計《はか》るに相合《あいあ》ふか」てへり。「相府《しょうふ》、為義朝臣《ためよしあそん》を提奨《ていしょう》し、他念無《たねんな》し」と云々《しかじか》。

朝経云、昨日主上密々被レ仰二雑事一之次、有下令レ褒二誉資平一給上、仰云、前日問レ事有二答対一、是只縁二大将之気一歟、件事先年故左大将済時有レ所レ云、同二彼言一、仍所二感思一者、令レ伺二天気一、似レ有レ恩、尚書若有レ欠、左相府適無二遏絶一、計也相合歟者、相府提二奨為義朝臣一無二他念一云々、

✿この前日、三条《さんじょう》天皇は資平《すけひら》を褒める言葉を賜わった。三条の下問に対する資平の受け答えが、実資《さねすけ》の示唆によるものであろうということである。三条は、その答えが藤原娍子《せいし》の父である故済時《なりとき》の言ったところと同じだというのであるが、実資を味方に付けたいという思いによって、自己のミウチとの類似性を見出《みいだ》したのであろうか。

実資としては、この頃、資平の弁官任命をめぐって、道長《みちなが》や彰子《しょうし》にも渡りをつけていた時期であり、どのように反応してよいか戸惑ったことであろう。なお、資平はこの年十月に権左中将《ごんのさちゅうじょう》に任じられたが、弁官に任じられることはなかった。

・二月三日（前田本甲〈広本〉）藤原道綱、公役を務めず

召使《めしつかい》が申《もう》して云《い》ったことには、「明日《あす》の祈年祭《としごいのまつり》で、割《わ》り宛《あ》てられた儀式《ぎしき》の責任者《せきにんしゃ》である中宮大夫《ちゅうぐうだいぶ》（藤原道綱《ふじわらのみちつな》）が、障《さわ》りを申《もう》されました。そこで順番《じゅんばん》どおりに申《もう》し廻《めぐ》らせます」ということだ。私《わたし》（藤原実資《ふじわらのさねすけ》）は犬《いぬ》の御産《おさん》で穢《けが》れたと称《しょう》した。そもそも、長年《ながねん》、中宮大夫《ちゅうぐうだいぶ》が公役《くやく》を務《つと》めないことは、すでに恒例《こうれい》の事《こと》となっている。禄盗人《ろくぬすびと》とは、もしかしたらこれを謂《い》うのか。

❖召使《めしつかい》、申《もう》して云《い》はく、「明日《あす》、祈年祭《としごいのまつり》。分配《ぶんぱい》の上中宮大夫《しょうちゅうぐうだいぶ》、礙《さわ》りを申《もう》さる。仍《よ》

りて次第《しだい》に申《もう》し廻《めぐ》らす」てへり。犬《いぬ》の産穢《さんえ》を称《しょう》す。抑《そもそ》も長秋《ちょうしゅう》、公役《くやく》を勤《つと》めざること、既《すで》に例事《れいじ》と為《な》る。素《そ》飡尸《さんし》位《い》、若《も》しくは是《こ》れを謂《い》ふか。

召使申云、明日祈年祭、分配上中宮大夫被㆑申㆑穢、仍次第申廻者、称㆓犬産穢㆒、抑長秋不㆑勤㆓公役㆒、既為㆓例事㆒、素飡尸位若是謂歟、

✻当時は公卿分配《くぎょうぶんぱい》という儀式があり、前年の十二月に、翌年の神事・国忌《こき》を主とする公事《くじ》の上卿《しょうけい》を、あらかじめ大中納言と参議《さんぎ》に割り宛《あ》てた。

この日は筆頭大納言の道綱《みちつな》が、翌日の祈年祭《としごいのまつり》の上卿を辞退してきて、次席の実資に話がまわってきたのであるが、実資もこれを断わって、道綱のことを非難している。

どこの社会にもいるのであろうが、地位（と給料）だけ高くて仕事をしない人（素《そ》飡尸《さんし》位《い》）の典型のような者であるとはいえ、先にも述べた理由で先例を学習することができず、儀式の遂行ができないのであるから、致し方のないところである。そのくせ出世欲だけは人一倍なのであるから、よけいに始末が悪い。こんな輩も、どこにでもいるか。

・二月二十五日（前田本甲〈広本〉）　彰子、一種物饗宴を停止／賢后と申すべし

今日《きょう》、公卿《くぎょう》たちは一種物《いっすもの》を提《さ》げて皇太后宮《こうたいごうぐう》（藤原彰子《ふじわらのしょうし》）の許《もと》〈枇杷殿《びわどの》。〉に参《まい》った。（藤原《ふじわらの》）資平《すけひら》は先《ま》ず左大臣《さだいじん》（藤原道長《ふじわらのみちなが》）の許《もと》に参《まい》った。記《しる》し送《おく》って云《い》ったことには、「今日《きょう》の饗宴《きょうえん》は停止《ちょうじ》となりました。左衛門督《さえもんのかみ》〈（藤原《ふじわらの》）頼通《よりみち》。〉が、私《わたし》（資平《すけひら》）の車《くるま》に乗《の》って、左大臣《さだいじん》の許《もと》から三度《さんど》、皇太后宮《こうたいごうぐう》の許《もと》に参《まい》りました。事情《じじょう》が有《あ》るようなものでした」ということだ。夜《よる》に入《はい》って、資平《すけひら》が来《き》て云《い》ったことには、「左衛門督《さえもんのかみ》は往復《おうふく》しました。私《わたし》も同車《どうしゃ》しました。事情《じじょう》を問《と》うたところ、左衛門督《さえもんのかみ》が云《い》ったことには、『今日《きょう》の事《こと》は、后《きさき》（彰《しょう》子《し》）に許《ゆる》さないという意向《いこう》が有《あ》った』ということでした。左大臣《さだいじん》は参《まい》られませんでした。また、心神《しんしん》が宜《よろ》しくないということを称《しょう》されました。后《きさき》の御意向《ごいこう》が許《ゆる》さないことによるものでしょうか」ということだ。事情《じじょう》を女房《にょうぼう》

に尋《たず》ねたところ、云《い》ったことには、「宮《みや》（彰子《しょうし》）がおっしゃって云《い》われたことには、『この何日《なんにち》か、中宮《ちゅうぐう》（藤原妍子《ふじわらのけんし》）では頻《しき》りに饗宴《きょうえん》が有《あ》った。公卿《くぎょう》には煩《わずら》いが有《あ》るのではないか。月《つき》は無《な》く、花《はな》も無《な》い。何《なに》かにつけて、思《おも》いが有《あ》るところである。公卿《くぎょう》たちも必《かなら》ず思《おも》うところが有《あ》るのではないか。また、二《に》の舞《まい》のようなものである。大臣《だいじん》（道長《みちなが》）がいらっしゃる間《あいだ》は、公卿《くぎょう》たちは従《したが》い応《おう》じているが、帰《かえ》ってから悪口《わるくち》を言《い》っているのではないか。ましてや死去《しきょ》した後《あと》には、なおさらである。連日《れんじつ》の饗宴《きょうえん》で、人力《じんりき》は多《おお》く屈《くっ》しているのではないか。今《いま》、これを思《おも》うに、はなはだ益《えき》の無《な》い事《こと》である。停止《ちょうじ》するのが、もっとも当然《とうぜん》であろう』ということでした。そこで左大臣《さだいじん》は参《まい》られませんでした。参《まい》った公卿《くぎょう》たちは興醒《きょうざ》めし、すぐに帰《かえ》りました」ということだ。賢后《けんこう》と申《もう》すべきである。感《かん》が有《あ》った、感《かん》が有《あ》った。また、資平《すけひら》が云《い》ったことには、「女房《にょうぼう》は汝《なれ》（藤原実資《ふじわらのさねすけ》）が参《まい》るかどうかを問《と》うていました」ということだ。

❖今日《きょう》、諸卿《しょきょう》、一種物《いっすもの》を提《さ》げて皇太后宮《こうたいごうぐう》〈枇杷殿《びわどの》。〉に参会《さんかい》す。資平《すけひら》、先《ま》づ左相府《さしょうふ》に参《まい》る。注《しる》し送《おく》りて云《い》はく、「今日《きょう》の事《こと》、停止《ちょうじ》す。左衛門督《さえもんのかみ》〈頼通《よりみち》。〉、資平《すけひら》の車《くるま》に乗《の》り、左府《さふ》より三箇度《さんかど》、皇太后宮《こうたいごうぐう》に参《まい》る。事有《ことあ》るに似《に》る」てへり。夜《よる》に入《い》りて、資平《すけひら》、来《き》たりて云《い》はく、「左金吾《さきんご》、往反《おうはん》す。資平《すけひら》、同車《どうしゃ》す。案内《あない》を問《と》ふに、金吾《きんご》、云《い》はく、『今日《きょう》の事《こと》、后《きさき》、許《ゆる》さざる気有《けあ》り』てへり。左相府《さしょうふ》、参《まい》られず。亦《また》、心《しん》神《しん》、宜《よろ》しからざる由《よし》を称《しょう》せらる。后《きさき》の御気色《みけしき》、許《ゆる》さざるに縁《よ》るか」てへり。案内《あない》を女房《にょうぼう》に取《と》るに、云《い》はく、「宮《みや》、仰《おお》せられて云《い》はく、『日来《ひごろ》、中宮《ちゅうぐう》、頻《しき》りに饗饌有《きょうせんあ》り。卿相《けいしょう》、煩《わずら》ひ有《あ》るか。月無《つきな》く花無《はなな》し。事《こと》に触《ふ》れて思《おも》ひ有《あ》る処《ところ》なり。諸卿《しょきょう》、必《かなら》ず思《おも》ふ所有《ところあ》るか。亦《また》、二《に》の舞《まい》に似《に》る。相府《しょうふ》、坐《おわ》する間《あいだ》、諸卿《しょきょう》、饗応《きょうおう》するも、退《しりぞ》きて誹謗有《ひぼうあ》るか。況《いわ》んや万歳《ばんぜい》の後《のち》をや。連日《れんじつ》の饗宴《きょうえん》、人力《じんりき》、多《おお》く屈《くつ》するか。今《いま》、以《もっ》て之《これ》を思《おも》ふに、太《はなは》だ益無《えきな》き事《こと》なり。停止有《ちょうじあ》るが、尤《もっと》も然《しか》るべし』てへり。仍《よ》りて左《さ》府《ふ》、参入《さんにゅう》せられず。参会《さんかい》の諸卿《しょきょう》、興委《きょうい》し、直《ただ》ちに以《もっ》て退出《たいしゅつ》す」てへり。賢后《けんこう》と申《もう》すべし。感有《かんあ》り、感有《かんあ》り。又《また》、資平《すけひら》、云《い》はく、「女房《にょうぼう》、余《よ》の参不《さんぷ》を問《と》ふ」てへり。

今日諸卿提二一種物一参二会皇太后宮〈枇杷殿〉一、資平先参二左相府一、注送云、今日事停止、左衛門督〈頼通〉乗二資平車一、従二左府一三箇度参二皇太后宮一、似レ有レ事者、入レ夜資平来云、左金吾往反、資平同車、問二案内一、金吾云、今日事后有二不レ許気一者、左相府不レ被レ参、亦被レ称二心神不レ宜由一、縁二后御気色不一レ許歟者、取二案内女房一云、宮被レ仰云、日来中宮頻有二饗饌一、卿相有レ煩歟、無レ月無レ花、触レ事有レ思之処也、諸卿必有レ所レ思乎、亦似二舞一、相府坐間、諸卿饗応、退有二誹謗一歟、況万歳後哉、連日饗宴、人力多屈歟、今以思レ之、太無レ益事也、有二停止一、尤可レ然者、仍左府不レ被二参入一、参会諸卿興委、直以退出者、可レ申二賢后一、有レ感々々、又資平云、女房問二余参不一者、

✻彰子は一種物《いっすもの》という饗宴《きょうえん》を取りやめさせたが、女房（紫式部《むらさきしきぶ》か）が語ったところによると、それは妍子《けんし》がしきりに饗宴を催して諸卿を煩わせていたことに配慮したものであった。道長がいる間は諸卿は我慢して参っているが、退出してから非難している。ましてや道長が死んだ後の非難は言うまでもないという理由である。

派手好きとされる妍子に対して、彰子の慎《つつ》ましい態度は、実資ならずとも称讃《しょうさん》されるべきであろう。ただ、彰子も上東門院《じょうとうもんいん》となってからは、派手な物詣《ものもうで》を行なったりしてはいるのであるが。

・三月一日（前田本甲〈広本〉）道長、重厄の夢想

近江守《おうみのかみ》（藤原知章《ふじわらのともあきら》）が来《き》て、語《かた》ったついでに云《い》ったことには、「先月二十六日《せんげつにじゅうろくにち》の夜《よる》、左大臣《さだいじん》（藤原道長《ふじわらのみちなが》）は、重《おも》く謹慎《きんしん》されなければならないという夢《ゆめ》を見《み》ました。夢《ゆめ》から醒《さ》めて仏前《ぶつぜん》に参《まい》り、祈請《きしょう》を行《おこ》なわれました。夜中《よなか》、重《かさ》ねて八月《はちがつ》に重《おも》い厄《やく》があるということを示《しめ》されました。恐怖《きょうふ》の様子《ようす》が有《あ》りました」ということだ。この事《こと》は、先日《せんじつ》、太皇太后宮大夫《たいこうたいごうぐうだいぶ》（藤原公任《ふじわらのきんとう》）が、同《おな》じく談《かた》ったところである。

❖近江守《おうみのかみ》、来《き》たりて語《かた》る次《つ》いでに云《い》はく、「去《さ》ぬる月二十六日《つきにじゅうろくにち》の夜《よる》、左府《さふ》、重《おも》く慎《つつし》まるべき夢《ゆめ》を見《み》る。夢寤《ゆめさ》めて仏前《ぶつぜん》に詣《もう》で、祈請《きしょう》を致《いた》さる。夜中《よなか》、重《かさ》ねて八月《はちがつ》、重厄《じゅうやく》の由《よし》を示《しめ》す。恐怖《きょうふ》の気有《けあ》り」てへり。件《くだん》の事《こと》、一日《いちじつ》、太皇太后宮大夫《たいこうたいごうぐうだいぶ》、同《おな》じ

く談説《だんせつ》する所《ところ》なり。

近江守来語次云、去月廿六日夜左府見下可レ被二重慎一之夢上、々寤詣二仏前一、被レ致二祈請一、夜中重示二八月重厄之由一、有二恐怖気一者、件事一日太皇太后宮大夫同所二談説一、

✽二月二十六日の暁方、道長に二度の夢想《むそう》があった。『御堂関白記《みどうかんぱくき》』（自筆本を書写した平松本《ひらまつぼん》）の頭書《とうしょ》には「明救《みょうぐ》・頼命《らいめい》、丑《うし》時」「八月、寅《とら》時」とあるが、本文には、「暁方、二度の夢想が有った」としか記していない。

しかし道長の家司《けいし》である藤原知章《ふじわらのともあきら》（資平の妻の父）や公任《きんとう》が実資に告げたところによると、最初の夢は重く慎まねばならないというもので、道長は起きて仏前に詣で、祈請《きしょう》を行なったとある。そしてふたたび眠った際、八月に重い厄があるという夢を重ねて見て恐怖していたというのである。

道長はその後、辞任も念頭に置いて、八月まで一心不乱に精進《しょうじ》を行ない、「夜毎に念誦堂《ねんじゅどう》に於いて額《ぬか》を突いて祈禱《きとう》」していた。相変わらずの怖がりぶりである。

・三月二十七日（前田本甲〈広本〉）　藤原経通の家人、母子を切る

（藤原《ふじわらの》）資平《すけひら》が右衛門督《えもんのかみ》（藤原懐平《ふじわらのかねひら》）の許《もと》から来《き》て、云《い》ったことには、「左中《さちゅう》弁《べん》（藤原《ふじわらの》）経通《つねみち》の許《もと》にいる男《おとこ》が、去《さ》る夕方《ゆうがた》、私宅《したく》に於《お》いて妻《つま》を殴打《おうだ》していた際《さい》、妻《つま》の従者《じゅうしゃ》の女《おんな》が、子《こ》〈三歳《さんさい》。〉を抱《だ》いたまま、この事《こと》を取《と》りなしていました。この男《おとこ》はひどく怒《いか》り、大刀《たち》を抜《ぬ》いて子《こ》の頸《くび》を打《う》ち切《き》りました。すぐに左中弁《さちゅうべん》の宅《たく》に到《いた》りました。今朝《けさ》、発覚《はっかく》しました。母《はは》は頭《あたま》の無《な》い子《こ》を□〈『頭《あたま》は肱《ひじ》に結《むす》び付《つ》けた』と云《い》うことでした。〉、検非違使別当《けびいしべっとう》（懐平《かねひら》）の家《いえ》に向《む》かい、訴《うった》え愁《うれ》いました。また、母《はは》の女《おんな》も、肩《かた》を打《う》ち切《き》られていました。見聞《けんぶん》した者《もの》は、悲愁《ひしゅう》が極《きわ》まりありませんでした」と云《い》うことだ。「検非違使別《けびいしべっ》当《とう》は、犯人《はんにん》を出《だ》すよう、弁《べん》（経通《つねみち》）の許《もと》に云《い》い遣《つか》わしましたが、逃《に》げ去《さ》ったということを述《の》べて、出《だ》しませんでした」と云《い》うことだ。

❖資平《すけひら》、右衛門督《えもんのかみ》の許《もと》より来《き》たりて云《い》はく、「左中弁経通《さちゅうべんつねみち》の許《もと》に在《あ》る男《おとこ》、去《さ》ぬる夕《ゆうべ》、私宅《したく》に於《お》いて妻《つま》を打《う》ち凌《りょう》ずる間《あいだ》、妻《つま》の従者《じゅうしゃ》の女《おんな》、子《こ》〈三歳《さんさい》。〉を抱《だ》きながら、此《こ》の事《こと》を沙汰《さた》す。件《くだん》の男《おとこ》、忿怒《ふんぬ》し、大刀《たち》を抜《ぬ》き、子《こ》の頸《くび》を打《う》ち切《き》る。即《すなわ》ち左中弁《さちゅうべん》の宅《たく》に到《いた》る。今朝《けさ》、発覚《はっかく》す。母《はは》、頭無《あたまな》き子《こ》を□〈「頭《あたま》は肱《ひじ》に結《ゆ》ひ付《つ》く」と云々《しかじか》。〉、別当《べっとう》の家《いえ》に向《む》かひ、訴《うった》へ愁《うれ》ふ。又《また》、母《はは》の女《おんな》、肩《かた》を打《う》ち切《き》らる。見聞《けんぶん》する者《もの》、悲愁《ひしゅう》、極《きわ》まり無《な》し」と云々《しかじか》。「別当《べっとう》、犯人《はんにん》を出《い》だすべき由《よし》を弁《べん》の許《もと》に云《い》ひ遣《つか》はすに、逃《に》げ去《さ》る由《よし》を陳《の》べ、出《い》ださず」と云々《しかじか》。

資平従二右衛門督許一来云、在二左中弁経通許一之男、去夕於二私宅一打二凌妻一之間、妻従者女乍レ抱二子〈三歳、〉一沙二汰此事一、件男忿怒、抜二大刀一打二切子頸一、即到二左中弁宅一、今朝発覚、母□二無レ頭子一〈頭者結二付肱一云々、〉、向二別当家一訴愁、又母女被レ打二切肩一、見聞者悲愁無レ極云々、別当可レ出二犯人一之由云二遣弁許一、陳二逃去由一不レ出云々、

✼賀茂祭《かものまつり》の行事《ぎょうじ》の弁《べん》に定められていた経通《つねみち》の家人《けにん》が妻を打擲《ちょうちゃく》していた際、妻の従者《じゅうしゃ》である女が三歳になる女の子を抱きながら取りなそうとしていた。男は忿怒《ふんぬ》して太刀を

抜き、女の子の頸《くび》を打ち斬り、従者の女の肩を斬って、そのまま経通の家に来てしまったのである。斬られた女も頭のない子を抱き、子の頭を肱《ひじ》に結びつけて検非違使別当《けびいしべっとう》の家に赴いて愁訴した。

あちこちに穢《え》が拡散してしまったので、賀茂祭行事を改替《かいたい》しなければならないというのが朝廷の当面の問題であったが、「見聞く者は、悲愁が極まり無かった」というのも、人間としての自然な感情であろう。

・四月八日（伏見宮本〈略本〉）　比叡山遍救の房に濫行

阿闍梨《あじゃり》遍救《へんく》が来《き》て云《い》ったことには、「何箇月《なんかげつ》か、山門《さんもん》を閉《と》じて、宿願《しゅくがん》の為《ため》、自《みずか》ら護摩行《ごまぎょう》を行《おこ》なっていた際《さい》、去《さ》る二日《ふつか》の未刻《ひつじのこく》（午後《ごご》一時《いちじ》−三時《さんじ》）の頃《ころ》、四《よん》十余人《じゅうよにん》ほどの弓矢《ゆみや》を持《も》った者《もの》が、大刀《たち》や短刀《たんとう》を持《も》って房《ぼう》の中《なか》に乱入《らんにゅう》し、様々《さまざま》な物《もの》を捜《さが》し取《と》り、仏像《ぶつぞう》や経論《きょうろん》を破壊《はかい》し、花山院御願《かざんいんごがん》の静慮院《じょうりょいん》を破壊《はかい》しました。隠《かく》れていた間《あいだ》、乱暴《らんぼう》の声《こえ》は、敢《あ》えて云《い》うこともできません。矢《や》を放《はな》つ響《ひび》きは、連々《れんれん》、絶《た》えませんでした。すぐに私《わたし》（遍救《へんく》）に従《したが》っている法《ほう》師《し》を講堂《こうどう》の前《まえ》に縛《しば》って繋《つな》ぎ、拷問《ごうもん》しました。五《ご》、六人《ろくにん》の童《わらわ》も、同《おな》じく捕《とら》えて縛《しば》り、殴打《おうだ》したことは、特《とく》に甚《はなは》だしいものでした。いまだ何事《なにごと》かを知《し》りません。わずかに訪《たず》ねて来《き》た童子《どうじ》がおりました。私《わたし》は身命《しんめい》を脱《だつ》する為《ため》、谷底《たにぞこ》に隠《かく》れ臥《ふ》しました。これは律師《りっし》懐寿《かいじゅ》の行《おこ》なったものです。私《わたし》が呪詛《じゅそ》を行《おこ》なっていることを称《しょう》し、非常《ひじょう》の事《こと》を行《おこ》なったのです。また、護摩《ごま》壇《だん》には糞《ふん》を塗《ぬ》り、仏像《ぶつぞう》を汚《けが》しました。懐寿律師《かいじゅりっし》は、濫悪《らんあく》の使者《ししゃ》に命《めい》じて、『遍救《へんく》を捕《とら》え、犬《いぬ》の糞《ふん》を食《く》わせる』と云《い》っています。ところが私《わたし》を捕《とら》えることができず、使者《ししゃ》は去《さ》ってしまいました。もしかしたらまた、房《ぼう》に帰《かえ》って来《き》たのではないですか。初《はじ》めの数《かず》に倍《ばい》しています。狡悪《こうあく》の者《もの》を遣《つか》わして、房中《ぼうちゅう》のあちこちを捜《さが》させました。一昨日《おととい》、左大臣殿《さだいじんどの》（藤原道長《ふじわらのみちなが》）の許《もと》に参《まい》って、伝《つた》えさせました」ということだ。また、云《い》ったことには、「全山《ぜんざん》の僧《そう》は、涙《なみだ》を流《なが》して愁《うれ》え悶《もだ》えています。仏法《ぶっぽう》が滅尽《めつじん》することは、すでにこの時《とき》に当《あ》たっています」と。訴《うった》え嘆《なげ》く詞《ことば》は、詳《くわ》しく記《しる》すことはできない。……

❖阿闍梨《あじゃり》遍救《へんく》、来《き》たりて云《い》はく、「月来《げつらい》、山門《さんもん》を閉《と》ぢ、宿願《しゅくがん》の為《ため》、自《みずか》ら護摩《ごま》を行《おこ》なふ間《あいだ》、去《さ》ぬる二日《ふつか》の未剋《ひつじのこく》ばかり、四十余人《しじゅうよにん》ばかりの弓箭《きゅうせん》を帯《お》ぶる者《もの》、大刀《たち》・小《しょう》刀等《とうなど》を持《も》ち、房中《ぼうちゅう》に乱入《らんにゅう》し、雑物《ぞうもつ》を捜《さが》し取《と》り、仏像《ぶつぞう》・経論《きょうろん》を破却《はきゃく》し、華山院《かざんいん》の静《じょう》慮院《りょいん》を壊《こぼ》つ。隠所《いんじょ》に在《あ》る間《かん》、濫行《らんぎょう》の声《こえ》、敢《あ》へて云《い》ふべからず。矢《や》を放《はな》つ響《ひび》き、連々《れんれん》、絶《た》えず。即《すなわ》ち相従《あいしたが》ふ法師《ほうし》を講堂《こうどう》の前《まえ》に縛《しば》り繋《つな》ぎ、拷訊《ごうじん》す。五《ご》、六人《ろくにん》の童等《わらわなど》、同《おな》じく捕縛《ほばく》し、打《う》ち調《ちょう》ずること、殊《こと》に甚《はなはだ》し。未《いま》だ何事《なにごと》かを知《し》らず。僅《わず》かに尋《たず》ね来《き》たる童子《どうじ》有《あ》り。遍救《へんく》、身命《しんめい》を脱《だつ》せんが為《ため》、谷底《たにぞこ》に隠《かく》れ臥《ふ》す。是《こ》れ律師《りつし》懐寿《かいじゅ》の為《な》す所《ところ》なり。呪詛《じゅそ》を致《いた》す由《よし》を称《しょう》し、非常《ひじょう》の事《こと》を行《おこ》なふ。又《また》、護摩壇《ごまだん》、糞穢《ふんえ》を以《もっ》て塗《ぬ》り、仏像《ぶつぞう》を黷《けが》す。懐寿律師《かいじゅりつし》、濫悪《らんあく》の使者《ししゃ》を戒《いまし》め、『遍救《へんく》を捕《とら》へ、犬矢《いぬや》を食《く》はしめん』と云々《しかじか》。而《しか》るに捕《とら》へ得《う》ること能《あた》はず、使者《ししゃ》、去《さ》り了《おわ》んぬ。若《も》しくは又《また》、房《ぼう》に帰《かえ》り来《き》たるか。初《はじ》めの数《かず》に重倍《じゅうばい》す。狡悪《こうあく》の者《もの》を遣《つか》はし、房中《ぼうちゅう》の処々《しょしょ》を捜検《そうけん》せしむ。一昨日《おととい》、左大臣殿《さだいじんどの》に参《まい》り、伝《つた》へ申《もう》さしめ了《おわ》んぬ」てへり。又《また》、云《い》はく、「満山《まんざん》の僧等《そうなど》、涙《なみだ》を流《なが》して愁悶《しゅうもん》す。仏法《ぶっぽう》、滅尽《めつじん》すること、已《すで》に斯《こ》の時《とき》に当《あ》たる」と。訴《うった》へ歎《なげ》く詞《ことば》、委《くわ》しく記《しる》すべからず。……

阿闍梨遍救来云、月来閉二山門一、為二宿願一行二自護摩一之間、去二日未剋許卌余人許帯二弓箭一者持二大刀・小刀等一乱二入房中一、捜二取雑物一、破二却仏像・経論一、壊二華山院静慮院、在二隠所一之間、濫行之声不レ可二敢云一、放レ矢之響連々不レ絶、即縛二繫相従法師於講堂前一拷訊、五六人童等同捕縛、打調殊甚、未レ知二何事一、僅有二尋来之童子一、遍救為レ脱二身命一、隠二臥谷底一、是律師懐寿所レ為也、称下致二呪詛一之由上、行二非常事一、又護摩壇以二糞穢一塗黷二仏像一、懐寿律師戒二濫悪使者一捕二遍救一、令レ食二犬矢一云々、而不レ能二捕得一、使者去了、若又帰二来於房一歟、重二倍初数一、遣二狡悪者一、令レ捜二検房中処々一、一昨日参二左大臣殿一、令二伝申一了者、又云、満山僧等流レ涙愁悶、仏法滅尽已当二斯時一、訴歎之詞不レ可二委記一、

……

✼とんでもない事は起こるもので、比叡山《ひえいざん》で護摩行を行なっていた阿闍梨《あじゃり》遍救《へんく》の房に、弓箭《きゅうせん》を帯びた者四十余人が乱入し、雑物を捜し取り、仏像や経論を破り捨てるという濫行《らんぎょう》をはたらき、遍救の従僧や童《わらわ》を捕縛して打擲した。何とこれは律師懐寿《かいじゅ》が、遍救

が自分を呪詛《じゅそ》していると思い込んで行なったものであった。護摩壇に糞穢《ふんえ》を塗り、遍救に犬の糞を食わせると言ったという。満山の僧は涙を流して仏法滅尽を嘆いた。阿闍梨は密教の阿闍梨灌頂《かんじょう》を受けた者、律師は僧正《そうじょう》・僧都《そうず》に次ぐ僧綱《そうごう》（僧尼を統率し法務を処理する僧官）の一員で、ともに高僧なのだが、それがこの体たらくなのであるから、仏法滅尽も近いと実感されたのであろう。

・四月二十一日（伏見宮本〈略本〉）賀茂斎院御禊／禁制の装束

……私《わたし》（藤原実資《ふじわらのさねすけ》）と左大弁《さだいべん》（藤原説孝《ふじわらのときたか》）は先《さき》に出《で》て、大宮院《おおみやいん》（一条院《いちじょういん》）の北《きた》あたりに於《お》いて見物《けんぶつ》した。……今日《きょう》、検非違使《けびいし》の官人《かんじん》は、ただ左衛門府生《さえもんのふしょう》（笠《かさの》）良信《よしのぶ》だけが院《いん》に参《まい》るということを、看督長《かどのおさ》が申《もう》した。ところが見《み》えなかったのは、如何《いかが》なものか。右衛門佐代侍従《えもんのすけだいじじゅう》（源《みなもとの》）顕基《あきもと》の童《わらわ》が見《み》えなかった。「靫負小路《ゆげいこうじ》から付《つ》き従《したが》った」と云《い》うことだ。疑《うたが》うにこれは、禁制《きんせい》の装束《しょうぞく》を着《き》ていたのか。後《のち》に聞《き》いたことには、「織物《おりもの》を着《き》た童八人《わらわはちにん》が車《くるま》に乗《の》って、私《わたし》の車《くるま》の前《まえ》を過《す》ぎてから、車《くるま》から下《お》りた」と云《い》うことだ。「袙《あこめ》の袴《はかま》は左大臣《さだいじん》（藤原道長《ふじわらのみちなが》）が調備《ちょうび》され、織物《おりもの》の狩衣袴《かりぎぬばかま》は内大臣《ないだいじん》（藤原公季《ふじわらのきんすえ》）が調《ちょう》備《び》されたものである」と云《い》うことだ。憲法《けんぽう》を立《た》てて破《やぶ》ることは、人《ひと》に嘲《あざけ》られるばかりである。

❖……予《よ》及《およ》び左大弁《さだいべん》、先《さき》に出《い》で、大宮院《おおみやいん》の北辺《きたあた》りに於《お》いて見物《けんぶつ》す。……今日《きょう》、使《し》の官人《かんじん》、只《ただ》、左衛門府生良信《さえもんのふしょうよしのぶ》一人《ひとり》、院《いん》に参《まい》る由《よし》、看督長《かどのおさ》、申《もう》す。而《しか》るに見《み》えざるは、如何《いかが》。右衛門佐代侍従顕基《えもんのすけだいじじゅうあきもと》の童《わらわ》、見《み》えず。「靫負小路《ゆげいこうじ》より相従《あいしたが》ふ」と云《い》ふ。疑《うたが》ふに是《こ》れ、禁制《きんせい》の装束《しょうぞく》を着《ちゃく》するか。後《のち》に聞《き》く、「織物《おりもの》を着《ちゃく》する童八人《わらわはちにん》、車《くるま》に乗《の》り、予《よ》の車《くるま》の前《まえ》を過《す》ぎ、車《くるま》より下《お》る」と云々《しかじか》。「袙《あこめ》の袴《はかま》、左府《さふ》、調《ととの》へられ、織物《おりもの》の狩衣袴《かりぎぬばかま》、内府《ないふ》、調《ととの》へらるる所《ところ》」と云々《しかじか》。憲法《けんぽう》を立《た》てて破《やぶ》ること、人《ひと》の為《ため》に嘲《あざけ》らるるのみ。

……予及左大弁先出、於二大宮院北辺一見物、……今日使官人只左衛門府生良信一人参レ院之由、看督長申、而不レ見如何、右衛門佐代侍従顕基童不レ見、自二靭負小路一相従云、疑是着二禁制装束一歟、後聞、着二織物一之童八人乗レ車、過二予車前一、下レ自レ車云々、袙袴左府被レ調、織物狩衣袴内府所レ被レ調云々、憲法立破、為レ人被レ嘲耳、

✲四月十九日、賀茂《かも》斎院《さいいん》御禊《ごけい》の前駆《ぜんく》および賀茂《かも》祭使《さいし》の従者や童の人数と装束《しょうぞく》の過差《かさ》を制止するという三条天皇の勅が、密々に実資の許《もと》に届けられた。しかも、人数については道長、装束については三条の発案であるという。賀茂斎院御禊というのは、斎院が賀茂祭に奉仕するに際して、事前に鴨川《かもがわ》の河原で禊《みそぎ》を行なう儀式のことである。

　しかし、当日の二十一日になってみると、「過差の甚しさは、例年よりも万倍するものであった」という状況であった。しかも、禁制の装束を着た者たちは、斎院御禊の行事《ぎょうじ》（責任者）を務めていた実資の見物している車の前を通る際には車に乗り込んで隠れて通り過ぎ、実資の前を抜けると車から降りたり、実資の前だけは別の道を通ったりして、その目を誤魔化そうとしたという、手の込んだやり口であった。当然のこと実資は、道長が内では過差を停《とど》めるよう三条に奏上し、外では禁制にこだわることもないと言っていると推測し、「憲法《けんぽう》は、ただ一人（道長）の御心にあるのか。万

人は目くばせするのみである」と、怒りを露わにしている。

なお、実資が見物していた大宮院《おおみやいん》は、一条《いちじょう》天皇が里内裏《さとだいり》としていた一条院のことである。一条大路の南、大宮大路の東にあったので、実資は大宮院とも称している。ちなみに、正式な院号が奉られなかった一条天皇のことも、実資は時に大宮院と称している。こちらの呼称が定着していれば、大宮天皇と呼ばれたことであろうが、敦成親王が死去して後一条院と称されたので、親も一条院と称されることになった。

・五月二十五日（伏見宮本〈略本〉）東宮病悩／紫式部を介して病状を告げられる

（藤原《ふじわらの》）資平《すけひら》を昨夜《さくや》、密《ひそ》かに皇太后宮《こうたいごうぐう》（藤原彰子《ふじわらのしょうし》）の許《もと》に参《まい》らせて、東宮《とうぐう》（敦《あつ》成親王《ひらしんのう》）が御病悩《ごびょうのう》している間《あいだ》、休暇《きゅうか》によって参《まい》らなかったことを申《もう》しあげさせた。今朝《けさ》、帰《かえ》って来《き》て云《い》ったことには、「去《さ》る夕方《ゆうがた》、女房《にょうぼう》〈越後守《えちごのかみ》（藤《ふじ》原《わらの》）為時《ためとき》の女《むすめ》（紫式部《むらさきしきぶ》）である。この女《おんな》を介《かい》して、これまでも諸事《しょじ》を申《もう》しあげさせただけである。〉に会《あ》いました。あの女《おんな》（紫式部《むらさきしきぶ》）が云《い》ったことには、『東宮《とうぐう》の御病悩《ごびょうのう》は、重《おも》いわけではないとはいっても、やはりいまだ尋常《じんじょう》でいらっしゃらないうえに、熱気《ねっき》がいまだ散《さん》じられません。また、左大臣《さだいじん》（藤原道長《ふじわらのみちなが》）も、いささか患《わずら》う様子《ようす》が有《あ》ります』ということでした」と。

❖資平《すけひら》を去《さ》ぬる夜《よる》、密々《みつみつ》に皇太后宮《こうたいごうぐう》に参《まい》らしめ、東宮《とうぐう》、御悩《ごのう》の間《かん》、假《か》に依《よ》りて参《まい》らざる由《よし》を啓《けい》せしむ。今朝《けさ》、帰《かえ》り来《き》たりて云《い》はく、「去《さ》ぬる夕《ゆうべ》、女房《にょうぼう》〈越後守為時《えちごのかみためとき》の女《むすめ》。此《こ》の女《おんな》を以《もっ》て、前々《さきざき》、雑事《ぞうじ》を啓《けい》せしむるのみ。〉に相逢《あいあ》ふ。彼《か》の女《おんな》、云《い》はく、『東宮《とうぐう》の御悩《ごのう》、重《おも》きに非《あら》ずと雖《いえど》も、猶《なお》は未《いま》だ尋常《じんじょう》に御《おわ》せざる内《うち》、熱気《ねっき》、未《いま》だ散《さん》じ給《たま》はず。亦《また》、左府《さふ》、聊《いささ》か患《わずら》ふ気《け》有《あ》り』てへり」と。

資平去夜密々令レ参二皇太后宮一、令レ啓二東宮御悩之間依レ假不レ参之由一、今朝帰来云、去夕相下逢女房〈越後守為時女、以二此女一前々令レ啓二雑事一而已、〉上、彼女云、東宮御悩雖レ非レ重、猶未レ御二尋常一之内、熱気未二散給一、亦左府聊有二患気一者、

＊五月十八日から東宮敦成《あつひら》親王が重く病悩《びょうのう》することとなったが、実資は養子の資平を彰子の許に遣わして病状を密々に探らせた。資平に病状を語ったこの女房こそ、「越後守為時の女《えちごのかみためときのむすめ》」、つまり紫式部《むらさきしきぶ》であった。実資は、「この女を介して、前々にも雑事を皇太后宮に啓上《けいじょう》させていた」と記しているが、紫式部は聞かれてもいない道長の病悩についても資平に語っている。よほどの信頼関係と見るべきであろう。

前々から取次ぎに使っていたとなると、この記事の前後に実資と彰子の間を取り次いでいた「女房」も、紫式部であった可能性が高い。三条天皇の時代、実資は資平の人事に関して、彰子を介して渡りをつけていたのである。『小右記《しょうゆうき》』に、「女房に逢《あ》った」と見える女房は、かなりの割合で紫式部を指していると考えられよう。

実はこれは、紫式部の死亡時期を推定するに際して、重要なヒントとなるのである。

・七月七日（前田本甲〈広本〉）　妍子、皇女禎子を出産／道長喜ばず暁方《あかつきがた》、人々《ひとびと》が云《い》ったことには、「中宮《ちゅうぐう》（藤原妍子《ふじわらのけんし》）の御産《おさん》は、平安《へいあん》に遂《と》げられました」と云《い》うことだ。そこで（藤原《ふじわらの》）資平《すけひら》を参《まい》らせた。事《こと》は不審《ふしん》であったので、護衛《ごえい》を介《かい》して事情《じじょう》を源納言《げんなごん》〈（源《みなもとの》）俊賢《としかた》。〉に尋《たず》ねた。還《かえ》って来《き》て云《い》ったことには、「丑刻《うしのこく》（午前《ごぜん》一時《いちじ》－三時《さんじ》）の頃《ころ》、遂《と》げられました。ただし、女子《じょし》です」ということだ。続《つづ》いて書状《しょじょう》を納言《なごん》（俊賢《としかた》）の許《もと》に送《おく》った。その返報《へんぽう》に云《い》ったことには、「御産《おさん》は丑刻《うしのこく》の頃《ころ》でした。憚《はばか》るところが有《あ》って、参《まい》りませんでした〈九宮《くのみや》（昭平親王《あきひらしんのう》）の服喪《ふくも》。〉」ということだ。私《わたし》（藤原《ふじわらの》実資《さねすけ》）は、内《うち》は軽服《きょうぶく》を着《き》て、外《そと》は心喪《しんそう》に服《ふく》している。このような折《おり》、役《やく》に参《まい》ることはできない。しばらくして、資平《すけひら》が帰《かえ》って来《き》て云《い》ったことには、「大臣《だいじん》（藤原道長《ふじわらのみちなが》）は、すでに公卿《くぎょう》や中宮《ちゅうぐう》の殿人《とのびと》に会《あ》ってはおられません。悦《よろこ》ばない様子《ようす》が、はなはだ露《あら》わでした」と。女《おんな》を産《う》まれたことによるものか。天《てん》の行《おこ》なったところは、人間《にんげん》に関《かん》する事《こと》は何《なん》としようか。

❖暁更《ぎょうこう》、人々《ひとびと》、云《い》はく、「中宮《ちゅうぐう》の御産《おさん》、平安《たいら》かに遂《と》げ給《たま》ふ」と云々《しかじか》。仍《よ》りて資平《すけひら》をして参《まい》らしむ。事《こと》、不審《ふしん》に依《よ》り、随身《ずいじん》を以《もっ》て案内《あない》を源納言《げんなごん》〈俊《しゅん》。〉に取《と》る。還《かえ》り来《き》たりて云《い》はく、「丑刻《うしのこく》ばかり、遂《と》げ給《たま》ふ。但《ただ》し女子《じょし》」てへり。相尋《あいつ》いで書状《しょじょう》を以《もっ》て納言《なごん》の許《もと》に送《おく》る。其《そ》の報《ほう》に云《い》はく、「御産《おさん》、丑刻《うしのこく》ばかりなり。憚《はばか》る所《ところ》有《あ》りて、参入《さんにゅう》せず〈九宮《くのみや》の服《ふく》。〉」てへり。余《よ》、内《うち》に軽服《きょうぶく》を着《ちゃく》し、外《そと》に心喪《しんそう》に服《ふく》す。此《か》くのごとき間《かん》、役《やく》に参《まい》るべからず。小選《しばら》くして、資平《すけひら》、帰《かえ》り来《き》たりて云《い》はく、「相府《しょうふ》、已《すで》に卿相《けいしょう》・宮《みや》の殿人等《とのびとなど》に見《み》給《たま》はず。悦《よろこ》ばざる気色《けしき》、甚《はなは》だ露《あら》はなり」と。女《おんな》を産《う》ましめ給《たま》ふに依《よ》るか。天《てん》の為《な》す所《ところ》、人事《にんじ》、何《なん》と為《せ》ん。

暁更人々云、中宮御産平安遂給云々、仍令レ参二資平一、事依二不審一以二随身一取二案内於源納言〈俊、〉一、還来云、丑刻許遂給、但女子者、相尋以二書状一送二納言許一、其報云、御産丑刻許也、有レ所レ憚不二参入一〈九宮服、〉者、余内着二軽服一、外服二心喪一、如レ此之間不レ可レ参レ役、小選資平帰来云、相府已不レ見二給卿相・宮殿人等一、不レ悦気色甚露、依レ令レ産レ女給一歟、天之所レ為人事何為、

✻七月六日の戌《いぬ》刻(午後七時－九時)に産気付いた妍子は、子《ね》刻(午後十一時－午前一時)、平安に女子を出産した(『御堂関白記』)。後に禎子《ていし》と名付けられ、後朱雀《ごすざく》天皇

（敦良親王《あつながしんのう》）の中宮《ちゅうぐう》として尊仁親王《たかひとしんのう》（後の後三条天皇《ごさんじょうてんのう》）を儲《もう》けた皇女である。尊仁の即《そく》位《い》によって、摂関政治《せっかんせいじ》は決定的な打撃を蒙《こうむ》ることになるのであるが、それは後の話である。

『栄花物語《えいがものがたり》』では、道長は皇女の誕生をたいそう残念なことと思ったが、「いずれまた、皇子を産むこともあろう」と気を取り直したことになっている。しかし、『小右記』によれば、それどころの騒ぎではなかった（ちなみに『御堂関白記』には、何の感慨も記されていない）。道長は公卿や殿上人には会うことはなく、悦《よろこ》ばない様子がはなはだ露《あら》わであった。その報を受けた実資は、「これは天の為《な》すところであって、人事《にんじ》（人間に関する事）は、どうしようもない」と記している。

## ◆長和三年（一〇一四）

藤原実資五十八歳（正二位、大納言・右大将）　三条天皇三十九歳　藤原道長四十九歳　藤原妍子二十一歳　藤原娍子四十三歳

・正月二日（前田本甲〈広本〉）　小野宮の泉水を垣外に流す／餅を流す

今日《きょう》、南山《なんざん》の下《もと》の泉《いずみ》を、初《はじ》めて垣《かき》の外《そと》に流《なが》し出《だ》した。感《かん》が有《あ》った、感《かん》が有《あ》った。垣《かき》の外《そと》に流《なが》れを汲《く》む者《もの》たちがいた。祝《いわ》いの言葉《ことば》を述《の》べさせる為《ため》に、今日《きょう》、餅《もち》を流《なが》し出《だ》させた。これを取《と》って祝《いわ》いの言葉《ことば》を述《の》べた。下人《げにん》が多《おお》く集《あつ》まってきた。

❖今日《きょう》、南山《なんざん》の下《もと》の泉《いずみ》、初《はじ》めて垣《かき》の外《そと》に流《なが》し出《い》だす。感有《かんあ》り、感有《かんあ》り。垣《かき》の外《そと》に流《なが》れを汲《く》む者等有《ものなどあ》り。寿言《ほかいごと》を致《いた》さしめんが為《ため》、今日《きょう》、餅《もち》を以《もっ》て流《なが》し出《い》ださしむ。之《これ》を取《と》りて寿言《ほかいごと》す。下人《げにん》、多《おお》く集会《しゅえ》す。

今日南山下泉初流二出垣外一、有レ感々々、垣外有二汲レ流之者等一、為レ令レ致二寿言一、今日以レ餅令二流出一、取レ之寿言、下人多集会之、

✻実資《さねすけ》と小野宮《おののみや》周辺の平安京《へいあんきょう》住民との交流は、説話集などに語られるが、『小右記《しょうゆうき》』にもしばしば見られる。ここは正月に際し、小野宮に湧き出た泉の水を垣外に流し、そこに餅《もち》を流し出したというもの。餅を与える代わりに、皆に寿言《ほかいごと》（祝いの気持ちを述べる言葉）を述べさせたとある。

現代でも、祝い事に餅を振る舞う風習は各地に見られるが、これはその一例である。実際には三条《さんじょう》天皇の退位をめぐって、大変な年になる長和《ちょうわ》三年であるが、まずは穏やかな正月であった。

・正月八日（前田本甲〈広本〉）　三条天皇、抜歯

昨日《きのう》、中宮大夫《ちゅうぐうだいぶ》（藤原道綱《ふじわらのみちつな》）が云《い》ったことには、「主上《しゅじょう》（三条天皇《さんじょうてんのう》）の御歯《おんは》は、京極《きょうごく》のあたりに住《す》む老女《ろうじょ》に抜《ぬ》かせました。先年《せんねん》も、この老女《ろうじょ》に抜《ぬ》かせられました」と。

❖昨日《きのう》、中宮大夫《ちゅうぐうだいぶ》、云《い》はく、「主上《しゅじょう》の御歯《おんは》、京極《きょうごく》の辺《あた》りに住《す》む嫗《おうな》を以《もっ》て取《と》らしめ給《たま》ふ。先年《せんねん》、此《こ》の嫗《おうな》を以《もっ》て取《と》らしめ給《たま》ふ」と。

昨日中宮大夫云、主上御歯以下住二京極辺一之嫗上令レ取給、先年以二此嫗一令レ取給、

✻三条天皇は長和元年（一〇一二）二月八日に「京極《きょうごく》（もちろん、東京極）の辺りに住む嫗《おうな》」に歯を抜かせたのであるが、道長《みちなが》の許《もと》に藤原道綱《みちつな》と藤原隆家《たかいえ》を遣わして、抜いた歯を持って行かせ、これを見させている（『御堂関白記《みどうかんぱくき》』）。三条としては、道長との友好的な関係を維持しようとしていたのであろう。

二年後の正月七日、三条はこの嫗に、また歯を抜かせた。前回とは異なり、この時には道長に抜いた歯を見せることはなかったようである。二人の関係は、もはやそのようなものではなくなっていたのである。

　この長和三年、三条と道長の関係は決定的に悪化した。道長は、三条に退位を迫ったこの年の『御堂関白記』を、みずから破却したものと思われる。

・二月七日（前田本甲〈広本〉）　鎮守府将軍平維良、入京し道長に貢物

「今日《きょう》、鎮守府将軍《ちんじゅふしょうぐん》（平《たいらの》）維良《これよし》が奥州《おうしゅう》から参上《さんじょう》した。左大臣《さだいじん》（藤原道長《ふじわらのみちなが》）に献上《けんじょう》した物《もの》は、馬二十二疋《うまにじゅうにひき》〈十二疋《じゅうにひき》は鞍《くら》を置《お》いて調備《ちょうび》して献上《けんじょう》した。あと二疋《にひき》は鞍《くら》を置《お》かなかった。あと八疋《はっぴき》は道長家《みちながけ》の子《こ》たちに献上《けんじょう》した。〉・胡籙《やなぐい》・鷲羽《わしう》・砂金《さきん》・絹《きぬ》・綿《めん》・布《ぬの》で、その数《かず》はもっとも多《おお》かった。将軍《しょうぐん》の任符《にんぷ》に与《あずか》る為《ため》に、数万《すうまん》の物《もの》を持《も》って大臣《だいじん》（道長《みちなが》）の許《もと》に参《まい》った。道路《どうろ》は、市《いち》を成《な》して見物《けんぶつ》したことは、巨万《きょまん》であった」と云《い》うことだ。この維良《これよし》は、初《はじ》め追捕官符《ついぶかんぷ》を受《う》けた。幾《いく》くを経《へ》ずに栄爵《えいしゃく》に与《あずか》った。また、将軍《しょうぐん》に任《にん》じられたのは、財貨《ざいか》の力《ちから》である。辺境《へんきょう》の非道《ひどう》の輩《やから》が、いよいよ濫《みだ》りに財宝《ざいほう》を貯《たくわ》え、官爵《かんしゃく》を買《か》う計《けい》略《りゃく》を企《くわだ》てたのか。悲《かな》しい時代《じだい》である、悲《かな》しい時代《じだい》である。

❖「今日《きょう》、将軍維良《しょうぐんこれよし》、奥州《おうしゅう》より参上《さんじょう》す。左府《さふ》に貢《みつ》ぐ所《ところ》の物《もの》、馬二十二疋《うまにじゅうにひき》〈十二疋《じゅうにひき》、

鞍《くら》を置《お》き調《ととの》ふるを貢《こう》じ、今《いまに》二疋《ひき》、鞍《くら》を置《お》かず。今八疋《いまはっぴき》、家《いえ》の子達《こたち》に貢《こう》ず。〉・胡籙《やなぐい》・鷲《わし》羽《う》・砂金《さきん》・絹《きぬ》・綿《めん》・布等《ぬのなど》、其《そ》の数《かず》、尤《もっと》も多《おお》し。将軍《しょうぐん》の任符《にんぷ》に預《あず》からんが為《ため》、数万《すうまん》の物《もの》を随身《ずいじん》し、蓮府《れんぷ》に詣《もう》づ。道路《どうろ》、市《いち》を成《な》して之《これ》を見《み》ること、巨万《きよまん》」と云々《しかじか》。件《くだん》の維良《これよし》、初《はじ》め追捕官符《ついぶかんぷ》を蒙《こうむ》る。幾《いく》ばくを経《へ》ず、栄爵《えいしゃく》に関《かか》はる。又《また》、将軍《しょうぐん》に任《にん》ずるは、財貨《ざいか》の力《ちから》なり。外土《がいど》の狼戻《ろうれい》の輩《やから》、弥《いよい》よ濫《みだ》りに財宝《ざいほう》を貯《たくわ》へ、官爵《かんしゃく》を買《か》ふ計《けい》を企《くわだ》つるか。悲《かな》しき代《よ》なり、悲《かな》しき代《よ》なり。

今日将軍維良自二奥州一参上、所レ貢二左府一之物、馬廿二疋〈十二疋貢レ置二調鞍一、今二疋不レ置レ鞍、今八疋貢二家子達一〉・胡籙・鷲羽・砂金・絹・綿・布等其数尤多、為レ預二将軍任符一、随二身数万物一詣二蓮府一、道路成レ市見レ之、巨万云々、件維良初蒙二追捕官符一、不レ経レ幾関二栄爵一、又任二将軍一、財貨之力也、外土狼戻輩弥濫貯二財宝一、企下買二官爵一之計上歟、悲代也、々々々、

✲維良《これよし》は高望《たかもち》流の桓武《かんむ》平氏《へいし》。平貞盛《たいらのさだもり》の弟である繁盛《しげもり》の孫にあたる。余五将軍《よごしょうぐん》として有名な平維茂《これもち》は、実は確実な史料には登場せず、維良と同一人物であると考えられている。

長保《ちょうほう》五年（一〇〇三）に下総《しもうさ》・武蔵《むさし》両国司《こくし》から、維良が兵乱を起こしたことが言上され（『小記目録《しょうきもくろく》』）、陣定《じんのさだめ》で議定《ぎじょう》されている（『百練抄《ひゃくれんしょう》』『本朝世紀《ほんちょうせいき》』）。越後に逃れ、そこでも紛争を起こしたが、越後守《えちごのかみ》の申請によって追討は停止《ちょうじ》された（『権記《ごんき》』）。

そして維良は鎮守府将軍に補されて陸奥《むつ》国に居住した。長和元年、長和三年に上京して馬などを道長に貢上している。鎮守府将軍の重任《ちょうにん》を依頼するためである。見事に鎮守府将軍の重任を勝ち取り、相変わらず道長に馬を献上していた。寛仁《かんにん》二年（一〇一八）に陸奥守と紛争を起こして合戦に及んだが（『小記目録』）、何故か落着した。

こういった連中がだんだんと摂関家《せっかんけ》との関係を深め、やがて武士の世の中へとつながっていくのである。

・二月十二日（前田本甲〈広本〉）　強姦未遂事件

今日《きょう》、雑人《ぞうにん》が、八省院《はっしょういん》の北廊《きたろう》の北《きた》あたりに於《お》いて、市女笠《いちめがさ》を着《ちゃく》した女《おんな》を捕《とら》えた。昭慶門《しょうけいもん》の西腋門《にしわきもん》の内《うち》に引《ひ》き入《い》れ、門《もん》を閉《と》じて強姦《ごうかん》しようとしていた頃《ころ》、私《わたし》（藤原実資《ふじわらのさねすけ》）がこの廊《ろう》を経《へ》て円融寺《えんゆうじ》に参《まい》った。女《おんな》が呼《よ》び叫《さけ》んでいた。そこで右近衛府《うこのえふ》の官人《かんじん》および護衛《ごえい》が、門《もん》を押《お》し開《ひら》いたところ、雑人《ぞうにん》は逃《に》げ去《さ》った。女《おんな》は何《なん》とか出《で》て来《き》た。私《わたし》が車《くるま》に乗《の》った際《さい》、右近府生《うこんのふしょう》（下毛野《しもつけのの》）公《きん》忠《ただ》が、戻《もど》って陣《じん》に帰《かえ》るついでに、検非違使《けびいし》の官人《かんじん》の許《もと》に仰《おお》せ遣《つか》わした。公《きん》忠《ただ》は円融院《えんゆういん》に来《き》た。検非違使《けびいし》の官人《かんじん》に伝《つた》えたということを申《もう》した。

❖今日《きょう》、雑人等《ぞうにんなど》、八省《はっしょう》の北廊《きたろう》の北辺《きたあた》りに於《お》いて、市女笠《いちめがさ》を着《ちゃく》する女《おんな》を搦《から》む。昭慶《しょうけい》門《もん》の西腋門《にしわきもん》の内《うち》に引《ひ》き入《い》れ、門《もん》を閉《と》ぢ、強姦《ごうかん》せんと欲《ほっ》する間《かん》、予《よ》、件《くだん》の廊《ろう》を経《へ》て円融寺《えんゆうじ》に参《まい》る。女《おんな》、呼《よ》び叫《さけ》ぶ。仍《よ》りて府《ふ》の官人幷《かんじんなら》びに随身等《ずいじんなど》、門《もん》を推《お》し開《ひら》くに、雑人等《ぞうにんなど》、逃《に》げ去《さ》る。女《おんな》、僅《わず》かに出《い》で来《き》たる。予《よ》、車《くるま》に乗《の》る間《かん》、府生公忠《ふしょうきんただ》、退《しりぞ》きて陣《じん》に帰《かえ》る便《たよ》りに、使《し》の官人等《かんじんなど》の許《もと》に仰《おお》せ遣《つか》はし了《おわ》んぬ。公忠《きんただ》、円融院《えんゆういん》に来《き》たる。使《し》の官人等《かんじんなど》に仰《おお》する由《よし》を申《もう》し了《おわ》んぬ。

今日雑人等於二八省北廊北辺一、搦下着二市女笠一之女上、引二入昭慶門西腋門内一、閉レ門欲二強姧一之間、予経二件廊一、参二円融寺一、女呼叫、仍府官人并随身等推二開門一、雑人等逃去、女僅出来、予乗レ車之間、府生公忠退帰レ陣之便、仰二遣使官人等許一了、公忠来二円融院一中下仰二使官人等一之由上了、

＊古代においては、律の定める男女関係に関する「姦《かん》」は、唐律《とうりつ》を継受したせいで、当時の日本社会の実状や、もちろん現代とはずいぶんと異なる概念であったが、もちろん強制性交としての強姦は重い罪に処せられた（未婚婦人を強姦した場合は徒《ず》〈懲役〉一年半、有夫婦人の場合は徒三年）。

　この日、実資が八省院《はっしょういん》（朝堂院《ちょうどういん》）の北廊を経て円融寺《えんゆうじ》に参ろうとしていると、雑人がこの廊の北あたりで市女笠《いちめがさ》をかぶった女を搦《から》め、昭慶門《しょうけいもん》の西腋門《にしわき》の内に引き入れ、門を閉じて強姦しようとしていた。女が呼び叫んでいたので、右近衛府《うこのえふ》の官人および実資の随身が門を開いたところ、雑人は逃げ去り、女はやっと出て来た。

　翌日、犯人の雑人は宮城守《きゅうじょうもり》の仕丁《しちょう》の男であることがわかり、獄所《ごくしょ》に召禁《しょうきん》されたが、強姦についてはまったく知らないと、しらを切り続けた。市女笠をかぶって外出するのは、それなりに身分の高い女性であろうが、危うく難を逃れたことになる。

・二月十六日（前田本甲〈広本〉）　三条天皇、道長の源頼親推挙を実資に諮詢

右衛門督《えもんのかみ》〈(藤原《ふじわらの》)懐平《かねひら》。〉が密《ひそ》かに云《い》ったことには、「三条天皇《さんじようてんのう》のお言葉《ことば》に云《い》ったことには、『大将《たいしよう》（藤原実資《ふじわらのさねすけ》）は、私《わたし》（三条天皇《さんじようてんのう》）の為《ため》に心遣《こころづか》いの有《あ》る人《ひと》である。そこで伝《つた》えるところである。「摂津守《せっつのかみ》（藤原《ふじわらの》）佐光《すけみつ》が辞任《じにん》することになった」と云《い》うことだ。「右馬頭《うまのかみ》（源《みなもとの》）頼親《よりちか》を任《にん》じるよう、左大臣《さだいじん》（藤原道長《ふじわらのみちなが》）が推挙《すいきよ》するであろう」と云《い》うことだ。頼親《よりちか》は、あの国《くに》に住《す》み、所領《しよりよう》がはなはだ多《おお》い。土地《とち》の人《ひと》のようである。先年《せんねん》、大宮院《おおみやいん》（一条天皇《いちじようてんのう》）のご治世《ちせい》、(平《たいらの》)維衡《これひら》を伊勢守《いせのかみ》に任《にん》じられたが、あの国《くに》の住人《じゆうにん》であったので、停任《ちようにん》された。左大臣《さだいじん》は、あの時《とき》に大《おお》いに非難《ひなん》した。私《わたし》が東宮《とうぐう》であった頃《ころ》である。ところが、頼親《よりちか》を摂津守《せっつのかみ》に推挙《すいきよ》するのは、維衡《これひら》の場合《ばあい》と同《おな》じである。もし頼親《よりちか》を推挙《すいきよ》したら、この趣旨《しゆし》を話《はな》そうと思《おも》う。そもそも、大将《たいしよう》の返報《へんぽう》を聞《き》いて、命《めい》じることにする』ということであった」と。仰《おお》せの

趣旨《しゅし》は、もっとも道理《どうり》であるということを申《もう》しあげた。そのついでに、少々《しょうしょう》の事《こと》を加《くわ》えて申《もう》しあげさせた。

❖右金吾《うきんご》〈懐平《かねひら》。〉、密々《みつみつ》に云《い》はく、「勅語《ちょくご》に云《い》はく、『大将《たいしょう》、吾《わ》が為《ため》に用意有《ようい あ》る人《ひと》なり。仍《よ》りて相示《あいしめ》す所《ところ》なり。「摂津守佐光《せっつのかみすけみつ》、辞退《じたい》すべし」と云々《しかじか》。「右馬頭頼親《うまのかみよりちか》を以《もっ》て任《にん》ずべき由《よし》、左大臣《さだいじん》、挙《あ》ぐべし」と云々《しかじか》。頼親《よりちか》は、彼《か》の国《くに》に住《す》み、所領《しょりょう》、太《はなは》だ多《おお》し。土人《どじん》のごとし。先年《せんねん》、大宮院《おおみやいん》の御時《おんとき》、維衡《これひら》を以《もっ》て伊勢守《いせのかみ》に任《にん》ぜらる。彼《か》の国《くに》の住人《じゅうにん》に依《よ》り、停任《ちょうにん》す。左大臣《さだいじん》、彼《か》の時《とき》、大《おお》いに謗《そし》る。吾《われ》、儲弐《ちょじ》たる間《かん》。而《しか》るに頼親《よりちか》を以《もっ》て摂津守《せっつのかみ》に挙《あ》ぐるは、維衡《これひら》の事《こと》に相同《あいおな》じ。若《も》し頼親《よりちか》を挙《あ》げば、此《こ》の趣《おもむ》きを仰《おお》せんと欲《ほっ》す。抑《そもそ》も大将《たいしょう》の奏報《そうほう》を聞《き》き、仰《おお》すべきなり』てへり」と。仰《おお》せの旨《むね》、尤《もっと》も道理《どうり》の由《よし》を奏《そう》す。其《そ》の次《つ》いでに少々《しょうしょう》の事《こと》を加《くわ》へ奏《そう》せしめ了《おわ》んぬ。

右金吾〈懐平、〉密々云、勅語云、大将為レ吾有二用意一之人也、仍所二相示一也、摂津守佐光可二辞退一云々、以二右馬頭頼親一可レ任之由左大臣可レ挙云々、頼親者住二彼国一、所領太多、如二土人一、先年大宮院御時、以二維衡一被レ任二伊勢守一、依二彼国之住人一停任、左大臣彼時大謗、吾為二儲弐一之間、而以二頼親一挙二摂津守一、相二同維衡事一、若挙二頼親一、欲レ仰二此趣一、抑聞二大将之奏報一可レ仰也者、奏二仰旨尤道理由一、其次少々事令二加奏一了、

✲この日、三条天皇から実資の許に密々の勅語がもたらされた。道長が家司《けいし》の源頼親《みなもとのよりちか》を摂津守《せっつのかみ》に任じようとしているが、頼親は摂津国に住んで、所領がはなはだ多く、土人《どじん》のような者であるということで、一条の時代に平維衡《たいらのこれひら》を伊勢守《いせのかみ》に任じた際、道長は維衡が伊勢国の住人であるということで停任《ちょうにん》した。そのことを、実資の返事を聞いて、言うかどうか決めようと思うとのことであった。

実資は、それは道理であると奏上《そうじょう》し、ついでに少々の事を加えて奏上した。維衡の例というのは、寛弘《かんこう》三年の除目《じもく》で一条が、寵愛《ちょうあい》の深かった藤原元子《がんし》の御在所《ございしょ》を造営した維衡を、藤原顕光《あきみつ》の申請に従って伊勢守に任じたところ、道長が「御門《みかど》（一条天皇）のお考えは、未《いま》だよくわからない」ということで除目を中断し、後に維衡を解任したことを指す（『御堂関白記』）。この例を持ち出されては、道長も致し方ないところだったであろうが、得意げに過去の例を話す三条に対する感情は悪化したことであろう。

・三月十四日（前田本甲〈広本〉）道長・道綱、天道、主上を責めることを奏上

夜《よる》に入《はい》って、（藤原《ふじわらの》）資平《すけひら》が来《き》て云《い》ったことには、「給仕《きゅうじ》の際《さい》に三条天皇《さんじょうてんのう》がおっしゃって云《い》われたことには、『内蔵寮《くらりょう》が焼失《しょうしつ》した事《こと》について、大将《たいしょう》（藤原実資《ふじわらのさねすけ》）が申《もう》すところは有《あ》るか、如何《いかが》か』と。申《もう》しあげようとしていたところ〈今朝《けさ》、もし仰《おお》せが有《あ》ったならば、申《もう》しあげるはずの趣旨《しゅし》を、あらかじめ伝《つた》えたところである。〉、左大臣《さだいじん》（藤原道長《ふじわらのみちなが》）が参《まい》られました。そこで天皇《てんのう》に申《もう》しあげることができませんでした。おっしゃって云《い》ったことには、『明朝《みょうちょう》、参《まい》るように。大将《たいしょう》に伝《つた》えなければならない事《こと》が有《あ》る』ということでした。『先日《せんじつ》、左大臣《さだいじん》と大納言《だいなごん》（藤原《ふじわらの》）道綱《みちつな》が、連《つ》れだって、天《てん》が主上《しゅじょう》（三条天皇《さんじょうてんのう》）を責《せ》めたのだということを申《もう》しあげた』と云《い》うことです。皆《みな》、思《おも》うところが有《あ》るようなものです。『主上《しゅじょう》は、詳《くわ》しくその意味《いみ》をわかっておられる』

と云《い》うことでした。これは右金吾将軍《うきんごしょうぐん》（藤原懐平《ふじわらのかねひら》）が、密《ひそ》かに私《わたし》（資平《すけひら》）に談《かた》ったことです」と。大臣《だいじん》（道長《みちなが》）は、たとえ思《おも》うところが有《あ》るとはいっても、道綱《みちつな》がどうして同心《どうしん》するのか。愚《ぐ》である、愚《ぐ》である。天《てん》の責《せ》めは避《さ》け難《がた》いのではないか。

❖夜《よる》に入《い》りて、資平《すけひら》、来《き》たりて云《い》はく、「陪膳《ばいぜん》の次《つ》いでに仰《おお》せられて云《い》はく、『内《く》蔵寮《らりょう》、焼亡《しょうぼう》の事《こと》、大将《たいしょう》、言《もう》す所有《ところあ》るか、如何《いかが》』と。奏《そう》せんと欲《ほっ》する間《あいだ》〈今朝《けさ》、若《も》し仰《おお》せ事有《ごとあ》らば、奏《そう》すべき趣《おもむ》き、兼《か》ねて含《ふく》む所《ところ》なり。〉、左府《さふ》、参入《さんにゅう》せらる。仍《よ》りて奏《そう》聞《もん》すること能《あた》はず。仰《おお》せて云《い》はく、『明旦《みょうたん》、参入《さんにゅう》すべし。大将《たいしょう》に仰《おお》すべき事有《ことあ》り』てへり。『一日《いちじつ》、左府《さふ》及《およ》び大納言《だいなごん》道綱《みちつな》、相倶《あいとも》に、天道《てんどう》、主上《しゅじょう》を責《せ》め奉《たてまつ》る由《よし》を奏《そう》す』と云々《しかじか》。皆《みな》、思《おも》ふ所有《ところあ》るに似《に》る。『主上《しゅじょう》、具《つぶ》さに其《そ》の志《こころざし》を存《ぞん》じ給《たま》ふ』と云々《しかじか》。是《こ》れ右金吾将軍《うきんごしょうぐん》、密々《みつみつ》に資平《すけひら》に談《かた》る」と。僕射《ぼくや》、縦《たと》ひ思《おも》ふ所有《ところあ》りと雖《いえど》も、道綱《みちつな》、何《なん》ぞ同心《どうしん》するか。愚《ぐ》なり、愚《ぐ》なり。天譴《てんけん》、避《さ》け難《がた》きか。

入レ夜資平来云、陪膳次被レ仰云、内蔵寮焼亡事、大将有レ所レ言哉如何、欲レ奏之間〈今朝若有二仰事一、可レ奏趣兼所レ含也、〉、左府被二参入一、仍不レ能二奏聞一、仰云、明日可二参入一、有下可レ仰二大将一之事上者、一日左府及大納言道綱相倶、奏下天道奉レ責二主上一之由上云々、皆似レ有レ所レ思、主上具存二其志一給云々、是右金吾将軍密々談二資平一、僕射縦雖レ有レ所レ思、道綱何同心乎、愚也々々、天譴難レ避歟、

＊三月十二日、大宿直所《おおとのいどころ》・内蔵寮不動倉《くらりょうふどうそう》・掃部寮《かにもりりょう》などが焼亡し、累代《るいだい》の宝物が皆、焼失してしまった。この火災の直後に、道長と道綱が並んで、「天道が主上を責めたのである」ということを三条天皇に奏上した。二人は言外に退位《たいい》を匂わせたのであろう。

この件に関して、三条は十四日に実資に意見を求めている。資平はかねて聞いていた実資の意見を奏上しようとしたが、道長がいたので奏聞することができなかった。実資は、道長はともかく、道綱がこれに同心したことに怒りを覚えている。

三条としても、東宮時代から自分を支えてくれていた道綱が、道長と共に自分を責めてきたということは、大きな衝撃であったに違いない。だんだんと味方も少なくなっていくことを実感したはずである。道長もそれを見越して道綱を連れて行ったのであろうが、易々とそれに乗ってしまう道綱も、軽薄の謗《そし》りは免れまい。

・四月二十一日（前田本甲〈広本〉）検非違使庁の狼藉

今朝《けさ》、四条大納言《しじょうだいなごん》（藤原公任《ふじわらのきんとう》）が密《ひそ》かに伝《つた》え送《おく》って云《い》ったことには、「検非《けび》違使庁《いしちょう》については、とても奇怪《きかい》な事《こと》が多《おお》い。これは以前《いぜん》から案《あん》じていたのである。直接《ちょくせつ》、説得《せっとく》することにする」ということだ。まことに聟公《むこきみ》（藤原《ふじわらの》教通《のりみち》）とはいっても、忠告《ちゅうこく》に従《したが》わないのか。検非違使庁《けびいしちょう》の狼藉《ろうぜき》は、現在《げんざい》のようなことはなかった。「看督長《かどのおさ》や放免《ほうめん》が京中《きょうちゅう》を横行《おうこう》し、市女笠《いちめがさ》を切《き》っている。また、検非違使別当《けびいしべっとう》（教通《のりみち》）の従者《じゅうしゃ》も、同《おな》じく切《き》っている」と云《い》うことだ。市女笠《いちめがさ》は、禁制《きんせい》の物《もの》ではない。たとえ禁制《きんせい》の物《もの》とはいっても、看《か》督長《どのおさ》・放免《ほうめん》・検非違使別当《けびいしべっとう》の下人《げにん》が破却《はきゃく》するのは、はなはだ奇怪《きかい》である。検非違使別当《けびいしべっとう》は年齢《ねんれい》がたいへん若《わか》く、また才智《さいち》も無《な》い。暗夜《あんや》、暗夜《あんや》、また暗夜《あんや》である。京畿内《きょうきない》の間《あいだ》では、混乱《こんらん》に限度《げんど》が無《な》い。鼻《はな》を口《くち》のようにするだけである。聖人《しょうにん》（行基《ぎょうき》）の戒《いまし》めであるばかりである。

❖今朝《けさ》、四条大納言《しじょうだいなごん》、密々《みつみつ》に示《しめ》し送《おく》りて云《い》はく、「使庁《しちょう》の事《こと》、極《きわ》めて奇《あや》しき事《こと》、多《おお》し。是《こ》れ兼《か》ねて案《あん》ずるなり。面《つらつ》ら談説《だんせつ》すべし」てへり。誠《まこと》に聟公《むこきみ》と雖《いえど》も、諷諫《ふうかん》に従《したが》はざるか。使庁《しちょう》の狼藉《ろうぜき》、今《いま》の時《とき》に如《し》かず。「看督長《かどのおさ》・放免等《ほうめんなど》、京中《きょうちゅう》を横行《おうこう》し、市女笠《いちめがさ》を切《き》る。又《また》、別当《べっとう》の舎人等《とねりなど》、同《おな》じく切《き》る」と云々《しかじか》。市女笠《いちめがさ》、禁制《きんせい》の物《もの》に非《あら》ず。仮令《たとい》、禁物《きんもつ》と雖《いえど》も、看督長《かどのおさ》・放免《ほうめん》・別当《べっとう》の下人《げにん》、破却《はきやく》するは、太《はなは》だ奇恠《きかい》なり。別当《べっとう》、年歯《ねんし》、極《きわ》めて若《わか》く、又《また》、才智《さいち》無《な》し。暗夜《あんや》、暗夜《あんや》、又《また》、暗夜《あんや》なり。京畿《きょうき》の間《あいだ》、昏乱《こんらん》、度無《どな》し。鼻《はな》をして口《くち》のごとからしむ。聖人《しょうにん》の鑑戒《かんかい》たるのみ。

今朝四条大納言密々示送云、使庁事極多二奇事一、是兼案也、面可二談説一者、誠雖二聟公一不レ従二諷諫一歟、使庁狼藉不レ如二今時一、看督長・放免等横二行京中一、切二市女笠一、又別当舎人等同切云々、市女笠非二禁制物一、仮令雖二禁物一、看督長・放免・別当下人破却、太奇恠也、別当年歯極若、又無二才智一、暗夜々々又暗夜也、京畿之間、昏乱無レ度、使二鼻如一レ口、聖人鑑戒而已、

✲何かと評判のよくない道長五男の教通《のりみち》であるが、教通を長女の聟《むこ》に取った藤原公任《きんとう》（実資の従兄弟《いとこ》）は、検非違使庁《けびいしちょう》について嘆いている。実資は、検非違使庁の狼藉《ろうぜき》は、現在のようなことはなかったとして、看督長《かどのおさ》（獄舎の番人）や放免（前科者の中から選ばれて犯人の捜索・追捕を担当した者）が京中を横行し、（禁制の物ではない）市女笠を切っているとの情報を記し、「鼻を口のようにする（言いたいことを言わないこと）だけである」と非難している。

教通のような者に検非違使別当などといった権力を与えればどうなるか、推して知るべきであるが、これも道長の「親馬鹿ちゃんりん」の結末なのである。

なお、検非違使が市女笠を切るという行為は、治安《じあん》三年（一〇二三）五月にも見え、検非違使が京の住民を弾圧する一般的な方法であったことが窺《うかが》える。

・六月二十五日（前田本甲〈広本〉）宋国医僧、実資・隆家の求めにより眼薬等を送る夜《よる》に入《はい》って、清賢師《せいけんし》が九州《きゅうしゅう》から来《き》て、諸事《しょじ》を談《かた》った。小児《しょうに》（藤原千古《ふじわらのちふる》）の病《やまい》を治《なお》す生虫《なまむし》の薬《くすり》を持《も》って来《き》た。私《わたし》（藤原実資《ふじわらのさねすけ》）は、大宋国《だいそうこく》の医僧《いそう》の許《もと》〈恵清《けいせい》と称《しょう》す。〉から遣《つか》わして来《き》たものを請《こ》うた。清賢師《せいけんし》は、按察納言《あぜちなごん》（藤原隆家《ふじわらのたかいえ》）の使者《ししゃ》である。砂金《さきん》十両《じゅうりょう》（約三百七十五《やくさんびゃくななじゅうご》グラム）を持《も》たせて、あの医師《いし》（恵清《けいせい》）の所《ところ》に遣《つか》わし、治眼《じがん》の薬《くすり》を交易《こうえき》させた。「二種《にしゅ》を送《おく》りました」ということだ。この清大徳《せいだいとく》（清賢《せいけん》）は、高田牧司《たかだのまきし》（藤原《ふじわらの》）蔵規朝臣《くらのりあそん》に命《めい》じて、早船《はやぶね》で送《おく》らせたのである。また、宗像大宮司《むなかただいぐうじ》（宗形《むなかたの》）妙忠《たえただ》に命《めい》じて、いささか加《くわ》えさせた。

❖夜《よる》に入《い》りて、清賢師《せいけんし》、鎮西《ちんぜい》より来《き》たりて、雑事《ぞうじ》を談《だん》ず。小児《しょうに》の病中《びょうちゅう》を治《なお》す生虫《なまむし》の薬《くすり》を持《も》ち来《き》たる。予《よ》、大宋国《だいそうこく》の医僧《いそう》の許《もと》〈恵清《けいせい》と号《ごう》す。〉より遣《つか》はし来《き》たるを乞《こ》ふ。清賢師《せいけんし》は、按察納言《あぜちなごん》の使《つかい》たり。砂金《さきん》十両《じゅうりょう》を齎《もたら》さしめ、彼《か》の医師《いし》の所《ところ》に遣《つか》はし、治眼《じがん》の薬《くすり》を交易《こうえき》せしむ。「二種《にしゅ》を送《おく》る」てへり。件《くだん》の清大徳《せいだいとく》、高田牧司《たかだのまきし》蔵規《くらのり》朝臣《あそん》に仰《おお》せ、隼船《じゅんせん》を以《もっ》て労送《ろうそう》せしむるなり。又《また》、宗像大宮司《むなかただいぐうじ》妙忠《たえただ》に仰《おお》せ、聊《いささ》か加労《ろう》せしむ。

入レ夜清賢師従二鎮西一来談二雑事一、持下来治二小児病中一生虫薬上、予乞レ遣下来自中大宋国之医僧許〈号二恵清一〉上、清賢師者按察納言使、令レ齎二砂金十両一、遣二彼医師所一、令レ交二易治眼之薬一、送二二種一者、件清大徳仰二高田牧司蔵規朝臣一、以二隼船一令二労送一也、又仰二宗像大宮司妙忠一、聊令二加労一、

＊長和元年（一〇一二）に突目《つきめ》（匐行性角膜潰瘍《ふくこうせいかくまくかいよう》）を患った隆家は、翌長和二年（一〇一三）八月に実資を訪れて相談している。筑前《ちくぜん》国に高田牧《たかだのまき》という所領を持ち、唐物交易《からものこうえき》に深く関わっている実資は、「遠任《えんにん》の案が有る」と記しているが、ここで実資から博多《はかた》に在住している宋人《そうじん》の医師について知識を得た可能性がある。大宰府《だざいふ》への赴任も、ここで可能性として示されたものかもしれない。長和三年三月、隆家は、大宰権帥《だざいのごんのそち》を望むに際し、三条天皇の意向は良いのだが、藤原道長が妨げるのではないかと語った。

そしてこの六月二十五日、大宰府に滞留《たいりゅう》していた宋国医僧の恵清《けいせい》が、隆家が砂金十両で交易した治眼の薬を早船で送ってきた。このような良薬や医師の存在が、隆家の

気持ちを大宰府に向かわせることとなったのであろう。

十一月七日の小除目において、同じく大宰大弐《だざいのだいに》の官を望んでいた藤原行成《ゆきなり》を押し退けて、隆家が大宰権帥に任じられたが、思えば大宰府に隆家が赴任していたことは、日本にとって幸いなことであった（行成だったらどうやって刀伊《とい》と戦ったことか）。

・六月二十七日（前田本甲〈広本〉）実資、三条天皇より恩言を賜わるを、
　道長、詰問

秉燭《へいしょく》の後《のち》、（藤原《ふじわらの》）資平《すけひら》が来《き》て云《い》ったことには、「ただ今《いま》、主上《しゅじょう》（三条天皇《さんじょうてんのう》）が鬼間《おにのま》に私《わたし》（資平《すけひら》）を召《め》し、密《ひそ》かにおっしゃられて云《い》ったことには、『先日《せんじつ》、左大臣《さだいじん》（藤原道長《ふじわらのみちなが》）が云《い》ったことには、「『右大将《うだいしょう》（藤原実資《ふじわらのさねすけ》）が諸事《しょじ》を申《もう》すということを申《もう》しあげられた』と云《い》うことですが、事実《じじつ》でしょうか」と。そうではないということを答《こた》えた。また、実際《じっさい》にまったくそのようなこと

は無《な》かった。昨日《きのう》もまた、同《おな》じ事《こと》を申《もう》してきた。その答《こたえ》は、昨日《きのう》と同《おな》じであった』と。また、云《い》ったことには、『（大将《たいしょう》〈実資《さねすけ》〉は、）そうあるべき者《もの》か。それのみならず、この詞《ことば》は、先日《せんじつ》と同《おな》じである。ただし、万事《ばんじ》を相談《そうだん》するのに、心中《しんちゅう》、思《おも》うところは、相違《そうい》するはずはない。もっとも親《した》しもうと思《おも》う。近日《きんじつ》、その心《こころ》は、いよいよ切実《せつじつ》である。ところが、すでにその人《ひと》（道長《みちなが》）がいる。何《なん》とかしてあの人《ひと》の後任《こうにん》として、思《おも》うところである。このような事《こと》は、もしかしたら近《ちか》いのではないだろうか。この思《おも》いは切実《せつじつ》であって、内《うち》に秘《ひ》めて言《い》わない。この趣旨《しゅし》しか、私《わたし》（三条天皇《さんじょうてんのう》）は思《おも》う心《こころ》は無《な》い。そこで勤公《きんこう》を行《おこ》なわせる時《とき》に、あらかじめ伝《つた》え知《し》らせようと思《おも》う。今日《きょう》、暦《こよみ》を見《み》ると、吉日《きちにち》である。そこで伝《つた》えるものである』ということでした」と。恐縮《きょうしゅく》して聞《き》いたということを申《もう》しあげさせた。ただし、夜中《よなか》に帰《かえ》り参《まい》って天皇《てんのう》に申《もう》しあげれば、人《ひと》は必《かなら》ず怪《あや》しむことが有《あ》るであろう。明《あ》日《す》、参《まい》って、都合《つごう》がよければ洩《も》らして申《もう》しあげるよう、指示《しじ》しておいた。この事《こと》は、あれこれ考《かんが》えるに、且《か》つは恐縮《きょうしゅく》し、且《か》つは怪《あや》しむ。口外《こうがい》してはならない事《こと》である。

❖秉燭《へいしょく》の後《のち》、資平《すけひら》、来《き》たりて云《い》はく、「只今《ただいま》、主上《しゅじょう》、鬼間《おにのま》に召《め》し、密々《みつみつ》に仰《おお》せられて云《い》はく、『先日《せんじつ》、左大臣《さだいじん》、云《い》はく、「『右大将《うだいしょう》、雑事《ぞうじ》を申《もう》すべき由《よし》を奏《そう》せしむ』と云々《しかじか》。実《まこと》か」と。然《しか》らざる由《よし》を答《こた》ふ。又《また》、実《まこと》に更《さら》に然《しか》ること無《な》し。昨日《きのう》、又《また》、同《おな》じ事《こと》を奏《そう》す。其《そ》の答《こたえ》、昨日《きのう》のごとし』と。又《また》、云《い》はく、『然《しか》るべき者《もの》か。しかのみならず、此《こ》の詞《ことば》、先日《せんじつ》と相同《あいおな》じ。但《ただ》し万事《ばんじ》を云《い》ひ合《あ》はすに、心中《しんちゅう》、思《おも》ふ所《ところ》、相違《あいたが》ふべからず。尤《もっと》も相親《あいした》しまんと欲《ほっ》す。近日《きんじつ》、其《そ》の心《こころ》、弥《いよい》よ切《せつ》なり。然《しか》れども、已《すで》に其《そ》の人《ひと》有《あ》り。何《なん》ぞ彼《か》の人《ひと》の後《のち》と為《し》て、思《おも》ふ所《ところ》。此《か》くのごとき事《こと》、若《も》しくは相《あい》近《ちか》かるべきか。此《こ》の念《おも》ひ、懇切《こんせつ》にして、内《うち》に念《おも》ひて言《い》はず。此《こ》の趣《おもむ》き、吾《われ》、思《おも》ふ心無《こころな》し。仍《よ》りて勤公《きんこう》を致《いた》せしむる節《せつ》、兼《か》ねて仰《おお》せ知《し》らしめんと欲《ほっ》す。今日《きょう》、暦《こよみ》を見《み》るに、吉日《きちにち》なり。仍《よ》りて仰《おお》する所《ところ》なり』てへり」と。恐《かしこ》み承《うけたまわ》る由《よし》を奏《そう》せしむ。但《ただ》し、夜中《よなか》に帰《かえ》り参《まい》り、奏聞《そうもん》するは、人《ひと》、必《かなら》ず奇《あや》しむ所有《ところあ》るか。明日《あす》、参入《さんにゅう》し、便有《びんあ》らば洩《も》らし奏《そう》すべき由《よし》、相含《あいふく》め了《おわ》んぬ。此《こ》の事《こと》、左右《とこう》、思量《しりょう》するに、且《か》つ恐《かしこ》み、且《か》つ奇《あや》しむ。歯外《しがい》すべからざる事《こと》なり。

秉燭後資平来云、只今主上召二鬼間一、密々被レ仰云、先日左大臣云、右大将可レ申二雑事一之由令レ奏云々、実歟、答二不レ然由一、又実更無レ然、昨日又奏二同事一、其答如二昨日一、又云、可レ然之者歟、加之此詞先日相同、但云二合万事一、心中所レ思、不レ可二相違一、尤欲二相親一、近日其心弥切、然而已有二其人一、何為彼人後二所レ思、如レ此之事、若可二相近一歟、此念懇切、内念不レ言、此趣吾無二思之心一、仍令レ致二勤公一之節、兼欲レ令二仰知一、今日見レ暦吉日也、仍所レ仰也者、令レ奏二恐承由一、但夜中帰参奏聞、人必有レ所レ奇歟、明日参入有レ便可二洩奏一由相含了、此事左右思量、且恐且奇、不レ可二歯外一之事也、

✻この頃、道長は、ある情報を得て、それを三条天皇に問い詰めていた。「実資が、自分が雑事を申すということを三条に奏上させた」というものである。三条から実資への数々の「恩詔《おんしょう》」に尾鰭《おひれ》が付いて、道長の耳にまで届いたのであろう。それは事実かと迫る道長に対し、三条は、そんなことはないと答えている。六月二十六日になって、またもや道長がやってきて、同じことを聞く。三条もまた、同じように答える、という問答が続いた。

というようなやりとりがあった後に、二十七日、三条は資平に、この経緯を伝えた。そして、「万事を（実資に）相談するということに変わりはない。あの者（道長）がいなくなった後のために、このように言うのである。もしかしたら近いうちのことかもしれない」などと伝えさせた。しかし実資としても、「且つ恐れ、且つ怪しむ。歯外《しがい》（口外）してはならない」と記すしかないのであった。

・十一月十四日（前田本乙〈広本〉）御読書始の先例／冷泉院・花山院の例を用いず

左大臣《さだいじん》（藤原道長《ふじわらのみちなが》）が（藤原《ふじわらの》）資平《すけひら》を介《かい》して伝《つた》えられて云《い》ったことには、「大宮院《おおみやいん》（一条天皇《いちじょうてんのう》）の御読書始《おんどくしょはじめ》は、もしかしたら天下《てんか》を治《おさ》めた後《あと》か、東宮《とうぐう》でいらっしゃった間《あいだ》か。記《しる》したものが有《あ》れば、記《しる》して送《おく》るように」ということだ。あの御読書始《おんどくしょはじめ》は寛和《かんな》二年十二月八日《にねんじゅうにがつようか》である。これは天下《てんか》を治《おさ》めた後《あと》である。すぐに記《しる》して、さしあげた。花山院《かざんいん》は、東宮《とうぐう》にいらっしゃる頃《ころ》、閑院《かんいん》に於《お》いて御読書始《おんどくしよはじめ》が行《おこ》なわれた。その記《き》をさしあげた。……資平《すけひら》が大臣《だいじん》（道長《みちなが》）の報《ほう》を伝《つた》えて云《い》ったことには、「これを聞《き》いた。ただし、冷泉院《れいぜいいん》と花山院《かざんいん》の例《れい》を用《もち》いてはならない」ということだ。

❖左相国《さしようこく》、資平《すけひら》を以《もつ》て示《しめ》されて云《い》はく、「大宮院《おおみやいん》の御書初《おんふみはじめ》、若《も》しくは天下《てんか》を治《おさ》むる後《のち》か、青宮《とうぐう》に御坐《おわしま》す間《あいだ》か。記《しる》す所有《ところあ》らば、注《しる》し送《おく》るべし」てへり。彼《か》の御書始《おんふみはじめ》は、寛和《かんな》二《に》年十二月八日《ねんじゆうにがつようか》なり。是《こ》れ天下《てんか》を治《おさ》むる後《のち》なり。即《すなわ》ち注《しる》し、之《これ》を奉《たてまつ》る。華山院《かざんいん》、東宮《とうぐう》に御《おわ》する間《あいだ》、閑院《かんいん》に於《お》いて御書始有《おんふみはじめあ》り。其《そ》の記《き》を奉《たてまつ》る。……資平《すけひら》、相府《しようふ》の報《ほう》を伝《つた》へて云《い》はく、「之《これ》を承《うけたまわ》る。但《ただ》し、冷泉院《れいぜいいん》・華山院《かざんいん》の例《れい》を用《もち》ゐるべからず」てへり。

左相国以二資平一被レ示云、大宮院御書初、若治二天下一後歟、御三坐青宮二之間歟、有レ所レ記可二注送一者、彼御書始者寛和二年十二月八日也、是治二天下一後也、即注奉レ之、華山院御二東宮一之間、於二閑院一有二御書始一、奉二其記一、……資平伝二相府報一云、承レ之、但不

レ可レ用二冷泉院・華山院例一者、

✻東宮敦成《あつひら》親王の読書始は十一月二十八日に盛大に行なわれた。それに先立って、道長は実資に、一条天皇の読書始について問うてきたのである。ただし、一条は即位した後に読書始を行なったので、そのまま先例とするわけにはいかなかった。実資は、一条と花山《かざん》天皇の読書始の際の『小右記』を写して道長に献呈した。花山は即位前に行なったので、先例としては都合がよかったのである。ところが道長は、冷泉《れいぜい》天皇と花山の例を用いてはならないとの意向を伝えてきたのである。

なお、冷泉は生後二箇月で立太子し、十八歳で即位しているので、当然のこと読書始は東宮時代である。この頃にはすでに、この二人は「望ましくない天皇」として認識されていたことがわかる。

## ・十二月二十日（前田本乙〈広本〉）延喜・天暦の御代

また、昨日《きのう》、右衛門督《えもんのかみ》（藤原懐平《ふじわらのかねひら》）が云《い》ったことには、「主上《しゅじょう》（三条天皇《さんじょうてんのう》）がおっしゃって云《い》われたことには、『来年《らいねん》、但馬守《たじまのかみ》は左大臣《さだいじん》（藤原道長《ふじわらのみちなが》）が熱心《ねっしん》に、任《にん》じるべき人《ひと》がいるということを申《もう》した。また、備中守《びっちゅうのかみ》は皇后宮《こうごうぐう》（藤原娍子《ふじわらのせいし》）が申請《しんせい》する人《ひと》を任《にん》じるように。ただし国司《こくし》経験者《けいけんしゃ》で租税《そぜい》を勘済《かんさい》した者《もの》を申《もう》しあげるように。このことを、あの宮《みや》（娍子《せいし》）に申《もう》すように』ということであった」と。しずかに愚慮《ぐりょ》を廻《めぐ》らすと、事《こと》はとても淡薄《たんぱく》である。重要《じゅうよう》な国《くに》は皆《みな》、人々《ひとびと》の御得分《おんとくぶん》なのか。延喜《えんぎ》（醍醐天皇《だいごてんのう》）・天暦《てんりやく》（村上天皇《むらかみてんのう》）のご治世《ちせい》は、どうしてこのようであったのだろうか。

❖又《また》、昨日《きのう》、金吾《きんご》、云《い》はく、「主上《しゅじょう》、仰《おお》せられて云《い》はく、『明年《みょうねん》、但馬《たじま》、左大臣《さだいじん》、懇切《こんせつ》に任《にん》ずべき人《ひと》有《あ》る由《よし》を申《もう》す。又《また》、備中《びっちゅう》、皇后宮《こうごうぐう》、申《もう》す人《ひと》を任《にん》ずべし。但《ただ》し旧吏《きゅうり》にして、公事《くじ》を済《す》ます者《もの》を奏《そう》すべし。此《こ》の由《よし》を以《もっ》て、彼《か》の宮《みや》に申《もう》すべし』てへり」と。閑《しず》かに愚慮《ぐりょ》を廻《めぐ》らすに、事《こと》、頗《すこぶ》る淡薄《たんぱく》。要国《ようこく》、皆《みな》、人々《ひとびと》の御得分《おんとくぶん》か。延喜《えんぎ》・天暦《てんりやく》の御宇《ぎょう》、豈《あ》に此《か》くのごとく有《あ》らんや。

又昨日金吾云、主上被レ仰云、明年但馬左大臣懇切申下有二可レ任之人一由上、又備中可レ任二皇后宮申之人一、但可レ奏下旧吏済二公事一之者上、以二此由一可レ申二彼宮一者、閑廻二愚慮一、事頗淡薄、要国皆人々御得分歟、延喜・天暦御宇、豈有レ如レ此之乎、

✲醍醐《だいご》・村上《むらかみ》天皇の時代には、まだ学者・文人が高位高官に上ることも見られたが、摂関期《せっかんき》になると、ほぼ見られなくなり、学者・文人の出世の道はほぼ閉ざされてしまっていた。いわゆる「延喜《えんぎ》・天暦《てんりゃく》の聖代」は、後世の学者たちが昔を羨《うらや》んで述べた言辞なのであるが、実資のような高位高官にある人の日記にも見えるのである。

彼らが現世における栄達を諦《あきら》めて、来世《らいせ》の極楽往生《ごくらくおうじょう》を願うようになったのも、自然の流れであった。ただ、実資が批判している道長などの権力者、さらには皇族や天皇にまでも、浄土信仰《じょうどしんこう》は浸透していった。それは、摂関政治そのものに内包された偶然の要素が、無常観《むじょうかん》の発達をもたらしたものとされる。

## ◆長和四年（一〇一五）

藤原実資五十九歳（正二位、大納言・右大将）　三条天皇四十歳　藤原道長五十歳　藤原妍子二十二歳　藤原娍子四十四歳

・四月五日（秘閣本〈広本〉）　藤原惟貞、中務典侍と通ず

一昨夜《いっさくや》、中宮《ちゅうぐう》（藤原妍子《ふじわらのけんし》）の御乳母《おんめのと》の中務典侍《なかつかさのすけ》（藤原儷子《ふじわらのれいし》）〈故《こ》（藤原《ふじわらの》）惟風《これかぜ》の妻《つま》。〉が帰《かえ》った。前遠江守《さきのとおとうみのかみ》（藤原《ふじわらの》）惟貞朝臣《これさだあそん》が、途中《とちゅう》から連《つ》れ去《さ》った。すぐに后宮《きさいのみや》（妍子《けんし》）から左大臣《さだいじん》（藤原道長《ふじわらのみちなが》）に申《もう》された。検非違使《けびいし》の官人《かんじん》および家人《けにん》に命《めい》じて、捜《さが》し求《もと》めさせた。捜《さが》し出《だ》した後《のち》、検非違使《けびいし》の官人《かんじん》とあの殿《との》（道長《みちなが》）の人々《ひとびと》が、典侍《ないしのすけ》（儷子《れいし》）と惟貞《これさだ》を連《つ》れて〈別《べつ》の車《くるま》である。〉、大臣《だいじん》（道長《みちなが》）の許《もと》に連《つ》れて参《まい》った。先《ま》ず惟貞《これさだ》を尋問《じんもん》されたところ、惟貞《これさだ》が申《もう》して云《い》ったことには、「強姦《ごうかん》ではありません。ただ女《おんな》（儷子《れいし》）に問《と》われれば、意味《い》がわかることを申《もう》すでしょう」ということだ。この間《かん》、市《いち》を成《な》して、見《み》て笑《わら》う者《もの》が多《おお》かった。大臣《だいじん》が家人《けにん》に命《めい》じて云《い》ったことには、「このような

者《もの》は、上下《じょうげ》の者《もの》が見《み》るように」と。そこで上下《じょうげ》の者《もの》は、手《て》に手《て》に燭《しょく》を秉《と》って、惟貞《これさだ》を見《み》た。その後《ご》、乳母《めのと》（儷子《れいし》）が帰《かえ》った。「土御門第《つちみかどてい》の南《みなみ》の方《ほう》の小《しょう》宅《たく》に向《む》かった。あの乳母《めのと》が領《りょう》している宅《たく》である」と云《い》うことだ。「惟貞《これさだ》もまた、その宅《たく》に到《いた》って、抱擁《ほうよう》し合《あ》った」と云《い》うことだ。或《ある》いは云《い》ったことには、「この事《こと》は、すでに意味《いみ》がわかったようである。ところが事情《じじょう》を知《し》らない者《もの》が中宮《ちゅうぐう》に申《もう》しあげ、中宮《ちゅうぐう》は驚《おどろ》いて大臣《だいじん》におっしゃられた。あの夜《よる》、二人《ふたり》は、すでに恥《はじ》を見《み》たのではないか。大臣《だいじん》が行《おこ》なわれたところは、はなはだ静《しず》かではないばかりである」と。「大臣《だいじん》は検非違使《けびいし》の官人《かんじん》に禄《ろく》を下《くだ》した。次《つ》いで中宮《ちゅうぐう》がこれに下《くだ》した。各々《おのおの》、二反《にたん》の絹《きぬ》であった」と云《い》うことだ。

❖一昨夜《いっさくや》、中宮《ちゅうぐう》の御乳母《おんめのと》中務《なかつかさの》典侍《すけ》〈故《こ》惟風《これかぜ》の妻《つま》。〉、退出《たいしゅつ》す。前遠江守惟貞朝臣《さきのとおとうみのかみこれさだあそん》、途中《とちゅう》より将《も》ち去《さ》る。即《すなわ》ち后宮《きさいのみや》より左相府《さしょうふ》に申《もう》さる。使《し》の官人《かんじん》幷《なら》びに家人《けにん》等《など》に仰《おお》せて尋《たず》ね求《もと》めしむ。尋《たず》ね得《う》る後《のち》、使《し》の官人《かんじん》及《およ》び彼《か》の殿《との》の人々《ひとびと》、典侍《ないしのすけ》及《およ》び惟貞《これさだ》等《など》を随身《ずいじん》し〈別車《べっしゃ》。〉、相府《しょうふ》に将《ひき》ゐ参《まい》る。先《ま》づ惟貞《これさだ》を問《と》はるるに、惟貞《これさだ》、申《もう》して云《い》はく、

「強奸《ごうかん》に非《あら》ず。只《ただ》、女《おんな》に問《と》はるべくんば、意《い》を得《う》る由《よし》を申《もう》さん」てへり。此《こ》の間《かん》、市《いち》を成《な》し、見《み》て咲《わら》ふ者《もの》、衆《おお》し。相府《しょうふ》、家人《けにん》を戒《いまし》めて云《い》はく、「此《か》くのごとき者《もの》、上下《じょうげ》、見《み》るべし」と。仍《よ》りて上下《じょうげ》、手毎《てごと》に燭《しょく》を秉《と》り、惟貞《これさだ》を見《み》る。其《そ》の後《のち》、乳母《めのと》、退出《たいしゅつ》す。「小南《こみなみ》の小宅《しょうたく》に向《む》かふ。彼《か》の乳母《めのと》の領《りょう》する宅《たく》」と云々《しかじか》。「惟貞《これさだ》、又《また》、其《そ》の宅《たく》に到《いた》り、懐抱《かいほう》す」と云々《しかじか》。或《ある》いは云《い》はく、「件《くだん》の事《こと》、已《すで》に意《い》を得《う》るがごとし。而《しか》るに案内《あない》を知《し》らざる者《もの》、中宮《ちゅうぐう》に啓《けい》す。中宮《ちゅうぐう》、驚《おどろ》きながら、相府《しょうふ》に聞《き》かせらる。彼《か》の夜《よる》、両人《りょうにん》、已《すで》に恥《はじ》を見《み》るか。相府《しょうふ》、行《おこ》なはるる所《ところ》、太《はなは》だ以《もっ》て静《しず》かならざるのみ」と。「相府《しょうふ》、使《し》の官人《かんじん》に禄《ろく》を給《たま》ふ。次《つ》いで中宮《ちゅうぐう》、之《これ》に給《たま》ふ。各《おのおの》、疋絹《ひっけん》」と云々《しかじか》。

一昨夜、中宮御乳母中務典侍〈故惟風妻、〉退出、前遠江守惟貞朝臣自二途中一将去、即従二后宮一被レ申二左相府一、仰二使官人幷家人等一令二尋求一、尋得之後、使官人及彼殿人々随二身典侍及惟貞等一〈別車、〉、将二参相府一、先被レ問二惟貞一、々々申云、非二強奸一、只可レ被レ問レ女者、申二得レ意由一者、此間成レ市、見咲者衆、相府戒二家人一云、如レ此之者上下可レ見、仍上下毎レ手秉レ燭見二惟貞一、其後乳母退出、向二小南之小宅一、彼乳母領宅云々、惟貞又

到二其宅一懐抱云々、或云、件事如二已得レ意、而不レ知二案内一者啓二中宮一、々々乍レ驚被レ聞二相府一、彼夜両人已見レ恥歟、相府所レ被レ行太以不レ静耳、相府給二使官人禄一、次中宮給レ之、各疋絹云々、

✻妍子《けんし》の乳母《めのと》である中務典侍《なかつかさのすけ》が内裏から退出した際、鷹司小路《たかつかさこうじ》と高倉小路《たかくらこうじ》の交差するあたりで連行された。犯人は藤原惟貞《ふじわらのこれさだ》であったが、この惟貞は中務典侍（儷子《れいし》）の夫であった故藤原惟風《これかぜ》の弟であった。道長《みちなが》は惟貞を土御門第《つちみかどてい》の門前で晒《さら》し、市を成した上下の者は大いに笑った。「汝《なれ》はきわめて不都合な人である。先日、この典侍《ないしのすけ》の家に入って濫行《らんぎょう》を行なった。また、今回は、陣下《じんか》において典侍の車に乗りこんで強姦《ごうかん》をはたらいた。甚だ不当である」というのが道長の言である（『御堂関白記《みどうかんぱくき》』）。

　しかし、『小右記《しょうゆうき》』によると、惟貞は放免《ほうめん》された後、先に退出していた儷子の許《もと》を訪れて掻《か》き抱いたとあるから、実は二人は恋仲だったのである。いつから深い仲になったのかは、定かではないが。

　道長も、「この様子を考えると、この女は惟貞朝臣と同心していたのである」と得心している（『御堂関白記』）。

・四月十三日（秘閣本〈広本〉）　道長、三条天皇の心神宜しきにより不興／大不忠の人

蔵人式部丞《くろうどしきぶのじょう》（藤原《ふじわらの》）登任《なりとう》が三条天皇《さんじょうてんのう》の命令一枚《めいれいいちまい》を持《も》って来《き》た。そのついでに、主上《しゅじょう》（三条天皇《さんじょうてんのう》）の御目《おんめ》について問《と》うたところ、云《い》ったことには、「今日《きょう》、御扇の絵《おんおうぎえ》を御覧《ごらん》になって、細《こま》かく詳《くわ》しい事《こと》をおっしゃられました」と。帥《そち》（藤原隆家《ふじわらのたかいえ》）の書状《しょじょう》に云《い》ったことには、「夜《よる》、内裏《だいり》に参《まい》ったところ、天皇《てんのう》がおっしゃって云《い》われたことには、『今日《きょう》、心神《しんしん》が宜《よろ》しいけれども、目《め》はやはり不快《ふかい》である。左大臣《さだいじん》（藤原道長《ふじわらのみちなが》）が、今日《きょう》、参《まい》ったのだが、機嫌《きげん》は宜《よろ》しくなかった。これは私《わたし》（三条天皇《さんじょうてんのう》）の心地《ここち》がとても宜《よろ》しいのを見《み》て、不愉快《ふゆかい》になったのである』ということでした」と。今《いま》、仰《おお》せの趣旨《しゅし》のとおりであれば、大不忠《だいふちゅう》の人《ひと》である。

❖蔵人式部丞《くろうどしきぶのじょう》登任《なりとう》、宣旨《せんじ》一枚《いちまい》を持《も》ち来《き》たる。其《そ》の次《つ》いでに、主上《しゅじょう》の御目《おんめ》の事《こと》を問《と》ふに、云《い》はく、「今日《きょう》、御扇《おんおうぎ》の絵《え》を御覧《ごらん》ずるに、子細委曲《しさいいきょく》の事《こと》を仰《おお》せらる」と。帥《そち》の消息《しょうそく》に云《い》はく、「夜部《やぶ》、内《うち》に参《まい》るに、仰《おお》せられて云《い》はく、『今日《きょう》、心神《しんしん》、宜《よろ》し。目《め》、尚《な》ほ不快《ふかい》なり。左大臣《さだいじん》、今日《きょう》、参入《さんにゅう》するに、気色《けしき》、宜《よろ》しからず。是《こ》れ吾《わ》が心《ここ》地《ち》、頗《すこぶ》る宜《よろ》しきを見《み》て、むつかるなり』てへり」と。今《いま》、仰《おお》せの旨《むね》のごとくんば、大不忠《だいふちゅう》の人《ひと》なり。

蔵人式部丞登任持㆓来宣旨一枚㆒、其次問㆓主上御目事㆒、云、今日御㆓覧御扇絵㆒、被㆑仰㆓子細委曲事㆒、帥消息云、夜部参㆑内、被㆑仰云、今日心神宜、目尚不快、左大臣今日参入、気色不㆑宜、是見㆓吾心地頗宜㆒ムつ可る也者、今如㆓仰旨㆒、大不忠人也、

✽四月十三日、道長は官奏《かんそう》の文書《もんじょ》を準備したのであるが、「天皇が病悩《びょうのう》なされている御目が、特に暗い」ということで、官奏を奉仕することはなかった（『御堂関白記』）。実はこの日、三条天皇《さんじょう》は、「左大臣（道長）が、今日、参入してきたが、機嫌は宜《よろ》しくなかった。これは、私の心地が頗《すこぶ》る宜しいのを見て、むつかったのである」と語っ

た。それを聞いた実資《さねすけ》は、道長を「大不忠の人」と言っている。

本当に道長がこのような理由で機嫌を損ねたかどうかは問題ではなく、三条がそのように認識しているという点が問題である。道長が官奏を通して圧力を加えるという手法は、太政官《だいじょうかん》の機構を利用したものであり、補佐する関白《かんぱく》もなく孤立した天皇の姿を象徴的に示すものであるとの指摘もある。道長が三条の即位時に関白就任を拒否して一上《いちのかみ》も兼ねたことが、この時にいたって功を奏したことになる。

・五月七日（秘閣本〈広本〉）賀静・藤原元方の霊、露顕／三条天皇脚病

昨日《きのう》、（藤原《ふじわらの》）資平《すけひら》が密《ひそ》かに語《かた》って云《い》ったことには、「律師《りっし》心誉《しんよ》が女房《にょうぼう》に加《か》持《じ》を行《おこ》なっていた際《さい》、賀静《がじょう》と（藤原《ふじわらの》）元方《もとかた》の霊《れい》が現《あら》われて云《い》ったことには、『主上《しゅじょう》（三条天皇《さんじょうてんのう》）の御目《おんめ》については、賀静《がじょう》が行《おこ》なっているものである。御《ご》前《ぜん》に居《い》る際《さい》に、翼《つばさ》を開《ひら》く時《とき》には御目《おんめ》を御覧《ごらん》になれないのである。ただし、

御運《ごうん》は尽《つ》きられていない。そこで御体《ごたい》には着《つ》かない。ただ御所《ごしょ》のあたりに控《ひか》えている』と。御運命《おんうんめい》は、やはり強《つよ》くいらっしゃるということを申《もう》しました。また、『御脚病《おんきゃくびょう》が重《おも》くいらっしゃるのである』ということです。……」と云《い》うことだ。

❖昨《きのう》、資平《すけひら》、密《ひそ》かに語《かた》りて云《い》はく、「律師《りつし》心誉《しんよ》、女房《にょうぼう》を加持《かじ》す。賀静《がじょう》・元方等《もとかたなど》の霊《れい》、露《あら》はれて云《い》はく、『主上《しゅじょう》の御目《おんめ》の事《こと》、賀静《がじょう》の為《な》す所《ところ》なり。御前《ごぜん》に居《お》るに、翼《つばさ》を開《ひら》く時《とき》には御目《おんめ》を御覧《ごらん》ぜざるなり。但《ただ》し御運《ごうん》、尽《つ》き給《たま》はず。仍《よ》りて御体《ごたい》に着《つ》かず。只《ただ》、御所《ごしょ》の辺《あた》りに候《こう》ず』と。御運命《おんうんめい》、猶《な》ほ強《つよ》く御坐《おわしま》す由《よし》を申《もう》す。又《また》、『御脚《おんきゃく》病《びょう》、重《おも》く御《おわ》するなり』てへり。……」と云々《しかじか》。

昨資平密語云、律師心誉加二持女房一、賀静・元方等霊露云、主上御目事賀静所レ為也、居二御前一、翼を開時仁者、御目乎不二御覧一也、但御運不二尽給一、仍不レ着二御体一、只候二御所辺一、御運命猶強御坐由を申、又御脚病重御也者、……云々、

✽様々な「霊」も出現した。五月四日には、三条天皇の目は冷泉院《れいぜいいん》の御邪気《おんじやき》（物怪《もののけ》）が起こしているとの託宣《たくせん》が多くの寄坐《よりまし》女房に下った。さらに六日、賀静《がじよう》と藤原元方《もとかた》の霊が出現して、賀静の霊が翼を開く時には、御目を御覧になれないようにしている。ただし、天皇の御運は尽きてはいないと語った。この日の夜から翌日にかけては目の調子もよく、遠近の物を見ることができたというのも、病悩の原因が発覚したという安心感によるものであろうか。

この賀静というのは、良源《りようげん》に超越《ちようおつ》されて天台座主《てんだいざす》に就く望みが叶《かな》わず、律師《りつし》で死んだ僧なのであるが、八日、賀静の霊が天台座主を贈られるよう申請してきた。それを聞いた天台座主慶円《きようえん》が怒ると、天台座主は諦《あきら》めるから僧正《そうじよう》の位に上げてほしいなどと言ってきた。こちらは六月十九日に贈られている。

元方の方は藤原南家《なんけ》で学者出身の公卿《くぎよう》。女《むすめ》の祐姫《ゆうひめ》が村上《むらかみ》天皇の第一皇子広平《ひろひら》親王を産んだが、藤原師輔《もろすけ》の女の安子《あんし》が産んだ第二皇子憲平《のりひら》親王（後の冷泉天皇）が皇太子に立てられたので、天暦《てんりやく》七年（九五三）に悶死《もんし》し、後に怨霊《おんりよう》となって、とりわけ冷泉天皇の皇統に祟《たた》ったとされる。もちろん、元方本人は与り知らぬことである。

・六月二十五日（秘閣本〈広本〉）西京疫神社

右京《うきょう》の花園寺《はなぞのでら》の南西《なんせい》の方角《ほうがく》、紙屋川《かみやがわ》の西頭《にしのほとり》に、新《あら》たに疫神社《えきしんしゃ》を卜占《ぼくせん》した。「これは右京《うきょう》の人《ひと》の夢想《むそう》である」と云《い》うことだ。或《ある》いは云《い》ったことには、「託宣《たくせん》があった」と云《い》うことだ。「今日《きょう》、東西京《とうざいきょう》の庶民《しょみん》は、こぞって御幣《ごへい》を捧《ささ》げ、神馬《じんめ》を連《つ》れて社頭《しゃとう》に向《む》かった」と云《い》うことだ。確《たし》かに問《と》うて記《しる》さなければならない。

❖西京《さいきょう》花園寺《はなぞのでら》の坤《ひつじさる》の方《かた》、紙屋河《かみやがわ》の西頭《にしのほとり》に、新《あら》たに疫神社《えきしんしゃ》を卜《ぼく》す。「是《こ》れ西洛《さいらく》の人《ひと》の夢想《むそう》」と云々《しかじか》。或《ある》いは云《い》はく、「託宣《たくせん》」と云々《しかじか》。「今日《きょう》、東西京師《とうざいけいし》の凡庶《ぼんしょ》、首《くび》を挙《あ》げて御幣《ごへい》を捧《ささ》げ、神馬《じんめ》を具《ぐ》して社頭《しゃとう》に向《む》かふ」と云々《しかじか》。慥《たし》かに問《と》ひて記《しる》すべし。

西京花園寺坤方紙屋河西頭新卜二疫神社一、是西洛人夢想云々、或云、託宣云々、今日東西京師凡庶、挙レ首捧二御幣一具二神馬一向二社頭一云々、慥問可レ記、

＊この年、疫病《えきびょう》が流行していたが、右京《うきょう》の人の夢想によって、紙屋川《かみやがわ》の西頭《にしのほとり》に、新たに疫神社が卜占《ぼくせん》された。東西京師の庶民はこぞって社頭に向かったという。注目すべきは、翌二十六日にこの今宮《いまみや》で御霊会《ごりょうえ》をはじめたところ、朝廷の作物所《つくもどころ》が神宝《じんぽう》を造り、六衛《ろくえ》府《ふ》や馬寮《めりょう》がそれに奉仕したということである。すでに朝廷も新たな神社に神頼みといったところであろうか。両京の人は、二十五日の夜から、御幣や神馬を奉献して避《よ》ける路《みち》がなく、垣の内は紙を積んで空処がなくなったという。

実資でさえ、「深く命を惜しむことによる。真偽を調べなかったのか」としながらも、「もし霊験《れいげん》があるのならば、もっとも帰依《きえ》しなければならない」などと記している。これで疫病が収まればよかったのであるが、二十九日には、この今宮社を崇祀《すうし》した後、病患《びょうかん》はいよいよ倍したとある。貴賤《きせん》の者が密集したせいであろう。

現在、JR花園駅の北に、花園今宮神社という素敵な神社がある。

・七月十五日（前田本甲〈広本〉）雨降らず河水盈溢

「今日《きょう》、京中《きょうちゅう》は特《とく》に雨《あめ》は降《ふ》っていない。ところが、紙屋川《かみやがわ》・堀河小路《ほりかわこうじ》・東《ひがし》洞院大路《のとういんおおじ》の河《かわ》の水《みず》が大《おお》いに満《み》ち溢《あふ》れ、人《ひと》はたやすく渡《わた》れない」と云《い》うことだ。疑《うたが》うにこれは、河上《かわかみ》の大雨《おおあめ》か。

❖「今日《きょう》、京中《きょうちゅう》、殊《こと》に雨《あめ》ふらず。而《しか》るに紙屋河《かみやがわ》・堀河《ほりかわ》・洞院大路《とういんおおじ》の河等《かわなど》の水《みず》、大《おお》いに盈溢《えいいつ》し、人《ひと》、輙《たやす》く渡《わた》らず」と云々《しかじか》。疑《うたが》ふらくは是《こ》れ、河上《かわかみ》の大雨《おおあめ》か。

今日京中殊不レ雨、而紙屋河・堀河・東院大路河等水大盈溢、人輙不レ渡云々、疑是河上大雨歟、

✻鴨川《かもがわ》と桂川《かつらがわ》に挟まれ、巨大な地下水脈も流れていた平安京《へいあんきょう》は、つねに洪水の危険性と背中合わせであった。日本の河川一般に言えるのであるが、とりわけ鴨川も桂川も

長さが短い割に標高差が大きくて勾配《こうばい》も急なので、速く流れる。この日のような上流の雨による洪水は、頻繁に見られたことであろう。なお、紙屋川は天神川《てんじんがわ》の上流部。鷹峯《たかがみね》の山中に発して北野神社《きたのじんじゃ》と平野神社《ひらのじんじゃ》の間を流れ、桂川に注ぐ。この川のほとりに紙屋院《かみやいん》（官立製紙所）が置かれたのでこの名がある。

・八月十三日（前田本甲〈広本〉）道長と天下の事等を談る

左大臣《さだいじん》（藤原道長《ふじわらのみちなが》）は直衣《のうし》を着《き》て、中宮《ちゅうぐう》（藤原妍子《ふじわらのけんし》）の居所《きょしょ》に参《まい》られた。先日《せんじつ》の命令《めいれい》によって、お目《め》にかかった。天下《てんか》の事《こと》、および内裏《だいり》に帰《かえ》られることについて談《かた》られた。憚《はばか》るところが有《あ》って、記《しる》すことができない。長《なが》い時間《じかん》の後《あと》、黄昏《たそがれ》の頃《ころ》に臨《のぞ》んで、私邸《してい》に退《しりぞ》いた。

❖左大臣《さだいじん》、直衣《のうし》を着《ちゃく》し、中宮《ちゅうぐう》の方《かた》に参《まい》らる。一日《いちじつ》の命《めい》に依《よ》り、謁《えっ》し奉《たてまつ》る。天下《てんか》の事《こと》、幷《なら》びに還宮《かんぐう》の事等《ことなど》を談《だん》ぜらる。憚《はばか》る所有《ところあ》りて、記《しる》すこと能《あた》はず。良久《ややひさ》しき後《のち》、昏《くらき》に臨《のぞ》み、私《わたくし》に退《しりぞ》く。

左大臣着二直衣一被レ参二中宮方一、依二一日命一奉レ謁、被レ談二天下事幷還宮事等一、有レ所レ憚不レ能レ記、良久之後、臨レ昏退レ私、

✲八月に入ってからは、道長はしきりに三条天皇に譲位を促した。これに対して三条は、伊勢《いせ》神宮《じんぐう》への祈禱《きとう》の後に、また今年以後、病状に随《したが》って考えると答えたという。

道長は、ここから切り崩そうとしたのか、十日に実資に「密事」を示した。三条の目のこと、また政務や儀式が滞っていること、内裏還御の有無のことについてである。三条の実資が、「事は多く畏《おそ》れが多い」と記しているのは、三条の退位についても語っていたからであろう。

道長は十三日にも実資を呼んで、「天下の事、および内裏還御の事」を談じている。実資はこれも、「憚《はばか》るところが有って、記すことができない」と記している。

・九月十日（前田本甲〈広本〉）行円、東山に小堂を結構／大乗経を暗誦する盲仙

「皮仙《かわひじり》（行円《ぎょうえん》）が、新《あら》たに東山《ひがしやま》を占地《せんち》して小堂《しょうどう》を結構《けっこう》し、金色釈迦如来像《こんじきしゃかにょらいぞう》を安置《あんち》した。また、この寺《てら》の盲仙《めしいひじり》で、数巻《すうかん》の大乗経《だいじょうきょう》を暗誦《あんじゅ》している者《もの》がいる」と云《い》うことだ。そこで、その堂場《どうば》に向《む》かった。頭中将《とうのちゅうじょう》（藤原《ふじわらの》）資平《すけひら》と前大和守《さきのやまとのかみ》（藤原《ふじわらの》）景斉《かげただ》が同車《どうしゃ》した。坂下《さかもと》に到《いた》り、馬《うま》に騎《の》って参上《さんじょう》した。皮仙《かわひじり》と盲仙《めしいひじり》がいた。盲仙《めしいひじり》は観仏三昧経《かんぶつさんまいきょう》を暗誦《あんじゅ》した。まことに随喜《ずいき》である。この盲仙《めしいひじり》は、名《な》は延亮《えんりょう》で、讃岐国《さぬきのくに》の人《ひと》である。年三十三歳《としさんじゅうさんさい》で盲目《もうもく》となり、その後《ご》、もろもろの大乗経《だいじょうきょう》を暗誦《あんじゅ》した。もしかしたらこれは、仏菩薩《ぶつぼさつ》の権化《ごんげ》であろうか。

❖「皮仙《かわひじり》、新《あら》たに東山《ひがしやま》を占《し》め、小堂《しょうどう》を結構《けっこう》し、金色釈迦如来《こんじきしゃかにょらい》を安置《あんち》す。亦《また》、此《こ》の

寺《てら》の盲仙《めしいひじり》に、数巻《すうかん》の大乗経《だいじょうきょう》を暗誦《あんじゅ》する有《あ》り」と云々《しかじか》。仍《よ》りて彼《か》の堂場《どうば》に向《む》かふ。

頭中将《とうのちゅうじょう》資平《すけひら》・前大和守《さきのやまとのかみ》景斉《かげただ》、同車《どうしゃ》す。坂下《さかもと》に到《いた》り、馬《うま》に騎《の》りて参上《さんじょう》す。皮《かわ》仙《ひじり》・盲仙《めしいひじり》等《など》有《あ》り。盲仙《めしいひじり》、観仏三昧経《かんぶつさんまいきょう》を暗誦《あんじゅ》す。誠《まこと》に随喜《ずいき》なり。件《くだん》の仙《ひじり》、名《な》は延《えん》亮《りょう》。讃岐国《さぬきのくに》の人《ひと》。年《とし》、三十三《さんじゅうさん》にて目《め》、盲《もう》す。其《そ》の後《のち》、諸《もろもろ》の大乗《だいじょう》等《など》の経《きょう》を暗誦《あんじゅ》す。

若《も》しくは是《こ》れ、権者《ごんじゃ》か。


皮仙新占二東山一結二構小堂一、安二置金色釈迦如来一、亦此寺盲仙有レ暗二誦数巻大乗経一云々、仍向二彼堂場一、頭中将資平・前大和守景斉同車、到二坂下一騎レ馬参上、有二皮仙・盲仙等一、盲仙暗二誦観仏三昧経一、誠随喜、件仙名延亮、讃岐国人、年卅三、目盲、其後暗二誦諸大乗等経一、若是権者歟、

＊九月には、行円《ぎょうえん》が新たに東山《ひがしやま》を卜占《ぼくせん》して小堂を結構し、金色釈迦《こんじきしゃか》如来《にょらい》像を安置した。そこで実資は、その堂場に向かっている。また、この小堂には、行円の他に盲目の聖《ひじり》もいた。実資がこの聖を訪れると、観仏三昧経《かんぶつさんまいきょう》を暗誦《あんじゅ》した。実資は、まことに随喜であるとして、「この聖はもしかしたら権者《ごんじゃ》であろうか」と記している。
行円は頭に宝冠《ほうかん》を戴《いただ》き、身は革服《かわふく》を着ていたとされる。寛弘《かんこう》元年（一〇〇四）に一《いち》

条油小路《じょうあぶらこうじ》に行願寺《ぎょうがんじ》（革堂《こうどう》）を建立した。寛弘七年（一〇一〇）三月には「皮聖人《かわしょうにん》」が千部法華経《せんぶほけきょう》と千体仏を供養《くよう》し、道長は僧の食事と布施《ふせ》のための米を送っている（『御堂関白記』）。「市聖《いちのひじり》」空也《くうや》と同じく、行円も上級貴族の帰依《きえ》を受けていたのである。

・十月二日（前田本甲〈広本〉）道長、譲位を責め、敦良親王を東宮に立てんとす／公任・俊賢、道長を教唆し譲位を責めさせる

（藤原《ふじわらの》）資平《すけひら》が云《い》ったことには、「主上《しゅじょう》（三条天皇《さんじょうてんのう》）が密《ひそ》かにおっしゃって云《い》われたことには、『この何日《なんにち》か、左大臣《さだいじん》（藤原道長《ふじわらのみちなが》）が、頻《しき》りに譲位《じょうい》について責《せ》めたててくる。はなはだ奇怪《きかい》な事《こと》である。また、左大臣《さだいじん》が云《い》ったことには、「当時《とうじ》（三条天皇《さんじょうてんのう》）の宮《みや》たち（敦明親王《あつあきらしんのう》・敦儀親王《あつのりしんのう》・敦平親王《あつひらしんのう》・師明親王《もろあきらしんのう》）は、東宮《とうぐう》に立《た》てるわけにはいきません。その器《うつわ》に堪《た》えられないであろうからです。故院《こいん》（一条院《いちじょういん》）の三宮《さんのみや》（敦良親王《あつながしんのう》）は、東宮《とうぐう》であることに足《た》ります」

ということであった。吾《われ》（三条天皇《さんじょうてんのう》）の前《まえ》に於《お》いて語《かた》ったところは、このようであった。あれこれ、思慮《しりょ》するに、何《なん》としよう。今《いま》となっては、譲位《じょうい》については、まったく思《おも》い留《とど》まった。御目《おんめ》は、やはり昏《くら》い。……』ということでした。また、おっしゃって云《い》われたことには、『大納言《だいなごん》（藤原《ふじわらの》）公任《きんとう》と中納言《ちゅうなごん》（源《みなもとの》）俊賢《としかた》は、吾《われ》の為《ため》に不善《ふぜん》の事《こと》が多《おお》い。左大臣《さだいじん》をそそのかして、吾《われ》の譲位《じょうい》を責《せ》めさせている。この事《こと》は、安心《あんしん》できない。そこで神祇《じんぎ》に訴《うった》える。あの身《み》と子孫《しそん》は宜《よろ》しくはないであろう。吾《われ》は前世《ぜんせ》の果報《かほう》の故《ゆえ》に天子《てんし》の位《くらい》に登《のぼ》ったのである。ところが臣下《しんか》が、どうして吾《われ》の位《くらい》を危《あや》うくすることが有《あ》るであろうか。憂《うれ》える気持《きも》ちは一時《いっとき》も休《やす》まらない』ということでした」と。外《そと》に漏《も》らしてはならない。今後《こんご》の事《こと》を見合《みあ》わせる為《ため》に、記《しる》すところであるだけである。

❖資平《すけひら》、云《い》はく、「主上《しゅじょう》、密々《みつみつ》に仰《おお》せられて云《い》はく、『日来《ひごろ》、左大臣《さだいじん》、頻《しき》りに譲位《じょうい》の事《こと》を責《せ》め催《もよお》す。太《はなは》だ奇《あや》しき事《こと》なり。又《また》、云《い》はく、「当時《とうじ》の宮達《みやたち》、東宮《とうぐう》に立《た》て奉《たてまつ》るべからず。其《そ》の器《うつわ》に堪《た》ふべからざるに依《よ》る。故院《こいん》の三宮《さんのみや》、東宮《とうぐう》たるに足《た》る」てへり。吾《われ》の前《まえ》に於《お》いて定《さだ》むる所《ところ》、此《か》くのごとし。左右《とこう》、思慮《しりょ》するに何《なん》と為《せ》ん。今《いま》に至《いた》りては、譲位《じょうい》の事《こと》、都《すべ》て思《おぼ》し留《とど》め了《おわ》んぬ。御目《おんめ》、猶《な》ほ昏《くら》し。……』てへり。又《また》、仰《おお》せられて云《い》はく、『大納言《だいなごん》公任《きんとう》・中納言《ちゅうなごん》俊賢《としかた》、吾《わ》が為《ため》に不善《ふぜん》の事《こと》、多《おお》し。左大臣《さだいじん》を催《もよお》し、吾《わ》が禅位《ぜんい》を責《せ》めしむ。此《こ》の事《こと》、安《やす》からず。仍《よ》りて神明《しんめい》に訴《うった》へ申《もう》す。彼《か》の身《み》及《およ》び子孫《しそん》、宜《よろ》しからざるか。十善《じゅうぜん》の故《ゆえ》に宝位《ほうい》に登《のぼ》る。而《しか》るに臣下《しんか》、何《なん》ぞ吾《わ》が位《くらい》を危《あや》うくすること有《あ》らんや。憂心《ゆうしん》、一時《いちじ》も休《やす》まず』てへり」と。外《そと》に漏《も》らすべからず。向後《こうご》の事《こと》を見合《みあ》はさんが為《ため》、記《しる》す所《ところ》のみ。

資平云、主上密々被レ仰云、日来左大臣頻責二催譲位事一、太奇事也、又云、当時宮達不レ可レ奉レ立二東宮一、依レ不レ可レ堪二其器一、故院三宮足レ為二東宮一者、於二吾前一所レ定如レ此、左右思慮何為、至レ今譲位事都思留了、御目猶昏、……者、又被レ仰云、大納言公任・中納言俊賢為レ吾多二不善事一、催二左大臣一令レ責二吾禅位一、此事不レ安、仍訴二申神明一、彼身及子孫不レ宜歟、十善故登二宝位一、而臣下何有レ危二吾位一哉、憂心一時不レ休者、不レ可二外漏一、為レ見二合向後事一所レ記耳、

✲道長はこの数日、しきりに譲位を責め催すのみならず、この日は、敦明《あつあきら》をはじめとする三条天皇の娍子《せいし》所生の皇子たちは東宮の器ではないから、東宮に立てるわけにはいかず、一条天皇第三皇子の敦良《あつなが》こそ東宮に立つに相応《ふさわ》しいと言った。

確かに、敦明の日頃の行状を考えれば、そして道長家とのミウチ関係を考えれば、敦良こそ道長にとって最善の次期東宮だったであろうが、三条に直接それを迫るとなると、もはや遠慮も何も考えない道長の姿が浮かび上がってくる。

この日、道長のみならず、公任《きんとう》と俊賢《としかた》が道長を促して、三条に譲位を迫らせた。三条は、「神明に訴えて、こいつらの身や子孫に宜しくないようにしてやる」などと怒っているが、後世、「寛弘《かんこう》の四納言《しなごん》」と称されることになる良識派の彼らが譲位を迫るとなると、三条の譲位に対する要求が、ひとり道長の権勢欲のみに起因しているわけではないことを示している。

病気によって政務や儀式をこなせない天皇では、宮廷社会の信任を得ることはできないといった、執政者としての責任感から行なったという面もあったのである。

・十月十五日（前田本甲〈広本〉）　三条天皇、禔子内親王の頼通降嫁を提案

（藤原資平《ふじわらのすけひら》が）密《ひそ》かに語《かた》って云《い》ったことには、「右衛門督《えもんのかみ》（藤原懐平《ふじわらのかねひら》）が云《い》ったことには、『主上《しゅじょう》（三条天皇《さんじょうてんのう》）は女二宮《おんなにのみや》（禔子内親王《ていしないしんのう》）を権大納言《ごんだいなごん》（藤原《ふじわらの》頼通《よりみち》）に降嫁《こうか》させるよう、左大臣《さだいじん》（藤原道長《ふじわらのみちなが》）におっしゃられた。「ただし、妻《つま》（隆子女王《りゅうしじょおう》）がいるので、如何《いかが》であろう」と。大臣《だいじん》（道長《みちなが》）が申《もう》して云《い》ったことには、「仰《おお》せが有《あ》るのですから、あれこれ申《もう》すわけにはいきません」ということであった』と」と。御病悩《ごびょうのう》の間《あいだ》、深《ふか》く天皇《てんのう》の位《くらい》を貪《むさぼ》られるので、思《おも》われた事《こと》は、恐《おそ》らくはひとえに御好《おんこの》みが有《あ》るのか。悲《かな》しむべきである。指弾《しだん》しなければならない、指弾《しだん》しなければならない。悲《かな》しむべきである、臣下《しんか》は、いよいよ何《なん》としよう。身《み》を置《お》く方法《ほうほう》が無《な》い。

❖密《ひそ》かに語《かた》りて云《い》はく、「右金吾《うきんご》、云《い》はく、『主上《しゅじょう》、女二宮《おんなにのみや》を以《もっ》て権大納言《ごんだいな》頼通《ごんよりみち》に

合《あ》はすべき由《よし》、左相府《さしょうふ》に仰《おお》せらる。「但《ただ》し妻有《つまあ》るに如何《いかが》」と。相府《しょうふ》、申《もう》して云《い》はく、「仰《おお》せ事有《ごとあ》るに至《いた》りては、左右《とこう》を申《もう》すべからず」てへり』と」と。御恙《おんつつが》の間《かん》、深《ふか》く宝位《ほうい》を貪《むさぼ》り給《たま》ふに依《よ》り、思食《おぼしめ》す事《こと》、恐《おそ》らくは偏《ひと》へに御好《おんこの》み有《あ》るか。悲《かな》しむべし、悲《かな》しむべし。弾指《だんし》すべし、弾指《だんし》すべし。臣下《しんか》、弥《いよい》よ何《なん》と為《せ》ん。身《み》を措《お》く方無《かたな》し。

密語云、右金吾云、主上以二女二宮一可レ合二権大納言頼通一之由、被レ仰二左相府一、但有レ妻如何、相府申云、至レ有二仰事一不レ可レ申二左右一者、御恙間深依レ貪二給宝位一、思食事恐偏有二御好一歟、可レ悲々々、可二弾指一々々々、臣下弥何為、無レ方レ措レ身、

✻この日、三条天皇は究極の手段を行使した。いまだ十三歳の禔子《ていし》内親王を頼通《よりみち》に降嫁させることを提案したのである。頼通には隆子《りゅうし》女王という妻がいたのであるが、子女には恵まれなかった。そこを見越しての、三条からのミウチ関係構築の誘いである。

道長は提案を受諾する気があったようであるが、いずれにせよ、実資が、「御病悩の間、深く宝位を貪《むさぼ》りなされるので、思われたことであろう」と弾指《だんし》しているように、三条の側の思惑は、ここで道長家を取り込むことによって、自分の皇位の継続、また

譲位の際の敦明立太子への取引ということであろう。

なお、この禔子は、頼通への降嫁が沙汰止《さたや》みになった後、万寿《まんじゅ》三年（一〇二六）に三十四歳で藤原教通《のりみち》に降嫁し、永承《えいしょう》三年（一〇四八）に死去している。

・十月二十六日（前田本甲〈広本〉）道長に准摂政宣旨／三条天皇の為、後代の恥辱

今日《きょう》、主上《しゅじょう》（三条天皇《さんじょうてんのう》）がおっしゃって云《い》われたことには、「我《われ》（三条天皇《さんじょうてんのう》）は位《くらい》を退《しりぞ》くことになる。ところが、すぐに退位《たいい》しようとは思《おも》わない。そこで政務《せいむ》を左大臣《さだいじん》（藤原道長《ふじわらのみちなが》）に譲《ゆず》る。もし行《おこ》なうところに非《ひ》が有《あ》れば、必《かなら》ず天譴《てんけん》に当《あ》たるのではないか。これはよく思《おも》いついたところである。かえってあの者《もの》（道長《みちなが》）の災難《さいなん》となり、我《わ》が息災《そくさい》となるであろう」ということだ。春宮大夫《とうぐうだいぶ》（藤原《ふじわらの》）斉信《ただのぶ》が云《い》ったことには、「主上《しゅじょう》の御為《おんため》に、現代《げんだい》は後代《こうだい》

の極《きわ》まり無《な》い恥辱《ちじょく》です」ということだ。侍従中納言《じじゅうちゅうなごん》（藤原《ふじわらの》）行成《ゆきなり》が云《い》ったことには、「東宮《とうぐう》（敦成親王《あつひらしんのう》）の時代《じだい》に、左大臣《さだいじん》は摂政《せっしょう》となるでしょう。ところが、急《きゅう》にこのような事《こと》となりました。主上《しゅじょう》は今年《ことし》を過《す》ぎることができないのではないでしょうか。はなはだ愚《おろ》かです」と。

❖今日《きょう》、主上《しゅじょう》、仰《おお》せられて云《い》はく、「我《われ》、位《くらい》を避《さ》るべし。然《しか》れども、忽《たちま》ちには之《これ》を思《おも》はず。仍《よ》りて務《つと》めを左大臣《さだいじん》に譲《ゆず》る。若《も》し行《おこ》なふ所《ところ》、非《ひ》有《あ》らば、必《かなら》ず天譴《てんけん》に当《あ》たるか。是《こ》れ能《よ》く思《おぼ》し得《う》る所《ところ》。還《かえ》りて彼《か》の不祥《ふしょう》と為《な》るか。我《わ》が息災《そくさい》と為《な》るなり」てへり。春宮大夫《とうぐうだいぶ》斉信《ただのぶ》、云《い》はく、「主上《しゅじょう》の奉為《おおんため》、当時《とうじ》、後代《こうだい》の極《きわ》まり無《な》き恥辱《ちじょく》」てへり。侍従中納言《じじゅうちゅうなごん》行成《ゆきなり》、云《い》はく、「青宮《とうぐう》の御代《みよ》、摂籙《せつろく》の臣《しん》たるべし。而《しか》るに俄《にわ》かに斯《こ》の事《こと》有《あ》り。今年《ことし》を過《す》ぎらるべからざるか。甚《はなは》だ愚《おろ》かなり」と。

今日主上被レ仰云、我可レ避レ位、然而忽不レ思レ之、仍譲ニ務於左大臣一、若所レ行有レ非、必当ニ天譴一歟、是能所ニ思得一、還為ニ彼不祥一歟、為ニ我息災一也者、春宮大夫斉信云、奉ニ為主上一当時後代之無レ極恥辱者、侍従中納言行成云、青宮御代可レ為ニ摂籙臣一、而俄有ニ斯

事、不レ可レ被レ過二今年一歟、甚愚也、

✽この日、三条天皇は道長に、摂政に准じて、除目《じもく》・官奏・一上《いちのかみ》の事を行なわせるという宣旨《せんじ》を下すことにした。ただ、実資に語った事情というのは、道長の行なうところに非が有れば必ず天譴《てんけん》に当たり、自分の息災となるであろうというものであった。あくまで道長との抗争に勝利しようという意欲は立派であるが、この日、さきほど登場した「寛弘の四納言」の残りである斉信と行成が、それぞれ三条を非難している。「四納言」から揃って非難を受けるというのは、何も道長に媚《こ》び諂《へつら》ったものではない。三条の皇位への執着に対する、これが公卿社会の集約された声なのである。確かに、政務は放棄しても皇位には執着するという天皇は、彼らから見れば異常な君主に見えたことであろう。

・十一月五日（前田本甲〈広本〉）三条天皇、明春の譲位を道長に伝える／
　三条天皇、資平の任参議を道長に仰す

「天下《てんか》は、明春《みようしゆん》、代替《だいが》わりが有《あ》るであろう」と云《い》うことだ。その事《こと》は、三条天皇《さんじようてんのう》が左大臣《さだいじん》（藤原道長《ふじわらのみちなが》）におっしゃられた。これは（藤原《ふじわらの》）資平《すけひら》が密《ひそ》かに談《かた》った。資平《すけひら》を参議《さんぎ》に任《にん》じるということを、大臣《だいじん》（道長《みちなが》）におっしゃられた。大臣《だいじん》が申《もう》しあげて云《い》ったことには、「あれこれ、仰《おお》せに随《したが》います」ということだ。今日《きょう》・明日《あす》の事《こと》ではないが、譲位《じようい》が有《あ》る頃《ころ》のことであろうか。「新宰相《しんさいしよう》（平親信《たいらのちかのぶ》）が辞退《じたい》することになった」と云《い》うことだ。その時《とき》に天皇《てんのう》の恩《おん》を降《くだ》すのが、最《もつと》も都合《つごう》がよいのではないか。

❖「天下《てんか》、明春《みようしゆん》、変改有《へんかいあ》るべし」と云々《しかじか》。其《そ》の事《こと》、左大臣《さだいじん》に仰《おお》せられ訖《おわ》んぬ。是《こ》れ資平《すけひら》、密《ひそ》かに談《かた》る。資平《すけひら》をして八座《はちざ》に任《にん》ずべき事《こと》、相府《しようふ》に仰《おお》せらる。相府《しようふ》、奏《そう》して云《い》はく、「左右《とこう》、仰《おお》せに随《したが》ふ」てへり。今明《こんみよう》の事《こと》に非《あら》ざるも、変有《へんあ》る間《あいだ》か。「新宰相《しんさいしよう》、辞退《じたい》すべし」と云々《しかじか》。其《そ》の時《とき》、天恩《てんおん》を降《くだ》すが、最《もつと》も便有《びんあ》るか。

天下明春可レ有二変改一云々、其事被レ仰二左大臣一訖、是資平密談、令二資平一可レ任二八座一事、被レ仰二相府一、々々奏云、左右随レ仰者、非二今明事一、有レ変之間歟、新宰相可二辞退一云々、其時降二天恩一、最有レ便歟、

✻十一月に入っても、三条天皇の目の状態は、一向に快方に向かわなかった。三日には、「伊勢神宮への祈禱《きとう》も、やはり感応が無かった」と漏らしている。そして五日、ついに三条は道長に、明春の譲位を語った。両者の抗争も、ついに決着したのである。三条としてみれば、残る望みは、敦明の立太子、他の皇子女《こうしじょ》の元服《げんぷく》と著裳《もぎ》、そして新造内裏における正式な譲位の儀くらいのものだったであろう。

実資の方も、資平の任参議を三条に求めていた。三条はそれを道長に認めさせ、実資への感謝の証《あかし》とした。平親信《たいらのちかのぶ》がみずからの参議任命の際に、早期に辞任して資平を後任にすることについて、実資と密約を結んでいたという考えもある。実際に資平が参議に任じられたのは寛仁《かんにん》元年（一〇一七）三月のことであったが。

なお、十一月十七日、三条が造営と還御を望んだ新造内裏が焼亡してしまった。九日に娍子が参入した直後、そして十五日に妍子の参入を道長が停止させた直後のことである。

## ◆長和五年（一〇一六）

藤原実資六十歳（正二位、大納言・右大将）　三条天皇四十一歳　後一条天皇九歳　藤原道長五十一歳　藤原妍子二十三歳　藤原娍子四十五歳

・正月一日（九条本〈広本〉）元日節会／内弁斉信、宣命を紛失

後《のち》に聞《き》いたことには、「内弁《ないべん》（藤原斉信《ふじわらのただのぶ》）が宣命《せんみょう》と見参簿《げんざんぼ》を申《もう》しあげさせた。返却《へんきゃく》した後《のち》、議場《ぎじょう》に着《つ》いて、開《ひら》いて見《み》たところ、すでに宣命《せんみょう》は無《な》かった。取次《とりつ》ぎの蔵人《くろうど》（源《みなもとの》）季範《すえのり》を呼《よ》んで、宣命《せんみょう》が無《な》いということを伝《つた》えた。答《こた》えて云《い》ったことには、『下《くだ》しました』ということだ。内記《ないき》は帰《かえ》っていた。そこで外記《げき》に命《めい》じて書《か》かせた」と云《い》うことだ。宣命《せんみょう》を紛失《ふんしつ》するとは、いまだ聞《き》いたことのない事《こと》である。内弁《ないべん》は、宣命《せんみょう》と見参簿《げんざんぼ》を返却《へんきゃく》し、さらに議場《ぎじょう》に着《つ》かず、東階《ひがしのきざはし》の下《もと》に来《き》て、見参簿《げんざんぼ》を下《くだ》すものである。前例《ぜんれい》を知《し》らない

のか。（藤原《ふじわらの》）資平《すけひら》が云《い》ったことには、「季範《すえのり》が云《い》ったことには、『宣命《せんみょう》と見《げん》参簿《ざんぼ》を返却《へんきゃく》した所《ところ》で、もし宣命《せんみょう》が無《な》かったならば、そのことを伝《つた》えられなければなりません。ところが、議場《ぎじょう》に戻《もど》った後《のち》、長《なが》い時間《じかん》が経《た》ってから、この求《もと》めが有《あ》りました。内弁《ないべん》か、もしかしたら外記《げき》のどちらかが落《お》としたのでしょうか』ということでした」と。……「……この間《かん》、内弁《ないべん》は空手《からて》で佇《たたず》んでいた。はなはだ見苦《みぐる》しいものであった」と云《い》うことだ。まったく見《み》聞《き》きしたことのない事《こと》である。……前例《ぜんれい》を知《し》らない人《ひと》（斉信《ただのぶ》）は、万事《ばんじ》、このようなものである。

❖後《のち》に聞《き》く、「内弁《ないべん》、宣命《せんみょう》・見参《げんざん》を奏《そう》せしむ。返給《へんきゅう》する後《のち》、陣《じん》に着《ちゃく》し、開《ひら》き見《み》るに、已《すで》に宣命無《せんみょうな》し。伝奏《てんそう》の蔵人季範《くろうどすえのり》を呼《よ》び、宣命無《せんみょうな》き由《よし》を示《しめ》す。答《こた》へて云《い》はく、『下《くだ》し奉《たてまつ》り了《おわ》んぬ』てへり。内記《ないき》、退出《たいしゅつ》す。仍《よ》りて外記《げき》に仰《おお》せ、書《か》かしむ」と云々《しかじか》。宣命《せんみょう》、紛失《ふんしつ》するは、未《いま》だ聞《き》かざる事《こと》なり。内弁《ないべん》、宣命《せんみょう》・見参等《げんざんなど》を返給《へんきゅう》し、更《さら》に陣《じん》に着《ちゃく》さず、東階《ひがしのきざはし》の下《もと》に来《き》たりて、見参《げんざん》を給《たま》ふ者《もの》なり。前例《ぜんれい》を知《し》らざるか。

資平《すけひら》、云《い》はく、「季範《すえのり》、云《い》はく、『宣命《せんみょう》・見参《げんざん》を返給《へんきゅう》する処《ところ》、若《も》し宣命無《せんみょうな》くんば、其《そ》の由《よし》を示《しめ》さるべし。而《しか》るに陣《じん》に復《ふく》する後《のち》、良久《ややひさ》しくして此《こ》の求《もと》め有《あ》り。内弁若《ないべんも》しくは外記《げき》の間《あいだ》に落失《らくしつ》するか』てへり」と。……「……此《こ》の間《かん》、内弁《ないべん》、空手《からて》にて佇立《ちょりつ》す。太《はなは》だ見苦《みぐる》し」と云々《しかじか》。更《さら》に見聞《けんぶん》せざる事《こと》なり。……古伝《こでん》を得《え》ざる人《ひと》、万《ばん》事《じ》、此《か》くのごとし。

後聞、内弁令レ奏二宣命・見参一、返給之後、着レ陣開見、已無二宣命一、呼二伝奏之蔵人季範一、示下無二宣命一之由上、答云、下奉了者、内記退出、仍仰二外記一令レ書云々、宣命紛失未レ聞事也、内弁返二-給宣命・見参等一、更不レ着レ陣、来二東階下一、給二見参一者也、不レ知二前例一歟、資平云、季範云、返二-給宣命・見参一之処、若無二宣命一可レ被レ示二其由一、而復レ陣後良久有二此求一、内弁若外記間落失歟者、……此間内弁空手佇立、太見苦云々、更不二見聞一事也、……不レ得二古伝一之人、万事如レ此、

✲この年の元日節会《がんじつのせちえ》では、大変なことが起こった。天皇の命令として読み上げる宣命を、内記がなくしたまま退出してしまったのである。しかも儀式の責任者である内弁の斉信《ただのぶ》は、外記《げき》に改めて宣命を書かせている。これはそれぞれの職掌を守るという官

僚社会の根幹を揺るがす大失態であった。

実は斉信が内弁を務めたことについても、ひと悶着《もんちゃく》があった。実資《さねすけ》が参内して内弁を務めるつもりでいたのに、道長《みちなが》が実資の参内を知らず、斉信に内弁を命じてしまったのである。実資はすぐに退出し、公卿《くぎょう》たちは群がり立ってそれを見た。そういうことがあったので、よけいに斉信の失態に敏感になっていたのであろう。

なお、この宣命は五日になって、左近陣の前の石のあたりで発見されたが、こちらの方は廃棄された。

・正月二十四日（九条本〈広本〉）　敦明親王、東宮を忌避し、敦儀親王を立てんとす

早朝《そうちょう》、雨《あめ》を冒《おか》して、右衛門督《えもんのかみ》（藤原懐平《ふじわらのかねひら》）が訪《たず》ねられて云《い》ったことには、「昨日《きのう》、皇后宮《こうごうぐう》（藤原娍子《ふじわらのせいし》）の許《もと》に参《まい》った。深《ふか》く嘆《なげ》かれることが有《あ》った。

『式部卿宮《しきぶきょうのみや》（敦明親王《あつあきらしんのう》）が云《い》ったことには、「東宮《とうぐう》に立《た》つのならば、明日《あす》、堀河院《ほりかわいん》に移《うつ》ろうと思《おも》う」ということだ。怪《あや》しみ驚《おどろ》くことは、極《きわ》まり無《な》かった。この宮《みや》（敦明親王《あつあきらしんのう》）の御様子《ごようす》は、どうにも云《い》いようがない。制止《せいし》したとしても、留《とど》まられるはずはない。独《ひと》り走《はし》り出《で》ていらっしゃるような御心《みこころ》である。先日《せんじつ》、云《い》ったことには、「主上《しゅじょう》（三条天皇《さんじょうてんのう》）の御譲位《おんじょうい》の後《あと》、いらっしゃる所々《ところどころ》の御供《おんとも》に付《つ》き従《したが》うことにする。東宮《とうぐう》については、よく思《おも》い定《さだ》めてこそ申《もう》すべきである」とおっしゃった』と。また、云《い》ったことには、『問《と》い聞《き》いたことには、「他《ほか》の宮《みや》〈中務卿《なかつかさきょう》（敦儀親王《あつのりしんのう》）。〉を立《た》てようと思《おも》う」と。式部卿宮《しきぶきょうのみや》の御心《みこころ》は、通常《つうじょう》の人《ひと》のようではいらっしゃらない。もしこのような事《こと》が有《あ》ったならば、我《わ》が一門《いちもん》を滅亡《めつぼう》されるであろう』と。この事《こと》を、密《ひそ》かに汝《なれ》（藤原実資《ふじわらのさねすけ》）に相談《そうだん》されている。事情《じじょう》を申《もう》しあげるよう、昨日《きのう》、おっしゃられた」ということだ。驚《おどろ》き怪《あや》しんだことは、極《きわ》まり無《な》かった。大事《だいじ》は、至愚《しぐ》の人《ひと》（実資《さねすけ》）は、あれこれ申《もう》しあげることができないということを申《もう》しあげさせた。世間《せけん》の人《ひと》が云《い》ったことには、「東宮《とうぐう》の地位《ちい》を守《まも》られることは難《むずか》しいのではないか。夜《よる》に臨《のぞ》んで密《ひそ》かに行《おこ》なわれていることが有《あ》るのではないか」と云《い》うことだ。今《いま》、この事《こと》を聞《き》くと、推測《すいそく》したところに合《あ》うべきであろうか。母后《ははきさき》（娍子《せいし》）が嘆《なげ》いておられることは、当然《とうぜん》である、当然《とうぜん》である。

❖早旦《そうたん》、雨《あめ》を冒《おか》し、右衛門督《えもんのかみ》、過《す》ぎられて云《い》はく、「昨日《きのう》、皇后宮《こうごうぐう》に参《まい》る。深《ふか》く歎《なげ》き給《たま》ふ有《あ》り。『式部卿宮《しきぶきょうのみや》、云《い》はく、「東宮《とうぐう》に立《た》たば、明日《あす》、堀河院《ほりかわいん》に度《わた》らんと欲《ほっ》す」てへり。奇《あや》しみ驚《おどろ》くこと、極《きわ》まり無《な》し。此《こ》の宮《みや》の御体《ごたい》、敢《あ》へて云《い》ふべからず。制止《せいし》し申《もう》すと雖《いえど》も、留《とど》まり給《たま》ふべからず。独《ひと》り走《はし》り出《い》で坐《おわ》すべき御心《みこころ》なり。先日《せんじつ》、曰《い》はく、「主上《しゅじょう》の御譲位《おんじょうい》の後《のち》、御坐《おわしま》す所々《ところどころ》の御共《おんとも》に候《こう》ずべきなり。東宮《とうぐう》の事《こと》、能《よ》く思《おも》ひ定《さだ》めてこそ申《もう》すべかりけれ」と宣《のたま》ひき』と。又《また》、云《い》はく、『問《と》ひ聞《き》くに、「他《た》の宮《みや》〈中務卿《なかつかさきょう》〉を立《た》て奉《たてまつ》らんと欲《ほっ》す」と。式部卿宮《しきぶきょうのみや》の御心《みこころ》、例《れい》の人《ひと》に似《に》給《たま》はず。若《も》し然《しか》るごとき事有《ことあ》らば、吾《わ》が門《もん》を亡滅《ぼうめつ》せしめ給《たま》ふ』と。此《こ》の事《こと》、密々《みつみつ》に下《げ》官《かん》に云《い》ひ合《あ》はす。案内《あない》を啓《けい》すべき由《よし》、昨日《きのう》、仰《おお》せらる」てへり。驚《おどろ》き奇《あや》しむこと、極《きわ》まり無《な》し。大事《だいじ》、至愚《しぐ》の人《ひと》、左右《とこう》を啓《けい》すべからざる由《よし》を啓《けい》せしめ了《おわ》んぬ。世間《せけん》の人《ひと》、云《い》はく、「儲闈《ちょい》の宮《みや》を守《まも》り坐《おわ》すること難《かた》かるか。夜《よる》に臨《のぞ》みて、密《ひそ》かに行《おこ》なはしめ給《たま》ふこと有《あ》るか」と云々《しかじか》。今《いま》、此《こ》の事《こと》を承《うけたまわ》るに、推《お》す所《ところ》に合《あ》ふべきか。母后《ははきさき》、歎《なげ》き御《おわ》すること、然《しか》るべし、然《しか》るべし。

早旦冒レ雨右衛門督被レ過云、昨日参二皇后宮一、深有二歎給一、式部卿宮云、立二東宮一明日欲レ度二堀河院一者、奇驚無レ極、此宮御体不レ可二敢云一、雖二制止申一、不レ可二留給一、独走出可レ坐之御心也、先日曰、主上御譲位後御坐所々之御共可レ候也、東宮事能思定天こそ可レ申可利个れと宣き、又云、問聞欲レ奉レ立二他宮〈中務卿、〉一、式部卿宮御心不下似二例人一給上、若有二如レ然之事一、令レ亡二滅吾門一給、此事密々云二合下官一、可レ啓二案内一之由、昨日被レ仰者、驚奇無レ極、大事至愚之人不レ可レ啓二左右一之由令レ啓了、世間人云、難レ守二坐儲闈宮一歟、臨レ夜有下令二密行一給上歟云々、今承二此事一所レ推可レ合歟、母后歎御可レ然々々、

✽この二十四日、奇っ怪な情報が実資の許《もと》にもたらされた。前日、懐平《かねひら》が娍子《せいし》の許を訪れると、深く嘆いている様子。事情を聞いてみると、敦明《あつあきら》が、東宮に立つのを避けて（元の居所であった）堀河院《ほりかわいん》に移りたいと言ったというのである。娍子は、「あ

の宮の心は、通例の人には似ていない。制止したとしても、留《とど》めることはできない。独りで走り出してしまおうという気持ちである」と語っている。懐平が語ったところによると、敦明は先日、「譲位後の三条院《さんじょう》のお供に供奉《ぐぶ》したいから、新東宮については、よく考えて定めるべきである。他の宮、たとえば敦儀《あつのり》親王を東宮に立てたらどうか」などと娍子に言っていたという。また、世間の人は、「敦明は東宮に居続けることは難しいのではないか。夜に臨んで、密《ひそ》かに行なわれているようなことが有るのではないか」と噂しているとのことである。つくづく皇位には向かない人のようであるが、実資は娍子の嘆きを思いやっている。こういう皇族も、なかにはいるのである。

・正月二十七日（九条本〈広本〉）道長、固関の儀の際の顕光の失態を罵る

（藤原《ふじわらの》）資平《すけひら》が云《い》ったことには、「昨日《きのう》、左《さ》大臣《だいじん》（藤原道長《ふじわらのみちなが》）が云《い》ったことに

は、『「右大臣《うだいじん》（藤原顕光《ふじわらのあきみつ》）は固関《こげん》の儀《ぎ》の責任者《せきにんしゃ》を務《つと》めていた際《さい》、失態《しったい》が多《おお》かった」と云《い》うことだ。一条院《いちじょういん》の御譲位《おんじょうい》の際《さい》の固関《こげん》についても、右大臣《うだいじん》が責任者《せきにんしゃ》を務《つと》めた。事《こと》の忌《い》みが有《あ》るので、私《わたし》（道長《みちなが》）はとても意向《いこう》を示《しめ》したのだが、そのことを悟《さと》らず、無理《むり》に責任者《せきにんしゃ》を務《つと》めた。失儀《しつぎ》が多《おお》かったので、公卿《くぎょう》たちに笑《わら》われた。至愚《しぐ》のまた、至愚《しぐ》である』ということでした」と。

❖資平《すけひら》、云《い》はく、「昨日《きのう》、左相国《さしょうこく》、云《い》はく、『「右府《うふ》、固関《こげん》の事《こと》を行《おこ》なふ間《かん》、失誤《しつご》多端《たたん》なり」と云々《しかじか》。一条院《いちじょういん》、御譲位《おんじょうい》の固関《こげん》の事《こと》、右府《うふ》、之《これ》を行《おこ》なふ。事《こと》の忌《い》み有《あ》るに依《よ》り、頗《すこぶ》る気色《けしき》を示《しめ》すも、其《そ》の由《よし》を覚《おぼ》えず、強《あなが》ちに以《もっ》て之《これ》を行《おこ》なふ。失儀《しつぎ》、多《おお》きに依《よ》り、諸卿《しょきょう》の為《ため》に咲《わら》はる。至愚《しぐ》の又《また》、至愚《しぐ》なり』てへり」と。

資平云、昨日左相国云、右府行二固関事一之間、失誤多端云々、一条院御譲位之固関事、右府行レ之、依レ有二事忌一、頗示二気色一、不レ覚二其由一、強以行レ之、依レ多二失儀一、為二諸卿一被レ咲、至愚之又至愚也者、

＊固関《こげん》というのは、天皇の譲位・死去、上皇・皇后、また摂政・関白の死去などの非常時に際し、鈴鹿《すずか》・不破《ふわ》・愛発《あらち》（後に逢坂《おうさか》）の三関を管掌する関国へ固関使を遣わし、関門を閉塞《へいそく》し警固にあたったことをいうが、この頃にはすでに形式化していた。

ここは正月二十九日の後一条天皇の受禅《じゅぜん》に際して行なわれたものである。上卿《しょうけい》を買って出た顕光《あきみつ》は、一条《いちじょう》天皇譲位の際の固関でも失態を演じたので、摂政《せっしょう》となった道長がそれを示して上卿辞退をほのめかしたのだが、そんなことがこの人に通用するはずはなかった。無能なくせにやる気があるというのが、もっとも始末が悪いのである。

この前日の失儀に際しても、道長は「至愚の又、至愚なり」と怒るのであった。まあしかし、このような人が次席にいたからこそ（次々席の公季《きんすえ》も含めてであるが）、道長の権力が安泰であったとも言えるのである。

・二月十九日（九条本〈広本〉）　斎王卜定／顕光の失儀／道長、顕光を罵倒

夜《よる》に入《はい》って、（藤原《ふじわらの》）資平《すけひら》が来《き》て云《い》ったことには、「今日《きょう》、斎王《さいおう》を卜定《ぼくじょう》しま

した。右大臣《うだいじん》（藤原顕光《ふじわらのあきみつ》）が儀式《ぎしき》の責任者《せきにんしゃ》を務《つと》めました。……大臣《だいじん》（顕光《あきみつ》）は仰《おお》せ下《くだ》さず、帰《かえ》りました。『斎王《さいおう》については、大臣《だいじん》が弁官《べんかん》に命《めい》じ、弁官《べんかん》が外記《げき》に伝《つた》え、外記《げき》が神祇官《じんぎかん》に告げる』と云《い》うことです。奇《き》です、怪《かい》です。大臣《だいじん》が神祇官《じんぎかん》に伝《つた》えなかった事《こと》について、摂政《せっしょう》（藤原道長《ふじわらのみちなが》）がおっしゃって云《い》ったことには、『老愚《ろうぐ》の者《もの》である。今《いま》となっては出仕《しゅっし》されなくても、何事《なにごと》が有《あ》るであろうか』ということでした。……」と云《い》うことだ。

❖夜《よる》に入《い》りて、資平《すけひら》、来《き》たりて云《い》はく、「今日《きょう》、斎王《さいおう》を卜定《ぼくじょう》す。右大臣《うだいじん》、之《これ》を承《うけたまわ》り行《おこ》なふ。……大臣《だいじん》、仰《おお》せ下《くだ》さず、退出《たいしゅつ》す。『斎王《さいおう》の事《こと》、大臣《だいじん》、弁《べん》に仰《おお》せ、弁《べん》、外記《げき》に示《しめ》し、外記《げき》、神祇官《じんぎかん》に告《つ》ぐ』と云々《しかじか》。奇《き》なり、恠《かい》なり。大臣《だいじん》、神祇官《じんぎかん》に仰《おお》せざる事《こと》、摂政《せっしょう》、命《おお》せて云《い》はく、『老愚《ろうぐ》の者《もの》なり。今《いま》に至《いた》りては、出仕《しゅっし》せられざるに、何事《なにごと》の有《あ》らんや』てへり。……」と云々《しかじか》。

入レ夜資平来云、今日卜二定斎王一、右大臣承二行之一、……大臣不二仰下一退出、斎王事大臣仰レ弁、々示二外記一、々々告二神祇官一云々、奇也恠也、大臣不レ仰二神祇官一之事、摂政命

云、老愚者也、至レ今不レ被二出仕一有二何事一乎者、……云々、

＊道長の怒りは二月十九日の斎宮卜定《さいぐうぼくじょう》（選ばれた斎宮の吉凶《きっきょう》を占い定めること）の儀でピークを迎えた。顕光は卜定の結果を神祇官《じんぎかん》にではなく、弁官《べんかん》である源経頼《みなもとのつねより》に仰せてしまった（『左経記《さけいき》』）。道長は、「老愚の者である。今となっては出仕しなくても、何事が有るというのか」と罵倒《ばとう》している。

外孫《がいそん》である後一条天皇の即位儀礼を次々と台無しにされた道長の怒りももっともであるが、顕光には何の悪気もないのであるから（しかも自分の儀式遂行のやり方を押し通そうとする意欲が見られる）、よけいに手に負えないのであった。

・三月十六日（九条本〈広本〉）　大納言以上に一上を行なわせる

（藤原《ふじわらの》）資平《すけひら》が云《い》ったことには、「摂政《せっしょう》（藤原道長《ふじわらのみちなが》）がおっしゃって云《い》ったこ

とには、『一上《いちのかみ》に申《もう》す事《こと》は、今《いま》となっては、右大臣《うだいじん》（藤原顕光《ふじわらのあきみつ》）に申《もう》さなければならない。ところが、老耄《ろうもう》の上《うえ》に、事毎《ことごと》に都合《つごう》が悪《わる》い。さらに内大臣《ないだいじん》（藤原公季《ふじわらのきんすえ》）に申《もう》すのも、そうであってはならないうえに、右大臣《うだいじん》に異《こと》ならない。そこで大納言以上《だいなごんいじょう》に申《もう》すこととするということについて、近日《きんじつ》、後《ご》一条天皇《いちじょうてんのう》の命令《めいれい》を下《くだ》すこととした。両大臣《りょうだいじん》（顕光《あきみつ》・公季《きんすえ》）と大納言《だいなごん》が参《まい》った日《ひ》は、ただ当日《とうじつ》の責任者《せきにんしゃ》に申《もう》すように』ということでした」と。だいたいは両大臣《りょうだいじん》を軽《かろ》んじられているようなものである。

❖資平《すけひら》、云《い》はく、「摂政《せっしょう》、命《おお》せて云《い》はく、『一上《いちのかみ》に申《もう》す事《こと》、今《いま》に至《いた》りては、右大臣《うだいじん》に申《もう》すべし。而《しか》るに老耄《ろうもう》の上《うえ》、事毎《ことごと》に便《びん》ならず。更《さら》に内大臣《ないだいじん》に申《もう》すも、然《しか》るべからざる内《うち》、右大臣《うだいじん》に異《こと》ならず。仍《よ》りて大納言已上《だいなごんいじょう》に申《もう》すべき由《よし》、近日《きんじつ》、宣旨《せんじ》を下《くだ》すべし。両丞相《りょうじょうしょう》及《およ》び大納言《だいなごん》、参入《さんにゅう》の日《ひ》、只《ただ》、当日《とうじつ》の上卿《しょうけい》に申《もう》すべし』てへり」と。大略《たいりゃく》、両丞相《りょうじょうしょう》を軽《かろ》んぜらるるに似《に》る。

資平云、摂政命云、申二一上一之事、至レ今可レ申二右大臣一、而老耄之上、毎レ事不レ便、更申二内大臣一不レ可レ然之内、不レ異二右大臣一、仍可レ申二大納言已上一之由、近日可レ下二宣旨一、両丞相及大納言参入之日、只可レ申二当日上卿一者、大略似レ被レ軽二両丞相一、

＊道長も対抗措置を執った。この日、道長は右大臣顕光（この年、七十三歳）と内大臣公季（こちらは六十歳）に一上《いちのかみ》（公事《くじ》執行の筆頭の公卿《くぎょう》）を務めさせないこととし、一上は「大納言以上で参入している人々」に申し付けるという措置に出た。
筆頭大納言は、これも無能な藤原道綱《みちつな》であったが、その次席からは、実資・藤原斉信・藤原頼通《よりみち》・藤原公任《きんとう》と、錚々《そうそう》たるメンバーが揃っている（頼通はまだ頼りないが）。

### ・四月十日（前田本甲〈広本〉）　行円、粟田山路の往還便宜をはかる

去《さ》る七日《なのか》、行円聖《ぎょうえんひじり》〈皮聖《かわひじり》と称《しょう》す。〉が、来《き》て云《い》ったことには、「九日《ここのか》から、往《おう》

還《かん》の人《ひと》に粟田山《あわたやま》の石《いし》を拾《ひろ》わせることにしました。また鉄槌《てっつい》や鑽《たがね》〈鑽《たがね》、たかね。〉で大石《おおいし》を割《わ》ることにしました。すぐに鑽《たがね》二個《こ》を作《つく》らせて、与《あた》えてください」ということだ。一昨日《おととい》、木《き》で作《つく》った鑽《たがね》の見本《みほん》を持《も》って来《き》た。今日《きょう》、重《かさ》ねて伝《つた》え送《おく》って云《い》ったことには、「ただ今《いま》、送《おく》ってください」ということだ。使者《ししゃ》を遣《つか》わして送《おく》った。大津《おおつ》から来《き》た者《もの》が云《い》ったことには、「皮聖《かわひじり》は、昨日《きのう》から、小石《こいし》を拾《ひろ》わせています。また、大石《おおいし》を割《わ》っています。往還《おうかん》の人《ひと》は、これに応《おう》じて拾《ひろ》い、また大石《おおいし》を少々《しょうしょう》、割《わ》ることができました。往還《おうかん》の車馬《しゃば》は、石《いし》を割《わ》った所《ところ》では、すでに停滞《ていたい》することはありません」と云《い》うことだ。

❖去《さ》ぬる七日《なのか》、行円聖《ぎょうえんひじり》〈皮聖《かわひじり》と号《ごう》す。〉、来《き》たりて云《い》はく、「九日《ここのか》より、往還《おうかん》の人《ひと》をして粟田山《あわたやま》の石《いし》を拾《ひろ》はしむべし。又《また》、鉄槌《てっつい》・鑽等《たがねなど》〈鑽《たがね》、たかね。〉を以《もっ》て大石《おおいし》を破《わ》るべし。忽《たちま》ち鑽《たがね》二《に》を作《つく》らしめて、与《あた》ふべし」てへり。一昨《いっさく》、木《き》を以《もっ》て作《つく》る鑽《たがね》の様《ためし》を持《も》ち来《き》たる。今日《きょう》、重《かさ》ねて示《しめ》し送《おく》りて云《い》はく、「只今《ただいま》、送《おく》るべし」てへり。使《つかい》を差《さ》して之《これ》を送《おく》る。大津《おおつ》より来《き》たる者《もの》、云《い》はく、「皮聖《かわひじり》、昨日《きのう》より小石《こいし》を拾《ひろ》はしむ。亦《また》、大石《おおいし》を破《わ》る。往還《おうかん》の人《ひと》、響応《きょうおう》して之《これ》を拾《ひろ》ひ、又《また》、大石《おおいし》、少々《しょうしょう》、破《わ》り得《う》。往反《おうはん》の車馬《しゃば》、石《いし》を破《わ》る処《ところ》、既《すで》に停滞《ていたい》すること無《な》し」と云々《しかじか》。

去七日行円聖〈号二皮聖一〉来云、従二九日一可レ令三往還人拾二粟田山石一、又以二鉄槌・鑽等〈鑽、太可爾、〉二可レ破二大石一、忽令レ作二鑽二一可レ与者、一昨持三来以レ木作鑽様一、今日重示送云、只今可レ送者、差レ使送レ之、従二大津一来者云、皮聖従二昨日一令レ拾二小石一、亦破二大石一、往還人響応拾レ之、又大石少々破得、往反車馬破レ石之処既無二停滞一云々、

✲前年に結構《けっこう》した東山《ひがしやま》の小堂で、行円《ぎょうえん》は粟田山路《あわたのやまみち》（東海道《とうかいどう》）の往還の辛苦を目の当たりにしたのであろう。翌年、行円が実資の許を訪れ、往還の人に粟田山の石を拾わせ、鉄槌《てっつい》や鑽《たがね》（鉄製の工具。石の破砕に用いる）で大石を割ることにしたので、鑽二個を作って賜与するよう、依頼している。実資はさっそく、これを送っている。往還の車馬は、石を割った処では停滞することはなくなったという。

奈良《なら》時代の行基《ぎょうき》から延々とつづく、勧進僧《かんじんそう》の系譜である。それにしても、こんなものを送ってくれと依頼されて、すぐに送ることのできる実資の財力と縁故関係には、

いつもながら驚かされる。

・四月二十二日（前田本甲〈広本〉）顕光、頼定・元子の桟敷で見物

頭中将《とうのちゅうじょう》（藤原《ふじわらの》）資平《すけひら》が云《い》ったことには、……「昨日《きのう》、右大臣《うだいじん》（藤原顕光《ふじわらのあきみつ》）は女御《にょうご》（藤原元子《ふじわらのがんし》）の桟敷《さじき》に向《む》かって、見物《けんぶつ》しました。事件《じけん》が有《あ》った後《のち》、昨日《きのう》、初《はじ》めて会《あ》いました」と云《い》うことだ。「摂政《せっしょう》（藤原道長《ふじわらのみちなが》）は馬鹿《ばか》にしてからかわれました」と云《い》うことだ。最《もっと》も当然《とうぜん》である。

❖頭中将《とうのちゅうじょう》資平《すけひら》、云《い》はく、……「昨日《きのう》、右大臣《うだいじん》、女御《にょうご》の狭敷《さじき》に向《む》かひて見物《けんぶつ》す。事《こと》有《あ》る後《のち》、昨日《きのう》、初《はじ》めて相逢《あいあ》ふ」と云々《しかじか》。「摂政《せっしょう》、嘲哢《ちょうろう》せらる」と云々《しかじか》。最《もっと》も然《しか》るべし。

頭中将資平云、……昨日右大臣向㆓女御狭敷㆒見物、有㆑事之後、昨日初相逢云々、摂政

被二嘲哢一云々、最可レ然矣、

＊一条天皇の死後、その女御であった藤原元子《がんし》が、数々の浮き名を馳《は》せた源頼定《よりさだ》と同居し、父の顕光はこれを勘当《かんどう》したのであるが、二人は出奔して同居を続け、子を儲《もう》けた。この前日、顕光が元子（と頼定）の桟敷《さじき》を訪れ、それを見た道長が嘲弄《ちょうろう》し、それを聞いた実資も当然のことと記録している。

と『小右記《しょうゆうき》』にはあるのだが、道長が記録した『御堂関白記《みどうかんぱくき》』では、「源宰相《げんさいしょう》（頼定）の家の狭敷《さじき》に、右大臣が来た」のを見た道長は、「甚だ能《よ》い事であった」と記しているのである。この状況を目撃した資平《すけひら》は、道長の言動を、どの時点でどのように見たのであろうか。史料を読むということは、これほど難しいものなのである。

・五月十八日（前田本甲〈広本〉）道長、明年死去の夢想

（藤原公任《ふじわらのきんとう》が）密《ひそ》かに談《かた》って云《い》ったことには、「……心誉律師《しんよりっし》が云《い》ったこと

には、『近頃《ちかごろ》の夢《ゆめ》で、故《こ》大僧正観修《だいそうじようかんしゆう》と上席《じようせき》の僧《そう》たちが云《い》ったことには、「摂政《せつしよう》（藤原道長《ふじわらのみちなが》）は、今年《ことし》は特別《とくべつ》な事《こと》は無《な》いであろう。来年《らいねん》は、必《かなら》ず死《し》ぬ」と。私《わたし》（心誉《しんよ》）が問《と》うて云《い》ったことには、「どういうことでしょう」と。答《こた》えて云《い》ったことには、「数々《かずかず》の善事《ぜんじ》によって、無理《むり》に今年《ことし》に及《およ》んだ。来年《らいねん》になったら、必《かなら》ず死《し》ぬ」ということである。夢《ゆめ》は虚実《きよじつ》に通《つう》じる。ところが御祈禱《ごきとう》を奉仕《ほうし》しても、いまだこのような夢《ゆめ》を見《み》たことがない。また、あの病悩《びようのう》を考《かんが》えると、夢想《むそう》が合《あ》うのであろうか』と云《い》うことであった」と。

❖密《ひそ》かに談《かた》りて云《い》はく、「……心誉律師《しんよりつし》、云《い》はく、『近曽《きんそ》の夢《ゆめ》に、故《こ》大僧正観修《だいそうじようかんしゆう》及《およ》び上臈《じようろう》の僧等《そうなど》、云《い》はく、「摂政《せつしよう》、今年《ことし》、殊《こと》なる事無《ことな》きか。明年《みようねん》、必《かなら》ず死《し》ぬ」と。心誉《しんよ》、問《と》ひて云《い》はく、「如何《いかが》か」と。答《こた》へて云《い》はく、「種々《しゆじゆ》の善事《ぜんじ》に依《よ》りて、強《し》ひて今年《ことし》に及《およ》ぶ。明年《みようねん》に至《いた》りて、必《かなら》ず死《し》ぬ」てへり。夢《ゆめ》、虚実《きよじつ》に通《つう》ず。然《しか》れども御《おん》禱《いのり》を奉仕《ほうし》するに、未《いま》だ此《か》くのごとき夢《ゆめ》を見《み》ず。又《また》、彼《か》の痾恙《あよう》を推《お》すに、夢想《むそう》に合《あ》ふべきか』と云々《しかじか》」と。

密談云、……心誉律師云、近曾夢故大僧正観修及上﨟僧等云、摂政今年無二殊事一歟、明年必死、心誉問云、如何乎、答云、依二種々善事一、強及二今年一、至二明年一必死者、夢通二虚実一、然而奉レ仕二御禱一、未レ見二如レ此之夢一、又推二彼痾恙一、可レ合二夢想一歟云々、

✲道長の寿命に関わる夢も取り沙汰《ざた》されていた。心誉《しんよ》が公任に語ったところでは、「道長は今年は大した事は無いが、明年は必ず死ぬ」と。種々の善事によって、無理に今年まで生き長らえたが、明年になったら必ず死ぬということであった。ただし、それを語った心誉は、「夢というものは、虚実に通うものだ」と冷静である。摂政である道長の死去という事態は、日頃から人々の関心を引いていたのであろう。善かれ悪しかれ公卿社会に大きな影響を及ぼすものだったからである。

## ◆寛仁《かんにん》元年（一〇一七）

藤原実資六十一歳（正二位、大納言・右大将）　後一条天皇十歳　三条院四十二歳　藤原彰子三十歳　藤原道長五十二歳　藤原頼通二十六歳

・七月二日（前田本甲〈広本〉）鴨河洪水

昨日《きのう》から大雨《おおあめ》である。災異《さいい》と称《しょう》すべきであろうか。長年《ながねん》、いまだ三日《みっか》二夜《にや》の大雨《おおあめ》を見《み》たことがない。尼君《あまぎみ》（藤原実資姉《ふじわらのさねすけのあね》）は、この何日《なんにち》か、証空阿闍梨《しょうくうあじゃり》の中川《なかがわ》の車宿《くるまやどり》に移《うつ》り住《す》んでいる。水《みず》はきっと、あの宅《たく》に入《はい》ったであろう。未明《みめい》、（中原《なかはらの》）師重《もろしげ》を遣《つか》わした。すぐに申《もう》し送《おく》って云《い》ったことには、「一条《いちじょう》以北《いほく》の堤《つつみ》が、ただ今《いま》、水《みず》の為《ため》に破《やぶ》られました。鴨河《かもがわ》の水《みず》が急《きゅう》に入《はい》って来《き》て、廊《ろう》の板敷《いたじき》の上《うえ》から流《なが》れ、だんだんと寝殿《しんでん》に及《およ》ぼうとしています。車《くるま》を送《おく》ってください」ということだ。驚《おどろ》きながら、車《くるま》を急《いそ》いで送《おく》った。すぐに来《こ》られた。西殿《にしどの》（実資姉《さねすけのあね》）の女房三人《にょうぼうさんにん》が死《し》んだ。しばらくは、やはり移《うつ》らないことにした。また、私《わたし》（実資《さねすけ》）の家《いえ》にいらっしゃるにしても、今日《きょう》は重日《じゅうにち》の忌《い》み日《び》である。そこで侍従《じじゅう》（藤原経任《ふじわらのつねとう》）の宅《たく》〈西宅《にしたく》。〉に移《うつ》られた。「東京《ひがしきょう》極大路《ごくおおじ》や富小路《とみこうじ》は、巨海《こかい》のようでした。京極《きょうごく》あたりの宅《たく》は、皆《みな》、流損《りゅうそん》しました。前摂政《さきのせっしょう》（藤原道長《ふじわらのみちなが》）の上東門第《じょうとうもんてい》および法興院《ほこいん》は、□□□□。長年《ながねん》の大水《おおみず》は、今日《きょう》のようなものはありませんでした。天災《てんさい》が熟《じゅく》したのでしょうか」と云《い》うことだ〈疫病《えきびょう》・飢餓《きが》・洪水《こうずい》の災害《さいがい》は、もっとも愁《うれ》えなければならない。〉。

❖昨《きのう》より大雨《おおあめ》。災《さい》と謂《い》ふべきか。年来《ねんらい》、未《いま》だ三日二夜《みっかにや》の甚雨《じんう》を見《み》ず。尼君《あまぎみ》、日来《ひごろ》、證空闍梨《しょうくうじゃり》の中川《なかがわ》の車宿《くるまやどり》に度《わた》り住《す》む。水《みず》、定《さだ》めて彼《か》の宅《たく》に入《い》るか。未明《みめい》、師重《もろしげ》を奉《たてまつ》る。即《すなわ》ち申《もう》し送《おく》りて云《い》はく、「一条以北《いちじょういほく》の堤《つつみ》、只今《ただいま》、水《みず》の為《ため》に破《やぶ》らる。鴨河《かもがわ》の水《みず》、俄《にわ》かに入《い》り来《き》たり、廊《ろう》の板敷《いたじき》の上《うえ》より流《なが》れ、漸《よう》く寝屋《ねや》に及《およ》ぶ。車《くるま》を送《おく》るべし」てへり。驚《おどろ》きながら、車《くるま》を馳《は》せ奉《たてまつ》る。廼《すなわ》ち来《き》たり向《む》かはる。西殿《にしどの》の女房三人《にょうぼうさんにん》、亡《ぼう》す。暫《しばら》く尚《な》ほ渡《わた》らざらんと欲《ほっ》す。又《また》、余《よ》の家《いえ》に坐《おわ》すも、今日《きょう》、重日《じゅうにち》。仍《よ》りて侍従《じじゅう》の宅《たく》〈西《にし》。〉に渡《わた》らる。前摂政《さきのせっしょう》の上東門第并《じょうとうもんていなら》びに法興院等《ほこいんなど》、□□□□。年来《ねんらい》の大水《おおみず》、皆《みな》、以《もっ》て流損《りゅうそん》す。「京極大路《きょうごくおおじ》・富小路等《とみこうじなど》、巨海《こかい》のごとし。京極辺《きょうごくあた》りの宅《たく》、今日《きょう》のごとくは非《あら》ず。天災《てんさい》、熟《じゅく》するか」と云々《しかじか》〈疫疾《えきしつ》・飢餓《きが》・洪水《こうずい》の災《さい》、尤《もっと》も愁《うれ》ふべし。〉。

従レ昨大雨、可レ謂レ災歟、年来未レ見二三日二夜甚雨一、尼君日来度二住證空闍梨中川車宿一、水定入二彼宅一歟、未明奉二師重一、即申送云、一条以北堤只今為レ水被レ破、鴨河水俄入来、流レ従二廊板敷上一、漸及二寝屋一、可レ送レ車者、乍レ驚馳二奉車一、廼被二来向一、西殿女房三人亡、暫尚欲レ不レ渡、又坐二余家一、今日重日、仍被レ渡二侍従宅〈西〉一、京極大路・富小路等如二巨海一、京極辺宅皆以流損、前摂政上東門第并法興院等□□□□年来大水非レ如二今日一、天災熟歟云々〈疫疾・飢餓・洪水災尤可レ愁、〉、

✽この年の七月一日（ユリウス暦七月二十六日）から三日二夜、続いた大雨による鴨川《かもがわ》の洪水は、大きな被害をもたらした。実資《さねすけ》の姉の尼君の移り住んでいた車宿《くるまやどり》（邸内で牛車を置く建物）では、鴨川の水が寝殿に及び、女房三人が死んでしまった。寝殿造《しんでんづくり》の床上浸水となると、とんでもない大洪水だったのであろう。

東京極《ひがしきょうごく》あたりの宅は、皆、流損した。賀茂社《かもしゃ》も流損し、悲田院《ひでんいん》の病者三百余人が、洪水で流失したという情報も入ってきた（『左経記《さけいき》』）。

疫病・飢餓・洪水の災害が続いたことで、実資は七日に、「（後一条《ごいちじょう》天皇の）王化《おうか》が及ばないのか、あるいは（摂政《せっしょう》を受け継いだばかりの）藤原頼通《ふじわらのよりみち》の不徳《ふとく》であろうか」と

記している。災異とか天災というのは、たんなる自然災害を指すのではない。国に失政があると、天がまず災を降《くだ》して譴告《けんこく》し、それでも改悛《かいしゅん》の心がないと異を出して威嚇するというものである。実資がこの時の災害を後一条や頼通の政治と関わらせているのは、そういった事情による。

・七月十一日（前田本甲〈広本〉）　顕光室、実資に結婚を勧む

陰陽頭《おんみょうのかみ》（惟宗《これむねの》文高《ふみたか》）が来《き》た。左大臣《さだいじん》（藤原顕光《ふじわらのあきみつ》）の室家《しっか》（藤原遠量《ふじわらのとおかず》の女《むすめ》）の書状《しょじょう》を伝《つた》えて云《い》ったことには、「世間《せけん》は無常《むじょう》です。今日明日《きょうあす》の命《いのち》も危《あや》ういものです。一人《ひとり》の女子《じょし》がおります。思《おも》うところは万端《ばんたん》です〈この女子《じょし》は、故右大臣《だいじん》（藤原《ふじわらの》）道兼《みちかね》の息女《そくじょ》である。〉。汝《なれ》（藤原実資《ふじわらのさねすけ》）に与《あた》えようと思《おも》います」ということだ。答《こた》えて云《い》ったことには、「染殿女御《そめどののにょうご》（婉子女王《えんしじょおう》）が死没《しぼっ》した後《あと》は、深《ふか》く妻《つま》を娶《めと》ってはならないという事《こと》を戒《いまし》め思《おも》っております。高貴《こうき》な人々《ひとびと》の

御書状《ごしょじょう》が有《あ》るとはいっても、従《したが》えないものです」と。

❖陰陽頭《おんみょうのかみ》文高《ふみたか》、来《き》たる。左府《さふ》の室家《しつか》の消息《しょうそく》を伝《つた》へて云《い》はく、「世間無常《せけんむじょう》。旦暮《たんぼ》、期《き》し難《がた》し。一女子《いちじょし》有《あ》り。思《おも》ふ所《ところ》、万端《ばんたん》〈件《くだん》の女子《じょし》、故右大臣道兼《こうだいじんみちかね》の息女《そくじょ》。〉。余《よ》に与《あた》へんと欲《ほっ》す」てへり。答《こた》へて云《い》はく、「染殿女御《そめどののにょうご》、亡歿《ぼうぼつ》する後《のち》、深《ふか》く室《しつ》を儲《もう》くべからざる事《こと》を訓《いまし》め念《おも》ふ。止《や》むこと無《な》き人々《ひとびと》の御消息《おんしょうそく》有《あ》りと雖《いえど》も、承《うけたまわ》り従《したが》はざる所《ところ》」と。

陰陽頭文高来、伝二左府室家消息一云、世間無常、旦暮難レ期、有二一女子一、所レ思万端〈件女子故右大臣道兼息女〉、欲レ与二於余一者、答云、染殿女御亡歿後深訓二念不レ可レ儲レ室之事一、無レ止人々雖レ有二御消息一所レ不二承従一、

✻長徳《ちょうとく》四年（九九八）に一人目の妻である婉子《えんし》女王が死去して以来、実資は正式な妻を儲《もう》けることはなかった。実資の配偶者として知られるのは、妾《しょう》（または召人《めしうど》）として、「小児」と見える子と良円《りょうえん》、正暦《しょうりゃく》四年に夭亡《ようぼう》した子を産んだ女性（正暦末年か長

徳初年に死去）と、婉子女王の女房で婉子女王の死後、妾（または召人）となって「今北の方」と称され、寛弘《かんこう》末年から長和《ちょうわ》初年に千古《ちふる》を産んだ女性の二人である。

この日、顕光《あきみつ》の後妻（最初の妻は盛子《せいし》内親王）から、道兼《みちかね》の女《むすめ》との再婚を勧められたのだが、実資はもちろん、断わっている。この後妻は、顕光と結婚する前は道兼の嫡妻であったから、ここで勧められた女子は、この後妻の連れ子（二女。一女は一条天皇女御の尊子《そんし》）だったのであろう。なお、道兼は長徳元年（九九五）に死去しているから、この女性は二十代後半くらいであろうか。六十一歳の実資としても面食らったであろうし、何より顕光の姻戚《いんせき》になることは躊躇《ためら》われたのであろう。

・八月七日（前田本甲〈広本〉）敦明親王、東宮辞退／敦明親王、道長に面談

先《ま》ず大殿《おおとの》（藤原道長《ふじわらのみちなが》）にお目《め》にかかった。東宮辞退《とうぐうじたい》について談《かた》られた。「こ

の何日《なんにち》かの云々《うんぬん》、嗷々《ごうごう》は、聞《き》き入《い》れることのできない事《こと》である。そうしているうちに、先日《せんじつ》、あの宮《みや》（敦明親王《あつあきらしんのう》）の蔵人少内記《くろうどしょうないき》（源《みなもとの》）行任《ゆきとう》を介《かい》して、この状況《じょうきょう》を（藤原《ふじわらの》）能信《よしのぶ》〈二位中将《にいちゅうじょう》。〉に伝《つた》えられた。また、参《まい》るようにとの仰《おお》せが有《あ》った。一昨日《おととい》、来《き》て云《い》ったことには、『もしかしたら参《まい》るべきでしょうか』と。参《まい》るようにと伝《つた》えた。夜《よる》に臨《のぞ》んで、参《まい》った。『左大臣《さだいじん》（藤《ふじ》原《わらの》顕光《あきみつ》）が長《なが》い時間《じかん》、御前《ごぜん》に控《ひか》えていました。左大臣《さだいじん》が帰《かえ》った後《あと》、私《わたし》（能《よし》信《のぶ》）を御前《ごぜん》に召《め》し、皇太子《こうたいし》を辞退《じたい》する事《こと》をおっしゃられました。「もしかしたら前摂政《さきのせっしょう》（道長《みちなが》）に会《あ》おうか。人《ひと》を介《かい》して伝《つた》えても、詳《くわ》しくないことが有《あ》るであろう。何《なん》としよう」ということです』と。この意向《いこう》を聞《き》いて、昨日《きのう》、参《まい》った。御前《ごぜん》に控《ひか》えた。摂政《せっしょう》（藤原頼通《ふじわらのよりみち》）も、また控《ひか》えた。『我《われ》（敦《あつ》明親王《あきらしんのう》）には輔佐《ほさ》する人《ひと》はいない。春宮坊《とうぐうぼう》については、有《あ》っても無《な》いようなものである。院《いん》（三条院《さんじょういん》）が崩御《ほうぎょ》した後《あと》は、いよいよどうしようも無《な》い。東宮傅《とうぐうふ》（顕光《あきみつ》）と春宮大夫《とうぐうだいぶ》（藤原斉信《ふじわらのただのぶ》）は、その仲《なか》が宜《よろ》しくない。まったく我《われ》の為《ため》に益《えき》が無《な》い。辞退《じたい》して心閑《こころしず》かに休息《きゅうそく》する方《ほう》がいい。ただし、一《いち》、二《に》人《にん》の者《もの》を召《め》し仕《つか》えられるよう、計《はか》らってもらいたい』ということであった。申《もう》して云《い》ったことには、『あれこれ、申《もう》し難《がた》いことです。もしかしたら辞《じ》表《ひょう》を進上《しんじょう》されますか』と。『辞表《じひょう》は、まったく作成《さくせい》させる人《ひと》がいない。すでに会《あ》って、委細《いさい》を伝《つた》えている。この事《こと》は、またさらに何事《なにごと》を行《おこ》なわなければならないのであろうか。摂政《せっしょう》も、同《おな》じく聞《き》いている』ということだ。また申《もう》して云《い》ったことには、『仕《つか》える人《ひと》としては、受領《ずりょう》を給《たま》わせましょう。おのずから忠勤《ちゅうきん》を致《いた》すでしょう』と。御機嫌《ごきげん》はとても和《なご》み、悦《よろこ》んでいた。その後《ご》は、快《こころよ》く諸事《しょじ》をおっしゃられた」と。この他《ほか》に、事《こと》が多《おお》かった。詳《くわ》しく記《しる》すことができない。私《わたし》（藤原実資《ふじわらのさねすけ》）はただ、珍《めずら》しい事態《じたい》であることを申《もう》して帰《かえ》った。内裏《だいり》に参《まい》った。先《ま》ず皇太后宮《こうたいごうぐう》（藤原彰子《ふじわらのしょうし》）の居所《きょしょ》に参《まい》った。

❖先《ま》づ大殿《おおとの》に参《まい》り謁《えつ》す。青宮《とうぐう》辞《じ》退《たい》の事《こと》を談《かた》らる。「日来《ひごろ》の云々《うんぬん》、嗷々《ごうごう》、聞《き》き入《い》るべからざる事《こと》なり。然《しか》る間《あいだ》、一日《いちじつ》、彼《か》の宮《みや》の蔵人少内記行任《くろうどしょうないきゆきとう》を以《もっ》て、此《こ》の事《こと》の体《たい》を能信《よしのぶ》〈二位中将《にいちゅうじょう》。〉に仰《おお》せらる。又《また》、参《まい》るべき仰《おお》せ有《あ》り。一昨《いっさく》、来《き》たりて云《い》はく、『若《も》しくは参入《さんにゅう》すべきか』と。参入《さんにゅう》すべき由《よし》を仰《おお》す。夜《よる》に臨《のぞ》み、参入《さんにゅう》す。『左府《さふ》、良久《ややひさ》しく御前《ごぜん》に候《こう》ず。退出《たいしゅつ》の後《のち》、御前《ごぜん》に召《め》し、皇太子《こうたいし》を辞退《じたい》すべき事《こと》を仰《おお》せらる。「若《も》しくは前摂政《さきのせっしょう》に相逢《あいあ》ふや。人《ひと》を以《もっ》て相伝《あいつた》ふるに、細《こま》かならざる有《あ》るか。何《なん》と為《せ》ん」てへり』と。此《こ》の気色《けしき》を承《うけたまわ》り、昨日《きのう》、参入《さんにゅう》す。御前《ごぜん》に候《こう》ず。摂政《せっしょう》、又《また》、祇候《しこう》す。『輔佐《ほさ》の人無《ひとな》し。宮《みや》の事《こと》、有《あ》れども亡《な》きがごとし。院《いん》、崩御《ほうぎょ》の後《のち》、弥《いよい》よ為《せ》ん方無《かたな》し。傅《ふ》・大夫《だいぶ》、其《そ》の中《なか》、宜《よろ》しからず。一分《いちぶ》も我《わ》が為《ため》に益無《えきな》し。辞遁《じとん》し、心閑《こころしず》かに休息《きゅうそく》するに如《し》かず。但《ただ》し一両人《いちりょうにん》、召《め》し仕《つか》ふべき事《こと》、相計《あいはか》られよ』てへり。申《もう》して云《い》はく、『左右《とこう》、申《もう》し難《がた》し。若《も》しくは御表有《おんひょうあ》るべきか』と。『表《ひょう》、更《さら》に作《つく》らしむべき人無《ひとな》し。已《すで》に相逢《あいあ》ひて委趣《いしゅ》を示《しめ》す。此《こ》の事《こと》、又《また》、更《さら》に何事《なにごと》か有《あ》らんや。摂政《せっしょう》、同《おな》じく聞《き》く』てへり。又《また》、申《もう》して云《い》はく、『人《ひと》の祇候《しこう》、受領《ずりょう》を給《たま》はしむ。自《おの》づから恪勤《かくご》を致《いた》すか』と。御気色《みけしき》、極《きわ》めて和《なご》み悦《よろこ》ぶ。其《そ》の後《のち》、快《こころよ》く雑事《ぞうじ》を仰《おお》せらる」と。此《こ》の外《ほか》、事多《ことおお》し。具《つぶ》さに記《しる》すこと能《あた》はず。余《よ》、只《ただ》、希代《きだい》の由《よし》を申《もう》して退出《たいしゅつ》す。内《うち》に参《まい》る。先《ま》づ皇太后宮《こうたいごうぐう》の御方《おんかた》に参《まい》る。

先参二謁大殿一、被レ談二青宮辞退事一、日来云々嗷々、不レ可二聞入一之事也、然間、一日以二彼宮蔵人少内記行任一、被レ仰二此事体於能信〈二位中将〉一、又有二可レ参之仰一、一昨来云、若可二参入一歟、仰下可二参入一之由上、臨レ夜参入、左府良久候二御前一、退出後召二御前一、被レ仰下可レ辞二退皇太子一之事上、若相二逢前摂政一乎、以レ人相伝有レ不レ細歟、何為者、承二此気色一昨日参入、候二御前一、摂政又祇候、無二輔佐人一、宮事有若レ亡、院崩御後、弥無二為方一、傅・大夫其中不レ宜、一分為レ我無レ益、不レ如二辞遁心閑休息一、但一両人可二召仕一事被二相計一者、申云、左右難レ申、若可レ有二御表一歟、表更無二可レ令レ作之人一、已相逢示二委趣一、此事又更有二何事一乎、摂政同聞者、又申云、人之祇候、令レ給二受領一、自致二恪勤一歟、御気色極和悦、其後快被レ仰二雑事一、此外多レ事、不レ能二具記一、余只申二希代由一退出、参レ内、先参二皇太后宮御方一、

＊敦明《あつあきら》親王の立太子《りったいし》は、もともと三条《さんじょう》天皇と道長《みちなが》との間の妥協の産物であったが、その三条が五月九日に死去してしまうと、敦明の権力基盤はきわめて脆弱《ぜいじゃく》なものとなった。しかも、本人に皇位への執着があまりなく、その外戚《がいせき》（藤原通任《みちとう》や為任《ためとう》）も姻《いん》戚《せき》（顕光）も頼りにならず、道長が後一条《ごいちじょう》天皇の弟である敦良《あつなが》親王の立太子を望んでいることが自明である以上、敦明が東宮の地位から降りることは、時間の問題であっ

たのかもしれない。

道長の許《もと》には八月四日に東宮辞退の情報がもたらされ、六日に敦明と道長との会談が行なわれた（『御堂関白記《みどうかんぱくき》』、『立坊部類記《りつぼうぶるいき》』所引『権記《ごんき》』）。実資の許には、六日になって情報が寄せられている。

そしてこの七日、実資は道長の許を訪れ、詳細を聞いた。道長は敦明が語ったという遜位《そんい》の背景を実資に語った。また、道長が敦明に示した条件も詳しく話した。実資は道長の許を退出した後、彰子《しょうし》の許を訪ねている。彰子はいまだに敦康《あつやす》親王の立太子を望んでいたのである。なお、同じ七日に、道長は敦良の立太子を決定し、敦良は早くも九日に東宮に立っている。

・八月十八日（前田本甲〈広本〉）　道長、頼通の命を無視し、休日に仁王会定を行なう

（藤原資業《ふじわらのすけなり》が）巳刻《みのこく》（午前九時《ごぜんくじ》－十一時《じゅういちじ》）の頃《ころ》、云《い》ったことには、「昨日《きのう》、造宮《ぞうぐう》所《しょ》に控《ひか》えていた際《さい》、左少弁《さしょうべん》（源《みなもとの》）経頼朝臣《つねよりあそん》が摂政《せっしょう》（藤原頼通《ふじわらのよりみち》）の仰《おお》せを受《う》けて云《い》ったことには、『明日《あす》は休日《きゅうじつ》であるので、審議《しんぎ》を行《おこ》なうわけにはいかない』と。そこでそのことを申《もう》させたところです。ところが今日《きょう》、大殿《おおとの》（藤原道長《ふじわらのみちなが》）がおっしゃって云《い》ったことには、『今日《きょう》、審議《しんぎ》を行《おこ》なうということは、決定《けってい》した。休日《きゅうじつ》は、まったく忌《い》むべきではない。右大臣《うだいじん》（藤原公《ふじわらのきん》季《すえ》）も早《はや》く参《まい》って審議《しんぎ》されるよう、伝《つた》えるように』ということでした。『大将《たいしょう》（藤原実資《ふじわらのさねすけ》）もまた、参《まい》るように』ということです。後々《のちのち》の事《こと》は、大《おお》殿《との》の意向《いこう》を得《え》て、あれこれ処置《しょち》しなければなりません。大小《だいしょう》の事《こと》は、摂《せっ》政《しょう》は自由《じゆう》にし難《がた》いのです」と云《い》うことだ。

❖巳刻《みのこく》ばかり、云《い》はく、「昨日《きのう》、造宮所《ぞうぐうしょ》に候《こう》ずる間《あいだ》、左少弁経頼朝臣《さしょうべんつねよりあそん》、摂政《せっしょう》の命《めい》を被《こうむ》りて云《い》はく、『明日《あす》、休日《きゅうじつ》に依《よ》りて定有《さだめあ》るべからず』と。仍《よ》りて其《そ》の由《よし》を申《もう》さしむる所《ところ》なり。而《しか》るに今日《きょう》、大殿《おおとの》、命《おお》せて云《い》はく、『今日《きょう》、定有《さだめあ》るべき由《よし》、一《いち》定《じょう》、了《おわ》んぬ。休日《きゅうじつ》、更《さら》に忌《い》むべからず。右府《うふ》、早《はや》く参《まい》り定《さだ》めらるべき由《よし》、伝《つた》へ示《しめ》すべし』てへり。『余《よ》、又《また》、参入《さんにゅう》すべし』てへり。後々《のちのち》の事《こと》、大殿《おおとの》の気色《けしき》を得《え》て左右《とこう》すべきなり。巨細《こさい》の事《こと》、摂籙《せつろく》、自由《じゆう》にし難《がた》し」と云々《しかじか》。

巳剋許云、昨日候二造宮所一之間、左少弁経頼朝臣被二摂政命一云、明日依二休日一不レ可レ有レ定、仍所レ令レ申二其由一也、而今日大殿命云、今日可レ有レ定由一定了、休日更不レ可レ忌、右府早可レ被二参定一由可二伝示一者、余又可二参入一者、後々事得二大殿気色一可二左右一也、巨細事摂籙難二自由一云々、

✻二月二十八日、頼通を内大臣《ないだいじん》に任じることを定め、三月十六日には、道長が摂政を辞し、二十六歳の頼通に摂政を譲った（『御堂関白記』）。それは摂関家《せっかんけ》という家格の形成の端緒であった。

官職秩序から自由となった道長は、この後も「大殿」「太閤《たいこう》」などと呼ばれ、摂政頼通を上まわる権力を行使し続けることになる。

この日、道長は頼通の命を無視して、休日に仁王会定《にんのうえさだめ》を行なうことを命じた。「巨《こ》細《さい》の事、摂籙《せつろく》、自由にし難し」と称されている。なお、仁王会定の当日、内裏《だいり》に犬の

死穢《しえ》が起こり、仁王会定は延期されたが、これははたして偶然であろうか。

・八月二十三日（前田本甲〈広本〉）壺切御剣を新東宮敦良親王に渡す

左大将《さだいしよう》（藤原《ふじわらの》）教通卿《のりみちきよう》が云《い》ったことには、「今日《きよう》、内裏《だいり》から御釼《みはかし》を東宮《とうぐう》（敦《あつ》良親王《ながしんのう》）に遣《つか》わしました」と〈壺切《つぼきり》と称《しよう》す。本来《ほんらい》ならば前太子《さきのたいし》（敦明親王《あつあきらしんのう》）に奉《たてまつ》られなければならなかった。ところが前摂政《さきのせつしよう》（藤原道長《ふじわらのみちなが》）が、物惜《ものお》しみして奉《たてまつ》らなかった。これは東宮《とうぐう》の御護《おんまも》りか。『醍醐天皇御記《だいごてんのうぎよき》』に見《み》える。〉。

❖左大将教通卿《さだいしようのりみちきよう》、云《い》はく、「今日《きよう》、内《うち》より御釼《みはかし》を青宮《とうぐう》に遣《つか》はし奉《たてまつ》る」と〈壺切《つぼきり》と号《ごう》す。須《すべか》らく前太子《さきのたいし》に奉《たてまつ》らるべし。而《しか》るに前摂政《さきのせつしよう》、恪《おし》みて奉《たてまつ》らず。是《こ》れ東宮《とうぐう》の御護《おんまも》りか。『延《えん》喜御記《ぎぎよき》』に見《み》ゆ。〉。

左大将教通卿云、今日従レ内奉レ遣二御釼於青宮一〈号二壺切一、須レ被レ奉二前太子一、而前摂政恪而不レ奉、是東宮御護歟、見二延喜御記一〉、

＊八月二十一日には、新東宮敦良親王が慶賀《けいが》のために参内し、彰子に謁見《えつけん》した。一歳違いの天皇と東宮の対面を観望《かんぼう》した者は皆、次のように語り合ったという（『立坊部類記』所引『権記』）。「一家の栄花《えいが》は、古今に比べようが無い。未《いま》だ前生《ぜんしよう》（前世）で何の善根《ぜんこん》を植えたのかを知らない。まことにこの栄花よ」と。

二十三日になって、東宮敦良に壺切御釼《つぼきりのみはかし》が移された。代々の御物《ぎよぶつ》であるこの釼《たち》を、道長は敦明親王には渡さずに、内裏に保管していたのである。

・八月二十八日（前田本甲〈広本〉）道長、宇治に赴き、除目に関与せず

「前摂政《さきのせつしよう》（藤原道長《ふじわらのみちなが》）は、宇治《うじ》の山荘《さんそう》に向《む》かわれた。三日《みつか》間《かん》、いらっしゃ

ることになっている。官職任命《かんしょくにんめい》の儀式《ぎしき》を過《す》ごされることになる」と云《い》うことだ。「朝議《ちょうぎ》に関与《かんよ》しないということを申《もう》しあげられた」と云《い》うことだ。人々《ひとびと》は感心《かんしん》しなかった。かえって摂政《せっしょう》（藤原頼通《ふじわらのよりみち》）の為《ため》に、愚《おろ》かな事《こと》である。

❖「前摂政《さきのせっしょう》、宇治《うじ》の山庄《さんそう》に向《む》かはる。三个日《さんかにち》、坐《おわ》すべし。除目《じもく》を過《す》ぎらるべし」と云々《しかじか》。「朝議《ちょうぎ》を知《し》ろしめさざる由《よし》を表《ひょう》せらる」と云々《しかじか》。人々《ひとびと》、甘心《かんしん》せず。還《かえ》りて摂政《せっしょう》の為《ため》、鳴滸《おこ》の事《こと》なり。

前摂政被レ向二宇治山庄一、三个日可レ坐、可レ被レ過二除目一云々、被レ表下不レ知二朝議一之由上云々、人々不二甘心一、還為二摂政一鳴滸事也、

✲この日から始まった除目《じもく》では、道長はわざわざ宇治別業《うじのべつぎょう》に赴いて朝議《ちょうぎ》に関わらないことを表明していたのだが、頼通は使者を宇治に遣わして、道長に除目について問い合わせた（『御堂関白記』『小右記《しょうゆうき》』）。実資は、「人々は感心しなかった。かえって摂政

の為に嗚滸《おこ》のこととなる」としたうえで、「（頼通の）直廬《じきろ》での作法は夢のようなものであった。衆人は目や耳を側《そば》だてた」と批判し、不参《ふさん》した。

なお、道長の宇治別業は、源　融《みなもとのとおる》から源重信《しげのぶ》へと伝領され、道長が長徳四年（九九八）に重信未亡人から購入したものである。道長はたびたびここで遊宴を催しており、後にこれを伝領した頼通は、末法《まっぽう》の世に入るとされた永承《えいしょう》七年（一〇五二）、敷地内に平等院《びょうどういん》を建立した。

・九月一日（前田本甲〈広本〉）受領功過定

宰相《さいしょう》（藤原資平《ふじわらのすけひら》）が来《き》て云《い》ったことには、「昨日《きのう》、右兵衛督《うひょうえのかみ》（藤原《ふじわらの》）公信《きんのぶ》が、信濃国《しなののくに》の勘解由《かげゆ》勘文《かんもん》を読《よ》みました。きわめて都合《つごう》が悪《わる》いものでした。一同《いちどう》は目《め》を向《む》けました。審議《しんぎ》が有《あ》るようでしたけれども、かえって審議《しんぎ》が無《な》いようなものでした。（藤原《ふじわらの》）公則朝臣《きんのりあそん》は、前摂政《さきのせっしょう》（藤原道長《ふじわらのみちなが》）の近習《きんじゅう》の者《もの》です。そこで公卿《くぎょう》たちは目《め》を合《あ》わせて、云《い》うところはありませんでした」と云《い》うことだ。『この国《くに》は、非常用《ひじょうよう》に備蓄《びちく》された稲穀《とうこく》および馬《うま》の貢上《こうじょう》について、難点《なんてん》が有《あ》る』と云《い》うことです。ところが、審議《しんぎ》の責任者《せきにんしゃ》の按察《あぜち》（藤原《ふじわらの》斉信卿《ただのぶきょう》は、口《くち》を閉《と》じていました。他《た》の人《ひと》も同《おな》じでした」と云《い》うことだ。公卿《くぎょう》の審議《しんぎ》は、まったく益《えき》が無《な》い。散楽《さんがく》に異《こと》ならない。

❖宰相《さいしょう》、来《き》たりて云《い》はく、「昨日《きのう》、右兵衛督公信《うひょうえのかみきんのぶ》、信濃国《しなののくに》の勘解由勘文《かげゆかんもん》を読《よ》む。極《きわ》めて便《びん》ならざるなり。満座《まんざ》、目《め》を属《しょく》す。定有《さだめあ》るに似《に》ると雖《いえど》も、還《かえ》りて定無《さだめな》きがごとし。公則朝臣《きんのりあそん》、前摂政《さきのせっしょう》の近習《きんじゅう》の者《もの》なり。仍《よ》りて諸卿《しょきょう》、目《め》を合《あ》はせて云《い》ふ所無《ところな》し」と云々《しかじか》。「『此《こ》の国《くに》、不動幷《ふどうなら》びに駒牽等《こまひきなど》の事《こと》の難有《なんあ》り』と云々《しかじか》。然《しか》れども事《こと》を奉《うけたまわ》る按察斉信卿《あぜちただのぶきょう》、口《くち》を閉《と》づ。自余《じよ》の人《ひと》、相同《あいおな》じ」と云々《しかじか》。上達部《かんだちめ》の定《さだめ》、更々益《さらさらえき》無《な》し。散楽《さんがく》に異《こと》ならず。

宰相来云、昨日右兵衛督公信読二信濃国勘解由勘文一、極不レ便也、満座属レ目、雖レ似レ有レ定、還如レ無レ定、公則朝臣前摂政近習者也、仍諸卿合レ目無レ所レ云云々、此国有二不動

并駒牽等事難二云々、然而奉レ事按察斉信卿閉レ口、自余人相同云々、上達部定更々無レ益、不レ異二散楽一、

✲受領功過定《ずりょうこうかさだめ》というのは、任期が終わる受領について、その在任中の成績を審査し、功過を判定するための公卿《くぎょう》の会議である。主計・主税二寮および勘解由使《かげゆし》からの勘文を併せた大勘文などの関係書類を基に、在任中の調庸・雑米の惣返抄《そうへんしょう》、勘済税帳をはじめ各種の公文《くもん》を参照し、特に貢進の完納、公文の遺漏なき提出、公文の正確な記載を審査された。これを通過しないと、受領は叙位の際に加階されることがなく、次の官にも任じられない。

この年の八月三十日に行なわれた受領功過定では、信濃守《しなののかみ》藤原公則《きんのり》は、不動穀《ふどうこく》と駒《こま》牽《ひき》に使う馬の貢上について難点が有ったにもかかわらず、道長の近習の者ということで、上卿《しょうけい》の斉信はじめ諸卿は口を閉ざし、通過させてしまった。これを聞いた実資は、公卿の議定は散楽（雅《が》楽《がく》に対して俗楽として扱われた曲芸や演芸といった民間芸）に異ならないと憤慨している。

・九月十二日（前田本甲〈広本〉）　蜂蜜を採取

今年《ことし》の夏以来《なついらい》、西対《にしのたい》の唐廂《からびさし》の連子《れんじ》の下《した》の木《き》と長押《なげし》との間《あいだ》に、蜂《はち》が多《おお》く密《みつ》集《しゅう》している。昨日《きのう》と今日《きょう》、その巣《す》を見《み》たところ、蜜巣《みつす》が有《あ》った。一壺《ひとつぼ》に取《と》って、舐《な》めさせた。「とても甘《あま》い」ということだ。今朝《けさ》、（但波《たんばの》）忠明宿禰《ただあきらすくね》を召《め》して見《み》させた。疑《うたが》いが無《な》いということを申《もう》した。そこで注意《ちゅうい》して、その巣《す》を取《と》らせた。深《ふか》く連子《れんじ》の下《した》の底《そこ》にあった。先《ま》ず数匹《すうひき》の蜂《はち》を取《と》って黒《くろ》漆《うるし》の壺《つぼ》に納《おさ》め、その後《あと》で取《と》り出《だ》した。いまだ成長《せいちょう》していない子《こ》の巣《す》が有《あ》った。また、多《おお》く蜜《みつ》を盛《も》った巣《す》が有《あ》った。唐《から》の白茶碗《しろちゃわん》に注《そそ》ぎ入《い》れた。全部《ぜんぶ》で二合《にごう》。すぐに数匹《すうひき》の蜂《はち》を放《はな》った。これは珍《めずら》しい事《こと》である。そこで子細《しさい》を記《しる》した。

❖今夏以来《こんかいらい》、西対《にしのたい》の唐庇《からびさし》の櫺子《れんじ》の下《した》の木《き》と長押《なげし》との間《あいだ》、蜂《はち》、多《おお》く猥雑《わいざつ》す。昨《きのう》・今《きょう》、其《そ》の巣《す》を見《み》るに、蜜巣有《みつすあ》り。一壺《ひとつぼ》に取《と》りて嘗《な》めしむ。「極《きわ》めて甘《あま》し」てへり。今《こん》旦《たん》、忠明宿禰《ただあきらすくね》を召《め》して見《み》しむ。疑《うたが》ひ無《な》き由《よし》を申《もう》す。仍《よ》りて相構《あいかま》へ、其《そ》の巣《す》を取《と》らしむ。深《ふか》く櫺子《れんじ》の下《した》の底《そこ》に在《あ》り。先《ま》づ数蜂《すうはち》を執《と》りて黒漆《くろうるし》の壺《つぼ》に納《おさ》め、其《そ》の後《のち》に取《と》り出《い》だす。未《いま》だ成身《じょうじん》ならざる子《こ》の巣等有《すなどあ》り。又《また》、多《おお》く蜜《みつ》を盛《も》る巣有《すあ》り。唐《から》の白茶《しろちゃ》垸《わん》に瀉《そそ》ぎ入《い》る。全《すべ》て二合《にごう》。即《すなわ》ち数蜂《すうはち》を放《はな》つ。是《こ》れ希有《けう》の事《こと》なり。仍《よ》りて子細《しさい》を記《しる》す。

今夏以来、西対唐庇櫺子下木与二長押一間蜂多猥雑、昨・今見二其巣一、有二蜜巣一、取二一壺一令レ嘗、極甘者、今旦召二忠明宿禰一令レ見、中二無レ疑由一、仍相構令レ取二其巣一、深在二櫺子下底一、先執二数蜂一納二黒漆壺一、其後取出、有下未二成身一之子巣等上、又多有二盛レ蜜之巣一、瀉二入唐白茶垸一、全二合、即放二数蜂一、是希有之事也、仍記二子細一

＊甘味の少ない当時にあっては（甘味料は甘葛《あまずら》くらい、甘い食べ物は熟瓜《ほぞち》くらいのものであった）、蜂蜜《はちみつ》はとんでもない美味だったことであろう。『日本書紀《にほんしょき》』の皇極《こうぎょく》二年（六四三）に、百済《ひやくさい》王族の余豊璋《よほうしょう》が蜜蜂を飼おうとして失敗したという記事があるが、ここは珍しい蜂蜜採取の史料である。

それにしても、実資に命じられて蜂蜜を取らされた下人《げにん》たちにとっては、決死の作業だったことであろう。

・十月二十三日（前田本甲〈広本〉）　教通、和泉国の饗応を不満とし、濫行

「左大将《さだいしょう》（藤原教通《ふじわらののりみち》）は、粉河寺《こかわでら》と長谷寺《はせでら》から、今日《きょう》、帰京《ききょう》しました」と云《い》うことだ。「国司《こくし》たちは、豊富《ほうふ》なもてなしを行《おこ》ないました。護衛《ごえい》や雑役《ぞうえき》に、絹《きぬ》や米《こめ》を与《あた》えました。路次《ろじ》の狼藉《ろうぜき》は、取《と》り上《あ》げて数《かぞ》えることができません。和泉国《いずみのくに》のもてなしには、納得《なっとく》することはありませんでした。御馳走《ごちそう》の膳《ぜん》を馬《うま》で蹴散《けち》らせました。もてなし役《やく》を踏《ふ》みにじったことは、特《とく》に甚《はなは》しかったのです。譴責《けんせき》している際《さい》、絹《きぬ》や衣裳《いしょう》を下人《げにん》に与《あた》えたことは、数《かぞ》えることができませんでした」と云《い》うことだ。「乱暴《らんぼう》を行《おこ》なったうえ、とても軽々《かるがる》しいものです」と云《い》うことだ。「国司《こくし》（藤原朝元《ふじわらのあさもと》）は参《まい》らず、深《ふか》く山寺《やまでら》に籠《こも》り

ました。あらかじめ聞《き》いたところが有《あ》ったのでしょうか」と云《い》うことだ。

❖「左将軍《さしようぐん》、粉河《こかわ》・長谷《はせ》より、今日《きよう》、帰京《ききよう》す」と云々《しかじか》。「国々《くにぐに》の司《つかさ》、豊贍《ほうせん》の儲《もう》け有《あ》り。随身《ずいじん》・雑色等《ぞうしきなど》に桑糸《くわいと》・八木等《はちぼくなど》を与《あた》ふ。路次《ろじ》の狼藉《ろうぜき》、勝《あ》げて計《かぞ》ふべからず。和泉《いずみ》の儲《もう》け、承引《しよういん》すること無《な》し。饗饌《きようせん》、馬《うま》を以《もつ》て蹴《け》らしむ。饗使《きようし》の凌轢《りようれき》、殊《こと》に甚《はなは》だし。贖《あがな》ひ責《せ》むる間《あいだ》、絹《きぬ》・衣裳等《いしようなど》を以《もつ》て下人《げにん》に与《あた》ふること、算無《さんな》し」と云々《しかじか》。「濫行《らんぎよう》の上《うえ》、極《きわ》めて以《もつ》て軽々《けいけい》」と云々《しかじか》。「国司《こくし》、参《まい》らず、深《ふか》く山寺《やまでら》に籠《こも》る。兼《か》ねて聞《き》く所有《ところあ》るか」と云々《しかじか》。

左将軍従㆓粉河・長谷㆒今日帰京云々、国々司有㆓豊贍之儲㆒、随身・雑色等与㆓桑糸・八木等㆒、路次狼藉不㆑可㆓勝計㆒、和泉儲無㆓承引㆒、饗饌以㆑馬令㆑蹴、饗使凌轢殊甚、贖責之間、以㆓絹・衣裳等㆒与㆓下人㆒、無㆑算云々、濫行之上、極以軽々云々、国司不㆑参、深籠㆓山寺㆒、兼有㆑所㆑聞歟云々、

✱もともと乱暴者の評判が高かった教通（道長五男。源倫子《りんし》所生では二男）であったが、

これはその最たる事例である。この日、紀伊《きい》の粉河寺《こかわでら》と大和《やまと》の長谷寺《はせでら》から帰京したのだが、途中の国司たちに饗応《きようおう》させ、とりわけ和泉《いずみ》では饗饌《きようせん》に不満があって、膳《ぜん》を馬で蹴散《けち》らせたことが発覚した。

道長は長男で「恵和《けいわ》の心」の持ち主であると称された（『春記《しゆんき》』）藤原頼通を当初から嫡子《ちやくし》として扱っていたが、その背景には、四年の年齢差という以上に、教通のこのような行状が存在したのである。

・十月二十五日（前田本甲〈広本〉）自称横川僧に喜捨

横川《よかわ》の公源師《こうげんし》に絹一疋《きぬいっぴき》を与《あた》えた。来《き》て請《こ》うたからである。後日《ごじつ》、尋《たず》ね問《と》うたところ、「まったくそのような僧《そう》はおりません」と云《い》うことだ。昨日《きのう》、来《き》て云《い》ったことには、「先年《せんねん》、たびたび参《まい》って、御祈禱《ごきとう》を奉仕《ほうし》しました」と。私《わたし》（藤原実資《ふじわらのさねすけ》）が答《こた》えて云《い》ったことには、「顔《かお》を知《し》らない」と。また、云《い》ったことには、「六年間《ろくねんかん》、横川《よかわ》に籠《こも》っております。今年《ことし》、帰《かえ》りました。故源信僧都《こげんしんそうず》の為《ため》に、横川《よかわ》の僧《そう》たちが、二十八日《にじゅうはちにち》に仏事《ぶつじ》を修《しゅ》します。私《わたし》（公《こう》源《げん》）は法服《ほうふく》を揃《そろ》えなければなりません。他《ほか》の物《もの》も揃《そろ》えなければなりません。袙《あこめ》のための絹《きぬ》を差《さ》し入《い》れてください」ということだ。事《こと》は功徳《くどく》であるので、与《あた》えたものである。飯室《いいむろ》の僧都《そうず》（尋円《じんえん》）に問《と》うたところ、云《い》ったことには、「公源《こうげん》と云《い》う法師《ほうし》は、先年《せんねん》、死去《しきょ》しました。その後《ご》、公源《こうげん》と云《い》う僧《そう》はおりません」ということだ。この僧《そう》が重《かさ》ねて来《き》た日《ひ》、房《ぼう》の名《な》を問《と》わせたところ、云《い》ったことには、「東流房《とうりゅうぼう》と称《しょう》します」と。この房《ぼう》の名《な》は、飯室《いいむろ》の僧都《そうず》に問《と》うたところ、「横川《よかわ》には聞《き》かない房《ぼう》の名《な》です」ということだ。珍《めずら》しく、奇怪《きかい》な事《こと》である。

❖横河《よかわ》の公源師《こうげんし》に桑糸一疋《くわいといっぴき》を与《あた》ふ。来《き》たり請《こ》ふに依《よ》る。後日《ごじつ》、尋《たず》ね問《と》ふに、「更《さら》に然《しか》る僧無《そうな》し」と云々《しかじか》。昨日《きのう》、来《き》たりて云《い》はく、「先年《せんねん》、度々《たびたび》、参入《さんにゅう》し、御祈《おんいのり》に奉仕《ほうし》す」と。余《よ》、答《こた》へて云《い》はく、「面《めん》を知《し》らず」と。又《また》、云《い》はく、「六个《ろっか》年《ねん》、横川《よかわ》に籠《こも》る。今年《ことし》、罷《まか》り出《い》づ。故源信僧都《こげんしんそうず》の為《ため》、横川《よかわ》の僧等《そうなど》、二十八日《にじゅうはちにち》、仏事《ぶつじ》を修《しゅ》す。公源《こうげん》、法服《ほうふく》を調《ととの》ふべし。他《た》の物《もの》、具《そな》ふべし。袙料《あこめりょう》の絹《きぬ》、入《い》るべし」てへり。事《こと》、功徳《くどく》に依《よ》り、与《あた》ふる所《ところ》なり。飯室《いいむろ》の僧都《そうず》に問《と》ふに、云《い》はく、「公源《こうげん》と云《い》ふ法師《ほうし》、先年《せんねん》、死去《しきょ》す。其《そ》の後《のち》、公源《こうげん》と云《い》ふ僧無《そうな》し」てへり。件《くだん》の僧《そう》、重《かさ》ねて来《き》たる日《ひ》、房名《ぼうめい》を問《と》はしむるに、云《い》はく、「東流房《とうりゅうぼう》と号《ごう》す」と。件《くだん》の房名《ぼうめい》、飯室《いいむろ》の僧都《そうず》に問《と》ふに、「横川《よかわ》に聞《き》かざる房名《ぼうめい》なり」てへり。希有《けう》、奇恠《きかい》なる事《こと》なり。

与㆓横河公源師桑糸一疋㆒、依㆓来請㆒、後日尋問、更無㆓然僧㆒云々、昨日来云、先年度々参入奉㆓仕御祈㆒、余答云、不㆑知㆑面、又云、六个年籠㆓横川㆒、今年罷出、為㆓故源信僧都㆒、横川僧等廿八日修㆓仏事㆒、公源可㆑調㆓法服㆒、他物可㆑具、袙料絹可㆑入者、事依㆓功徳㆒所㆑与也、問㆓飯室僧都㆒、云、公源云法師先年死去、其後無㆓公源云僧㆒者、件僧重来日、令㆑問㆓房名㆒、云、号㆓東流房㆒、件房名問㆓飯室僧都㆒、横川不㆑聞之房名也者、希有奇恠事也、

✽実資は、比叡山《ひえいざん》横川《よかわ》の公源《こうげん》という僧が来て請うたので、絹一疋《ぴき》を与えた。後日、尋ねたところ、そのような僧はいないということであったが、浄土《じょうど》信仰の基礎を築いた故源信《げんしん》のための仏事に法服や他の物を調備しなければならないので、それを差し入れ

てほしいなどと言ってきた。

実資はまた、功徳のために絹を与えている。東流房《とうりゅうぼう》という房に住しているということであったが、人に聞くと、そのような名の房はなく、公源という法師は、先年、死去したとのことであった。実資は知っていてだまされているかのようである。

・十一月十六日（前田本甲〈広本〉）頼通、道長に家司を遣わし、除目の指示を仰ぐ

宰相《さいしょう》（藤原資平《ふじわらのすけひら》）が穢《え》に触《ふ》れた。立《た》ったまま来《き》て、云《い》ったことには、「去《さ》る夕方《ゆうがた》の官職任命《かんしょくにんめい》の儀式《ぎしき》は、散楽《さんがく》のようでした。摂政《せっしょう》（藤原頼通《ふじわらのよりみち》）は、近江守《おうみのかみ》（藤原《ふじわらの》）惟憲《これのり》を遣《つか》わして、数回《すうかい》、大殿《おおとの》（藤原道長《ふじわらのみちなが》）に申《もう》されました。往還《おうかん》の間《かん》、人々《ひとびと》が問《と》うたのに随《したが》って、官職任命《かんしょくにんめい》について漏《も》らし談《かた》りました。蔵人頭《くろうどのとう》や蔵人《くろうど》の他《ほか》は、その職《しょく》ではないのに、官職任命《かんしょくにんめい》について承《うけたまわ》って往《おう》

復《ふく》しました。いまだかつてなかったことです。世《よ》の衰退《すいたい》は、現在《げんざい》のようなことはありません」と云《い》うことだ。

❖宰相《さいしよう》、穢《え》に触《ふ》る。立《た》ちながら来《き》たりて云《い》はく、「去《さ》ぬる夕《ゆうべ》の除目《じもく》、散楽《さんがく》のごとし。摂政《せつしよう》、近江守惟憲《おうみのかみこれのり》を差《さ》し、数度《すうど》、大殿《おおとの》に申《もう》さる。往還《おうかん》の間《かん》、人々《ひとびと》の問《と》ふに随《したが》ひて、除目《じもく》の事《こと》を漏《も》らし談《かた》る。頭《とう》・蔵人《くろうど》の外《ほか》、職《しよく》に非《あら》ざるに、除目《じもく》の事《こと》を奉《うけたまわ》り往反《おうはん》す。未《いま》だ曾《かつ》て有《あ》らず。世《よ》の陵夷《りようい》、当今《とうぎん》に如《し》かず」と云々《しかじか》。

宰相触レ穢、乍レ立来云、去夕除目如二散楽一、摂政差二近江守惟憲一、数度被レ申二大殿一、往還之間、随二人々問一、漏二談除目事一、頭・蔵人之外、非レ職奉二除目事一往反、未二曾有一、世之陵夷不レ如二当今一云々、

✲十一月の除目も、「散楽のごとし」と称された。頼通は家司《けいし》の藤原惟憲《これのり》を何度も道長の許に遣わし、その指示を仰いだ。その惟憲は、往還の間に人々に除目について漏らし談《かた》っていたという。この情報を伝えられた実資は、蔵人《くろうど》でもない者が除目に関わ

ったのは未曾有《みぞう》のこととして、怒りを露《あら》わにしている。

また、八月二十一日に藤原行成《ゆきなり》から中納言に任じるべき人について問われた頼通も、「大殿には別に御意向が有るようである。自分はまったく理非《りひ》（道理《どうり》に適《かな》っていることと外れていること）を申してはならないのである」と答えている（『立坊部類記』所引『権記』）。

・十一月十八日（前田本甲〈広本〉）顕光、実資に嘲弄されたとして呪詛の詞を吐く

源大納言《げんだいなごん》〈源《みなもとの》俊賢《としかた》。〉と藤大納言《とうだいなごん》〈藤原《ふじわらの》公任《きんとう》。〉が告《つ》げ送《おく》って云《い》ったことには、「昨夜《さくや》、賽子遊《さいころあそ》びをしていた際《さい》に、汝《なれ》（藤原実資《ふじわらのさねすけ》）は左大臣《さだいじん》（藤原《ふじわらの》顕光《あきみつ》）を馬鹿《ばか》にしてからかった。左大臣《さだいじん》は、官職任命《かんしょくにんめい》の訂正《ていせい》の日《ひ》、議場《ぎじょう》に於《お》いて呪詛《じゅそ》される詞《ことば》が有《あ》った」ということだ。この事《こと》は、とても奇怪《きかい》であ

る。公卿《くぎょう》は、すべて馬鹿《ばか》にしてからかっている。私《わたし》（藤原実資《ふじわらのさねすけ》）が中心《ちゅうしん》となって云《い》ったものでは無《な》い。左大臣《さだいじん》は、五位《ごい》の時《とき》から始《はじ》め、大臣《だいじん》に至《いた》るまで、万人《ばんにん》が馬鹿《ばか》にしてからかうことは、すでに休《やす》むことは無《な》い。今《いま》、この時《とき》に臨《のぞ》んで、急《きゅう》に咎《とが》められることが有《あ》るのは、いまだその意味《いみ》がわからない。出仕《しゅつし》の日《ひ》から今年《ことし》に至《いた》るまで、年数《ねんすう》を多《おお》く積《つ》んでいる。笑《わら》われる日《ひ》は長《なが》い。天下《てんか》の人《ひと》が馬鹿《ばか》にしてからかうのは、通例《つうれい》となっている。私《わたし》は特《とく》に応《おう》じたわけではないのに、今《いま》、呪詛《じゅそ》の詞《ことば》が有《あ》った。これを如何《いかが》すればよいであろう。

❖源大納言《げんだいなごん》〈俊《しゅん》。〉・藤大納言《とうだいなごん》〈公《こう》。〉、告《つ》げ送《おく》りて云《い》はく、「一夜《いちや》、攤《だ》の間《かん》、下官《げかん》、左相府《さしょうふ》を嘲哢《ちょうろう》す。左相府《さしょうふ》、直物《なおしもの》の日《ひ》、陣《じん》に於《お》いて呪詛《じゅそ》せらるる詞《ことば》有《あ》り」てへり。此《こ》の事《こと》、極《きわ》めて奇恠《きかい》なり。卿相《けいしょう》、尽《ことごと》く嘲哢《ちょうろう》す。下官《げかん》、宗《むね》と為《な》し、云《い》ふ所《ところ》無《な》し。今《いま》、左《さ》相国《しょうこく》、五品《ごほん》より始《はじ》め、丞相《じょうしょう》に至《いた》るに、万人《ばんにん》の嘲哢《ちょうろう》、已《すで》に休慰《きゅうい》すること無《な》し。今《いま》、此《こ》の時《とき》に臨《のぞ》み、忽《たちま》ちに咎《とが》めらるること有《あ》るは、未《いま》だ其《そ》の心《こころ》を得《え》ず。出仕《しゅつし》の日《ひ》より今年《ことし》に至《いた》るに、年紀《ねんき》、多《おお》く積《つ》もる。盧胡《ろこ》の日《ひ》、久《ひさ》し。天下《てんか》の人《ひと》、嘲哢《ちょうろう》するは例《れい》と為《な》る。下官《げかん》、殊《こと》に響応《きょうおう》せざるに、今《いま》、呪詛《じゅそ》の詞《ことば》有《あ》り。之《これ》を如何《いかん》為《せ》ん。

源大納言〈俊、〉・藤大納言〈公、〉告送云、一夜攤間下官嘲二哢左相府一、々々直物日於レ陣有下被二呪詛一詞上者、此事極奇恠也、卿相尽嘲哢、下官為レ宗無レ所レ云、左相国始レ自二五品一至二丞相一万人嘲哢已無二休慰一、今臨二此時一忽有レ被レ咎、未レ得二其心一、従二出仕之日一至二今年一々紀多積、盧胡日久、天下之人嘲哢為レ例、下官殊不二響応一、今有二呪詛詞一、為二之如何一

＊顕光というのは関白藤原兼通《かねみち》の嫡男《ちゃくなん》で、生母も嫡妻《ちゃくさい》も皇族という抜群の毛並みを誇った。長女の元子《がんし》が一条天皇の女御、二女の延子《えんし》が敦明親王の妃《ひ》となって王子を産んでおり、東宮敦明が即位すれば、その外戚《がいせき》となるはずであった。長徳二年（九九六）に右大臣に任じられて以来、道長に次ぐ地位を占めていたのだが、実際には、無能の大臣として朝廷の軽侮《けいぶ》を（道長の異母兄である道綱《みちつな》とともに）集める存在であった。

彼は単に無能というわけではなく、自己流の式次第で押し通すことが常で、儀式や政務のたびにそれを自身の手で執り行ないたがり、他の人々の忠告にも耳を貸さず、

ますます人々に軽蔑《けいべつ》されるという存在であった。そのくせ権力欲は人一倍旺盛《おうせい》で、一族には気の毒な不幸が次々と訪れるにもかかわらず、人々から一向に同情されることもなく、ついには死後に悪霊《あくりょう》となって道長家を散々に苦しめた。

この前日には実資に嘲弄《ちょうろう》されたというので、呪詛《じゅそ》の言葉を吐いたというのであるが、それを聞いた実資は、顕光が若い頃から軽侮されるのは恒例のことであるとして、まったく気にしていないかのようである。

・十二月一日（前田本甲〈広本〉）道長、兼家任太政大臣の記録を求む

太閤下《たいこうか》（藤原道長《ふじわらのみちなが》）が、（藤原《ふじわらの》）章信朝臣《あきのぶあそん》を介《かい》して伝《つた》え送《おく》られて云《い》ったことには、「故殿《ことの》〈入道殿《にゅうどうどの》（藤原兼家《ふじわらのかねいえ》）。〉が太政大臣《だいじょうだいじん》に任《にん》じられた時《とき》、その例《れい》は確《たし》かに覚《おぼ》えていない。また、記《しる》し置《お》いた文書《もんじょ》も無《な》い。きっと記《しる》し置《お》いたものが有《あ》るであろう。写《うつ》して送《おく》るように」ということだ。暦《こよみ》にいささか状況《じょうきょう》を

記《しる》しているが、詳細《しょうさい》はただ今《いま》、持《も》って参《まい》るということを申《もう》させた。あれこれの必要《ひつよう》な事《こと》を書《か》き出《だ》し、持《も》って参《まい》った〈「二条第《にじょうてい》にいらっしゃる」と云《い》うことだ。近《ちか》い距離《きょり》であるので、参《まい》ったものである。〉。

❖大閤下《たいこうか》、章信朝臣《あきのぶあそん》を以《もっ》て示《しめ》し送《おく》られて云《い》はく、「故殿《ことの》〈入道殿《にゅうどうどの》。〉、太政大臣《だいじょうだいじん》に任《にん》ぜらるる時《とき》、其《そ》の例《れい》、慥《たし》かに覚《おぼ》えず。亦《また》、注《しる》し置《お》く文書《もんじょ》無《な》し。定《さだ》めて記《しる》し置《お》く有《あ》るか。写《うつ》し送《おく》るべし」てへり。暦《こよみ》に聊《いささ》か状《じょう》を注《しる》すに、子細《しさい》、只今《ただいま》、持《も》ち参《まい》るべき由《よし》を申《もう》さしむ。所々《しょしょ》の要事《ようじ》を書《か》き出《い》だし、随身《ずいじん》して参《まい》る〈「二条《にじょう》に坐《おわ》す」と云々《しかじか》。近《ちか》き程《ほど》に依《よ》りて参《まい》る所《ところ》。〉。

大閤下以二章信朝臣一被二示送一云、故殿〈入道殿、〉被レ任二太政大臣一之時、其例不二慥覚一、亦無二注置之文書一、定有二記置一歟、可二写送一者、令レ申下暦聊注レ状、子細只今可二持参一之由上、書二出所々要事一随身参〈坐二二条一云々、依二近程一所レ参、〉、

✻翌年正月の後一条天皇の元服《げんぷく》の加冠《かかん》（元服の儀で冠者に冠を着ける役目）を務めるた

め、道長は、かつて兼家《かねいえ》が一条天皇の元服の加冠を務めた際の故事にならって、太政大臣《だいじょうだいじん》に任じられた。その際の式次第を実資に求めてきたのである。実資が記し置いてあるという「暦」は、日記を記録する具注暦《ぐちゅうれき》のことである。そこから必要事項を書き出して、道長の許に持って参っている。

なお、実資が持って参った二条第《にじょうてい》というのは、道長が任太政大臣大饗《だいきょう》を行なうために新築した邸第である。何とも豪毅《ごうき》な話である。

・十二月三十日（前田本甲〈広本〉）天皇元服の祝言の難読語の読法を示す

（藤原資平《ふじわらのすけひら》が）晩《ばん》に向《む》かって、帰《かえ》って来《き》て云《い》ったことには、「太政大臣《だいじょうだいじん》（藤《ふじ》原道長《わらのみちなが》）にお目《め》にかかりました。汝《なれ》（藤原実資《ふじわらのさねすけ》）が元日《がんじつ》に参《まい》るかどうかについて問《と》われました。参《まい》ることになっているということを申《もう》しました。御元《ごげん》服《ぷく》の祝言《しゅうげん》に、『最花《はっほ》』の文《ぶん》が有《あ》ります。博学《はくがく》な公卿《くぎょう》も、読《よ》むことができませんでした。大臣《だいじん》（道長《みちなが》）は鬱々《うつうつ》としています」と云《い》うことだ。「もしかしたら、『いほ』と読《よ》むべきであろうか」と、先日《せんじつ》、宰相《さいしょう》（藤原資平《ふじわらのすけひら》）に伝《つた》えた。「今日《きょう》、太政大臣《だいじょうだいじん》に申《もう》しました。再三《さいさん》、感心《かんしん》されました。気《き》が晴《は》れた様子《ようす》が有《あ》りました。……」ということだ。

❖晩《ばん》に向《む》かひ、帰《かえ》り来《き》たりて云《い》はく、「太相府《だいしょうふ》に参《まい》り謁《えつ》す。下官《げかん》の元正《がんしょう》の参不《さんぷ》の事《こと》を問《と》はる。参《まい》るべき由《よし》を申《もう》し了《おわ》んぬ。御元服《ごげんぷく》の祝言《しゅうげん》に、『最花《はつほ》』の文《ぶん》有《あ》り。有識《ゆうそく》の卿相《けいしょう》、読《よ》み得《う》ること能《あた》はず。相府《しょうふ》、鬱々《うつうつ》とす」と云々《しかじか》。「若《も》しくは、『いほ』と読《よ》むべきか」と、先日《せんじつ》、宰相《さいしょう》に示《しめ》す。「今日《きょう》、太相府《だいしょうふ》に申《もう》す。再三《さいさん》、感《かん》ぜらる。散鬱《さんうつ》の気色《けしき》有《あ》り。……」てへり。

向レ晩帰来云、参二謁太相府一、被レ問二下官元正参不事一、申二可レ参由一了、御元服祝言有二最花文一、有識卿相不レ能二読得一、相府鬱々云々、若者以保と可レ読歟と先日示二宰相一、今日申二太相府一、再三被レ感、有二散鬱之気色一、……者、

✻翌年正月三日に迫った後一条天皇元服の祝言（祝いの言葉）にあった「最花」をどう読むかがわからず、道長は実資に聞いてきた。「最花」は「はつほ」と読むと思うのだが、実資は、「いほ」と読むのであると答え、道長は感激している。実資がそう読んだのなら、それが宮廷社会で定着していくのであろう。

なお、寛仁《かんにん》二年（一〇一八）正月三日条は、『御堂関白記』のなかでは異例の長い記事（一一三四字）であるが、祝言については何の記載もない。

## ◈寛仁二年（一〇一八）

藤原実資六十二歳（正二位、大納言・右大将）　後一条天皇十一歳　藤原彰子三十一歳　藤原道長五十三歳　藤原頼通二十七歳　藤原威子二十歳

・三月十九日（東山御文庫本〈略本〉）　公任が九条流作法を用いたことを非難

宰相《さいしょう》（藤原資平《ふじわらのすけひら》）が内裏《だいり》から帰《かえ》って云《い》ったことには、「御読経《みどきょう》が結願《けちがん》しました。大納言《だいなごん》（藤原《ふじわらの》）公任卿《きんとうきょう》が議場《ぎじょう》に着《つ》いて、巻数《かんず》を申《もう》しあげさせました。一家《いっか》の例《れい》は、天皇《てんのう》に申《もう》しあげさせるのです。ところが、九条殿《くじょうどの》（藤原師輔《ふじわらのもろすけ》）の例《れい》を用《もち》いられたのは、如何《いかが》なものでしょう。大納言《だいなごん》に申《もう》したところ、答《こた》えられて云《い》ったことには、『摂政《せっしょう》（藤原頼通《ふじわらのよりみち》）に申《もう》しあげることを忘《わす》れていて、文書《もんじょ》を申《もう》しあげさせてしまった。奇怪《きかい》に思《おも》ったことは少《すく》なくない。先《せん》年《ねん》は巻数《かんず》を天皇《てんのう》に申《もう》しあげさせた。今日《きょう》、その儀《ぎ》を改《あらた》めたことは、これは心外《しんがい》の事《こと》である。ただし、故殿《ことの》（藤原頼忠《ふじわらのよりただ》）〈三条《さんじょう》。〉は、両方《りょうほう》の儀《ぎ》を記《しる》されている』ということでした。我《われ》（資平《すけひら》）が考《かんが》えたところは、三条殿《さんじょうどの》（頼忠《よりただ》）は故殿《ことの》（藤原実頼《ふじわらのさねより》）の口伝《くでん》を用《もち》いられたはずです。他《ほか》の人《ひと》の先例《せんれい》を用《もち》いてはならないのではないでしょうか」と。

❖宰相《さいしょう》、内《うち》より退出《たいしゅつ》して云《い》はく、「御読経《みどきょう》、結願《けちがん》す。大納言公任卿《だいなごんきんとうきょう》、陣《じん》に着《ちゃく》し、巻数《かんず》を申《もう》さしむ。一家《いっか》の例《れい》、奏《そう》せしむ。而《しか》るに九条殿《くじょうどの》の例《れい》を用《もち》ゐらるるは如何《いかが》。

大納言《だいなごん》に申《もう》すに、答《こた》へられて云《い》はく、『奏聞《そうもん》の事《こと》を忘《わす》れ、文《ふみ》を申《もう》さしむ。奇《あや》しみ思《おも》ふこと、少《すく》なからず。先年《せんねん》、巻数《かんず》を奏《そう》せしむ。今日《きょう》、其《そ》の儀《ぎ》を改《あらた》むること、是《こ》れ心外《しんがい》の事《こと》なり。但《ただ》し故殿《ことの》〈三条《さんじょう》。〉、両儀《りょうぎ》を注《しる》せらる』てへり。我《われ》、案《あん》ずる所《ところ》は、三条殿《さんじょうどの》、故殿《ことの》の口伝《くでん》を用《もち》ゐらるべし。他人《たにん》の古実《こじつ》を用《もち》ゐるべからざるか」と。

宰相従レ内退出云、御読経結願、大納言公任卿着レ陣、令レ申二巻数一、一家例令レ奏、而被レ用二九条殿例一如何、申二大納言一、被レ答云、忘二奏聞事一、令レ申レ文、奇思不レ少、先年令レ奏二巻数一、今日改二其儀一、是心外事也、但故殿〈三条、〉被レ注二両儀一者、我所レ案者、三条殿可レ被レ用二故殿口伝一、不レ可レ用二他人古実一歟、

✻巻数《かんず》というのは、僧が願主の依頼に応じて読誦《どくじゅ》した経文、陀羅尼《だらに》などの題名や回数を記して願主に送った文書のこと。この場合、巻数をそのまま申上するか（九条流《くじょうりゅう》）、天皇（この場合は幼主なので摂政）に奏聞するか（小野宮流《おののみやりゅう》）が、問題となった。資平《すけひら》は、小野宮流の公任《きんとう》が九条流の作法を用いたことを怒っている。公任は、それを詫《わ》びながらも、父の頼忠《よりただ》は両方の作法を記していたと抗弁している。それに対し資平は、頼忠は父である実頼《さねより》の作法を用いたはずであると疑念を示した。

実はこれは、小野宮流の作法が九条流（というより道長《みちなが》の御堂流《みどうりゅう》）に吸収されていく過程を示してもいるのであり、実資《さねすけ》や資平は、それを察知していたはずである。

・四月九日（前田本甲〈広本〉）　教通女子、産衣焼亡により誕生日時を失う／公任、実資に日記引見を依頼

大納言《だいなごん》（藤原公任《ふじわらのきんとう》）が伝《つた》え送《おく》って云《い》ったことには、「左大将《さだいしょう》（藤原教通《ふじわらののりみち》）の女子《じょし》は、一人《ひとり》（藤原生子《ふじわらのせいし》）は五歳《ごさい》、一人《ひとり》（藤原真子《ふじわらのしんし》）は三歳《さんさい》であるが、産衣《さんい》が焼失《しょうしつ》して、記《しる》し置《お》いた書《しょ》も、同《おな》じく焼失《しょうしつ》してしまった。宿曜《すくよう》を占《うらな》わせようとしても、方法《ほうほう》が無《な》い。もしかしたら暦《こよみ》に記《しる》し付《つ》けているであろうか」と。今日《きょう》は申《さる》の日《ひ》で、明日《あす》、記《しる》してさし上《あ》げるということを報《ほう》じた。暦《こよみ》を引見《いんけん》すると、長和三年八月十七日《ちょうわさんねんはちがつじゅうしちにち》庚午の寅刻《とらのこく》（午前三時《ごぜんさんじ》－五時《ごじ》）と、同五年二月二十三日戊戌《どうごねんにがつにじゅうさんにちぼじゅつ》の午刻《うまのこく》（午前十一時《ごぜんじゅういちじ》－午後一時《ごごいちじ》）であった。

❖大納言《だいなごん》、示《しめ》し送《おく》りて云《い》はく、「左大将《さだいしょう》の女子《じょし》、一人《ひとり》、五歳《ごさい》、一人《ひとり》、三歳《さんさい》。産衣《さんい》、焼亡《しょうぼう》す。注《しる》し置《お》く書《ふみ》、同《おな》じく焼失《しょうしつ》す。宿曜《すくよう》を勘《かん》ぜしめんと欲《ほっ》するに、術《じゅつ》無《な》し。若《も》しくは暦《こよみ》に注《しる》し付《つ》くや」と。今日《きょう》、申《さる》の日《ひ》にして、明日《あす》、注《しる》し奉《たてまつ》るべき由《よし》を報《ほう》ず。暦《こよみ》を引見《いんけん》するに、長和三年八月十七日《ちょうわさんねんはちがつじゅうしちにち》 庚午《こうご》、寅時《とらのとき》。同五《どうご》年二《ねんに》月二十三日戊戌《がつにじゅうさんにちぼじゅつ》、午時《うまのとき》。

大納言示送云、左大将女子、一人五歳、一人三歳、産衣焼亡、注置書同焼失、欲レ令レ勘二宿曜一無レ術、若注二付暦一乎、報下今日申日明日可二注奉一之由上、引二見暦一、長和三年八月十七日庚午寅時、同五年二月廿三日戊戌午時、

✻宿曜《すくよう》というのは、七曜・十二宮・二十八宿などの星宿《せいしゅく》による占法。その時々の年月日と時刻、および生まれた年月日と時刻が大きな意味を持つ。ここでは公任の婿である教通《のりみち》が、火事によって女《むすめ》の生まれた年月日や時刻がわからなくなったので、実資の日記に記録してあったら教えてくれと、公任から依頼があったのである。

こんなことまで記しているかと思うと、記していたからすごいものである。なお、長和《ちょうわ》三年八月の『小右記《しょうゆうき》』は残っていないが、長和五年二月二十三日条にはちゃんと記録している。「但し、男子ではありませんでした」ということで、「今回は、頗《すこぶ》る冷たく扱っている。今日は坎日《かんにち》である。初産《しょざん》（生子《せいし》）も坎日であった。二度とも坎日の御産は、如何《いかが》なものか」と、この二人の女子の行く末に不安なものを感じている。

・六月四日（前田本甲〈広本〉）　諸国司、旱災により道長・頼通の事のみ奉仕
宰相《さいしょう》（藤原資平《ふじわらのすけひら》）が来て云《い》ったことには、「今朝《けさ》、大殿《おおとの》（藤原道長《ふじわらのみちなが》）の許《もと》に参《まい》りました。深《ふか》く旱災《かんさい》について嘆《なげ》かれていました。あちこちの国司《こくし》たちが云《い》ったことには、『今年《ことし》は公私《こうし》の事《こと》を弁済《べんさい》することができません。自身《じしん》の命《いのち》を永《なが》らえなければなりません。ただし、大殿《おおとの》と摂政殿《せっしょうどの》（藤原頼通《ふじわらのよりみち》）、その一家《いっか》の事《こと》だけは、堪《た》えられる限《かぎ》り、奉仕《ほうし》することにします。その他《た》の公卿《くぎょう》

の事《こと》は、一切《いっさい》、聞《き》いて行《おこ》なうことはできません』ということでした」と。公卿《くぎょう》たちは封物《ほうぶつ》を朝夕《あさゆう》の諸事《しょじ》に充《あ》てている。すでにその弁済《べんさい》は行《おこ》なわれていない。何《なん》としよう、何《なん》としよう。

❖宰相《さいしょう》、来《き》たりて云《い》はく、「今朝《けさ》、大殿《おおとの》に参《まい》る。深《ふか》く旱災《かんさい》の事《こと》を嘆《なげ》かる。在々《ざいざい》の国々《くにぐに》の司等《つかさなど》、云《い》はく、『今年《ことし》、公私《こうし》の事《こと》を済《す》ますべからず。自身《じしん》の命《いのち》を存《そん》すべし。但《ただ》し大殿《おおとの》・摂政殿《せっしょうどの》、彼《か》の一家《いっか》の事《こと》ばかり、堪《た》ふるに随《したが》ひて奉仕《ほうし》すべし。其《そ》の外《ほか》の卿相《けいしょう》の事《こと》、一切《いっさい》、承《うけたまわ》り行《おこ》なふべからず』てへり」と。上達部《かんだちめ》は封物《ほうぶつ》を以《もっ》て朝暮《ちょうぼ》の雑事《ぞうじ》に充《あ》つ。已《すで》に其《そ》の弁《べん》無《な》し。何《なん》と為《せ》ん、何《なん》と為《せ》ん。

宰相来云、今朝参㆓大殿㆒、深被㆑嘆㆓旱災事㆒、在々国々司等云、今年不㆑可㆑済㆓公私事㆒、可㆑存㆓自身命㆒、但大殿・摂政殿彼一家事許随㆑堪可㆓奉仕㆒、其外卿相事一切不㆑可㆓承行㆒者、上達部者以㆓封物㆒充㆓朝暮雑事㆒、已無㆓其弁㆒、何為々々、

✤律令制《りつりょうせい》の給与体系が崩壊した当時は、封戸《ふこ》からの封物や受領《ずりょう》からの奉仕が、上級貴

族の主な収入源となっていた。この年は炎旱《えんかん》が続き、国司たちはその貢進にも不自由を来たしていた。

というのは理解できるのであるが、道長と頼通《よりみち》の一家にだけは奉仕して、他の公卿《くぎょう》には一切、奉仕できないと公言するとなると、実資ならずとも嘆きたくなるというものであろう。

・六月十六日（前田本甲〈広本〉）藤原遵子の木幡改葬につき、俊賢の異議に反駁

大納言《だいなごん》（藤原公任《ふじわらのきんとう》）の書状《しょじょう》に云《い》ったことには、「先日《せんじつ》、源大納言《げんだいなごん》（源俊賢《みなもとのとしかた》）の書状《しょじょう》に云《い》ったことには、『故宮《こみや》（藤原遵子《ふじわらのじゅんし》）の子孫《しそん》は、いらっしゃらない。仁和寺親王《にんなじしんのう》（敦実親王《あつみしんのう》）の御骨《おんほね》は、粉《こな》として失《うしな》ってしまった。それを善《よ》しとすべきであろうか。必《かなら》ずしも木幡《こはた》に移葬《いそう》しなくてもよいのではないか』

ということであった。この事《こと》は、如何《いかが》であろう」ということだ。答《こた》えて云《い》ったことには、「仁和寺《にんなじ》（敦実親王《あつみしんのう》）の例《れい》は、一門《いちもん》の事《こと》ではない。先祖《せんぞ》が木幡山《はたやま》を占定《せんてい》して、藤原氏《ふじわらし》の墓所《ぼしょ》とした。そこで一門《いちもん》の骨《ほね》をあの山《やま》に置《お》いている。まったく悪《わる》くはないのである。藤原氏《ふじわらし》の繁栄《はんえい》は、帝王《ていおう》の国母《こくも》が、今《いま》に絶《た》えない。そもそも御遺命《ごいめい》が有《あ》るのならば、何事《なにごと》が有《あ》るであろうか。格別《かくべつ》な事《こと》が無《な》いのならば、前例《ぜんれい》に背《そむ》かれてはならないのではないか。そもそも高配《こうはい》があるべきであろう」と。

❖大納言《だいなごん》の書《ふみ》に云《い》はく、「一日《いちじつ》、源大納言《げんだいなごん》の書《ふみ》に云《い》はく、『故宮《こみや》の子孫《しそん》、御坐《おわしま》さず。仁和寺親王《にんなじしんのう》の御骨《おんほね》、粉《こな》と為《な》して失《うしな》ひ了《おわ》んぬ。其《そ》れ彼《かれ》を善《よ》しと為《な》すべし。必《かなら》ずしも木幡《こはた》に移《うつ》し奉《たてまつ》るべからず』てへり。此《こ》の事《こと》、如何《いかが》」てへり。答対《とうたい》して云《い》はく、「仁和寺《にんなじ》の例《れい》、一門《いちもん》の事《こと》に非《あら》ず。先祖《せんぞ》、木幡山《こはたやま》を占《し》め、藤氏《とうし》の墓所《ぼしょ》と為《な》す。仍《よ》りて一門《いちもん》の骨《ほね》を彼《か》の山《やま》に置《お》き奉《たてまつ》る。専《もは》ら悪《わる》からざるなり。藤氏《とうし》の繁昌《はんじょう》、帝王《ていおう》の国母《こくも》、今《いま》に絶《た》えず。抑《そもそ》も御遺命《ごいめい》有《あ》らば、何事《なにごと》か有《あ》らんや。指《さ》せる事無《ことな》くんば、前跡《ぜんせき》に背《そむ》かるべからざるか。抑《そもそ》も高慮《こうりょ》に在《あ》るべきか」と。

大納言書云、一日源大納言書云、故宮子孫不㆓御坐㆒、仁和寺親王御骨為㆑粉失了、其彼可㆑為㆑善、不㆑可㆓必奉㆑移㆓木幡㆒者、此事如何者、答対云、仁和寺例非㆓一門事㆒、先祖占㆓木幡山㆒為㆓藤氏墓所㆒、仍奉㆑置㆓一門骨於彼山㆒、専不㆑悪也、藤氏繁昌、帝王国母于㆑今不㆑絶、抑有㆓御遺命㆒、有㆓何事㆒乎、無㆓指事㆒不㆑可㆑被㆑背㆓前跡㆒哉、抑可㆑在㆓高慮㆒歟、

✻前年の六月一日に死去した円融《えんゆう》天皇皇后の藤原遵子《ふじわらのじゅんし》は、実資の従姉妹にあたるが、五日に鳴滝《なるたき》の般若寺《はんにゃじ》（『蜻蛉日記《かげろうにっき》』で道綱母が籠った「西山の寺」）に葬られた。藤原氏出身の后妃は宇治《うじ》の木幡《こはた》に葬られるのが通例であったから、この年の五月二十九日に周忌法会を終えた後、木幡への改葬が予定されていた。

そこに俊賢《としかた》が、皇子女を産まなかった遵子は改葬の必要なしと言ってきたのである。それに対し実資は、源氏《げんじ》とは違って、藤原氏の繁栄は帝王の国母が絶えないからであると反論し（遵子は国母にはなっていないが）、結局、七月十九日に遵子の遺骨は木幡に改葬された。藤原氏の自己意識がよくわかる例である。

・六月二十日（前田本甲〈広本〉）道長、土御門第寝殿造営を受領に配当／源頼光、家中雑具を献上

「土御門《つちみかど》第《てい》の寝殿《しんでん》は、一間《いっけん》〈南廂《みなみびさし》から始《はじ》め、北廂《きたびさし》に至《いた》る間《あいだ》である。簀子《すのこ》と高欄《こうらん》を加《くわ》えた。〉を各受領《かくずりょう》に配当《はいとう》して〈『新旧《しんきゅう》を論《ろん》じず、負担《ふたん》に堪《た》えられる者《もの》を撰《えら》んだ』ということだ。〉、造営《ぞうえい》させた」と云《い》うことだ。いまだ聞《き》いたことのない事《こと》である。造営《ぞうえい》の過差《かさ》は、往跡《おうせき》に万倍《まんばい》している。また、伊予守《いよのかみ》（源《みなもとの》）頼光《よりみつ》は、家《いえ》中《じゅう》の家具《かぐ》調度《ちょうど》を、皆《みな》すべて献上《けんじょう》した。……きわめて珍《めずら》しい事《こと》である。『白《はく》氏文集《しもんじゅう》』雑興詩《ざつきょうし》に云《い》ったことには、「小人《しょうじん》は目敏《めざと》く君主《くんしゅ》の好《この》むところを察《さっ》知《ち》し、宝物《たからもの》を胸《むね》に懐《いだ》いて四方《しほう》から来《き》たり、心《こころ》のねじけた臣下《しんか》どもは、ほんのわずかばかり君主《くんしゅ》に力添《ちからぞ》えをすることができると、このわずかな実績《じっせき》を手掛《てが》かりにして不正《ふせい》な立身出世《りっしんしゅっせ》の門戸《もんこ》が開《ひら》く」と。古賢《こけん》（白居易《はくきょい》）の遺言《ゆいごん》は、仰《あお》いで信《しん》じるべきである。現在《げんざい》の太閤《たいこう》（道長《みちなが》）の徳《とく》は、帝王《ていおう》のようで

ある。世《よ》の興亡《こうぼう》は、ただ自分《じぶん》の心《こころ》にある。呉王《ごおう》（夫差《ふさ》）とその志《こころざし》は同《おな》じである。頼光《よりみつ》が献上《けんじょう》した家具《かぐ》調度《ちょうど》の目録《もくろく》を、人々《ひとびと》が写《うつ》し書《か》いたことは、まるで官職任命《かんしょくにんめい》の儀式《ぎしき》のようであった。……

❖「土御門殿《つちみかどどの》の寝殿《しんでん》、一間《いっけん》を以《もっ》て〈南庇《みなみびさし》より始《はじ》め、北庇《きたびさし》に至《いた》る間《あいだ》なり。簀子《すのこ》・高欄《こうらん》を相加《あいくわ》ふ。〉、諸《もろもろ》の受領《ずりょう》に配《はい》し〈新旧《しんきゅう》を論《ろん》ぜず、事《こと》に堪《た》ふる者《もの》を撰《えら》ぶ。〉、営《いとな》ましむ」と云々《しかじか》。未《いま》だ聞《き》かざる事《こと》なり。造作《ぞうさく》の過差《かさ》、往跡《おうせき》に万倍《まんばい》す。又《また》、伊与守《いよのかみ》頼光《よりみつ》、家《いえ》中《じゅう》の雑具《ぞうぐ》、皆《みな》、悉《ことごと》く献《けん》ず。……希有《けう》の希有《けう》の事《こと》なり。『文集《もんじゅう》』雑興詩《ざつきょうし》に云《い》はく、「小人《しょうじん》、好《この》む所《ところ》を知《し》り、宝《たから》を懐《いだ》いて四方《しほう》より来《き》たり、奸邪《かんじゃ》、手《て》を藉《か》るを得《え》、此《これ》によりて幸門《こうもん》、開《ひら》く」と。古賢《こけん》の遺言《ゆいごん》、仰《あお》ぎて以《もっ》て信《しん》ずべし。当時《とうじ》の大閤《たいこう》の徳《とく》、帝《てい》王《おう》のごとし。世《よ》の興亡《こうぼう》、只《ただ》、我《わ》が心《こころ》に在《あ》り。呉王《ごおう》と其《そ》の志《こころざし》、相同《あいおな》じ。頼光《よりみつ》、献《けん》ずる所《ところ》の雑物《ぞうもつ》の色目《しきもく》、人々《ひとびと》、写《うつ》し書《か》くこと、宛《あたか》も除書《じょしょ》のごとし。……

土御門殿寝殿以二一間一〈始レ自二南庇一至二北庇一之間也、簀子・高欄相加、〉配二諸受領一〈不レ論二新旧一撰二堪レ事者一、〉令レ営云々、未レ聞之事也、造作過差万二倍往跡一、又伊与守頼光家中雑具皆悉献之、……希有之希有事也、文集雑興詩云、小人知レ所レ好、懐レ宝四方来、奸邪得レ藉レ手、従レ此幸門開、古賢遺言仰以可レ信、当時大閤徳如二帝王一、世之興亡只在二我心一、与二呉王一其志相同、頼光所レ献雑物色目人々写書宛如二除書一、……

＊長和五年（一〇一六）に焼亡した土御門第《つちみかどてい》の造営は、着々と進んでいた。道長は建設現場に赴いて、頻繁に造営を検分している（『御堂関白記《みどうかんぱくき》』）。

この造営には、諸国の新旧受領に寝殿の柱間《はしらま》一間ずつの造営を割り充てるという、内裏造営と同じ方式を採っている。実資は批判したが、道長としてみれば、天皇の内裏と自分の土御門第という公私の別は、それほど厳密に認識していなかったのである。

庭の造作《ささ》にあたっても、連日、数百人の人夫が市中で巨石を引いたり、民家に乱入して戸や支え木を外して敷板やコロに使ったり、田の用水を庭の池水として引き入れたりして、「ああ、稲苗《とうびょう》が死ぬのを思わないのか」と実資を憤慨させている。

新造土御門第への移徙《わたまし》（住居を移動すること）は、六月二十七日に行なわれた。源《みなもとの》頼光《よりみつ》が家具調度のいっさいを献上し、その品々を見るために人垣ができたという。実資も見物に出かけ、調度の色目《しきもく》を詳しく記したうえで、慨嘆している。なお、六月十二日に頭に熱物《ねつもつ》を患った道長は、二十日条以降、『御堂関白記』を記しておらず、彼自身の感慨を窺《うかが》い知ることはできない。

・十月十六日（前田本甲〈広本〉）藤原威子立后／一家三后／「この世をば」

今日《きょう》は女御《にょうご》藤原威子《ふじわらのいし》を皇后《こうごう》に立《た》てる日《ひ》である〈前太政大臣《さきのだいじょうだいじん》（藤原道長《ふじわらのみちなが》）の第《だい》三女《さんじょ》。一家《いっか》が三人《さんにん》の后《きさき》を立《た》てるのは、未曾有《みぞう》のことである。〉。……太閤《たいこう》（道長《みちなが》）が云《い》ったことには、「祖《おや》（道長《みちなが》）が子《こ》（藤原頼通《ふじわらのよりみち》）の禄《ろく》を得《え》るのは、有《あ》ったであろうか」と。また楽人《がくにん》に禄《ろく》を下《くだ》した。太閤《たいこう》が私《わたし》（藤原実資《ふじわらのさねすけ》）を招《まね》き呼《よ》んで云《い》ったことには、「和歌《わか》を詠《よ》もうと思《おも》う。必《かなら》ず和《わ》すように」ということだ。答《こた》えて云《い》ったことには、「どうして和《わ》さないことがありましょうか」と。また、云《い》ったことには、「誇《ほこ》っている歌《うた》である。ただし準備《じゅんび》していたものではない」ということだ。「この世《よ》を我《わ》が世《よ》と思《おも》う。望月《もちづき》が欠《か》ける事《こと》も無《な》いと思《おも》うので」と。私《わたし》（実資《さねすけ》）が申《もう》して云《い》ったことには、「御歌《おんうた》は優美《ゆうび》です。お答《こた》えする方法《ほうほう》もありません。一同《いちどう》は、ただこの御歌《おんうた》を誦《とな》えるべきでしょう。元稹《げんしん》の菊《きく》の詩《し》に、（白《はく》）居易《きょい》は和《わ》すことなく、深《ふか》く賞嘆《しょうたん》して、一日中《いちにちじゅう》、吟詠《ぎんえい》していました」と。公卿《くぎょう》たちは私《わたし》の言葉《ことば》に賛同《さんどう》して、数度《すうど》、吟詠《ぎんえい》した。太閤《たいこう》は和《なご》やかになり、特《とく》に和《わ》すことを責《せ》めなかった。夜《よる》は深《ふか》く、月《つき》は明《あか》るかった。酔《よ》いに任《まか》せて、各々《おのおの》、帰《かえ》った。

❖今日《きょう》、女御《にょうご》藤原威子《ふじわらのいし》を以《もっ》て、皇后《こうごう》に立《た》つる日《ひ》なり〈前太政大臣《さきのだいじょうだいじん》の第三娘《だいさんじょう》。一家《いっか》、三后《さんこう》を立《た》つるは、未曾有《みぞう》なり。〉。……太閤《たいこう》、云《い》はく、「祖《おや》の子《こ》の禄《ろく》を得《う》るは、有《あ》りや」と。又《また》、伶人《れいじん》に禄《ろく》を給《たま》ふ。太閤《たいこう》、下官《げかん》を招《まね》き呼《よ》びて云《い》はく、「和歌《わか》を読《よ》まんと欲《ほっ》す。必《かなら》ず和《わ》すべし」てへり。答《こた》へて云《い》はく、「何《なん》ぞ和《わ》し奉《たてまつ》らざるか」と。又《また》、云《い》はく、「誇《ほこ》りたる哥《うた》になむ有《あ》る。但《ただ》し宿構《しゅっこう》に非《あら》ず」てへり。「此《こ》の世《よ》をば我世《わがよ》とぞ思《おも》ふ望月《もちづき》の欠《か》けたる事《こと》も無《な》しと思《おも》へば」と。余《よ》、申《もう》して云《い》はく、「御歌《おんうた》、優美《ゆうび》なり。酬答《しゅうとう》する方《かた》無《な》し。満座《まんざ》、只《ただ》、此《こ》の御哥《おんうた》を誦《じゅ》すべし。元稹《げんしん》の菊《きく》の詩《し》、居易《きょい》、和《わ》せず、深《ふか》く賞歎《しょうたん》して、終日《しゅうじつ》、吟詠《ぎんえい》す」と。諸卿《しょきょう》、余《よ》の言《げん》に響応《きょうおう》し、数度《すうど》、吟詠《ぎんえい》す。太閤《たいこう》、和解《わかい》し、殊《こと》に和《わ》するを責《せ》めず。夜深《よるふか》く、月明《つきあか》し。酔《よ》ひを扶《たす》けて、各々《おのおの》、退出《たいしゅつ》す。

今日以二女御藤原威子一立二皇后一之日也〈前太政大臣第三娘、一家立二三后一、未曾有、〉、……太閤云、祖の得二子禄一ハ有やと、又給二伶人禄一、太閤招二呼下官一云、欲レ読二和哥一、必可レ和者、答云、何不レ奉レ和乎、又云、誇たる哥になむ有る、但非二宿構一者、此世乎は我世と所思望月乃欠たる事も無と思へハ、余申云、御歌優美也、無レ方二酬答一、満座只可レ誦二此御哥一、元稹菊詩、居易不レ和、深賞歎、終日吟詠、諸卿響二応余言一数度吟詠、太閤和解、殊不レ責レ和、夜深月明、扶レ酔各々退出、

✻十月十六日、威子《いし》立后《りつごう》の儀が終わり、土御門第において行なわれた本宮《ほんぐう》の儀の穏座《おんのざ》（二次会のくつろいだ宴席）のことであった。『御堂関白記』には、賜禄《しろく》の儀の後、「私は和歌を詠んだ。人々はこの和歌を詠唱《えいしょう》した」としか記されていない。

しかし、実資が珍しくこの宴に参列し、この歌を記録した『小右記』の記事が散逸《さんいつ》せずに広本《こうほん》（抄略《しょうりゃく》せずに原本を多く伝えた写本）で残っているおかげで、道長が歌を詠

んだ経緯や、摂関期《せっかんき》という時代を象徴するこの歌が今日まで伝わっているのである。

加えて、『小右記』のもっとも一般的な古写本である前田本《まえだ》は、寛仁《かんにん》二年十月からの甲二十一巻は、ひどい焼損《しょうそん》を受けていて、この歌は「望月乃虧」しか残っていない。幸い、前田本が焼損を受ける前に、数々の新写本が書写されていて（秘閣本《ひかく》・陽明文庫本《ようめいぶんこ》など）、我々はこの和歌の全貌《ぜんぼう》を知ることができるのである（□は新写本で補った部分）。

さて、一般には、実資が道長の拙《つたな》い歌に和す気になれなかったとか、傲《おご》りたかぶった道長の態度に嫌気がさして和さなかったとか考えられているようであるが、『小右記』を虚心《きょしん》に読むかぎりでは、別にそういったわけではなさそうである。

なお、この和歌の意味を、道長が自らの栄華の翳《かげ》りを予測したものという考えも出されたが、それはとんでもない誤解である。満月というものは十五日ではなく十六日であることも多いのだし、「次の夜からは欠ける満月」などという発想が、道長の脳《のう》裡《り》に浮かぶはずもないであろうことは、『御堂関白記』を少し読めば容易に理解できるところである。栄華の翳りを予測した和歌を皆で吟詠するというのも変な話である。

いずれにせよ、この和歌が悪しき政治体制としての摂関政治というイメージを増幅させていたのであるし、天皇を蔑《ないがし》ろにする尊大な悪人道長のイメージを定着させてしまったことも事実である。史料というものの怖さが象徴的に表われた事例である。

・十月二十二日（前田本甲〈広本〉）土御門第行幸／東宮行啓

……前太政《さきのだいじょう》大臣《だいじん》（藤原道長《ふじわらのみちなが》）が云《い》ったことには、「三后《さんこう》（藤原彰子《ふじわらのしょうし》・藤原妍子《ふじわらのけんし》・藤原威子《ふじわらのいし》）が御座《ぎょざ》を並《なら》べ〈『三后《さんこう》の御座《ぎょざ》は、善《ぜん》を尽《つ》くし、美《び》を尽《つ》くし、特《とく》に設備《せつび》した』と云《い》うことだ。〉、泉《いずみ》を覧《み》ている〈泉《いずみ》は七月《しちがつ》の晦日《みそか》から出《で》ていない。そこで清和院《せいわいん》の水《みず》を引《ひ》いて、構築《こうちく》して出《だ》した。〉。主上《しゅじょう》（後一条天皇《ごいちじょうてんのう》）と東宮《とうぐう》（敦良親王《あつながしんのう》）も同《おな》じくいらっしゃる。昔《むかし》から、これに比《くら》べるものはなかったのではないか」と。……

❖……前太府《さきのたいふ》、云《い》はく、「三后《さんこう》、御座《ぎょざ》を並《なら》べ〈『三后《さんこう》の御座《ぎょざ》、善《ぜん》を尽《つ》くし、美《び》を尽《つ》くし、殊《こと》に設《もう》く』と云々《しかじか》。〉、泉《いずみ》を覧《らん》ず〈泉《いずみ》、七月《しちがつ》の晦《つごもり》より出《い》でず。仍《よ》りて清和院《せいわいん》の水《みず》を引《ひ》き、相《あい》構《かま》へて出《い》だす。〉。主上《しゆじよう》・儲君《ちよくん》、同《おな》じく御《おわ》す。往古《おうこ》、此《こ》の比《ひ》有《あ》らざるか」と。……

……前太府云、三后並二御座一〈三后御座尽レ善尽レ美殊設云々、〉、覧レ泉〈泉従二七月晦一不レ出、仍引二清和院水一相構出、〉、主上・儲君同御、往古不レ有二此比一歟、……

＊二十二日には後一条天皇の土御門第行幸《ぎようこう》と、三后・東宮敦良《あつなが》の対面が行なわれた。倫子《りんし》や六女（倫子所生では四女）の嬉子《きし》、禎子《ていし》内親王も並んで坐《すわ》った。

それを眺めた道長は、「私は心地が不覚（人事不省）になるほど、生きてきた甲斐《かい》が有る者である。言語には尽くし難い。未曾有《みぞう》の事である」と、その感慨を記している（『御堂関白記』）。思えばこの日が、道長の栄華の絶頂であった。なお、この日の記事は、『御堂関白記』でもっとも長い八六行（古写本）に一八六九字を記録している（ちなみに、『小右記』のこの日の記事は一九七行〈前田本甲〉で四一六七字）。

・十月二十六日（前田本甲〈広本〉）痔病により中宮行啓に供奉せず

私《わたし》（藤原実資《ふじわらのさねすけ》）は行幸《ぎょうこう》に付《つ》き従《したが》って以後《いご》、痔病《じびょう》が重《おも》く発《おこ》り、東宮《とうぐう》（敦良親《あつながしん》王《のう》）のお出《で》ましに付《つ》き従《したが》うことができない事《こと》を、左大将《さだいしょう》（藤原教通《ふじわらののりみち》）に伝《つた》えるよう、宰相《さいしょう》（藤原資平《ふじわらのすけひら》）に命《めい》じておいた。大殿《おおとの》（藤原道長《ふじわらのみちなが》）に伝《つた》えさせる為《ため》である。今朝《けさ》、痔《じ》が重《おも》く発《おこ》った。重《かさ》ねて頭弁《とうのべん》（藤原《ふじわらの》）経通《つねみち》の許《もと》に伝《つた》えておいた。

❖余《よ》、行幸《ぎょうこう》に従《したが》ひて以後《いご》、痔病《じびょう》、重《おも》く発《おこ》り、行啓《ぎょうけい》に扈従《こしょう》すること能《あた》はざる事《こと》、左《さ》将軍《しょうぐん》に達《たっ》すべき由《よし》、宰相《さいしょう》に含《ふく》め了《おわ》んぬ。大殿《おおとの》に達《たっ》せしめんが為《ため》なり。今朝《けさ》、痔《じ》、重《おも》く発《おこ》る。重《かさ》ねて頭弁経通《とうのべんつねみち》の許《もと》に示《しめ》し遣《つか》はし訖《おわ》んぬ。

余従㆓行幸㆒以後痔病重発、不㆑能㆑扈㆓従行啓㆒之事、可㆑達㆓左将軍㆒之由含㆓宰相㆒了、為㆑令㆑達㆓大殿㆒也、今朝痔重発、重示㆓遣頭弁経通許㆒訖、

✽何と実資は痔病《じびょう》に苦しんでいたのである。二十二日の行幸以来というから、寒いな

か、長時間、坐っていたことによるものであろうか。もっとも、紫式部《むらさきしきぶ》の夫であった藤原宣孝《のぶたか》などは、長保《ちょうほう》三年（一〇〇一）二月五日に「痔病が発動《はつどう》」したが（『権記《ごんき》』）、二箇月後に死を迎えることから考えると、この場合は現在の痔疾患にとどまらない重病、下血を伴う内臓疾患であった可能性が高い。

実資の場合、あまり外出せずに坐ってばかりいたであろうし、当時は現代のようなクッションもなく、暖房設備も整っていなかったから、さぞや痔には悪かったであろうと、他人事《ひとごと》ながら心配するばかりである。

なお、当時は外科手術も行なわれず、抗生物質もなかったから、医療は大変だったことであろう。それでも精一杯、治療を行なっていたのである。

・十二月十七日（前田本甲〈広本〉）　敦康親王、出家・薨去／朝拝停止を議す

辰刻《たつのこく》（午前七時《ごぜんしちじ》－九時《くじ》）の頃《ころ》、宰相《さいしょう》（藤原資平《ふじわらのすけひら》）が参《まい》った。すぐに帰《かえ》って来《き》て云《い》ったことには、「出家《しゅつけ》については事実《じじつ》でした。尋円僧都《じんえんそうず》と叡義《えいぎ》が御修法《みしほ》を行《おこ》なって、今朝《けさ》、結願《けちがん》しました〈尋円《じんえん》は一昨日《おととい》から修法《しゅほう》を始《はじ》めた。叡義《えいぎ》は数日《すうじつ》、これを行《おこ》なった。〉。今頃《いまごろ》は蘇生《そせい》されました」ということだ。云々《うんぬん》があれこれしている。申刻《さるのこく》（午後三時《ごごさんじ》－五時《ごじ》）の頃《ころ》、大殿《おおとの》（藤原道長《ふじわらのみちなが》）の許《もと》に参《まい》った。……

……大殿《おおとの》が云《い》ったことには、「式部卿敦康親王《しきぶきょうあつやすしんのう》は、未刻《ひつじのこく》（午後一時《ごごいちじ》－三時《さんじ》）、薨去《こうきょ》した〈年二十歳《としにじゅっさい》。〉」と。私《わたし》（藤原実資《ふじわらのさねすけ》）が申《もう》して云《い》ったことには、「朝拝《ちょうはい》は如何《いかが》しますか」と。おっしゃって云《い》ったことには、「行《おこ》なわれてはならないのではないか、如何《いかが》か」と。……

❖辰剋《たつのこく》ばかり、宰相《さいしょう》、参入《さんにゅう》す。即《すなわ》ち帰《かえ》り来《き》たりて云《い》はく、「出家《しゅつけ》の事《こと》、実《じつ》なり。尋円僧都《じんえんそうず》・叡義《えいぎ》、御修法《みしほ》を行《おこ》なひて、今暁《こんぎょう》、結願《けちがん》す〈尋円《じんえん》、一昨《いっさく》より修法《しゅほう》を始《はじ》む。叡義《えいぎ》、数日《すうじつ》、之《これ》を行《おこ》なふ。〉。今《いま》の間《あいだ》、蘇生《そせい》し給《たま》ふ」てへり。云々《うんぬん》、縦横《じゅうおう》す。申剋《さるのこく》ばかり、大殿《おおとの》に参《まい》る。……大殿《おおとの》、云《い》はく、「式部卿敦康親王《しきぶきょうあつやすしんのう》、未時《ひつじのとき》、薨《こう》ず〈年二《としに》十《じゅう》。〉」と。余《よ》、申《もう》して云《い》はく、「朝拝《ちょうはい》、如何《いかが》」と。命《おお》せて云《い》はく、「行《おこ》なはるべからざるか、如何《いかが》」と。……

辰剋許宰相参入、即帰来云、出家事実也、尋円僧都・叡義行二御修法一、而今暁結願〈尋円自二一昨一始二修法一、叡義数日行レ之、〉、今間蘇生給者、云々縦横、申剋許参二大殿一、……大殿云、式部卿敦康親王未時薨〈年二十、〉、余申云、朝拝如何、命云、不レ可レ被レ行歟如何、……

✲道長家の慶事が続くなか、十二月十七日、道長によってついに立太子することができなかった敦康《あつやす》が死去した。『御堂関白記』にはその記述はなく、『小右記』に道長が実資に伝えた言葉として、「式部卿《しきぶきょう》敦康親王が未時《ひつじのとき》に薨《こう》じた」とのみ残されている。

　こんなに早く死去するのならば、一条天皇や藤原彰子の望んだとおり、敦康を先に立太子させておけば、皆はその霊に悩まされることなく、安穏にその後を過ごせたことであろうが、もはや手遅れであった。「この世をば」の直後に敦康が死去するというのも、何とも皮肉な巡り合わせであるが、思えばこれが道長の栄華が翳《かげ》る始まりであった。

それにしても、実資と道長が、すぐに明年元旦《がんたん》の朝拝停止《ちょうじ》を相談しているのは、致し方ないこととはいえ、何ともやるせない。

## ◆寛仁三年（一〇一九）

藤原実資六十三歳（正二位、大納言・右大将）後一条天皇十二歳　藤原彰子三十二歳　藤原道長五十四歳　藤原頼通二十八歳　藤原威子二十一歳

・正月一日（前田本甲〈広本〉）道長、彰子の年爵を実資に給うことを伝える前太政大臣《さきのだいじょうだいじん》（藤原道長《ふじわらのみちなが》）は帰《かえ》り入《い》った。左大将《さだいしょう》（藤原教通《ふじわらののりみち》）を介《かい》して、私《わたし》（藤原実資《ふじわらのさねすけ》）を呼《よ》ばれた。お目《め》にかかった〈鬼間《おにのま》。〉。おっしゃって云《い》ったことには、「太后《おおきさき》（藤原彰子《ふじわらのしょうし》）がおっしゃって云《い》ったことには、『公卿《くぎょう》たちは、すべて諸事《しょじ》を告《つ》げ伝《つた》えてくる。長年《ながねん》、大将《たいしょう》（実資《さねすけ》）は一事《いちじ》も伝《つた》えてこない。

年爵《ねんしゃく》を給《たま》おうと思《おも》う。家《いえ》の造営《ぞうえい》に充《あ》てるように』ということであった」と。申《もう》して云《い》ったことには、「まったく思《おも》いも寄《よ》らなかったことで、恐悦《きょうえつ》することは極《きわ》まりありません。この御給《ごきゅう》を賜《たま》わることがないことは多《おお》かったです。恩顧《おんこ》の深《ふか》いことを悦《よろこ》びます。本来《ほんらい》ならば叙位《じょい》の時《とき》に臨《のぞ》んで、処分《しょぶん》をいただくことにします」と。

❖前太府《さきのたいふ》、帰《かえ》り入《い》る。左大将《さだいしょう》を以《もっ》て、下官《げかん》を呼《よ》ばる。謁《えっ》し奉《たてまつ》る〈鬼間《おにのま》〉。命《おお》せて云《い》はく、「太后《おおきさき》、宣《せん》して云《い》はく、『上達部《かんだちめ》、悉《ことごと》く雑事《ぞうじ》を触《ふ》れ示《しめ》す。年来《ねんらい》、汝《なれ》、一事《いちじ》も示《しめ》さず。給爵《きゅうしゃく》、給《たま》はんと欲《ほっ》す。家《いえ》の作事《さくじ》等《など》に充《あ》つべし』てへり」と。申《もう》して云《い》はく、「更《さら》に思《おも》ひ給《たま》へざる所《ところ》にして、恐悦《きょうえつ》すること、極《きわ》まり無《な》し。此《こ》の御給《ごきゅう》を賜《たま》ふに非《あら》ざること多《おお》し。恩顧《おんこ》、深《ふか》きを悦《よろこ》ぶ。須《すべから》く叙位《じょい》の期《き》に臨《のぞ》み、処分《しょぶん》を蒙《こうむ》るべし」と。

前太府帰入、以㆓左大将㆒被㆑呼㆓下官㆒、奉㆑謁〈鬼間〉、命云、太后宣云、上達部悉触㆓示雑事㆒、年来汝不㆑示㆓一事㆒、給爵欲㆑給、可㆑充㆓家作事等㆒者、申云、更所㆑不㆓思給㆒、無

レ極二恐悦一、非レ賜二此御給一多、悦二恩顧深一、須臨二叙位期一可レ蒙二処分一、

✻この年の元日、道長《みちなが》を介して彰子《しょうし》の意向が実資《さねすけ》に示された。自分の分の御給を実資に与えるから、その収入を小野宮《おののみや》の造営に充てるようにとのことであった。彰子と実資の良好な関係が窺《うかが》える例である。

年爵というのは毎年の叙位の際に所定の人員の叙爵《じょしゃく》（従五位下に叙すこと）を申請する権利を与える制度である。年爵の権利を与えられた給主《きゅうしゅ》は希望する者を募り、応募者をそれぞれの位に申叙《しんじょ》して、その間に爵料《しゃくりょう》という収入を得る。

なお、実資はこの申し出を五日に固辞している。女房《にょうぼう》に逢《あ》ってそれを彰子に申したところ、彰子から、「枇杷殿《びわどの》にいた時にしばしば参入した事を、今も忘れない」という仰せが有った。女房が云ったことには、「あの頃は参入したのに、現在は参らない。（実資は）世の人と同じではない。（彰子は）恥ずかしく（立派であると）思われているところである」ということであった。この「女房」も、私は紫式部《むらさきしきぶ》であると考えている。

・三月二十九日（前田本甲〈広本〉）道長を訪ね、面談／出家後の参内を提案

宰相《さいしょう》（藤原資平《ふじわらのすけひら》）が来《き》た。同車《どうしゃ》して入道殿《にゅうどうどの》（藤原道長《ふじわらのみちなが》）の許《もと》に参《まい》った。摂政《せっしょう》（藤原頼通《ふじわらのよりみち》）と家《いえ》の子《こ》の公卿《くぎょう》、その他《た》、四《し》、五人《ごにん》が参《まい》った。左大将《さだいしょう》（藤原《ふじわらの》）教通《のりみち》を介《かい》して、おっしゃられて云《い》ったことには、「ただ今《いま》、会《あ》うこととする」と。しばらくして、新中納言《しんちゅうなごん》（藤原《ふじわらの》）能信《よしのぶ》を介《かい》して、仰《おお》せが有《あ》った。簾《すだれ》を隔《へだ》てて、お目《め》にかかった〈顔《かお》つきは老僧《ろうそう》のようであった。〉。病《やまい》の根元《こんげん》や諸事《しょじ》を語《かた》られた。時刻《じこく》が推移《すいい》した。「そもそも、山林《さんりん》に隠居《いんきょ》してはなりません。また、一箇月《いっかげつ》に五《ご》、六度《ろくど》は、後一条天皇《ごいちじょうてんのう》の竜顔《りょうがん》を見《み》られますように」ということだ。この事《こと》は下愚《かぐ》（藤原実資《ふじわらのさねすけ》）の考《かんが》えである。仰《おお》せが無《な》い前《まえ》に、このような事《こと》を申《もう》したのは、その御志《おんこころざし》に合《あ》ったようなものである。もし幽閑《ゆうかん》の所《ところ》に籠《こも》られるとしたら、かえって仏縁《ぶつえん》を翻《ひるがえ》すことになるであろ

う。

❖宰相《さいしょう》、来《き》たる。同車《どうしゃ》して入道殿《にゅうどうどの》に参《まい》る。摂政及《せっしょうおよ》び家《いえ》の子《こ》の卿相《けいしょう》、其《そ》の外《ほか》、四《し》、五人《ごにん》、参会《さんかい》す。左大将教通《さだいしょうのりみち》を以《もっ》て、命《おお》せられて云《い》はく、「只今《ただいま》、相逢《あいあ》ふべし」と。小時《しばら》くして、新中納言能信《しんちゅうなごんよしのぶ》を以《もっ》て命《おお》せ有《あ》り。簾《すだれ》を隔《へだ》て、謁談《えつだん》す〈容顔《ようがん》、老僧《ろうそう》のごとし。〉。病《やまい》の根元《こんげん》并《なら》びに雑事《ぞうじ》を語《かた》らる。時剋《じこく》、推移《すいい》す。「抑《そもそ》も山林《さんりん》に隠居《いんきょ》すべからず。亦《また》、一月《ひとつき》に五《ご》、六度《ろくど》、竜顔《りょうがん》を見奉《みたてまつ》るべし」てへり。此《こ》の事《こと》、下愚《かぐ》の案《あん》なり。命無《めいな》き前《まえ》、之《こ》のごとき事《こと》を申《もう》すは、彼《か》の御志《おんこころざし》に相合《あいあ》ふに似《に》る。若《も》し幽閑《ゆうかん》の処《ところ》に籠《こも》り坐《おわ》さば、還《かえ》りて翻縁《ほんえん》有《あ》るか。

宰相来、同車参二入道殿一、摂政及家子卿相其外四五人参会、以二左大将教通一被レ命云、只今可二相逢一、小時以二新中納言能信一有レ命、隔レ簾謁談〈容顔如二老僧一〉、被レ語二病根元并雑事一、時剋推移、抑不レ可レ隠二居山林一、亦一月五六度可レ奉レ見二竜顔一者、此事下愚之案也、無レ命之前申二如レ之事一、似レ相二合彼御志一、若籠二坐幽閑処一還有二翻縁一歟、

✲三月二十一日、道長はついに出家を遂げた。実資は慌てて駆けつけたが、すでに出家した後であった。出家の効用か、二十三日や二十四日、二十五日には、道長が平癒《へいゆ》したという報が、続々と実資の許《もと》に届けられた。

そして二十九日、実資は道長の許を訪ね、出家した道長を見て、「容顔は老僧《ろうそう》のようであった」という感想を記している。また、実資は道長に対し、月に五、六度は（参内して）後一条《ごいちじょう》天皇と会えばどうかと提案している。

実資とすれば、頼通《よりみち》一人に任せるよりも道長が権力を行使し続けた方が、宮廷の安定につながると考えたのであろう。この面談に関しては、四月二日になって、源倫子《りんし》から、実資と道長の密談を悦《よろこ》んでいるという報《しら》せがあった。

・四月六日（前田本甲〈広本〉）　道守舎造営を進言

京中《きょうちゅう》のあちこちで、昼夜《ちゅうや》を論《ろん》じず、火事《かじ》が有《あ》る。皆《みな》、これは盗賊《とうぞく》が行《おこ》なうところであって、憲法《けんぽう》が無《な》いことが致《いた》したものである。昨日《きのう》、公卿《くぎょう》が入《にゅう》道殿《どうどの》（藤原道長《ふじわらのみちなが》）の許《もと》に参《まい》った際《さい》に、嘆息《たんそく》するばかりであった。四条大納《しじょうだいな》言《ごん》（藤原公任《ふじわらのきんとう》）が云《い》ったことには、「条毎《じょうごと》の夜廻《よまわ》りを行《おこ》なわれなければならない」と。私《わたし》（藤原実資《ふじわらのさねすけ》）が云《い》ったことには、「道守舎《みちもりや》を造《つく》って、各々《おのおの》の保《ほ》に命《めい》じて宿直《とのい》させるのが、もっともよいであろう」と。源大納言《げんだいなごん》（源俊《みなもとのとし》賢《かた》）が賛同《さんどう》した。

❖京中《きょうちゅう》の処々《しょしょ》、昼夜《ちゅうや》を論《ろん》ぜず、火《ひ》有《あ》り。皆《みな》、是《こ》れ盗賊《とうぞく》、為《な》す所《ところ》にして、憲法《けんぽう》無《な》きの致《いた》す所《ところ》なり。昨日《きのう》、卿相《けいしょう》、入道殿《にゅうどうどの》に参会《さんかい》する次《つ》いで、嘆息《たんそく》するのみ。四条大納《しじょうだいな》言《ごん》、云《い》はく、「条々《じょうじょう》の夜行《やぎょう》を行《おこ》なはるべきなり」と。余《よ》、云《い》はく、「道守舎《みちもりや》を造《つく》り、保々《ほほ》に仰《おお》せて宿直《とのい》せしむるが、尤《もつと》も佳《よ》かるべし」と。源大納言《げんだいなごん》、響応《きょうおう》有《あ》り。

京中処々不レ論二昼夜一有レ火、皆是盗賊所レ為、無二憲法一之所レ致也、昨日卿相参二会入道殿一之次歎息而已、四条大納言云、条々夜行可レ被レ行也、余云、造二道守舎一仰二保々一令二宿直一尤可レ佳、源大納言有二響応一

✻この年、平安京《へいあんきよう》内に放火が頻発し、さすがに朝廷も対策に乗り出した。この前日、公任《きんとう》は夜廻りを行なうべきであると、実資は道守舎《みちもりや》（見張り小屋）を造って宿直《とのい》させるべきであると主張した。十三日には襲芳舎《しゆうほうしや》・藍園《あいぞの》・東町《ひがしまち》の下人の宅が放火に遭ったが、舎の屋根に上がって火事を見張っていた藤原隆家《たかいえ》家の宿直者が見つけて撲滅《ぼくめつ》している。実資は、これらは検非違使《けびいし》の放免《ほうめん》が行なったものであるとの見解を示している。「放火が不断に起これば、天下は滅亡してしまう」というのは、彼らに共通する嘆きであったに違いない。

・四月十七日（前田本甲〈広本〉）刀伊、対馬・能古島に来寇

戌刻《いぬのこく》（午後《ごご》七時《しちじ》－九時《くじ》）の頃《ころ》、惟円《いえん》師《し》が帥中納言《そちちゆうなごん》（藤原隆家《ふじわらのたかいえ》）の書状《しよじよう》〈ただ一行《いちぎよう》。〉を持《も》って来《き》た。今月七日付《こんげつなのかづ》けの書状《しよじよう》に云《い》ったことには、「刀伊国《といこく》の者《もの》が五十《ごじゆう》余艘《よそう》で対馬島《つしまとう》に来着《らいちやく》し、殺人《さつじん》や放火《ほうか》を行《おこ》なっています。要害《ようがい》を警《けい》

固《ご》し、兵船《へいせん》を遣《つか》わします。大宰府《だざいふ》は飛駅言上《ひえきごんじょう》します」ということだ。惟円《いえん》が帰《かえ》り去《さ》って幾《いくば》くもなく、重《かさ》ねて来《き》て云《い》ったことには、「八日《ようか》に内房《ないぼう》（藤《ふじ》原兼資《わらのかねすけ》の女《むすめ》）に送《おく》った帥《そち》（隆家《たかいえ》）の書状《しょじょう》を、同《おな》じく飛駅《ひえき》で持《も》って来《き》ました。云《い》ったことには、『その異国船《いこくせん》は能古島《のこじま》〈大宰府《だざいふ》の警固所《けいごしょ》を隔《へだ》てることはわずかである。〉に来着《らいちゃく》した』と云《い》うことです」ということだ。

❖戌剋《いぬのこく》ばかり、惟円師《いえんし》、帥中納言《そちちゅうなごん》の書《ふみ》〈只一行《ただいちぎょう》。〉を持《も》ち来《き》たる。今月七日《こんげつなのか》の書《ふみ》に云《い》はく、「刀伊国《といこく》の者《もの》、五十余艘《ごじゅうよそう》、対馬島《つしまとう》に来着《らいちゃく》し、殺人《さつじん》・放火《ほうか》す。要害《ようがい》を警固《けいご》し、兵船《へいせん》を差《さ》し遣《つか》はす。府《ふ》、飛駅言上《ひえきごんじょう》す」てへり。惟円《いえん》、帰《かえ》り去《さ》りて幾《いくば》くならず、重《かさ》ねて来《き》たりて云《い》はく、「八日《ようか》に内房《ないぼう》に送《おく》る帥《そち》の書《ふみ》、同《おな》じく飛駅《ひえき》にて持《も》ち来《き》たる。云《い》はく、『件《くだん》の異国船《いこくせん》、乃古島《のこじま》〈大宰府《だざいふ》の警固《けいご》を去《さ》ること、咫尺《しせき》。〉に来着《らいちゃく》す』と云々《しかじか》」てへり。

戌剋許惟円師持㆓来帥中納言書〈只一行、〉㆒、今月七日書云、刀伊国者五十余艘来㆓着対馬島㆒殺人・放火、警㆓固要害㆒、差㆓遣兵船㆒、府飛駅言上者、惟円帰去不㆑幾重来云、八日

送二内房一帥書同飛駅持来、云、件異国船来下着乃古島〈去二大宰府警固一咫尺、〉上云々者、

✻この頃、九州では大変な事態となっていた。「刀伊《とい》の入寇《にゅうこう》」である。前近代における対外戦争のきわめて少なかった日本の歴史において、これは天智《てんじ》二年（六六三）の白村江《はくそんこう》の戦以来の、そして歴史上三回目の本格的な外国勢力との戦闘であった。刀伊というのは高麗《こうらい》語で東夷《とうい》に日本文字を当てたもので、もっぱら北方に境を接する東女真《ひがしじょしん》族のことを指していた。三月二十八日に対馬《つしま》・壱岐島《いきとう》に襲来し、四月七日に筑前《ちくぜん》国怡土《いと》郡に上陸し、多くの人々を殺害・拉致《らち》した。その第一報がようやく都に届いたのが、この四月十七日であった。

・四月二十五日（前田本甲〈広本〉）大宰府解／刀伊を撃退、これを追撃

惟円《いえん》が云《い》ったことには、「使者《ししゃ》は早船《はやぶね》に乗《の》って参上《さんじょう》します。ただし、異国《いこく》は八日《ようか》、急《きゅう》に能古島《のこじま》に来着《らいちゃく》しました。同《おな》じく九日《ここのか》に博多《はかた》に乱《みだ》れて上陸《じょうりく》しま

した。大宰府《だざいふ》の兵《へい》は、急《きゅう》に徴発《ちょうはつ》することはできません。先《ま》ず平為忠《たいらのためただ》と平《たいらの》為方《ためかた》が帥《そち》（藤原隆家《ふじわらのたかいえ》）の先駆《さきがけ》として、合戦《かっせん》に馳《は》せ向《む》かいました。異国軍《いこくぐん》は多《おお》く射殺《いころ》されました。死体《したい》は戦場《せんじょう》に留《とど》めず、船中《せんちゅう》に持《も》って入《はい》りました。また棄《す》て置《お》く者《もの》もいました。また生虜《いけどり》となる者《もの》もいました。また、武具《ぶぐ》や甲《かっ》冑《ちゅう》を奪《うば》い取《と》りました」ということだ。「一艘《いっそう》の船《ふね》の中《なか》に五《ご》、六十人《ろくじゅうにん》がいました。合戦《かっせん》の場《ば》では、人毎《ひとごと》に楯《たて》を持《も》っていました。前陣《ぜんじん》の者《もの》は鉾《ほこ》を持《も》っていました。次陣《じじん》は大刀《たち》を持《も》っていました。その次陣《じじん》は弓矢《ゆみや》の者《もの》でした。矢《や》の長《なが》さは一尺余《いっしゃくあま》りほどです。射《い》る力《ちから》ははなはだ猛々《たけだけ》しいものでした。楯《たて》を穿《うが》ち、人《ひと》に当《あ》たりました。大宰府軍《だざいふぐん》で射殺《いころ》された者《もの》は、ただ下人《げにん》だけです。将軍《しょうぐん》である者《もの》は射《い》られませんでした。馬《うま》に乗《の》って馳《は》せ向《む》かい、射取《いと》りました。ただ鏑矢《かぶらや》の声《こえ》を恐《おそ》れて、引《ひ》き退《しりぞ》きました〈『刀伊国《といこく》の人《ひと》の中《なか》には、新羅《しんら》（高麗《こうらい》）国《こく》の人《ひと》もいた』と云《い》うことです〉。船《ふね》に乗《の》って逃《に》げ去《さ》りました。岸《きし》に沿《そ》って、船《ふね》を棹《さお》さしました。大宰府軍《だざいふぐん》は、兵船《へいせん》が無《な》いので、追撃《ついげき》することができませんでした。陸路《りくろ》から馳《は》せ行《い》きました。……」ということだ。……

後《のち》に帥《そち》の使者《ししゃ》の説《せつ》を聞《き》いたことには、「壱岐《いき》・対馬島《つしまとう》の人《ひと》たちは、すべて拉致《らち》されて船《ふね》に載《の》せられました。合戦《かっせん》の際《さい》、島人《しまびと》たちが叫《さけ》んで云《い》ったことには、『馬《うま》を馳《は》せかけて射《い》よ。臆病《おくびょう》は死《し》んでしまった』と。そこで官軍《かんぐん》は馳《は》せ進《すす》んで射《い》ました。刀伊人《といじん》は遁走《とんそう》して、船《ふね》に帰《かえ》り乗《の》りました。この頃《ころ》、取《と》り載《の》せられていた二島《にとう》の者《もの》は、多《おお》く船《ふね》から下《お》り、博多《はかた》に逃《に》げて来《き》ました。云《い》ったことには、『この刀伊人《といじん》の特徴《とくちょう》は、多《おお》く食《く》い、また多《おお》く水《みず》を飲《の》む。馬《うま》を馳《は》せて鏑矢《かぶらや》を射《い》ると、恐怖《きょうふ》の様子《ようす》が有《あ》る』ということでした。また云《い》ったことには、『児《こ》を荒巻《あらまき》にして、博多津《はかたのつ》に落《お》とし置《お》いた』と云《い》うことでした。『人《ひと》を食《く》った』と云《い》うことです」と。

❖惟円《いえん》、云《い》はく、「使者《ししゃ》、隼船《じゅんせん》に乗《の》りて参上《さんじょう》す。但《ただ》し異国《いこく》、八日《ようか》、俄《にわ》かに能古島《のこじま》に来着《らいちゃく》す。同九日《どうここのか》、博多田《はかた》に乱《みだ》り登《のぼ》る。府兵《ふへい》、忽然《こつぜん》と徴発《ちょうはつ》すること能《あた》はず。先《ま》づ平為忠《たいらのためただ》・同為方等《どうためかたなど》、帥《そち》の首《しゅ》と為《し》て、合戦《かっせん》に馳《は》せ向《む》かふ。異国軍《いこくぐん》、多《おお》く射殺《いころ》さる。戦場《せんじょう》に留《とど》めず、船中《せんちゅう》に持《も》ち入《い》る。又《また》、棄《す》て置《お》く者有《ものあ》り。又《また》、生虜《せいりょ》となる者等有《ものなどあ》り。

又《また》、兵具《ひょうぐ》・甲冑《かっちゅう》を奪《うば》ひ取《と》る」てへり。「一船《いっせん》の中《なか》に五《ご》、六十人有《ろくじゅうにんあ》り。合戦《かっせん》の場《ば》、人毎《ひとごと》に楯《たて》を持《も》つ。前陣《ぜんじん》の者《もの》、鉾《ほこ》を持《も》つ。次陣《じじん》、大刀《たち》を持《も》つ。次陣《じじん》、弓箭《きゅうせん》の者《もの》。箭《や》の長《なが》さ、一尺余《いっしゃくあま》りばかり。射力《しゃりょく》、太《はなは》だ猛《たけ》し。楯《たて》を穿《うが》ち、人《ひと》に中《あ》つ。府軍《ふぐん》の射殺《いころ》さるる者《もの》、只《ただ》、下人《げにん》なり。将軍《しょうぐん》たる者《もの》、射《い》られず。馬《うま》に乗《の》り、馳《は》せ向《む》かひ、射取《いと》る。只《ただ》、かふらの声《こえ》を恐《おそ》れ、引《ひ》き退《しりぞ》く〈『刀伊国《といこく》の人《ひと》の中《なか》、新羅国《しんらこく》の人等有《ひとなどあ》り』と云々《しかじか》。〉。船《ふね》に乗《の》りて遁《のが》れ去《さ》る。岸《きし》に傍《そ》ひ、船《ふね》を棹《さお》さす。府軍等《ふぐんなど》、兵船無《へいせんな》きに依《よ》り、追撃《ついげき》すること能《あた》はず。陸路《りくろ》より馳《は》せ行《い》く。……」てへり。……

後《のち》に帥《そち》の使《し》の説《せつ》を聞《き》くに、「壱岐《いき》・対馬島《つしまとう》の人等《ひとなど》、悉《ことごと》く船《ふね》に取《と》り載《の》す。合戦《かっせん》の間《あいだ》、島人等《しまびとなど》、叫《さけ》びて云《い》はく、『馬《うま》を馳《は》せかけて射《い》よ。おく病《びょう》しにたり』と。仍《よ》りて官《かん》軍等《ぐんなど》、馳《は》せ進《すす》みて射《い》る。刀人《とじん》、遁走《とんそう》して船《ふね》に帰《かえ》り乗《の》る。此《こ》の間《かん》、取《と》り載《の》せらるる二島《にとう》の者《もの》、多《おお》く船《ふね》より下《お》り、博多《はかた》田に遁《のが》れ来《き》たる。云《い》はく、『件《くだん》の刀人《とじん》の為体《ていたらく》、多《おお》く食《しょく》し、又《また》、多《おお》く水《みず》を飲《の》む。馬《うま》を馳《は》せ、かふらを以《もっ》て射《い》るに、恐怖《きょうふ》の気有《けあ》り』てへり。又《また》、云《い》はく、『児《こ》を以《もっ》て荒巻《あらまき》と為《な》し、博多田津《はかたのつ》に落《お》とし置《お》く』と云々《しかじか》。『人《ひと》を食《く》ふ』と云々《しかじか》」と。

惟円云、使者乗二隼船一参上、但異国八日俄来二着能古島一、同九日乱二登博多田一、府兵忽然不レ能二徴発一、先平為忠・同為方等為二帥首一馳二向合戦一、異国軍多被二射殺一、不レ留二戦場一持二入船中一、又有二弃置者一、又有二生虜者等一、又奪二取兵具・甲冑一者、一船中有二五六十人一、合戦場毎レ人持レ楯、前陣者持レ鉾、次陣持二大刀一、次陣弓箭者、箭長一尺余許、射力太猛、穿レ楯中レ人、府軍被二射殺一者只下人也、為二将軍一者不レ被レ射、乗レ馬馳向射取、只恐二加不良声一引退〈刀伊国人之中有二新羅国人等一云々、〉、乗レ船遁去、傍レ岸掉レ船、府軍等依レ無二兵船一不レ能二追撃一、従二陸路一馳行、……者、……

後聞二帥使説一、壱岐・対馬島人等悉取二載船一、合戦之間、島人等叫云、馬を馳せかけ天射与、於久病しに太り、仍官軍等馳進射、刀人遁走帰二乗船一、此間被二取載一之二島者多下レ従レ船、遁二来博多田一云、件刀人為体多食又多飲レ水、馳レ馬以二加不良一射留仁有二恐怖気一者、又云、以レ児為二荒巻一落二置博多田津一云々、食レ人云々、

＊九日、刀伊は博多《はかた》に来襲した。警固所を直接、攻撃しようとしたのであろう。すぐに大宰府《だざいふ》兵を徴発することはできず、平為忠《たいらのためただ》や同為方《ためかた》など大宰府の前任府官《ふかん》を先駆《さきがけ》として合戦を行なった。異国軍は多く射殺され、遺体を船中に持ち入った。

注目すべきことに、賊船中の刀伊人の中に高麗国人もいた。船の中には拉致された

対馬・壱岐島人もいて、「馬を馳《は》せかけて射よ。臆病《おくびょう》は死にたり」と叫んだ。刀伊人は鏑矢《かぶらや》の音に恐れ、遁走《とんそう》して船に帰り乗った。その際、対馬・壱岐島の人の多くは船から下り、博多に逃げることができたが、子供の中には簀巻《すまき》にされて博多津に落とされた子もいた。逃れた人は、刀伊人が食人を行なっていたことを告げた。十一日、大宰府が兵船三十八艘《そう》を造営して追襲《ついしゅう》させたところ、刀伊人は朝鮮《ちょうせん》半島を指して遁去《とんきょ》した。十六日、隆家は実資への書状を書いた。「異国人は去りました」と。

・六月十七日（前田本甲〈広本〉）　大臣について公任の書状

大納言《だいなごん》（藤原公任《ふじわらのきんとう》）の書状《しょじょう》に云《い》ったことには、「汝《なれ》（藤原実資《ふじわらのさねすけ》）の御事《おんこと》は、どうでもこうでも、必《かなら》ずそう有《あ》るべき様《よう》に聞《き》いています。左大将《さだいしょう》（藤原教通《ふじわらののりみち》）が談《かた》ったところである」と。私《わたし》（藤原実資《ふじわらのさねすけ》）が報《ほう》じて云《い》ったことには、『どうでもこうでも』とあるのは、如何《いかが》か」と。納言《なごん》が重《かさ》ねて云《い》ったことには、『あの人《ひと》（藤原道綱《ふじわらのみちつな》）の事《こと》は、ほぼ用《もち》いない』と云《い》うことだ。この御事《おんこと》は、仰《おお》せが無《な》いとはいっても、随分《ずいぶん》の思《おも》いを致《いた》しています。一《ひと》つは我々一家《われわれいっか》の為《ため》、また左大将《さだいしょう》の為《ため》、また、私《わたし》（公任《きんとう》）自身《じしん》の為《ため》である。私《わたし》は世間《せけん》を退《しりぞ》くので、必《かなら》ずそのように思《おも》っております。その間《かん》、私《わたし》の子孫《しそん》については、ひたすら頼《たの》みにします」ということだ。今《いま》、この報書《ほうしょ》のとおりであれば、決定《けってい》したようである。ただし近代《きんだい》の事《こと》は、掌《てのひら》を返《かえ》すようなものである。

❖大納言《だいなごん》の書状《しょじょう》に云《い》はく、「御事《おんこと》、とてもかくても必《かなら》ず有《あ》るべき様《よう》に承《うけたまわ》り侍《はべ》り。左将軍《さしょうぐん》、談《かた》る所《ところ》なり」と。余《よ》、報《ほう》じて云《い》はく、「『とてもかくても』とあるは如何《いかが》」と。納言《なごん》、重《かさ》ねて云《い》はく、「『彼《か》の人《ひと》の事《こと》は、大略《たいりやく》、用《もち》ゐず』と云々《しかじか》。御事《おんこと》、仰《おお》せ無《な》しと雖《いえど》も、随分《ずいぶん》の思《おも》ひを致《いた》し侍《はべ》り。一《ひと》は一家《いっか》の為《ため》、又《また》、左将軍《さしょうぐん》の為《ため》、又《また》は自身《じしん》の為《ため》。世間《せけん》を罷《まか》り去《さ》るに、必然《ひつぜん》、思《おも》ひ給《たま》へ侍《はべ》り。其《そ》の間《かん》、子孫《しそん》の事《こと》、一向《いっこう》に憑《たの》み申《もう》し侍《はべ》り」てへり。今《いま》、此《こ》の報書《ほうしょ》のごとくんば、一定《いちじょう》に似《に》る。但《ただ》し近代《きんだい》の事《こと》、掌《てのひら》を反《かえ》すがごとし。

大納言書状云、御事とてもか久て毛必可レ有様に承侍、左将軍所レ談也、余報云、とてもか久て毛とある八如何、納言重云、彼人事八大略不レ用云々、御事雖レ無レ仰致ニ随分思一侍、一者為ニ一家一、又為ニ左将軍一、又者為ニ自身一、罷ニ去世間一、必然思給侍、其間子孫事一向憑申侍者、今如ニ此報書一、似ニ一定一、但近代事如レ反レ掌、

✲九州が刀伊の襲撃で大変だった年、都の公卿《くぎょう》連中の関心は、もっぱら違う方向に向いていた。六月九日、左大臣藤原顕光《ふじわらのあきみつ》が辞任するという噂が宮廷社会を駆けめぐったのである。大臣の席が一つ空くということで、道綱《みちつな》・実資といった大納言、藤原斉信《ただのぶ》・源俊賢《みなもとのとしかた》・公任といった権大納言たちは色めき立った。

この間、情報を集めて実資に語ったのは、同じ小野宮家《おののみやけ》の公任であった。小野宮家も大臣を出さないと、いずれ没落してしまうという思いによるものであろう。

見通しを楽観視していた実資であったが、十四日に無能な道綱が藤原道長に大臣の座を貸してほしいと嘆願しているという情報がもたらされ、実資は驚いている。政務に関与しないことを条件にしているとのことで、実資はますます怒った。

そしてこの十七日、いずれ大臣に上るであろう教通《のりみち》から情報を得た公任が、実資の任大臣は大丈夫との報が届いた。しかし、まだ一抹の不安が……。

・六月十九日（前田本甲〈広本〉）道綱、大臣任命を倫子に懇望／斉信、大臣を懇望

また、（藤原資平《ふじわらのすけひら》が）云《い》ったことには、「（藤原《ふじわらの》）泰通朝臣《やすみちあそん》が云《い》ったことには、『（藤原《ふじわらの》）道綱卿《みちつなきょう》が、大臣《だいじん》について、（藤原《ふじわらの》）惟憲朝臣《これのりあそん》を介《かい》して、入道殿《にゅうどうどの》（藤《ふじ》原道長《わらのみちなが》）に申《もう》させました。御報《ごほう》は以前《いぜん》と同《おな》じでした。その後《ご》、北方《きたのかた》（源《みなもとの》倫子《りんし》）に申《もう》させました。その詞《ことば》に云《い》ったことには、「私《わたし》（道綱《みちつな》）は政務《せいむ》の責《せき》任者《にんしゃ》には堪《た》えられませんし、病《やまい》もきわめて重《おも》く、政務《せいむ》にも堪《た》えられません。ただし、上席《じょうせき》の納言《なごん》として何年《なんねん》も重《かさ》ねた功労《こうろう》は、はなはだ多《おお》いのです。伺《うかが》ったところでは、左大将《さだいしょう》（藤原教通《ふじわらののりみち》）を内大臣《ないだいじん》に任《にん》じるとのことですが、

ただ私《わたし》にその内大臣《ないだいじん》を貸《か》していただき、一箇月《いっかげつ》ほど出仕《しゅっし》して、きっと辞退《じたい》しようと思《おも》います」と。恥《はじ》を隠《かく》されるということで、切《せつ》なる詞《ことば》は、特《とく》に甚《はなはだ》しいものでした。すぐに入道殿《にゅうどうどの》に伝《つた》えて申《もう》されました。伝《つた》えられたところは、ひとえに道理《どうり》です。大納言《だいなごん》の功労《こうろう》が二十余年《にじゅうよねん》というのは、これは大臣《だいじん》の器《うつわ》ではなかったことによるものです。入道殿《にゅうどうどの》は、そうあるべきであるという趣旨《しゅし》を報《ほう》じられました。ただし、左大臣《さだいじん》（藤原顕光《ふじわらのあきみつ》）の辞退《じたい》については、いまだその詳細《しょうさい》を聞《き》いていません。それが決定《けってい》した後《のち》に、あれこれ有《あ》るのでしょう。今《いま》となっては、きっと内大臣《ないだいじん》に任《にん》じられるのでしょう』と」と。また、云《い》ったことには、「（藤原《ふじわらの》）斉信卿《ただのぶきょう》が大臣《だいじん》を懇望《こんもう》しています」と云《い》うことだ。驚《おどろ》き怪《あや》しんだことは、極《きわ》まり無《な》かった。今《いま》、狼藉《ろうぜき》の代《よ》に会《あ》って、濫《みだ》りに非道《ひどう》の望《のぞ》みを抱《いだ》いたのか。……

❖又《また》、云《い》はく、「泰通朝臣《やすみちあそん》、云《い》はく、『道綱卿《みちつなきょう》、大臣《だいじん》の事《こと》、惟憲朝臣《これのりあそん》を以《もつ》て入道殿《にゅうどうどの》に申《もう》さしむ。御報《ごほう》、在《あ》るがごときなり。其《そ》の後《のち》、北方《きたのかた》に申《もう》さしむ。其《そ》の詞《ことば》に云《い》はく、「上《しよう》に堪《た》へず。病《やまい》、極《きわ》めて重《おも》し。事《こと》に従《したが》ふべからず。但《ただ》し上臈《じようろう》の納言《なごん》と為《し》て、年労《ねんろう》、太《はなは》だ多《おお》し。云々《うんぬん》のごとくんば、左大将《さだいしよう》を内大臣《ないだいじん》に任《にん》ぜらるべし。只《ただ》、彼《か》の内大臣《ないだいじん》を借《か》し給《たま》へ、一月《ひとつき》ばかり出仕《しゆつし》し、将《まさ》に辞退《じたい》せんとす」と。恥《はじ》を隠《かく》さるべき由《よし》、切《せつ》なる詞《ことば》、殊《こと》に甚《はなはだ》し。即《すなわ》ち入道殿《にゆうどうどの》に伝《つた》へ聞《き》かせらる。示《しめ》さるる所《ところ》、偏《ひと》へに道《どう》理《り》。大納言《だいなごん》の労《ろう》、二十余年《にじゆうよねん》。是《こ》れ器《うつわ》に非《あら》ざるに依《よ》るなり。然《しか》るべき趣《おもむ》きを報《ほう》ぜらる。但《ただ》し左府《さふ》、辞退《じたい》の事《こと》、未《いま》だ彼《か》の消息《しようそく》を聞《き》かず。彼《かれ》、一定《いちじよう》の後《のち》、左右有《とこうあ》るべし。今《いま》に至《いた》りては、一定《いちじよう》、内府《ないふ》に任《にん》ずべし』と」と。又《また》、云《い》はく、「斉信卿《ただのぶきよう》、懇望《こんもう》す」と云々《しかじか》。驚《おどろ》き奇《あや》しむこと、極《きわ》まり無《な》し。今《いま》、狼藉《ろうぜき》の代《よ》に遇《あ》ひ、濫《みだ》りに非道《ひどう》の望《のぞ》みを成《な》すか。……

又云、泰通朝臣云、道綱卿大臣事以二惟憲朝臣一令レ申二入道殿一、御報如レ在也、其後令レ申二北方一、其詞云、不レ堪レ上、病極重、不レ可レ従レ事、但為二上臈納言一年労太多、如二云々一者左大将可レ被レ任二内大臣一、只借二給彼内大臣一、一月許出仕将二辞退一、可レ被レ隠レ恥之由、切詞殊甚、即被レ伝二聞入道殿一、所レ被レ示偏道理、大納言労廿余年、依二是非レ器也、被レ報二可レ然之趣一、但左府辞退事未レ聞二彼消息一、彼一定後可レ有二左右一、至レ今一定可レ任二

内府一、又云、斉信卿懇望云々、驚奇無レ極、今遇二狼藉之代一、濫成二非道之望一歟、……

✲道長から有利な言質《げんち》を得られないと見るや、何と道綱は道長室の倫子に取り入った。しかし、裏を返せば、それだけ大臣という官職に重みと権威があったということか。現任の大臣として権力を握るのでなくとも、「前大臣《さきのだいじん》」という肩書だけで、これほど公卿連中の憧憬《しょうけい》の的だったのである。

しかも、（有能とはいえ下﨟《げろう》の）斉信まで大臣を望んでいるとのこと。藤原公任からの書状も含め、実資に不利な情報が続いた。

しかしよく考えれば、これまで不確定な風説を頼りに、希望的観測を重ねてきただけのことだったのである。現代でもよくある話なのであろうが。

結局、顕光は辞任することなく、十二月の除目《じもく》で教通《のりみち》が権大納言に任じられただけであった。実資が（教通とともに）大臣に任じられるのは、二年後のことである。

## ・六月二十九日（前田本甲〈広本〉）刀伊追討勲功者の処遇についての議

（藤原経通《ふじわらのつねみち》が後一条天皇《ごいちじょうてんのう》の）仰《おお》せを伝《つた》えて云《い》ったことには、「大宰府《だざいふ》が言上《ごんじょう》した文書《もんじょ》の中《なか》で、勲功《くんこう》を注進《ちゅうしん》してきた者《もの》を賞《しょう》すべきかどうか。また、漂着《ひょうちゃく》した者《もの》、および初《はじ》めの刀伊人《といじん》の勘問《かんもん》について、審議《しんぎ》するように。……」ということだ。……そもそも、勲功《くんこう》の賞《しょう》の有無《うむ》は如何《いかが》か。大納言《だいなごん》（藤原《ふじわらの》）公任《きんとう》と中納言《ちゅうなごん》（藤原《ふじわらの》）行成《ゆきなり》は、行《おこ》なってはならないということを申《もう》した。その理由《りゆう》は、忠勤《ちゅうきん》が有《あ》る者《もの》に賞《しょう》を進《すす》めるということは、勅符《ちょくふ》に載《の》せているとはいっても、（刀伊《とい》を撃退《げきたい》したのは、）勅符《ちょくふ》がいまだ到《いた》らない前《まえ》の事《こと》である。私《わたし》（藤原実資《ふじわらのさねすけ》）が云《い》ったことには、「勅符《ちょくふ》が到《いた》っているかどうかを考慮《こうりょ》してはならない。たとえ賞《しょう》を募《つの》っていない事《こと》とはいっても、勲功《くんこう》が有《あ》る者《もの》については、賞《しょう》を賜《たま》うのに何事《なにごと》が有《あ》るであろう。……特《とく》に、刀伊人《といじん》は、近《ちか》く警固所《けいごしょ》に来《き》た。また、各国《かくくに》や島《しま》の人民千余人《じんみんせんよにん》を拉致《らち》し、および数百《すうひゃく》の人《ひと》や牛馬《ぎゅうば》を殺害《さつがい》し、また壱岐守《いきのかみ》（藤原《ふじわらの》）理忠《まさただ》を殺《ころ》した。ところが、大宰府《だざいふ》は兵士《へいし》を発《はっ》し、たちまち追《お》い返《かえ》し、および刀伊人《といじん》を射取《いと》った。やはり賞《しょう》が有《あ》るべきである。もし賞《しょう》を進《すす》めることが無《な》かったならば、今後《こんご》の有事《ゆうじ》には、兵士《へいし》を進《すす》めることは無《な》いのではないか」と。大納言《だいなごん》（藤原《ふじわらの》）斉信《ただのぶ》も、私《わたし》の意見《いけん》と同《おな》じであった。その後《ご》、大納言《だいなごんきんとう》公任・中納言行成《ちゅうなごんゆきなり》、及《およ》び次席《じせき》の者《もの》も、皆《みな》、同《おな》じとなった。……

❖仰《おお》せを伝《つた》へて云《い》はく、「大宰《だざい》、言上《ごんじょう》せる解文《げぶみ》の中《うち》、勲功《くんこう》を注進《ちゅうしん》せる者《もの》を賞《しょう》すべきか否《いな》か。又《また》、流《なが》れ来《き》たる者并《ものなら》びに初《はじ》めの刀伊人等《といじんなど》の勘問等《かんもんなど》の事《こと》を定《さだ》め申《もう》すべし。……」てへり。……抑《そもそ》も勲功《くんこう》の賞《しょう》の有無《うむ》、如何《いかが》。大納言公任《だいなごんきんとう》・中納言行成《ちゅうなごんゆきなり》、行《おこ》なふべからざる由《よし》を申《もう》す。其《そ》の故《ゆえ》は、勤《つと》め有《あ》る者《もの》を賞進《しょうしん》すべき由《よし》、勅符《ちょくふ》に載《の》すと雖《いえど》も、勅符《ちょくふ》、未《いま》だ到《いた》らざる前《まえ》の事《こと》なり。余《よ》、云《い》はく、「勅符《ちょくふ》の到不《とうふ》を謂《い》ふべからず。仮令《たとい》、賞《しょう》の事《こと》を募《つの》らずと雖《いえど》も、勲功有《くんこうあ》る者《もの》に至《いた》りては、賞《しょう》を賜《たま》ふに何事《なにごと》か有《あ》らん。……就中《なかんずく》、刀伊人《といじん》、近《ちか》く警固所《けいごしょ》に来《き》たる。又《また》、国島《こくとう》の人民千余人《じんみんせんよにん》を追《お》ひ取《と》り、并《なら》びに数百人《すうひゃくにん》・牛馬等《ぎゅうばなど》を殺害《さつがい》し、亦《また》、壱岐守理忠《いきのかみまさただ》を殺《ころ》す。而《しか》るに大宰府《だざいふ》、兵士《へいし》を発《はっ》し、忽然《こつぜん》と追《お》ひ返《かえ》し、并《なら》びに刀人《とじん》を射取《いと》る。猶《な》ほ賞有《しょうあ》るべし。若《も》し賞進《しょうしん》すること無《な》くんば、向後《こうご》の事《こと》、士《し》を進《すす》むること無《な》かるべきか」と。大納言斉信《だいなごんただのぶ》、余《よ》の定《さだめ》に同《おな》じ。其《そ》の後《のち》、大納言公任《だいなごんきんとう》・中納言行成及《ちゅうなごんゆきなりおよ》び已次《いし》、皆同《みなおな》じ。……

伝㆑仰云、大宰言上解文中注㆓進勲功㆒者可㆑賞哉否、又流来者幷初刀伊人等勘問等事可㆓定申㆒、……者、……抑勲功賞之有無如何、大納言公任・中納言行成申㆓不㆑可㆑行之由㆒、其故者有㆑勤之者可㆓賞進㆒由雖㆑載㆓勅符㆒、々々未㆑到之前事也、余云、不㆑可㆑謂㆓勅符到不㆒、仮令雖㆑不㆑募㆓賞事㆒、至㆘有㆓勲功㆒者㆖賜㆑賞有㆓何事㆒、……就中刀伊人近来㆓警固所㆒、又追㆓取国島人民千余人㆒幷殺㆓害数百人・牛馬等㆒、亦殺㆓壱岐守理忠㆒、而大宰府発㆓兵士、忽然追返幷射㆓取刀人㆒、猶可㆑有㆑賞、若無㆓賞進㆒、向後事可㆑無㆑進㆑士歟、大納言斉信同㆓余定㆒、其後大納言公任・中納言行成及已次皆同、……

✻この日、大宰府《だざいふ》が注進した勲功者の処遇を議す陣定《じんのさだめ》が開かれた。大宰府からは十一人の勲功者が上申されたが、問題となったのは、彼らにどのような行賞《こうしょう》を行なうかではなく、そもそも彼らに行賞を行なう必要があるのかどうかであった。

　どういうことかと言うと、勲功が有る者に賞を進めるということを四月十八日付で勅符《ちょくふ》に載せたとはいっても、戦闘はすでに四月十三日に終わっており、勅符がいまだいたらない前に勲功を立ててしまったからであるという理由によるものであった。

公任と行成《ゆきなり》は行賞を行なうべきではないという意見を述べたが、実資が、「もし賞を与えなければ、今後は奮戦《ふんせん》する者がいなくなるであろう」という意見を述べ、斉信もそれに同調した。その後、公任と行成はじめ次席の者も同じ意見となった。実際には陣定は下位の者から意見を述べるので、斉信が先にこのように言ったのであろう。

しかし、長い目で見れば、公任や行成の意見が正しいのである。地方の武者が、朝廷の命令もないのに、勝手に軍事行動を起こし、勝った方に戦後に行賞を行なっていては、秩序というものがなくなる。やがて日本はそのような時代を迎えることになる。

さて、七月十三日に除目が行なわれ、前大宰少監《さきのだざいのしょうげん》大蔵種材《おおくらのたねき》が、殺された藤原理忠《まさただ》の後任の壱岐守に任じられた。また、高田牧司《たかだのまきし》で大宰大監《だざいのだいげん》であった藤原蔵規《くらのり》（菊池《きくち》氏の祖）が対馬守に任じられた（『除目大成抄《じもくたいせいしょう》』）。今回の事件で行賞を得たのは、史料に残る限りではこの種材と蔵規だけであった。この二人にしても、辺要《へんよう》国の島司というのでは、他の勇者の行賞も大したことはなかったはずである。

なお、もともと、大宰府から上申された十一人の勲功者には藤原隆家の名はなかったが、隆家には何の行賞もなかった。

・七月十七日（前田本甲〈広本〉）　道長、阿弥陀仏造顕を発願、受領に仏堂建造を割り充てる

入道殿《にゅうどうどの》（藤原道長《ふじわらのみちなが》）が急《きゅう》に発願《ほつがん》し、丈六金色阿弥陀仏十体《じょうろくこんじきあみだぶつじったい》と四天王像《してんのうぞう》を造《ぞう》顕《けん》される。あの殿《との》（土御門第《つちみかどてい》）の東《ひがし》の地《ち》〈東京極大路《ひがしきょうごくおおじ》の東《ひがし》あたり。〉に十一間《じゅういっけん》の堂《どう》を建造《けんぞう》して、安置《あんち》されることになった。「受領一人《ずりょうひとり》に一間《いっけん》を充《あ》てて、建《けん》造《ぞう》されることになった」と云《い》うことだ。「昨日《きのう》から木造《こづくり》を始《はじ》めた。摂政《せっしょう》（藤原頼通《ふじわらのよりみち》）は感心《かんしん》しなかった」と云《い》うことだ。

❖入道殿《にゅうどうどの》、忽《たちま》ち発願《ほつがん》し、丈六金色阿弥陀仏十体《じょうろくこんじきあみだぶつじったい》・四天王《してんのう》を造《つく》り奉《たてまつ》る。彼《か》の殿《との》の東《ひがし》の地《ち》〈京極《きょうごく》の東辺《ひがしあた》り。〉に十一間《じゅういっけん》の堂《どう》を造《つく》り、安置《あんち》せらるべし。「受領一人《ずりょうひとり》を以《もっ》て一間《いっけん》を充《あ》て、造《つく》らるべし」と云々《しかじか》。「昨《きのう》より木作《こづくり》を始《はじ》む。摂政《せっしょう》、甘心《かんしん》せず」と云々《しかじか》。

入道殿忽発願、被レ奉レ造二丈六金色阿弥陀仏十体・四天王一、彼殿東地〈京極東辺〉造二十一間堂一可レ被二安置一、以二受領一人一充二一間一可レ被レ造云々、従レ昨始二木作一、摂政不二甘心一云々、

✽法成寺《ほうじょうじ》造営の端緒である。最新の浄土信仰《じょうどしんこう》に傾倒していた道長は、この年に九体阿《くたいあ》弥陀像《みだぞう》を安置する阿弥陀堂《あみだどう》の建立を発願し、翌寛仁《かんにん》四年三月に阿弥陀堂の落慶供養《らっけいくよう》を盛大に挙行した（『御堂関白記《みどうかんぱくき》』）。間口十一間の阿弥陀堂は無量寿院《むりょうじゅいん》と呼ばれた。

法成寺は、鎮護国家《ちんごこっか》や国土・万民の平穏をも願う寺院として、仏教界を統合する総合寺院としての性格を有することとなったのである。金堂や講堂を擁する大伽藍《がらん》の造営は、平安《へいあん》時代では東寺《とうじ》・西寺《さいじ》以来のこととされる。

問題なのは、道長が受領《ずりょう》に建造を充てるという、内裏造営と同じ造営方式をとったことである。実資は憤慨しており、かつては天皇権力を蔑《ないがし》ろにする道長という図式が語られていたが、道長にとっては、公私の区別はなく、公の一員である自分の造営する寺院は国家のものと認識していたのであろう。

・十二月九日（前田本甲〈広本〉）　財産分与を定め、小野宮・荘園・牧・厩等を千古に、官文書・日記等は追って千古所生の男子に、幾分かは良円・資平に相続させる

小野宮《おののみや》および荘園《しょうえん》・牧《まき》・厩《うまや》や男女《だんじょ》の者《もの》・財物《ざいもつ》・すべて家中《かちゅう》の様々《さまざま》な物《もの》・細《こま》かい物《もの》を、残《のこ》さず女子《じょし》（藤原《ふじわらの》）千古《ちふる》に充《あ》てて相続《そうぞく》させることとした。文書《もんじょ》に記《しる》して、預《あず》けて渡《わた》した。僧侶《そうりょ》と俗人《ぞくじん》の子《こ》たちは、一切《いっさい》、口出《くちだ》ししてはならないということを、処分《しょぶん》の文書《もんじょ》に記《しる》した。官文書《かんもんじょ》・歴代《れきだい》の重要《じゅうよう》な文書《もんじょ》・御日記《ごにっき》については、追《お》って決定《けってい》することとする。女子《じょし》がもし男子《だんし》を産《う》んだならば、その子《こ》に与《あた》える為《ため》、しばらく充《あ》てて決定《けってい》しないだけである。この荘園《しょうえん》などの他《ほか》に、一《いち》、二箇所《にかしょ》が有《あ》る。内供《ないぐ》良円《りょうえん》および宰相《さいしょう》（藤原資平《ふじわらのすけひら》）に均等《きんとう》に分割《ぶんかつ》することとする。ただし尾張国《おわりのくに》浅野荘《あさののしょう》は宰相《さいしょう》に充《あ》てることとする。また、山城国《やましろのくに》神足園《こうたりのその》・尾張国《おわりのくに》□□部《べ》・近江国《おうみのくに》上高岸下荘《かみたかぎしのしものしょう》・但馬国《たじまのくに》黒《くろ》

河園《かわのその》は内供良円《ないぐりようえん》に充《あ》てることとする。近江国鶴見厩《おうみのくにつるみのうまや》が出《だ》す材木千寸《ざいもくせんすん》は、三井寺《みいでら》の堂《どう》を造営《ぞうえい》している間《あいだ》は、あの寺《てら》に充《あ》てる。状況《じようきよう》に随《したが》って、施入《せにゆう》することとする。いまだ決定《けってい》していない。

❖小野宮幷《おののみやなら》びに荘園《しようえん》・牧《まき》・厩及《うまやおよ》び男女《だんじよ》・財物《ざいもつ》・惣《すべ》て家中《かちゆう》の雑物《ぞうもつ》・繊芥《せんかい》、遺《のこ》らず女《じよ》子《し》千古《ちふる》に充《あ》て給《たま》ひ了《おわ》んぬ。文書《もんじよ》に注《しる》し預《あず》け給《たま》ひ了《おわ》んぬ。道俗《どうぞく》の子《こ》等《など》、一切《いっさい》、口入《こうじゆ》すべからざる由《よし》、処分《しよぶん》の文《ふみ》に注《しる》す。官文書《かんもんじよ》・累代《るいだい》の要書《ようしよ》・御日記《ごにき》等《など》に至《いた》りては、追《お》ひて相定《あいさだ》むべし。女子《じよし》、若《も》し男子《だんし》を産《う》まば、彼《かれ》に与《あた》へんが為《ため》、暫《しばら》く定《さだ》め充《あ》てざるのみ。此《こ》の荘等《しようなど》の外《ほか》、一両処有《いちりようしよあ》り。内供良円《ないぐりようえん》幷《なら》びに宰相等《さいしようなど》に均分《きんぶん》すべし。但《ただ》し尾張国浅野荘《おわりのくにあさのしよう》、宰相《さいしよう》に充《あ》つべし。又《また》、山城国神足園《やましろのくにこうたりのその》・尾張《おわり》□□部《べ》・近江上高《おうみかみたか》岸下荘《ぎししものしよう》・但馬黒河園《たじまくろかわのその》等《など》、内供良円《ないぐりようえん》に充《あ》つべし。近江鶴見厩《おうみつるみのうまや》、出《い》だす所《ところ》の榑千寸《くれせんすん》、三井寺《みいでら》の堂《どう》の造作《ぞうさく》の間《あいだ》、彼《か》の寺《てら》に充《あ》つ。状《じよう》に随《したが》ひて施入《せにゆう》すべし。未《いま》だ一定《いちじよう》せず。

小野宮幷荘園・牧・厩及男女・財物・惣家中雑物・繊芥不レ遺充ニ給女子千古一了、注ニ文書一預給了、道俗子等一切不レ可ニ口入一之由注ニ処分文一、至ニ官文書・累代要書・御日記等二追可二相定一、女子若産二男子一為レ与レ彼暫不二定充一而已、此荘等外有二一両処一、可レ均二分内供良円幷宰相等一、但尾張国浅野荘可レ充二宰相一、又山城国神足園・尾張□□部・近江上高岸下荘・但馬黒河園等可レ充二内供良円一、近江鶴見厩所レ出榑千寸三井寺堂造作間充二彼寺一、随レ状可二施入一、未二一定一、

＊この日、実資は財産分与を定めた。小野宮・荘園《しょうえん》・牧・厩《うまや》は、女《むすめ》の千古《ちふる》に相続させ、官文書・御記《ぎょき》（実頼《さねより》の『清慎公記《せいしんこうき》』）は追って千古所生の男子に相続させることとし、残りの幾分かを良円《りょうえん》と資平に相続させるというものであった。

　これまで「小女」「女子」と表記していた愛娘《まなむすめ》を「千古」と諱《いみな》で明記しているのは、この子に確実に相続させようとしたのであろう。処分の文書を作成し、「道俗の子たちは、一切、口入《こうじゅ》してはならない」という筆致に、実資の強い意志が窺える。

　これまで『小右記《しょうゆうき》』本文の記録に多大な尽力をし、やがて部類記《ぶるいき》作成にも従事することになる資平に、御記を相続させないとは、随分な仕打ちとも思うが、やはり養子ということで、実子の千古とは違いが出てきているのであろうか。

　なお、千古はその後、何度かの縁談が頓挫《とんざ》し、結局は藤原頼宗《よりむね》一男の兼頼《かねより》と結婚し、一女を儲《もう》けたものの、長暦《ちょうりやく》二年（一〇三八）に実資に先立って死去したらしい。御記

や『小右記』も、この系統に渡ることはなかった。千古の縁談の相手とされたのは、頼通猶子《よりみちゆうし》の源師房《もろふさ》、道長六男の長家《ながいえ》、そして兼頼《かねより》である。実資は御記や『小右記』が道長家に渡ることを想定していたことになる。

## ◆寛仁四年（一〇二〇）

藤原実資六十四歳（正二位、大納言・右大将）後一条天皇十三歳　藤原彰子三十三歳　藤原道長五十五歳　藤原頼通二十九歳　藤原威子二十二歳

・十月二日（前田本甲〈広本〉）後一条天皇病悩に際し、敦康親王の霊・物怪、出来

……「入道殿《にゆうどうどの》（藤原道長《ふじわらのみちなが》）は、後一条天皇《ごいちじようてんのう》の御療養《ごりようよう》に籠《こも》られました。御病悩《ごびようのう》は、昨日《きのう》は発《おこ》られませんでした。□□発《おこ》られます」と云《い》うことだ。……

「御病悩《ごびょうのう》は、晦日《つごもり》に重《おも》く発《おこ》られた。願《がん》を立《た》てさせられたことが有《あ》った。故《こ》式部卿親王《しきぶきょうしんのう》（敦康親王《あつやすしんのう》）の霊《れい》が出現《しゅつげん》した」ということだ。「また、種々《しゅじゅ》の物《もの》怪《のけ》が顕露《けんろ》した」と云《い》うことだ。

❖……「入道殿《にゅうどうどの》、御物忌《おんものいみ》に候《こう》ぜらる。御悩《ごのう》、昨日《きのう》、発《おこ》り御《おわ》せず。□□発《おこ》り給《たま》ふ」と云々《しかじか》。……「御薬《みくすり》、晦日《つごもり》、重《おも》く発《おこ》り御《おわ》す。願《がん》を立《た》てしめ給《たま》ふこと有《あ》り。故式部《こしきぶ》卿親王《きょうしんのう》の霊《れい》、出来《しゅったい》す」てへり。「又《また》、種々《しゅじゅ》の物気《もののけ》、顕露《けんろ》す」と云々《しかじか》。

……入道殿被レ候二御物忌一、御悩昨日不二発御一、□□発給云々、……御薬晦日重発御、有二令レ立レ願給一、故式部卿親王霊出来者、又種々物気顕露云々、

✻寛仁《かんにん》四年、後一条《ごいちじょう》天皇は重く病んでいた。すでに九月二十八日には、邪気《じゃき》（物怪《もののけ》）が憑坐《よりまし》（物怪を乗り移らせるための小童）に駆《か》り移った際には御悩は平常を得るが、憑坐が平常に復すと後一条は「むつかり」叫ぶとされ、御悩が邪気によることの明証であるとされている。

そして翌二十九日、もっとも恐れていた事態が出来《しゅったい》した。後一条（敦成《あつひら》親王）のために立太子できないまま、寛仁二年（一〇一八）に死去してしまっていた敦康《あつやす》親王の霊が、後一条に出現したのである。「また種々の物怪が顕露した」とあるが、後一条にはいったい誰の霊が襲いかかったのであろうか（敦康の外戚《がいせき》たちであろうか）。これを聞いた道長《みちなが》の胸中に去来したものも気にかかる。

・十一月二十九日（前田本甲〈広本〉）除目／資平、閑職への任官拒否を愁訴

早朝《そうちょう》、宰相《さいしょう》（藤原資平《ふじわらのすけひら》）が来て云《き》ったことには、「去《さ》る夕方《ゆうがた》、或《ある》いは云《い》ったことには、『勘解由長官《かげゆのかみ》・大蔵卿《おおくらきょう》・修理大夫《しゅりだいぶ》・左京大夫《さきょうだいぶ》のどれかに任《にん》じられるとのことだ』と云《い》うことでした」ということだ。「皆《みな》、不要《ふよう》の官《かん》です」ということだ。……宰相《さいしょう》は入道殿《にゅうどうどの》（藤原道長《ふじわらのみちなが》）の許《もと》に参《まい》り、直接《ちょくせつ》、こ

のことを申《もう》した。おっしゃって云《い》ったことには、「官職《かんしょく》は朝廷《ちょうてい》の御決定《ごけってい》である。あれこれ申《もう》してはならない」ということだ。……某《なにがし》（資平《すけひら》）が云《い》ったことには、「お礼《れい》を申《もう》すわけにはいきません」ということだ。早《はや》く申《もう》すよう伝《つた》えた。暁方《あかつきがた》、来《き》て云《い》ったことには、「お礼《れい》を申《もう》しました」と。また「お礼《れい》を申《もう》して、拝礼《はいらい》しました」と云《い》うことだ。この官《かん》は、本意《ほい》ではないということで、愁嘆《しゅうたん》は極《きわ》まり無《な》かった。「官職任命《かんしょくにんめい》の儀式《ぎしき》に臨《のぞ》んだ際《さい》、これに任《にん》じるという云々《うんぬん》が有《あ》りました。そこで重《かさ》ねて、（源《みなもとの》）章任朝臣《あきとうあそん》を介《かい》して関白《かんぱく》（藤原頼通《ふじわらのよりみち》）に申《もう》させました。報《ほう》じて云《い》ったことには、『無理《むり》に任《にん》じるわけにはいかない。本意《ほい》に従《したが》うこととする。ところが、入道殿《にゅうどうどの》に、必《かなら》ずこれに任《にん》じるという意向《いこう》が有《あ》る。その命《めい》には背《そむ》き難《がた》い』ということでした。そこで重《かさ》ねて申《もう》すことができなかっただけです」と。

❖早朝《そうちょう》、宰相《さいしょう》、来《き》たりて云《い》はく、「去《さ》ぬる夕《ゆうべ》、或《ある》いは云《い》はく、『勘解由長官《かげゆのかみ》・大蔵《おおくら》卿《きょう》・修理大夫《しゅりだいぶ》・左京大夫《さきょうだいぶ》等《など》の間《あいだ》、任《にん》ぜらるべき由《よし》』と云々《しかじか》」てへり。「皆《みな》、不要《ふよう》の官等《かんなど》なり」てへり。……宰相《さいしょう》、入道殿《にゅうどうどの》に参《まい》り、面《つらつ》ら此《こ》の由《よし》を申《もう》す。命《おお》せて云《い》はく、「官職《かんしょく》は公家《くげ》の御定《おんさだめ》なり。左右《とこう》を申《もう》すべからず」てへり。……某《なにがし》、云《い》はく、「慶《よろこ》びを申《もう》すべからず」てへり。早《はや》く申《もう》すべき由《よし》を示《しめ》す。暁更《ぎょうこう》、来《き》たりて云《い》はく、「慶《よろこ》びを申《もう》し了《おわ》んぬ」と。又《また》、「慶《よろこ》ぶ由《よし》を言《もう》し、拝礼《はいらい》す」と云々《しかじか》。件《くだん》の官《かん》、本意《ほい》ならざる由《よし》、愁歎《しゅうたん》、極《きわ》まり無《な》し。「除書《じょしょ》に臨《のぞ》む間《かん》、之《これ》に任《にん》ずべき云々有《うんぬんあ》り。仍《よ》りて重《かさ》ねて章任朝臣《あきとうあそん》を以《もっ》て関白《かんぱく》に申《もう》さしむ。報《ほう》じて云《い》はく、『強《し》ひて任《にん》ずべからず。本意《ほい》に従《したが》ふべし。而《しか》るに入道殿《にゅうどうどの》、必《かなら》ず之《これ》に任《にん》ずべき由有《よしあ》り。彼《か》の命《めい》に背《そむ》き難《がた》し』てへり。仍《よ》りて重《かさ》ねて申《もう》すこと能《あた》はざるのみ」と。

早朝宰相来云、去夕或云、勘解由長官・大蔵卿・修理大夫・左京大夫等間可レ被レ任由云々者、皆不要官等也者、……宰相参二入道殿一面申二此由一、命云、官職者公家之御定也、不レ可レ申二左右一者、……某云、不レ可レ申レ慶者、示二早可レ申由一、暁更来云、申レ慶了、又言二慶由一拝礼云々、件官不二本意一由愁歎無レ極、臨二除書一間有二可レ任レ之云々一、仍重以二章任朝臣一令レ申二関白一、報云、不レ可二強任一、可レ従二本意一、而入道殿有下可二必任一レ之由上、難レ背二彼命一者、仍不レ能二重申一而已、

＊すでに寛仁元年に参議《さんぎ》に任じられていた資平《すけひら》であったが、この年の除目《じもく》で何らかの官との兼任《けんにん》が決められることになっていた。ところが十一月二十八日から始まった除目では、勘解由長官《かげゆのかみ》・大蔵卿《おおくらきょう》・修理大夫《しゅりだいぶ》・左京大夫《さきょうだいぶ》といった閑職《かんしょく》のどれかが充てられることになったのである。

資平は翌二十九日に実資《さねすけ》・道長・頼通《よりみち》の許《もと》を訪れ、不平を言った。頼通は理解を示したが、道長の決定には逆らえないという態度。結局、修理大夫を兼ねることになった資平は、その慶賀《けいが》も行なわないと拗《す》ねたものの、実資の説得で慶賀を行なった。なお、資平は十二月一日に修理大夫辞任の意向を実資に、三日に道長・頼通に伝え、五日に道長の許可が下りた。翌治安《じあん》元年（一〇二一）八月に正式に辞任している。平安《へいあん》貴族は、このようなことにもこだわらないといけなかったのである。もちろん、ほとんどの中下級官人にとっては、修理大夫など夢のような高官であった。

## ◆治安《じあん》元年（一〇二一）

藤原実資六十五歳（正二位、大納言↓右大臣・右大将・東宮傅）　後一条天皇十四歳　藤原彰子三十四歳　藤原道長五十六歳　藤原頼通三十歳　藤原威子二

・正月十六日（前田本甲〈略本〉）踏歌節会／藤原斉信、実資の作法を非難

後日《ごじつ》、四条大納言《しじょうだいなごん》（藤原《ふじわらの》）公任卿《きんとうきょう》が伝《つた》え送《おく》って云《い》ったことには、「（藤原《ふじわらの》）斉《ただ》信卿《のぶきょう》が、左大将《さだいしょう》（藤原《ふじわらの》）教通《のりみち》に談《かた》って云《い》ったことには、『「大将《たいしょう》（藤原実資《ふじわらのさねすけ》）が宣命《せんみょう》などを申《もう》しあげた儀《ぎ》で、内侍《ないし》に託《たく》した時《とき》、左手《ひだりて》で託《たく》した」と云《い》うことだ。「返《かえ》し受《う》けた時《とき》も、また同《おな》じ手《て》を用《もち》いた」と。本来《ほんらい》ならば、返《かえ》し取《と》る時《とき》は右手《みぎて》を用《もち》いなければならない』ということだ」と。公任卿《きんとうきょう》が云《い》ったことには、「二度《にど》とも、左手《ひだりて》の方《ほう》が都合《つごう》がよい」ということだ。私《わたし》（実資《さねすけ》）が答《こた》えて云《い》ったことには、「故三条太政大臣《こさんじょうだいじょうだいじん》（藤原頼忠《ふじわらのよりただ》）から以来《いらい》、これを見《み》ると、皆《みな》、左手《ひだりて》を用《もち》いている。特《とく》に下《くだ》す時《とき》は、左手《ひだりて》が、いよいよ都合《つごう》がよい。左手《ひだりて》で宣命《せんみょう》などを書杖《ふづえ》に取《と》り加《くわ》えるのは、左廻《ひだりまわ》りの際《さい》に、もっとも都合《つごう》がよいのである。もし右手《みぎて》で取《と》ったならば、差《さ》して御屏風《おんびょうぶ》の南《みなみ》に進《すす》

み出《で》なければならない。身《み》を御屏風《おんびょうぶ》に隠《かく》して、取《と》るものである」と。このことを公任卿《きんとうきょう》に報《ほう》じた。書状《しょじょう》に云《い》ったことには、「人《ひと》を非難《ひなん》する事《こと》は、かえって愚《おろ》かさを表《あら》わすだけである」ということだ。後《のち》の為《ため》に、これを記《しる》す。

❖後日《ごじつ》、四条大納言《しじょうだいなごん》公任卿《きんとうきょう》、示《しめ》し送《おく》りて云《い》はく、「斉信卿《ただのぶきょう》、左将軍教通《さしょうぐんのりみち》に談《かた》りて云《い》はく、『「下官《げかん》、宣命等《せんみょうなど》を奏《そう》する儀《ぎ》、内侍《ないし》に付《ふ》する時《とき》、左手《ひだりて》を以《もっ》て付《ふ》す」と云々《しかじか》。「返《かえ》し受《う》くる時《とき》、亦《また》、同《おな》じ手《て》を用《もち》ゐる」と。須《すべから》く返《かえ》し取《と》る時《とき》、右手《みぎて》を用《もち》ゐるべし』てへり」と。公任卿《きんとうきょう》、云《い》はく、「両度《りょうど》ながら、左手《ひだりて》、便有《びんあ》り」てへり。余《よ》、答《こた》へて云《い》はく、「故《こ》三条《さんじょう》 太相府《だいしょうふ》より以来《いらい》、之《これ》を見《み》るに、皆《みな》、左手《ひだりて》を用《もち》ゐる。就中《なかんずく》、下《くだ》し給《たま》ふ時《とき》、左手《ひだりて》、弥《いよい》よ便有《びんあ》り。左手《ひだりて》を以《もっ》て宣命等《せんみょうなど》を書杖《ふづえ》に取《と》り加《くわ》ふるは、左廻《ひだりまわ》りの間《かん》、尤《もっと》も便有《びんあ》るなり。若《も》し右手《みぎて》に取《と》らば、差《さ》して御屏風《おんびょうぶ》の南《みなみ》に進《すす》み出《い》づべし。身《み》を御屏風《おんびょうぶ》に隠《かく》して取《と》る所《ところ》なり」と。此《こ》の由《よし》を以《もっ》て、公任卿《きんとうきょう》に報《ほう》ず。文《ふみ》に云《い》はく、「人《ひと》を難《なん》ずる事《こと》、還《かえ》りて愚《ぐ》を表《あら》はすのみ」てへり。後《のち》の為《ため》に之《これ》を記《しる》す。

後日四条大納言公任卿示送云、斉信卿談二左将軍教通一云、下官奏二宣命等一之儀、付二内侍一之時以二左手一付云々、返受之時亦用二同手一、須返取之時可レ用二右手一者、公任卿云、乍二両度一左手有レ便者、余答云、従二故三条太相府一以来見レ之皆用二左手一、就中下給之時左手弥有レ便、以二左手一取三加宣命等於書杖一、左廻間尤有レ便也、若取二右手一、差可レ進三出御屏風南一、隠二身於御屏風一所レ取也、以二此由一報二公任卿一、文云、難レ人事還表レ愚耳者、為レ後記レ之、

✽またまた儀式の作法をめぐる確執である。この日、後に述べる踏歌節会《とうかのせちえ》という儀式で、実資《さねすけ》が宣命を内侍《ないし》という女官《にょうかん》に渡し、また受け取った際に、左手を用いたことを、斉信《ただのぶ》が非難して教通《のりみち》（公任《きんとう》の婿）に言ったと、公任が知らせてきたのである。

公任は左手が望ましいと言い、実資は頼忠《よりただ》以来の先例と、受け取った際に身を屏風《びょうぶ》に隠すという具体的な効用を挙げて、左手が望ましいと返答した。このように説明すると、とたんに説得力を持つのだが、これが実資が儀式の権威たるゆえんなのである。

実資は斉信の愚かさを、後のためにと記しているが、この「後」というのは、後世に儀式遂行の際の参考にするという意味と、この後の斉信の行く末という意味が含まれているのであろう。

・二月十一日（前田本甲〈略本〉）頼通、教通宿所の華美、および近習の乱悪を非難

昨日《きのう》、修理大夫《しゅりだいぶ》（藤原資平《ふじわらのすけひら》）が云《い》ったことには、「……また（藤原頼通《ふじわらのよりみち》が）云《い》ったことには、『左大将《さだいしょう》（藤原《ふじわらの》）教通《のりみち》は、宣耀殿《せんようでん》を宿所《しゅくしょ》としている。その室《しつ》礼《らい》は、我《われ》（藤原頼通《ふじわらのよりみち》）の宿所《しゅくしょ》に勝《まさ》っている。宿所《しゅくしょ》から参上《さんじょう》する道《みち》は、彼《かれ》（教《のり》通《みち》）の宿所《しゅくしょ》を通《とお》る。繧繝端《うんげんべり》の畳《たたみ》を敷《し》いている。我《われ》はただ、高麗端《こうらいべり》を用《もち》いている』と。また云《い》ったことには、『殿舎《でんしゃ》を宿所《しゅくしょ》としてはならない。ただし、制《せい》することはできない。ただ彼《かれ》の心《こころ》に任《まか》せる。……』ということでした。また云《い》ったことには、『近習《きんじゅう》の者《もの》たちは、皆《みな》、悪人《あくにん》である。我《われ》はまったく従者《じゅうしゃ》に悪事《あくじ》を行《おこ》なわせたことはない』ということでした」と。

❖昨日《きのう》、匠作《しょうさく》、云《い》はく、「……又《また》、曰《い》はく、『左大将教通《さだいしょうのりみち》、宣耀殿《せんようでん》を以《もっ》て宿所《しゅくしょ》と為《な》す。其《そ》の装束《しょうぞく》、我《わ》が宿廬《しゅくろ》に勝《まさ》る。宿廬《しゅくろ》より参上《さんじょう》する道《みち》、彼《か》の宿所《しゅくしょ》を通《とお》る。繧繝端《うんげんべり》の畳《たたみ》を敷《し》く。我《われ》、只《ただ》、高麗端《こうらいべり》を用《もち》ゐる』と。又《また》、曰《い》はく、『殿《との》を以《もっ》て宿所《しゅくしょ》と為《な》すべからず。但《ただ》し制《せい》すべからず。只《ただ》、彼《か》の心《こころ》に任《まか》す。……』てへり。又《また》、曰《い》はく、『近習《きんじゅう》の者等《ものなど》、皆《みな》、悪人《あくにん》。我《われ》、更《さら》に従類《じゅうるい》を以《もっ》て悪事《あくじ》を致《いた》さしめず』てへり」と。

昨日匠作云、……又曰、左大将教通以二宣耀殿一為二宿所一、其装束勝二我宿廬一、従二宿廬一参上道通二彼宿所一、敷二繧繝端畳一、我只用二高麗端一、又曰、以レ殿不レ可レ為二宿所一、但不レ可レ制、只任二彼心一、……者、又曰、近習者等皆悪人、我更以二従類一不レ令レ致二悪事一者、

✻頼通《よりみち》が、同母弟の教通は内裏で宣耀殿《せんようでん》を宿所として豪華な室礼《しつらい》を施していることと、近習の者たちが悪人であることを非難している。繧繝端《うんげんべり》は派手な配色による錦《にしき》の織物で、この錦による畳は、内裏・東宮・院御所・諸親王・摂関家・准三宮《じゅさんぐう》などの所用に限られた。なお、高麗端《こうらいべり》は白地に黒の織文様である。

「我（頼通）はまったく従者に悪事を行なわせたことはない」というのも、ほんまかいなと思うが、二人の性格の差、またやがて表面化する微妙な関係をうかがわせる記

事である。

しかし、この頼通の言葉は、すぐに破られた。同じ治安《じあん》元年の七月、頼通の随身の下毛野公忠《しもつけののきんただ》が、弓で度々、前相模守《さきのさがみのかみ》藤原致光《ふじわらのむねみつ》を打擲《ちょうちゃく》し、冠を落とした。当時としては大変な恥辱である。致光は涙を流してこれを藤原道長《みちなが》に訴えた。道長は大いに立腹し、頼通が愚かであると罵倒《ばとう》した。公忠は天下の凶悪の者であるのに、頼通が召し使っていることを、天下の人は感心していないという。

・三月十九日（前田本甲〈略本〉）　異牛、内裏に闖入

一昨日《おととい》、（誰《だれ》かが）牛《うし》の尾《お》に馬《うま》の頭《あたま》を結《むす》び付《つ》けた。その牛《うし》が、内裏《だいり》に走《はし》り入《い》り、殿舎《でんしゃ》に入《はい》った。内裏《だいり》にいた人《ひと》たちは、迷《まど》い騒《さわ》いだ。騒《さわ》ぎが大《おお》いに出来《しゅったい》したのである。宮中《きゅうちゅう》が騒動《そうどう》したことは、いまだこのようなことはなかったのではないだろうか。中務録《なかつかさのさかん》（中原《なかはらの》）義光《よしみつ》は、あの日《ひ》、尚侍《ないしのかみ》（藤原嬉子《ふじわらのきし》）

の宿所《しゆくしよ》に出《で》た。「牛《うし》が走《はし》り入《い》った事《こと》は、夕方《ゆうがた》の頃《ころ》で、大宮《おおみや》（藤原彰子《ふじわらのしようし》）の居《きよ》所《しよ》や東宮《とうぐう》（敦良親王《あつながしんのう》）に入《はい》りました。中宮《ちゆうぐう》（藤原威子《ふじわらのいし》）の居所《きよしよ》は、これは藤《ふじ》壺《つぼ》です。牛《うし》は藤壺《ふじつぼ》の南渡殿《みなみのわたどの》に走《はし》り登《のぼ》り、御殿油《おんとのあぶら》を供《きよう》する主殿司《とのものつかさ》の者《もの》に走《はし》り懸《か》かりました。次《つ》いで中宮《ちゆうぐう》の女房《にようぼう》の下女《しもおんな》の童《わらわ》の腰《こし》を蹴《け》り折《お》りました」ということだ。この頃《ころ》、内裏《だいり》の騒乱《そうらん》は、敢《あ》えて言《い》うまでもない。

❖一昨《いつさく》、牛《うし》の尾《お》に馬《うま》の頭《あたま》を結《ゆ》ひ付《つ》く。其《そ》の牛《うし》、禁中《きんちゆう》に走《はし》り入《い》り、殿舎等《でんしやなど》に入《い》る。宮々《みやみや》の人《ひと》、迷《まど》ひ躁《さわ》ぐ。躁《さわ》ぎ、大《おお》いに出来《しゆつたい》するなり。宮中《きゆうちゆう》の騒動《そうどう》、未《いま》だ此《か》くのごとき有《あ》らざるか。中務録《なかつかさのさかん》義光《よしみつ》、彼《か》の日《ひ》、尚侍《ないしのかみ》の直廬《じきろ》に出《い》づ。「牛《うし》、走《はし》り入《い》る事《こと》、秉燭《へいしよく》の間《かん》、大宮《おおみや》の御在所《ございしよ》・東宮等《とうぐうなど》に入《い》る。中宮《ちゆうぐう》の御所《ごしよ》、是《こ》れ藤壺《ふじつぼ》。牛《うし》、藤壺《ふじつぼ》の南渡殿《みなみのわたどの》に走《はし》り登《のぼ》り、御殿油《おんとのあぶら》を供《きよう》する主殿司《とのものつかさ》に走《はし》り懸《か》く。次《つ》いで宮《みや》の女房《にようぼう》の下女《しもおんな》の童《わらわ》の腰《こし》を蹴《け》り折《お》る」てへり。此《こ》の間《かん》、九重《ここのえ》の騒乱《そうらん》、敢《あ》へて言《い》ふべからず。

一昨、結二付牛尾馬頭一、其牛走二入禁中一、入二殿舎等一、宮々人迷躁、々大出来也、宮中騒動未レ有レ如レ此歟、中務録義光彼日出二尚侍直廬一、牛走入事秉燭間、入二大宮御在所・東宮等一、中宮御所是藤壺、牛走二登藤壺南渡殿一、走下懸供二御殿油一之主殿司上、次蹴二折宮女房下女童腰一者、此間九重騒乱不レ可二敢言一、

＊この不思議な事件は、信じられないものである。尾に馬の頭を結びつけられた牛が内裏に走り入り、殿舎や彰子《しょうし》・威子《いし》、また敦良《あつなが》親王の御在所《ございしょ》に入ったのである。「馬の頭」というのも、本当に馬の頭部だったのか、頭は馬、体は人間の形をした地獄の獄卒《ごくそつ》としての馬頭《めず》のことなのか、それとも馬頭観音《ばとうかんのん》のことなのか、まったくわからない。

実資は、「宮中の騒動は、いまだこのようなことはなかった」と記しているが、実は類似の事件は、長元《ちょうげん》三年（一〇三〇）にも起こっている。この時は紫宸殿《ししんでん》の南庭に闌入《ちんにゅう》したのだが、源　俊賢《みなもとのとしかた》の嫡男《ちゃくなん》である顕基《あきもと》のしわざであった。何か特別な意味のある行為なのであろうか、それともただの悪戯《いたずら》か。

・七月二十五日（東山御文庫本〈略本〉）　任大臣の儀／右大臣に僕／実資任

## 右大臣大饗

今日《きょう》、任大臣《にんだいじん》の儀《ぎ》が行《おこ》なわれた〈太政大臣《だいじょうだいじん》に（藤原《ふじわらの》）公季《きんすえ》、左大臣《さだいじん》に（藤原《ふじわらの》）頼《より》通《みち》［関白《かんぱく》。］、右大臣《うだいじん》に僕《ぼく》（藤原実資《ふじわらのさねすけ》）、内大臣《ないだいじん》に（藤原《ふじわらの》）教通《のりみち》、大納言《だいなごん》に（藤原《ふじわらの》）頼宗《よりむね》と（藤原《ふじわらの》）能信《よしのぶ》。〉。僕《ぼく》の任大臣大饗《にんだいじんだいきょう》は、小野宮《おののみや》に於《お》いて行《おこ》なった。皆《みな》、これは故殿《ことの》（藤原実頼《ふじわらのさねより》）の旧儀《きゅうぎ》であって、この宮《みや》に於《お》いて初任大饗《しょにんだいきょう》を行《おこ》なわれた。一《ひと》つも失儀《しつぎ》は無《な》かった。時《とき》の人《ひと》は感賞《かんしょう》した。小野宮《おののみや》の土木《どぼく》の功《こう》が成《な》った頃《ころ》、今《いま》、昇進《しょうしん》の饗宴《きょうえん》が有《あ》った。事《こと》の相応《そうおう》は、天《てん》がそうさせたものであろうか。

❖今日《きょう》、任大臣《にんだいじん》〈太政大臣公季《だいじょうだいじんきんすえ》、左大臣頼通《さだいじんよりみち》［関白《かんぱく》。］、右大臣僕《うだいじんぼく》、内大臣教通《ないだいじんのりみち》、大納言《だいなごん》頼宗《よりむね》・能信《よしのぶ》。〉。僕《ぼく》の大饗《だいきょう》、小野宮《おののみや》に於《お》いて、之《これ》を行《おこ》なふ。皆《みな》、是《こ》れ故殿《ことの》の旧儀《きゅうぎ》。此《こ》の宮《みや》に於《お》いて初任《しょにん》の大饗《だいきょう》を行《おこ》なはる。一《ひとつ》も以《もっ》て失無《しつな》し。時《とき》の人《ひと》、感賞《かんしょう》す。土木《どぼく》の功《こう》、了《おわ》る比《ころ》、今《いま》、昇晋《しょうしん》の饗《きょう》有《あ》り。事《こと》の相応《そうおう》、天《てん》の然《しか》らしむるか。

今日任大臣〈太政大臣公季、左大臣頼通〔関白〕、右大臣僕、内大臣教通、大納言頼宗・能信〉、僕大饗於㆓小野宮㆒行㆑之、皆是故殿旧儀、於㆓此宮㆒被㆑行㆓初任大饗㆒、一以無㆑失、時人感賞、土木功了比、今有㆓昇晋之饗㆒、事之相応、天之令㆑然歟、

✲この年の五月二十五日に左大臣藤原顕光《あきみつ》が七十八歳で死去すると、この日、久々に太政官首脳に変動が起こった。右大臣公季《きんすえ》が当時は宿老《しゅくろう》の大臣を優遇する地位としての太政大臣《だいじょうだいじん》に上り、内大臣頼通が左大臣に上った。そして新任大臣として、右大臣に実資、内大臣に教通が任じられた。

どうやら実際に大臣に任命されてみると、「僕」こと実資は素直に喜びを表わしているようである。実頼《さねより》と同じく修築した小野宮《おののみや》で任大臣大饗《だいきょう》を行なえることに、大臣家としての小野宮流継承の喜びを重ねている。六十五歳の秋であった。

以後、実資は、「賢人右府」として何と二十五年間、頼通の政権を支えながら、独自の地歩を築いていくこととなる。ただしこれが、小野宮家として最後の大臣ということになった。

・八月二十六日（東山御文庫本〈略本〉）除目作法を道長に問う

今朝《けさ》、官職任命《かんしょくにんめい》の儀式《ぎしき》の作法《さほう》について、修理大夫《しゅりだいぶ》（藤原資平《ふじわらのすけひら》）を介《かい》して入《にゅう》道殿《どうどの》（藤原道長《ふじわらのみちなが》）に申《もう》した。また、議所《ぎしょ》の座《ざ》、太政官《だいじょうかん》・外記《げき》・宜陽殿《ぎようでん》の座《ざ》が定《さだ》まったので、太政大臣《だいじょうだいじん》（藤原公季《ふじわらのきんすえ》）と左大臣《さだいじん》（藤原頼通《ふじわらのよりみち》）の座《ざ》を上座《かみざ》に敷《し》くべきか、当日《とうじつ》の責任者《せきにんしゃ》（藤原実資《ふじわらのさねすけ》）は幕《まく》の南西《なんせい》の角《かど》から入《はい》るべきか、それとも一上《いちのかみ》（頼通《よりみち》）が、ただこの道《みち》を用《もち》いるべきか。答《こた》えられて云《い》ったことには、「もっとも準備《じゅんび》がよい事《こと》である。ただし思《おも》うところは、議所《ぎしょ》には太政大臣《だいじょうだいじん》がいるはずはない。また、大臣《だいじん》は同《おな》じ席《せき》に連《つら》なって坐《すわ》ることは無《な》い。後日《ごじつ》、議《ぎ》してあれこれ処置《しょち》すべきであろうか。当日《とうじつ》の責任者《せきにんしゃ》は、南《なん》西《せい》の角《かど》を出入《でい》りする」ということだ。

❖今朝《けさ》、除目《じもく》の作法《さほう》の事《こと》、修理大夫《しゅりだいぶ》を以《もっ》て入道殿《にゅうどうどの》に申《もう》す。亦《また》、議所《ぎしょ》の座《ざ》、官《かん》・外《げ》記《き》・宜陽殿等《ぎようでんなど》の座《ざ》、定《さだ》むるに依《よ》り、太政大臣《だいじようだいじん》・左大臣《さだいじん》の座《ざ》、横座《よこざ》に敷《し》くべきか。当日《とうじつ》の上《しよう》、幔《まん》の坤《ひつじさる》の角《かど》より入《い》るべきか。将《は》た一上《いちのかみ》、只《ただ》、此《こ》の道《みち》を用《もち》ゐるべきか。答報《とうほう》せられて云《い》はく、「尤《もつと》も設《もう》け有《あ》る事《こと》なり。但《ただ》し思《おも》ふ所《ところ》は、議所《ぎしよ》、太政大臣有《だいじようだいじんあ》るべからず。又《また》、大臣《だいじん》、連座《れんざ》すること無《な》し。後日《ごじつ》、相議《あいぎ》して左右有《とこうあ》るべきか。当日《とうじつ》の上《しよう》、坤《ひつじさる》の角《かど》を出入《でい》りす」てへり。

今朝除目作法事以二修理大夫一申二入道殿一、亦議所座依二官・外記・宜陽殿等座定一、太政大臣・左大臣座可レ敷二横座一歟、当日上可レ入レ自二幔坤角一歟、将一上只可レ用二此道一歟、被二答報一云、尤有レ設事也、但所レ思者議所不レ可レ有二太政大臣一、又大臣無二連座一、後日相議可レ有二左右一歟、当日上出二入坤角一者、

✲念願の大臣に上った実資は、一上《いちのかみ》として除目《じもく》の執筆《しゆひつ》を務めることとなった。頼通は関白としての勤めを優先し、教通は未熟でなかなか上卿《しようけい》を務めようとしない。さすがの実資もはじめてのこと、道長に大臣の座および執筆の入る道を問い合わせた。もちろん、道長は適切に返信している。除目は二十八日から始められ、道長があれこれ指示してくるなか、実資は適切に儀式を取りしきった。実資自身も道長の命で

東宮傅《とうぐうふ》に任じられている。

これ以降、『小右記《しょうゆうき》』の記事はきわめて詳細となっていく。自分の主宰する政務や儀式を、やがて部類記《ぶるいき》として編纂《へんさん》し直し、あわよくば儀式書《ぎしきしょ》を編纂して、朝廷儀礼のスタンダードとして、宮廷社会に広めたり、後世に残しておきたかったのであろう。

・十一月九日（九条本〈広本〉）御前の官奏／諸卿、これを窺い見る

申刻《さるのこく》（午後三時《ごごさんじ》－五時《ごじ》）、官奏《かんそう》を奉仕《ほうし》しなければならない。……壁《かべ》の後《うし》ろに於《お》いて、按察納言《あぜちなごん》（藤原公任《ふじわらのきんとう》）を招《まね》き、今日《きょう》の失誤《しつご》の有無《うむ》を問《と》うた。答《こた》えて云《い》ったことには、「まったく過失《かしつ》は無《な》かった。権大納言《ごんだいなごん》（藤原行成《ふじわらのゆきなり》）や公卿《くぎょう》たちが、仁寿殿《じじゆうでん》のあたりに進《すす》んで、窺《うかが》い見《み》ていた」ということだ。紫宸殿《ししんでん》や仁寿殿《じじゆうでん》に、人々《ひとびと》が奔走《ほんそう》する音《おと》が高《たか》かった。後《のち》に聞《き》いたことには、「公卿《ぎょう》や殿上人《てんじょうびと》が、これを見《み》た。外記《げき》や史《し》は、明義門《めいぎもん》や仙花門《せんかもん》に入《はい》って、これ

を見《み》た。侍臣《じしん》が交《まじ》わっていた。また、太政官《だいじょうかん》や外記《げき》の史生以下《ししょういか》が、露台《ろだい》の下《もと》に入《はい》り、壁《かべ》を穿《うが》って、これを見《み》た」と云《い》うことだ。御前《ごぜん》の官奏《かんそう》の儀《ぎ》は、久《ひさ》しく絶《た》えていた。今《いま》、新《あら》たに旧儀《きゅうぎ》が行《おこ》なわれた。そこで上下《じょうげ》の者《もの》が、競《きそ》って見《み》たのか。愚老《ぐろう》（藤原実資《ふじわらのさねすけ》）については、為《な》すところを知《し》らない。たまたま過失《かしつ》が無《な》かったのは、思《おも》いがけない事《こと》であろうか。……

❖申時《さるのとき》、官奏《かんそう》に候《こう》ずべし。……壁《かべ》の後《うし》ろに於《お》いて、按察納言《あぜちなごん》を招《まね》き、今日《きょう》の失誤《しつご》の有無《うむ》を問《と》ふ。答《こた》へて云《い》はく、「已《すで》に過失《かしつ》無《な》し。権大納言《ごんだいなごん》及《およ》び諸卿《しょきょう》、仁寿殿《じじゅうでん》の辺《あた》りに進《すす》み、伺《うかが》い見《み》る」てへり。南殿《なでん》・仁寿殿《じじゅうでん》、人々《ひとびと》の奔走《ほんそう》の音《おと》、高《たか》し。後《のち》に聞《き》く、「卿相《けいしょう》・雲上《うんじょう》の侍臣《じしん》、之《これ》を見《み》る。外記《げき》・史《し》等《など》、明義《めいぎ》・仙華《せんか》等《など》の門《もん》に入《い》り、之《これ》を見《み》る。侍臣《じしん》、相交《あいまじ》はる。又《また》、官《かん》・外記《げき》の史生已下《ししょういげ》、露台《ろだい》の下《もと》に入《い》り、壁《かべ》を穿《うが》ちて之《これ》を見《み》る」と云々《しかじか》。御前《ごぜん》の官奏《かんそう》の儀《ぎ》、久《ひさ》しく絶《た》ゆ。今《いま》、新《あら》たに旧儀有《きゅうぎあ》り。仍《よ》りて上《じょう》下《げ》、競《きそ》ひ見《み》るか。愚老《ぐろう》に至《いた》りては、為《な》す所《ところ》を知《し》らず。偶《たまた》ま過失《かしつ》無《な》きは、慮外《りょがい》の事《こと》か。……

中時可レ候二官奏一、……於二壁後一招二按察納言一問二今日失誤有無一、答云、已無二過失一、権大納言及諸卿進二仁寿殿辺一伺見者、南殿・仁寿殿人々奔走音高、後聞、卿相・雲上侍臣見レ之、外記・史等入二明義・仙華等門一見レ之、侍臣相交、又官・外記史生已下入二露台下一穿レ壁見レ之云々、御前官奏儀久絶、今新有二旧儀一、仍上下競見歟、至二愚老一者不レ知レ所レ為、偶無二過失一、慮外事歟、……

✻官奏というのは、太政官が諸国の国政に関する重要文書《もんじょ》を天皇に奏上し、その勅裁をうける重要な政務である。先に述べたように、三条《さんじょう》天皇の時代の末期には、ほとんど行なわれておらず、この天皇御前の官奏は朝廷にとっても久々の開催であった。

十月五日に藤原道長を無量寿院《むりょうじゅいん》（後の法成寺《ほうじょうじ》）に訪ね、官奏の作法を相談した。十九日には頼通が、実資の官奏奉仕を督促している。十一月四日には、行成と官奏について書状を往復し、六日にまた道長と相談、七日に春日《かすが》社《しゃ》と興福寺《こうふくじ》に官奏の無事を祈願させ、いよいよ九日に清水寺《きよみずでら》で経を読ませたうえで官奏の上卿を務めた。

ここでは省略しているが、実資は官奏の式次第をきわめて詳細に記録している。注目すべきは、儀が終わると実資が、公任にこの日の失誤の有無を問うていることである。過失はなく、行成や諸卿、また殿上人《てんじようびと》が壁を穿《うが》って、これを見たと聞くと、実資は嬉《うれ》しそうに日記に記している。実資が儀式を主宰する際に宮廷社会に流れる緊張感（と期待感）は、推して知るべきであろう。

上下の者が競って見たことは、儀式次第の集大成をめざす実資にとっては、何よりの喜びであったことであろう。自分の執行した政務や儀式の式次第の記録が、後世のスタンダードとなって、未来に受け継がれるのである。

・十一月十六日（九条本〈広本〉）道長、教通が官奏を覧ざるを憤る

（源《みなもとの》）道方卿《みちかたきよう》が云《い》ったことには、「先日《せんじつ》、官奏《かんそう》が終《お》わって、御堂《みどう》（藤原道長《ふじわらのみちなが》）の許《もと》に参《まい》り、お目《め》にかかりました。官奏《かんそう》について問《と》われました。失誤《しつご》が無《な》かったということを申《もう》しました。また、おっしゃって云《い》ったことには、『内大臣《ないだいじん》（藤原教通《ふじわらののりみち》）は参《まい》ったのか』と。そうではなかったということを申《もう》

しました。また、云《い》ったことには、『我《わ》が子孫《しそん》は、上臈《じょうろう》（藤原実資《ふじわらのさねすけ》）の作《さ》法《ほう》を見《み》ることを良《よ》しとする。何《なん》の障《さわ》りが有《あ》って参《まい》らなかったのか』と」と。

❖道方卿《みちかたきょう》、云《い》はく、「一日《いちじつ》、官奏《かんそう》、了《おわ》りて、御堂《みどう》に参《まい》り、謁《えつ》し奉《たてまつ》る。官奏《かんそう》の事《こと》を問《と》はる。誤失《ごしつ》無《な》き由《よし》を申《もう》す。又《また》、命《おお》せて云《い》はく、『内大臣《ないだいじん》、参入《さんにゅう》するか』と。然《しか》らざる由《よし》を申《もう》す。又《また》、云《い》はく、『我《わ》が子孫《しそん》は、上臈《じょうろう》の作法《さほう》を見《み》るを以《もっ》て善《よ》しと為《な》す。何《なん》の障《さわ》り有《あ》りて参《まい》らざるか』と」と。

道方卿云、一日官奏了参二御堂一奉レ謁、被レ問二官奏事一、申下無二誤失一由上、又命云、内大臣参入乎、申二不レ然由一、又云、我か子孫ハ上臈作法を以レ見為レ善、有二何障一不レ参乎、

✻ところが、その官奏の儀を見なかった者がいた。近い将来、上卿として除目や官奏を主宰しなければならない教通である。道長は教通が官奏の作法を見たかどうかを問い、見ていなかったことを聞くと、とたんに不機嫌となった。

道長自身も、二十三日の不堪佃田奏《ふかんでんでんそう》では、秘かに実資の作法を見ている。

道長としては、自分の家の将来と摂関政治の未来について、不安に思ったことであろう。やがてそれは、現実のこととなる。

・十二月二十日（九条本〈広本〉）道長、官奏の実資の作法を賞賛

夜《よる》に入《はい》って、宰相《さいしょう》（藤原資平《ふじわらのすけひら》）が来《き》て云《い》ったことには、「禅室《ぜんしつ》（藤原道長《ふじわらのみちなが》）の許《もと》に参《まい》りました。諸事《しょじ》を談《かた》られたついでに云《い》ったことには、『先日《せんじつ》、内《だい》裏《り》に参《まい》った。密《ひそ》かに右大臣《うだいじん》（藤原実資《ふじわらのさねすけ》）の官奏《かんそう》の儀《ぎ》を見《み》た。はなはだ良《よ》く思《おも》った。久《ひさ》しく一上《いちのかみ》として奉公《ほうこう》すべき人《ひと》である。不慮《ふりょ》の死《し》の怖《おそ》れは有《あ》ってはならない。一条左大臣《いちじょうさだいじん》（源雅信《みなもとのまさのぶ》）のようなものか。先日《せんじつ》の伊勢《いせ》の文書《もんじょ》の非難《ひなん》は、はなはだ興《きょう》が有《あ》った。あの日《ひ》の公卿《くぎょう》たちの審議《しんぎ》は、また□□。代々《だいだい》の状帳《じょうちょう》や実録帳《じつろくちょう》によって、公卿《くぎょう》たちが審議《しんぎ》した。公事《くじ》はこのようなものである。はなはだ感動《かんどう》した』ということでした」と。

❖夜《よる》に入《い》りて、宰相《さいしょう》、来《き》たりて云《い》はく、「禅室《ぜんしつ》に参《まい》る。雑事《ぞうじ》を談《だん》ぜらるる次《つ》いでに云《い》はく、『先日《せんじつ》、内《うち》に参《まい》る。密々《みつみつ》に余《よ》の官奏《かんそう》の儀《ぎ》を見《み》る。太《はなは》だ好《よ》く思《おも》ひ量《はか》る。久《ひさ》しく一上《いちのかみ》と為《し》て奉公《ほうこう》すべき人《ひと》なり。横死《おうし》の怖《おそ》れ有《あ》るべからず。一条左相府《いちじょうさしょうふ》のごときか。一日《いちじつ》の伊勢《いせ》の文《ふみ》の難《なん》、甚《はなは》だ興有《きょうあ》り。彼《か》の日《ひ》の諸卿《しょきょう》の定《さだめ》、又《また》、□□。代々《だいだい》の状帳《じょうちょう》・実録帳《じつろくちょう》に依《よ》り、諸卿《しょきょう》、定《さだ》め申《もう》す。公事《くじ》、此《か》くのごとし。甚《はなは》だ感有《かんあ》り』てへり」と。

入レ夜宰相来云、参二禅室一、被レ談二雑事一次云、先日参レ内、密々見二余官奏儀一、太好思量、久為二一上一可二奉公一之人也、不レ可レ有二横死怖一、如二一条左相府一歟、一日伊勢文難甚有レ興、彼日諸卿定又□□、依二代々状帳・実録帳一諸卿定申、公事如レ此、甚有レ感者、

✻年末になり、実は道長も官奏の儀を見ていたことが知らされた（本当かどうかはわからないが）。道長は、実資の主宰した儀を賞賛し、永く一上として奉仕し、横死してはならないことは、源雅信《まさのぶ》のようなものであると言って、実資を誉めた。もちろん、

実資の耳に入ることを計算に入れてのことである。ついでに十二月十六日に実資が上卿を務めた諸国申請雑事についても誉めているが、道長が見たのは、実際はこちらだけだったかもしれない。

藤原教通がなかなか上卿を務められない以上、道長としても当分は実資に頑張ってもらうしかなかったのであろうが、「雅信のように」となると、それはもちろん、政権とは無縁の話であった。

## ◆治安二年（一〇二二）

藤原実資六十六歳（正二位、右大臣・右大将・東宮傅）　後一条天皇十五歳　藤原彰子三十五歳　藤原道長五十七歳　藤原頼通三十一歳　藤原威子二十四歳

・四月三日（東山御文庫本〈略本〉）　直物／対馬守を更迭

帥《そち》源朝臣《げんあそん》（源経房《みなもとのつねふさ》）が申《もう》させて云《い》ったことには、「あの島《しま》は、住人《じゅうにん》の数《かず》が

少《すく》なく、亡弊《ぼうへい》は特《とく》に甚《はなはだ》しい。敵国《てきこく》（高麗《こうらい》）の危険《きけん》に、朝夕《あさゆう》、怖《おそ》れている。武芸《ぶげい》の者《もの》を任《にん》じられて、敵国《てきこく》の軍隊《ぐんたい》を防禦《ぼうぎょ》させたい。あの島《しま》の事情《じじょう》を知《し》る者《もの》が、大宰府《だざいふ》管内《かんない》にいる。彼《かれ》らを任《にん》じられるのが、もっともよいであろう」ということだ。「（藤原《ふじわらの》）蔵規《くらのり》・（藤原《ふじわらの》）致行《むねゆき》・（平《たいらの》）明範《あきのり》の中《なか》から決定《けってい》すべきである」ということだ。審議《しんぎ》して、申《もう》させて云《い》ったことには、「三人《さんにん》の中《なか》で、蔵規《くらのり》は、初《はじ》め帯刀《たちはき》となり、左兵衛尉《さひょうえのじょう》に任《にん》じられた。朝廷《ちょうてい》に出仕《しゅっし》し、すでに年月《ねんげつ》を経《へ》ている。蔵規《くらのり》を任《にん》じられるのが宜《よろ》しいのではないか」と。すぐに後一条天皇《ごいちじょうてんのう》がおっしゃって云《い》ったことには、「公卿《くぎょう》たちの決定《けってい》は、もっともその道理《どうり》に適《かな》っている。蔵規《くらのり》を任《にん》じるように」ということだ。

❖帥源朝臣《そちげんあそん》、申《もう》さしめて云《い》はく、「彼《か》の島《しま》、住人《じゅうにん》の数《かず》、少《すく》なし。亡弊《ぼうへい》、殊《こと》に甚《はなはだ》し。敵国《てきこく》の危《あやぶみ》、朝夕《あさゆう》、怖《おそ》る。武芸《ぶげい》の者《もの》を任《にん》ぜられ、敵国《てきこく》の兵師《へいすい》を禦《ふせ》がしめむ。彼《か》の島《しま》の案内《あない》を知《し》る者《もの》、管内《かんない》に在《あ》り。彼等《かれら》を任《にん》ぜらるるが、尤《もつと》も佳《よ》かるべし」てへり。「蔵規《くらのり》・致行《むねゆき》・明範《あきのり》等《など》の内《うち》、定《さだ》め申《もう》すべし」てへり。僉議《せんぎ》し、申《もう》さしめて云《い》はく、

「三人《さんにん》の内《うち》、蔵規《くらのり》、初《はじ》め帯刀《たちはき》と為《な》り、左兵衛尉《さひょうえのじょう》に任《にん》ぜらる。官庭《かんてい》に出仕《しゅつし》し、已《すで》に年序《ねんじょ》を経《ふ》。蔵規《くらのり》を以《もっ》て、任《にん》ぜらるるが宜《よろ》しかるべきか」と。即《すなわ》ち仰《おお》せて云《い》はく、「上達部《かんだちめ》の定《さだめ》、尤《もっと》も其《そ》の理《ことわり》に叶《かな》ふ。蔵規《くらのり》を以《もっ》て任《にん》ずべし」てへり。

帥源朝臣令レ申云、彼島住人数少、亡弊殊甚、敵国之危朝夕怖、被レ任二武芸者一、令レ禦二敵国之兵帥一、知二彼島案内一之者在二管内一、被レ任二彼等一尤可レ佳者、蔵規・致行・明範等内可二定申一者、僉議令レ申云、三人内、蔵規初為二帯刀一、被レ任二左兵衛尉一、出二仕官庭一已経二年序一、以二蔵規一被レ任可レ宜歟、即仰云、上達部定尤叶二其理一、以二蔵規一可レ任者、

✻この日、除目《じもく》を訂正する直物《なおしもの》が行なわれたのであるが、その際、対馬守《つしまのかみ》紀数遠《きのかずとお》は任命されて以来、赴任していないということで、他の人を改めて任じることとなった。大宰権帥《だざいのごんのそち》として現地に赴任していた経房《つねふさ》からの文書《もんじょ》も届いた。対馬守には武芸に長《た》けた者を任じてほしいとのことである。たしかに、「刀伊《とい》の入寇《にゅうこう》」から三年しか経っていない軍事的緊張を考えれば、これは至極当然の要求である。

候補となった三人のうち、致行《むねゆき》は右京亮《うきょうのすけ》、明範《あきのり》は中宮侍長《さむらいのおさ》や近衛権少将《このえのごんのしょうしょう》に任じられているが、もちろん、実戦の経験はない。それに対して蔵規《くらのり》（政則《まさのり》とも）は、大《だ》

宰大監《ざいのだいげん》として刀伊を撃退したという実績がある。はじめからこの三人では、勝敗は明らかだったのである。おそらくは経房と連携した人事だったのであろう。なお、蔵規は実資の領する高田牧司《たかだのまきし》でもあり、実資との裏の連携も考えられる。

なお、この蔵規の子である藤原則隆《のりたか》が肥後《ひご》に下向して土着し、鎮西《ちんぜい》武士団の雄である菊池《きくち》氏となった。菊池氏の系図では、蔵規（政則）は藤原隆家《たかいえ》、あるいは隆家二男の経輔《つねすけ》の子ということになっている。

・五月二十六日（東山御文庫本〈略本〉）高陽院競馬／道長を迎える儀、天皇に准ず

……禅閤《ぜんこう》（藤原道長《ふじわらのみちなが》）が門《もん》を入《はい》った頃《ころ》、楽人《がくにん》が船《ふね》に乗《の》り、参入音声《まいりおんじょう》を発《はっ》した。「駒形《こまがた》と蘇芳菲《そほうひ》が、門《もん》で迎《むか》えたことは、行幸《ぎょうこう》のようである。天《てん》に二日《にじつ》が有《あ》るようなものである」と云《い》うことだ。禅閤《ぜんこう》□□。僕《ぼく》（藤原実資《ふじわらのさねすけ》）はそ

の時刻《じこく》を推測《すいそく》して、参《まい》り到《いた》った〈宰相《さいしょう》（藤原資平《ふじわらのすけひら》）および（藤原《ふじわらの》）資房《すけふさ》が従《したが》った。〉。……左方《ひだりかた》は、数《かず》では勝《か》っていたが、ひとえに十番《じゅうばん》は右方《みぎかた》が勝《か》ったので、右方《みぎかた》が乱声《らんじょう》を発《はっ》した。納蘇利《なそり》の舞人《まいびと》が出《で》た。「無理《むり》に追《お》い入《い》れた。左方《ひだりかた》の人《ひと》が、池《いけ》に突《つ》き入《い》れた」と云《い》うことだ。次《つ》いで左方《ひだりかた》が乱声《らんじょう》を発《はっ》した。陵王《りょうおう》の舞人《まいびと》が走《はし》り出《で》た際《さい》、右方《みぎかた》の人《ひと》が笏《しゃく》で打《う》った。左右《さゆう》の味方《みかた》の者《もの》たちの狼藉《ろうぜき》は、極《きわ》まり無《な》かった。……

❖……禅閤《ぜんこう》、門《もん》を入《い》る間《かん》、楽人《がくにん》、船《ふね》に乗《の》り、音声《おんじょう》を発《はっ》す。「駒形《こまがた》・蘇芳菲《そほうひ》、門《もん》に相迎《あいむか》ふること、行幸《ぎょうこう》のごとし。天《てん》に二日《にじつ》有《あ》るに似《に》る」と云々《しかじか》。禅閤《ぜんこう》□□。僕《ぼく》、其《そ》の程《ほど》を推《お》し、詣《もう》で到《いた》る〈宰相《さいしょう》并《なら》びに資房《すけふさ》、相従《あいしたが》ふ。〉。……左《ひだり》、数《かず》に勝《まさ》るも、偏《ひと》へに十番《じゅうばん》、右勝《みぎか》つに依《よ》り、右方《みぎかた》、乱声《らんじょう》す。納蘇利《なそり》、出《い》づ。「無下《むげ》に追《お》ひ入《い》る。左方《ひだりかた》の人《ひと》、池《いけ》に突《つ》き入《い》る」と云々《しかじか》。次《つ》いで左方《ひだりかた》、乱声《らんじょう》す。竜王《りゅうおう》、走《はし》り出《い》づる間《かん》、右方《みぎかた》の人《ひと》、笏《しゃく》を以《もっ》て打《う》つ。左右《さゆう》の方人《かたひと》の狼藉《ろうぜき》、極《きわ》まり無《な》し。……

……禅閤入レ門之間楽人乗レ船発二音声一、駒形・蘇芳菲、相ヨ迎於門一如二行幸一、天似レ有二二日一云々、禅閤□□、僕推二其程一詣到〈宰相幷資房相従、〉、……左勝レ数、偏依二十番右勝一、右方乱声、納蘇利出、無下追入、左方人突ヨ入池二云々、次左方乱声、竜王走出之間右方人以レ笏打、左右方人狼藉無レ極、……

✻競馬《くらべうま》とは、現代の競馬《けいば》とは異なり、二騎一番となって、いかに早く走らせるかということよりも、いかに相手の馬や騎手の邪魔をして先着するかを競う判定勝負の競技であった（こちらも全体としては左方が勝つことになっていた）。

この日、藤原頼通《よりみち》の高陽院《かやのいん》で競馬が行なわれた。結びの第十番は右方が勝ったので、右方が先に乱声（勝負その他の際に奏された笛の調べ）を行なった。左方は怒って、右方の人を追い入れ、池に突き入れた。これで右方も怒り、左方の乱声の際に笏《しゃく》で打ち、左右の方人の狼藉《ろうぜき》は極まりなくなった。いつも負けなければならない右方にも、彼らなりのプライドがあったのであろう。

## ◈治安三年（一〇二三）

藤原実資六十七歳（正二位、右大臣・右大将・東宮傅）後一条天皇十六歳　藤原彰子三十六歳　藤原道長五十八歳　藤原頼通三十二歳　藤原威子二十五歳

・六月十九日（伏見宮本〈広本〉）　道長、頼通を勘当

昨日《きのう》、多《おお》くの人《ひと》の中《なか》に於《お》いて、禅閤《ぜんこう》（藤原道長《ふじわらのみちなが》）が関白《かんぱく》（藤原頼通《ふじわらのよりみち》）をお叱《しか》りになった。これは懈怠《けたい》の人々《ひとびと》を叱責《しっせき》されなかった事《こと》である〈「太政官中《だいじょうかんちゅう》の諸《しょ》司《し》」と云《い》うことだ。〉。その御詞《おことば》は、とても都合《つごう》が悪《わる》いものだったのである。僧都《そうず》（慶命《きょうみょう》）および宰相《さいしょう》（藤原資平《ふじわらのすけひら》）が談《かた》ったところである。

❖昨日《きのう》、衆中《しゅうちゅう》に於《お》いて、禅閤《ぜんこう》、関白《かんぱく》を勘当《かんどう》せらる。是《こ》れ懈怠《けたい》の人々《ひとびと》を勘責《かんせき》せられざる事《こと》なり〈「官中《かんちゅう》の諸司《しょし》」と云々《しかじか》。〉。其《そ》の御詞《おんことば》、極《きわ》めて便《びん》ならざるなり。僧都《そうず》并《なら》びに宰相《さいしょう》、談《だん》ずる所《ところ》。

昨日於二衆中一禅閤被レ勘二当関白一、是不レ被レ勘二責懈怠人々一事也〈官中諸司云々、〉、其御詞極不レ便也、僧都弁宰相所レ談、

✲勘当《かんどう》というのは、中世以降は主に親が子を絶縁することを指したが、本来は、調査し決定すること、罪を調べて刑を当てること、譴責《けんせき》することなどを意味した。

この前日には道長《みちなが》が皆の見ている前で頼通《よりみち》を叱責《しっせき》したというのであるから、関白も形無しである。その日、藤原彰子《しょうし》が内裏から御出《ぎょしゅつ》したのであるが、その儀を懈怠《けたい》（職務を怠ったり不参すること）した太政官の官人を頼通が叱責しなかったことが原因らしい。

現職の関白よりも、その直系尊属《そんぞく》（しかも無位無官の僧）の方が権力を持つという権力構造が、こうして可視的に周知され、やがて院政《いんせい》につながっていくのである。

### ・六月二十三日（伏見宮本〈広本〉）　頼通、猶子源師房と千古との婚姻を求む

宰相《さいしょう》（藤原資平《ふじわらのすけひら》）が云《い》ったことには、「関白《かんぱく》（藤原頼通《ふじわらのよりみち》）が密《ひそ》かに語《かた》られて云ったことには、『……』ということでした。また、密《ひそ》かに語《かた》って云《い》ったことには、『四位侍従《しいじじゅう》（源《みなもとの》）師房《もろふさ》を姻戚《いんせき》とする事《こと》は、意向《いこう》を取《と》って、事《こと》を告《つ》げるように。もし許《ゆる》さないのならば、何《なん》としよう。もし宜《よろ》しい意向《いこう》が有《あ》るのならば、吉日《きちにち》を撰《えら》んで、書状《しょじょう》を申《もう》そうと思《おも》う』ということでした」と。この事《こと》は、女房《にょうぼう》の方《ほう》から頻《しき》りに切実《せつじつ》な御書状《ごしょじょう》が有《あ》った。ところが、あれこれを報《ほう》じなかった。先《ま》ず着裳《ちゃくも》の後《のち》に、続《つづ》いて決定《けってい》すべき事《こと》である。

❖宰相《さいしょう》、云《い》はく、「関白《かんぱく》、密語《みつご》せられて云《い》はく、『……』てへり。亦《また》、密語《みつご》して云《い》はく、『四位侍従師房《しいじじゅうもろふさ》を以《もっ》て因縁《いんねん》と為《な》す事《こと》、気色《けしき》を取《と》り、事《こと》を告《つ》ぐべし。若《も》し許《ゆる》さざらば、何《なん》と為《せ》ん。若《も》し宜《よろ》しき気有《けあ》らば、吉日《きちにち》を撰《えら》び、消息《しょうそく》を申《もう》さんと欲《ほっ》す』てへり」と。此《こ》の事《こと》、女房《にょうぼう》の方《かた》より、頻《しき》りに懇切《こんせつ》の御消息有《おんしょうそくあ》り。而《しか》るに左右《とこう》を報《ほう》ぜず。先《ま》づ着裳《ちゃくも》の後《のち》、相次《あいつ》いで相定《あいさだ》むべき事《こと》なり。

宰相云、関白被二密語一云、……者、亦密語云、以二四位侍従師房一為二因縁一事、取二気色一可レ告レ事、若不レ許者何為、若有二宜気一撰二吉日一欲レ申二消息一者、此事従二女房方一頻有二懇切之御消息一、而不レ報二左右一、先着裳後相次可二相定一事也、

✻実資《さねすけ》鍾愛《しょうあい》の女《むすめ》である千古《ちふる》（『大鏡《おおかがみ》』のいう「かぐや姫」）は、着裳《ちゃくも》（女子の成人式）の儀を迎えようとしていた。その頃、頼通の養子で村上《むらかみ》天皇皇子の具平《ともひら》親王の子である源《みなもとの》師房《もろふさ》との縁談が、頼通から持ちかけられていた。

実資は、着裳を終えてからと答え、まんざらでもない様子であった。この時点では頼通には男子はおらず、師房が摂関《せっかん》を継ぐ可能性が強かったのである。しかし結局は、翌万寿《まんじゅ》元年（一〇二四）三月に藤原道長の独断で師房と道長六女（母は源明子《めいし》）の尊子《そんし》（隆子《りゅうし》）との縁談が進められ、両者は結婚した。

・七月三日（伏見宮本〈広本〉）道長・彰子、実資の来訪を聞き、藤原兼家追善法華八講結願に出座

宰相《さいしょう》（藤原資平《ふじわらのすけひら》）が談《かた》って云《い》ったことには、「昨日《きのう》、式部大輔《しきぶのたいふ》（藤原広業《ふじわらのひろなり》）が云《い》ったことには、『禅閤《ぜんこう》（藤原道長《ふじわらのみちなが》）は、何日《なんにち》か、御気分《ごきぶん》がなお快《こころよ》くありません。また、太后《おおきさき》（藤原彰子《ふじわらのしょうし》）は、とても平常《へいじょう》に背《そむ》くことが有《あ》りました。そこで□□でいらっしゃいました。それでも□、右大臣《うだいじん》（藤原実資《ふじわらのさねすけ》）が参《まい》るということを聞《き》かれて、出《で》られたものです。帰《かえ》られた後《あと》は、長《なが》い時間《じかん》、休息《きゅうそく》されて、講説《こうぜち》を始《はじ》められました。右大臣《うだいじん》を尊重《そんちょう》されているようです』と」と。下僕《げぼく》（実資《さねすけ》）については、旧恩《きゅうおん》を忘《わす》れていないので、この日《ひ》が来《く》る毎《ごと》に、参《まい》ることを欠《か》かさない。大臣《だいじん》に昇《のぼ》ってからは、必《かなら》ずしも参《まい》らなくてもよいであろう。ところが、報恩《ほうおん》・謝心《しゃしん》は、どうして下臈《げろう》の時《とき》だけにあるであろう。考《かんが》えるに、これに感動《かんどう》したので、禅閤《ぜんこう》が応《おう》じただけである。

❖宰相《さいしょう》、談《だん》じて云《い》はく、「昨日《きのう》、式部大輔《しきぶのたいふ》、云《い》はく、『禅閤《ぜんこう》、日者《ひごろ》、御心地《みここち》、尚《な》ほ快《こころよ》からず。又《また》、太后《おおきさき》、頗《すこぶ》る和《わ》に乖《そむ》くこと有《あ》り。然《しか》れば□□に坐《おわ》す。而《しか》るに□下《げ》官《かん》、参詣《さんけい》する由《よし》を聞《き》き給《たま》ひ、坐《おわ》する所《ところ》なり。帰《かえ》り給《たま》ふ後《のち》、良久《ややひさ》しく休息《きゅうそく》し給《たま》ひ、講説《こうぜち》を始《はじ》めらる。尊重《そんちょう》せらるに似《に》る』と」と。下僕《げぼく》に於《お》いては、旧恩《きゅうおん》を忘《わす》れざるに依《よ》り、此《こ》の日《ひ》に属《ぞく》す毎《ごと》に、参会《さんかい》を欠《か》かず。丞相《じょうしょう》に昇《のぼ》りては、必《かなら》ずしも参《まい》るべからず。然《しか》れども、報恩《ほうおん》・謝心《しゃしん》、何《なん》ぞ下臈《げろう》の時《とき》に在《あ》らん。計《はか》るに此《これ》に感《かん》ずれば、禅《ぜん》閤《こう》、合応《ごうおう》するのみ。

宰相談云、昨日式部大輔云、禅閤日者御心地尚不レ快、又太后頗有レ乖レ和、然□□坐、而□聞二給下官参詣由一所レ坐也、帰給後良久休息給被レ始二講説一、似レ被二尊重一、於二下僕一者依レ不レ忘二旧恩一毎レ属二此日一不レ欠二参会一、昇二丞相一必不レ可レ参、然而報恩謝心何在二下臈之時一、計之感レ此者禅閤合応耳、

✻この法興院《ほこいん》の法華八講《ほっけはっこう》は、藤原兼家《かねいえ》を追善するために、その命日の前後に行なわれるものであった。はじめ藤原道隆《みちたか》、次いで道長が主宰した。兼家政権の時代、というから、かれこれ三十年以上も前になるが、実資が蔵人頭《くろうどのとう》として兼家と円融院《えんゆういん》の間を連絡していたことは、先に述べた。

実資は旧恩を忘れず、大臣に上った後も法華八講に参ったのであるが、それを聞い

た道長と彰子が、病をおしてこの前日の八講結願《けちがん》に出座したのである。実資が彼らに重んじられていたことがよくわかる例である。

なお、法興院は平安京《へいあんきょう》外の東京極大路《ひがしきょうごくおおじ》東、二条大路《にじょうおおじ》末北に一町を占めた寺院。兼家は出家後、本邸を寺院とし、法興院と称した。

・八月二日（伏見宮本〈広本〉）小野宮の池の水蓮の瑞兆

先月《せんげつ》、西池《にしいけ》に、蓮《はす》が生《は》え出《で》た。日《ひ》を逐《お》って、葉《は》が多《おお》く北面《きたおもて》から出《で》た。その後《ご》、東池《ひがしいけ》にまた、生《は》え出《で》た。西池《にしいけ》よりは少《すく》なく、生《は》え出《で》なかった。且《か》つは怪《あや》しく、且《か》つは貴《とうと》い。築山《つきやま》の小堂《しょうどう》の西《にし》および北方《ほっぽう》に面《めん》して、池《いけ》が有《あ》る。神《しん》仏《ぶつ》の霊力《れいりょく》が有《あ》るであろうことによって、このめでたいしるしが有《あ》るのか。随喜《ずいき》すべき事《こと》である。

❖去《さ》ぬる月《つき》、西池《にしいけ》に蓮《はす》、生《お》ひ出《い》づ。日《ひ》を逐《お》ひて、葉《は》、多《おお》く北面《きたおもて》より出《い》づ。其《そ》の後《のち》、東池《ひがしいけ》に亦《また》、生《お》ひ出《い》づ。西池《にしいけ》より少《すく》なく、生《お》ひ出《い》でず。且《か》つは奇《あや》しく、且《か》つは貴《とうと》し。山《やま》の小堂《しょうどう》の西《にし》并《なら》びに北方《ほっぽう》に面《めん》し、池有《いけあ》り。験徳有《げんとくあ》るべきに依《よ》り、此《こ》の瑞応有《ずいおうあ》るか。随喜《ずいき》すべき事《こと》なり。

去月西池蓮生出、逐レ日葉多出レ従二北面一、其後東池亦生出、少レ自二西池一不二生出一、且奇且貴、面二山小堂西幷北方一有レ池、依レ可レ有二験徳一有二此瑞応一歟、可二随喜一事也、

✻小野宮《おののみや》の西池に、自然に水蓮《すいれん》が生えてきて、実資はこれを神仏の瑞応《ずいおう》と喜んでいるが、実はこれは、顔面の負傷個所を蓮の葉の湯で洗うことになるという前兆なのであった。

・九月三日（伏見宮本〈広本〉）顚倒し顔面を負傷

堂《どう》に於《お》いて、読経《どきょう》と念誦《ねんじゅ》を行《おこ》なった。終《お》わって造営《ぞうえい》を見《み》ていた際《さい》、顛倒《てんとう》した。頬《ほお》を長押《なげし》に突《つ》いて、一寸余《いっすんあま》りほど切《き》った。血《ち》が多《おお》く出《で》た。侍医《じい》（和気《わけの》）相成朝臣《すけなりあそん》に治療《ちりょう》させた。宰相《さいしょう》（藤原資平《ふじわらのすけひら》）が来《き》た。一日中《いちにちじゅう》、病《や》んだ。四位《しい》（藤原《ふじわらの》）経任《つねとう》が来《き》た。按察《あぜち》（藤原公任《ふじわらのきんとう》）と右大弁《うだいべん》（藤原定頼《ふじわらのさだより》）が見舞《みま》いに来《き》た。今年《ことし》は重厄《じゅうやく》であるということは、昔《むかし》の勘文《かんもん》にあった。もっとも恐怖《きょうふ》しなければならない。顔面《がんめん》の疵《きず》を嘆《なげ》きとした。

❖堂《どう》に於《お》いて、読経《どきょう》・念誦《ねんじゅ》す。畢《おわ》りて作事《さくじ》を見《み》る間《かん》、顛仆《てんとう》す。頬《ほお》、長押《なげし》に突《つ》き、一寸余《いっすんあま》りばかり切《き》る。血《ち》、多《おお》く出《い》づ。侍医相成朝臣《じいすけなりあそん》を以《もっ》て療治《りょうじ》せしむ。宰相《さいしょう》、来《き》たる。終日《しゅうじつ》、労《いたつ》く。四位経任《しいつねとう》、来《き》たる。按察使《あぜち》・右大弁《うだいべん》、訪《たず》ぬ。今年《ことし》、重厄《じゅうやく》の由《よし》、故義《こぎ》の勘文《かんもん》に在《あ》り。尤《もっと》も恐怖《きょうふ》すべし。面上《めんじょう》の疵《きず》、歎《なげ》きと為《な》す。

於レ堂読経・念誦、畢見二作事一之間顛仆、頬突二長押一、一寸余許切、血多出、以二侍医相成朝臣一令二療治一、宰相来、終日労、四位経任来、按察使・右大弁訪、今年重厄之由在二故義勘文一、尤可二恐怖一、面上疵為レ歎、

✽実資は頬に腫物《しゅもつ》を患《わずら》った。実際には九月三日に転倒して頬を長押《なげし》（柱から柱へと水平に打ち付けた材）に突いてできた一寸（約三㌢）ほどの傷であり、現代の医学的見地から見ると、特に命に別状のあるような物ではなかったのであるが、当時は腫物で死亡することも多かったのである（その場合は本当に深刻な腫瘍《しゅよう》なのだが、当時はその区別が付かない）。この年は、実資はたまたま重厄《じゅうやく》にあたっており、その恐怖は想像に余りある。

さっそく次の日から祈禱《きとう》や仏供養《ほとけくよう》を始めた一方で、地菘《じずな》（ヤブタバコ）・桑・蓮葉で湯洗《ゆあら》いし、地菘の葉を付け、八日からは柳湯《やなぎゆ》も交えて洗っていた。それから数日間は、蓮葉などで洗うとよいという夢想《むそう》もあった。

しばらくこの治療の顚末を見ていくことにしよう。

・九月十七日（伏見宮本〈広本〉）藤原斉信、大臣を望み、祈禱

尹覚師《いんかくし》が云《い》ったことには、「去《さ》る七月《しちがつ》の朔日《さくじつ》から、百箇日《ひやつかにち》を限《かぎ》って、中宮《ちゆうぐう》大夫《だいぶ》（藤原《ふじわらの》）斉信《ただのぶ》が、子息《しそく》の僧永慶《そうえいきよう》を招《まね》いて、安禅寺《あんぜんじ》に於《お》いて、如意《によい》輪法《りんぼう》を行《おこ》なわせています。これは大臣《だいじん》を望《のぞ》む祈禱《きとう》です。あの大納言《だいなごん》（斉信《ただのぶ》）は永慶《えいきよう》に書状《しよじよう》を送《おく》って、夢想《むそう》の告《つ》げを云《い》ったのです」と。ただ今《いま》、大臣《だいじん》の欠員《けついん》は無《な》い。祈禱《きとう》は怖《おそ》れが多《おお》い。大臣《だいじん》の職《しよく》にある人々《ひとびと》は、用心《ようじん》しなければならない。特《とく》に運《うん》の悪《わる》い人《ひと》は、いよいよ恐怖《きようふ》しなければならない。ただし、不善《ふぜん》の人《ひと》（斉信《ただのぶ》）については、天道《てんどう》は何《なん》と謂《い》うであろう。

❖尹覚師《いんかくし》、云《い》はく、「去《さ》ぬる七月朔《しちがつさく》より、百个日《ひやつかにち》を限《かぎ》り、中宮大夫斉信《ちゆうぐうだいぶただのぶ》、息僧永《そくそうえい》慶《きよう》を以《もつ》て安禅寺《あんぜんじ》に於《お》いて、如意《によい》輪法《りんぼう》を行《おこ》なはしむ。是《こ》れ丞相《じようしよう》を望《のぞ》む祈《いの》りなり。彼《か》の大納言《だいなごん》、永慶《えいきよう》に書《ふみ》を送《おく》りて、夢想《むそう》の告《つ》げを云《い》ふ」と。只今《ただいま》、欠無《けつな》し。祈禱《きとう》、怖《おそ》れ多《おお》し。当職《とうしよく》の人々《ひとびと》、用意《ようい》を致《いた》すべし。就中《なかんずく》、薄運《はくうん》の人《ひと》、弥《いよい》よ恐懼《きようく》すべし。但《ただ》し不善《ふぜん》の人《ひと》、天道《てんどう》、何《なに》を謂《い》はん。

尹覚師云、従二去七月朔一限二百ケ日一、中宮大夫斉信、以二息僧永慶一於二安禅寺一令レ行二如意輪法一、是望二丞相一之祈也、彼大納言送二永慶書一云二夢想告一、只今無レ欠、祈禱多レ怖、当職人々可レ致二用意一、就中薄運之人弥可二恐懼一、但不善之人謂二天道何一、

＊十三日の夕方になり、傷が腫《は》れてきた。そして夢想があり、支子《くちなし》（梔子）の汁を付けている。当時の貴族が豊富な医学知識を有していたことを示している。また、これら種々の薬をすぐに調達できたということも、驚くべきことである。

　ところが十七日、ただ一人の大納言である五十七歳の斉信《ただのぶ》が、夢想の告げに触発されて大臣を望む祈禱を始めたという情報が寄せられた。普通に考えれば、用心しなければならない大臣というのは、ともに六十七歳の藤原公季《きんすえ》と実資であったはずである。

　ところが、実資本人は、この情報に対して、あまり怖れていない。腫物治療の最中だったのに、である。自分だけは「薄運の人」ではないと思っているのであろうか、あるいはことさらに怖れていないかのように記録したのであろうか。

　なお、後に述べる万寿《まんじゅ》二年（一〇二五）八月十四日条によると、実資がこの時のことを根に持っていたことがわかる。

・閏九月一日（伏見宮本〈広本〉）　故藤原懐平の夢告

丑刻《うしのこく》（午前一時《ごぜんいちじ》－三時《さんじ》）、夢《ゆめ》を見《み》たところ、皇太后宮大夫《こうたいごうぐうだいぶ》（藤原懐平《ふじわらのかねひら》）が来《き》て云《い》ったことには、「顔《かお》の疵《きず》は、（但波《たんばの》）忠明《ただあきら》に問《と》うたところ、『平癒《へいゆ》します』と。また云《い》ったことには、『柘榴《ざくろ》の皮《かわ》を焼《や》いて、付《つ》けるように。次《つ》いで桃《もも》の種核《しゅかく》の汁《しる》を付《つ》けるように』ということであった」と。今《いま》、思《おも》ったところは、薬師如来《やくしにょらい》に帰依《きえ》しているので、告《つ》げられたものである。随喜《ずいき》の心《こころ》は、喩《たと》えようもない。今《いま》、本来《ほんらい》ならば明朝《みょうちょう》、忠明宿禰《ただあきらすくね》を召《め》して、この二種《にしゅ》の功能《こうのう》を問《と》わなければならない。また、虚実《きょじつ》を占《うらな》わせなければならない。必《かなら》ずしも占《うらな》わなければならないわけではないとはいっても、悪魔《あくま》の障害《しょうがい》の怖《おそ》れによって、神《かみ》の告《つ》げを得《え》る為《ため》である。

❖丑時《うしのとき》、夢《ゆめ》みるに、大夫《だいぶ》、来《き》たりて云《い》はく、「面《つら》の疵《きず》、忠明《ただあきら》に問《と》ふに、『平《たい》らぐ』

と。又《また》、云《い》はく、『柘榴《ざくろ》の皮《かわ》を焼《や》きて傅《ふ》すべし。次《つ》いで桃核《とうかく》の汁《しる》を傅《ふ》すべし』てへり」と。今《いま》、思《おも》ふ所《ところ》は、薬師如来《やくしにょらい》に帰依《きえ》し奉《たてまつ》る所《ところ》、告《つ》げ給《たま》ふ所《ところ》。随喜《ずいき》の心《こころ》、喩《たと》ふる方《かた》を知《し》らず。今《いま》、須《すべから》く明旦《みようたん》、忠明《ただあきら》宿禰《すくね》を召《め》し、件《くだん》の両種《りようしゅ》の功能《こうのう》を問《と》ふべし。亦《また》、虚実《きよじつ》を占《うらな》はしむべし。必《かなら》ずしも占《うらな》ふべからずと雖《いえど》も、魔障《ましよう》の怖《おそ》れに因《よ》り、神《かみ》の告《つ》げを得《え》んが為《ため》なり。

丑時夢大夫来云、面疵問二忠明一、平、又云、焼二柘榴皮一可レ傅、次之可レ傅二桃核汁一者、今所レ思者所レ奉レ帰二依薬師如来一所レ告給一、随喜之心不レ知二喩方一、今須下明旦召二忠明宿禰一問中件両種功能上、亦可レ令レ占二虚実一、雖レ不レ可二必占一因二魔障之怖一為レ得二神告一也、

✻半月ほど経った頃、実資は新たな夢想を得た。兄の故懐平《かねひら》が医師の但波忠明《たんばのただあきら》に問うたところとして、柘榴《ざくろ》の皮と桃核の汁を付けよと言ったというのである。

この二種が夢に出てきたということを、実資は薬師如来の功徳《くどく》と記しているが、季節的に考えて、直前に見ていた（食べていた）可能性も考えられる。また、喜びながらも、その効能を疑っており、医師（当の忠明）に問い、また占いも行なわせて虚実を問うている。実際に自分の治療となると、夢のお告げに対する態度も、このように

慎重になるのであろう。

・閏九月二日（伏見宮本〈広本〉）但波忠明に夢告の薬を問う／中原恒盛に占わせる

早朝《そうちょう》、（但波《たんばの》）忠明宿禰《ただあきらすくね》を召し遣《つか》わして、夢告《むこく》の二種《にしゅ》の薬《くすり》について問《と》うた。云《い》ったことには、「桃《もも》の種核《しゅかく》の汁《しる》を付《つ》けることは、とても優《すぐ》れた事《こと》です。肉《にく》を満《み》たして、皮《かわ》をゆるめ、元《もと》のように戻《もど》すでしょう。また、柘榴《ざくろ》の治療《ちりょう》は、いまだ知《し》りません。必《かなら》ず良《よ》いのではないでしょうか。文書《もんじょ》を引《ひ》いて、注進《ちゅうしん》することにします」ということだ。占《うらな》って云《い》ったことには、「……これは信《しん》じられるべきでしょう」と。

恒盛《つねもり》に占《うらな》わせた。夢想《むそう》を信《しん》じるかどうかを、（中原《なかはらの》）

忠明《ただあきら》宿禰《すくね》が調《しら》べて云《い》ったことには、「桃《もも》の種核《しゅかく》〈味《あじ》は苦《にが》くて甘《あま》い。平《たい》らかで毒《どく》はありません。古《ふる》い血《ち》を司《つかさど》ります。また、早《はや》く暴虐《ぼうぎゃく》の血《ち》を除《のぞ》きます。また、痛《いた》みを止《と》めます。また、人《ひと》を好色《こうしょく》にさせます。また、人《ひと》の顔《かお》を潤《うるお》わせます。〉。この物《もの》は、付《つ》けられるべきでしょう。皮《かわ》の肉《にく》を炒《いた》め去《さ》り、鉄臼《てつうす》でよく舂《つ》き、泥《どろ》にして付《つ》けなされよ」ということだ。「柘榴《ざくろ》は、もしかしたら仏法《ぶっぽう》に見《み》えるところが有《あ》るでしょうか。この御疵《おんきず》については、これを用《もち》いてはなりません」と。桃《もも》の種核《しゅかく》は、勘文《かんもん》のとおりであれば、顔《かお》の疵《きず》に用《もち》いることは、最《もっと》も勝《まさ》る。夢想《むそう》の告《つ》げは、仰《あお》いで信《しん》じることができる。仏神《ぶっしん》もまた、敬《うやま》い慎《つつし》む誠《まこと》を行《おこ》なえば、必《かなら》ず感応《かんのう》の効験《こうげん》を得《え》る。

❖早朝《そうちょう》、忠明《ただあきら》宿禰《すくね》を召《め》し遣《つか》はし、夢告《むこく》の二《に》種《しゅ》の薬《くすり》の事《こと》を問《と》ふ。云《い》はく、「桃核《とうかく》の汁《しる》を傅《ふ》すこと、極《きわ》めて優《ゆう》なる事《こと》なり。肉《にく》を満《み》たして皮《かわ》をゆるへ、元《もと》のごとく還復《かんぷく》すべきなり。亦《また》、柘榴《ざくろ》の治《ち》、未《いま》だ知《し》らず。必《かなら》ず良《よ》かるべきか。文書《もんじょ》を引《ひ》き、注進《ちゅうしん》すべし」てへり。夢想《むそう》の信不《しんぷ》を、恒盛《つねもり》を以《もっ》て占《うらな》はしむ。占《うらな》ひて云《い》はく、「……是《こ》れ信《しん》じ給《たま》ふべきか」と。

忠明《ただあきら》宿禰《すくね》、勘《かんが》へて云《い》はく、「桃核《とうかく》〈味《あじ》、苦《にが》く甘《あま》し。平《たい》らかにして毒無《どくな》し。瘀血《おけつ》を主《つかさど》る。又《また》、早《はや》く暴暫《ぼうざん》の血《ち》を除《のぞ》く。又《また》、痛《いた》みを止《や》む。又《また》、人《ひと》をして好色《こうしょく》にせしむ。又《また》、人面《じんめん》を悦沢《えつたく》す。〉。件《くだん》の物《もの》、付《ふ》し御《おわ》すべきなり。皮肉《ひにく》を炒《いた》め去《さ》り、鉄臼《てつうす》にて能《よ》く舂《つ》き、泥《どろ》を傅《ふ》せしめ給《たま》へ」てへり。「柘榴《ざくろ》、若《も》しくは仏法《ぶっぽう》に於《お》いて見《み》ゆる所有《ところあ》るか。此《こ》の御疵《おんきず》に至《いた》りては、之《これ》を用《もち》ゐるべからず」と。桃核《とうかく》、勘文《かんもん》のごとくんば、面《つら》の疵《きず》に用《もち》ゐること、最《もっと》も勝《まさ》る。夢想《むそう》の告《つ》げ、仰《あお》ぎて信《しん》ずべし。仏神《ぶっしん》、亦《また》、敬慎《けいしん》の誠《まこと》を致《いた》さば、必《かなら》ず感応《かんのう》の験《しるし》を得《え》ん。

早朝召二遣忠明宿禰一問二夢告二種薬事一、云、傅二桃核汁一極優事也、肉乎満天皮乎ユルへ如レ元可二還復一也、亦柘榴治未レ知、必可レ良歟、引二文書一可二注進一者、夢想信不以二恒盛一令レ占、々云、……是可二信給一歟、

忠明宿禰勘云、桃核〈味苦甘、平無レ毒、主二瘀血一、又除二早暴暫血一、又止レ痛、又令二人好色一、又悦二沢人面一〉件物可二付御一也、炒二去皮肉一、鉄臼能舂、令二泥傅一給者、柘榴若於二仏法一有レ所レ見歟、至二于此御疵一不レ可レ用レ之、桃核如二勘文一用二面疵一最勝、夢想告仰而可レ信、仏神亦致二敬慎之誠一必得二感応之験一、

✻翌二日、実資は医師の忠明に夢告に出てきた二種の薬の効能を問い、陰陽師《おんみょうじ》の恒盛《つねもり》に占わせた。医師の見立てによると、桃核の汁は顔の疵《きず》に付けなさい、柘榴は用いてはならない、ということであった。一方、陰陽師の方は、「告げたところは信じるべきである」ということであった。さっそくこの日の夕方、桃核の汁を付け始めた。

その結果、翌三日の朝には疵が満合《まんごう》していた。そこにもう一人呼んでいたのであろう、医師の和気相成《わけのすけなり》がやって来た。相成は、桃核の汁についてはもちろん、柘榴の皮についても勧めたようで、実資はこれも試している。夜、すりつぶして炭のようになった柘榴の皮を顔に塗っている実資を想像すると、何だか微笑ましい。

八日頃には完全に治癒したようで、十六日、負傷後はじめての参内の日を勘申させている。なお、二十八日の夢想に老僧が登場し、実資は面の疵が癒《い》えたのは薬師如来の冥助《みょうじょ》であると記している。

・閏九月十九日（伏見宮本〈広本〉）　飲酒の是非

（但波《たんばの》）忠明《ただあきら》と（和気《わけの》）相成朝臣《すけなりあそん》を呼《よ》んで、顔《かお》の疵《きず》を見《み》せた。まったく格別《かくべつ》な事《こと》は無《な》かった。また、酒《さけ》を禁《きん》じなければならないかどうかについて問《と》うた。「忌《い》むことはありません」ということだ。酒《さけ》を要《よう》するわけではなく、酒《さけ》を用《もち》いるべきであることを、或《あ》る者《もの》が申《もう》したのである。

❖忠明《ただあきら》・相成等《すけなりなど》の朝臣《あそん》を呼《よ》び、面《つら》の疵《きず》を見《み》しむ。更《さら》に殊《こと》なる事無《ことな》し。亦《また》、酒《さけ》を禁《きん》ずべきか否《いな》かの事《こと》を問《と》ふに、「忌《い》むべからず」てへり。酒《さけ》を要《よう》するに非《あら》ず、酒《さけ》を用《もち》ゐるべき由《よし》、或《あ》る者《もの》、申《もう》すなり。

呼二忠明・相成等朝臣一令レ見二面疵一、更無二殊事一、亦問二可レ禁レ酒哉否事一、不レ可レ忌者、非レ要レ酒可レ用レ酒由或者申也、

✣私も入院して思ったのだが、病気そのものが治ったとして、いったいいつから元の生活に戻れるのかが、最大の関心事であった。そしてその中心を占めたのが、いつから職場に復帰できるか、そしていつから酒が呑《の》めるかということであった。

どうも酒好きらしい実資が、そのことを医師に尋ねているのも、まことに心が通じた思いがしたものである。酒を呑むべきであると聞いて、それを記録する実資の嬉《うれ》しそうな顔が浮かんでくるようである。

・十一月十日（伏見宮本〈広本〉）道長、高野山詣の様子を語る

未刻《ひつじのこく》（午後一時《ごごいちじ》―三時《さんじ》）の頃《ころ》、禅室《ぜんしつ》（藤原道長《ふじわらのみちなが》）の許《もと》に参《まい》った〈宰相《さいしょう》（藤原資平《ふじわらのすけひら》）は車内《しゃない》に乗《の》った。〉。長《なが》い時間《じかん》、清談《せいだん》した。多《おお》くはこれは、高野山《こうやさん》の事《こと》である。「……この頃《ころ》、大師《だいし》（空海《くうかい》）の廟堂《びょうどう》の戸《と》の両側《りょうがわ》の柱《はしら》は、だんだんと放《はな》たれて、仏供《ぶつぐ》の机《つくえ》と理《り》趣三昧阿闍梨《しゅさんまいあじゃり》の高座《こうざ》の中間《ちゅうかん》に倒《たお》れ臥《ふ》した。珍《めずら》しい事《こと》である。二《ふた》つの釘《くぎ》は柱《はしら》に残《のこ》り、その他《ほか》の一《ひと》つの釘《くぎ》は扉《とびら》の柱《はしら》の本《もと》に挟《はさ》まっていた。大僧正《だいそうじょう》〈済信《さいしん》。〉が云《い》ったことには、『進《すす》み寄《よ》って、拝《はい》されよ。これはそうあるべきものです』ということだ。そこで無理《むり》に高座《こうざ》を舁《か》き立《た》てて、

その上《うえ》に登《のぼ》り、堂内《どうない》を見《み》た。墳墓《ふんぼ》のような物《もの》が有《あ》った。白土《しらつち》を塗《ぬ》っていた。高《たか》さ二尺余《にしゃくあま》りほどであった。今《いま》、思《おも》うと、また三尺余《さんじゃくあま》りほどは土《つち》を掘《ほ》っていたのか。合《あ》わせて六尺《ろくしゃく》ほどか。初《はじ》めはこの廟《びょう》の上《うえ》に塔《とう》を造立《ぞうりゅう》していた。ところが野火《のび》の為《ため》に焼《や》かれ、堂《どう》を造営《ぞうえい》させた。その年《とし》は癸亥《みずのとい》である。干《かん》支《し》は今年《ことし》に当《あ》たる。あの政所《まんどころ》から、歩行《ほこう》して参《まい》った。退《しりぞ》いて理趣三昧《りしゅさんまい》を行《おこ》ない、絵図《えず》を供養《くよう》した。天気《てんき》は明朗《めいろう》であった。退《しりぞ》く途中《とちゅう》、急《きゅう》に黄昏《たそがれ》の頃《ころ》から、雨脚《あまあし》は注《そそ》ぐようであった。そこで山底《やまぞこ》に留《とど》まり、樹《き》の下《した》にいた。亥刻《いのこく》（午後九時《ごごくじ》－十一時《じゅういちじ》）の頃《ころ》、雨《あめ》が止《や》んだ。退《しりぞ》いた。鶏鳴《けいめい》の頃《ころ》、政所《まんどころ》に帰《かえ》った。大僧正《だいそうじょう》は手輿《たごし》に乗《の》り、前《まえ》に立《た》って退《しりぞ》いた。他《た》の公卿《くぎょう》たちは、馬《うま》に騎《の》って、同《おな》じく先《ま》ず退《しりぞ》いた」ということだ。

❖未時《ひつじのとき》ばかり、禅室《ぜんしつ》に詣《もう》づ〈宰相《さいしょう》、車後《くるまじり》に乗《の》る。〉。良久《ややひさ》しく清談《せいだん》す。多《おお》くは是《こ》れ、高野《こうや》の事《こと》。「……此《こ》の間《かん》、大師《だいし》の廟堂《びょうどう》の戸《と》の桙立《ほこだち》、漸《ようや》く放《はな》ち、仏供《ぶつぐ》の机《つくえ》と理《り》三昧《さんまい》阿闍梨《あじゃり》の礼盤《らいばん》の中間《ちゅうかん》に顛《たお》れ臥《ふ》す。希有《けう》の事《こと》なり。二釘《にくぎ》、柱《はしら》に遺《のこ》り、其《そ》の外《ほか》の一釘《いちくぎ》は桙立《ほこだち》の本《もと》に打《う》ちはさめたり。大僧正《だいそうじよう》〈済信《さいしん》。〉、云《い》はく、『進《すす》み寄《よ》りて拝《はい》し奉《たてまつ》るべし。是《こ》れ然《しか》るべきなり』てへり。仍《よ》りて慭《なまじ》ひに礼盤《らいばん》を舁《か》き立《た》て、其《そ》の上《うえ》に登《のぼ》り、堂内《どうない》を見奉《みたてまつ》る。墳《ふん》のごとき物有《ものあ》り。白土《しらつち》を塗《ぬ》る。高《たか》さ二尺余《にしやくあま》りばかり。今《いま》、思《おも》ふに、又《また》、三尺余《さんじやくあま》りばかりは土《つち》を掘《ほ》るか。合《あ》はせて六尺《ろくしやく》ばかりか。初《はじ》め件《くだん》の廟《びよう》の上《うえ》に塔《とう》を造《つく》る。而《しか》るに野火《のび》の為《ため》に焼《や》かれ、堂《どう》を造《つく》らしむ。其《そ》の年紀《ねんき》、癸亥《きがい》。支干《しかん》、今年《ことし》に当《あ》たる。彼《か》の政所《まんどころ》より歩行《ほこう》して参入《さんにゆう》す。退帰《たいき》し、理趣三昧《りしゆさんまい》を行《おこ》なひ、絵図《えず》を供養《くよう》す。天気《てんき》、朗明《ろうめい》。退下《たいげ》の途中《とちゆう》、俄《にわ》かに黄昏《こうこん》より雨脚《あまあし》、沃《そそ》ぐがごとし。仍《よ》りて山底《やまぞこ》に留《とど》まり、樹下《じゆか》に居《お》り。亥時《いのとき》ばかり、雨止《あめや》む。退下《たいげ》す。鶏鳴《けいめい》、政所《まんどころ》に帰《かえ》り到《いた》る。大僧正《だいそうじよう》、平輿《へいよ》に乗《の》り、前《まえ》に立《た》ち、退下《たいげ》す。自余《じよ》の上達部《かんだちめ》、馬《うま》に騎《の》り、同《おな》じく先《ま》づ退下《たいげ》す」てへり。

未時許詣二禅室一〈宰相乗二車後一〉、良久清談、多是高野事、……此間大師廟堂戸桙立漸放、顚三臥仏供机与二理三昧阿闍梨礼盤中間一、希有事也、二釘遺レ柱、其外一釘ハ桙立乃本仁打ハサメタリ、大僧正〈済信、〉云、進寄可レ奉レ拝、是可レ然也者、仍慭舁三立礼盤一、登二其上一奉レ見二堂内一、有二如レ墳物一、塗二白土一、高二尺余許、今思又三尺余許者掘レ土歟、合六尺許歟、初件廟上造レ塔、而為二野火一被レ焼、令レ造レ堂、其年紀癸亥、支干当二今年一、従二彼政所一歩行参入、退帰、行二理趣三昧一、供二養絵図一、天気朗明、退下途中俄従二黄昏一雨脚如レ沃、仍留二山底一居二樹下一、亥時許雨止、退下、鶏鳴帰二到政所一、大僧正乗二平輿一前立退下、自余上達部騎レ馬、同先退下者、

✻金剛峯寺《こんごうぶじ》は紀伊国《きいのくに》の高野山《こうやさん》に所在する真言《しんごん》宗の根本道場である。弘仁《こうにん》七年（八一六）に空海《くうかい》が建立したのに始まる。正暦《しょうりゃく》五年（九九四）に大火に見舞われて衰退した。

道長が金剛峯寺参詣《さんけい》に出立《しゅったつ》したのは、この年十月十七日の暁方のことであった。往路は南京《なんきょう》や飛鳥《あすか》の寺々、帰路は法隆寺《ほうりゅうじ》、河内《かわち》国の道明寺《どうみょうじ》、摂津《せっつ》国の四天王寺《してんのうじ》などを参拝して宝物を拝観し、十一月一日に帰京している（『扶桑略記《ふそうりゃっき》』）。

金剛峯寺では法華経《ほけきょう》と理趣経《りしゅきょう》を供養した後、大師《だいし》（空海）廟堂《びょうどう》において、廟堂の扉が自然に開き、扉の方立《ほうだて》が倒れるという「瑞相《ずいそう》」（めでたいしるし）が起こった。大僧正済信《さいしん》は、「進み寄って拝み奉られよ」と道長に進言し、道長が礼盤《らいばん》の上に登って廟堂の内部を見ると、白土を塗った高さ二尺余りの墳墓のような物があったという（『扶桑略記』『小右記《しょうゆうき》』）。道長と空海の対面である。これを契機に空海入定《にゅうじょう》伝説（大師は入滅《にゅうめつ》したのではなく入定したのであって、今も坐禅《ざぜん》を続けているのだという信仰）が説

かれ、金剛峯寺は霊場として確立した。

・十二月二十三日（伏見宮本〈広本〉）藤原資業宅、州民の放火により焼亡

子刻《ねのこく》（午後《ごご》十一時《じゅういちじ》－午前《ごぜん》一時《いちじ》）の頃《ころ》、丹波守《たんばのかみ》（藤原《ふじわらの》）資業《すけなり》の中御門《なかみかど》の宅《たく》が焼失《しょうしつ》した。「騎兵十余人《きへいじゅうよにん》が来《き》て、放火《ほうか》した。宅《たく》の人《ひと》が闘《たたか》った。ところが、群盗《ぐんとう》は力《ちから》が強《つよ》く、行《おこ》なったところである」と云《い》うことだ。「国司《こくし》（資業《すけなり》）は任国《にんごく》にいる」と云《い》うことだ。「任終《にんしゅう》の務《つと》めは、苛酷《かこく》が極《きわ》まり無《な》かった」と云《い》うことだ。州民《しゅうみん》の愁《うれ》いは多《おお》かった。凶党《きょうとう》の仲間《なかま》を集《あつ》めて、犯行《はんこう》を行《おこ》なったのか。そもそも、洛中《らくちゅう》は坂東《ばんどう》に異《こと》ならない。朝廷《ちょうてい》の法規《ほうき》は誰《だれ》がこれを頼《たの》みにするのか。……後《のち》に聞《き》いたことには、「群盗《ぐんとう》は、まったく宅《たく》を囲《かこ》んでいない。また、宿直《とのい》の人《ひと》はいなかった。いた者《もの》は、雑人《ぞうにん》が一《いち》、二《に》人《にん》であった」と云《い》うことだ。「秘《ひそ》かに火《ひ》を付《つ》けた」と云《い》うことだ。「一物《いちもつ》も残《のこ》さず、すべ

て焼失《しょうしつ》した。ただ聟《むこ》の弁《べん》（藤原《ふじわらの》）経輔《つねすけ》の方《かた》の調度《ちょうど》を、少《すこ》しばかり取《と》り出《だ》した」と云《い》うことだ。別《べつ》の説《せつ》に云《い》ったことには、「国人《こくじん》が放火《ほうか》したということは、特《とく》に秘《ひ》蔵《ぞう》している。聟方《むこがた》の雑人《ぞうにん》は、放火《ほうか》ではなく、自然《しぜん》に出火《しゅっか》したということを披《ひ》露《ろう》した」と云《い》うことだ。「国政《こくせい》の苛《か》酷《こく》に堪《た》えずに、州民《しゅうみん》が放火《ほうか》した事《こと》が、もしも衆人《しゅうじん》の口《くち》に入《はい》れば、後々《のちのち》、必《かなら》ず国司《こくし》の職務《しょくむ》の妨《さまた》げが有《あ》るであろう。そこで失火《しっか》と称《しょう》した」と云《い》うことだ。

❖子刻《ねのこく》ばかり、丹波守《たんばのかみ》資業《すけなり》の中御門《なかみかど》の宅《たく》、焼亡《しょうぼう》す。「騎兵《きへい》十余人《じゅうよにん》、来《き》たり、放火《ほうか》す。宅《たく》の人《ひと》、相挑《あいいど》む。而《しか》るに群盗《ぐんとう》、力強《ちからつよ》く、為《な》す所《ところ》」と云々《しかじか》。「国司《こくし》、国《くに》に在《あ》り」と云々《しかじか》。「任終《にんしゅう》の務《つと》め、苛《か》酷《こく》、極《きわ》まり無《な》し」と云々《しかじか》。州民《しゅうみん》の愁《うれ》へ、多《おお》し。凶党《きょうとう》の類《たぐい》を結《むす》び、犯《はん》を成《な》すか。抑《そもそ》も洛中《らくちゅう》、坂東《ばんどう》に異《こと》ならず。朝憲《ちょうけん》、誰人《たれびと》、之《これ》を憑《たの》むか。……後《のち》に聞《き》く、「群盗《ぐんとう》、専《もは》ら囲《かこ》み到《いた》らず。亦《また》、宿直《とのい》の人《ひと》無《な》し。在《あ》る所《ところ》の者《もの》、雑人《ぞうにん》一《いち》、二《に》人《にん》」と云々《しかじか》。「竊《わず》かに火《ひ》を付《つ》く」と云々《しかじか》。「一物《いちもつ》も遺《のこ》さず、悉《ことごと》く焼失《しょうしつ》す。只《ただ》、聟《むこ》の弁《べん》経輔《つねすけ》の方《かた》の調度《ちょうど》、少《すこ》しばかり取《と》り出《い》だす」と云々《しかじか》。又《また》の説《せつ》に云《い》はく、「国《こく》人《じん》、放火《ほうか》する由《よし》、殊《こと》に以《もっ》て秘蔵《ひぞう》す。聟方《むこがた》の雑人《ぞうにん》、放火《ほうか》ならず、自《おの》づから出《い》で来《き》たる由《よし》を披露《ひろう》す」と云々《しかじか》。「国政《こくせい》の苛酷《かこく》に堪《た》へず、州民《しゅうみん》、放火《ほうか》せる事《こと》、若《も》し衆《しゅう》の口《くち》に入《い》らば、後々《のちのち》、必《かなら》ず吏途《りと》の妨《さまた》げ有《あ》るか。仍《よ》りて失火《しっか》と称《しょう》す」と云々《しかじか》。

子刻許丹後守資業中御門宅焼亡、騎兵十余人来放火、宅人相挑、而群盗力強所レ為云々、国司在レ国云々、任終之務苛酷無レ極云々、州民之愁多、結二凶党之類一成レ犯歟、抑洛中不レ異二坂東一、朝憲誰人憑レ之哉、……後聞、群盗専不二囲到一、亦無二宿直人一、所レ在者雑人一二人云々、竊付レ火云々、不レ遺二一物一悉焼失、只聟弁経輔方調度少許取出云々、又説云、国人放火由殊以秘蔵、聟方雑人不二放火一自出来由披露云々、不レ堪二国政之苛酷一州民放火事若入二衆口一後々必有二吏途之妨一歟、仍称二失火一云々、

✲資業《すけなり》は藤原北家真夏流《ほっけまなつりゅう》（日野家《ひのけ》）。文章道《もんじょうどう》から出身し、式部少丞《しきぶのしょうじょう》・式部大丞《しきぶのだいじょう》・六位《ろくいの》蔵人《くろうど》・刑部少輔《ぎょうぶのしょう》・大内記《だいないき》・右少弁《うしょうべん》・東宮学士《とうぐうがくし》に任じられ、長和《ちょうわ》三年（一〇一四）に五《ご》位蔵人《いのくろうど》、翌長和四年（一〇一五）に検非違使佐《けびいしのすけ》を兼ねて、「三事兼帯《さんじけんたい》の栄」に浴した。
そして寛仁《かんにん》四年（一〇二〇）、佐の労によって丹波守《たんばのかみ》となり、はじめて受領《ずりょう》として任地に下ったのである。

これまでの学者出身の中央官としての仕事から、一定の租税さえ中央に納めれば残りは自分の懐に入るという受領となった資業が、ここぞとばかり苛烈《かれつ》な治世を行なったことは、想像に余りある。

しかし、任国の住民は、それを許してはおかなかった。騎兵というから、庶民ではない有力者であろう、そいつらが上京して、資業の邸第に放火したのである。しかも資業や婿の経輔《つねすけ》は、これは放火ではなく失火であると言い張った。今後の職務のためという。実資の、「洛中《らくちゆう》は坂東《ばんどう》に異ならない」という慨嘆が、この間の状況をよく表わしている。なお、日野《ひの》法界寺《ほうかいじ》薬師《やくし》堂《どう》を建立したのは、この資業である。

## ◈万寿《まんじゆ》元年（一〇二四）

藤原実資六十八歳（正二位、右大臣・右大将・東宮傅）後一条天皇十七歳　藤原彰子三十七歳　藤原道長五十九歳　藤原頼通三十三歳　藤原威子二十六歳

・正月二日（伏見宮本〈略本〉）藤原惟憲、床子から顚落／冠責によるとの

早朝《そうちょう》、宰相《さいしょう》（藤原資平《ふじわらのすけひら》）が来て云《い》ったことには、「昨日《きのう》、大宰大弐《だざいのだいに》（藤原《ふじわらの》）惟憲《これのり》が、門外《もんがい》に於《お》いて、腰掛《こしか》けから落《お》ちました。右少弁《うしょうべん》（藤原《ふじわらの》）頼明《よりあきら》が助《たす》け起《お》こしました」と。昨日《きのう》、いまだ門外《もんがい》に出《で》ない前《まえ》、議場《ぎじょう》にいた。様子《ようす》を見《み》ると、顔《かお》つきは特《とく》に衰《おとろ》えていた。もしかしたら過分《かぶん》なのであろうか。節《せち》会《え》の座《ざ》から早《はや》く帰《かえ》った。右大史《うだいし》（中原《なかはらの》）義光《よしみつ》が云《い》ったことには、「昨日《きのう》、惟《これ》憲《のり》は心神《しんしん》が不覚《ふかく》となり、顚倒《てんとう》しました。謹慎《きんしん》しなければならないようなものです」と云《い》うことだ。大外記《だいげき》（清原《きよはらの》）頼隆《よりたか》が云《い》ったことには、「冠責《かんせき》が行《おこ》なったところです。ところが、大《たい》した事《こと》はありません」と。

❖早朝《そうちょう》、宰相《さいしょう》、来《き》たりて云《い》はく、「昨日《きのう》、大弐惟憲《だいにこれのり》、外弁《げべん》に於《お》いて、床子《しょうじ》より落《お》つ。右少弁頼明《うしょうべんよりあきら》、扶《たす》け起《お》こす」と。昨《きのう》、未《いま》だ外弁《げべん》に出《い》でざる前《まえ》、陣座《じんのざ》に在《あ》り。気《け》色《しき》を見《み》るに、容顔《ようがん》、殊《こと》に衰《おとろ》ふ。若《も》しくは過分《かぶん》か。節会《せちえ》の座《ざ》より早《はや》く退出《たいしゅつ》す。史義《しよし》光《みつ》、云《い》はく、「昨《きのう》、惟憲《これのり》、心神不覚《しんしんふかく》にして、顛仆《てんとう》す。慎《つつし》むべきに似《に》る」と云々《しかじか》。
大外記《だいげき》頼隆《よりたか》、云《い》はく、「冠責《かんせき》、為《な》す所《ところ》。然《しか》れども、殊《こと》なる事無《ことな》し」と。

早朝宰相来云、昨日大弐惟憲於二外弁一落レ自二床子一、右少弁頼明扶起、昨未レ出二外弁一前在二陣座一、見二気色一容顔殊衰、若過分歟、従二節会座一早退出、史義光云、昨惟憲心神不覚顛仆、似レ可レ慎云々、大外記頼隆云、冠責所レ為、然而無二殊事一、

✿藤原惟憲《ふじわらのこれのり》は、藤原北家《ほっけ》勧修寺流《かじゅうじりゅう》。典型的な至富型受領家司《ずりょうけいし》で、道長《みちなが》の家司として活躍した。因幡守《いなばのかみ》・甲斐守《かいのかみ》・近江守《おうみのかみ》・播磨守《はりまのかみ》・大宰大弐《だざいのだいに》などを歴任。その間に蓄積した財により、摂関家《せっかんけ》に奉仕し、道長の恩顧を得た。

前年十二月十五日に大宰大弐に任じられ、位階も十二月二十六日に大嘗会国司賞《だいじょうえこくししょう》として従三位《じゅさんみ》、この年九月十五日に赴任賞として何と正三位にまで上った。

この日の記事は、前日の元日節会《がんじつのせちえ》において、外弁《げべん》（内裏〈承明門《しょうめいもん》の外〉）で床子《しょうじ》から落ちたという情報を記録している。

「過分」とか「冠責」という評言に、貴族社会の惟憲に対する認識がよく表われている。「過分」というのは分不相応の昇進のことであろうし、「冠責」というのは不当な

高位による責めとでもいった意味なのであろう。特になかなか受領にも任じられない中下級貴族から見た認識は、このようなものだったのであろう。

八月の赴任、および長元《ちょうげん》二年（一〇二九）に大宰大弐の任を終えて帰京した時の様子については、後に述べることとしよう。

・四月十二日（伏見宮本〈略本〉）　貴布禰社神体、遺失

検非違使《けびいし》（藤原《ふじわらの》）顕輔《あきすけ》が云《い》ったことには、「貴布禰社《きぶねしゃ》の社司《しゃし》が申《もう》して云《い》ったことには、『明神《みょうじん》の御神体《ごしんたい》がいらっしゃらないということを、雨《あめ》の御祈禱《ごきとう》について命《めい》じられたついでに申《もう》させました』と云《い》うことでした。『故《こ》（源《みなもとの》）雅通《まさみち》が新造《しんぞう》した御神体《ごしんたい》だけがいらっしゃいます』ということでした」と。これを考《かんが》えるに、人《ひと》を呪詛《じゅそ》する悪《わる》い女《おんな》が、取《と》り籠《こ》めたのか。

❖検非違使《けびいし》顕輔《あきすけ》、云《い》はく、「貴布禰社司《きぶねしゃし》、申《もう》して云《い》はく、『明神《みょうじん》の正体《しょうたい》、御坐《おわしま》さざる由《よし》、雨《あめ》の御禱《みほき》の事《こと》を仰《おお》せらるる次《つ》いでに申《もう》さしむ』と云々《しかじか》。『故雅通《こまさみち》、新造《しんぞう》し奉《たてまつ》る体《たい》のみ御坐《おわしま》す』てへり」と。計《はか》るに人《ひと》を呪咀《じゅそ》する悪《あ》しき女《おんな》、取《と》り籠《こ》むるか。

検非違使顕輔云、貴布禰社司申云、明神正体不㆓御坐㆒之由、被㆑仰㆓雨御禱事㆒之次令㆑申云々、故雅通奉㆓新造㆒体而已御坐者、計之呪㆓咀於人㆒之悪女取籠歟、

✻貴布禰《きぶね》（貴船）社は、現在では藁《わら》人形を使った呪詛《じゅそ》や縁切り／縁結びの神社として有名であるが、本来は水神《すいじん》である高龗神《たかおかみのかみ》を祀《まつ》り、山谷の雨水を掌《つかさど》る神として、古く雨《あま》乞《ごい》・止雨の神とされた。日照りが続くと、祈雨奉幣使《きうほうべいし》が発遣《はっけん》されて黒馬を奉納した。
その貴布禰社のご神体が盗まれていたことが、この日、発覚したのである。「人を呪詛する悪い女」の仕業というのが、実資《さねすけ》の説である。貴船まで行くのが面倒で、自宅で呪詛するつもりだったのであろうか。この時期にすでに貴布禰社で呪詛が行なわれていたことがわかる貴重な史料ではあるのだが。

・四月十三日（伏見宮本〈略本〉）　源師良、小野宮門前を乗車で渡るも、これを咎めず

「午刻《うまのこく》（午前十一時《ごぜんじゅういちじ》―午後一時《ごごいちじ》）の頃《ころ》、左少将《さしょうしょう》（源《みなもとの》）師良《もろよし》が、車《くるま》に乗《の》って小《お》野宮《ののみや》の北門《きたもん》の前《まえ》を馳《は》せ通《とお》りました。雑人《ぞうにん》たちは車《くるま》を殴打《おうだ》しようと思《おも》いましたが、後《のち》のお叱《しか》りを思《おも》ったので、制止《せいし》することができませんでした」と云《い》うことだ。大臣家《だいじんけ》の門前《もんぜん》は、また大臣《だいじん》も通《とお》らない。どうしてましてや、次《じ》席《せき》の者《もの》はなおさらである。師良《もろよし》は年齢《ねんれい》が十歳《じっさい》ほどで、世間《せけん》の様子《ようす》を知《し》らない。咎《とが》めてはならない、怪《あや》しんではならない。

❖「午時《うまのとき》ばかり、左少将《さしょうしょう》師良《もろよし》、車《くるま》に乗《の》りて小《お》野宮《ののみや》の北門《きたもん》を馳《は》せ渡《わた》る。雑人等《ぞうにんなど》、車《くるま》を打《う》たんと欲《ほっ》する間《あいだ》、後《のち》の勘当《かんどう》を思《おも》ふに依《よ》り、制止《せいし》すること能《あた》はず」と云々《しかじか》。大臣家《だいじんけ》の門《もん》、又《また》、大臣《だいじん》、渡《わた》らず。何《なん》ぞ況《いわ》んや已次《いし》をや。師良《もろよし》、年齢十《ねんれいじゅう》ばかりにし

て、物情《ぶつじょう》を知《し》らず。咎《とが》むべからず、奇《あや》しむべからず。

午時許左少将師良乗レ車馳二渡小野宮北門一、雑人等欲レ打レ車之間依レ思二後勘当一不レ能二制止一云々、大臣家門又大臣不レ渡、何況已次乎、師良年齢十許、不レ知二物情一、不レ可レ咎不レ可レ奇、

✻当時の貴族は、身分や地位によって、家の前を通ったり、すれ違ったりするのも、厳しい規制があった。貴族の邸第が西門を正門とすることが多いのも、なるべく門前で出会ったりしないような配慮であったと言われる。しばしば門前を通った者が邸内の者に打擲《ちょうちゃく》されているのも、そのような背景があるのである。

この日、宇多源氏《うだげんじ》で源朝任《みなもとのあさとう》と源俊賢《としかた》の女《むすめ》の間に生まれていた師良《もろよし》が、小野宮《おののみや》の北門の前を車に乗ったまま通ったので、小野宮の雑人たちが打擲しようとしたものの、後の叱責《しっせき》を慮《おもんぱか》って、そのまま素通りさせたという事件である。この時の師良の年齢はわからないが、父の朝任が永祚《えいそ》元年（九八九）生まれで長元《ちょうげん》七年（一〇三四）に死去していることから、師良も十代そこそこだったことが推測できる。

なお、資平《すけひら》がこの事を密《ひそ》かに談《かた》ったところ、源守隆《もりたか》が朝任に談った。朝任は驚いて、

資平と一緒に、実資に詫《わ》びを入れに来ている。実資はまったく咎《とが》めることはないということを答えたものの、藤原実頼《さねより》は（弟である）左大臣藤原師尹《もろまさ》の二条家《にじょうけ》の門前を渡らなかったという故事と、実頼が語った、「家の門前は、渡らないものである」という言葉を朝任に語っている。

・五月二十八日（伏見宮本〈略本〉）永円、鴨川で溺れ、救出される

永円僧都《えいえんそうず》は、観音院《かんのんいん》から車《くるま》に乗《の》って、鴨川《かもがわ》を渡《わた》っていたところ、水《みず》が大《おお》いに出《で》た頃《ころ》に当《あ》たった。車《くるま》はすでに押《お》し流《なが》された。僧都《そうず》は車《くるま》を離《はな》れて、河水《かすい》に入《はい》った。畠《はたけ》を作《つく》っていた法師《ほうし》が、急《きゅう》に出《で》て来《き》て、救《すく》ったところ、共《とも》に水底《みなぞこ》に入《はい》ったが、何《なん》とか水中《すいちゅう》から腋《わき》に僧都《そうず》を抱《かか》え、流《なが》れ渡《わた》って岸《きし》に着《つ》き、命《いのち》を救《すく》った。「禅室《ぜんしつ》（藤原道長《ふじわらのみちなが》）は、この助《たす》けた法師《ほうし》を召《め》して、禄《ろく》を下《くだ》した」と云《い》うことだ。絹六疋《きぬろっぴき》と手作布十段《たづくりのぬのじゅうだん》。

❖永円僧都《えいえんそうず》、観音院《かんのんいん》より車《くるま》に乗《の》り、鴨川《かもがわ》を渡《わた》る間《かん》、水《みず》、大《おお》いに出《い》づる間《かん》に当《あ》たる。車《くるま》、已《すで》に推《お》し流《なが》さる。僧都《そうず》、車《くるま》を離《はな》れて河水《かすい》に入《い》る。畠《はたけ》を作《つく》る法師《ほうし》、忽《たちま》ち出《い》で来《き》たり、相救《あいすく》ふ間《あいだ》、共《とも》に水底《みなぞこ》に入《い》るも、僅《わず》かに水中《すいちゅう》より腋《わき》に僧都《そうず》を介《かい》し、流《なが》れ渡《わた》りて岸《きし》に着《つ》き、命《いのち》を存《そん》す。「禅室《ぜんしつ》、件《くだん》の相救《あいすく》ふ法師《ほうし》を召《め》し、禄《ろく》を給《たま》ふ」と云々《しかじか》。絹《きぬ》六疋《ろっぴき》・手作十段《たづくりじゅうだん》。

永円僧都従㆓観音院㆒乗㆑車渡㆓鴨川㆒之間、当㆓水大出間㆒、車已被㆓推流㆒、僧都離㆑車入㆓河水㆒、作㆑畠法師忽出来相救之間、共入㆓水底㆒、僅自㆓水中㆒腋介㆓僧都㆒流渡着㆑岸存㆑命、禅室召㆓件相救法師㆒給㆑禄云々、絹六疋・手作十段、

✻この日、永円《えいえん》が車に乗って鴨川《かもがわ》を渡っていたところ、水が突然出て、車が押し流された。永円が車を離れて河水に入ったところ、畠を作っていた法師が急に出て来て、救おうとした。二人とも水底に入ったが、法師は何とか水中から腋《わき》に永円を抱え、流れ渡って岸に着き、命を救ったという。当時は水泳ができる人はきわめて少なかった

と思われるが（まして二人とも僧である）、よく救出できたものである。

永円は俗名源成信《なりのぶ》。村上《むらかみ》天皇の孫で致平《むねひら》親王の子である。母は源雅信《まさのぶ》の女という縁もあり、道長の猶子《ゆうし》となって従四位上右《う》近衛権中将《このえのごんのちゅうじょう》に上っていた。長保《ちょうほう》三年（一〇〇一）に藤原重家《しげいえ》とともに三井寺《みいでら》（園城寺《おんじょうじ》）で出家した。時に二十三歳。若年の貴公子の出家のはしりとされる。道長の病悩《びょうのう》に際して人心が離れるのを見たのが機縁とされる（『権記《ごんき》』）。

出家後は三井寺で修行を重ね、寛弘《かんこう》八年（一〇一一）の権律師《ごんのりつし》を皮切りに、長元六年（一〇三三）には大僧正《だいそうじょう》に上った。寛徳《かんとく》元年（一〇四四）に六十六歳で入滅《にゅうめつ》した。

・七月二十一日（伏見宮本〈略本〉）藤原経輔・源成任、相撲で闘乱

或《ある》いは云《い》ったことには、「十七日《じゅうしちにち》の夜《よる》、殿上人《てんじょうびと》が、紫《し》宸殿《しんでん》の前《まえ》に於《お》いて相撲《すまい》を行《おこ》なった。権右中弁《ごんのうちゅうべん》（藤原《ふじわらの》）経輔《つねすけ》と蔵人式部丞《くろうどしきぶのじょう》（源《みなもとの》）成任《なりとう》が相撲《すまい》を

取《と》っていた際《さい》、各々《おのおの》、髻《もとどり》を執《と》ってつかみ合《あ》った。はなはだ無法《むほう》であった。尚書《しょうしょ》（経輔《つねすけ》）が行《おこ》なったところは、いまだこのようなことは聞《き》いたことがない。今夜《こんや》、経輔《つねすけ》は成任《なりとう》を殴打《おうだ》した。また従者《じゅうしゃ》たちは、追《お》って成任《なりとう》の宿所《しゅくしょ》に到《いた》り、打《う》ち壊《こわ》した」と云《い》うことだ。奇怪《きかい》である。先《さき》の夕方《ゆうがた》の事《こと》によって、遺恨《いこん》が有《あ》った。また奇怪《きかい》である。後日《ごじつ》、真偽《しんぎ》を聞《き》かなければならない。後《のち》に聞《き》いたことには、「殿上人《てんじょうびと》たちも連《つ》れだって殴打《おうだ》した」と云《い》うことだ。

❖或《ある》いは云《い》はく、「十七日《じゅうしちにち》の夜《よる》、雲上《うんじょう》の侍臣《じしん》、南殿《なでん》の前《まえ》に於《お》いて相撲《すまい》す。権右中弁《ごんのうちゅうべん》経輔《つねすけ》・蔵人式部丞《くろうどしきぶのじょう》成任《なりとう》、相撲《すまい》する間《あいだ》、各《おのおの》、髻《もとどり》を執《と》りて拏攫《だかく》す。太《はなは》だ狼藉《ろうぜき》たり。尚書《しょうしょ》、為《な》す所《ところ》、未《いま》だ之《こ》のごときを聞《き》かず。今夜《こんや》、経輔《つねすけ》、成任《なりとう》を打《う》ち陵《りょう》ず。又《また》、従者等《じゅうしゃなど》、追《お》ひて、成任《なりとう》の宿所《しゅくしょ》に到《いた》り、打《う》ち砕《くだ》く」と云々《しかじか》。奇怪《きかい》なり。一夕《いっせき》の事《こと》に依《よ》りて、遺恨有《いこんあ》り。又《また》、奇怪《きかい》なり。後日《ごじつ》、真偽《しんぎ》を聞《き》くべし。後《のち》に聞《き》く、「殿上人等《てんじょうびとなど》、相伴《しょうばん》して打《う》ち陵《りょう》ず」と云々《しかじか》。

或云、十七日夜雲上侍臣於二南殿前一相撲、権右中弁経輔・蔵人式部丞成任相撲間各執レ髻拏攫、太狼藉、尚書所レ為未レ聞レ如レ之、今夜経輔打二陵成任一、又従者等追二到成任宿所一打砕云々、奇恠、依二一夕事一有二遺恨一、又奇恠也、後日可レ聞二真偽一、後聞、殿上人等相伴打陵云々、

＊この年は七月二十九日に年中行事としての相撲節会《すまいのせちえ》が行なわれたが、それに先立って相撲気分が盛り上がっていたのだろうか、十七日に殿上人が紫宸殿《ししんでん》の前で相撲を取った。そのなかで、藤原経輔《つねすけ》と源成任《なりとう》の取り組みはエキサイトし、双方が髻《もとどり》（髪を頭上に集めて束ねたところ）を執ってつかみ合った。当然、冠は落ちていたはずである。

この時、経輔（藤原隆家《たかいえ》二男）は十九歳、成任（貞元《さだもと》親王流清和《せいわ》源氏《げんじ》）は生没年不詳であるが、二人とも若かったのであろう。

これですめばよかったのであるが、二十一日になって、その遺恨によって、経輔が成任を打擲《ちょうちゃく》し、経輔の従者が成任の宿所を破壊するという行為に出た。殿上人たちも経輔に同心して成任を襲ったとあるから、平安《へいあん》貴族にも血気盛んな連中がいたものである。二人とも、特にお咎めはなかったようである。

なお、成任は実資から馬を賜わったりしているから、何らかの関係があったものと

思われる。経輔は隆家との関係もあり、実資はよく面倒を見ていた。実資にとってみれば、目をかけている若者二人が起こした事件ということになる。

・八月三日（伏見宮本〈略本〉）　釈奠で学生の闘乱

「昨日《きのう》の釈奠《せきてん》で、明法道《みようぼうどう》の学生伴致堪《がくしようとものむねとう》と紀信孝《きののぶたか》とが口論《こうろん》していたが、信孝《のぶたか》は扇《おうぎ》で致堪《むねとう》の頬《ほお》を打《う》ち、つかみ合《あ》った。刀《かたな》を抜《ぬ》いて致堪《むねとう》を突《つ》こうとした。学生《がくしよう》社国《もりくに》が信孝《のぶたか》を抱《かか》えて捕《とら》えた。弾正台《だんじようだい》はこの信孝《のぶたか》を糺弾《きゆうだん》しようとしたが、信孝《のぶたか》は釈奠《せきてん》に従事《じゆうじ》することを称《しよう》した。この間《かん》、糺弾《きゆうだん》する事《こと》ができなかった。釈奠《せきてん》が終《お》わって、下部《しもべ》に命《めい》じて信孝《のぶたか》を逮捕《たいほ》した。腰《こし》に差《さ》していた小《こ》刀《がたな》を捜《さが》し出《だ》して、打《う》ち押《お》さえ、次《つ》いで表衣《うえのきぬ》の袖《そで》を切《き》った」と云《い》うことだ。

❖「昨《きのう》の釈奠《せきてん》、明法道《みようぼうどう》の学生伴致堪《がくしようとものむねとう》と紀信孝《きののぶたか》と、口論《こうろん》する間《かん》、信孝《のぶたか》、扇《おうぎ》を以《もつ》て致《むね》堪《とう》の頬《ほお》を打《う》ち、拏攫《だかく》に及《およ》ぶ。刀《かたな》を抜《ぬ》きて致堪《むねとう》を突《つ》かんと欲《ほっ》す。学生社国《がくしょうもりくに》、信孝《のぶたか》を抱《かか》へ捕《とら》ふ。弾正《だんじょう》、件《くだん》の信孝《のぶたか》を弾《だん》ぜんと欲《ほっ》するに、奠事《てんじ》に従《したが》ふことを称《しょう》す。此《こ》の間《かん》、弾《だん》ずる事《こと》を得《え》ず。終《お》はりて、下部《しもべ》を以《もっ》て信孝《のぶたか》を搦《から》む。腰《こし》に挿《さ》す小刀《こがたな》を捜《さが》し出《い》だして打《う》ち抑《おさ》へ、次《つ》いで表衣《うえのきぬ》の袖《そで》を切《き》る」と云々《しかじか》。

昨釈奠、明法道学生伴致堪与二紀信孝一口論間、信孝以レ扇打二致堪頬一、及二拏攫一、抜レ刀欲レ突二致堪一、学生社国抱二捕信孝一、弾正欲レ弾二件信孝一、称レ従二奠事一、此間不レ得二弾事一、終以二下部一搦二信孝一、捜二出挿レ腰小刀一打抑、次切二表衣袖一云々、

✽釈奠《せきてん》というのは、孔子《こうし》と顔回《がんかい》など儒教《じゅきょう》の先哲《せんてつ》を先師《せんし》・先聖《せんせい》として祀《まつ》る儀式であるが、その際に明法道《みょうぼうどう》の学生伴致堪《がくしょうとものむねとう》と紀信孝《きののぶたか》が口論し、信孝は扇で致堪の頬を打って、つかみ合ってもみ合い、刀を抜いて致堪を突こうとした。学生社国《もりくに》（姓不明）が信孝を抱えて捕え、弾正台《だんじょうだい》が信孝を糾弾《きゅうだん》しようとしたが、信孝が釈奠に従事することを主張したので、糾弾することができなかった。釈奠が終わって、やっと下部《しもべ》に命じて信孝を搦《から》めたという。

なお、致堪・信孝・社国は、三人とも、この記事にしか史料に見えない。こんな大

事な儀式の最中に闘乱を起こすようでは、その後の出世もかなわなかったのであろう。伴氏（元の大伴《おおとも》氏）も紀氏も大化《たいか》前代以来の名族であるが、ご先祖もさぞやお嘆きのことであろう。

・八月九日（伏見宮本〈略本〉）御書所雑仕女、后町の井に落ちて死去／藤原惟憲、罷申を延引

深夜《しんや》、左大史《さだいし》（中原《なかはらの》）義光《よしみつ》が申《もう》させて云《い》ったことには、「御書所《ごしよどころ》の雑仕女《ぞうしめ》が、后町《きさいまち》の井戸《いど》に落《お》ち入《い》って死去《しきよ》しました。今日《きよう》、大宰大弐《だざいのだいに》（藤原《ふじわらの》）惟憲《これのり》が内裏《だいり》に参《まい》って、赴任《ふにん》するということを申《もう》しあげさせようとして、しばらく後涼殿《こうりようでん》のあたりを徘徊《はいかい》していた際《さい》、女《おんな》が后町《きさいまち》の井戸《いど》に落《お》ち入《い》って死去《しきよ》しました。すでに穢《え》となりました。この頃《ころ》、大宰大弐《だざいのだいに》は参上《さんじよう》せず、急《いそ》いで帰《かえ》りました。世《よ》は怪《あや》しみました。きっと不吉《ふきつ》です」と云《い》うことだ。後日《ごじつ》、何《なん》の前《ぜん》

兆《ちょう》であったかを知《し》るべきものである。

❖衡黒《しょうこく》、史《し》義光《よしみつ》、申《もう》さしめて云《い》はく、「御書所《ごしょどころ》の雑仕女《ぞうしめ》、后町《きさいまち》の井《い》に落《お》ち入《い》りて死去《しきょ》す。今日《きょう》、大弐《だいに》惟憲《これのり》、内《うち》に参《まい》り、赴任《ふにん》の由《よし》を奏《そう》せしめんと欲《ほっ》し、暫《しばら》く後涼殿《こうりょうでん》の辺《あた》りを徘徊《はいかい》する間《かん》、女《おんな》、后町《きさいまち》の井《い》に落《お》ち入《い》りて死去《しきょ》す。已《すで》に穢《え》と為《な》る。此《こ》の間《かん》、大弐《だいに》、参上《さんじょう》せず、経営《けいえい》、退出《たいしゅつ》す。世《よ》、以《もっ》て恠《かい》と為《な》す。定《さだ》めて不吉《ふきつ》」と云々《しかじか》。後日《ごじつ》、其《そ》の徴《しるし》を知《し》るべき者《もの》なり。

衡黒史義光令レ申云、御書所雑仕女落二入后町井一死去、今日大弐惟憲参レ内、欲レ令レ奏二赴任由一、暫徘二徊後涼殿辺一之間、女落二入后町井一死去、已為レ穢、此間大弐不二参上一、経営退出、世以為レ恠、定不吉云々、後日可レ知二其徴一者也、

✱先に登場した惟憲が、内裏に参って罷申《まかりもうし》を行なおうとした時のことである。罷申というのは地方官の赴任の挨拶《あいさつ》であるが、大宰府《だざいふ》に赴任する場合は、特に内裏に参って天皇から仰せを賜わり、位階を上げてもらって餞宴《せんえん》を開いてもらう。

その際、後涼殿《こうりょうでん》というから天皇の住まう清涼殿《せいりょうでん》の後ろ側で惟憲が召しを待っていた頃、常寧殿《じょうねいでん》から南の承香殿《じょうきょうでん》へ渡る后町《きさいまち》廊のかたわらにある后町の井に、御書所《ごしょどころ》の雑仕《ぞうし》女《め》が落ちて死去してしまった。当然、内裏は触穢《しょくえ》となってしまったが、その女の安否を確認するとか、死を悼《いた》むとかせずに、急いで内裏を退出したというのが、惟憲の面目躍如といったところであろう。

・九月十九日（伏見宮本〈略本〉）高陽院行幸／駒競／叙位／源師房の加階への非難

今日《きょう》の（源《みなもとの》）師房《もろふさ》の加階《かかい》は、上下《じょうげ》の者《もの》が目《め》くばせした。順序《じゅんじょ》を越《こ》えた昇進《しょうしん》は、もっとも怪《あや》しい、もっとも怪《あや》しい。あれこれの者《もの》が云《い》ったことには、「明後日《みょうごにち》、太后《おおきさき》（藤原彰子《ふじわらのしょうし》）が帰《かえ》られる。また三位《さんみ》に叙《じょ》されるのであろう」と云《い》うことだ。言外《げんがい》の事《こと》は、いよいよ口《くち》を閉《と》ざすべきであろうか。書物《しょもつ》に云《い》ったことには、「口《くち》は食《た》べるのに用《もち》い、言《い》うのに用《もち》いてはならない」と。戒《いまし》めの手本《てほん》である、また戒《いまし》めの手本《てほん》である。

❖今日《きょう》の加階《かかい》、上下《じょうげ》、以《もっ》て目《め》くばせす。越階《おっかい》、尤《もっと》も奇《あや》し、尤《もっと》も奇《あや》し。彼是《かれこれ》、云《い》はく、「明後日《みょうごにち》、太后《おおきさき》、還《かえ》り給《たま》ふ。亦《また》、三品《さんぽん》に叙《じょ》すべし」と云々《しかじか》。言外《げんがい》の事《こと》、弥《いよい》よ口《くち》を閉《と》づべきか。書《しょ》に云《い》はく、「口《くち》、食《しょく》すべきに以《もち》ゐ、言《い》ふに以《もち》ゐるべからず」と。鑑戒《かんかい》なり、又《また》、鑑戒《かんかい》なり。

今日加階上下以目、越階尤奇々々、彼是云、明後日太后還給、亦可ㇾ叙二三品一云々、言外之事、弥可ㇾ閉ㇾ口歟、書云、口以ㇾ可ㇾ食不ㇾ可ㇾ以ㇾ言、鑑戒也、又鑑戒也、

✻越階《おっかい》というのは、位階が順番に一階ずつ進まず、従五位下から正五位下に上るように、階をこえて昇叙することである。この時点では藤原頼通《よりみち》の後継者として扱われていた師房《もろふさ》は、十三歳で従四位下に直叙《ちょくじょ》されるや、この九月十九日に十七歳で正四位下に越階し、実資の見立てどおり、二日後の二十一日に従三位に上った。その後も長元

二年（一〇二九）、二十二歳の正月に正三位、十二月に従二位、長元五年（一〇三二）、二十五歳で正二位と進んだ。官の方も、万寿《まんじゅ》三年（一〇二六）に十九歳で権中納言、長元八年（一〇三五）に二十八歳で権大納言に上った。

なお、翌万寿二年（一〇二五）二月、頼通に一男の通房《みちふさ》が生まれた。通房は寛徳《かんとく》元年（一〇四四）に死去してしまうが、長久《ちょうきゅう》三年（一〇四二）に師実《もろざね》が生まれており、当然、頼通の後継者はこちらとなった。師房が大臣にまで上ったのは、治暦《じりゃく》元年（一〇六五）に内大臣（五十八歳）、延久《えんきゅう》元年（一〇六九）に右大臣（六十二歳）に任じられるまで待たされるのである。すでに師実は、康平《こうへい》三年（一〇六〇）に十九歳で内大臣、治暦元年に二十四歳で右大臣、延久元年に二十八歳で左大臣と昇進していた。

・十月十四日（前田本甲〈広本〉）　教通、官奏を奉仕せず

今日《きょう》、内大臣《ないだいじん》（藤原教通《ふじわらののりみち》）は官奏《かんそう》を奉仕《ほうし》しようとしていた。ところが、急《きゅう》に額《ひたい》が腫《は》れて、参《まい》らなかった。これは（平《たいらの》）重義朝臣《しげよしあそん》が談《かた》ったところであ

る。去《さ》る十日《とおか》は、先導《せんどう》の者《もの》がいないということで参《まい》らなかった。頻《しき》りに吉《きち》日《にち》を選《えら》んだが、当日《とうじつ》になると、障《さわ》りが有《あ》って、参《まい》られない。もっとも奇怪《きかい》なこととするに足《た》る。

❖今日《きょう》、内府《ないふ》、官奏《かんそう》に候《こう》ぜんと欲《ほっ》す。而《しか》るに俄《にわ》かに額《ひたい》、腫《は》れ、参入《さんにゅう》せず。是《こ》れ重《しげ》義朝臣《よしあそん》、談《かた》る所《ところ》なり。去《さ》ぬる十日《とおか》、前駆《ぜんく》無《な》く、参《まい》らず。頻《しき》りに吉日《きちにち》を択《えら》ぶも、当《とう》日《じつ》、障《さわ》り有《あ》りて参《まい》られず。尤《もっと》も奇《き》と為《な》すに足《た》る。

今日内府欲レ候二官奏一、而俄額腫不二参入一、是重義朝臣所レ談也、去十日無二前駆一不レ参、頻択二吉日一、当日有レ障不レ被レ参、尤足レ為レ奇、

✻実資の任右大臣と同時に内大臣に任じられた教通《のりみち》であったが、あれやこれやと理由を付けて官奏を奉仕しなかった（万寿元年十一月にいたって、ようやく奉仕している）。この月十日には前駆の者がいないなどと言い出し、この十四日は額が腫《は》れてきたなどと、子供のようなことを理由にするのであった。

除目《じもく》や官奏は細かな式次第が決められていて、しかもその影響も大きかったし、何より実資が上卿《しょうけい》を務めた場合と比較されるのが嫌だったのであろう。道長が後継者と定めた頼通に対し、自分が後継者に相応《ふさわ》しくないことが衆目の前で曝《さら》されることにも堪《た》えられなかったはずである（頼通に上卿が務まるとも思えないが）。

結局、実資は実質上、ただ一人の大臣として（公季《きんすえ》が任じられている太政大臣《だいじょうだいじん》は宿老《しゅくろう》の大臣を遇する名誉職で、左大臣の頼通も関白に補せられていて実務からは離れている）、政務や儀式の遂行に大きな負担がかかることになった。

・十二月八日（前田本甲〈広本〉）　花山院女王、殺害される

一昨日《おととい》、花山院《かざんいん》の女王《じょおう》が、盗人《ぬすびと》の為《ため》に殺害《さつがい》されて、路頭《ろとう》で死《し》んだ。夜中《よなか》、犬《いぬ》の為《ため》に食《く》われた。奇怪《きかい》である。この女王《じょおう》は、太皇太后宮《たいこうたいごうぐう》（藤原彰子《ふじわらのしょうし》）にお仕《つか》えになっている。或《ある》いは云《い》ったことには、「盗人《ぬすびと》の仕業《しわざ》ではない。女《じょ》

王《おう》を路頭《ろとう》に引《ひ》き出《だ》して殺《ころ》した」と云《い》うことだ。

❖一昨《いっさく》、華山院《かざんいん》の女王《じょおう》、盗人《ぬすびと》の為《ため》、殺害《さつがい》せられ、路頭《ろとう》に死《し》ぬ。夜中《よなか》、犬《いぬ》の為《ため》に食《く》はる。奇恠《きかい》なり。此《こ》の女王《じょおう》、太皇太后宮《たいこうたいごうぐう》に候《こう》ぜらる。或《ある》いは云《い》はく、「盗人《ぬすびと》の為《な》す所《ところ》に非《あら》ず。女王《じょおう》を路頭《ろとう》に将《ひき》ゐ出《い》だして殺《ころ》す」と云々《しかじか》。

一昨華山院女王為二盗人一被二殺害一路頭死、夜中為レ犬被レ食、奇恠也、此女王被レ候二太皇太后宮一、或云、非二盗人所一レ為、将二出女王於路頭一殺云々、

✻花山院《かざんいん》が出家後に儲《もう》けた女王で、彰子《しょうし》に伺候《しこう》していた女性が、強盗に殺害されて路頭に引き出され、夜中に犬に喰《く》われたという痛ましい事件が起こった。犯人は翌万寿二年（一〇二五）三月に逮捕されたが、それは隆範《りゅうはん》という僧であった。しかも七月に自白した結果によると、「荒三位《あらざんみ》」藤原道雅《みちまさ》が行なわせたもののことであった。実資は、「やはりあの一家（中関白家《なかのかんぱくけ》）の悪事の報いか」と嘆いている。

・十二月十三日（前田本甲〈広本〉）　千古、着裳の儀／夢想

今日《きょう》は小女《しょうじょ》（藤原千古《ふじわらのちふる》）の着裳《ちゃくも》の日《ひ》である。そこで巳刻《みのこく》（午前九時《ごぜんくじ》－十一時《じゅういちじ》）、帳《とばり》を立《た》てた。また、唐櫛笥《からくしげ》および家具《かぐ》調度《ちょうど》を連《つら》ね並《なら》べた。道々《みちみち》の工《たくみ》たちに二反《にたん》の絹《きぬ》や手作布《たづくりのぬの》を下《くだ》した。宰相《さいしょう》（藤原資平《ふじわらのすけひら》）は諸事《しょじ》を行《おこ》なった。……丑刻《うしのこく》（午前一時《ごぜんいちじ》－三時《さんじ》）の頃《ころ》から、雨《あめ》が降《ふ》った。寅《とら》の終刻《しゅうこく》（午前四時半《ごぜんよじはん》－五時《ごじ》）の頃《ころ》に止《や》んだ。天《てん》が晴《は》れ、雲《くも》が収《おさ》まり、穏《おだ》やかで暖《あたた》かなことは春《はる》のようであった。深夜《しんや》、月《つき》は明《あか》るかった。今日《きょう》、風雨《ふうう》の妨《さまた》げが無《な》い事《こと》を、あらかじめ祈《いの》らせた。また、今朝《けさ》、心中《しんちゅう》に祈禱《きとう》を行《おこ》なった。その後《ご》、雨《あめ》が止《や》むということを夢《ゆめ》に見《み》た。珍《めずら》しい事《こと》である。

❖今日《きょう》、小女《しょうじょ》の着裳《ちゃくも》の日《ひ》。仍《よ》りて巳時《みのとき》、帳《とばり》を立《た》つ。亦《また》、唐匣《からくしげ》幷《なら》びに雑具《ぞうぐ》等《など》を羅《ら》列《れつ》す。道々《みちみち》の工等《たくみなど》に、疋絹《ひつけん》・手作布《たづくりのぬの》等《など》を給《たま》ふ。宰相《さいしょう》、雑事《ぞうじ》を行《おこ》なふ。……

丑時《うしのとき》ばかりより雨降《あめふ》る。寅《とら》の終《お》はりばかり、止《や》む。天晴《てんは》れ、雲収《くもおさ》まり、和暖《わだん》、春《はる》のごとし。夜闌《やらん》、月明《つきあか》し。今日《きょう》、風雨《ふうう》の妨《さまた》げ無《な》かるべき事《こと》を兼《か》ねて祈《いの》り申《もう》さしむ。亦《また》、今暁《こんぎょう》、心中《しんちゅう》に祈禱《きとう》す。其《そ》の後《のち》、雨止《あめや》むべき由《よし》を夢《ゆめ》みる。希有《けう》の事《こと》なり。

今日小女着裳之日、仍巳時立レ帳、亦羅二列唐匣幷雑具等一、道々工等給二疋絹・手作布等一、宰相行二雑事一、……

従二丑時許一雨降、寅終許止、天晴雲収和暖如レ春、夜闌月明、今日可レ無二風雨妨一事兼令二祈申一、亦今暁心中祈禱、其後夢下可二雨止一由上、希有之事也、

✲治安《じあん》三年（一〇二三）六月から、実資は愛娘千古《まなむすめちふる》の着裳《ちゃくも》（と婿《むこ》取り）の準備を進めていた。唐櫛笥《からくしげ》・櫛筥《くしばこ》・硯筥《すずりばこ》に金を蒔《ま》き、二階厨子《にかいずし》や雑具は皆、螺鈿《らでん》を入れた。

実際に千古の着裳の儀が行なわれた万寿《まんじゅ》元年十二月には、十一日に布障子《ぬのしょうじ》四間を画いた川有富《かわのありとみ》、作絵《つくりえ》の者、丹調《にづくり》、十二日に銀器《ぎんき》・大提《おおひさげ》・中提《なかひさげ》を作った銀鍛冶《ぎんかじ》の秦安高《はたのやすたか》と菊武《きくたけ》（姓不明）に禄《ろく》を下給している。

当日の着裳の儀では、帳《とばり》が立てられたほか、唐櫛笥《からくしげ》や雑具が連《つら》ね並《なら》べられ、実資は道々の工《たくみ》たちに禄を下給した。夜中から雨が降っていたが、朝方にはそれも止んだ。

実資は風雨の妨げが無いよう祈禱《きとう》を行なっていたが、雨が止む夢まで見ている（寝ながら雨が止む音を聞いただけであろうが）。

愛娘の盛儀を祝う父の気持ちが痛いほど伝わってくる記事である。これで千古は結婚の準備ができたことになるが、それについては後に述べよう。

**★コラム2　『小右記』はどうやって記録されたのか**

一般的に、古記録は具注暦《ぐちゅうれき》と呼ばれる暦の空白（間明《まあ》き）に、政務《せいむ》や儀式のあった翌朝に記録したと言われている。

しかし、膨大な量の『小右記《しょうゆうき》』の記事を、具注暦の間明きや紙背《しはい》にのみ記録できるものではない。考えられるのは、後に述べるように、実資《さねすけ》は藤原懐平《ふじわらのかねひら》（実資の同母兄）・藤原公任《きんとう》（実資の従兄弟《いとこ》）・資平《すけひら》（実資の養子）・藤原資房《すけふさ》（資平の子）などから届いた書状や式次第、除目《じもく》の結果や宣命《せんみょう》など様々な文書《もんじょ》を、そのまま貼り継いで『小右記』の記事としているのではないかという可能性である。

もともとは独立した文書であった占文《うらぶみ》や詔書《しょうしょ》などの文書（写しか下書きで入手したものか）を裏返しにして貼り継ぎ、その紙背（つまり具注暦でいう表側）に日《ひ》次記《なみき》を記したのではないかと推定されるのである。

また、儀式や政務の次第を記した懐紙《かいし》や笏紙《しゃくし》、短紙《たんし》などメモのようなものに、違例《いれい》など特筆すべき点を書き加えて貼り継ぎ、それも『小右記』の記事にしたと考えた方がよいのではないか。なお、もともと資平などが持って行った懐紙や笏紙、書冊《しょさつ》、草子《そうし》、短紙に、実資自身も関与していた可能性は高いであろう。

『小右記』には、資平が自分のことを、「ム・某（一人称の「それがし」）」とか「臣（一人称の「やつがれ」）」、それに「予」と表記した例がままある。また、万寿《まんじゅ》元年十月十四日条には、「人々の許《もと》に仰せ遣はす事、多く宰相を以《もっ》て書かしむ」とあるように、実資はその日の記事を資平に書かせたこともあったのである。

『小右記』はすべてが実資自身の記述によるものではなく、古くは懐平や公任、その後は資平や資房など、小野宮家《おののみやけ》を挙げて情報（書状、懐紙、笏紙、書冊、草子、また様々な文書など）を実資の許に持ち寄り、それを具注暦の暦の行の左側に貼り継いだうえで、実資が書き込みを行ない（すでに資平などが書き込みを行なっていた可能性もある）、『小右記』の「記事」としたのであろう。

要するに、最初の『小右記』日次記というのは、もちろん、実資が自分で記録した記事も多かったであろうし、実資が書状、懐紙、笏紙、書冊、草子などを持って政務や儀式に参列した場合も多かったであろうが、それとともに、小野宮家を挙げて情報を持ち寄り、それを総合して記事としたものであった。それを実資の晩年にいたって、儀式毎に切り取り、部類記《ぶるいき》を作成しようとしたのである。それはまさに、小野宮家挙げての共有財産としての日記と称すべきものであった。

## ◆万寿二年（一〇二五）

藤原実資六十九歳（正二位、右大臣・右大将・東宮傅）後一条天皇十八歳　藤原彰子三十八歳　藤原道長六十歳　藤原頼通三十四歳　藤原威子二十七歳

・二月九日（伏見宮本〈広本〉）藤原行成、踏歌節会の藤原斉信の失錯を扇に記す／斉信、これを怨む

或《あ》いは云《い》ったことには、「先月十六日《せんげつじゅうろくにち》の節会《せちえ》の日《ひ》、三位中将《さんみちゅうじょう》（源《みなもとの》）師房《もろふさ》を

差《さ》しおいて、大納言《だいなごん》（藤原《ふじわらの》）斉信卿《ただのぶきょう》が先払《さきばら》いを行《おこ》なった事《こと》を、権大納言《ごんだいなごん》（藤原《ふじわらの》）行成卿《ゆきなりきょう》は、その失儀《しつぎ》を扇《おうぎ》に記《しる》して、寝室《しんしつ》に置《お》いた。ところが、子《こ》の右少将《うしょうしょう》（藤原《ふじわらの》）行経《ゆきつね》は、この扇《おうぎ》を取《と》って、内裏《だいり》に参《まい》った。（源《みなもとの》）隆国《たかくに》は、自《みずか》らの扇《おうぎ》と替《か》えて、これを見《み》てみると、斉信卿《ただのぶきょう》の失儀《しつぎ》について記《しる》してあった。これを広《ひろ》く告《つ》げ知《し》らせるに及《およ》んだ。斉信卿《ただのぶきょう》の怨恨《えんこん》は、極《きわ》まり無《な》かった」と云《い》うことだ。行成卿《ゆきなりきょう》が云《い》ったことには、「暦《こよみ》に記《しる》す為《ため》に、先《ま》ず扇《おうぎ》に記《しる》した。あの日《ひ》の事《こと》を忘《わす》れない為《ため》である。ところが行経《ゆきつね》が、これを取《と》って、内裏《だいり》に参《まい》った。後《のち》にこのことを聞《き》いた。とても都合《つごう》が悪《わる》い事《こと》である」と云《い》うことだ。元々《もともと》、宜《よろ》しくない仲《なか》である。もしかしたら知《し》らない顔《かお》を作《つく》って、多《おお》くの人《ひと》に洩《も》れ聞《き》こえさせたのであろうか。斉信卿《ただのぶきょう》が述《の》べたところは、もっとも当然《とうぜん》である。ただし、失儀《しつぎ》については、弁解《べんかい》するところは無《な》いのではないか。

❖或《ある》いは云《い》はく、「去《さ》ぬる月十六日《つきじゅうろくにち》の節会《せちえ》の日《ひ》、三位中将《さんみちゅうじょう》師房《もろふさ》を置《お》きながら、大《だい》納言《なごん》斉信卿《ただのぶきょう》、警蹕《けいひつ》を称《しょう》する事《こと》、権大納言《ごんだいなごん》行成卿《ゆきなりきょう》、其《そ》の失錯《しっさく》を扇《おうぎ》に注《しる》し、臥内《がだい》に置《お》く。而《しか》るに、子《こ》の少将《しょうしょう》行経《ゆきつね》、件《くだん》の扇《おうぎ》を取《と》り、内《うち》に参《まい》る。隆国《たかくに》、自《みずか》らの扇《おうぎ》に相替《あいか》へ、之《これ》を見《み》るに、斉卿《ただきょう》の失礼《しつれい》の事《こと》を記《しる》す。披露《ひろう》するに及《およ》ぶ。斉信卿《ただのぶきょう》の怨恨《えんこん》、極《きわ》まり無《な》し」と云々《しかじか》。行成卿《ゆきなりきょう》、云《い》はく、「暦《こよみ》に記《しる》さんが為《ため》、先《ま》づ扇《おうぎ》に注《しる》す。彼《か》の日《ひ》の事《こと》を忘《わす》れざらんが為《ため》。而《しか》るに、行経《ゆきつね》、之《これ》を取《と》りて、内《うち》に参《まい》る。後《のち》に此《こ》の由《よし》を聞《き》く。極《きわ》めて便《びん》ならざる事《こと》」と云々《しかじか》。本《もと》より宜《よろ》しからざる中《なか》なり。若《も》しくは知《し》らざる顔《かお》を作《つく》り、多聞《たぶん》に及《およ》ばしむるか。斉信卿《ただのぶきょう》、陳《の》ぶる所《ところ》、尤《もっと》も然《しか》るべし。唯《ただ》、失錯《しっさく》に至《いた》りては、避《さ》る所無《どころな》かるべきか。

或云、去月十六日節会日乍㆑置㆓三位中将師房㆒大納言斉信卿称㆓警蹕㆒事、権大納言行成卿注㆓其失錯於扇㆒置㆓臥内㆒、而子少将行経取㆓件扇㆒参㆑内、隆国相㆓替自扇㆒見㆑之、記㆓斉卿失礼事㆒、及㆓披露㆒、斉信卿怨恨無㆑極云々、行成卿云、為㆑記㆑暦先注㆑扇、為㆑不㆑忘㆓彼日事㆒、而行経取㆑之参㆑内、後聞㆓此由㆒、極不㆑便事云々、本自不㆑宜之中也、若作㆓不㆑知顔㆒令㆑及㆓多聞㆒歟、斉信卿所㆑陳尤可㆑然、唯至㆓失錯㆒可㆑無㆑所㆑避歟、

✲踏歌節会《とうかのせちえ》というのは、正月十六日に内教坊《ないきようぼう》の舞妓《ぶぎ》約四十人が紫宸殿《ししんでん》の南庭で踏歌（年始の祝詞《しゆくし》）を奏する行事である。この年の踏歌節会では、近衛次将《このえのじしよう》である師房《もろふさ》がいたにもかかわらず、斉信《ただのぶ》が警蹕《けいひつ》（天皇や貴人の出御・陪膳・行幸などの際の先払い）を称《とな》えるという違例《いれい》を犯してしまった。

この年は『小右記《しようゆうき》』には正月の記事が残されていない。『小右記』の記事を抄出した『小記目録《しようきもくろく》』には、正月十六日の踏歌節会について、「（藤原）通任《みちとう》卿が事情を奏上せずに腋《わき》から参上した事、三位中将（師房）を差し措《お》いて、大納言（斉信）が警蹕を行なった事」とあり、『小右記』本文にも、この違例が記録されていたことがわかる。

この記事は、その後日譚《ごじつたん》である。斉信の違例を見た行成《ゆきなり》が日記（『権記《ごんき》』）に記録するための備忘に扇に書き付けておいたものを、子息の行経《ゆきつね》が、この扇を源隆国《みなもとのたかくに》と替えたせいで、斉信の違例が広まってしまい、斉信がこれを怨《うら》んだというものである。なお、『権記』は長和《ちようわ》元年（一〇一二）以降の記事は、まとまっては残されていない。

この記事によって、宮廷社会の人間関係の機微を窺《うかが》い知ることができる。特に後世、「寛弘《かんこう》の四納言《しなごん》」と賞讃《しようさん》された斉信に対する公卿《くぎよう》社会の眼差《まなざ》しが、ここには如実に表われているのである。

・六月一日（『三条西家重書古文書《さんじょうにしけじゅうしょこもんじょ》』一・関寺牛事による）霊牛、病悩

関寺《せきでら》の牛《うし》は、その病《やまい》がはなはだ重《おも》い。入滅《にゅうめつ》の時期《じき》は近《ちか》いのではないか。いた所《ところ》から出《で》て、ゆっくりと歩《あゆ》み、御堂《みどう》の前《まえ》に登《のぼ》った。御堂《みどう》を廻《めぐ》ったことは二廻《ふためぐ》り。道俗《どうぞく》の者《もの》は涕泣《ていきゅう》した。その後《ご》、仏前《ぶつぜん》に臥《ふ》した。僧《そう》たちが念仏《ねんぶつ》を唱《とな》えた。また、さらに牛《うし》を助《たす》け起《お》こして、また一廻《ひとめぐ》り、元《もと》の所《ところ》に帰《かえ》った。まことに迦葉仏《かしょうぶつ》の化身《けしん》と申《もう》すべきである。「入滅《にゅうめつ》は、もしかしたら今夜《こんや》か」と云《い》うことだ。

❖関寺《せきでら》の牛《うし》、其《そ》の病《やまい》、太《はなは》だ重《おも》し。入滅《にゅうめつ》の期《ご》、近《ちか》かるべきか。彼《か》の在所《ざいしょ》より出《い》で、漸《よう》く歩《あゆ》き、御堂《みどう》の前《まえ》に登《のぼ》る。御堂《みどう》を廻《めぐ》ること、二匝《にそう》。道俗《どうぞく》、涕泣《ていきゅう》す。其《そ》の後《のち》、仏前《ぶつぜん》に臥《ふ》す。僧等《そうなど》、念仏《ねんぶつ》す。又《また》、更《さら》に牛《うし》を相扶《あいたす》け、又《また》、一匝《いっそう》し、本《もと》の所《ところ》に帰《かえ》る。誠《まこと》に化身《けしん》と申《もう》すべし。「入滅《にゅうめつ》、若《も》しくは今夜《こんや》か」と云々《しかじか》。

関寺牛其病太重、入滅期可レ近歟、出レ自ニ彼在所一、漸歩登ニ御堂前一、廻ニ御堂二匝、道俗涕泣、其後臥ニ仏前一、僧等念仏、又更相ニ扶牛一又一匝帰ニ本所一、誠可レ申ニ化身一、入滅若今夜歟云々、

✲関寺《せきでら》というのは、逢坂関《おうさかのせき》の東の道沿いにあった古寺で、貞元《じょうげん》元年（九七六）に大地震で倒壊したものの、源信《げんしん》が弟子延鏡《えんきょう》に復興を命じ、万寿《まんじゅ》二年に再興させた。現在は長安寺《ちょうあんじ》が故地に建ち、石造宝塔（牛塔《ぎゅうとう》）も残されている。

そしてその年の五月、大津《おおつ》の住人たちに迦葉仏《かしょうぶつ》（過去《かこ》七仏《しちぶつ》〈釈迦《しゃか》が世に現れる前に出た七仏〉の第六の仏）の化現《かげん》との夢告《むこく》があった「霊牛《れいぎゅう》」が出現したのである。藤原道長《みちなが》・藤原頼通《よりみち》・実資《さねすけ》をはじめ、下人《げにん》にいたるまで、多くの者が参詣《さんけい》して霊牛に結縁《けちえん》したが、霊牛は夢告の指定した日時に入滅した（『左経記《さけいき》』『小右記』）。実資は五月二十三日とこの六月一日に参詣している。なお、牛は翌二日に入滅している。

もちろん、これは関寺復興のための宣伝として作られた夢想《むそう》であろうが、多くの貴《き》顕《けん》や庶民がこの牛を見に訪れている点、当時の宗教情報の伝播《でんぱ》という点で興味深い。

・七月六日（伏見宮本〈広本〉）大般若経外題を行成に鑑定させる／弘法大師の手跡か

（平《たいらの》）維時《これとき》が招《まね》き請《しょう》じた大般若経《だいはんにゃきょう》を、今朝《けさ》、右近将監《うこんのしょうげん》（高階《たかしなの》）為善《ためよし》を介《かい》して権大納言《ごんだいなごん》（藤原行成《ふじわらのゆきなり》）に見《み》せた。伝《つた》え送《おく》って云《い》ったことには、「弘法大師《こうぼうだいし》（空海《くうかい》）の手跡《しゅせき》と称《しょう》するのは、何《なん》とも申《もう》し難《がた》いです。ただし、あの頃《ころ》は、能書《のうしょ》の人《ひと》はいませんでした。やはりあの大師《だいし》の書《か》いた題名《だいめい》と趣意《しゅい》と称《しょう》すべきでしょうか。まったく凡筆《ぼんぴつ》ではありません。深《ふか》く感嘆《かんたん》しました。所謂《いわゆる》、脛《すね》無《な》くして到《いた》るというのは、もしかしたらこのようなものでしょうか。尊《そん》重《ちょう》しなければなりません、随喜《ずいき》しなければなりません」ということだ。

❖維時《これとき》、奉請《ぶじょう》せる大般若《だいはんにゃ》、今朝《けさ》、将監為善《しょうげんためよし》を以《もっ》て権大納言《ごんだいなごん》に見《み》しむ。示《しめ》し送《おく》りて云《い》はく、「弘法大師《こうぼうだいし》の手跡《しゅせき》と謂《い》ふは、指《さ》して申《もう》し難《がた》し。但《ただ》し彼《か》の間《かん》、能書《のうしょ》の人無《ひとな》し。猶《な》ほ彼《か》の大師《だいし》の外題《げだい》と謂《い》ふべきか。更《さら》に凡筆《ぼんぴつ》に非《あら》ず。深《ふか》く以《もっ》て感歎《かんたん》す。所謂《いわゆる》、脛《すね》無くして到《いた》るは、若《も》しくは此《か》くのごときか。貴重《きちょう》すべし、随喜《ずいき》すべし」てへり。

維時奉請大般若今朝以二将監為善一令レ見二権大納言一、示送云、謂二弘法大師手跡一、指而難レ申、但彼間無二能書之人一、猶可レ謂二彼大師外題一歟、更非二凡筆一、深以感歎、所謂無レ脛到若如レ此歟、可二貴重一可二随喜一者、

✻平維時《たいらのこれとき》というのは、維将《これまさ》の子であるが、平貞盛《さだもり》の養子となった武家平氏《へいし》である。藤原道長と関係の深い武者で、上野介《こうずけのすけ》に任じられるが、どのようにしてこのような貴重な経を手に入れたのであろうか。

　実資は行成に鑑定を依頼したのであるが、行成は実資にその所感を伝えてきた。「あの頃は、能書の人はいませんでした」という言い方に、能書としての行成の自負が窺える。後世、「三筆」と称された嵯峨《さが》天皇や橘逸勢《たちばなのはやなり》もいたのであるが、小野道《おののみち》風《かぜ》の書風を受け継ぐ行成としては、これらは能書の数に入らなかったのであろう。

　なお、「三筆」という数え方が現われるのは、元禄《げんろく》時代の『（増補）合類大節用集《ごうるいだいせつようしゅう》』がもっとも古い用例とされ、この時代にはまだ定着していなかった。

・七月七日（伏見宮本〈広本〉）　供家司の人事／『清慎公記』、公任に切り継がれ脱漏

永昭《えいしょう》が云《い》ったことには、「禅室《ぜんしつ》（藤原道長《ふじわらのみちなが》）が云《い》ったことには、『探題《たんだい》の人《ひと》が供家《くけ》の後一条天皇《ごいちじょうてんのう》の命令《めいれい》を受《う》けるのは、その道理《どうり》は、もっとも当《あ》たっている。ただし前例《ぜんれい》によらなければならない』ということでした。必《かなら》ず事《こと》の問《と》いが有《あ》るでしょう。故殿《ことの》（藤原実頼《ふじわらのさねより》）の御記《ぎょき》に、きっと見《み》えるところが有《あ》るでしょうか。もし相談《そうだん》を受《う》けたりすれば、事《こと》の道理《どうり》を申《もう》されてくださ い」ということだ。私《わたし》（藤原実資《ふじわらのさねすけ》）が答《こた》えて云《い》ったことには、「故殿《ことの》の御日記《ごにっき》は、四条大納言《しじょうだいなごん》（藤原公任《ふじわらのきんとう》）が切《き》り継《つ》いでいるうちに、多《おお》く抜《ぬ》け落《お》ちている。必《かなら》ずしもその事《こと》は無《な》いのではないか」と。

❖永昭《えいしょう》、云《い》はく、「禅室《ぜんしつ》、曰《い》はく、『探題《たんだい》の人《ひと》、供家《くけ》の宣旨《せんじ》を蒙《こうむ》るは、其《そ》の理《ことわり》、尤《もつと》も当《あ》たる。但《ただ》し前例《ぜんれい》に依《よ》るべし』てへり。必《かなら》ず事《こと》の問《と》ひ有《あ》るか。故殿《ことの》の御記《ぎょき》に、定《さだ》めて見《み》ゆる所有《ところあ》るか。若《も》し顧問有《こもんあ》らば、事《こと》の理《ことわり》を申《もう》さるべきなり」てへり。余《よ》、答《こた》へて云《い》はく、「故殿《ことの》の御日記《ごにき》、四条大納言《しじょうだいなごん》、切《き》り続《つ》ぐ間《あいだ》、多《おお》く以《もつ》て脱漏《だつろう》す。必《かなら》ずしも其《そ》の事無《ことな》きか」と。

永昭云、禅室曰、探題人蒙二供家宣旨一、其理尤当、但可レ依二前例一者、必有二事問一歟、故殿御記定有レ所レ見乎、若有二顧問一可レ被レ申二事理一也者、余答云、故殿御日記四条大納言切続之間多以脱漏、必無二其事一歟、

✻供家《くけ》というのは、寺院における法会を維持・経営するための組織で、探題という、論義の論題を選定して問答の際に可否を判定する役の僧が宣旨を蒙《こうむ》ると道長が言ったのであるが、永昭《えいしょう》は実資に、実頼《さねより》の日記に先例が有るかどうかを尋ねたのである。
それに対し実資は、実頼の日記（『清慎公記《せいしんこうき》』）は、公任《きんとう》が儀式書《ぎしきしょ》（『北山抄《ほくざんしょう》』）を編纂《へんさん》するために切り継いでいるうちに多く脱漏してしまったので、それについては見つからないだろうと答えている。公任は婿の藤原教通《のりみち》のために儀式書を編纂していたので

あるから、皮肉な話である。

なお、この件については、二十八日に頼通より、実頼の日記から先例を探すよう諮問があったが、やはり実資は答えられないでいる。

・七月十一日（伏見宮本〈広本〉）藤原能信の雑人、丹生使に濫行／天下の地は道長家領

「去《さ》る九日《ここのか》、丹生使《にうし》の蔵人検非違使《くろうどけびいし》（平《たいらの》）棟仲《むねなか》が、大納言《だいなごん》（藤原《ふじわらの》）能信卿《よしのぶきょう》の山城国《やましろのくに》の荘園《しょうえん》の雑人《ぞうにん》によって、小舎人《こどねり》の頭《あたま》を打ち破《やぶ》られた。乱暴《らんぼう》は極《きわ》まり無《な》かった。そこで検非違使《けびいし》の官人《かんじん》を遣《つか》わした」と云《い》うことだ。天下《てんか》の土地《とち》は、すべて道長一家《みちながいっか》の領《りょう》である。公領《こうりょう》は立錐《りっすい》の地《ち》も無《な》いのか。悲《かな》しまなければならない世《よ》である。

❖「去《さ》ぬる九日《ここのか》、丹生《にう》使《し》蔵人《くろうど》検非違使《けびいし》棟仲《むねなか》、大納言《だいなごん》能信卿《よしのぶきょう》の山城国《やましろのくに》の庄《しょう》の雑人《ぞうにん》、小舎人《こどねり》の頭《あたま》を打《う》ち破《やぶ》る。濫行《らんぎょう》、極《きわ》まり無《な》し。仍《よ》りて使の官人《かんじん》を差《さ》し遣《つか》はす」と云々《しかじか》。天下《てんか》の口地《くちじ》、悉《ことごと》く一家《いっか》の領《りょう》たり。公領《こうりょう》、立錐《りっすい》の地《ち》無《な》きか。悲《かな》しむべき世《よ》なり。

去九日丹生使蔵人検非違使棟仲、大納言能信卿山城国庄雑人打二破小舎人頭一、濫行無レ極、仍差二遣使官人一云々、天下口地悉為二一家領一、公領無二立錐地一歟、可レ悲之世也、

✤この月の九日に丹生《にう》・貴布禰《きぶね》社に祈雨使《きうし》が発遣されたのだが、途中で能信《よしのぶ》領の荘園《しょうえん》の雑人が小舎人《こどねり》に濫行《らんぎょう》をはたらいたので、検非違使《けびいし》が派遣された。

教科書などに出てくる、「公領、立錐《りっすい》の地無《な》し」という言葉は、この事件を聞いた実資の嘆きである。教科書の文脈（道長の専横）とは、あまり関係ないと思うのだが。

・八月五日（伏見宮本〈広本〉）道長、嬉子を加持／嬉子、薨去

宰相《さいしょう》（藤原資平《ふじわらのすけひら》）が帰《かえ》って来《き》て云《い》ったことには、「未刻《ひつじのこく》（午後《ごご》一時《いちじ》－三時《さんじ》）の頃《ころ》から、鬼籍《きせき》に入《はい》ったようです。遂《つい》に入滅《にゅうめつ》しました。僧《そう》たちは帰《かえ》っていきました」と云《い》うことだ。毎月《まいつき》、この事《こと》が有《あ》るのは、如何《いかが》なものか。「尚侍《ないしのかみ》（藤原嬉子《ふじわらのきし》）が赤斑瘡《あかもがさ》を患《わずら》っていた間《あいだ》に、産気《さんけ》が有《あ》った。加持《かじ》を行《おこ》なうべきかどうかについて、疑《うたが》いを持《も》った」と云《い》うことだ。「そこで占《うらな》われることが有《あ》った。（安倍《あべの》）吉平《よしひら》が云《い》ったことには、『宜《よろ》しくない』と。後《のち》に聞《き》いたことには、『吉平《よしひら》は、加持《かじ》されるべきであることを申《もう》した』と云《い》うことだ。（賀茂《かもの》）守道《もりみち》が云《い》ったことには、『吉《きち》である』と。禅閤《ぜんこう》（藤原道《ふじわらのみち》長《なが》）は加持《かじ》するという気持《きも》ちがあって、吉平《よしひら》を勘当《かんどう》された。ところが、僧《そう》たちは加持《かじ》することができなかった。『物怪《もののけ》を怖《おそ》れたからである』と云《い》うことだ。禅閤《ぜんこう》が先《ま》ず加持《かじ》を行《おこ》ない、その後《ご》、僧《そう》たちが加持《かじ》を行《おこ》なって、物《もの》怪《のけ》を調伏《ちょうぶく》した。禅閤《ぜんこう》は詞《ことば》を放《はな》った」と云《い》うことだ。加持《かじ》は不快《ふかい》の事《こと》である。ひとえに神明《しんめい》に祈《いの》って、平産《へいさん》を期《き》すべきだったであろう。

❖宰相《さいしょう》、帰《かえ》り来《き》たりて云《い》はく、「未時《ひつじのとき》ばかりより、鬼籙《きろく》に入《い》るがごとし。遂《つい》に以《もっ》て入滅《にゅうめつ》す。諸僧《しょそう》、分散《ぶんさん》す」と云々《しかじか》。連月《れんげつ》、事有《ことあ》るは如何《いかが》。「尚侍《ないしのかみ》、赤斑瘡《あかもがさ》を煩《わずら》ふ間《あいだ》、産気有《さんけあ》り。加持《かじ》有《あ》るべきか否《いな》かの事《こと》、疑《うたが》ひを持《も》つ」と云々《しかじか》。「仍《よ》りて占《うらな》はるること有《あ》り。吉平《よしひら》、云《い》はく、『宜《よろ》しからず』と。後《のち》に聞《き》く、『吉平《よしひら》、加持《かじ》せらるべき由《よし》を申《もう》す』と云々《しかじか》。守道《もりみち》、云《い》はく、『吉《きち》なり』と。禅閤《ぜんこう》、加持《かじ》すべき心《こころ》を存《そん》し、吉平《よしひら》を勘当《かんどう》せらる。然《しか》れども、諸僧《しょそう》、加持《かじ》すること能《あた》はず。『邪気《じゃき》を怖《おそ》るるに依《よ》る』と云々《しかじか》。禅閤《ぜんこう》、先《ま》づ加持《かじ》し、其《そ》の後《のち》、諸僧《しょそう》、加持《かじ》して、邪気《じゃき》を調伏《ちょうぶく》す。禅閤《ぜんこう》、詞《ことば》を放《はな》つ」と云々《しかじか》。加持《かじ》、不快《ふかい》の事《こと》なり。偏《ひと》へに神明《しんめい》に祈《いの》りて、平産《へいさん》を期《き》すべきか。

宰相帰来云、従二未時許一如レ入二鬼籙一、遂以入滅、諸僧分散云々、連月有レ事如何、尚侍煩二赤斑瘡一之間有二産気一、可レ有二加持一哉否事持レ疑云々、仍有レ被レ占、吉平云、不レ宜、後聞、吉平申下可レ被二加持一由上云々、守道云、吉也、禅閤存下可二加持一心上被レ勘三当吉平一、然而諸僧不レ能二加持一、依レ怖二邪気一云々、禅閤先加持、其後諸僧加持、調三伏邪

気一、禅閤放レ詞云々、加持不快事也、偏祈二神明一可レ期二平産一歟、

✲東宮敦良《あつなが》親王の妃《ひ》である道長六女（道長の末子。母は源倫子《りんし》）の嬉子《きし》が臨月を迎えていたものの、赤斑瘡《あかもがさ》（稲目瘡《いなめがさ》・豌豆瘡《えんどうがさ》とも。麻疹《ましん》のこと）を患っていた。八月三日に産気が起こった際、加持を行なってはならないと勘申《かんじん》した陰陽師《おんみょうじ》を、道長は勘当した。諸僧が邪気（物怪《もののけ》）を怖れるのを見た道長は、自ら加持を行なって邪気を調伏《ちょうぶく》した。皇子の平産を期す、何ともすさまじい執念である。

しかしながら、八月三日に親仁《ちかひと》親王（後の後冷泉《ごれいぜい》天皇）を出産した後、嬉子は五日に十九歳で死去した。敦良が即位して後朱雀《ごすざく》天皇となる十一年前のことであった。

なお、「毎月、この事が有る」というのは、この年の七月九日に、小一条院《こいちじょういん》（敦明《あつあきら》親王）の女御となっていた道長四女（母は源明子《めいし》）の藤原寛子《かんし》が死去したことを指す。

・八月七日（伏見宮本〈広本〉）道長・頼通以下、嬉子の遺骸に添う／嬉子の魂呼

宰相《さいしょう》（藤原資平《ふじわらのすけひら》）が来《き》て云《い》ったことには、「昨夜《さくや》、尚侍《ないしのかみ》（藤原嬉子《ふじわらのきし》）を法興《ほこ》院《いん》に移《うつ》しました。禅閤《ぜんこう》（藤原道長《ふじわらのみちなが》）や関白《かんぱく》（藤原頼通《ふじわらのよりみち》）以下《いか》の者《もの》が送《おく》りました。まだあの寺《てら》に留《とど》まっておられます」と云《い》うことだ。恋慕《れんぼ》に堪《た》えないのか。ところが、忌諱《きき》を避《さ》けられるべきであろうか。無官《むかん》や公民《こうみん》の者《もの》でも、歩行《ほこう》して兄弟《きょうだい》の葬送《そうそう》に従《したが》うことは、古今《ここん》、聞《き》いたことがない。どうしてましてや、大臣《だいじん》はなおさらである。ひとえにただ、禅閤《ぜんこう》の御供《おんとも》に付《つ》き従《したが》われたのか。宰相《さいしょう》は法興院《ほこいん》に参《まい》った。深夜《しんや》、帰《かえ》って来《き》て云《い》ったことには、「女《にょう》房《ぼう》の哭泣《こっきゅう》の声《こえ》は、間隙《かんげき》がありませんでした。公卿《くぎょう》たちが会合《かいごう》していました。禅閤《ぜんこう》の悲嘆《ひたん》は、極《きわ》まり無《な》いものでした。公卿《くぎょう》が云《い》ったことには、『関白《かんぱく》は藁履《わらぐつ》を履《は》いて歩行《ほこう》した。昔《むかし》から先例《せんれい》は無《な》いのではないか。内大臣《ないだいじん》（藤原教《ふじわらののり》通《みち》）や兄弟《きょうだい》の大中納言《だいちゅうなごん》（藤原頼宗《ふじわらのよりむね》・藤原能信《ふじわらのよしのぶ》・藤原長家《ふじわらのながいえ》）が従《したが》った。この他《ほか》は、中納言《ちゅうなごん》（藤原《ふじわらの》）兼隆《かねたか》・（藤原《ふじわらの》）朝経《あさつね》、参議《さんぎ》（藤原《ふじわらの》）広業《ひろなり》・（源《みなもとの》）朝任《あさとう》』と云《い》うことでした。山座主《やまのざす》僧正《そうじょう》 院源《いんげん》が、藁履《わらぐつ》を履《は》き、弟子《でし》を率《ひき》いて従《したが》われました。万人《ばんにん》は感心《かんしん》しませんでした」と云《い》うことだ。志《こころざし》は、これを可《か》とするであろうか。
「昨夜《さくや》、風雨《ふうう》の頃《ころ》、陰陽師《おんみょうじ》（中原《なかはらの》）恒盛《つねもり》と右衛門尉《えもんのじょう》（三善《みよしの》）惟孝《これたか》が、東対《ひがしのたい》の上《うえ》〈尚侍《ないしのかみ》の住《す》んでいた所《ところ》。〉に昇《のぼ》って、魂呼《たまよばい》を行《おこ》ないました。近代《きんだい》では聞《き》いたことのない事《こと》です。あの土御門院《つちみかどいん》は、太后《おおきさき》（藤原彰子《ふじわらのしょうし》）のおられる所《ところ》です。もっとも忌諱《きき》が有《あ》るでしょう。頻《しき》りに不祥雲《ふしょううん》が有《あ》りました。また、尚侍《ないしのかみ》を法興院《ほこいん》に移《うつ》した夕方《ゆうがた》も、同《おな》じくこの雲《くも》が有《あ》りました」と云《い》うことだ。

❖宰相《さいしょう》、来《き》たりて云《い》はく、「去《さ》ぬる夜《よる》、尚侍《ないしのかみ》を法興院《ほこいん》に移《うつ》す。禅閤《ぜんこう》・関白已下《かんぱくいげ》、相送《あいおく》る。猶《な》ほ彼《か》の寺《てら》に住《す》まる」と云々《しかじか》。恋慕《れんぼ》に堪《た》へざるか。然《しか》るに忌諱《きき》を避《さ》けるべきか。無官《むかん》・白丁《はくてい》の者《もの》、歩行《ほこう》して兄弟《きょうだい》の葬《そう》に従《したが》ふこと、古今《ここん》、聞《き》かず。何《なん》ぞ況《いわ》んや大臣《だいじん》をや。偏《ひと》へに只《ただ》、禅閤《ぜんこう》の御共《おんとも》に候《こう》ぜらるるか。宰相《さいしょう》、法興院《ほこいん》に参《まい》る。衝黒《しょうこく》、帰《かえ》り来《き》たりて云《い》はく、「女房《にょうぼう》の哭泣《こっきゅう》の声《こえ》、間隙無《かんげきな》し。上達部《かんだちめ》、会合《かいごう》す。禅閤《ぜんこう》の悲歎《ひたん》、極《きわ》まり無《な》し。卿相《けいしょう》、云《い》はく、『関白《かんぱく》、藁履《わらぐつ》を着《ちゃく》して歩行《ほこう》す。往古《おうこ》、例《れい》無《な》きか。内大臣《ないだいじん》・兄弟《きょうだい》の大中納言《だいちゅうなごん》、相従《あいしたが》ふ。此《こ》の外《ほか》、中納言兼隆《ちゅうなごんかねたか》・朝経《あさつね》、参議《さんぎ》広《ひろ》業《なり》・朝任《あさとう》』と云々《しかじか》。山座主《やまのざす》僧正《そうじょう》院源《いんげん》、藁履《わらぐつ》を着《ちゃく》し、弟子《でし》を引《ひ》きて相従《あいしたが》はる。万《ばん》人《にん》、甘心《かんしん》せず」と云々《しかじか》。志《こころざし》、之《これ》を可《か》とするか。

「昨夜《さくや》、風雨《ふうう》の間《かん》、陰陽師《おんみょうじ》恒盛《つねもり》・右衛門尉《えもんのじょう》惟孝《これたか》、東対《ひがしのたい》の上《うえ》〈尚侍《ないしのかみ》、住《す》む所《ところ》。〉に昇《のぼ》り、魂呼《たまよばい》す。近代《きんだい》、聞《き》かざる事《こと》なり。彼《か》の院《いん》は、太后《おおきさき》の御座処《ございしょ》。尤《もっと》も忌諱《きき》有《あ》るべし。頻《しき》りに不祥雲有《ふしょううんあ》り。亦《また》、尚侍《ないしのかみ》を法興院《ほこいん》に移《うつ》す夕《ゆうべ》、同《おな》じく此《こ》の雲有《くもあ》り」と云々《しかじか》。

宰相来云、去夜移㆓尚侍於法興院㆒、禅閤・関白已下相送、猶被㆑住㆓彼寺㆒云々、不㆑堪㆓恋慕㆒歟、然可㆑被㆑避㆓忌諱㆒歟、無官・白丁者歩行従㆓兄弟葬㆒古今不㆑聞、何況大臣乎、偏只被㆑候㆓禅閤御共㆒歟、宰相参㆓法興院㆒、衝黒帰来云、女房哭泣声無㆓間隙㆒、上達部会合、禅閤悲歎無㆑極、卿相云、関白着㆓藁履㆒歩行、往古無㆑例歟、内大臣・兄弟大中納言相従、此外中納言兼隆・朝経、参議広業・朝任云々、山座主僧正院源着㆓藁履㆒被㆘引㆓弟子㆒相従㆖、万人不㆓甘心㆒云々、志可㆑之歟、

昨夜風雨間、陰陽師恒盛・右衛門尉惟孝昇㆓東対上〈尚侍住所、〉㆒魂呼、近代不㆑聞事也、彼院者太后御座処、尤忌諱可㆑有、頻有㆓不祥雲㆒、亦尚侍移㆓法興院㆒之夕同有㆓此雲㆒云々、

✲道長の悲嘆は極まりなく、八月六日に嬉子の遺骸《いがい》を法興院《ほこいん》に移した後も、恋慕に堪えずに嬉子に付き添っていた。八日には、道長は加持を行なっても効験《こうげん》のなかったことを深く悔い、三宝《さんぽう》（仏教）を恨んだという。九日には嬉子が蘇生《そせい》するという夢を見ている。

人々は、「故（藤原）顕光《あきみつ》および娍子《せいし》・延子《えんし》の霊が吐く詞《ことば》を、道長家は最も怖畏《ふい》していた」と言い合った。実資は、「種々述べるところには、皆、道理《どうり》が有る」と記している。

嬉子の葬送は十五日になって行なわれ、道長の命によって、障《さわ》りのない公卿《くぎょう》は藁履《わらぐつ》を着し、歩行して参列した。十月十二日にも、道長が嬉子の御在所《ございしょ》であった内裏登華殿《とうかでん》を過ぎた際に、涕泣《ていきゅう》が雨のようであったという。

・八月十二日（伏見宮本〈広本〉）道長、豊楽殿の鴟尾を取らせる

「禅閤《ぜんこう》（藤原道長《ふじわらのみちなが》）は、左衛門志《さえもんのさかん》（豊原《とよはらの》）為長《ためなが》を遣《つか》わして、豊楽殿《ぶらくでん》の屋根《やね》の棟《むね》の両端《りょうたん》につけた鴟尾《しび》を取《と》らせました。豊楽殿《ぶらくでん》を守護《しゅご》している衛士《えじ》が云《い》っ

たことには、『格別《かくべつ》な後一条天皇《ごいちじょうてんのう》の命令《めいれい》は有《あ》るのか』と。取《と》ってはならないという詞《ことば》を述《の》べました。為長《ためなが》は衛士《えじ》を殴打《おうだ》し、遂《つい》に鴟尾《しび》を取《と》り下《お》ろしました。先《ま》ず一《ひと》つの鴟尾《しび》を取《と》り、木《き》の鴟尾《しび》を造《つく》って置《お》かれることになりました」と云《い》うことだ。昨日《きのう》、修理進《しゅりのじょう》（伊香《いかの》）豊高《とよたか》が申《もう》したものである。宰相《さいしょう》（藤原資平《ふじわらのすけひら》）が密《ひそ》かに談《かた》った。「この鴟尾《しび》は鉛《なまり》で鋳造《ちゅうぞう》しています。鉛《なまり》を法成寺《ほうじょうじ》の瓦《かわら》に充《あ》てる為《ため》です」と云《い》うことだ。万代《ばんだい》の皇居《こうきょ》は、一人《ひとり》（道長《みちなが》）の自由《じゆう》となるのか。悲《かな》しいことよ、悲《かな》しいことよ。

❖「禅閤《ぜんこう》、左衛門志《さえもんのさかん》 為長《ためなが》を以《もっ》て、豊楽殿《ぶらくでん》の鵄尾《しび》を取《と》らしむ。豊楽《ぶらく》の守《まもり》の衛士《えじ》、云《い》はく、『指《さ》せる宣旨《せんじ》有《あ》るか』と。取《と》るべからざる詞《ことば》を陳《の》ぶ。為長《ためなが》、衛士《えじ》を打《う》ち調《ちょう》じ、遂《つい》に鵄尾《しび》を取《と》り下《お》ろす。先《ま》づ一《ひとつ》の鵄尾《しび》を取《と》り、木《き》の鵄尾《しび》を造《つく》りて置《お》かるべし」と云々《しかじか》。昨《きのう》、修理進豊高《しゅりのじょうとよたか》、申《もう》す所《ところ》。宰相《さいしょう》、密《ひそ》かに談《かた》る。「件《くだん》の鵄尾《しび》、鉛《なまり》を以《もっ》て鋳造《ちゅうぞう》す。鉛《なまり》を以《もっ》て法成寺《ほうじょうじ》の瓦料《かわらりょう》に充《あ》てんが為《ため》」と云々《しかじか》。万代《ばんだい》の皇居《こうきょ》、一人《ひとり》の自由《じゆう》か。悲《かな》しきかな、悲《かな》しきかな。

禅閤以㆓左衛門志為長㆒令㆑取㆓豊楽殿鵄尾㆒、豊楽守衛士云、有㆓指宣旨㆒歟、陳㆓不㆑可㆑取詞㆒、為長打㆓調衛士㆒、遂取㆓下鵄尾㆒、先取㆓一鵄尾㆒造㆓木鵄尾㆒可㆑被㆑置云々、昨修理進豊高所㆑申、宰相密談、件鵄尾以㆑鉛鋳造、以㆑鉛為㆑充㆓法成寺瓦料㆒云々、万代之皇居一人自由乎、悲哉々々、

✻道長は法成寺《ほうじょうじ》の瓦《かわら》に混ぜるために、八月十二日に豊楽殿《ぶらくでん》の屋根にあった鵄尾《しび》を取らせている。嬉子の死の悲しみに暮れている最中であるはずなのだが。

道長にとってみれば、あまり使わない豊楽殿の鵄尾よりも、これから公的な法会も開かれる法成寺の方が国家的にも意味があると考えたのであろうが、こうなると、実資が嘆くのも、わからないではない。なお、九月二十七日になって、豊楽殿の鵄尾は実は取られていないことが判明した。

## ・八月十四日（伏見宮本〈広本〉）　斉信、頬を切る／天の所為か

大膳大夫《だいぜんだいぶ》（菅野《すがのの》）敦頼《あつより》が云《い》ったことには、「昨日《きのう》、（橘《たちばなの》）則光《のりみつ》が法興院《ほこいん》に於《お》いて云《い》ったことには、『中宮大夫《ちゅうぐうだいぶ》〈（藤原《ふじわらの》）斉信卿《ただのぶきょう》。〉は、昨日《きのう》〈一昨日《おととい》を謂《い》う。〉、鴨枝《かもえだ》が落《お》ちて、右方《みぎかた》の頬《ほお》を打《う》ち切《き》りました。禅閤《ぜんこう》（藤原道長《ふじわらのみちなが》）は、二度《にど》、見《み》舞《ま》われました』」と。先年《せんねん》、私《わたし》（藤原実資《ふじわらのさねすけ》）は意外《いがい》にも顔《かお》の疵《きず》が有《あ》った。「あの時《とき》、盛《さか》んに悦《よろこ》んだらしい」と云《い》うことだ。また、祈禱《きとう》を行《おこ》なっていた〈百箇日《ひゃっかにち》。護摩《ごま》。〉。直心《ひたごころ》の人《ひと》（実資《さねすけ》）の為《ため》に、不善《ふぜん》の祈禱《きとう》を行《おこ》なうのは、宜《よろ》しくない事《こと》であろう。天《てん》が自《おの》ずから答《こた》えたのであろう。

❖大膳大夫《だいぜんだいぶ》敦頼《あつより》、云《い》はく、「昨日《きのう》、則光《のりみつ》、法興院《ほこいん》に於《お》いて云《い》はく、『中宮大夫《ちゅうぐうだいぶ》〈斉《ただ》信卿《のぶきょう》。〉、昨日《きのう》〈一昨《いっさく》を謂《い》ふ。〉、鴨枝《かもえだ》、落《お》ち、右方《みぎかた》の頬《ほお》を打《う》ち切《き》る。禅閤《ぜんこう》、両度《りょうど》、訪《とぶら》はる』と」と。先年《せんねん》、余《よ》、慮外《りょがい》に面《つら》の疵《きず》有《あ》り。「彼《か》の時《とき》、盛《さか》んに悦《よろこ》ぶ由《よし》」と云々《しかじか》。又《また》、祈禱《きとう》を致《いた》す〈百个日《ひゃっかにち》。護摩《ごま》。〉。直心《ひたごころ》の人《ひと》の為《ため》、不善《ふぜん》の祈《いの》りを成《な》すは、宜《よろ》しからざる事《こと》か。天《てん》、自《おの》づから答《こた》ふるか。

大膳大夫敦頼云、昨日則光於二法興院一云、中宮大夫〈斉信卿、〉昨日〈謂二一昨一〉鴨枝落、打二切右方頬一、禅閤両度被レ訪、先年余慮外有二面疵一、彼時盛悦由云々、又致二祈禱一〈百个日、護摩、〉、為二直心人一成二不善祈一不レ宜事歟、天自答歟、

✻治安《じあん》三年（一〇二三）に実資が面に疵《きず》を被った時、斉信が盛んに悦《よろこ》んで、大臣に上る祈禱《きとう》を行なっていたことを、やはり実資は根に持っていたのである。

この年八月十二日、鴨枝（木の一箇所から多くの小枝が群生しているもの。神の休み場とされた）が落ちて、斉信の右の頬を打ち切った。実資は、「直心《ひたごころ》の人である自分の為に不善の祈禱を行なうのは、宜《よろ》しくない事で、天が自《おの》ずから答えたのであろう」と記している。ただ、道長が斉信を二度、見舞ったというのは、気になったことであろう。

斉信は実資より十歳若く、治安元年（一〇二一）に実資が右大臣に任じられて以来、ただ一人の大納言の地位にあった。大臣を望む気持ちもわからないではないが。

なお、「昨日〈一昨を謂ふ。〉」というのは、この記事を書いたのが物事の起こった翌日であることを示している。

・八月二十一日（伏見宮本〈広本〉）痢病の資房に韮を服用させるか否か

黄昏《たそがれ》の頃《ころ》に臨《のぞ》んで、宰相《さいしょう》（藤原資平《ふじわらのすけひら》）が（藤原《ふじわらの》）兼成朝臣《かねなりあそん》を介《かい》して言《い》い送《おく》って云《い》ったことには、「（藤原《ふじわらの》）資房《すけふさ》が腹《はら》を病《や》むことは、休《やす》まりません。韮《にら》を服用《ふくよう》させようと思《おも》います。今日《きょう》は万事《ばんじ》に凶《きょう》である日《ひ》です。明日《あす》の服薬《ふくやく》は宜《よろ》しくありません。これを如何《いかが》しましょう」と。答《こた》えて云《い》ったことには、「昨日《きのう》、熱気《ねつき》が散《さん》じ、今日《きょう》、韮《にら》を服用《ふくよう》するのは、もしかしたら早計《そうけい》ではないのか。二《に》、三人《さんにん》の陰陽師《おんみょうじ》に問《と》い、占《うら》うに随《したが》って服用《ふくよう》するように。多《おお》くはこれは、流行病《はやりやまい》が致《いた》したところである。しばらく謹慎《きんしん》して過《す》ごしては如何《いかが》か」と。

❖昏《くらき》に臨《のぞ》み、宰相《さいしょう》、兼成朝臣《かねなりあそん》を以《もっ》て言《い》ひ送《おく》りて云《い》はく、「資房《すけふさ》、腹《はら》を病《や》むこと、休《やす》まず。韮《にら》を服《ふく》せしめんと欲《ほっ》す。今日《きょう》、坎日《かんにち》。明日《あす》の服薬《ふくやく》、宜《よろ》しからず。之《これ》を如《い》何為《かんせ》ん」と。答《こた》へて云《い》はく、「昨《きのう》、熱気《ねっき》、散《さん》じ、今日《きょう》、韮《にら》を服《ふく》するは、若《も》しくは率《にわ》かなるべきか。両三《りょうさん》の陰陽師《おんみょうじ》に問《と》ひ、占《うらな》ふに随《したが》ひて服《ふく》すべし。多《おお》くは是《こ》れ、時《じ》疫《えき》の致《いた》す所《ところ》なり。暫《しばら》く慎《つつし》み過《す》ぐすは何如《いかが》」と。

臨レ昏宰相以二兼成朝臣一言送云、資房病レ腹不レ休、欲レ令レ服レ韮、今日坎日、明日服薬不レ宜、為二之如何一、答云、昨熱気散、今日服レ韮若可レ率乎、問二両三陰陽師一随レ占可レ服、多是時疫之所レ致也、暫慎過何如、

＊韮《にら》は葉を食用にしたが、全体に強い匂いがあるため、仏教では五辛《ごしん》（大蒜《にんにく》・葱《ねぎ》・韮・浅葱《あさつき》・辣韮《らっきょう》）の一つに数えられ、食用を禁じている。

資平の嫡男《ちゃくなん》である資房《すけふさ》は、身体が弱く、しばしば病悩《びょうのう》した（資平に先立って死去している）。今回は八月十六日から病悩して発熱と痢病《りびょう》（激しい腹痛を伴い下痢をする様々な病気）に苦しんだ。この二十一日、資房に韮を服用させるか否かを実資に問うている。そんなに重いのなら、早く服用させればいいのにと思うのだが、当時は服薬や治療も日の吉凶《きっきょう》を占わなければならないから大変だったのである。

結局、実資の「急病の時は、善悪の日を択《えら》んではならない」という言葉によって二

十三日に韮を服用し、平癒《へいゆ》している。なお、長元《ちようげん》三年（一〇三〇）には、実資は千古《ちふる》にも服用させている。

・九月八日（伏見宮本〈広本〉）後一条天皇、女数千人が宮中に入る夢想

そのついでに（源顕基《みなもとのあきもと》が）密《ひそ》かに語《かた》って云《い》ったことには、「主上《しゆじよう》（後一条天皇《ごいちじようてんのう》）の御夢《おんゆめ》は、異様《ことよう》です。『女数千人《おんなすうせんにん》が宮中《きゆうちゆう》に入《い》り乱《みだ》れて、制止《せいし》することはできなかった。人《ひと》が云《い》ったことには、「これは物怪《もののけ》の行《おこ》なったものである。何事《なにごと》で止《とど》めることができようか。最勝王経《さいしようおうきよう》を講説《こうぜち》する以外《いがい》には、制止《せいし》する方法《ほうほう》は無《な》い」と。このような時《とき》、心神不覚《しんしんふかく》でいらっしゃった』ということでした。覚《さ》めた後《のち》、すぐに関白《かんぱく》（藤原頼通《ふじわらのよりみち》）におっしゃられました。穢《けがれ》の謹慎《きんしんき》期間中《かんちゆう》は、すぐには行《おこ》なわれることは難《むずか》しいのです」と。下僕《げぼく》（藤原実資《ふじわらのさねすけ》）が思慮《しりよ》を廻《めぐ》らすと、必《かなら》ずしも講説《こうぜち》するのが適切《てきせつ》というわけでは

ないのではないか。正法《しょうぼう》で政事《まつりごと》を行《おこ》なわれるということは、最勝王経《さいしょうおうきょう》に見《み》える。特《とく》に道理《どうり》で政務《せいむ》を行《おこ》なわれれば、災禍《さいか》は消《き》えるのではないか。顕基《あきもと》が云《い》ったことには、「その事《こと》は、もしかしたら夢《ゆめ》に託《たく》して告《つ》げたのでしょうか。この御夢《おんゆめ》は、いまだ納得《なっとく》することはできませんでした。今《いま》、この言《こと》葉《ば》を聞《き》くと、もっとも心《こころ》に染《し》みました。物怪《もののけ》を調伏《ちょうぶく》するのでしたら、御修《みし》法《ほ》の御夢《おんゆめ》が有《あ》ったでしょう。ところがひとえにまた、最勝王経《さいしょうおうきょう》を講説《こうぜち》されるという御夢《おんゆめ》が有《あ》りました。汝《なれ》（実資《さねすけ》）の考《かんが》えによって、深《ふか》く理解《りかい》しました。返《かえ》す返《がえ》す感嘆《かんたん》しました」ということだ。

❖其《そ》の次《つ》いでに密《ひそ》かに語《かた》りて云《い》はく、「主上《しゅじょう》の御夢《おんゆめ》、別様《べつよう》なり。『女数千《おんなすうせん》、宮中《きゅうちゅう》に入《い》り乱《みだ》れ、制止《せいし》すること能《あた》はず。人《ひと》、云《い》はく、「是《こ》れ邪気《じゃき》の為《な》す所《ところ》。何事《なにごと》を以《もっ》て止《とど》めらるるか。最勝王経《さいしょうおうきょう》を講説《こうぜち》する外《ほか》、制止《せいし》する方《かた》無《な》し」と。此《か》くのごとき間《かん》、心神不覚《しんしんふかく》に御座《おわしま》す』てへり。覚《さ》むる後《のち》、即《すなわ》ち関白《かんぱく》に仰《おお》せらる。触穢《しょくえ》の程《ほど》、忽《たちま》ち行《おこ》なはれ難《がた》し」と。下僕《げぼく》、思慮《しりょ》を廻《めぐ》らすに、必《かなら》ずしも講説《こうぜち》するに非《あら》ざるか。正法《しょうぼう》を以《もっ》て政《まつりごと》を行《おこ》なはしむる由《よし》、最勝王経《さいしょうおうきょう》に見《み》ゆ。殊《こと》に道理《どうり》を以《もっ》て政務《せいむ》を行《おこ》なはしめば、災禍《さいか》、消《き》ゆべきか。顕基《あきもと》、云《い》はく、「其《そ》の事《こと》、若《も》しくは夢《ゆめ》に擬《なぞら》へて告《つ》げ奉《たてまつ》るか。此《こ》の御夢《おんゆめ》、未《いま》だ思《おも》ひ得《う》ること能《あた》はず。今《いま》、此《こ》の言《げん》を聞《き》くに、尤《もっと》も肝胆《かんたん》に染《し》む。邪気《じゃき》を調伏《ちょうぶく》すべくんば、御修法《みしほ》の御夢有《おんゆめあ》るべし。而《しか》るに偏《ひと》へに亦《また》、最勝王経《さいしょうおうきょう》を講《こう》説《ぜち》せらるべき御夢有《おんゆめあ》り。下官《げかん》の案《あん》に依《よ》りて、深《ふか》く以《もっ》て覚悟《かくご》す。返《かえ》す返《がえ》す感嘆《かんたん》す」てへり。

其次密語云、主上御夢別様、女数千入二乱宮中一、不レ能二制止一、人云、是邪気所レ為、以二何事一被レ止乎、講二説最勝王経一之外無レ方二制止一、如レ此之間心神不覚御座者、覚後即被レ仰二関白一、触穢之程忽難レ被レ行、下僕廻二思慮一、必非二講説一歟、以二正法一令レ行レ政由見二最勝王経一、殊以二道理一令レ行二政務一災禍可レ消歟、顕基云、其事若奉レ告レ擬レ夢歟、此御夢未レ能二思得一、今聞二此言一尤染二肝胆一、可レ調二伏邪気一者可レ有二御修法之御夢一、而偏亦有下可レ被レ講二説最勝王経一之御夢上、依二下官案一深以覚悟、返々感嘆者、

✲道長は、後一条《ごいちじょう》天皇の後宮《こうきゅう》に三女の威子《いし》を入れ、中宮とした。しかしながら、九歳年長で後一条の叔母《おば》にあたる威子との関係は、道長の期待通りとはいかなかった。嫉《しっ》

妬《と》深いとされる威子は、自分以外の女性を後一条の後宮に入れさせなかった一方で、自分はなかなか懐妊《かいにん》しないといった状況だったのである（これは結婚当時十一歳だった後一条の方に原因があるのであろう）。

威子は、この夢があった翌万寿三年（一〇二六）十二月と、その三年後の長元二年（一〇二九）に出産するが、いずれも皇女《こうじょ》しか儲《もう》けられなかった。後一条がこの夢を見た万寿二年九月の段階では、いまだ懐妊の兆候も見られないという状況であった。

この夢であるが、数千人の女が宮中に入り乱れて来て止められないというのは、明らかに性的な欲求不満か、さもなければ女性に対する恐怖心から見たものであろう。あるいはこの夢を語ることによって、後一条は自己の窮状と要求を、暗に頼通をはじめとする周囲に訴えたのかもしれない。この夢のことを聞いた人々は、邪気だの正法だの、様々な解釈を施しているが（実資の天皇観は興味深い問題であるが）、皆、後一条と威子の関係は知っていたはずである。しかし、「本物の女性を宮中に入れれば解決する」などとは、藤原道長や威子、それに藤原彰子《しょうし》を憚《はばか》ってとても言い出せるものではない。

頼通には女《むすめ》はおらず、教通の女の生子《せいし》はこの年十二歳、真子《しんし》は十歳と、まだ入内《じゅだい》するには幼すぎた。それに教通の女の入内は、頼通が許さなかったであろう。

結局、通例の加持祈禱による邪気調伏《ちょうぶく》や御修法《みしほ》ではなく、護国経典《ごこくきょうてん》である最勝王経《さいしょうおうきょう》（金光明経《こんこうみょうきょう》）の講説や正法の政事で済まそうとしている。結果、後一条は皇子を残すことができず、皇統《こうとう》は同母弟の敦良《あつなが》親王（後の後朱雀《ごすざく》天皇）が伝えることになるのである。

・九月十五日（伏見宮本〈広本〉）菅原道真真蹟一巻を菅原忠貞に賜与

菅丞相《かんじょうしょう》（菅原道真《すがわらのみちざね》）の自筆《じひつ》の草書一巻《そうしょいっかん》を（菅原《すがわらの》）忠貞朝臣《ただざだあそん》に与《あた》えた。大臣《だいじん》や蔵人頭《くろうどのとう》を辞《じ》す表状《ひょうじょう》および人々《ひとびと》の願書《がんしょ》、その他《た》、多《おお》くである。この文書《もんじょ》は、櫛箱《くしばこ》の底《そこ》に隠《かく》し置《お》いていた。懼《おそ》れるところが無《な》いわけではない。静《しず》かに愚《ぐ》慮《りょ》を廻《めぐ》らして、忠貞朝臣《ただざだあそん》に与《あた》えた。深《ふか》く感悦《かんえつ》した。私《わたし》の考《かんが》えは神意《しんい》に合《あ》っているか。

❖菅丞相《かんじようしよう》の自筆《じひつ》の草書一巻《そうしよいつかん》を忠貞朝臣《ただざだあそん》に与《あた》ふ。大臣《だいじん》・蔵人頭等《くろうどのとうなど》を辞《じ》する表状《ひようじよう》并《なら》びに人々《ひとびと》の申文《もうしぶみ》、其《そ》の外《ほか》、多々《たた》なり。件《くだん》の書《ふみ》、匣《くしげ》の底《そこ》に隠《かく》し置《お》く。懼《おそ》るる所無《ところな》きに非《あら》ず。静《しず》かに愚慮《ぐりよ》を廻《めぐ》らし、忠貞朝臣《ただざだあそん》に与《あた》ふ。深《ふか》く以《もつ》て感悦《かんえつ》す。愚案《ぐあん》、神意《しんい》に合《あ》ふか。

菅丞相自筆草書一巻与二忠貞朝臣一、辞二大臣・蔵人頭等一之表状并人々申文、其外多々、件書隠二置匣底一、非レ無レ所レ懼、静廻二愚慮一与二忠貞朝臣一、深以感悦、愚案合二神意一歟、

✻菅原忠貞《すがわらのただざだ》は、道真《みちざね》の五世孫にあたる。道真の孫には参議に上った輔正《すけまさ》がいたが、その子の為紀《ためのり》は右中弁《うちゆうべん》・大学頭《だいがくのかみ》、その子の忠貞は大内記・文章博士《もんじようはかせ》と、徐々にその地位を低下させていた。

この日、実資は匣《くしげ》の底に隠してあった道真自筆の草書一巻（様々な文書を貼り継いだものか）を忠貞に与えた。忠貞の感激もさることながら、このような貴重なものを秘蔵していて、惜しみなく与えてしまう実資というのも、すごいものである。

また、「愚案、神意に合ふか」という文からは、道真の神格化が進んでいる様子が窺える。

・十月二十日（伏見宮本〈広本〉）小一条院女房、道長子女死ぬ夢想

或《ある》いは云《い》ったことには、「前日《ぜんじつ》、院《いん》（小一条院《こいちじょういん》）の女房《にょうぼう》の夢《ゆめ》に、『入道殿《にゅうどうどの》（藤原《ふじわらの》道長《みちなが》）の男子《だんし》や女子《じょし》は、死《し》ぬであろう』ということであった。尚侍《ないしのかみ》（藤原《ふじわらの》嬉子《きし》）は夢想《むそう》に合《あ》った。『その後《ご》、関白《かんぱく》（藤原頼通《ふじわらのよりみち》）以下《いか》は恐《おそ》れかしこまった』と云《い》うことだ。ところが、この怪異《かいい》が有《あ》ったのは、如何《いかが》であろう」と云《い》うことだ。

❖或《ある》いは云《い》はく、「前日《ぜんじつ》、院《いん》の女房《にょうぼう》の夢《ゆめ》に、『入道殿《にゅうどうどの》の男子《だんし》・女子《じょし》、死《し》ぬべし』てへり。尚侍《ないしのかみ》、夢想《むそう》に相合《あいあ》ふ。『其《そ》の後《のち》、関白以下《かんぱくいげ》、恐懼有《きょうくあ》り』と云々《しかじか》。而《しか》るに此《こ》の恠有《かいあ》るは、如何《いかが》」と云々《しかじか》。

或云、前日院女房夢、入道殿男子・女子可レ死者、尚侍相二合夢想一、其後関白以下有二恐懼一云々、而有二此恠一如何云々、

＊この前日、小一条院（敦明親王《あつあきら》）の女房が、道長の子女は死ぬことになるという夢を見ている。嬉子はこの夢想に合ってしまったということで、頼通以下は恐懼《きょうく》したという。

道長子女の死、すなわち摂関家《せっかんけ》の命運に際して、様々な臆測《おくそく》が飛び交っていたのである。実際にはその通りになったのであるが。

・十一月十六日（伏見宮本〈広本〉）　長家、行成の女との再婚を考えずとの説／道長、長家と千古との婚姻を実資に約すとの説

夜《よる》に入《はい》って、定基僧都《じょうきそうず》が来《き》て、談《かた》って云《い》ったことには、「今《いま》のとおりでしたら、改変《かいへん》の様子《ようす》はありません。ただし、禅門《ぜんもん》（藤原道長《ふじわらのみちなが》）があの人《ひと》（藤原《ふじわらの》長家《ながいえ》）におっしゃられたところ、急《きゅう》には結婚《けっこん》を思《おも》い立《た》たないということを

申《もう》しました。また、権大納言《ごんだいなごん》（藤原行成《ふじわらのゆきなり》）は、直接《ちょくせつ》、申《もう》しました。禅門《ぜんもん》が答《こた》えられて云《い》ったことには、『法師《ほうし》（道長《みちなが》）の口出《くちだ》しは、都合《つごう》が悪《わる》い。ただし右大臣《うだいじん》（藤原実資《ふじわらのさねすけ》）が、先日《せんじつ》、この事《こと》を伝《つた》えてきて、すでに許諾《きょだく》しておいた。今《いま》となっては、ただあの人《ひと》（実資《さねすけ》）に伝《つた》えられるべきであろう』ということでした。このような御詞《おことば》は、勝手気《かってき》ままのようなものです」ということだ。

❖夜《よる》に入《い》りて、定基僧都《じょうきそうず》、来《き》たり談《だん》じて云《い》はく、「今《いま》のごとくんば、変改《へんかい》の気無《けな》し。但《ただ》し彼《か》の人《ひと》に仰《おお》せらるるに、忽《たちま》ち思《おも》ひ立《た》たざる由《よし》を申《もう》す。又《また》、権大納言《ごんだいなごん》、面《つらつ》ら申《もう》す。答《こた》へられて云《い》はく、『法師《ほうし》の口入《こうじゅ》、便無《びんな》し。但《ただ》し下官《げかん》、先日《せんじつ》、此《こ》の事《こと》を示《しめ》し、已《すで》に許諾《きょだく》し了《おわ》んぬ。今《いま》に至《いた》りては、只《ただ》、彼《か》の人《ひと》に示《しめ》さるべきか』てへり。此《か》くのごとき御詞《おんことば》、放埒《ほうらち》に似《に》る」てへり。

入レ夜定基僧都来談云、如レ今無二変改気一、但被レ仰二彼人一、申下忽不二思立一由上、又権大納言面申、被レ答云、法師口入無レ便、但下官先日示二此事一、已許諾了、至レ今只可レ被レ示二彼

人_一歎者、如_レ此御詞似_二放埒_一者、

✻千古《ちふる》に新たな縁談が持ち込まれた。道長六男の藤原長家《ながいえ》（母は源明子《めいし》だが、源倫子《りんし》の猶子《ゆうし》となっていた）の後妻に、千古の名前が挙がったのである。長家は寛仁《かんにん》二年（一〇一八）、十五歳の年に、十二歳の藤原行成《ゆきなり》の末娘（『更級日記《さらしなにっき》』に登場する女性）と結婚していたが、わずか二年の結婚生活で、治安《じあん》元年（一〇二一）三月に、この妻を喪《うしな》った。「何年来、病者であったが、長家の室となった」ことが影響したのであろう。

行成の女が死去して以来、自分の女を長家の後妻にと望む公卿は多かったが、一周忌も終わっていないのに、治安元年十月、長家は道長の一存で、藤原斉信《ただのぶ》の女と再婚した。しかしこの妻も、四年後の万寿二年八月、出産に際して死去してしまった。

万寿二年十一月に入ると、行成は死去した女の異母姉を長家の後妻にするよう、道長に申し入れた。一方その頃、実資の方から道長に、千古と長家との婚姻を持ちかけたようである。長家は、すぐに再婚する気はないと語ったようであるが、道長は千古と長家の結婚を許諾し、懇切に長家に千古との婚姻を勧めた。

実資にとっても、これから政権を独占するであろう道長家とミウチになっておくことは、養子の資平たちに有利な政治状況をもたらすであろうし、道長にとっても、故

実に精通した実資とミウチになることは、頼通たちの政権運営に有利にはたらくと思ったはずである。実資が千古に相続させた莫大な財産や、何より藤原実頼以下の日記を自分の家の財産にできるとの思惑もあったであろう。

## ◈万寿三年（一〇二六）

藤原実資七十歳（正二位、右大臣・右大将・東宮傅）　後一条天皇十九歳　藤原彰子三十九歳　藤原道長六十一歳　藤原頼通三十五歳　藤原威子二十八歳

・正月十九日（『院号定部類記《いんごうさだめぶるいき》』一・上東門院による）　彰子、出家し、上東門院となる／実資、宣旨を用いることを進言、道長、これに従う

……禅閤《ぜんこう》（藤原道長《ふじわらのみちなが》）が云《い》ったことには、「御出家《ごしゅつけ》については、重事《じゅうじ》と称《しょう》さ

なければならない。詔書《しょうしょ》が有《あ》るべきであろう。御封戸《おんふこ》・御季御服《おんきのごふく》・年官《ねんかん》・年爵《ねんしゃく》について、詔《しょう》の中《なか》に載《の》せるのがよいであろう。東三条院《ひがしさんじょういん》（藤原詮子《ふじわらのせんし》）の例《れい》は、詔書《しょうしょ》は無《な》かった。ただ天皇《てんのう》の命令《めいれい》が有《あ》った。また、年官《ねんかん》・年爵《ねんしゃく》について、あの年《とし》の正月五日《しょうがついっか》に天皇《てんのう》の命令《めいれい》を下《くだ》した事《こと》は、寂《さび》しいようであった。これらの事《こと》は、すべて詔書《しょうしょ》に載《の》せるのが、もっとも宜《よろ》しいのではないか」と。私《わたし》（藤原実資《ふじわらのさねすけ》）が答《こた》えて云《い》ったことには、「ひとえに東三条院《ひがしさんじょういん》の例《れい》によるのが、疑《うたが》いが無《な》いのではないでしょうか。ただし、年官《ねんかん》・年爵《ねんしゃく》の天《てん》皇《のう》の命令《めいれい》は、今日《きょう》、一度《いちど》に下《くだ》されるのが宜《よろ》しいでしょう。このような事《こと》は、まずは前例《ぜんれい》によって、詔書《しょうしょ》は太皇太后宮《たいこうたいごうぐう》の職号《しきごう》を停《とど》め、尊号《そんごう》が無《な》いのならば、ただ后《きさき》を停《とど》められるようなものです。それは後代《こうだい》、如何《いかが》なものでしょう」と。禅閤《ぜんこう》は納得《なっとく》した様子《ようす》が有《あ》った。

❖……禅閤《ぜんこう》、云《い》はく、「御出家《ごしゅつけ》の事《こと》、重事《じゅうじ》と謂《い》ふべし。詔書《しょうしょ》有《あ》るべし。御封《おんふ》・御《おん》季御服《きのごふく》・年官《ねんかん》・年爵等《ねんしゃくなど》の事《こと》、詔中《しょうちゅう》に載《の》するが、佳《よ》かるべし。東三条院《ひがしさんじょういん》の例《れい》、詔書《しょうしょ》無《な》し。只《ただ》、宣旨有《せんじあ》り。亦《また》、年官《ねんかん》・年爵《ねんしゃく》の事《こと》、彼《か》の年《とし》、正月五日《しょうがついつか》に宣旨《せんじ》を下《くだ》す事《こと》、落々《らくらく》に似《に》る。件等《くだんなど》の事《こと》、捴《すべ》て詔書《しょうしょ》に載《の》するが、尤《もっと》も宜《よろ》しかるべきか」と。余《よ》、答《こた》へて云《い》はく、「偏《ひと》へに東三条院《ひがしさんじょういん》の例《れい》に因《よ》るが、疑《うたが》ひ無《な》かるべきか。但《ただ》し、年官《ねんかん》・年爵《ねんしゃく》の宣旨《せんじ》、今日《きょう》、一度《いちど》に下《くだ》さるるが宜《よろ》しきか。此《か》くのごとき事《こと》、且《しばら》く前跡《ぜんせき》に依《よ》り、詔書《しょうしょ》、太皇太后宮《たいこうたいごうぐう》の職号《しきごう》を停《とど》め、尊号無《そんごうな》くんば、只《ただ》、后《きさき》を停《とど》め奉《たてまつ》らるるに似《に》る。其《そ》れ後代《こうだい》、奈何《いかが》」と。禅閤《ぜんこう》、容納《ようのう》の気有《けあ》り。

……禅閤云、御出家事可レ謂二重事一、可レ有二詔書一、御封・御季御服・年官・年爵等事、載二詔中一可レ佳、東三条院例無二詔書一、只有二宣旨一、亦年官・年爵事、彼年正月五日宣旨下事似二落々一、件等事捴載二詔書一尤可レ宜乎、余答云、偏因二東三条院例一可レ無レ疑歟、但年官・年爵宣旨、今日一度被レ下宜歟、如レ此事且依二前跡一、詔書停二太皇太后宮職号一無二尊号一者只似レ被レ奉レ停レ后、其奈二後代一何、禅閤有二容納気一、

✽この日、彰子《しょうし》は落飾入道《らくしょくにゅうどう》し、上東門院《じょうとうもんいん》の称号を受けて、藤原詮子《ふじわらのせんし》に次ぐ二人目の女《にょう》院《いん》となり、承保《じょうほ》元年（一〇七四）に八十七歳で死去するまで、権力を振るった。

その際、涕泣《ていきゅう》が雨のようであった道長《みちなが》は、もっとも重い詔書《しょうしょ》を用いるよう命じたが、

実資《さねすけ》は東三条院《ひがしさんじょういん》詮子の例によって宣旨を用いるべきであると進言し、道長が承諾するという一幕があった。この間、関白《かんぱく》の頼通《よりみち》は議に関わることはなかった。

・四月一日（『官奏記《かんそうき》』による）　輦車を聴される

（藤原《ふじわらの》）行成卿《ゆきなりきょう》は、座《ざ》を起《た》って退《しりぞ》いた。すぐに座《ざ》に戻《もど》って云《い》ったことには、「左頭中将《さとうのちゅうじょう》（藤原公成《ふじわらのきんなり》）□□□、しばらく控《ひか》えるように。輦車《てぐるま》を許《ゆる》すという後一条天皇《ごいちじょうてんのう》の命令《めいれい》について伝《つた》える為《ため》である。右大臣《うだいじん》（藤原実資《ふじわらのさねすけ》）に伝《つた》えることとする」ということだ。驚《おどろ》いて恐縮《きょうしゅく》したことは、極《きわ》まり無《な》かった。……□□云《い》ったことには、「左頭中将《さとうのちゅうじょう》が天皇《てんのう》の命令《めいれい》を伝《つた》えて云《い》ったことには、『右大臣《うだいじん》は輦車《てぐるま》に乗《の》って宮中《きゅうちゅう》に出入《でい》りすることを許《ゆる》すように』ということだ」と。そこで射場《いば》に参《まい》った。頭中将《とうのちゅうじょう》（公成《きんなり》）を介《かい》して、お礼《れい》を申《もう》しあげさせた。舞《ま》って、帰《かえ》った。

❖行成卿《ゆきなりきょう》、座《ざ》を起《た》ちて退下《たいげ》す。即《すなわ》ち座《ざ》に復《ふく》して云《い》はく、「左頭中将《さとうのちゅうじょう》□□□、暫《しばら》く候《こう》ずべし。輦車宣旨《てぐるませんじ》の事《こと》を仰《おお》せんが為《ため》。亦《また》、下官《げかん》に仰《おお》すべし」てへり。驚《おどろ》き恐《かしこ》むこと、極《きわ》まり無《な》し。……□□云《い》はく、「左頭中将《さとうのちゅうじょう》、勅《ちょく》を伝《つた》へて云《い》はく、『下官《げかん》、輦車《てぐるま》に乗《の》りて宮中《きゅうちゅう》に出入《でい》りするを聴《ゆる》すべし』てへり」と。仍《よ》りて射場《いば》に参《まい》る。頭《とうの》中将《ちゅうじょう》を以《もっ》て、慶《よろこ》びを奏《そう》せしむ。拝舞《はいぶ》し、退出《たいしゅつ》す。

行成卿起レ座退下、即復レ座云、左頭中将□□□暫可レ候、為レ仰二輦車宣旨事一、亦可レ仰二下官一者、驚恐無レ極、……□□云、左頭中将伝レ勅云、可レ聴下下官乗二輦車一出二入宮中上者、仍参二射場一、以二頭中将一令レ奏レ慶、拝舞退出、

✻輦車《てぐるま》というのは、輦《れん》の両側に車輪を付けたもので、前後の轅《ながえ》に十二人の官人が付き従う。摂関《せっかん》や功績のあった大臣、老齢の高僧、内親王・女御《にょうご》などの内裏への出入りに、特別の宣旨によって許されるものである。

この日、実資に輦車宣旨が下り、参内に輦車を用いることが許された。実資の当惑

と喜びがよく表われた記事である。

・四月十三日（『三条西家重書古文書《さんじょうにしけじゅうしょこもんじょ》』一・異国女寄丹後国事による）異国の女、丹後に漂着

民部卿《みんぶきょう》（源《みなもとのとしかた》　俊賢）が云《い》ったことには、「女《おんな》で、身長七尺余り《しんちょうななしゃくあま》、顔《かお》の長《なが》さ二尺余り《にしゃくあま》の者《もの》が、舟《ふね》に乗《の》って丹後国《たんごのくに》に打《う》ち寄《よ》せられた。舟《ふね》の中《なか》に飯《めし》と酒《さけ》が有《あ》った。舟《ふね》のあたりに触《ふ》れた者《もの》は病悩《びょうのう》する。そこで着岸《ちゃくがん》させなかったところ、死去《しきょ》した。国司《こくし》（源《みなもとのちかかた》　親方）は記《しる》し書《か》かなかった。使者《ししゃ》が申《もう》したところは、このとおりである」と。不吉《ふきつ》な事《こと》は言上《ごんじょう》してはならないということは、戒《いまし》めたところである。そこで言上《ごんじょう》しなかったのか。

❖民部卿《みんぶきょう》、云《い》はく、「女《おんな》の長《なが》さ七尺余り《ななしゃくあま》、面《かお》の長《なが》さ二尺余り《にしゃくあま》、舟《ふね》に乗《の》りて丹後国《たんごのくに》

に寄《よ》す。舟中《しゅうちゅう》に飯《めし》・酒《さけ》有《あ》り。舟《ふね》の辺《あた》りに触《ふ》るる者《もの》、病悩《びょうのう》す。仍《よ》りて着岸《ちゃくがん》せしめざる間《あいだ》、死去《しきょ》す。国司《こくし》、注《しる》し書《か》かず。脚力《きゃくりき》、申《もう》す所《ところ》、此《か》くのごとし」と。不吉《ふきつ》の事《こと》、言上《ごんじょう》すべからざる由《よし》、戒《いまし》むる所《ところ》なり。仍《よ》りて言上《ごんじょう》せざるか。

民部卿云、女、長七尺余、面長二尺余、乗レ舟寄二丹後国一、舟中有二飯・酒一、触二舟辺一者病悩、仍不レ令二着岸一之間死去、国司不二注書一、脚力所レ申如レ此、不吉事不レ可二言上一之由所レ戒也、仍不二言上一歟、

✻異国の女を乗せた舟が丹後国《たんごのくに》に漂着した。体長は七尺余り、面《かお》の長さは二尺余りとあるから、「鬼」と認識されたのであろうが、舟中に飯や酒があったというから、漂流してしまったのであろう。舟辺に触れた者は病悩するというので着岸させなかったうちに、死んでしまったというから、気の毒な話である。身体の大きさも、海水に浸《つ》かって膨張してしまったものと思われる。

ただ、異国から来た人間が疫病《えきびょう》をもたらすという認識が窺《うかが》える点が、何ともやるせない。不吉な事は言上しないでおくというので、国司が報告しなかったというのも、日本的で暗い気分になってくる。

・六月二十六日〔三条西本〈略本〉〕　宋商周良史、爵位を望む

中将《ちゅうじょう》（藤原資平《ふじわらのすけひら》）が云《い》ったことには、「宋人《そうじん》（周《しゅう》）良史《りょうし》は、出帆《しゅっぱん》しようとしています。そこで名籍《みょうせき》を関白《かんぱく》（藤原頼通《ふじわらのよりみち》）に献上《けんじょう》し〈民部卿《みんぶきょう》（源俊賢《みなもとのとしかた》）が伝《つた》えて献上《けんじょう》したもの。〉、栄爵《えいしゃく》を懇望《こんもう》しました。位《くらい》を買《か》うための絹《きぬ》は三百疋《さんびゃっぴき》です。もしも朝廷《ちょうてい》の許可《きょか》が無《な》ければ、本国《ほんごく》（宋《そう》）に帰《かえ》って、戊辰《ぼしん》の年《とし》である明後年《みょうごねん》に帰《かえ》り参《まい》り、錦《にしき》・綾《あや》の織物《おりもの》・香薬《こうやく》などを献上《けんじょう》することになりました。この良史《りょうし》の母《はは》は、本国《ほんごく》（日本《にっぽん》）の人《ひと》です。関白《かんぱく》は位《くらい》を買《か》うという申請書《しんせいしょ》を返却《へんきゃく》し、黄金三十両《おうごんさんじゅうりょう》（約一《やくいち》・一《いち》キログラム）を下《くだ》しました」と云《い》うことだ。その門客《もんかく》（良史《りょうし》）が云《い》ったことには、「天皇《てんのう》の徳《とく》が異域《いいき》（宋《そう》）に及《およ》んでいるのは、もっとも感嘆《かんたん》に足《た》ります」と。私《わたし》（藤原実資《ふじわらのさねすけ》）が考《かんが》えたところは、日本《にっぽん》の国家《こっか》の位記《いき》を下《くだ》すのは、深《ふか》く恥《は》じるところである。どうしてまして

や、異朝《いちょう》（宋《そう》）の商客《しょうきゃく》が献上《けんじょう》したとなると、なおさらである。遥《はる》かに聞《き》いたところでは、貪欲《どんよく》であって、計略《けいりゃく》が有《あ》るのか。天皇《てんのう》の徳《とく》と称《しょう》するわけにはいかない。神祇《じんぎ》は恥《はじ》を取《と》ることになるであろうか。

❖中将《ちゅうじょう》、云《い》はく、「宋人良史《そうじんりょうし》、解纜《かいらん》に及《およ》ばんと欲《ほっ》す。而《しか》して名籍《みょうせき》を関白《かんぱく》に献《けん》じ〈民部卿《みんぶきょう》、伝《つた》へ献《けん》ずる所《ところ》。〉、栄爵《えいしゃく》を懇望《こんもう》す。贖労《ぞくろう》の桑糸三百疋《くわいとさんびゃっぴき》。若《も》し朝納無《ちょうのうな》くんば、本朝《ほんちょう》に帰《かえ》り、戊辰《ぼしん》の年《とし》の明後年《みょうごねん》に帰《かえ》り参《まい》り、錦《にしき》・綾《あや》・香薬等《こうやくなど》の類《たぐい》を献《けん》ずべし。件《くだん》の良史《りょうし》の母《はは》、本朝《ほんちょう》の人《ひと》なり。関白《かんぱく》、贖労《ぞくろう》の解文《げぶみ》を返《かえ》し、給《たま》ふに黄金三十両《おうごんさんじゅうりょう》を以《もっ》てす」と云々《しかじか》。彼《か》の門客《もんかく》、云《い》はく、「徳化《とっか》、異域《いいき》に覃《およ》ぶは、尤《もっと》も感歎《かんたん》に足《た》る」と。愚《ぐ》、案《あん》ずる所《ところ》は、当朝《とうちょう》の国用位記《こくよういき》、深《ふか》く恥《は》づる所《ところ》なり。何《なん》ぞ況《いわ》んや異朝《いちょう》の商客《しょうきゃく》、献芹《けんきん》するをや。遥《はる》かに聞《き》くに、貪欲《どんよく》にして計略有《けいりゃくあ》るか。徳化《とっか》と謂《い》ふべからず。祇《ぎ》、辱《はじ》を取《と》るべきか。

中将云、宋人良史欲レ及二解纜一、而献二名籍于関白一〈民部卿所二伝献一〉懇二望栄爵一、贖労桑糸三百疋、若無二朝納一、帰二本朝一、戊辰年明後年帰参、可レ献二錦・綾・香薬等類一、件良史母本朝人也、関白返二贖労解文一、給以二黄金三十両一云々、彼門客云、徳化覃二異域一、尤足二感歎一、愚所レ案者当朝国用位記深所レ恥也、何況異朝商客献芹乎、遥聞貪欲有二計略一歟、不レ可レ謂二徳化一、祇可レ取レ辱歟、

✻贖労《ぞくろう》というのは売官の一種で、財物・金銭を納めて官位を買うことである。ただ、この例では、宋《そう》の海商《かいしょう》が莫大《ばくだい》な献上物によって五位の位階を買おうとしているのである。いくら「天皇の徳が宋にまで及んでいる」などと言ってきても、こんなことを許しておいていいものか、実資ならずとも首をかしげざるを得ない。

これが「東夷《とうい》の小帝国」という建前を放棄した平安《へいあん》日本の、素直な感想であろう（帝国を標榜《ひょうぼう》すれば、異国の者も受け容れなければならない）。

・七月二十三日（伏見宮本〈略本〉）空也の錫杖と金鼓を贈与される

義《ぎ》観阿《かんあ》闍梨《じゃり》が、故《こ》空也聖《くうやひじり》の錫杖《しゃくじょう》と金鼓《こんぐ》を志《こころざ》し与《あた》えてきた。使《つかい》の童《わらわ》に手作《たづくり》の

布《ぬのに》二端《たん》を下《くだ》した。義観阿闍梨《ぎかんあじやり》は空也《くうや》の同室《どうしつ》の弟子《でし》であった。そこで伝《つた》えることができたものである。この金鼓《こんぐ》は、あの聖《ひじり》が臂《ひじ》に懸《か》けて、日夕《にちゆう》、身《み》から離《はな》さなかった。錫杖《しやくじよう》も同《おな》じであった。思《おも》いがけず得《え》たもので、随喜《ずいき》は極《きわ》まり無《な》かった。

❖義観阿闍梨《ぎかんあじやり》、故《こ》空也聖《くうやひじり》の錫杖《しやくじよう》・金鼓《こんぐ》等《など》を志《こころざ》し与《あた》ふ。使《つかい》の童《わらわ》に手作《たづくりの》布《ぬのに》二端《たん》を給《たま》ふ。義闍梨《ぎじやり》は空也《くうや》の入室《にゆうしつ》の弟子《でし》。仍《よ》りて伝《つた》へ得《う》る所《ところ》。件《くだん》の金鼓《こんぐ》、彼《か》の聖《ひじり》、臂《ひじ》に懸《か》けて日夕《にちゆう》、身《み》より離《はな》さず。錫杖《しやくじよう》、相同《あいおな》じ。不慮《ふりよ》に得《う》る所《ところ》、随喜《ずいき》、極《きわ》まり無《な》し。

義観阿闍梨志二与故空也聖錫杖・金鼓等一、給二使童手作布二端一、義闍梨者空也入室弟子、仍所二伝得一、件金鼓彼聖懸レ臂日夕不レ離レ身、錫杖相同、不慮所レ得随喜無レ極、

✻民間や貴顕《きけん》に浄土信仰《じようどしんこう》を広め、「市聖《いちのひじり》」と称された空也《くうや》が天禄《てんろく》三年（九七二）に死去した後も、その遺志を継いだ僧が出現し、摂関期には「皮聖《かわひじり》」と呼ばれた行円《ぎようえん》が活躍した。彼らは、民衆はもちろん、実資など上級貴族の帰依《きえ》も受け、浄土信仰を広め

た。後世、この系譜から法然《ほうねん》や親鸞《しんらん》、そして一遍《いっぺん》が登場することになる。

この日、実資は空也の入室《にっしつ》の弟子（師から教えの奥義を授けられた弟子）であった義《ぎ》観《かん》から、空也が肌身離さなかった金鼓《こんぐ》と錫杖《しゃくじょう》を与えられ、感激している。

空也といえば、現存する空也像では首から鉦《かね》を下げ、鹿の角の付いた杖《つえ》を持っているが、実際に持っていたのは金鼓と錫杖だったのであろうか。

・九月十三日（伏見宮本〈略本〉）　亡室婉子女王母に対面／和歌を添える

巳刻《みのこく》（午前九時《ごぜんくじ》－十一時《じゅういちじ》）の頃《ころ》、醍醐寺《だいごじ》に参《まい》った。午刻《うまのこく》（午前十一時《ごぜんじゅういちじ》－午後一《ごごいち》時《じ》）、到着《とうちゃく》した。故女御《こにょうご》（婉子女王《えんしじょおう》）の母《ぼ》堂《どう》に対面《たいめん》し、一日中《いちにちじゅう》、清談《せいだん》した。持《も》って行《い》った御装束《おんしょうぞく》〈薄物《うすもの》の表衣《うえのきぬ》［二重《ふたえ》。］・同《おな》じ袈裟《けさ》・鈍色《にびいろ》の綾《あや》の袿一重《うちきひとかさね》・同《おな》じ裳《も》・紅染《こうぞめ》の袷《あわせ》［三重《みえ》。］〉。和歌《わか》一首《いっしゅ》を紙《かみ》に書《か》いて、衣《ころも》の裏《うら》に付《つ》けた。思《おも》っても消《き》えてしまった露《つゆ》の玉緒《たまのお》でさえ、衣《ころも》の裏《うら》に留《とど》めなかったろう。〉を、大《おお》きな檜《ひのき》の箱《はこ》に納《おさ》め、その上《うえ》の器《うつわ》に菓子《かし》を入《い》れた。一《ひと》つの荷《に》に合《あ》わせたか。さらに上《うえ》の器《うつわ》に菓子《かし》を納《おさ》めた。箱《はこ》の様子《ようす》は、故意《こい》に夏門冬結《かもんとうけつ》にあるようなものであった。箱《はこ》は黒木《くろき》を台《だい》とした。別《べつ》に大《おお》きな箱《はこ》を添《そ》えた。入道侍従《にゅうどうじじゅう》（藤原相任《ふじわらのすけとう》）が食事《しょくじ》を準備《じゅんび》した。申刻《さるのこく》（午後《ごご》三時《さんじ》－五時《ごじ》）の頃《ころ》、寺《てら》を出《で》た。戌刻《いぬのこく》（午後《ごご》七時《しちじ》－九時《くじ》）の頃《ころ》、家《いえ》に帰《かえ》った。

❖巳時《みのとき》ばかり、醍醐《だいご》に詣《もう》づ。午時《うまのとき》、到着《とうちゃく》す。故女御《こにょうご》の母堂《ぼどう》に対面《たいめん》し、終日《しゅうじつ》、清談《せいだん》す。随身《ずいじん》せる御装束《おんしょうぞく》〈薄物《うすもの》の表衣《うえのきぬ》［二倍《ふたえ》。］・同《おな》じ袈裟《けさ》・鈍色《にびいろ》の綾《あや》の袿《うちき》一重《ひとかさね》・同《おな》じ裳《も》・紅《こう》染《ぞめ》の袷《あわせ》［三倍《みえ》。］〉。和哥《わか》一首《いっしゅ》を紙《かみ》に書《か》きて衣《ころも》の裏《うら》に付《ふ》す。思《おも》へとも消《きえ》にし露《つゆ》の玉緒《たまお》たに衣《ころも》の裏《うら》に留《とど》めさりけむ。〉、大檜破子《おおひのきわりご》に納《おさ》め、其《そ》の上《うえ》の笥《け》に菓子《かし》を入《い》る。一荷《いっか》に合《あ》はすか。更《さら》に上《うえ》の笥《け》に菓子《かし》を納《おさ》む。破子《わりご》の体《たい》、故《ことさら》に夏門冬結《かもんとうけつ》に在《あ》るがごとし。破子《わりご》、黒木《くろき》を台《だい》と為《な》す。別《べつ》に大破子《おおわりご》を副《そ》ふ。入道侍従《にゅうどうじじゅう》、食《じき》を儲《もう》く。申時《さるのとき》ばかり、寺《てら》を出《い》づ。戌剋《いぬのこく》ばかり、家《いえ》に帰《かえ》る。

巳時許詣二醍醐一、午時到着、対二面故女御母堂一、終日清談、随身御装束〈薄物表衣［二倍、］・同袈裟・鈍色綾掛一重・同裳・紅染袷［三倍、］、和哥一首書レ紙付二衣裏一、思へ輌消西露乃玉緒谷衣裏仁留め佐りけむ、〉納二大檜破子一、其上筥入二菓子一、合二一荷一歟、更上筥納二菓子一、破子体、故如レ在二夏門冬結一破子黒木為レ台、別副二大破子一、入道侍従儲レ食、申時許出レ寺、戌剋許帰レ家、

✻婉子《えんし》女王が長徳《ちょうとく》四年（九九八）に二十八歳で死去してから二十八年になるが、その母（為平親王《ためひらしんのう》室、源　高明《みなもとのたかあきら》の女《むすめ》）はいまだ生存していたのである。長和四年（一〇一五）に醍醐寺《だいごじ》で出家し、長元三年（一〇三〇）に八十歳で入滅している（『小記目録《しょうきもくろく》』）。

この日、実資は大量の土産を持ってこの義母を訪ね、四時間ほど語り合っている。和歌を贈ったというのも、実資としては珍しい。

なお、行きは二時間、帰りは四時間、かかっている。小野宮《おののみや》と醍醐寺の直線距離は約十八キロ。東山《ひがしやま》を越えなければならないのだが、大量の荷物を持っていた往路よりも、身軽なはずの帰路の方がかかっているのは、どういう事情があったのであろうか。

## ◆万寿四年（一〇二七）

藤原実資七十一歳（正二位、右大臣・右大将・東宮傅）後一条天皇二十歳　藤原彰子四十歳　藤原道長六十二歳　藤原頼通三十六歳　藤原威子二十九歳

・正月十一日（前田本甲〈広本〉）　長家、千古との婚儀を延引／斉信の謀計か

二十三日《にじゆうさんにち》の婚儀《こんぎ》について、延期《えんき》するよう、定基僧都《じょうきそうず》から（宮道《みやじの》）式光《しきみつ》を介《かい》して書状《しょじょう》が有《あ》った。はなはだ奇怪《きかい》であった。中将《ちゆうじょう》（藤原資平《ふじわらのすけひら》）が云《い》ったことには、「去《さ》る夕方《ゆうがた》、あの納言《なごん》（藤原長家《ふじわらのながいえ》）が御堂《みどう》に於《お》いて清談《せいだん》したついでに、この事《こと》が有《あ》りました。その時期《じき》を述《の》べませんでした。ただ遂《と》げるということを談《かた》りました。今日《きょう》の夕方《ゆうがた》、会《あ》って決定《けってい》を聞《き》くことにします」と。また、定基僧都《じょうきそうず》が伝《つた》え送《おく》って云《い》ったことには、「披露《ひろう》してはなりません。

しばらく延期《えんき》するということについて、すぐに決定《けってい》が有《あ》るでしょう」ということだ。私《わたし》（藤原実資《ふじわらのさねすけ》）が思案《しあん》すると、もしも延期《えんき》するのならば、永《なが》く停止《ちょうじ》となるであろう。これは多《おお》くは元《もと》の姻戚《いんせき》（藤原斉信《ふじわらのただのぶ》）の謀計《ぼうけい》である。あれこれ「種々《しゅじゅ》の内外《ないがい》の祈禱《きとう》が、連々《れんれん》として不断《ふだん》にある」と云《い》うことだ。あれこれ恐《おそ》れが有《あ》る。自身《じしん》にとって益《えき》が無《な》い。

❖二十三日《にじゅうさんにち》の事《こと》、延廻《えんかい》すべき由《よし》、定基僧都《じょうきそうず》、式光《しきみつ》を以《もっ》て消息有《しょうそくあ》り。太《はなは》だ奇《き》と為《な》す。中将《ちゅうじょう》、云《い》はく、「去《さ》ぬる夕《ゆうべ》、彼《か》の納言《なごん》、御堂《みどう》に於《お》いて清談《せいだん》する次《つ》いでに、此《こ》の事《こと》有《あ》り。其《そ》の期《き》を陳《の》べず。只《ただ》、遂《と》ぐべき由《よし》を談《だん》ず。今夕《こんせき》、相遇《あいあ》ひ、一定《いちじょう》を聞《き》くべし」と。又《また》、定僧都《じょうそうず》、示《しめ》し送《おく》りて云《い》はく、「披露《ひろう》すべからず。暫《しばら》く延引《えんいん》する由《よし》、今《いま》、一定有《いちじょうあ》るべし」てへり。愚案《ぐあん》するに、若《も》し延廻有《えんかいあ》らば、永《なが》く以《もっ》て止《や》むべし。是《こ》れ多《おお》くは旧縁《きゅうえん》の謀計《ぼうけい》なり。「種々《しゅじゅ》の内外《ないがい》の祈禱《きとう》、連々《れんれん》、断《た》たず」と云々《しかじか》。左右《とこう》、恐《おそ》れ有《あ》り。諸身《しょしん》に取《と》りて益無《えきな》し。

廿三日事可ㇾ延廻一由定基僧都以二式光一有二消息一、太為ㇾ奇、中将云、去夕彼納言於二御堂一清談次有二此事一、不ㇾ陳二其期一、只談二可ㇾ遂由一、今夕相遇可ㇾ聞二一定一、又定僧都示送云、不ㇾ可二披露一、暫延引由今可ㇾ有二一定一者、愚案若有二延廻一永以可ㇾ止、是多旧縁之謀計也、種々内外祈禱連々不ㇾ断云々、左右有ㇾ恐、取二諸身一無ㇾ益、

＊千古《ちふる》と長家《ながいえ》の結婚については、万寿《まんじゅ》三年には進展はなく、万寿四年に入ると、正月九日に藤原道長《みちなが》の意向で、吉日《きちにち》を択《えら》ぶようにとの書状が届いた。実資《さねすけ》は早速、翌十日に吉日を勘申させ、二月二十三日との結果を得ている。
ところが、翌日の正月十一日になって、長家から、婚儀についてはないものの、時期を延引《えんいん》するよう、書状が届いた。実資は、これは姻戚《いんせき》であった斉信《ただのぶ》の謀計であると推測している。道長は翌十二日に、長家を狂乱していると叱責《しっせき》し、今月の内に遂げるよう命じたが、結局、この縁談は破談となった。

・三月六日（伏見宮本〈広本〉） 禎子内親王、東宮入侍決定／教通、これを

嘆息

夜《よる》に入《はい》って、宰相中《さいしょうちゅう》将《じょう》（藤原資平《ふじわらのすけひら》）が来《き》て云《い》ったことには、「一品禎子内《いっぽんていしない》親王《しんのう》が東宮《とうぐう》（敦良親王《あつながしんのう》）の許《もと》に参《まい》られる事《こと》は、今月二十三日《こんげつにじゅうさんにち》と決定《けってい》しました。禅閤《ぜんこう》（藤原道長《ふじわらのみちなが》）が督促《とくそく》されたものです。また、関白《かんぱく》（藤原頼通《ふじわらのよりみち》）も、深《ふか》く御気持《おきも》ちを入《い》れています。内大臣《ないだいじん》（藤原教通《ふじわらののりみち》）には、嘆息《たんそく》の様子《ようす》が有《あ》りました。その御女《おんむすめ》（藤原生子《ふじわらのせいし》）を、尚侍《ないしのかみ》（藤原嬉子《ふじわらのきし》）が薨去《こうきょ》した後《のち》、東宮《とうぐう》に入《い》れる事《こと》を企《くわだ》てていました。ところが、急《きゅう》にこの事《こと》が有《あ》りました。そこで嘆息《たんそく》されました。今日《きょう》、禅室《ぜんしつ》（道長《みちなが》）の許《もと》に於《お》いて談話《だんわ》していた際《さい》、この様子《ようす》が有《あ》りました」ということだ。

❖夜《よる》に入《い》りて、宰相中将《さいしょうちゅうじょう》、来《き》たりて云《い》はく、「一品禎子内親王《いっぽんていしないしんのう》、東宮《とうぐう》に参《まい》り給《たま》ふ事《こと》、今月二十三日《こんげつにじゅうさんにち》に一定《いちじょう》し了《おわ》んぬ。禅閤《ぜんこう》、催《もよお》さるる所《ところ》。又《また》、関白《かんぱく》、深《ふか》く御情《おんじょう》を入《い》る。内大臣《ないだいじん》、嘆息《たんそく》の気《け》有《あ》り。彼《か》の御女《おんむすめ》、尚侍《ないしのかみ》、薨《こう》ずる後《のち》、宮《みや》に入《い》るる事《こと》を企《くわだ》つ。

而《しか》るに忽《たちま》ち此《こ》の事有《ことあ》り。仍《よ》りて歎息《たんそく》せらる。今日《きょう》、禅室《ぜんしつ》に於《お》いて談話《だんわ》の間《かん》、此《こ》の気色有《けしきあ》り」てへり。

入レ夜宰相中将来云、一品禎子内親王参ニ東宮一給之事今月廿三日一定了、禅閤所レ被レ催、又関白深入ニ御情一、内大臣有ニ嘆息気一、彼御女尚侍薨後企ニ入レ宮之事一、而忽有ニ此事一、仍被ニ歎息一、今日於ニ禅室一談話間有ニ此気色一者、

✻この日、禎子《ていし》内親王が東宮敦良《あつなが》の許《もと》に入侍《にゅうじ》することが決まった。これは道長が言い出し、頼通《よりみち》が「深く御情を入れ」たものであったが、自分の女《むすめ》を入れようとしていた教通《のりみち》には嘆息《たんそく》の気配があったという。

この禎子が摂関政治《せっかんせいじ》を終わらせることになる皇子を産もうとは、道長も頼通も、この時点では気付いていなかった。嬉子《きし》を喪《うしな》った直後ということで、道長も焦っていたのであろう。すでに自分の女は底を突き、頼通には女はなく、教通の女の生子《せいし》や真子《しんし》を妃《ひ》とすることには頼通の抵抗があったということで、まだしも妍子《けんし》を通じて自分の血を引く禎子の入侍という結果となったものと思われる。

・五月二日（東山御文庫本〈広本〉）　蛭喰／人事不省となる

小瘡《こがさ》はいまだ癒《い》えていない。そこで蛭喰《ひるがい》を行《おこ》なった〈尻《しり》と耳《みみ》。〉。秉燭《へいしょく》の後《のち》、喰《く》い終《お》わった。心神《しんしん》が背《そむ》き違《たが》い、すでに不覚《ふかく》となった。しばらくして、蘇《そ》息《そく》した。蛭喰《ひるがい》の致《いた》したところである。何日《なんにち》か、精進《しょうじ》を行《おこ》なった。無力《むりょく》は特《とく》に甚《はなはだ》しかった。

❖小瘡《こがさ》、未《いま》だ愈《い》えず。仍《よ》りて蛭喰《ひるがい》す〈尻《しり》・耳《みみ》。〉。秉燭《へいしょく》の後《のち》、喰《く》ひ了《おわ》んぬ。心神《しんしん》、乖違《かいい》し、已《すで》に以《もっ》て不覚《ふかく》。小時《しばら》くして蘇《そ》息《そく》す。蛭喰《ひるがい》の致《いた》す所《ところ》なり。日来《ひごろ》、精進《しょうじ》す。無力《むりょく》、殊《こと》に甚《はなはだ》し。

小瘡未レ愈、仍蛭喰〈尻・耳、〉、秉燭後喰了、心神乖違已以不覚、小時蘇息、蛭喰之所レ致也、日来精進、無力殊甚、

＊蛭喰《ひるがい》というのは、何と蛭に患部の膿《うみ》を吸わせるというもので、藤原道長も何度も行なっている（『御堂関白記《みどうかんぱくき》』）。実資は、三月十九日に小瘡《こがさ》（汗などによって皮膚にできる赤色の発疹）を病み、医師の但波忠明《たんばのただあきら》と和気相成《わけのすけなり》から、この蛭喰を勧められた。二十八日には小瘡が全身に及んだものの、四月七日にいたっても柳湯《やなぎゆ》での治療を行なっていた。

五月になって、ようやく蛭喰を行なう気になったようである。治療中と直後は大変だったようであるが、その後は病も収まったようである。実はすでに治りかけていたのであろう。

・七月二十六日（前田本甲〈広本〉）相撲節会／実資の興言

私《わたし》（藤原実資《ふじわらのさねすけ》）は座《ざ》を起《た》って簾《すだれ》の下《もと》の座《ざ》に着《つ》いた。位置《いち》を示《しめ》す札《ふだ》を取《と》らなかった。宰相《さいしょう》（藤原資平《ふじわらのすけひら》）に目《め》くばせし、催促《さいそく》させた。しばらくして、左《さ》近将監《こんのしょうげん》（笠《かさの》）良信《よしのぶ》が札《ふだ》を取《と》った。長《なが》い時間《じかん》、何事《なにごと》も無《な》かった。出居《でい》および円座《わろうだ》を催促《さいそく》させた。左方《ひだりかた》の出居《でい》の左少将《さしょうしょう》（藤原《ふじわらの》）良頼《よしより》は痢病《りびょう》を患《わずら》っているということを、公卿《くぎょう》たちが云々《うんぬん》していた。一同《いちどう》は含《ふく》み笑《わら》いした。私《わたし》が云《い》ったことには、「もしかしたら、わび屎《くそ》か」と。公卿《くぎょう》たちは笑《わら》った。関白《かんぱく》（藤原頼通《ふじわらのよりみち》）も笑《わら》われた。

❖余《よ》、座《ざ》を起《た》ちて簾《すだれ》の下《もと》の座《ざ》に着《ちゃく》す。版位《へんい》を取《と》らず。宰相《さいしょう》に目《め》くばせし、催《もよお》し仰《おお》せしむ。頃《しばら》くして左将監良信《さしょうげんよしのぶ》、版位《へんい》を取《と》る。良久《ややひさ》しく事《こと》無《な》し。出居《でい》幷《なら》びに円座等《わろうだなど》の事《こと》を催《もよお》さしむ。左《ひだり》の出居《でい》の少将《しょうしょう》良頼《よしより》、痢病《りびょう》を煩《わずら》ふ由《よし》、上達部《かんだちめ》、云々《うんぬん》す。満座《まんざ》、含《ふく》み咲《わら》ふ。余《よ》、云《い》はく、「若《も》しくはわひ屎《くそ》か」と。諸卿《しょきょう》、咲《わら》ふ。関白《かんぱく》、咲《わら》はる。

余起レ座着二簾下座一、不レ取二版位一、目二宰相一令二催仰一、頃之左将監良信取二版位一、良久無レ事、令レ催二出居幷円座等事一、左出居少将良頼煩二痢病一之由上達部云々、満座含咲、余云、若和比屎歟、諸卿咲、関白被レ咲、

✲この日、行なわれた相撲節会《すまいのせちえ》で、左方の出居《でい》という場に伺候するはずの左少将良頼《よしより》（藤原隆家《たかいえ》の一男）だけは、痢病を患ったと称して殿上間《てんじょうのま》から参入してこなかった。実資は珍しく、「もしかしたら、わび屎《くそ》（佗屎）か」と冗談を言った。「佗屎」というのは、進退などに困ってしまってもらす屎のことである。幼い頃から面倒を見てきた親しさと、近衛大将《このえのたいしょう》としての苛立《いらだ》ちが相まって、珍しく冗談を言ったのであろう。この言葉が良頼本人にも伝わったかどうかはわからないが、良頼は春宮亮《とうぐうのすけ》として、その後の東宮の還御には供奉《ぐぶ》している。実資の方は、この冗談を言ったことを反省したのであろう、翌二十七日に行なわれた抜出《ぬきいで》（選抜戦）には参入していない。

・八月二十五日（前田本甲〈広本〉）　穢は日本の事

関白《かんぱく》（藤原頼通《ふじわらのよりみち》）が云《い》ったことには、「内裏《だいり》の穢《え》は、すでに来《き》ている。御捧物《ごほうもち》については、内《うち》（後一条天皇《ごいちじょうてんのう》）から仰《おお》せが有《あ》った。そこで忌《い》んではならないということを天皇《てんのう》に申《もう》しあげられた。天竺《てんじく》では触穢《しょくえ》を忌《い》まない」ということだ。私《わたし》（藤原実資《ふじわらのさねすけ》）が答《こた》えて云《い》ったことには、「穢《え》は日本《にっぽん》の事《こと》です。大《だい》唐《とう》ではまったく穢《え》を忌《い》みません」と。……

❖関白《かんぱく》、云《い》はく、「内裏《だいり》の穢《え》、已《すで》に来《き》たる。御捧物《ごほうもち》の事《こと》、内《うち》より仰《おお》せ有《あ》り。仍《よ》りて忌《い》むべからざる由《よし》を奏聞《そうもん》せらる。天竺《てんじく》、触穢《しょくえ》を忌《い》まず」てへり。余《よ》、答《こた》へて云《い》はく、「穢《え》は日本《にっぽん》の事《こと》。大唐《だいとう》、已《すで》に穢《え》を忌《い》まず」と。……

関白云、内裏穢已来、御捧物事従レ内有レ仰、仍不レ可レ忌之由被二奏聞一、天竺不レ忌二触穢一者、余答云、穢者日本事、大唐已不レ忌レ穢、……

✽この日、法成寺釈迦堂供養《ほうじょうじしゃかどうくよう》の第三日を迎えていた。前日の二十四日に内裏に犬の死《し》穢《え》が有り、それが法成寺にまでいたったのであるが、捧物《ほうもち》（神仏に物を捧《ささ》げること）は穢を忌まずに行なうよう、頼通が後一条《ごいちじょう》天皇に奏上した。

実資は、穢は日本だけの風習であり、中国では穢を忌まないという知恵を授けている。穢や物忌《ものいみ》をむやみに畏《おそ》れるのではない、柔軟な平安貴族の姿勢が窺《うかが》える例である。

・九月二日（前田本甲〈広本〉）高階成順の女、郎等に刃傷される

左兵衛督《さひょうえのかみ》（藤原経通《ふじわらのつねみち》）が来て云《い》ったことには、「筑前守《ちくぜんのかみ》（高階《たかしな》）成順《なりのぶ》の女子《じょし》は、昨夜《さくや》、従者《じゅうしゃ》の為《ため》に刃傷《にんじょう》されました。成順《なりのぶ》は九州《きゅうしゅう》にいます。先《さき》に妻子《さいし》を上京《じょうきょう》させました。この従者《じゅうしゃ》を護衛《ごえい》の人《ひと》としました。従者《じゅうしゃ》の妻《つま》が仲違《なかたが》いして逃《に》げ去《さ》ったのを、主人《しゅじん》（成順室《なりのぶのしつ》）が隠《かく》し置《お》いたと思《おも》い込《こ》み、抜刀《ばっとう》して走《はし》り上《あ》がったので、成順《なりのぶ》の妻《つま》は逃《に》げ去《さ》りました。女子《じょし》は逃《に》げ去《さ》ることができなかったので、刃傷《にんじょう》されました」と。人心《じんしん》は恐《おそ》れなければならない、恐《おそ》れなければならない。

❖左兵衛督《さひょうえのかみ》、来《き》たりて云《い》はく、「筑前守成順《ちくぜんのかみなりのぶ》の女子《じょし》、去《さ》ぬる夜《よる》、郎等《ろうどう》の為《ため》、刃傷《にんじょう》せらる。成順《なりのぶ》、鎮西《ちんぜい》に在《あ》り。妻子《さいし》を上《のぼ》すること、早《はや》く了《おわ》んぬ。件《くだん》の郎等《ろうどう》を以《もっ》て守《しゅ》

護《ご》の人《ひと》と為《な》す。郎等《ろうどう》の妻《つま》、向背《こうはい》して逃《に》げ去《さ》るを、主人《しゅじん》、隠《かく》し置《お》く由《よし》に存《ぞん》じ、抜刀《ばっとう》し、走《はし》り上《あ》ぐる間《かん》、成順《なりのぶ》の妻《つま》、逃《に》げ去《さ》る。女子《じょし》は遁《のが》れ去《さ》ること能《あた》はざれば、刃《にん》傷《じょう》せらる」と。人心《じんしん》、恐《おそ》るべし、恐《おそ》るべし。

左兵衛督来云、筑前守成順女子去夜為二郎等一被二刃傷一、成順在二鎮西一、上二妻子一早了、以二件郎等一為二守護人一、郎等妻向背逃去、存二主人隠置由一抜刀走上之間、成順妻逃去、女子者不レ能二遁去一者被二刃傷一、人心可レ恐々々、

✻大変な事件は起こるもので、高階成順《たかしなのなりのぶ》が妻子を先に上京させようとしたところ、その護衛に付けた郎等が妻子に襲いかかり、娘が刃傷《にんじょう》されたというのである。郎等の妻が逃げ去ったのを、主人（成順室）が隠したと思い込んだとのこと。実資ならずとも嘆きたくなるというものである。

・十一月二十一日（伏見宮本〈略本〉）　道長、危篤／道長汚穢により、見舞

(宮道《みやじの》)式光《しきみつ》が云《い》ったことには、「禅室《ぜんしつ》(藤原道長《ふじわらのみちなが》)は、いよいよ無力《むりょく》です。痢病《りびょう》は、数《かぞ》えきれません。飲食《いんしょく》は、すでに絶《た》えています」と。夜《よる》に入《はい》って、中将《ちゅうじょう》(藤原資平《ふじわらのすけひら》)が禅門《ぜんもん》(道長《みちなが》)の許《もと》から来《き》て云《い》ったことには、「時《とき》に従《したが》って、いよいよ危急《ききゅう》です。無力《むりょく》は特《とく》に甚《はなは》だしいものです。痢病《りびょう》は、数《かぞ》えきれません。また、背中《せなか》の腫物《しゅもつ》が発動《はつどう》しました。医療《いりょう》を受《う》けません。あれこれ、多《おお》く危《あぶ》ないです。行幸《ぎょうこう》の日《ひ》を待《ま》つことは難《むずか》しいであろうということについて、家《いえ》の子《こ》が談《かた》ったところです」と。また、云《い》ったことには、「行幸《ぎょうこう》については、今《いま》となっては悦気《えっき》はありません。また、東宮《とうぐう》(敦良親王《あつながしんのう》)のお出《で》ましについて、御書状《ごしょじょう》が有《あ》りました。ところが、申《もう》し通《とお》すことはできません。昨日《きのう》は不覚《ふかく》でいらっしゃいました」と云《い》うことだ。「女院《にょういん》(藤原彰子《ふじわらのしょうし》)と中宮《ちゅうぐう》(藤原威子《ふじわらのいし》)がいらっしゃいました。ところが親《した》しく見舞《みま》うことは難《むずか》しいのです。糞尿《ふんにょう》の事《こと》が有《あ》るからでしょうか」と云《い》うことだ。

❖式光《しきみつ》、云《い》はく、「禅室《ぜんしつ》、弥《いよい》よ以《もつ》て無力《むりよく》。痢病《りびよう》、無数《むすう》。飲食《いんしよく》、已《すで》に絶《た》ゆ」と。夜《よる》に入《い》りて、中将《ちゆうじよう》、禅門《ぜんもん》より来《き》たりて云《い》はく、「時《とき》に従《したが》ひ、弥《いよい》よ危急《ききゆう》。無力《むりよく》、殊《こと》に甚《はなはだ》し。痢病《りびよう》、度《ど》無《な》し。亦《また》、背《せ》の腫物《しゆもつ》、発動《はつどう》す。医療《いりよう》を受《う》けず。左右《とこう》、多《おお》く危《あやう》し。行幸《ぎようこう》の日《ひ》を待《ま》ち得難《えがた》かるべき由《よし》、家《いえ》の子《こ》、談《だん》ずる所《ところ》」と。又《また》、云《い》はく、「行幸《ぎようこう》の事《こと》、今《いま》に至《いた》りては悦気《えつき》無《な》し。又《また》、東宮《とうぐう》の行啓《ぎようけい》の事《こと》、御消息有《おんしようそくあ》り。而《しか》るに申《もう》し通《とお》すこと能《あた》はず。昨《きのう》、不覚《ふかく》に坐《おわ》す」と云々《しかじか》。「女院《によういん》・中宮《ちゆうぐう》、御坐《おわしま》す。然《しか》れども相親《あいした》しく見給《みたま》ひ難《がた》し。汚穢《おわい》の事有《ことあ》るに依《よ》るか」と云々《しかじか》。

式光云、禅室弥以無力、痢病無数、飲食已絶、入レ夜中将従二禅門一来云、従レ時弥危急、無力殊甚、痢病無レ度、亦背腫物発動、不レ受二医療一、左右多危、可レ難レ待二得行幸日一之由家子所レ談、又云、行幸事至レ今無二悦気一、又東宮行啓事有二御消息一、而不レ能二申通一、昨坐二不覚一云々、女院・中宮御坐、然而相親難二見給一、依レ有二汚穢事一歟云々、

✲すでにこの年六月四日には、道長は飲食を受けつけず、衰弱が甚しくなっていたが、

十四日には妍子を見舞っている（なお、妍子は九月十四日に死去した）。七月十九日には痢病も加わっている。

道長は十一月十日に重態となり、臥《ふ》したまま汚穢《おわい》（糞尿《ふんにょう》）を出すという状態となり、十三日には沐浴《もくよく》して念仏《ねんぶつ》を始めるなど、極楽往生《ごくらくおうじょう》に向けた準備を始めた。この二十一日には危篤となり、ますます無力にして汚穢は無数、飲食は絶えた。また背中に腫物《しゅもつ》ができたが、医療を受けなかった。

後一条天皇の行幸も、今となっては悦《よろこ》ばないとのことで、訪ねてきた彰子《しょうし》と威子《いし》も、汚穢によって直接に見舞うことは難しい状況であった。道長ほどの権力者でも、最期の様子はこのようであった。世の無常を実感せざるを得ない。

・十一月二十四日（伏見宮本〈略本〉）道長の病状

「……あれこれの者《もの》が云《い》ったことには、『禅閤《ぜんこう》（藤原道長《ふじわらのみちなが》）は、震《ふる》え迷《まど》われている。上下《じょうげ》の者《もの》は、その時《とき》が到《いた》ったということを思《おも》い、遠近《えんきん》に馳《は》せ告《つ》げた』と云《い》うことです。（和気《わけの》）相成《すけなり》が云《い》ったことには、『背中《せなか》の瘡《かさ》は、その勢《いきお》いが乳《ちち》や腕《うで》に及《およ》んでいる。その毒気《どくけ》が腹中《ふくちゅう》に入《はい》った。震《ふる》えられているのは、或《ある》いは頸《くび》が事《こと》に従《したが》わないのである』ということでした」と。

❖「……彼是《かれこれ》、云《い》はく、『禅閤《ぜんこう》、振《ふる》ひ迷《まど》ひ給《たま》ふ。上下《じょうげ》、時《とき》、到《いた》る由《よし》を存《そん》じ、遠近《えんきん》に馳《は》せ告《つ》ぐ』と云々《しかじか》。相成《すけなり》、云《い》はく、『背《せ》の瘡《かさ》、其《そ》の勢《いきお》ひ、乳垸《にゅうわん》に及《およ》ぶ。彼《か》の毒《どく》気《け》、腹中《ふくちゅう》に入《い》る。振《ふる》はるるは、或《ある》いは頸《くび》、事《こと》に従《したが》はざるなり』てへり」と。

……彼是云、禅閤振迷給、上下存二時到由一、馳二告遠近一云々、相成云、背瘡其勢及二乳垸一、彼毒気入二腹中一、被レ振或頸不レ従レ事也者、

✻二十四日、道長が入滅《にゅうめつ》したという誤伝が駆けめぐり、上下の者は土御門第《つちみかどてい》に馳《は》せ参った。この日、道長は震え迷《まど》うという症状を起こし、皆はやはり時がいたったことを思い、遠近に馳せ告げたという。

針博士《はりはかせ》の和気相成は、背中の腫物の勢いが乳や腕に及び、その毒が腹中に入ったの

であって、震えているのは、頸《くび》が思った通りにならないからであるという見立てを行なった。そこでこれに針治《しんじ》を施し、瘡口《かさぐち》を開くことになった。

二十五日、道長は法成寺阿弥陀堂《あみだどう》の正面の間に移った。もちろん、九体阿弥陀像《くたいあみだぞう》の前である。二十六日には危篤となり、やはり後一条天皇の行幸が行なわれた。

・十二月二日（東山御文庫本〈広本〉）道長に針を施術

（宮道《みやじの》）式光《しきみつ》が云《い》ったことには、「去《さ》る夜半《やはん》の頃《ころ》、禅閤《ぜんこう》（藤原道長《ふじわらのみちなが》）は（但波《たんばの》）忠明《ただあきら》宿禰《すくね》に、背中《せなか》の腫物《しゅもつ》に針治《しんじ》を施《ほどこ》させました。膿汁《うみしる》と血《ち》が少々《しょうしょう》、出《で》ました。呻《うめ》かれる声《こえ》は、たいへん苦《くる》しい様子《ようす》でした」ということだ。朝源律師《ちょうげんりっし》が来《き》た。中将《ちゅうじょう》（藤原資平《ふじわらのすけひら》）が来《き》て云《い》ったことには、「禅室《ぜんしつ》（道長《みちなが》）は、同《おな》じようなものです。その頼《たの》みは、すでに少《すく》ないものです」と云《い》うことだ。

❖式光《しきみつ》、云《い》はく、「去《さ》ぬる夜半《やはん》ばかり、禅閤《ぜんこう》、忠明宿禰《ただあきらすくね》を以《もつ》て、背《せ》の腫物《しゆもつ》に針《はり》せらる。膿汁《うみしる》・血《ち》等《など》、少々《しようしよう》、出《い》づ。吟《うめ》き給《たま》ふ声《こえ》、極《きわ》めて苦《くる》しき気《け》なり」てへり。朝《ちよう》源律師《げんりつし》、来《き》たる。中将《ちゆうじよう》、来《き》たりて云《い》はく、「禅室《ぜんしつ》、同《おな》じごとし。其《そ》の憑《たの》み、已《すで》に少《すく》なし」と云々《しかじか》。

式光云、去夜半許禅閤以二忠明宿禰一被レ針二背腫物一、膿汁・血等少々出、吟給声極苦気也者、朝源律師来、中将来云、禅室如レ同、其憑已少云々、

✻そして十二月一日の夜半、但波忠明によって背中の腫物に針治が施された。膿汁《うみしる》と血が少々出て、道長の叫ぶ声は、きわめて苦し気であったという。

・十二月三日（東山御文庫本〈広本〉）道長、危篤

申刻《さるのこく》（午後《ごご》三時《さんじ》－五時《ごじ》）の頃《ころ》、人々《ひとびと》が云《い》ったことには、「禅閤《ぜんこう》（藤原道長《ふじわらのみちなが》）は、

すでに入滅《にゅうめつ》しました」と云《い》うことだ。護衛《ごえい》の（佐伯《さえきの》）国兼《くにかね》を遣《つか》わして、様子《ようす》を見《み》させた。帰《かえ》って来《き》て云《い》ったことには、『すでに事実《じじつ》です』ということでした」と。黄昏の頃《たそがれのころ》、（宮道《みやじの》）式光《しきみつ》が来《き》て云《い》ったことには、「御胸《おんむね》だけは、暖《あたた》かくいらっしゃいます」ということだ。夜《よる》に入《はい》って、中将《ちゅうじょう》（藤原資平《ふじわらのすけひら》）が来《き》て云《い》ったことには、「ただ御頭《おんあたま》だけが、揺《ゆ》れ動《うご》いています。その他《ほか》は頼《たの》みがありません。公卿《くぎょう》は一日中《いちにちじゅう》、控《ひか》えています。夜通《よどお》しというわけにはいきません。親昵《しんじつ》の公卿《くぎょう》の他《ほか》は、相談《そうだん》して、各々《おのおの》、退散《たいさん》しました」ということだ。

❖申時《さるのとき》ばかり、人々《ひとびと》、云《い》はく、「禅閤《ぜんこう》、已《すで》に入滅《にゅうめつ》す」と云々《しかじか》。随身国兼《ずいじんくにかね》を差《さ》して気色《けしき》を見《み》しむ。帰《かえ》り来《き》たりて云《い》はく、「光武《みつたけ》、云《い》はく、『已《すで》に実有《じつあ》り』てへり」と。黄昏《こうこん》、式光《しきみつ》、来《き》たりて云《い》はく、「御胸《おんむね》ばかり、暖《あたた》み給《たま》ふ」てへり。夜《よる》に入《い》りて、中将《ちゅうじょう》、来《き》たりて云《い》はく、「只《ただ》、御頭《おんあたま》ばかり、揺《ゆ》れ動《うご》く。其《そ》の外《ほか》、憑《たの》み無《な》し。卿相《けいしょう》、終日《しゅうじつ》、祗候《しこう》す。通夜《つうや》すべからず。親昵《しんじつ》の卿相《けいしょう》の外《ほか》、相議《あいぎ》し、各々《おのおの》、退散《たいさん》す」てへり。

申時許人々云、禅閤已入滅云々、差㆓随身国兼㆒令㆑見㆓気色㆒、帰来云、光武云、已有㆑実者、黄昏式光来云、御胸許暖給者、入㆑夜中将来云、只御頭許揺動、其外無㆑憑、卿相終日祗候、不㆑可㆓通夜㆒、親昵卿相外、相議各々退散者、

＊針治も影響したのか、三日の午後にはふたたび、入滅したという報が伝わった。実資が様子を見に行かせると、事実であるとのことであった。ただ、夕刻になって届いた報では、胸だけは暖かいままであるとのことで、夜に入って届いた報は、ただ頭だけが揺れ動いているというものであった。

・十二月四日（東山御文庫本〈広本〉）道長、入滅／行成、急逝

巳刻《みのこく》（午前九時《ごぜんくじ》－十一時《じゅういちじ》）の頃《ころ》、（宮道《みやじの》）式光《しきみつ》が来《き》て云《い》ったことには、「禅閤《ぜんこう》

(藤原道長《ふじわらのみちなが》)は、昨日《きのう》、入滅《にゅうめつ》しました。ところが、『夜《よる》に臨《のぞ》んで、揺《ゆ》れ動《うご》く気配《けはい》が有《あ》る』と云《い》うことでした。今日《きょう》、寅刻《とらのこく》(午前三時《ごぜんさんじ》－五時《ごじ》)、すでに入《にゅう》滅《めつ》しました。そこで亡者《もうじゃ》の作法《さほう》を行《おこ》ないました。ところが今朝《けさ》、(菅原《すがわらの》)為《ため》職朝臣《もとあそん》が云《い》ったことには、『御腋《おんわき》に、ちょっとだけ、温気《おんき》が有《あ》ります』と云《い》うことでした。そこで上下《じょうげ》の者《もの》は、生《い》きておられるということを述《の》べました。事《こと》はいい加減《かげん》なようなものです。やはり座《ざ》に着《つ》くわけにはいきません」と。地上《ちじょう》に坐《すわ》って談《かた》ったところである。頭弁《とうのべん》(藤原重尹《ふじわらのしげただ》)が来《き》て、人《ひと》を介《かい》して伝《つた》えて云《い》ったことには、「『入道大臣《にゅうどうだいじん》(道長《みちなが》)は、生《い》きておられるはずはない』と云《い》うことでした。この間《かん》、はなはだ不審《ふしん》です。先《ま》ず御簾《みす》を下《お》ろされなければならないでしょうか」と。……晩方《ばんがた》、中将《ちゅうじょう》(藤原資平《ふじわらのすけひら》)が来《き》て云《い》ったことには、「禅閤《ぜんこう》は、まだ生《い》きておられる気配《けはい》が有《あ》ります。不断念仏《ふだんねんぶつ》は怠《おこた》っていません。去《さ》る朔日《さくじつ》、按察大納言《あぜちだいなごん》(藤原《ふじわらの》)行成《ゆきなり》は、急《きゅう》に不覚《ふかく》に患《わずら》いました。飲食《いんしょく》は口《くち》に入《はい》らず、はなはだ重《おも》く患《わずら》っています」ということだ。夜半《やはん》の頃《ころ》、中将《ちゅうじょう》が伝《つた》え送《おく》って云《い》ったことには、「禅室《ぜんしつ》(道長《みちなが》)

は入滅《にゅうめつ》しました〈六十二歳《ろくじゅうにさい》。〉。また、按察大納言《あぜちだいな》行成卿《ごんゆきなりきょう》が、急《きゅう》に薨去《こうきょ》しました〈五十六歳《ごじゅうろくさい》。〉」と。

❖巳時《みのとき》ばかり、式光《しきみつ》、来《き》たりて云《い》はく、「禅閤《ぜんこう》、昨日《きのう》、入滅《にゅうめつ》す。而《しか》るに、『夜《よる》に臨《のぞ》みて、揺《ゆ》れ動《うご》く気《け》有《あ》り』と云々《しかじか》。今《いま》、寅時《とらのとき》、已《すで》に入滅《にゅうめつ》す。仍《よ》りて亡者《もうじゃ》の作法《さほう》を行《おこ》なふ。而《しか》るに今朝《けさ》、為職朝臣《ためもとあそん》、云《い》はく、『御腋《おんわき》、聊《いささ》かばかり、温気《おんき》有《あ》り』と云々《しかじか》。仍《よ》りて上下《じょうげ》、存《そん》じ給《たま》ふ由《よし》を陳《の》ぶ。事《こと》、荒涼《こうりょう》に似《に》る。猶《な》ほ座《ざ》に着《ちゃく》すべからず」と。地上《ちじょう》に居《お》りて談《だん》ずる所《ところ》。頭弁《とうのべん》、来《き》たりて、人《ひと》を以《もっ》て相伝《あいつた》へて云《い》はく、「『入道相府《にゅうどうしょうふ》、存《そん》ずべからず』と云々《しかじか》。此《こ》の間《かん》、太《はなは》だ不審《ふしん》。先《ま》づ御簾《みす》を下《お》ろさるべきか」と。……晩頭《ばんとう》、中将《ちゅうじょう》、来《き》たりて云《い》はく、「禅閤《ぜんこう》、猶《な》ほ生《い》き給《たま》ふ気《け》有《あ》り。不断念仏《ふだんねんぶつ》、怠《おこた》らず。去《さ》ぬる朔日《さくじつ》、按察行成《あぜちゆきなり》、俄《にわ》かに不覚《ふかく》に煩《わずら》ふ。飲食《いんしょく》、口《くち》に入《い》らず。太《はなは》だ重《おも》く煩《わずら》ふ」てへり。夜半《やはん》ばかり、中将《ちゅうじょう》、示《しめ》し送《おく》りて云《い》はく、「禅室《ぜんしつ》、入滅《にゅうめつ》す〈六十二《ろくじゅうに》。〉。又《また》、按察大納言《あぜちだいな》行成卿《ごんゆきなりきょう》、俄《にわ》かに薨《こう》ず〈五十六《ごじゅうろく》。〉」と。

巳時許、式光来云、禅閤昨日入滅、而臨レ夜有二揺動気一云々、今寅時已入滅、仍行二亡者作法一、而今朝為職朝臣云、御腋聊許有二温気一云々、仍上下陳二存給由一、事似二荒涼一、猶不レ可レ着レ座、居二地上一所レ談、頭弁来以レ人相伝云、入道相府不レ可レ存云々、此間太不審、先可レ被レ下二御簾一乎、……晩頭中将来云、禅閤猶有二生給気一、不断念仏不レ怠、去朔日按察行成俄不覚煩、飲食不レ入レ口、太重煩者、夜半許中将示送云、禅室入滅〈六十二〉、又按察大納言行成卿俄薨〈五十六〉、

＊四日が明けると、また様々な情報が入り乱れた。道長は昨日、入滅したが、夜になって揺れ動く気配があった。しかし、四日の早朝には、すでに入滅したので、亡者の作法を行なったというのが、一般的なものであった。

ところが、朝になっても腋《わき》に温気があるというので、上下の者はまだ生きていると言い出した。資平は、「荒涼（いい加減）のようなものです」と不機嫌である。思えば長徳《ちょうとく》元年（九九五）以来三十二年間、何者にも代えがたい影響力を行使し続けてきた道長であればこそのことである。この年、道長は六十二歳であった。

同じ日に死去していた行成《ゆきなり》のことに皆が思いいたったのは、後のことだったであろう。

・十二月五日（東山御文庫本〈広本〉）　行成急逝の状況／道長葬送の予定／貧者に施物

早朝《そうちょう》、中将《ちゅうじょう》（藤原資平《ふじわらのすけひら》）が来《き》た。「按察大納言《あぜちだいなごん》（藤原行成《ふじわらのゆきなり》）は、朔日《さくじつ》に病《やまい》を受《う》け、昨夜《さくや》の亥刻《いのこく》（午後九時《ごごくじ》－十一時《じゅういちじ》）の頃《ころ》、薨去《こうきょ》しました。便所《べんじょ》に向《む》かった際《さい》に顚倒《てんとう》し、逝去《せいきょ》しました」と云《い》うことだ。「一言《ひとこと》も無《な》く、頓死《とんし》のようでした」と云《い》うことだ。昨日《きのう》、中将《ちゅうじょう》があの家《いえ》に到《いた》って、弔問《ちょうもん》した。会《あ》わなかった。ただ子孫《しそん》から、弔問《ちょうもん》した事《こと》を聞《き》いたという書状《しょじょう》が有《あ》った。その他《ほか》は何事《なにごと》も無《な》かった。（宮道《みやじの》）式光《しきみつ》が云《い》ったことには、「昨夜《さくや》、禅閤《ぜんこう》（藤原道長《ふじわらのみちなが》）が入滅《にゅうめつ》し、子刻《ねのこく》（午後十二時《ごごじゅういちじ》－午前一時《ごぜんいちじ》）、入棺《にゅうかん》しました。七日《なのか》に葬送《そうそう》が行《おこ》なわれます」と云《い》うことだ。悲田院《ひでんいん》と六波羅蜜坂下《ろくはらみっさかした》の病者《びょうしゃ》・乞者《こつしゃ》に、米《こめ》・魚類《ぎょるい》・海藻《かいそう》を下《くだ》した。

❖早朝《そうちよう》、中将《ちゆうじよう》、来《き》たる。「按察大納言《あぜちだいなごん》、朔日《さくじつ》、病《やまい》を受《う》く。去《さ》ぬる夜《よる》、亥時《いのとき》ばかり、薨《こう》ず。隠所《いんじよ》に向《む》かふ間《あいだ》、顚仆《てんとう》し、逝去《せいきよ》す」と云々《しかじか》。「一言《ひとこと》も無《な》く、頓死《とんし》のごとし」と云々《しかじか》。昨日《きのう》、中将《ちゆうじよう》、彼《か》の家《いえ》に到《いた》り、相訪《あいおとな》ふ。相逢《あいあ》はず。只《ただ》、子孫《しそん》、相触《あいふ》るる事《こと》を聞《き》くべき消息《しようそく》有《あ》り。其《そ》の外《ほか》、事無《ことな》し。式光《しきみつ》、云《い》はく、「去《さ》ぬる夜《よる》、禅閤《ぜんこう》、入《にゆう》滅《めつ》す。子時《ねのとき》、入棺《にゆうかん》す。七日《なのか》、葬送《そうそう》」と云々《しかじか》。悲田《ひでん》・六波羅蜜《ろくはらみつ》の病者《びようしや》・乞者等《こつしやなど》に米《こめ》・魚類《ぎよるい》・海藻等《かいそうなど》を給《たま》ふ。

早朝中将来、按察大納言朔日受レ病、去夜亥時許薨、向二隠所一之間顚仆逝去云々、無二一言一、如二頓死一云々、昨日中将到二彼家一相訪、不二相逢一、只有下可レ聞二子孫相触事一之消息上、其外無レ事、式光云、去夜禅閤入滅、子時入棺、七日葬送、悲田・六波羅蜜病者・乞者等給二米・魚類・海藻等一

✻実は十二月一日から患いついて飲食も受けつけていなかった行成《ゆきなり》が、四日の深夜、厠《かわや》に行く途中で顚倒《てんとう》し、一言も発せずにそのまま死去した。道長の側近ならではである。

実資は十二月四日・五日・十六日と、別納所《べちのうしよ》の米や魚類・海藻を悲田院《ひでんいん》の三十五人

と六波羅蜜坂下《ろくはらみつさかした》の病者・乞者《こつしゃ》十九人に施している。その後も長元《ちょうげん》四年（一〇三一）正月二十三日に悲田院に米五斗と塩一斗、翌日にも悲田院の病人の寒苦が甚しいと聞くと、炭を施行《せぎょう》している。三月にも清水坂下《きよみずさかした》の者に塩を施行している。それはまさに、道長に代わる「貴人の義務」と考えているかのようである。

・十二月二十日（東山御文庫本〈広本〉）　諸卿、明春の頼通の初度除目に注目

また、（藤原資平《ふじわらのすけひら》が）云《い》ったことには、「御堂《みどう》に於《お》いて、今日《きょう》、あれこれの公卿《くぎょう》が云《い》ったことには、『関白《かんぱく》（藤原頼通《ふじわらのよりみち》）が初《はじ》めて明春《みょうしゅん》の官職任命《かんしょくにんめい》の儀式《ぎしき》を行《おこ》なわれることになっている。もしも思《おも》いがけず道理《どうり》を行《おこ》なわれれば、天下《てんか》は帰服《きふく》するであろう。また、道理《どうり》に違《たが》った事《こと》が有《あ》れば、上下《じょうげ》の者《もの》は背《そむ》くのではないか』と」と。

❖又《また》、云《い》はく、「御堂《みどう》に於《お》いて今日《きょう》、彼是《かれこれ》の卿相《けいしょう》、云《い》はく、『関白《かんぱく》、初《はじ》めて明春《みょうしゅん》の除書《じょしょ》を行《おこ》なはるべし。若《も》し適《たまさ》かに道理《どうり》を行《おこ》なはれば、天下《てんか》、帰服《きふく》するか。又《また》、非《ひ》理《り》の事有《ことあ》らば、上下《じょうげ》、相背《あいそむ》くか』と」と。

又云、於二御堂一今日彼是卿相云、関白初可レ被レ行二明春除書一、若適被レ行二道理一天下帰服歟、又有二非理事一者上下相背歟、

✻諸卿《しょきょう》は明春の頼通の最初の除目《じもく》に注目していた。「もしも思いがけず道理を行なわれれば、天下は帰服するであろう。また、道理に違《たが》った事が有れば、上下の者は背くのではないか」と。藤原道長のいない時代の頼通の執政が始まるのである。

## ◆長元元年（一〇二八）

藤原実資七十二歳（正二位、右大臣・右大将・東宮傅）後一条天皇二十一歳　藤

原彰子四十一歳　藤原頼通三十七歳　藤原威子三十歳

・七月十日（前田本甲〈広本〉）平忠常追討使の申文を非難／追討使進発の日を非難

早朝《そうちょう》、（平《たいらの》）維時朝臣《これときあそん》が、追討使《ついとうし》（中原成通《なかはらのなりみち》）が申請《しんせい》した願書《がんしょ》〈九箇条。《きゅうかじょう》〉を持《も》って来《き》た。私《わたし》（藤原実資《ふじわらのさねすけ》）が云《い》ったことには、「九箇条《きゅうかじょう》は、はなはだ多《おお》い。また、申請《しんせい》してはならない事《こと》も有《あ》る。三箇条《さんかじょう》ほどが宜《よろ》しいのではないか。第二条《だいにじょう》については、条《じょう》の右状《うじょう》の中《なか》に入《い》れるように」と。これは先日《せんじつ》、見《み》た願書《がんしょ》である。「成通《なりみち》が筆作《ひっさく》しました」ということだ。内々《うちうち》に関白《かんぱく》（藤原頼《ふじわらのより》通《みち》）に覧《み》せて、進上《しんじょう》するよう、命《めい》じておいた。ところが、進発《しんぱつ》の日《ひ》を問《と》うたところ、申《もう》して云《い》ったことには、「二十三日《にじゅうさんにち》です」ということだ。この日《ひ》は、公損日《こうそんにち》である。また、血忌日《ちいみにち》で下弦日《かげんにち》である。もしかしたら如何《いかが》なものか。難色《なんしょく》を示《しめ》した。公損《こうそん》の字《じ》は、事《こと》の忌《い》みが有《あ》る。また血忌日《ちいみにち》は、暦《れき》例《れい》に云《い》ったことには、「刑罰《けいばつ》を行《おこ》なってはならない」ということだ。また、下弦《かげん》の字《じ》の読《よ》みは、とても劣《おと》っているのである。後日《ごじつ》、大外記《だいげき》（清原《きよはらの》）頼《より》隆《たか》に問《と》うたところ、申《もう》して云《い》ったことには、「三箇所《さんかしょ》の難点《なんてん》は、もっとも優《すぐ》れています。忌避《きひ》すべきです」と。後日《ごじつ》、日時《にちじ》を占《うらな》った人《ひと》を問《と》うた。「（賀茂《かもの》）守道朝臣《もりみちあそん》が占《うらな》ったものです」ということだ。また、頼隆《よりたか》が云《い》ったことには、「宿所《しゅくしょ》に帰《かえ》って、調《しら》べて見《み》ましたが、公損日《こうそんにち》〈易卦《えきか》。〉は、深《ふか》く刑殺《けいさつ》を忌《い》まなければなりません」と。多《おお》くは記《しる》さないばかりである。

❖早朝《そうちょう》、維時朝臣《これときあそん》、追討使《ついとうし》、申請《しんせい》する申文《もうしぶみ》〈九个条《きゅうかじょう》。〉を持《も》ち来《き》たる。余《よ》、云《い》はく、「九个条《きゅうかじょう》、太《はなは》だ多《おお》し。亦《また》、申請《しんせい》すべからざる事等有《ことなどあ》り。三个条《さんかじょう》ばかりが宜《よろ》しきか。第二条《だいにじょう》の事《こと》、条《じょう》の右状《うじょう》の中《うち》に入《い》るべし」と。是《こ》れ、一日《いちじつ》、見《み》る所《ところ》の文《ふみ》なり。「成《なり》通《みち》、筆作《ひっさく》す」てへり。内々《うちうち》に関白《かんぱく》に覧《らん》じ、進《たてまつ》るべき由《よし》、相含《あいふく》め了《おわ》んぬ。而《しか》るに進《しん》発《ぱつ》の日《ひ》を問《と》ふに、申《もう》して云《い》はく、「二十三日《にじゅうさんにち》」てへり。件《くだん》の日《ひ》、公損《こうそん》。亦《また》、血忌《ちいみ》日《にち》・下弦日《かげんにち》。若《も》しくは如何《いかが》。気色《けしき》を示《しめ》す。公損《こうそん》の字《じ》、事《こと》の忌《い》み有《あ》り。又《また》、血忌日《ちいみにち》、暦序《れきじょ》に云《い》はく、「刑戮《けいりく》を行《おこ》なふべからず」てへり。亦《また》、下弦《かげん》の字《じ》の読《よ》み、頗《すこぶ》る劣《おと》るなり。後日《ごじつ》、大外記《だいげき》頼隆《よりたか》に問《と》ふに、申《もう》して云《い》はく、「三个《さんか》の難《なん》、尤《もっと》も優《ゆう》なり。忌避《きひ》すべきなり」と。後日《ごじつ》、日時《にちじ》を勘《かんが》ふる人《ひと》を問《と》ふ。「守道朝臣《もりみちあそん》、勘《かんが》ふる所《ところ》なり」てへり。又《また》、頼隆《よりたか》、云《い》はく、「宿《しゅく》に帰《かえ》り、勘《かんが》へ見《み》るに、公損《こうそん》の日《ひ》〈易卦《えきか》。〉、深《ふか》く刑殺《けいさつ》の事《こと》を忌《い》むべし」と。多《おお》く記《しる》さざるのみ。

早朝維時朝臣持二来追討使申請申文〈九个条、〉一、余云、九个条太多、亦有下不レ可二申請一事等上、三个条許宜歟、第二条事可レ入二条右状中一、是一日所レ見文也、成通筆作者、内々覧二関白一、可レ進之由相含了、而問二進発日一、申云、廿三日者、件日公損、亦血忌日・下弦日、若如何、示二気色一、公損字有二事忌一、又血忌日暦序云、不レ可レ行二刑戮一者、亦下弦字読頗劣也、後日問二大外記頼隆一、申云、三个難尤優也、可二忌避一也、後日問下勘二日時一之人上、守道朝臣所レ勘也者、又頼隆云、帰レ宿勘見公損日〈易卦、〉深可レ忌二刑殺事一、多不レ記耳、

✲藤原道長《みちなが》の死後半年を経た長元《ちょうげん》元年六月、東国で平忠常《たいらのただつね》の乱が勃発《ぼっぱつ》した。忠常は安《あ》房《わ》国府《こくふ》を襲撃し、安房守《あわのかみ》平惟忠《これただ》を焼殺したのである（『応徳元年皇代記《おうとくがんねんこうだいき》』）。次いで忠常は上総国府《かずさこくふ》の上総介《かずさのすけ》県犬養為政《あがたのいぬかいのためまさ》の館《たち》に乱入して為政を軟禁《なんきん》し、二箇国を占拠した。

まさに平将門《まさかど》の再来である。

時代は確実に変わっており、道長が「この世」と思っていたのは、実は都だけ、もしかすると内裏内部だけの話だったのかもしれないのである。朝廷は貞盛《さだもり》の曾孫《そうそん》である平直方《なおかた》と中原成通《なかはらのなりみち》を追討使に任命したが（『左経記《さけいき》』）、貞盛流平氏《へいし》と良文流《よしふみ》平氏は南関東《みなみかんとう》の覇《は》を争う仇敵《きゆうてき》であり、これに良文流の忠常が屈するわけにはいかなかった。

七月十日、実資《さねすけ》は追討使の申文《もうしぶみ》を非難して訂正させ、また追討使進発の日について、この日は公損であり、また血忌日《ちいみにち》で下弦日なので忌避すべきであるとして、難色を示した。よく平安《へいあん》時代史の概説書などに、貴族が追討使の進発を占いによって遅らせたと記されているが、遅らせたのは、実は実資だったのである。

・七月十九日（前田本甲〈広本〉）伊勢国住人平維衡、三河国人を略取
また、伊勢国人《いせこくじん》が、三河国人二十六人《みかわこくじんにじゆうろくにん》を略取《りやくしゆ》したとの文書《もんじよ》を下《くだ》した。これは先日《せんじつ》、検非違使庁《けびいしちよう》に命《めい》じられ、看督長《かどのおさ》を遣《つか》わした。少々《しようしよう》、糺《ただ》し返《かえ》した。

この調《ちょう》□□□これを下《くだ》した。（平《たいらの》）維衡朝臣《これひらあそん》の郎等二人《ろうどうふたり》〈高押領使《こうおうりようし》（公侯延《きみこのぶ》高《たか》）と伊藤掾《いとうのじょう》（藤原重高《ふじわらのしげたか》）。〉が、張本人《ちょうほんにん》である。すぐに指名《しめい》した者《もの》は二人《ふたり》である。維衡《これひら》が申《もう》して云《い》ったことには、「指名《しめい》した者《もの》の内《うち》、一人《ひとり》はいない者《もの》です」ということだ。「検非違使《けびいし》の官人《かんじん》を維衡《これひら》の所《ところ》に遣《つか》わして、□□二人《ふたり》の郎等《ろうどう》を進上《しんじょう》させるように」ということだ。すぐに同《おな》じ弁《べん》に命《めい》じた。

❖亦《また》、伊勢国人《いせこくじん》、三河国人二十六人《みかわこくじんにじゅうろくにん》を取《と》る文等《ふみなど》を下《くだ》し給《たま》ふ。是《こ》れ、先日《せんじつ》、使庁《しちょう》に仰《おお》せられ、看督長《かどのおさ》を遣《つか》はす。少々《しょうしょう》紕《ただ》し返《かえ》す。件《くだん》の調《ちょう》□□□之《これ》を下《くだ》し給《たま》ふ。維衡朝臣《これひらあそん》の郎等二人《ろうどうふたり》〈高押領使《こうおうりようし》・伊藤掾《いとうのじょう》。〉、張本《ちょうほん》たり。即《すなわ》ち指《さ》し申《もう》す者《もの》、二人《ふたり》なり。維衡《これひら》、申《もう》して云《い》はく、「指《さ》し申《もう》す所《ところ》の者《もの》の内《うち》、一人《ひとり》、侍《はべ》らざる者なり」てへり。「使《し》の官人《かんじん》を維衡《これひら》の所《ところ》に差《さ》し遣《つか》はし、□□二人《ふたり》の郎等《ろうどう》を進《たてまつ》らしむべし」てへり。即《すなわ》ち同弁《どうべん》に仰《おお》す。

亦下㆘給伊勢国人取㆓三河国人二十六人㆒文等㆖、是先日被㆑仰㆓使庁㆒遣㆓看督長㆒、少々紕返、件調□□□下㆓給之㆒、維衡朝臣郎等二人〈高押領使・伊藤掾、〉為㆓張本㆒、即指申者二人

也、維衡申云、所ニ指申一者内一人不レ侍者也者、差ニ遣使官人于維衡所一、□□可レ令レ進ニ二人郎等一者、即仰ニ同弁一、

✽この年には伊勢《いせ》国人が三河《みかわ》国人二十六人を略取するという事件も起きたが、その張本は維衡《これひら》（伊勢平氏の祖）の郎等である押領使公侯延高《きみこのぶたか》と伊藤掾《いとうのじょう》（伊勢掾 藤原重高《ふじわらのしげたか》か）とされ、維衡を責めるべきであるということで、検非違使《けびいし》が伊勢に遣わされた。二人の郎等は伊勢神宮の御厨《みくりや》に逃げ込んだが、維衡が実犯者一人を進上した。検非違使も延高を追捕《ついぶ》して上京したが、伊藤掾の方は逃げおおせたようである（『小右記《しょうゆうき》』『左経記』）。

・七月二十四日（前田本甲〈広本〉）藤原範基、郎等を殺害／武者に非ず

また、云《い》ったことには、「近頃《ちかごろ》、左衛門尉《さえもんのじょう》（藤原《ふじわらの》）範基《のりもと》が郎等《ろうどう》を殺害《さつがい》した事《こと》を、紙面《しめん》に記《しる》して、殿上口《てんじょうぐち》の戸《と》に押《お》し付《つ》けた。この事《こと》は、人々《ひとびと》がその間《かん》、

云々《うんぬん》したところが有《あ》った」と。指弾《しだん》しなければならない、指弾《しだん》しなければならない。範基《のりもと》は武芸《ぶげい》を好《この》んでいる。万人《ばんにん》が許《ゆる》さないところである。父方《ちちかた》も母方《ははかた》も、共《とも》に武者《むしゃ》の家柄《いえがら》ではない。

❖又《また》、云《い》はく、「近曾《きんそ》、左衛門尉《さえもんのじょう》範基《のりもと》、郎等《ろうどう》を殺害《さつがい》する事《こと》、紙面《しめん》に注《しる》し、殿上口《てんじょうぐち》の戸《と》に推《お》し付《ふ》す。此《こ》の事《こと》、人々《ひとびと》、彼《か》の間《かん》、云々《うんぬん》する所有《ところあ》り」と。弾指《だんし》すべし、弾指《だんし》すべし。範基《のりもと》、武芸《ぶげい》を好《この》む。万人《ばんにん》、許《ゆる》さざる所《ところ》。内外《ないがい》、共《とも》に武者《むしゃ》の種胤《しゅいん》に非《あら》ず。

又云、近曾左衛門尉範基殺㆓害郎等㆒之事注㆓紙面㆒推㆓付殿上口戸㆒、此事人々彼間有㆑所㆓云々㆒、可㆓弾指㆒々々、範基好㆓武芸㆒、万人所㆑不㆑許、内外共非㆓武者種胤㆒、

✻範基《のりもと》は藤原南家《ふじわらなんけ》の高扶《たかすけ》の子。蔵人《くろうど》・式部丞《しきぶのじょう》を経て、和泉守《いずみのかみ》・大和守《やまとのかみ》・紀伊守《きいのかみ》などに任じられた。蔵人所雑色《くろうどどころのぞうしき》であった治安《じあん》元年（一〇二一）に、橘正平《たちばなのまさひら》によって、大刀で頭を打ち破られ、万寿《まんじゅ》二年（一〇二五）の賀茂祭《かものまつり》では東宮使となったが、従者二人が射殺されるなど、暴力沙汰《ざた》にも事欠かなかった。

当時、天慶《てんぎょう》の乱の鎮圧《ちんあつ》にあたった藤原秀郷《ひでさと》・平貞盛《さだもり》・源経基《みなもとのつねもと》といった「天慶勲功《くんこう》者《しゃ》」の子孫だけが、「兵《つわもの》の家」として中央における軍事貴族の地位を独占していた。内外（父方も母方も）ともに「武者の種胤《しゅいん》」ではない範基の武芸は、指弾《しだん》の対象となったのである。

・八月八日（前田本甲〈広本〉） 忠常使者尋問の子細／忠常、夷灊山に籠る

（平《たいらの》）忠常《ただつね》の使者《ししゃ》について、検非違使別当《けびいしべっとう》（藤原経通《ふじわらのつねみち》）に問《と》い遣《つか》わした。報《ほう》書《しょ》に云《い》ったことには、『先《さき》の使者《ししゃ》は、これは忠常《ただつね》の郎等《ろうどう》の従者《じゅうしゃ》で、子細《しさい》を知《し》りません。ただし内大臣《ないだいじん》（藤原教通《ふじわらののりみち》）の許《もと》に於《お》いて申《もう》したところは、精《せい》兵《へい》を揃《そろ》えているということを申《もう》しています』ということです。『これは云々《うんぬん》の説《せつ》です』と云《い》うことです。その使者《ししゃ》は、実《じつ》は忠常《ただつね》の使者《ししゃ》でした。申《もう》したところの子細《しさい》は、揃《そろ》っていません。忠常《ただつね》については、『二《に》、三十騎《さんじっき》だ

けを連《つ》れて、いしみの山《やま》に立《た》て籠《こも》ることにします。もしも内大臣《ないだいじん》への書《しょ》状《じょう》の御返事《ごへんじ》が有《あ》れば、あの山辺《やまべ》に出《で》て来《き》ます』ということを申《もう》しております」と。これは事実《じじつ》であろうか。

❖忠常《ただつね》の脚力《きゃくりき》の事《こと》を別当《べっとう》に問《と》ひ遣《つか》はす。報書《ほうしょ》に云《い》はく、「『先《さき》の脚力《きゃくりき》は、是《こ》れ忠常《ただつね》の郎等《ろうどう》の従者《じゅうしゃ》、子細《しさい》を知らず。但《ただ》し内府《ないふ》に於《お》いて申《もう》す所《ところ》は、精兵《せいへい》を相具《あいそな》ふる由《よし》を申《もう》す』てへり。『是《こ》れ云々《うんぬん》の説《せつ》』と云々。彼《か》の脚力《きゃくりき》は、実《まこと》は忠常《ただつね》の使《つかい》なり。申《もう》す所《ところ》の子細《しさい》、相具《あいそな》はらず。忠常《ただつね》に至《いた》りては、『二《に》、三十騎《さんじっき》ばかりを随身《ずいじん》し、いしみの山《やま》に罷《まか》り入《い》るべし。若《も》し内府《ないふ》への解文《げぶみ》の御返事有《おんかえりごとあ》らば、彼《か》の山辺《やまべ》に来《き》たるべき由《よし》を申《もう》し侍《はべ》りし』とぞ申《もう》し侍《はべ》る」と。是《こ》れ実正《じっしょう》か。

問二遣忠常脚力事於別当一、報書云、先脚力ハ是忠常郎等従者、不レ知二子細一、但於二内府一所レ申ハ相二具精兵一之由遠申者、是云々説云々、彼脚力ハ実忠常使也、所レ申子細不二相具一、至二于忠常一随二身二三十騎許一可レ罷二入伊志みの山一、若有二内府解文御返事一可レ来二彼山辺一之由遠申侍へ利しとそ申侍る、是実正歟、

＊忠常は七月に郎等を使者として上京させ、かねて私君と仰いでいた教通《のりみち》や源師房《もろふさ》の許《もと》に密書《みっしょ》四通を送っていた。追討停止《ちょうじ》を懇請《こんせい》するとともに、夷灊山《いしみ》（上総国夷隅《いすみ》郡の安房国との国境の房総《ぼうそう》丘陵）に籠《こも》って、教通からの返答を期待しているというものである。

しかし、追討使は随兵二百余人を率いて八月五日に進発した。こうなると、忠常は徹底的な抗戦を余儀なくされてしまった。しかも追討使は、現地に下向した後、合戦らしい合戦はせず、戦果のないまま、いたずらに歳月を費やしていたのである。

・八月十八日（前田本甲〈広本〉）　頼通邸に落書

「去《さ》る五日《いつか》、関白《かんぱく》（藤原頼通《ふじわらのよりみち》）の邸宅《ていたく》に落書《らくしょ》があった」と云《い》うことだ。「天《てん》下《か》の事《こと》や道俗《どうぞく》の事《こと》が書《か》かれていた。公卿《くぎょう》以《い》下《か》の悪事《あくじ》も、皆《みな》、記《しる》し載《の》せてあった」と云《い》うことだ。「昔《むかし》から今《いま》に至《いた》るまで、いまだこのような落書《らくしょ》はなかった」と云《い》うことだ。

❖「去《さ》ぬる五日《いつか》、関白第《かんぱくてい》に落書《らくしょ》あり」と云々《しかじか》。「天下《てんか》の事《こと》・道俗《どうぞく》の事有《ことあ》り。上達《かんだち》部《め》已下《いげ》の悪事《あくじ》、皆《みな》、注《しる》し載《の》す」と云々《しかじか》。「往古来今《おうこらいこん》、未《いま》だ此《か》くのごとき落書有《らくしょあ》らず」と云々《しかじか》。

去五日落二書関白第一云々、有二天下事・道俗事一、上達部已下悪事皆注載云々、往古来今未レ有二如レ此之落書一云々、

✻落書というのは匿名の文章や詩歌で、社会に対する批判や諷刺《ふうし》の意、また個人に対する攻撃の手段として用いられた。これまで道長関連のものが多かったが、ここでは頼通《よりみち》に関わる落書が問題となった。「上達部《かんだちめ》以下の悪事」も記されていたというから、穏やかではない。

もちろん、読み書きができて、公卿の動静にも詳しい階層の者の仕業である。

・九月二日（前田本甲〈広本〉）　大風／右近衛府庁、顚倒

先月《せんげつ》、大風《おおかぜ》はすでに三箇度《さんかど》あった。ところが今日《きょう》の大風《おおかぜ》は多《おお》く倍《ばい》した。初《はじ》めは北東《ほくとう》の方角《ほうがく》から起《お》こり、次《つ》いで北方《ほっぽう》、次《つ》いで北西《ほくせい》の方角《ほうがく》。北西《ほくせい》の方角《ほうがく》の風《かぜ》が長《なが》く吹《ふ》いたことは、最《もっと》も甚《はなは》しいものであった。風《かぜ》の頃《ころ》、右近《うこんの》将曹《しょうそう》（紀《きの》）正方《まさかた》が来《き》た。申《もう》させて云《い》ったことには、「右近衛府庁《うこのえふちょう》が顚倒《てんとう》しました。また、節会《せちえ》の道具《どうぐ》を納《おさ》めた倉《くら》の上部《じょうぶ》が、吹《ふ》き損《そん》じられました」と。先《ま》ず倉《くら》の上部《じょうぶ》を修補《しゅうほ》するよう、命《めい》じた。午《うま》の終刻《しゅうこく》（午後《ごご》〇時半《れいじはん》－午後《ごご》一時《いちじ》）から西《とりの》刻《こく》（午後五時《ごごごじ》－七時《しちじ》）までの大風《おおかぜ》は、三箇度《さんかど》の風《かぜ》に勝《まさ》った。上下《じょうげ》の者《もの》が云《い》ったことには、「初度《しょど》の風《かぜ》が吹《ふ》いた後《あと》、いまだ返風《かえしかぜ》が有《あ》りません。必《かなら》ず返風《かえしかぜ》が有《あ》るでしょう」と。度々《たびたび》、大風《おおかぜ》の後《あと》、また東《ひがし》や北東《ほくとう》の方角《ほうがく》の風《かぜ》が有《あ》った。すでに返風《かえしかぜ》は無《な》かった。今日《きょう》の午刻《うまのこく》（午前十一時《ごぜんじゅういちじ》－午後一時《ごごいちじ》）に至《いた》って、雲《くも》が北西《ほくせい》を指《さ》して奔走《ほんそう》した。さらなる大風《おおかぜ》が北西《ほくせい》の方角《ほうがく》から発《おこ》った。三刻《さんこく》の

間《あいだ》、大《おお》いに吹《ふ》いた。三刻《さんこく》と謂《い》うのは、未刻《ひつじのこく》（午後《ごご》一時《いちじ》－三時《さんじ》）・申刻《さるのこく》（午後《ごご》三《さん》時《じ》－五時《ごじ》）・酉刻《とりのこく》ばかりである。民間《みんかん》の言《げん》では、「必《かなら》ず返風《かえしかぜ》が有《あ》るであろう」ということだ。世《よ》の云《い》うところは、もっとも信《しん》じなければならない。

❖去《さ》ぬる月《つき》、大風《おおかぜ》、已《すで》に三个度《さんかど》。而《しか》るに今日《きょう》の大風《おおかぜ》、多《おお》く倍《ばい》す。初《はじ》め艮方《うしとらかた》より起《お》こり、次《つ》いで北方《きたかた》、次《つ》いで乾方《いぬいかた》。乾方《いぬいかた》の風《かぜ》、久《ひさ》しく吹《ふ》くこと最《もつと》も甚《はなは》だし。風《かぜ》の間《かん》、将曹《しょうそう》正方《まさかた》、来《き》たる。申《もう》さしめて云《い》はく、「府庁《ふちょう》、顚倒《てんとう》す。亦《また》、節会《せちえ》の雑具《ぞうぐ》を納《おさ》むる倉《くら》の上《うえ》、吹《ふ》き損《そん》ぜらる」と。先《ま》づ倉《くら》の上《うえ》を修補《しゅうほ》すべき由《よし》、之《これ》を召《め》し仰《おお》す。午《うま》の終《お》はりより酉剋《とりのこく》までの大風《おおかぜ》、三个度《さんかど》の風《かぜ》に勝《まさ》る。上下《じょうげ》、云《い》はく、「初度《しょど》の風《かぜ》、吹《ふ》く後《のち》、未《いま》だ返風《かえしかぜ》有《あ》らず。必《かなら》ず返風《かえしかぜ》有《あ》るべし」と。度々《たびたび》、大風《おおかぜ》の後《のち》、猶《な》ほ東《ひがし》・艮《うしとら》方《かた》の風《かぜ》有《あ》り。已《すで》に返風《かえしかぜ》無《な》し。今日《きょう》の午時《うまのとき》に至《いた》り、雲《くも》、乾《いぬい》を指《さ》して奔走《ほんそう》す。更《さら》なる大風《おおかぜ》、乾方《いぬいかた》より発《おこ》る。三時《さんじ》、大《おお》いに吹《ふ》く。三時《さんじ》と謂《い》ふは未《ひつじ》・申《さる》・酉時《とりのとき》のみ。閭巷《りょこう》の言《げん》、「必《かなら》ず返風《かえしかぜ》有《あ》るべし」てへり。世《よ》の云《い》ふ所《ところ》、尤《もつと》も信《しん》ずべし。

去月大風已三个度、而今日大風多倍、初起レ従二艮方一、次北方、次乾方、々々風久吹最甚、風間将曹正方来、令レ申云、府庁顛倒、亦納二節会雑具一倉上被二吹損一、先可レ修二補倉上一之由召二仰之一、自二午終一迄二酉剋一大風、勝二三个度風一、上下云、初度之風吹後未レ有二返風一、必可レ有二返風一、度々大風後猶有二東・艮方風一、已無二返風一、至二今日午時一雲指レ乾奔走、更之大風発レ自二乾方一、三時大吹、謂二三時一未・申・酉時耳、閭巷言必可レ有二返風一者、世之所レ云尤可レ信矣、

✲九月二日（ユリウス暦九月二十二日）には大きな台風が直撃した。これは珍しい台風の実況記事である。当時は台風の知識がなく、もちろん予測もできなかったから、突然にやって来る暴風雨というのは、さぞかし恐怖の対象だったことであろう。東の京外にあった法成寺《ほうじょうじ》のあたりでは塔が大きく傾き、右京《うきょう》では紙屋川《かみやがわ》の水が堀川《ほりかわ》に入って、多くの小宅《しょうたく》が流損《りゅうそん》した。

この日はその他にも大内裏《だいだいり》の大垣が倒壊し、穀倉院《こくそういん》が顛倒《てんとう》するなど、被害は甚大であった。さらには、備前《びぜん》の百姓《ひゃくせい》が国司《こくし》の善状《ぜんじょう》を申して帰国しようとしていた際、淀川《よどがわ》の河口である河尻《かわじり》でこの大風に逢《あ》い、船が転覆して多くの人が死んだ。国司に動員されて上京した人々であろうが、とんだことになってしまったものである。

・十一月二十三日（伏見宮本〈略本〉）陣定／湯漬の準備

今日《きょう》、公卿会議《くぎょうかいぎ》が行《おこ》なわれる。考《かんが》えると深夜《しんや》に及《およ》ぶのではないか。湯漬《ゆづけ》について、前日《ぜんじつ》、左大史《さだいし》（小槻《おづきの》）貞行宿禰《さだゆきすくね》に命《めい》じた。ところが大外記《だいげき》（清原《きよはらの》）頼隆《よりたか》および貞行《さだゆき》は、触穢《しょくえ》であるので参《まい》ることができない。大臣《だいじん》の膳《ぜん》の取次《とりつ》ぎは、大外記《だいげき》に奉仕《ほうし》させる。大夫史《たいふのし》が奉仕《ほうし》した例《れい》は、いまだ覚《おぼ》えていない。どうしてましてや、参《まい》ってはならないのならば、なおさらである。そこで湯漬《ゆづけ》の準備《じゅんび》を止《や》めるよう、左大史《さだいし》（伴《ともの》）佐親《すけちか》に命《めい》じておいた。

❖今日《きょう》、陣定《じんのさだめ》。計《はか》るに深更《しんこう》に及《およ》ぶか。湯漬《ゆづけ》の事《こと》、前日《ぜんじつ》、左大史《さだいし》貞行宿禰《さだゆきすくね》に仰《おお》す。而《しか》るに大外記《だいげき》頼隆《よりたか》幷《なら》びに貞行等《さだゆきなど》、触穢《しょくえ》に依《よ》りて参《まい》るべからず。大臣《だいじん》の手長《てなが》、大外記《だいげき》を以《もっ》て奉仕《ほうし》せしむ。大夫史《たいふのし》、奉仕《ほうし》の例《れい》、未《いま》だ覚《おぼ》えず。何《なん》ぞ況《いわ》んや参《まい》るべからざるをや。仍《よ》りて湯漬《ゆづけ》の儲《もう》けを止《や》むべき由《よし》を左大史《さだいし》佐親《すけちか》に仰《おお》せ了《おわ》んぬ。

今日陣定、計也及二深更一歟、湯漬事前日仰二左大史貞行宿禰一、而大外記頼隆幷貞行等依二触穢一不レ可レ参、大臣手長以二大外記一令二奉仕一、大夫史奉仕之例未レ覚、何況不レ可レ参哉、仍可レ止二湯漬儲一由仰二左大史佐親一了、

✲湯漬というのは、強飯《こわいい》に熱い湯を注いだ食物。それに菜《さい》を添えた膳組《ぜんぐ》みをいうこともあった。除目《じもく》や陣定《じんのさだめ》などの政務は、しばしば深夜にまで及んだ。内裏の建築は寒さが堪《こた》えたであろうし、当時は中食《ちゅうしょく》を食べなかったから、深夜の議定はさぞかし寒くて空腹に襲われたことであろうと、他人事《ひとごと》ながら同情を禁じ得ない。

かつては道長がしばしば湯漬を振る舞っていたが、実資もやはり、それを踏襲したのであろう。この日は膳の取次ぎがいないというので、停止させたのであるが。この点は、万事に鷹揚《おうよう》な道長とは異なっていると皆に認識されたことであろう。

## ◆長元二年（一〇二九）

藤原実資七十三歳（正二位、右大臣・右大将・東宮傅）後一条天皇二十二歳　藤

原彰子四十二歳　藤原頼通三十八歳　藤原威子三十一歳

・正月六日（伏見宮本〈略本〉）故父の功による叙爵の可否／燈を執って文殿に入れず

（源《みなもとの》）為弘《ためひろ》が父《ちち》の功労《こうろう》で加階《かかい》したとのことを調《しら》べさせた。（藤原《ふじわらの》）斉信《ただのぶ》が申《もう》したところは、いい加減《かげん》なようである。関白《かんぱく》（藤原頼通《ふじわらのよりみち》）が云《い》ったことには、「裁許《さいきょ》が有《あ》るべきであろうか」と。私《わたし》（藤原実資《ふじわらのさねすけ》）が申《もう》して云《い》ったことには、「その時《とき》、覆勘《ふっかん》したのかどうかを、太政官《だいじょうかん》に問《と》われるべきでしょう」と。すぐに（源《みなもとの》）経頼《つねより》に命《めい》じた。左大史《さだいし》（小槻《おつきの》）貞行《さだゆき》が申《もう》して云《い》ったことには、「燈《ひ》を執《と》っては文殿《ふどの》に入《はい》れません。そこで今夜《こんや》、調《しら》べることはできません」ということだ。

❖為弘《ためひろ》、父《ちち》の功《こう》を以《もっ》て加階《かかい》する由《よし》を勘申《かんじん》せしむ。斉信《ただのぶ》の申《もう》す所《ところ》、荒涼《こうりょう》に似《に》る。関《かん》白《ぱく》、云《い》はく、「裁許有《さいきょあ》るべきか」と。余《よ》、申《もう》して云《い》はく、「彼《か》の時《とき》、覆《ふく》するや否《いな》やを官《かん》に問《と》はるべし」と。即《すなわ》ち経頼《つねより》に仰《おお》す。左大史《さだいし》貞行《さだゆき》、申《もう》して云《い》はく、「燈《ひ》を執《と》りて文殿《ふどの》に入《い》らず。仍《よ》りて今夜《こんや》、勘申《かんじん》すること能《あた》はず」てへり。

令レ勘下申為弘以二父功一加階由上、斉信所レ申似二荒涼一、関白云、可レ有二裁許一歟、余申云、彼時覆乎否可レ被レ問レ官、即仰二経頼一、左大史貞行申云、執レ燈不レ入二文殿一、仍今夜不レ能二勘申一者、

✲この日、複雑な問題が持ちあがっていた。故斎院長官《さいいんのかみ》 源《みなもとの》 為理《ためまさ》が斎院《さいいん》の舎屋《しゃおく》を造営することを申請して受領《ずりょう》に任じられたが、死去してしまった。そこで子の大蔵丞《おおくらのじょう》源清正《きよまさ》が栄爵を申請したのである。実資は、父の功で子が申請するのは、裁許したことが有ると答えたが、頼通《よりみち》が斉信《ただのぶ》に問うたところ、申請したとはいっても、まったく裁許したことはないと答えた。

実資が前例を勘申することを外記《げき》に命じたところ、源為弘《ためひろ》が父の功で加階したことを調べてきた。面白いのは、その際に覆勘《ふっかん》（文書《もんじょ》の内容を担当官が審理し確認すること）したかどうかも太政官に問うべきであると指摘したが、太政官の史が、「燈《ひ》を執って

文殿《ふどの》に入れないので、今夜、勘申することはできない」と答えていることである。文書を保管する文殿は、火災予防の理由で燈を執っては入らない、ということは昼でも暗い中で、実務官人たちは文書を勘申していたことがわかるのである。

・二月一日（伏見宮本〈略本〉）藤原威子、皇女馨子を出産

丑刻《うしのこく》（午前一時《ごぜんいちじ》―三時《さんじ》）の頃《ころ》、（藤原《ふじわらの》）資高《すけたか》が伝《つた》え送《おく》って云《い》ったことには、「大外記《だいげき》（清原《きよはらの》）頼隆《よりたか》が申《もう》し送《おく》って云《い》ったことには、『ただ今《いま》、中宮《ちゆうぐう》（藤原威《ふじわらのい》子《し》）の御産《おさん》が終《お》わりました』と」と。その後《ご》、（藤原《ふじわらの》）資房《すけふさ》が来《き》て云《い》ったことには、「御産《おさん》は遂《と》げました。『女子《じよし》』ということでした。宮人《みやびと》の様子《ようす》ははなはだ冷淡《れいたん》でした」と。

❖丑時《うしのとき》ばかり、資高《すけたか》、示《しめ》し送《おく》りて云《い》はく、「大外記《だいげき》頼隆《よりたか》、申《もう》し送《おく》りて云《い》はく、『只《ただ》

今《いま》、中宮《ちゅうぐう》の御産《おさん》、成《な》り畢《おわ》んぬ』と」と。其《そ》の後《のち》、資房《すけふさ》、来《き》たりて云《い》はく、「御産《おさん》、遂《と》げ畢《おわ》んぬ。『女子《じょし》』てへり。宮人《みやびと》の気色《けしき》、太《はなは》だ以《もっ》て冷淡《れいたん》」と。

丑時許資高示送云、大外記頼隆申送云、只今中宮御産成畢、其後資房来云、御産遂畢、女子者、宮人気色太以冷淡、

＊なかなか皇子女に恵まれなかった中宮威子《いし》であったが、後一条《ごいちじょう》天皇が二十歳となった万寿《まんじゅ》四年（一〇二七）十二月に章子《しょうし》内親王（『小右記《しょうゆうき》』の写本は残っていない）、この年に馨子《けいし》内親王を出産した。

しかし、二人目も皇子でなかったということで、中宮宮司の人をはじめ、皆は冷淡であったという。結局、後一条は皇子を儲《もう》けることはできず、後一条は長元《ちょうげん》九年（一〇三六）四月、威子も同年九月に死去し、皇統《こうとう》を伝えることはできなかった。

・三月二日（伏見宮本〈略本〉）薩摩守・香椎宮司・高田牧司から進物

薩摩守《さつまのかみ》（巨勢《こせの》）文任《ふみとう》が、使者《ししゃ》に託《たく》して、絹十疋《きぬじっぴき》・蘇芳十斤《すおうじっきん》・花三帖《はなさんじょう》・革十《かわじゅう》枚《まい》を進上《しんじょう》してきた。また、小女《しょうじょ》（藤原千《ふじわらのち》古《ふる》）に粉紙《ふんし》十帖《じゅうじょう》・茶碗《ちゃわん》・唐硯一面《とうけんいちめん》を志《こころざ》してきた。香椎宮司《かしいのぐうじ》武行《たけゆき》が、紫金《しきん》の膏薬二両《こうやくにりょう》・訶梨勒《かりろく》の丸薬三十果《がんやくさんじっか》・檳榔《びんろう》の実《み》十五果《じゅうごか》を進上《しんじょう》してきた。高田牧司《たかだのまきし》（宗形《むなかたの》）妙忠朝臣《たえただあそん》が様々《さまざま》な物《もの》を進上《しんじょう》したついでに、蘇芳十斤《すおうじっきん》・雄黄二両《ゆうおうにりょう》・紫金《しきん》の膏薬二両《こうやくにりょう》・緑青大四十《ろくしょうだいよんじゅう》八両《はちりょう》・金漆《きんしつ》□升《しょう》を進上《しんじょう》してきた。

❖薩摩守文任《さつまのかみふみとう》、使脚《しきゃく》に付《ふ》し、絹十疋《きぬじっぴき》・蘇芳十斤《すおうじっきん》・花三帖《はなさんじょう》・革十枚《かわじゅうまい》を進《たてまつ》る。又《また》、小女《しょうじょ》に粉紙《ふんし》十帖《じゅうじょう》・茶垸《ちゃわん》・唐硯一面《とうけんいちめん》を志《こころざ》す。香椎宮司武行《かしいのぐうじたけゆき》、紫金膏二両《しきんこうにりょう》・可梨勒《かりろく》三十果《さんじっか》・檳榔子十五果《びんろうじじゅうごか》を進《たてまつ》る。高田牧司《たかだのまきし》妙忠朝臣《たえただあそん》、雑物《ぞうもつ》を進《たてまつ》る次《つ》いでに、蘇芳十《すおうじっ》斤《きん》・雄黄二両《ゆうおうにりょう》・紫金膏二両《しきんこうにりょう》・緑青大四十八両《ろくしょうだいよんじゅうはちりょう》・金漆《きんしつ》□升《しょう》を進《たてまつ》る。

薩摩守文任付二使脚一進二絹十疋・蘓芳十斤・花三帖・革十枚一、又小女志二粉紙十帖・茶垸・唐硯一面一、香椎宮司武行進二紫金膏二両・可梨勒三十果・檳榔子十五果一、高田牧司

妙忠朝臣、進二雑物一次、進二蘇芳十斤・雄黄二両・紫金膏二両・緑青大卌八両・金漆□升一、

✲実資《さねすけ》もさすがは大臣ともなると、受領からの進物や貢物も増えてきている。しかも荘園《しょうえん》からの上がり（「様々な物」）も加わるのであるから、かなりの財を成したはずである。特に九州に荘園を領しているとなると、この日の記事のように交易による唐物《からもの》の薬や染料も多く貢上されたはずである。

その一方で、受領が下向に際して罷申《まかりもうし》に訪れる例も増えてきている。その都度、餞《はなむけ》を下賜しなければならないのであるから、さぞや物入りだったことであろう。

・七月十一日（伏見宮本〈略本〉）　前大宰大弐藤原惟憲、財貨と共に入京

「昨日《きのう》の夕方《ゆうがた》、前大宰大弐《さきのだざいのだいに》（藤原《ふじわらの》）惟憲《これのり》の妻《つま》が入京《にゅうきょう》した。すぐに内裏《だいり》に参《まい》った」と云《い》うことだ。「惟憲《これのり》は、明後日《みょうごにち》、入京《にゅうきょう》する。持《も》ってきた珍宝《ちんぽう》は、そ

の数《かず》がわからない」と云《い》うことだ。九国二島《きゅうこくにとう》の物《もの》を、底《そこ》を払《はら》って奪《うば》い取《と》った。唐物《からもの》もまた、同《おな》じである。すでに恥《はじ》を忘《わす》れたようなものである。近代《きんだい》は、富人《ふじん》のことを賢者《けんじゃ》とする。「惟憲《これのり》は白鹿《はくろく》を関白《かんぱく》（藤原頼通《ふじわらのよりみち》）に献上《けんじょう》した」と云《い》うことだ。或《ある》いは云《い》ったことには、「高陽院《かやのいん》の内《うち》に放《はな》し飼《が》いにした」と云《い》うことだ。世《よ》は納得《なっとく》しなかった。また、云《い》ったことには、「野鹿《のじか》は家《いえ》で飼《か》ってはならない。忌《い》まなければならない事《こと》である」ということだ。

❖「昨夕《さくゆう》、前大弐《さきのだいに》惟憲《これのり》の妻《つま》、入京《にゅうきょう》す。即《すなわ》ち内《うち》に参《まい》る」と云々《しかじか》。「惟憲《これのり》、明後日《みょうごにち》、入洛《にゅうらく》す。随身《ずいじん》する珎宝《ちんぽう》、其《そ》の数《かず》を知《し》らず」と云々《しかじか》。九国二島《きゅうこくにとう》の物《もの》、底《そこ》を掃《はら》ひて奪《うば》ひ取《と》る。唐物《からもの》、又《また》、同《おな》じ。已《すで》に恥《はじ》を忘《わす》るるに似《に》る。近代《きんだい》、富人《ふじん》を以《もっ》て賢者《けんじゃ》と為《な》す。「惟憲《これのり》、白鹿《はくろく》を関白《かんぱく》に献《けん》ず」と云々《しかじか》。或《ある》いは云《い》はく、「高陽院《かやのいん》の内《うち》に放養《ほうよう》す」と云々《しかじか》。世《よ》、以《もっ》て甘《あま》んぜず。又《また》、云《い》はく、「野鹿《のじか》、家《いえ》に在《あ》らしむべからず。忌《い》むべき事《こと》なり」てへり。

昨夕前大弐惟憲妻入京、即参レ内云々、惟憲明後日入洛、随身珎宝不レ知二其数一云々、九国二島物掃レ底奪取、唐物又同、已似レ忘レ恥、近代以二富人一為二賢者一、惟憲献二白鹿于関白一云々、或云、放二養高陽院内一云々、世以不レ甘、又云、野鹿不レ可レ令レ在レ家、可レ忌事也者、

＊長元二年に大宰大弐《だざいのだいに》の任を終えた惟憲《これのり》は、当然のことのように莫大《ばくだい》な財物とともに帰京した。特に唐物と呼ばれた中国との交易品は、平安《へいあん》貴族垂涎《すいぜん》の品であって、これを摂関家《せっかんけ》に献上することによって、惟憲はまた次の任官を狙ったのであろう。結局は次の官に就くことなく、長元六年（一〇三三）に死去しているが。

この時は、祥瑞《しょうずい》とされる白鹿を、朝廷ではなく頼通に献上して、問題となっている。この後、後一条天皇がこの鹿を覧《み》るのか、どこで覧るのか、そもそもこの鹿をどこで飼うのかが問題となり、陣定《じんのさだめ》が開かれている。

結局、神泉苑《しんせんえん》に放たれたが、実資は、神泉苑の垣は顚倒《てんとう》しているので山犬や狼の餌《え》食《じき》となることになると批判している。

・八月十八日（九条本〈広本〉）福来病、流行

「世間《せけん》で福来《ふくらい》と称《しょう》する病気《びょうき》を、しばしば人々《ひとびと》が患《わずら》っている」と云《い》うことだ。「顔《かお》が腫《は》れて赤《あか》らむ。先《ま》ず熱《ねつ》を発《はっ》し、後《のち》に大《おお》いに腫《は》れる。五《ご》、六日《ろくにち》を経《へ》て、平復《へいふく》する」と云《い》うことだ。「治療《ちりょう》を加《くわ》えないのを良《よ》しとする。もし誤《あやま》って治療《ちりょう》すれば、倍《ばい》して患《わずら》う」と云《い》うことだ。私《わたし》（藤原実資《ふじわらのさねすけ》）が子供《こども》であった時《とき》、見《み》たものである。今、その時《とき》を思《おも》い出《だ》すと、六十余年《ろくじゅうよねん》に及《およ》ぶ。

❖「世間《せけん》、福来《ふくらい》と号《ごう》する疾《しつ》、往々《おうおう》に人々《ひとびと》、煩《わずら》ふ由《よし》」と云々《しかじか》。「面貌《めんぼう》、腫《は》れ赤《あか》む。先《ま》づ熱《ねつ》を発《はっ》し、後《のち》に大《おお》いに腫《は》る。五《ご》、六日《ろくにち》を経《へ》て平復《へいふく》す」と云々《しかじか》。「療治《りょうじ》を加《くわ》へざるを良《よ》しと為《な》す。若《も》し誤《あやま》りて療治《りょうじ》せば、倍《ばい》し煩《わずら》ふ」と云々《しかじか》。我《われ》、童稚《どうち》たる時《とき》、見《み》る所《ところ》なり。今《いま》、其《そ》の時《とき》を憶《おぼ》ゆるに、六十余年《ろくじゅうよねん》に及《およ》ぶ。

世間号二福来一之疾往々人々煩由云々、面貌腫赤、先発レ熱後大腫、経二五六日一平復云々、不レ加二療治一為レ良、若誤療治倍煩云々、我為二童稚一之時所レ見也、今レ憶二其時一及二六十余年一、

✻福来病《ふくらいびょう》というのは「ふくれやまい」とも言って、首筋の膨れあがる病気である。現在のお多福風邪（流行性耳下腺炎《じかせんえん》）に相当する。少年期に多く、秋から春にかけて流行する伝染性の耳下腺の炎症とのことである。

九月には、藤原定頼《ふじわらのさだより》と藤原重尹《しげただ》といった公卿《くぎょう》や実資の養子の藤原資高《すけたか》も、この病を患った。「この病は、先《ま》ず五体が熱する。悩《や》み煩う様子は、疫病《えきびょう》のようである。その後、面が腫《は》れる。先ず耳のあたりが腫れ、次いで頭と面が、大いに腫れる。五、六日を経て、漸《ようや》く平癒《へいゆ》する。事情を知らない者がこれを治療すれば、命を害するに及ぶ」とのことである。

その九月にも実資は、「私が童稚《どうち》の時、この病が遍満《へんまん》した。その年数を推し量ると、六十余年に及ぶ」と記録している。老人が同じことを繰り返すようになると心配になってくるが、これはそれぞれ独立した記事として部類記《ぶるいき》を作るためである。

・八月二十六日（九条本〈広本〉）千古の婚儀を十一月と定める

両納言《りょうなごん》（藤原経通《ふじわらのつねみち》・藤原資平《ふじわらのすけひら》）が、小女《しょうじょ》（藤原千古《ふじわらのちふる》）の婚儀《こんぎ》について相談《そうだん》した。女装束《おんなしょうぞく》などを調備《ちょうび》すべき人々《ひとびと》を書《か》き出《だ》した。だいたいは、十一月中《じゅういちがっちゅう》に吉日《きちにち》を撰《えら》んで遂《と》げることとなった。陰陽師《おんみょうじ》に問《と》うて、決定《けってい》することとした。木道工《このみちのたくみ》・車造《くるまつくり》・錦織手《にしきのおりて》を召《め》して、これを命《めい》じさせた。

❖両納言《りょうなごん》、小女《しょうじょ》の事《こと》を相議《あいぎ》す。女装束等《おんなしょうぞくなど》を調《ととの》ふべき人々《ひとびと》を書《か》き出《い》だす。大略《たいりゃく》、十一月中《じゅういちがっちゅう》に吉日《きちにち》を撰《えら》びて遂《と》ぐべし。陰陽師《おんみょうじ》に問《と》ひ、一定《いちじょう》すべし。木道工《このみちのたくみ》・車造《くるまつくり》・錦織手等《にしきのおりてなど》を召《め》し、之《これ》を仰《おお》せしむ。

両納言相二議小女事一、可レ調二女装束等一人々書出、大略十一月中撰二吉日一可レ遂、問二陰陽師一可二一定一、召二木道工・車造・錦織手等一令レ仰レ之、

✻千古《ちふる》の結婚については、八月二十三日に藤原頼宗《よりむね》から、一男の兼頼《かねより》との婚儀についての書状が有り、この二十六日に婚儀を十一月と定めた。そして九月二十日と二十一日に婚儀の日を占わせ、十一月二十六日と決まった。

なお、『小右記《しょうゆうき》』は、この年は十月以降は残っていない。無事に結婚した千古は一女を儲《もう》けたものの、長暦《ちょうりゃく》二年（一〇三八）に実資に先立って二十代後半で死去したらしい。

・九月十三日（九条本〈広本〉）　頼通、病により移居／鬼霊および風気により病む

「昨夜《さくや》の夜半《やはん》、関白《かんぱく》（藤原頼通《ふじわらのよりみち》）は前因幡守《さきのいなばのかみ》（源《みなもとの》）道成《みちなり》の宅《たく》に移《うつ》られた。住《す》む所《ところ》の鬼霊《きれい》および風気《かざけ》によって悩《や》まれたとのことを、陰陽家《おんみょうか》が占《うらな》った。そ

701　長元二年（一〇二九）

こで夜中《よなか》、移《うつ》られた」と云《い》うことだ。前日《ぜんじつ》、人々《ひとびと》が云《い》ったことには、「この東三条第南院《ひがしさんじょうていなんいん》は、関白《かんぱく》（藤原《ふじわらの》）道隆《みちたか》が死去《しきょ》した所《ところ》で、道隆《みちたか》は一家《いっか》の怨敵《おんてき》であった。ところが、その事《こと》を忘《わす》れて住《す》まれていたものである。万人《ばんにん》が怪《あや》しんだところである」と。天《てん》が言《い》わせたのか。

❖「去《さ》ぬる夜《よる》の夜半《やはん》、関白《かんぱく》、前因幡守道成《さきのいなばのかみみちなり》の宅《たく》に渡《わた》らる。住《す》む所《ところ》の鬼霊《きれい》并《なら》びに風《かざ》気《け》に依《よ》りて悩《や》まるる由《よし》、陰陽家《おんみょうか》、占《うらな》ふ。仍《よ》りて夜中《よなか》、渡《わた》らる」と云々《しかじか》。前日《ぜんじつ》、人々《ひとびと》、云《い》はく、「此《こ》の南院《なんいん》は、関白道隆《かんぱくみちたか》、閉目《へいもく》の処《ところ》。一家《いっか》の怨敵《おんてき》。而《しか》るに其《そ》の事《こと》を忘《わす》れて住《す》まるる所《ところ》。万人《ばんにん》の奇《あや》しむ所《ところ》」と。天《てん》の言《い》はしむるか。

去夜々半関白被レ渡二前因幡守道成宅一、依二住所鬼霊并風気一被レ悩由、陰陽家占、仍夜中被レ渡云々、前日人々云、此南院者関白道隆閉目処、一家怨敵、而忘二其事一所レ被レ住、万人之所レ奇、天之令レ言歟、

＊東三条第《ひがしさんじょうてい》は、藤原良房《よしふさ》により創建され、藤原基経《もとつね》・藤原忠平《ただひら》・重明親王《しげあきら》・藤原兼《かね》

家《いえ》・道隆《みちたか》・藤原道長《みちなが》へと伝領された。里内裏《さとだいり》となったほか、大饗《だいきょう》・立后《りつごう》・立太子・元服《げんぷく》など、摂関家の重要な儀式の際に用いられた。本院の南一町には南院が独立して造営された。

頼通はいつからかこの南院に居住していたようであるが、そこで病悩《びょうのう》してしまった。鬼霊と風気によるとあるから、穏やかでない。人々は、南院は「一家の怨敵《おんてき》」であった道隆が死去した場所なのに、それを忘れて住んでいたせいだと噂したという。道隆と道長（まして頼通）とは、別に怨敵ということはなかったのであるが、時が経つとこういう認識も生まれてきていたのである。

・九月十八日（九条本〈広本〉）家中・近親に平茸を食すを禁断

近頃《ちかごろ》、しばしば茸《きのこ》を食《た》べて死《し》ぬ者《もの》がいる。永《なが》く平茸《ひらたけ》を食《た》べることを禁断《きんだん》し、家中《かちゅう》の上下《じょうげ》の者《もの》に戒《いまし》めた。また、両納言《りょうなごん》（藤原経通《ふじわらのつねみち》・藤原資平《ふじわらのすけひら》）に命《めい》じて、律師《りっし》（良円《りょうえん》）の許《もと》に伝《つた》えた。故慶祚阿闍梨《こきょうそあじゃり》は茸類《きのこるい》を食《た》べなかった。「もしも中毒死《ちゅうどくし》することが有《あ》れば、最後《さいご》の一念《いちねん》は、すべて叶《かな》い難《がた》いのではないか」と云《い》うことだ。聖人《しょうにん》の言葉《ことば》は、まことに信《しん》じなければならない。

❖近来《きんらい》、往々《おうおう》、茸《きのこ》を食《しょく》して死《し》ぬる者有《ものあ》り。永《なが》く平茸《ひらたけ》を食《く》ふを禁断《きんだん》し、家中《かちゅう》の上下《じょうげ》に戒《いまし》む。又《また》、両納言《りょうなごん》に示《しめ》し、律師《りっし》の許《もと》に示《しめ》し遣《つか》はす。故慶祚阿闍梨《こきょうそあじゃり》、茸類《きのこるい》を食《しょく》せず。「若《も》し酔死《えいしに》すること有《あ》らば、最後《さいご》の一念《いちねん》、都《すべ》て叶《かな》ひ難《がた》きか」と云々《しかじか》。聖人《しょうにん》の言《げん》、誠《まこと》に信《しん》ずべし。

近来往々食㆑茸有㆓死者㆒、永禁㆔断食㆓平茸㆒、戒㆓家中上下㆒、又示㆓両納言㆒、示㆔遣律師許㆒、故慶祚阿闍梨不㆑食㆓茸類㆒、若有㆓酔死㆒者最後一念都難㆑叶歟云々、聖人言誠可㆑信、

✻『今昔物語集《こんじゃくものがたりしゅう》』の説話を待つまでもなく、当時は茸《きのこ》の中毒で死んだ人は多かったのであろう。ヒラタケ科の平茸《ひらたけ》はもちろん食用であるが、形状のよく似たキシメジ科のスギヒラタケやツキヨタケは、現在でもしばしば中毒を起こす。

実資は、小野宮《おののみや》内部の者に平茸を食うことを禁止したのみならず、延暦寺《えんりゃくじ》に上って

いる実子の良円《りょうえん》にも、それを徹底させている。

なお、慶祚《きょうそ》は寛仁《かんにん》三年（一〇一九）に遷化《せんげ》した三井寺《みいでら》の高僧であるが、藤原教通《のりみち》は慶祚が極楽《ごくらく》に詣《もう》でるという夢を見ている（『御堂関白記《みどうかんぱくき》』）。「最後の一念」というのは、念仏のことであろうか。

・九月二十三日（九条本〈広本〉）　頼通の関白・大臣辞任について回答

（源経頼《みなもとのつねより》が）密《ひそ》かに語《かた》って云《い》ったことには、「関白《かんぱく》（藤原頼通《ふじわらのよりみち》）には切実《せつじつ》に、関白《かんぱく》と大臣《だいじん》を辞《じ》すとの御気持《おきも》ちが有《あ》ります。世間《せけん》が云《い》うところは、如何《いか》がでしょう。汝《なれ》（藤原実資《ふじわらのさねすけ》）の申《もう》すところの趣旨《しゅし》を聞《き》こうと思《おも》われています」と。

答《こた》えて云《い》ったことには、「関白《かんぱく》は敢《あ》えて辞《じ》されてはならない職《しょく》です。たとえ受容《じゅよう》されたとしても、先《さき》に上下《じょうげ》の文書《もんじょ》を申《もう》すようにとの後一条天皇《ごいちじょうてんのう》の命令《めいれい》を下《くだ》されれば、まったく区別《くべつ》は無《な》いはずのものです。大臣《だいじん》は、必《かなら》ずしも辞《じ》されることはありません。倹約《けんやく》を護衛《ごえい》とすべきでしょう。これは内々《うちうち》に思《おも》ったものです。口外《こうがい》してはならない事《こと》です。ただし一家《いっか》の風潮《ふうちょう》として、大臣《だいじん》を辞《じ》される先例《せんれい》が有《あ》ります。ただその御心《みこころ》によるべきでしょう」と。感心《かんしん》して、退《しりぞ》いた。

❖密《ひそ》かに語《かた》りて云《い》はく、「関白《かんぱく》、懇切《こんせつ》に関白《かんぱく》・大臣等《だいじんなど》の間《かん》を辞《じ》すべき御心《みこころ》有《あ》り。世間《せけん》、云《い》ふ所《ところ》、如何《いかが》。下僕《げぼく》の言《もう》す所《ところ》の趣《おもむ》きを聞《き》かんと欲《ほっ》せらる」と。答《こた》へて云《い》はく、「関白《かんぱく》は敢《あ》へて辞《じ》せらるべからざる職《しょく》。縦《たと》ひ容納《ようのう》有《あ》りと雖《いえど》も、先《さき》に上下《じょうげ》の文《ふみ》を申《もう》すべき宣旨《せんじ》を下《くだ》されば、更《さら》に差別《さべつ》無《な》かるべき者《もの》なり。大臣《だいじん》、必《かなら》ずしも辞《じ》せらるべからず。倹約《けんやく》を以《もっ》て衛護《えいご》と為《な》すべきか。是《こ》れ内々《うちうち》に思《おも》ふ所《ところ》なり。歯外《しがい》すべからざる事《こと》なり。但《ただ》し一家《いっか》の風《ふう》、大臣《だいじん》を辞《じ》せらるる例《れい》有《あ》り。只《ただ》、彼《か》の御心《みこころ》に在《あ》るべきか」と。甘心《かんしん》して退去《たいきょ》す。

密語云、関白懇切有下可レ辞二関白・大臣等間一之御心上、世間所レ云如何、被レ欲レ聞二下僕所レ言之趣一。答云、関白者不レ可二敢被レ辞之職、縦雖レ有二容納一被レ下下先可レ申二上下文一之宣旨上者、更可レ無二差別一者也、大臣必不レ可レ被レ辞、以二倹約一可レ為二衛護一歟、是内々所レ思也、不レ可二歯外一事也、但一家風有下被レ辞二大臣一之例上、只可レ在二彼御心一歟、甘心退去、

✻前日からの病悩が収まらない頼通は、関白と左大臣を辞すことを実資に相談してきた。それに対し実資は、関白は辞すことのできる職ではないが、大臣は「一家の風」として、つまり藤原兼家《かねいえ》以来、辞して関白だけになることがあったと回答した。このように、実資はあらゆることについて頼通から諮問され、それに答えているのであるが、頼通が左大臣を辞せば、大臣の席が一つ空くという気持ちもまた、心のどこかに生じてきたものと想像される。

・九月二十四日（九条本〈広本〉）　清涼殿東廂で頼通と抱擁して臥す夢想

今朝《けさ》、夢想《むそう》があった。清涼殿《せいりょうでん》の東廂《ひがしびさし》に、関白《かんぱく》（藤原頼通《ふじわらのよりみち》）が私《わたし》（藤原実資《ふじわらのさねすけ》）と共《とも》に、烏帽子《えぼし》を着《つ》けずに抱《だ》き合《あ》って臥《ふ》していた際《さい》、私《わたし》の玉茎《ぎょっけい》は木のよう

であった。着《き》ていた白綿《しろわた》の衣《ころも》は、はなはだ凡卑《ぼんぴ》であった。恥《は》ずかしいと思《おも》っているうちに、夢《ゆめ》から覚《さ》めた。もしかしたら、私《わたし》に大慶《たいけい》が有《あ》るのであろうか。

❖今暁《こんぎょう》、夢想《むそう》す。清涼殿《せいりょうでん》の東廂《ひがしびさし》に、関白《かんぱく》、下官《げかん》と共《とも》に烏帽《うぼう》せずして、懐抱《かいほう》して臥《ふ》す間《あいだ》、余《よ》の玉茎《ぎょつけい》、木《き》のごとし。着《ちゃく》す所《ところ》の白綿《しろわた》の衣《ころも》、太《はなは》だ凡《ぼん》なり。恥《は》づかしと思《おも》ふ程《ほど》に、夢《ゆめ》、覚《さ》め了《おわ》んぬ。若《も》しくは大慶《たいけい》有《あ》るべきか。

今暁夢想、清涼殿東廂仁関白下官と共不二烏帽一之天懐抱臥間、余玉茎如レ木、所レ着之白綿衣太凡也、恥加しと思程夢覚了、若可レ有二大慶一歟、

✻この夢は、男色《だんしょく》の史料として解釈されるのが常であった。しかし、これは「大慶」つまり昇進を予想した人事に関する夢と解するべきなのである。つまり、抱き合った相手は人事権を握る関白頼通、その場は除目《じもく》を行なう清涼殿《せいりょうでん》東廂《ひがしびさし》である。大臣召《だいじんめし》は除目とは違うが、夢の中で混同していたのであろう。

この年の京官除目《きようかん》は十一月四日に始まるのであるが、その場において人事権を握る人物と抱き合っていたというのは、目前の出世の予測の現われであろう。当時、七十三歳の太政大臣《だいじようだいじん》藤原公季《きんすえ》は、この年の十月十七日に死去することからもわかるように、すでに病悩していたと思われる。また、関白・左大臣の頼通は、九月十六日に上表し、この夢のあった翌二十五日にふたたび上表していた。

すでに九月十四日、実資が太政大臣を望んでいるとの風聞があることを、資平から伝えられていた。実資が頼通の後任の関白に補されると自任していたとは考えにくいとしても、公季の後任の太政大臣に任じられるであろうと予測していた可能性は高い。

実際には、太政大臣は欠員のままとされ、実資はその後、十七年も右大臣を続けることになるのであるが、七十歳を越えてこれだけの上昇志向を保ち続けることが、長寿の秘訣《ひけつ》なのであろうか。

なお、実資が夢の中で「恥ずかしい」と思ったというのは、頼通と抱き合って「玉茎」が「木のよう」に怒張《どちよう》したことではなく（それはむしろ喜ばしいことだったであろう）、烏帽子《えぼし》も被《かぶ》らず凡卑な装束《しようぞく》を着していたことに対してであろう。

・九月二十六日（九条本〈広本〉）　頼通が天下を亡乱しているとの神託

……「悩《や》まれていた際《さい》、伊勢《いせ》の荒祭神《あらまつりのかみ》が、人《ひと》に託《たく》して諸事《しょじ》を宣《せん》したことには、『関白《かんぱく》（藤原頼通《ふじわらのよりみち》）は天下《てんか》を亡乱《ぼうらん》している。たいへん愚《おろ》かなことだ』と云《い》うことでした。秘《ひ》して漏《も》らしていません。また、この託宣《たくせん》から数日《すうじつ》の後《のち》、（播磨《はりまの》）貞安《さだやす》たちの事《こと》が、さらに起《お》こりました」と云《い》うことだ。「また、深覚大僧正《しんがくだいそうじょう》は忌《い》み嫌《きら》われることを憚《はばか》らず、関白《かんぱく》に遠《とお》まわしに忠告《ちゅうこく》しました。万人《ばんにん》は感嘆《かんたん》しました」と云《い》うことだ。

❖……「悩《や》まるる間《かん》、伊勢《いせ》の荒祭神《あらまつりのかみ》、人《ひと》に託《つ》きて雑事《ぞうじ》を宣《せん》するに、『関白《かんぱく》、天下《てんか》を亡乱《ぼうらん》す。極《きわ》めて愚《おろ》かなる由《よし》』と云々《しかじか》。秘《ひ》して漏《も》らさず。亦《また》、此《こ》の託宣《たくせん》より数日《すうじつ》の後《のち》、貞安等《さだやすなど》の事《こと》、更《さら》に発《おこ》る」と云々《しかじか》。「亦《また》、深覚大僧正《しんがくだいそうじょう》、忌諱《きき》を憚《はばか》らず、関白《かんぱく》を諷諫《ふうかん》す。万人《ばんにん》、感歎《かんたん》す」と云々《しかじか》。

……被レ悩之間、伊勢荒祭神託レ人宣二雑事一、関白亡二乱天下一、極愚之由云々、秘而不レ漏、亦従二此託宣一数日後、貞安等事更発云々、亦深覚大僧正不レ憚二忌諱一諷二諫関白一、万人感歎云々、

✻この月、伊勢《いせ》の荒祭神《あらまつりのかみ》（皇大神宮《こうたいじんぐう》〈内宮《ないくう》〉の境内別宮）が人に託して、「関白は天下を亡乱《ぼうらん》している。極めて愚かなことだ」という託宣《たくせん》を行なっている。また、大僧正深《しん》覚《がく》は忌諱《きき》を憚《はばか》らず関白を諷諫《ふうかん》し、これに万人が感嘆《かんたん》した。頼通の執政態度（と能力）に対する批判は、当然のこと、実資の耳にも入っていたことであろう。

なお、「貞安《さだやす》等の事」というのは、頼通の随身である貞安が法成寺《ほうじょうじ》の材木を曳《ひ》かせていた際、山科《やましな》に於いて、伊勢御幣使《いせごへいし》の従者を打擲《ちょうちゃく》したという事件である。

## ◆長元三年（一〇三〇）

藤原実資七十四歳（正二位、右大臣・右大将・東宮傅）後一条天皇二十三歳　藤

原彰子四十三歳　藤原頼通三十九歳　藤原威子三十二歳

・四月三十日（東山御文庫本〈略本〉）殿上人、大極殿に於いて小弓・囲碁の興

先日《せんじつ》、殿上人《てんじょうびと》が相談《そうだん》して云《い》ったことには、「今日《きょう》、手箱《てばこ》や弁当箱《べんとうばこ》を持《も》って、右近馬場《うこんのばば》に於《お》いて競馬《くらべうま》を行《おこ》なおう。自《みずか》ら騎《の》って競《きそ》うこととしよう。その装束《しょうぞく》は、近衛舎人《このえのとねり》のようにしよう。狩衣《かりぎぬ》・襖袴《あおばかま》・藁履《わらぐつ》を着《つ》けて競《きそ》うことにしよう」と云《い》うことだ。昔《むかし》から聞《き》いたことのない事《こと》である。殿上人《てんじょうびと》は、春《はる》の花《はな》や秋《あき》の草《くさ》を見《み》るのが通例《つうれい》である。しばらく近衛大将《このえのたいしょう》となり、大臣《だいじん》・大将《たいしょう》の家《いえ》としては、悲《かな》しまなければならない事《こと》である。今朝《けさ》、頭弁《とうのべん》（源《みなもとの》）経頼《つねより》が云《い》ったことには、「公卿《くぎょう》（藤原通任《ふじわらのみちとう》）の家《いえ》が焼失《しょうしつ》しました。また、頻《しき》りに火事《かじ》が有《あ》ります。競馬《くらべうま》の興《きょう》は、都合《つごう》が悪《わる》いのではないでしょうか。今日《きょう》、空《むな》しく食物《しょくもつ》を捨《す》てるわけにはいきません。急《きゅう》に大極殿《だいごくでん》に於《お》いて、小《こ》

弓《ゆみ》と囲碁《いご》を行《おこ》なうことになりました」と。頭弁《とうのべん》は殿上人《てんじょうびと》たちを率《ひき》いて大極《だいごく》殿《でん》に向《む》かい、小弓《こゆみ》などの興《きょう》を行《おこ》なった。食《た》べ終《お》わって、夕暮《ゆうぐ》れに乗《じょう》じて分《ぶん》散《さん》した。主上《しゅじょう》（後一条天皇《ごいちじょうてんのう》）がおっしゃられて云《い》ったことには、「他《ほか》の事《こと》ではない。食事《しょくじ》の興《きょう》が有《あ》ったのである」と。もっとも恥《は》じなければならない、恥《は》じなければならない。この事《こと》は、丹後守《たんごのかみ》（藤原《ふじわらの》）兼房《かねふさ》が言《い》って催促《さいそく》したものである。善《よ》い人《ひと》であろうか。

❖一日《いちじつ》、雲上《うんじょう》の侍臣《じしん》、相議《あいぎ》して云《い》はく、「今日《きょう》、手筥《てばこ》・破子《わりご》を随身《ずいじん》し、右近馬場《うこんのばば》に於《お》いて競馬《くらべうま》すべし。自《みずか》ら騎《の》り、競《きそ》ふべし。其《そ》の装束《しょうぞく》、近衛舎人《このえのとねり》のごとし。狩《かり》衣《ぎぬ》・襖袴《あおばかま》・藁沓《わらぐつ》を着《ちゃく》し、競《きそ》ふべし」と云々《しかじか》。往古《おうこ》、聞《き》かざる事《こと》なり。雲上《うんじょう》の侍臣《じしん》は、春花《しゅんか》・秋草《しゅうそう》を見《み》るが例《れい》なり。暫《しばら》く近衛大将《このえのたいしょう》と為《な》り、将相《しょうしょう》の家《いえ》、悲《かな》しむべき事《こと》なり。今朝《けさ》、頭弁経頼《とうのべんつねより》、云《い》はく、「上達部《かんだちめ》の家《いえ》、焼亡《しょうぼう》す。又《また》、頻《しき》りに火事《かじ》有《あ》り。競馬《くらべうま》の興《きょう》、便無《びんな》かるべきか。今日《きょう》、空《むな》しく食物《じきもつ》を弁《す》つべからず。頓《とみ》に大極殿《だいごくでん》に於《お》いて小弓《こゆみ》・囲碁等《いごなど》の事有《ことあ》るべし」と。頭弁《とうのべん》、侍臣等《じしんなど》を引《ひ》きて大極殿《だいごくでん》に向《む》かひ、小《こ》弓等《ゆみなど》の興有《きょうあ》り。食《しょく》し了《おわ》り、暮景《ぼけい》に乗《じょう》じて分散《ぶんさん》す。主上《しゅじょう》、仰《おお》せられて云《い》はく、「他《ほか》の事《こと》に非《あら》ず。食《しょく》の興有《きょうあ》るなり」と。尤《もっと》も恥《は》づべし、恥《は》づべし。此《こ》の事《こと》、丹後守兼《たんごのかみかね》房《ふさ》、云《い》ひ催《もよお》す所《ところ》なり。善《よ》き人《ひと》か。

一日雲上侍臣相議云、今日随二身手筥・破子一、於二右近馬場一可二競馬一、自騎可レ競、其装束如二近衛舎人一、着二狩衣・襖袴・藁沓一可レ競云々、往古不レ聞事也、雲上侍臣者見二春花・秋草一之例也、暫為二近衛大将一、々相家可レ悲事也、今朝頭弁経頼云、上達部家焼亡、又頻有二火事一、競馬興可レ無レ便歟、今日空不レ可レ弃二食物一、頓於二大極殿一可レ有二小弓・囲碁等事一、頭弁引二侍臣等一向二大極殿一有二小弓等興一、食了乗二暮景一分散、主上被レ仰云、非二他事一、有二食興一也、尤可レ恥々々、此事丹後守兼房所二云催一也、善人歟、

✽この頃、京中の放火が頻発していた。そのような状況のなか、殿上人たちが食物を用意して右近馬場《うこんのばば》で競馬《くらべうま》を行なうことを相談していたが、放火頻発の情勢ではまずいのではないかということになった。しかし、食物を捨てるのももったいないということで、今度は大極殿《だいごくでん》で小弓と囲碁をして遊びながら食事をした。後一条《ごいちじょう》天皇はこれを咎《とが》めることはなかったが、実資《さねすけ》は当然、批判的であった。「殿

上人は、春の花や秋の草を見るのが通例である」という認識が面白い。

・九月十九日（東山御文庫本〈広本〉）日記六年分を資平に託す

六箇年《ろっかねん》の暦記《れきき》を中納言《ちゅうなごん》（藤原資平《ふじわらのすけひら》）の許《もと》に遣《つか》わした。書状《しょじょう》が有《あ》ったからである。

❖六个年《ろっかねん》の暦記《れきき》を中納言《ちゅうなごん》の許《もと》に遣《つか》はす。消息有《しょうそくあ》るに依《よ》る。

六个年暦記遣㆓中納言許㆒、依㆑有㆓消息㆒、

✻詳しくは「コラム3」で述べるが、この前後から、資平《すけひら》の手によって、実資自筆（+貼り継ぎ）原本（暦記）の整理が行なわれたと推定されている。儀式毎にまとめた

部類記《ぶるいき》を作成するためである。

右大臣に任じられて九年、官奏《かんそう》や除目《じもく》などを何度も主宰し、ようやくその記事を使った日次記《ひなみき》整理本や部類記を作成しようという気運が高まったのであろう。

★コラム3　『小右記』はどのように利用されようとしたのか

長元《ちようげん》三年（一〇三〇）九月十九日条に、「六个年《ろつかねん》の暦記を中納言の許《もと》に遣はす。消息有るに依《よ》る」という記事がある。この前後から、資平《すけひら》の手によって、実資《さねすけ》自筆原本の整理が行なわれたと推定されている。その整理の方法は、（一）忠実な写本を作り、（二）別記《べつき》を相当箇処にはり込み、（三）朱書《しゆしよ》を以て見出しを附け、（四）部類目録《ぶるいもくろく》を作成した。というもので、こうして長元六年（一〇三三）頃に諸写本の祖となる資平本が成立したとされる（桃裕行「小右記諸本の研究」）。

一方、『小右記《しようゆうき》』原本は必要記事を切り取られ、いったん儀式毎にまとめた部《ぶ》類記《るいき》が作成されたと推定されている。実資の死去によってその計画が頓挫《とんざ》し、未完成の部類記をまた日付順に貼り継いで還元し、資平が別に一本を書写したものが、現存古写本の祖本になっていると推測される（今江広道「『小右記』古写本成立私考」)。

現在、正暦《しょうりゃく》三年(九九二)正月十六日条を嚆矢《こうし》として、政部《せいぶ》(五箇所)、大饗部《だいきょうぶ》(二箇所)、節会部《せちえぶ》(十四箇所)、賭射部《のりゆみぶ》(二箇所)に、「節会の事、其《そ》の部に在り」「此《こ》の日の御記《ぎょき》、節会部に在り」などと注記されている条文がある。『小右記』の日次記を切り貼りして部類記を作ったことを示すものか、あるいはもともと部類記を作成するために別記に記していたのか。節会部が多いのは、節会部が先行して作成されたのか、それともふたたび日次記に復原された時点で節会部だけ注記を残したまま貼り継いだことが多かったからであろうか。ちなみに、今江《いまえ》氏は他に神事部《しんじぶ》・仏事部《ぶつじぶ》・行幸部《ぎょうこうぶ》・崩御部《ほうぎょぶ》・除目部《じもくぶ》の存在を想定している。

寛仁《かんにん》三年(一〇一九)十一月十六日条に「此の日の御記、節会部に在り」とあって、『小右記』の原本を「御記」と称しているということは、これらの作業が基本的には実資の子孫(資平と資房《すけふさ》か)によって行なわれたことを示している。

なお、『小右記』原本の整理と部類記作成の開始が、これほど遅くなったのには、理由がある。かつて私は、もっと早くから始めていれば、実資自身の手で日次記整理本や部類記作成が完成していただろうに、と考えていたのであるが、そうではなく、早い時期だと実資が大納言に過ぎず、上卿《しょうけい》として取り仕切ることのできる政務《せいむ》や儀式が限られていたからなのであった。

右大臣に任じられて、はじめて官奏《かんそう》や除目《じもく》などの重要政務を主宰することが始まり、慎重な実資は何回か、つまり何年かそれらを執行したうえで、まずは六年分、その記事を使った日次記整理本や部類記を作成しようとしていたのではなかろうか。

しかしながら、いかに実資といえども、健康と寿命には限りがあった。日次記の整理は長元六年でいったん打ち切られ、日記自体は長久《ちょうきゅう》元年（一〇四〇）までは記録されていたことが確認されるが、それらは整理されることはなかった。

実資が死去したのは、永承《えいしょう》元年（一〇四六）正月十八日のことであった。九十歳。

先にも述べたが、実資は『小右記』を千古が産む男子に相続させようとしていた。千古の縁談の相手は、頼通猶子《よりみちゆうし》の源師房《もろふさ》、道長六男の長家《ながいえ》、そして頼宗《よりむね》一男の兼頼《かねより》である。実資は『小右記』が道長家に渡ることを想定していたのである。

後世、『小右記』が小野宮家《おののみやけ》から流出して、かえって様々な部類記に引用されたことは、まことに皮肉なことであった。

・九月二十五日（東山御文庫本〈広本〉）天狗、頼通の執政の長からざるを霊託

中納言《ちゅうなごん》（藤原資平《ふじわらのすけひら》）が密《ひそ》かに語《かた》って云《い》ったことには、「今朝《けさ》、（藤原《ふじわらの》）知章一家《ともあきらいっか》で、天狗《てんぐ》が人《ひと》に駆《か》り移《うつ》って云《い》ったことには、『天台山《てんだいさん》（延暦寺《えんりやくじ》）の衰《おとろ》えは極《きわ》まり無《な》い。すでに十余年《じゅうよねん》に及《およ》ぶ。権僧正《ごんのそうじょう》尋円《じんえん》は、座主《ざす》になることもあるであろう。また、ならないこともあるであろう。様子《ようす》が他《た》と異《こと》なっている。この老翁《ろうおう》をこそ座主《ざす》にすべきである。皆《みな》、決定《けってい》しておいた事《こと》である』と。『老翁《ろうおう》とは誰《だれ》か』と云《い》ったところ、『権律師《ごんのりつし》良円《りょうえん》である。なることになる時期《じき》は、ようやく近《ちか》い』ということでした。また、云《い》ったことには、『関白《かんぱく》（藤原頼通《ふじわらのよりみち》）のご治世《ちせい》は、それほどもないのではないか』ということでした」と。

❖中納言《ちゅうなごん》、密《ひそ》かに語《かた》りて云《い》はく、「今暁《こんぎょう》、知章《ともあきら》一家《いっか》に、天狗《てんぐ》、人《ひと》に移《うつ》りて云《い》はく、『天台山《てんだいさん》の陵遅《りょうち》、極《きわ》まり無《な》し。已《すで》に十余年《じゅうよねん》に及《およ》ぶ。権僧正《ごんのそうじょう》尋円《じんえん》、座主《ざす》に成《な》る様《よう》もありなん。又《また》、成《な》らざるもありなん。別様《べつよう》なり。此《こ》の老翁《ろうおう》をこそ成《な》すべけれ。皆《みな》、定《さだ》め置《お》く事《こと》なり』と。『老翁《ろうおう》とハ誰《た》そ』と云《い》ひけれハ、『権律師良円《ごんのりつしりょうえん》ぞかし。成《な》るべき期《き》、漸《ようや》く近《ちか》し』てへり。又《また》、云《い》はく、『関白《かんぱく》の御代《みよ》、幾《いくば》くならざるか』てへり」と。

中納言密語云、今暁知章一家天狗移レ人云、天台山陵遅無レ極、已及二十余年一、権僧正尋円座主仁成様も阿里奈ん、又不レ成もあ里奈ん、別様奈里、此老翁をこそ可レ成个れ、皆定置事也、老翁とハ誰曾と云个れハ、権律師良円曾可し、可レ成期漸近者、又云、関白御代不レ幾歟者、

✻天狗《てんぐ》というのは後世のイメージとは異なり、仏教で夜叉《やしゃ》や悪魔のように考えられていた。後に山岳信仰としての修験道《しゅげんどう》と結びつき、天狗は山伏《やまぶし》姿か白衣《びゃくえ》（修行の際の装束）で描かれるようになる。

その天狗が、すでに長和《ちょうわ》二年（一〇一三）に死去している藤原知章《ふじわらのともあきら》の家の者に取り

憑《つ》き、実資の子である良円《りょうえん》（四十八歳）の天台座主補任《てんだいざすぶにん》と、頼通《よりみち》の執政が長くはないことを霊託した。皆が思っていることが、こういったかたちで出てくるのであろう。

## ◆長元四年（一〇三一）

藤原実資七十五歳（正二位、右大臣・右大将・東宮傅）後一条天皇二十四歳　藤原彰子四十四歳　藤原頼通四十歳　藤原威子三十三歳

・二月六日（伏見宮本〈広本〉）　教通、除目執筆忌避の言葉

或《あ》る僧《そう》が云《い》ったことには、「内大臣《ないだいじん》（藤原教通《ふじわらののりみち》）が云《い》ったことには、『官職《かんしょく》任命《にんめい》の儀式《ぎしき》について、いまだ仰《おお》せを聞《き》いていない。内々《うちうち》にこれを伝《つた》え告《つ》げたことが有《あ》った。ところが、格別《かくべつ》な仰《おお》せが無《な》いので、あれこれを申《もう》すことができない。ただしまったく方法《ほうほう》は無《な》い。どうして奉仕《ほうし》できるだろう』と。

今《いま》、様子《ようす》を見《み》ると、奉仕《ほうし》することは難《むずか》しいのではないでしょうか」と云《い》うことだ。

❖或《あ》る僧《そう》、云《い》はく、「内府《ないふ》、云《い》はく、『除目《じもく》の事《こと》、未《いま》だ仰《おお》せ事《ごと》を奉《うけたまわ》らず。内々《うちうち》に之《これ》を示《しめ》し告《つ》ぐること有《あ》り。然《しか》れども、指《さ》せる仰《おお》せ無《な》きに依《よ》り、左右《とこう》を申《もう》すべからず。但《ただ》し更《さら》に術無《じゅつな》し。何《なん》ぞ奉仕《ほうし》せんか』と。今《いま》、気色《けしき》を見《み》るに、奉仕《ほうし》し難《かた》かるべきか」と云々《しかじか》。

或僧云、内府云、除目事未レ奉ニ仰事一、内々有レ示ニ告之一、然而依レ無ニ指仰一不レ可レ申ニ左右一、但更無レ術、何奉仕哉、今見ニ気色一、可レ難ニ奉仕一歟云々、

✽ようやく万寿《まんじゅ》元年（一〇二四）十一月に官奏《かんそう》の上卿《しょうけい》を務めた教通《のりみち》であったが、除目《じもく》の方は三夜にわたって行なわれ、複雑な式次第があり、しかも受領《ずりょう》任官希望者の人生に直接関わるのであるから、責任は重大である。

この年も、二月四日に除目の執筆《しゅひつ》を習練しているにもかかわらず、何やかやと理由

を付けて、除目奉仕を忌避している。結局、十五日から教通を執筆として、除目は行なわれ、十七日に除目は終わった。「執筆した際に、難点はありませんでした。諸卿《しょきょう》は感嘆しました。但し、尻付《しづけ》(名簿に記された人名の後に、細字で施された注記)の作法を知らずに書いたくらいのものです。思いの外のことです」とのことであった。

・二月十日(伏見宮本〈広本〉) 大食男

何日《なんにち》か、男《おとこ》たちが云《い》ったことには、「藤原忠国《ふじわらのただくに》は大食《たいしょく》です」と。そこで前《まえ》に召《め》して、食《た》べさせた。全部《ぜんぶ》で五升《ごしょう》を食《た》べた。六升《ろくしょう》の飯《めし》を盛《も》ったが、わずかに一升《いっしょう》ほどを残《のこ》した。二反《にたん》の絹《きぬ》を下《くだ》した。起《た》って舞《ま》い、終《お》わって和歌《わか》を詠《よ》んだ。その装束《しょうぞく》は、衛府《えふ》の冠《かんむり》に、竹馬《たけうま》を挿頭《かざし》としていた。六位《ろくい》の表衣《うえのきぬ》に笏《しゃく》を把《と》った。尻鞘《しりざや》の釼《たち》を着《つ》けて、藺履《いぐつ》を履《は》いていた。男《おとこ》たちは散楽《さんがく》を行《おこ》なったのか。

❖日来《ひごろ》、男等《おとこなど》、云《い》はく、「藤原忠国《ふじわらのただくに》、大食《たいしょく》」と。仍《よ》りて前《まえ》に召《め》して食《しょく》せしむ。全《すべ》て五升《ごしょう》を食《しょく》す。六升《ろくしょう》の飯《めし》を盛《も》り、僅《わず》かに一升《いっしょう》ばかりを遺《のこ》す。疋絹《ひっけん》を給《たま》ふ。起《た》ちて舞《ま》ひ、了《おわ》りて和哥《わか》を読《よ》む。其《そ》の装束《しょうぞく》、衛府《えふ》の冠《かんむり》、竹馬《たけうま》を以《もっ》て挿頭《かざし》と為《な》す。六位《ろくい》の表衣《うえのきぬ》に笏《しゃく》を把《と》る。尻鞘《しりざや》の釼《たち》を着《ちゃく》し、藺履《いぐつ》。男等《おとこなど》、散楽《さんがく》を作《な》すか。

日来男等云、藤原忠国大食、仍召レ前令レ食、全食二五升一、盛二六升之飯一、僅遺二一升許一、給二疋絹一、起舞、了読二和哥一、其装束、衛府冠、以二竹馬一為二挿頭一、六位表衣、把レ笏、着二尻鞘釼一、藺履、男等作二散楽一歟、

✻小野宮《おののみや》の下男《げなん》たちが、藤原忠国《ふじわらのただくに》は大食であると言っているので、実資《さねすけ》はこの男を前に召して食わせてみたところ、五升も食ってしまった。実資が禄《ろく》を下給したところ、起《た》って舞い、和歌を詠んだ。その装束も異様であり、実資は呆《あき》れている。まるで落語の「そば清《せい》」か「蛇含草《じゃがんそう》」みたいな話であるが、実資はこの装束（と大食）がよほど面白かったのであろう。なお、当時の一升は現在の枡《ます》の約六合《ごう》二勺《しゃく》四撮《さつ》とされており、五升食ったとなると、優に現在の三升以上を食ったことになる。

・三月十一日（伏見宮本〈広本〉）保の仁王講

今日《きょう》、うちの保《ほ》が仁王講演《にんのうこうえん》を修《しゅ》した。刀禰《とね》が申《もう》すところが有《あ》った。手作《たづくりの》布《ぬの》二端《たん》を下《くだ》させて、講師《こうじ》と読師《どくし》の布施《ふせ》に充《あ》てるよう命《めい》じた。

❖今日《きょう》、当保《とうほ》、仁王講演《にんのうこうえん》を修《しゅ》す。刀禰《とね》、申《もう》す所有《ところあ》り。手作布《たづくりのぬのに》二端《たん》を給《たま》はしめ、講《こう》・読師《どくし》の布施《ふせ》に充《あ》つべき由《よし》を仰《おお》す。

今日当保修㆓仁王講演㆒、刀禰有㆑所㆑申、令㆑給㆓手作布二端㆒、仰㆘可㆑充㆓講・読師布施㆒之由㆖、

✻保《ほ》というのは平安京《へいあんきょう》の市街区割で、四町（約二五二メートル四方）で一保となる。

小野宮（一町）も平安京の邸第の一つであるから、保に属する。

この日、小野宮が属する保の、小野宮ではない部分に居住していた住人（古記録でいう、「小家《こいえ》」の「下人《げにん》」）たちが、仁王経《にんのうきょう》の講演を修すというので、実資に布施の布を請うてきた。実資は手作布《たづくりぬの》二端を下給し、布施に充てさせたのである。

巨大な邸第の近縁に、このような住人が住んでいたことも重要であるが、彼らと「近所付き合い」をしている実資の姿も印象的である。

・七月十四日（伏見宮本〈広本〉）　実資の盂蘭盆供の使者、途中で濫行

東北院《とうほくいん》に盆供《ぼんく》を送《おく》った使者《ししゃ》が申《もう》して云《い》ったことには、「長櫃《ながびつ》を担《かつ》いだ者《もの》は八人《はちにん》。四人《よにん》は我《わ》が家《や》の雑役《ぞうえき》、二人《ふたり》は右近衛府《うこのえふ》の人夫《にんぷ》、二人《ふたり》は馬寮《めりょう》の人夫《にんぷ》。これらの人夫《にんぷ》たちが、使者《ししゃ》の男《おとこ》に語《かた》って云《い》ったことには、『米《こめ》を取《と》るのを許《ゆる》すから、めいめい食《く》おう』ということでした。使者《ししゃ》の男《おとこ》は同意《どうい》しません

でした。人夫《にんぷ》たちは罵《のの》り辱《はずかし》めました。あれこれを述《の》べず、すぐに帰《かえ》って来《き》ました。次《つ》いで馬寮《めりよう》の人夫《にんぷ》が、法住寺《ほうじゆうじ》の西《にし》あたりの小宅《しようたく》を占拠《せんきよ》しました。小宅《しようたく》の女《おんな》は放言《ほうごん》しました。人夫《にんぷ》たちが相論《そうろん》している間《あいだ》、この女《おんな》の夫《おっと》の男《おとこ》が出《で》て来《き》て、互《たが》いに放言《ほうごん》しました。家《いえ》の雑役《ぞうえき》と宅主《たくしゆ》の男《おとこ》はつかみ合《あ》いました。法住寺《ほうじゆうじ》の中《なか》から、法師《ほうし》や童《わらわ》が、数多《かずおお》く刀杖《とうじよう》を提《さ》げて出《で》て来《き》て、追《お》い打《う》とうとしました。その威勢《いせい》に堪《た》えられず、長櫃《ながびつ》を捨《す》てて逃《のが》れ去《さ》り、居場所《いばしよ》がわかりません」と。今《いま》、使者《ししや》の申《もう》したとおりであれば、雑役《ぞうえき》たちの行《おこ》なったところは、乱暴《らんぼう》がもっとも甚《はなはだ》しい。長櫃《ながびつ》を捨《す》てて逃《のが》れ去《さ》った事《こと》は、はなはだ奇怪《きかい》に思《おも》った。すでに夜分《やぶん》に及《およ》んでいる。家人《けにん》を遣《つか》わすのは、すでに憚《はばか》りが有《あ》る。そこで（中原《なかはらの》）師重朝臣《もろしげあそん》を遣《つか》わして検非違使別当《けびいしべっとう》（源《みなもとのあさとう》　朝任）の許《もと》に伝《つた》えた。報《ほう》じて云《い》ったことには、「検非違使《けびいし》の官人《かんじん》に命《めい》じることにします」ということだ。夜更《よふ》け、書状《しよじよう》で云《い》ったことには、「検非違使《けびいし》の官人《かんじん》は、四堺御祭所《しかいごさいしよ》に遣《つか》わしていました。その他《ほか》には官人《かんじん》はいません。明朝《みようちよう》、命《めい》じることにします」と。報《ほう》じて云《い》ったことには、「明日《あす》でも何事《なにごと》が有《あ》ろうか」と。

❖東北院《とうほくいん》に盆《ぼん》を送る使《し》、申《もう》して云《い》はく、「長櫃《ながびつ》を荷《にな》ふ者八人《ものはちにん》。四人《よにん》、家《いえ》の仕丁《しちょう》、二人《ふたり》、府《ふ》の夫、二人《ふたり》、馬寮《めりょう》の夫《ふ》。件《くだん》の夫等《ふなど》、使《つかい》の男《おとこ》に語《かた》りて云《い》はく、『米《こめ》を取《と》るを許《ゆる》す故《ゆえ》、めにめに食《く》はん』てへり。使《つかい》の男《おとこ》、同《どう》ぜず。夫等《ふなど》、罵辱《ばじょく》す。左右《とこう》を陳《の》べず、即《すなわ》ち帰《かえ》り来《き》たる。次《つ》いで馬寮《めりょう》の夫《ふ》、法住寺《ほうじゅうじ》の西辺《にしあた》りの小宅《しょうたく》を取《と》る。小宅《しょうたく》の女《おんな》、放言《ほうごん》す。夫等《ふなど》、相論《そうろん》する間《かん》、件《くだん》の女《おんな》の夫《おっと》の男《おとこ》、出《い》で来《き》たり、相遞《あいたが》ひに放言《ほうごん》す。家《いえ》の仕丁《しちょう》と宅主《たくしゅ》の男《おとこ》、拏攫《だかく》す。法住寺《ほうじゅうじ》の内《うち》より、法師《ほうし》・童数多《わらわあまた》、刀杖《とうじょう》を提《さ》げて出《い》で来《き》たり、追《お》ひ打《う》たんと欲《ほっ》す。其《そ》の威勢《いせい》に堪《た》へず、長櫃《ながびつ》を弃《す》てて遁《のが》れ去《さ》り、在所《ざいしょ》を知《し》らず」と。今《いま》、使者《ししゃ》の申《もう》すがごとくんば、仕丁等《しちょうなど》の為《な》す所《ところ》、濫吹《らんすい》、尤《もっと》も甚《はなは》し。長櫃《ながびつ》を弃《す》てて遁《のが》れ去《さ》る事《こと》、太《はなは》だ奇《き》と為《な》す。已《すで》に夜漏《やろう》に及《およ》ぶ。家人《けにん》を差《さ》し遣《つか》はすは既《すで》に憚《はばか》り有《あ》り。仍《よ》りて師重朝臣《もろしげあそん》を以《もっ》て別当《べっとう》の許《もと》に示《しめ》し遣《つか》はす。報《ほう》じて云《い》はく、「使《し》の官人《かんじん》を召《め》し仰《おお》すべし」てへり。更闌《こうらん》、消息《しょうそく》して云《い》はく、「使《し》の官人《かんじん》、四堺御《しかいご》祭所《さいしょ》に遣《つか》はす。其《そ》の外《ほか》、官人無《かんじんな》し。明旦《みょうたん》、召《め》し仰《おお》すべし」と。報《ほう》じて云《い》はく、

「明日《あす》、何事《なにごと》か有《あ》らん」と。

送二東北院盆一之使申云、荷二長櫃一之者八人、四人家仕丁、二人府夫、二人馬寮夫、件夫等語二使男一云、取レ米ヲ許故女仁々食者、使男不レ同、夫等罵辱、不レ陳二左右一、即帰来、次馬寮夫取二法住寺西辺小宅一、々々女放言、夫等相論之間、件女夫男出来、相遞放言、家仕丁与二宅主男一拏攫、従二法住寺内一法師・童数多提二刀杖一出来、欲二追打一、不レ堪二其威勢一、弃二長櫃一遁去、不レ知二在所一、今如二使者申一、仕丁等所レ為濫吹尤甚、弃二長櫃一遁去事太為レ奇、已及二夜漏一、差二遣家人一既有レ憚、仍以二師重朝臣一示二遣別当許一、報云、可レ召二仰使官人一者、更闌消息云、使官人遣二四堺御祭所一、其外無二官人一、明旦可二召仰一、報云、明日有二何事一、

✲この年の盂蘭盆《うらぼん》に際して、実資が小野宮家《おののみやけ》の家寺である法性寺東北院《ほっしょうじとうほくいん》に盆供《ぼんく》を輸送させていた際に、実資家の家司《けいし》に率いられて長櫃《ながびつ》を担いでいた八人の人夫（実資家の仕丁《しちょう》四人、右近衛府《うこのえふ》の人夫二人、右馬寮《うめりょう》の人夫二人）が、この米を食おうなどと言ったところ、実資家の家司がこれを罵辱《ばじょく》したので、右近衛府の人夫は帰ってしまった。右馬寮の人夫は途中の小宅《しょうたく》を占拠して、その宅の女と口論を起こし、その夫と拏攫《だかく》した。

法住寺《ほうじゅうじ》からも法師や童《わらわ》が加勢に出てきたので、人夫は長櫃を棄《す》てて逃げ去った。実資家の仕丁春光丸《はるみつまる》の申すところでは、もう一人の仕丁 某《なにがし》が先に手を出したので、法師や童が打擲《ちょうちゃく》した。しかし、某は鎌《かま》を持っていたので、宅主（女の夫）は額を切ったとのことであった。実資は十八日に盆供を一、二倍（今でいう二、三倍）にして東北院に進送させ、三十日には禁獄《きんごく》されていた仕丁たちも優免《ゆうめん》されている。峻厳《しゅんげん》にして硬骨《こうこつ》の権化《ごんげ》のような実資でも、このような連中を家内に抱えていなければ、家の経営はおぼつかなかったのであろうか。主人が厳しいので、下部の者もストレスが溜《た》まったのかもしれないが。

・八月四日（伏見宮本〈広本〉）伊勢斎王の託宣／斎宮権頭夫婦・天皇を非難

関白《かんぱく》（藤原頼通《ふじわらのよりみち》）の御書状《ごしょじょう》を伝《つた》えて云《い》ったことには、「伊勢大神宮《いせだいじんぐう》の御託宣《ごたくせん》について、近頃《ちかごろ》、斎宮《さいぐう》から内々《うちうち》に伝《つた》え送《おく》ってきた。ところが、もっとも子細《しさい》が多《おお》い。そこで祭主《さいしゅ》（大中臣《おおなかとみの》輔親《すけちか》）を召《め》し遣《つか》わした。託宣《たくせん》を聞《き》いた者《もの》である。ところが、病悩《びょうのう》していて、すぐには参上《さんじょう》しなかった。先日《せんじつ》、参上《さんじょう》し、直接《ちょくせつ》、詳細《しょうさい》を問《と》うた。申《もう》して云《い》ったことには、『斎王《さいおう》（媞子女王《せんしじょおう》）は、（六《ろく》月《がつ》）十五日《じゅうごにち》に離宮院《りきゅういん》に着《つ》かれて、十六日《じゅうろくにち》に豊受宮《とようけのみや》に参《まい》られました。朝《あさ》の間《あいだ》は、雨《あめ》が降《ふ》っていました。夜《よる》に臨《のぞ》んで、月《つき》は明《あか》るくなりました。神事《しんじ》が終《お》わって、十七日《じゅうしちにち》に離宮院《りきゅういん》に帰《かえ》られました。内宮《ないくう》に参《まい》ろうとしたのですが、暴雨《ぼうう》・大風《おおかぜ》となり、雷電《らいでん》が特《とく》に甚《はなは》だしくなりました。そこにいた上下《じょうげ》の者《もの》は、心神《しんしん》が平常《へいじょう》の状態《じょうたい》を失《うしな》いました。人《ひと》が走《はし》ってきて、斎王《さいおう》の召《め》しが有《あ》ることを告《つ》げました。風雨《ふうう》を凌《しの》いで参《まい》った際《さい》、笠《かさ》がまた、吹《ふ》き損《そん》じられました。召《め》しによって、御前《ごぜん》に参《まい》りました。斎王《さいおう》の御声《おんこえ》が猛々《たけだけ》しく高《たか》かったことは、喩《たと》えようもありませんでした。御託宣《ごたくせん》に云《い》ったことには、「斎宮寮頭《さいぐうりょうのかみ》（藤《ふじ》原《わらの》）相通《すけみち》は、不善《ふぜん》の者《もの》である。妻《つま》（藤原小忌古曾《ふじわらのこきこそ》）もまた、狂乱《きょうらん》している。小《ちい》さな宝倉《ほくら》を造立《ぞうりゅう》し、内宮《ないくう》・外宮《げくう》の居所《きょしょ》と称《しょう》して様々《さまざま》な人《ひと》を招《まね》き集《あつ》め、連《れん》日連夜《じつれんや》、神楽《かぐら》・乱舞《らんぶ》している。京洛《きょうらく》の中《なか》で、巫覡《ふげき》が狐《きつね》を祭《まつ》り、偽《いつわ》って大神《だいじん》宮《ぐう》と決《き》めている。このような事《こと》は、そうであってはならない事《こと》である。また、神事《しんじ》は礼《れい》に違《たが》い、供物《くもつ》が疎《そ》薄《はく》であることは、昔《むかし》のようではない。神《かみ》を敬《うやま》っていないのである。末代《まつだい》の事《こと》は、深《ふか》く咎《とが》めるわけにはいかない。そもそも（源《みなもとの》）光清《みつきよ》は、官舎《かんしゃ》に納《おさ》めた稲《いね》を運《はこ》び出《だ》して放火《ほうか》し、焼失《しょうしつ》した。また、神民《しんみん》を殺害《さつがい》した。その処置《しょち》は遅々《ちち》として、早《はや》く行《おこ》なわれることが無《な》かった。やっと三年目《さんねんめ》の十二月下旬《じゅうにがつげじゅん》に及《およ》んで、光清《みつきよ》を配流《はいる》された。朝廷《ちょうてい》の懈《け》怠《たい》である。吾《われ》（荒祭神《あらまつりのかみ》）が朝廷《ちょうてい》を護《まも》ることは、まったく他《た》の思《おも》いは無《な》い。現在《げんざい》の帝王《ていおう》は、帝王《ていおう》（後一条天皇《ごいちじょうてんのう》）と吾《われ》は、交《まじ》わることは糸《いと》のようである。神《しん》敬神《けいしん》の心《こころ》が無《な》い。次々《つぎつぎ》に出生《しゅっしょう》された皇女《こうじょ》（章子内親王《しょうしないしんのう》・馨子内親王《けいしないしんのう》）は、神《しん》事《じ》を務《つと》めたことが有《あ》ったであろうか。降誕《こうたん》の始《はじ》めに、すでに王運《おううん》の暦数《れきすう》は定《さだ》まっている。ところがまた、その間《かん》の事《こと》が有《あ》る〈延《の》ばしたり縮《ちぢ》めたりのことか〉。百王《ひゃくおう》の運《うん》は、すでに過半《かはん》に及《およ》んでいる。この相通《すけみち》および妻《つま》は、神《しん》郡《ぐん》から追《お》い払《はら》わなければならない。この妻《つま》は、女房《にょうぼう》の中《なか》に交《まじ》わっている。早《はや》く追《お》い払《はら》わなければならない。すぐに公郡《こうぐん》に追《お》い払《はら》え」と。私《わたし》（輔親《すけちか》）に命《めい》じて、斎王《さいおう》に始末書《しまつしょ》を進上《しんじょう》させました。神宣《しんせん》に背《そむ》き難《がた》いので、急《きゅう》に伺《うかが》うことなく、これを書《か》きました。神宣《しんせん》に云《い》ったことには、「斎王《さいおう》の奉公《ほうこう》の誠《まこと》は、前斎王《さきのさいおう》（当子《とうし》内親王）に勝《まさ》る。この事《こと》によって、始末書《しまつしょ》を進上《しんじょう》させた。読《よ》むように」ということでした。ところが、私《わたし》が申《もう》して云《い》ったことには、「御正気《おんしょうき》が無《な》い間《あいだ》に読《よ》んだとしても、聞《き》かれることは難《むずか》しいのではないでしょうか」と。神宣《しんせん》に云《い》ったことには、「吾《われ》は斎王《さいおう》に取《と》り憑《つ》いた神《かみ》である。申《もう》すところは、もっともである。蘇生《そせい》させることにしよう」と。すぐに正気《しょうき》が出《で》てこられました。そこで読《よ》みました。その後《ご》、神宣《しんせん》に云《い》ったことには、「七箇度《ななかど》の御祓《おんはらえ》を奉献《ほうけん》するように」ということでした。この間《かん》、大雨《おおあめ》は止《や》みませんでした。やっと三箇度《さんかど》、奉仕《ほうし》しました。もう四箇度《よんかど》、奉仕《ほうし》しようと思《おも》っていた頃《ころ》、水《みず》はすでに満《み》ちて来《き》ました。そこで斎王《さいおう》の御座《ぎょざ》を退《しりぞ》けましたので、とても都合《つごう》が悪《わる》いことでした。「もう四箇度《よんかど》は、帰《かえ》られて行《おこ》なうように」ということでした。また、神宣《しんせん》に云《い》ったことには、「汚穢《おわい》の事《こと》が多《おお》い。酒《さけ》を献上《けんじょう》し、また、酒《さけ》を供《きょう》するように」ということでした。そこで三箇度《さんかど》、これを供《きょう》しました。毎回《まいかい》、五盃《ごはい》。合《あ》わせて十五盃《じゅうごはい》。また、神宣《しんせん》に云《い》ったことには、「事《こと》は四《し》・五歳《ごさい》の者《もの》に託《たく》さなければならない。すぐにその年齢《ねんれい》の者《もの》はいない。そこで斎姫《いつきひめ》（嫥子女王《せんしじょおう》）に託《たく》された」ということでした。ついに内宮《ないくう》に参《まい》られませんでした。事情《じじょう》を申《もう》されて、神供《じんく》の様々《さまざま》な物《もの》を抜《ぬ》き捨《す》てられたのです。「これは荒祭神《あらまつりのかみ》の御託宣《ごたくせん》である」と云《い》うことでした。「他《ほか》の事《こと》も、事《こと》が多《おお》かった」と云《い》うことでした。近《ちか》くに控《ひか》えていた女房《にょうぼう》が、これを聞《き》いたでしょうか。日記《にっき》することはできませんでした』」と。

❖関白《かんぱく》の御消息《おんしょうそく》を伝《つた》へて云《い》はく、「伊勢大神宮《いせだいじんぐう》の御託宣《ごたくせん》の事《こと》、近會《きんそ》、斎宮《さいぐう》より内々《うちうち》に示《しめ》し送《おく》る。然《しか》れども、尤《もっと》も子細《しさい》多《おお》し。仍《よ》りて祭主輔親《さいしゅすけちか》を召《め》し遣《つか》はす。託宣《たくせん》を奉《うけたまわ》る者《もの》なり。而《しか》るに所労有《しょろうあ》りて早《はや》く参上《さんじょう》せず。一日《いちじつ》、参上《さんじょう》し、面《つらつ》ら案内《あない》を問《と》ふ。申《もう》して云《い》はく、『斎王《さいおう》、十五日《じゅうごにち》、離宮《りきゅう》に着《ちゃく》し給《たま》ひ、十六日《じゅうろくにち》、豊受宮《とようけのみや》に参《まい》り給《たま》ふ。朝《あさ》の間《あいだ》、雨降《あめふ》る。夜《よる》に臨《のぞ》み、月明《つきあか》し。神事《しんじ》、了《おわ》りて、十七日《じゅうしちにち》に離宮《りきゅう》に還《かえ》り給《たま》ふ。内宮《ないくう》に参《まい》らんと欲《ほっ》するに、暴雨大風《ぼううおおかぜ》、雷電《らいでん》、殊《こと》に甚《はなは》だし。在々《ざいざい》の上下《じょうげ》、心神《しんしん》、度《ど》を失《うしな》ふ。人《ひと》、走《はし》りて喚《め》し有《あ》る由《よし》を告《つ》ぐ。風雨《ふうう》を凌《しの》ぎて参入《さんにゅう》する間《かん》、笠《かさ》、亦《また》、吹《ふ》き損《そん》ぜらる。召《め》しに依《よ》りて御前《ごぜん》に参《まい》る。斎王《さいおう》の御声《おんこえ》、猛《たけ》く高《たか》きこと、喩《たと》ふべき事《こと》無《な》し。御託宣《ごたくせん》に云《い》はく、「寮頭《りょうのかみ》相通《すけみち》、善《よ》からず。妻《つま》、亦《また》、狂乱《きょうらん》す。小《ちい》さき宝倉《ほくら》を造立《ぞうりゅう》し、内宮《ないくう》・外宮《げくう》の御在所《ございしょ》と申《もう》し、雑人《ぞうにん》を招《まね》き集《あつ》め、連日連夜《れんじつれんや》、神楽《かぐら》・狂舞《きょうぶ》す。京洛《きょうらく》の中《なか》、巫覡《ふげき》、狐《きつね》を祭《まつ》り、枉《ま》げて大神宮《だいじんぐう》と定《さだ》む。此《か》くのごとき事《こと》、然《しか》らざる事《こと》なり。又《また》、神事《しんじ》、礼《れい》に違《たが》ひ、幣帛《へいはく》、疎薄《そはく》なること、古昔《こせき》に似《に》ず。神《かみ》を敬《うやま》はざるなり。末代《まつだい》の事《こと》、深《ふか》く咎《とが》むべからず。抑《そもそ》も光清《みつきよ》、官舎《かんしゃ》に納《おさ》むる稲《いね》を運《はこ》び出《い》だし、放《ほう》火焼亡《かしょうぼう》す。又《また》、神民《しんみん》を殺害《さつがい》す。其《そ》の事《こと》、遅々《ちち》とし、早《はや》く行《おこ》なはるること無《な》し。僅《わず》かに第三个年《だいさんかねん》の十二月《じゅうにがつ》 晦《つごもり》に及《およ》びて光清《みつきよ》を配《はい》せらる。公家《くげ》の懈怠《けたい》なり。公家《くげ》を護《まも》り奉《たてまつ》ること、更《さら》に他念《たねん》無《な》し。帝王《ていおう》と吾《われ》と、相交《あいまじ》はること糸《いと》のごとし。当時《とうじ》の帝王《ていおう》、敬神《けいしん》の心《こころ》無《な》し。次々《つぎつぎ》に出《い》で給《たま》ふ皇女《こうじょ》、神事《しんじ》を勤《つと》むること有《あ》るか。降誕《こうたん》の始《はじ》め、已《すで》に王運《おううん》の暦数《れきすう》、定《さだ》まる。然《しか》れども、復《ま》た其《そ》の間《かん》の事有《ことあ》り〈延縮《えんしゅく》の間《かん》か。〉。百王《ひゃくおう》の運《うん》、已《すで》に過半《かはん》に及《およ》ぶ。件《くだん》の相通幷《すけみちなら》びに妻《つま》、神郡《しんぐん》を追《お》ひ遣《や》るべし。件《くだん》の妻《つま》、女房《にょうぼう》の中《なか》に交《まじ》はり居《お》り。早《はや》く追《お》ひ遣《や》るべし。即《すなわ》ち公郡《こうぐん》に追《お》ひ遣《や》れ」と。輔親《すけちか》に仰《おお》せ、斎《さい》王《おう》に過状《かじよう》を進《たてまつ》らしむ。神宣《しんせん》に背《そむ》き難《がた》きに依《よ》り、忽《たちま》ちに以《もつ》て覘《うかが》ひを為《な》さず之《これ》を書《か》く。神宣《しんせん》に云《い》はく、「斎王《さいおう》の奉公《ほうこう》の誠《まこと》、前《さき》の斎王《さいおう》に勝《まさ》る。然《しか》れども、此《こ》の事《こと》に依《よ》り、過状《かじよう》を進《たてまつ》らしむ。読《よ》み申《もう》すべし」てへり。輔親《すけちか》、申《もう》して云《い》はく、「御本心無《ごほんしんな》き間《あいだ》、読《よ》み申《もう》すと雖《いえど》も、聞《きこ》し食《め》し難《がた》きか」と。神宣《しんせん》に云《い》はく、「斎王《さいおう》に取《と》り収《おさ》む神《かみ》。申《もう》す所《ところ》、然《しか》るべし。蘇生《そせい》せしむべし」と。即《すなわ》ち本心《ほんしん》、出《い》で給《たま》ふ。仍《よ》りて読《よ》み申《もう》す。其《そ》の後《のち》、神宣《しんせん》に云《い》はく、「七个度《ななかど》の御祓《おんはらえ》を奉《たてまつ》るべし」てへり。此《こ》の間《かん》、大雨《おおあめ》、止《や》まず。僅《わず》かに三个度《さんかど》、奉仕《ほうし》す。今四个度《いまよんかど》、奉仕《ほうし》せんと欲《ほつ》する間《かん》、水《みず》、已《すで》に湛《たた》へ来《き》たる。仍《よ》りて斎王《さいおう》の御座《ぎよざ》を退《しりぞ》くる間《あいだ》、極《きわ》めて便《びん》ならざるなり。「今四个度《いまよんかど》、還《かえ》り給《たま》ひて行《おこ》なふべし」てへり。又《また》、神宣《しんせん》に云《い》はく、「汚穢《おわい》の事多《ことおお》し。酒《さけ》を献《けん》じ、亦《また》、酒《さけ》を供《きよう》すべし」てへり。仍《よ》りて三个度《さんかど》、之《これ》を供《きよう》す。度毎《どごと》に五盃《ごはい》。合《あ》はせて十五盃《じゆうごはい》。亦《また》、神宣《しんせん》に云《い》はく、「事《こと》、四《し》・五歳《ごさい》の者《もの》に託《つ》くべし。忽《たちま》ちに爾《そ》の年歯《ねんし》の者無《ものな》し。仍《よ》りて斎姫《さいき》に託《つ》き給《たま》ふ」てへり。終《つい》に内宮《ないくう》に参《まい》られず。事《こと》の由《よし》を申《もう》され、神供《じんく》の雑物《ぞうもつ》を抜《ぬ》き捨《す》てらるるなり。「是《こ》れ荒祭神《あらまつりのかみ》の御託宣《ごたくせん》」と云々《しかじか》。「他《ほか》の事《こと》、事多《ことおお》し」と云々《しかじか》。近《ちか》くに候《こう》ずる女房《にようぼう》、之《これ》を承《うけたまわ》るか。日記《にき》すること能《あた》はず』と」と。

伝二関白御消息一云、伊勢大神宮御託宣事近曾従二斎宮一内々示送、然而尤子細多、仍召二遣祭主輔親一、奉二託宣一者也、而有二所労一不二早参上一、一日参上面問二案内一、申云、斎王十五日着二-給離宮一、十六日参二-給豊受宮一、朝間雨降、臨レ夜月明、神事了十七日還二-給離宮一、欲レ参二内宮一、暴雨大風、雷電殊甚、在々上下心神失レ度、人走告二有レ喚由一、凌二風雨一参入間、笠亦被二吹損一、依レ召参二御前一、斎王御声猛高、無二可レ喩事一、御託宣云、寮頭相通不レ善、妻亦狂乱、造二-立小宝倉一、申二内宮・外宮御在所一、招二-集雑人一、連日連夜神楽・狂舞、京洛之中、巫覡祭レ狐、枉定二大神宮一、如レ此之事不レ然之事也、又神事違レ礼、幣帛疎薄、不レ似二古昔一、不レ敬レ神也、末代之事不レ可二深咎一、抑光清運二-出官舎納稲一放火焼亡、又殺二-害神民一、其事遅々無レ被二早行一、僅及二第三个年十二月晦一被レ配二光清一、公家懈怠也、奉レ護二公家一更無二他念一、帝王与レ吾相交如レ糸、当時帝王無二敬神之心一、次々出給之皇女有レ勤二神事一歟、降誕之始已定二王運暦数一、然而復有二其間事一〈延縮間歟〉、百王之運已及二過半一、件相通幷妻可レ追二-遣神郡一、件妻交二-居女房中一、早可二追遣一、即追二-遣公郡一、仰二輔親一令三斎王進二過状一、依レ難レ背二神宣一、忽以不レ為レ覡書レ之、神宣云、斎王奉公之誠勝二於前之斎王一、然而依二此事一、令レ進二過状一、可二読申一者、輔親申云、無二御本心一之間雖二読申一難二聞食一歟、神宣云、取二-収斎王一神、所レ申可レ然、可レ令二蘇生一、即本心出給、仍読申、其後神宣云、可レ奉二七个度御祓一者、此間大雨不レ止、僅三个度奉仕、今四个度欲二奉仕一之間水已湛来、仍退二斎王御座一之間極不レ便也、今四个度還給可レ行者、又神宣云、汚穢事多、可二献レ酒亦供レ酒、仍三个度供レ之、毎レ度五盃、合十五盃、亦神宣云、事可レ託二四五歳者一、忽無二爾年歯者一、仍託二斎姫一給者、終不レ被レ参二内宮一、被レ申二事由一、被レ抜二捨神供雑物一也、是荒祭神御託宣云々、他事多レ事云々、近候女房承レ之歟、不レ能二日記一、

✻六月十七日、伊勢斎王嫥子《いせのさいおうせんし》女王（村上《むらかみ》天皇皇子具平《ともひら》親王の三女。二十七歳）が月次祭《つきなみのまつり》を奉仕中に憑依《ひょうい》状態となり（実際には大量の酒をあおった酒乱状態）、神宮祭主大中臣《おおなかとみの》輔親《すけちか》に託宣を下した。斎宮頭《さいぐうのかみ》藤原相通《ふじわらのすけみち》とその妻藤原小忌古曾《こきこそ》の不正を糾弾し、また斎宮の冷遇は天皇の失政であると朝廷を非難した。朝廷で議定した結果、相通夫妻はそれぞれ流罪《るざい》となった（『小右記《しょうゆうき》』『左経記《さけいき》』）。有名な伊勢斎王託宣事件である。

事件の詳細や宗教的な意味は他に譲るとして、この事件で八月に流罪となった相通の妻の小忌古曾が平安京で行なっていた「淫祠《いんし》」の方に注目したい。小忌古曾は宅内に宝殿《ほうでん》（宝小倉）を造立して伊勢神宮の内宮《ないくう》・外宮《げくう》の御在所《ございしょ》と称し、雑人《ぞうにん》を招き集めて、連日連夜、神楽《かぐら》・狂舞し、狐を祭って愚民《ぐみん》を誑惑《ふわく》したというのである。平安京における新興宗教と伊勢神宮が結びついたものと言えよう。

・九月十八日（伏見宮本〈広本〉）源頼信、美濃守を所望

権僧正《ごんのそうじょう》（尋円《じんえん》）が立《た》ち寄《よ》られた。念誦堂《ねんじゅどう》に於《お》いて対面《たいめん》した。「甲斐守《かいのかみ》（源《みなもとの》）頼信《よりのぶ》が密《ひそ》かに申《もう》しあげて云《い》ったことには、『母《はは》の骸骨《がいこつ》は、美濃国《みののくに》にあります。あの国《くに》に於《お》いて、母《はは》の成菩提《じょうぼだい》の仏事《ぶつじ》を修《しゅ》そうと思《おも》います。先日《せんじつ》、丹波《たんば》を申請《しんせい》しました』と。私《わたし》（尋円《じんえん》）が云《い》ったことには、『右大臣《うだいじん》（藤原実資《ふじわらのさねすけ》）に伝《つた》えて下《くだ》させるように』ということでした」と。私《わたし》（実資《さねすけ》）が答《こた》えて云《い》ったことには、「ただ、自分《じぶん》の心《こころ》にあるであろう。あれこれを伝《つた》えることはできない」と。僧正《そうじょう》が云《い》ったことには、「坂東《ばんどう》の者《もの》は、多《おお》く従《したが》っています。往還《おうかん》の間《かん》、美濃《みの》は少《すこ》し便利《べんり》です。そこで急《きゅう》に思《おも》い変《か》えたのでしょうか」と。私《わたし》が云《い》ったことには、「官爵《かんしゃく》は、ただ自分《じぶん》の心《こころ》にある。他人《たにん》の口《くち》によってはならないばかりである」と。

❖権僧正《ごんのそうじょう》、立《た》ち過《す》ぎらる。堂《どう》に於《お》いて対面《たいめん》す。「甲斐守頼信《かいのかみよりのぶ》、密々《みつみつ》に申上《しんじょう》して云《い》はく、『母《はは》の骸骨《がいこつ》、美乃国《みののくに》に在《あ》り。彼《か》の国《くに》に於《お》いて母《はは》の成菩提《じょうぼだい》の仏事《ぶつじ》を修《しゅ》せんと欲《ほっ》す。先日《せんじつ》、丹州《たんしゅう》を申請《しんせい》す』と。云《い》はく、『下官《げかん》をして示《しめ》し下《くだ》さしむべし』てへり」と。僧正《そうじょう》、云《い》はく、「只《ただ》、自《みずか》らの情《こころ》に在《あ》るべし。左右《とこう》を示《しめ》すべからず」と。余《よ》、答《こた》へて云《い》はく、「坂東《ばんどう》の者《もの》、多《おお》く以《もっ》て相従《あいしたが》ふ。往還《おうかん》の間《かん》、美州《びしゅう》、少《すこ》しく便《びん》なり。仍《よ》りて忽《たちま》ち思《おも》ひ変《か》ふるか」と。余《よ》、云《い》はく、「官爵《かんしゃく》、只《ただ》、我《わ》が心《こころ》なり。人《ひと》の口《くち》に出《よ》るべからざるのみ」と。

権僧正被二立過一、於レ堂対面、甲斐守頼信密々申上云、母骸骨在二美乃国一、於二彼国一欲レ修二母成菩提之仏事一、先日申二請丹州一、云、令三下官可二示下一者、余答云、只可レ在二自情一、不レ可レ示二左右一、僧正云、坂東者多以相従、往還之間、美州少便、仍忽思変歟、余云、官爵只我心也、不レ可レ由二人口一耳、

✲平忠常《たいらのただつね》の乱を戦わずして平定した源頼信《みなもとのよりのぶ》は、行賞《こうしょう》として当初はいったん七月に熟国《じゅくこく》である丹波守《たんばのかみ》を所望し、九月になって美濃守《みののかみ》に変更したいと打診してきた。坂東《ばんどう》

武者が多く頼信に従っており、彼らが都とのあいだを往還する際に美濃の方が便利だからと推測されている。頼信が武家の棟梁《とうりょう》の地位を得ようとしているのを、貴族たちはすでに見抜いていたのである。なお頼信は実資の家人《けにん》でもあった。

頼信が永承《えいしょう》元年（一〇四六）に石清水《いわしみず》八幡宮《はちまんぐう》に奉献《ほうけん》した願文《がんもん》である「源頼信告文《こうもん》」は、「文武《ぶんぶ》の二道は朝家《ちょうか》（国家＝天皇）の支え」であると謳《うた》っている。武士が支える天皇という国家観について、すでに自己認識している。やがて本当にそういった時代が到来することになるとは、この時点では、誰も予測していなかったであろうが。

・九月二十五日（伏見宮本〈広本〉）彰子、石清水八幡宮・住吉社・四天王寺に御幸

今日《きょう》、女院《にょういん》（藤原彰子《ふじわらのしょうし》）は、八幡宮《はちまんぐう》・住吉社《すみよししゃ》・四天王寺《してんのうじ》に参《まい》られた。多《おお》くは遊楽《ゆうらく》の為《ため》か。万人《ばんにん》が準備《じゅんび》した。世《よ》は奇怪《きかい》に思《おも》った。付《つ》き従《したが》った上下《じょうげ》の者《もの》の狩衣装束《かりぎぬしょうぞく》は、色々《いろいろ》の折花《せっか》・唐《から》の高級《こうきゅう》な装束《しょうぞく》、或《ある》いは五《ご》、六重《ろくかさね》、その襖《おう》の

繍《しゅう》、二重文《ふたえもん》の織物《おりもの》。下衣《したごろも》は何襲《なんかさね》かを知《し》らない。護衛《ごえい》の装束《しょうぞく》は、憲法《けんぽう》を憚《はばか》っていない。朝廷《ちょうてい》の権威《けんい》をゆるがせにするようなものである。天下《てんか》の人《ひと》は、上下《じょうげ》の者《もの》が愁嘆《しゅうたん》した。御船《おんふね》の荘厳《そうごん》は、唐錦《からにしき》を張《は》った事《こと》は、敢《あ》えて云《い》うことができない。狂乱《きょうらん》の極《きわ》みは、すでに今回《こんかい》にある。私《わたし》（藤原実資《ふじわらのさねすけ》）は小女《しょうじょ》（藤《ふじ》原千古《わらのちふる》）に催促《さいそく》されて、無理《むり》に見物《けんぶつ》した〈中御門大路《なかみかどおおじ》と室町小路《むろまちこうじ》の間《あいだ》〉。

❖今日《きょう》、女院《にょういん》、八幡《はちまん》・住吉《すみよし》・天王寺《てんのうじ》に参《まい》り給《たま》ふ。多《おお》くは遊楽《ゆうらく》の為《ため》か。万人《ばんにん》、経営《けいえい》す。世《よ》、以《もっ》て奇《き》と為《な》す。扈従《こしょう》の上下《じょうげ》の狩衣装束《かりぎぬしょうぞく》、色々《いろいろ》の折花《せっか》・唐《から》の綾羅《りょうら》、或《ある》いは五《ご》、六重《ろくかさね》、其《そ》の襖《おう》の繍《しゅう》、二倍文《ふたえもん》の織物《おりもの》。下衣等《したごろもなど》、何襲《なんかさね》かを知《し》らず。随身《ずいじん》の装束《しょうぞく》、憲法《けんぽう》を憚《はばか》らず。王威《おうい》を忽《ゆるが》せにするに似《に》たり。天下《てんか》の人《ひと》、上下《じょうげ》、愁歎《しゅうたん》す。御船《おんふね》の荘《そう》厳《ごん》、唐錦等《からにしきなど》を張《は》る事《こと》、敢《あ》へて云《い》ふべからず。狂乱《きょうらん》の極《きわ》み、已《すで》に今度《こんど》の般《はん》に在《あ》り。下官《げかん》、小女《しょうじょ》に催《もよお》され、慭《なまじ》ひに以《もっ》て見物《けんぶつ》す〈中御門大道《なかみかどおおじ》と室町小道《むろまちこうじ》の間《あいだ》〉。

今日女院参㆓給八幡・住吉・天王寺㆒、多為㆓遊楽㆒歟、万人経営、世以為㆑奇、扈従上下狩衣装束、色々折花・唐綾羅或五六重、其襖繍二倍文織物、下衣等不㆑知㆓何襲㆒、随身装束不㆑憚㆓憲法㆒、似㆑忽㆓王威㆒、天下之人上下愁歎、御船荘厳、張㆓唐錦等㆒事、不㆑可㆓敢云㆒、狂乱之極、已在㆓今度般㆒、下官被㆑催㆓小女㆒、愁以見物〈中御門大道室町小道間〉、

＊派手なことが嫌いと言われている彰子《しょうし》であるが、今回は藤原詮子《せんし》にならったのか、石清水八幡宮・住吉社《すみよししゃ》・四天王寺《してんのうじ》に御幸《ごこう》を敢行した。華美を尽くした一行は、十月三日に還御しているが、十二月三日に上東門院《じょうとうもんいん》御所の京極院《きょうごくいん》（土御門第《つちみかどてい》）が焼亡しているのは（『左経記』）、はたして偶然であろうか。

なお、実資は藤原頼通不在の間の代理を命じられている。藤原斉信《ただのぶ》・藤原能信《よしのぶ》と一緒に定めて行なうようにとのことであった。

## ◆長元五年（一〇三二）

藤原実資七十六歳（正二位、右大臣・右大将・東宮傅）後一条天皇二十五歳　藤原彰子四十五歳　藤原頼通四十一歳　藤原威子三十四歳

・十二月八日（九条本〈広本〉）斉信、実資を怨む詞

この頃《ころ》、左少弁《さしょうべん》（源《みなもとの》）経長《つねなが》が来《き》た。中納言《ちゅうなごん》（藤原資平《ふじわらのすけひら》）に会《あ》わせた。伝言《でんごん》して云《い》ったことには、……「民部卿《みんぶきょう》（藤原斉信《ふじわらのただのぶ》）はひどく怒《いか》っているとのことです」と云《い》うことだ。事実《じじつ》か。内々《うちうち》に云《い》ったことには、『こうでもあったろうものを、申《もう》された人《ひと》（藤原実資《ふじわらのさねすけ》）が格別《かくべつ》だからである』と云《い》いました」と。私《わたし》（実資《さねすけ》）は民部卿《みんぶきょう》を誇《そし》ったのではない。神事《しんじ》の違例《いれい》を思《おも》った為《ため》である。

❖此《こ》の間《かん》、左少弁経長《さしょうべんつねなが》、来《き》たる。中納言《ちゅうなごん》を以《もっ》て相会《あいあ》はしむ。伝《つた》へ言《い》ひて云《い》はく、……「民部卿《みんぶきょう》、忿々有《ふんぷんあ》る由《よし》」と云々《しかじか》。実《まこと》か。内々《うちうち》に云《い》はく、「『かくてもありなむを申《もう》さるる人《ひと》の止《や》むこと無《な》ければなり』とぞ云《い》ひける」と。下官《げかん》、戸部《こぶ》を誇《そし》るに非《あら》ず。神事《しんじ》の違例《いれい》を思《おも》はんが為《ため》なり。

此間左少弁経長来、以二中納言一令二相会一、伝言云、……民部卿有二忩々一之由云々、実歟、内々云、加久天毛アリナムヲ被レ申之人乃無レ止礼ハナリトソ云ケル、下官非レ謗二戸部一、為レ思二神事違例一也、

✲十二月二日、九州の香椎廟《かしいびよう》に宣命《せんみよう》を奉献するかどうかについて議論があり、発遣の上卿《しようけい》であった斉信《ただのぶ》は、宇佐宮《うさぐう》には宣命を奉献するが、香椎廟への宣命はないと主張して、藤原道長《みちなが》追善のための法華八講《ほっけはっこう》五巻日に参入した。実資《さねすけ》は、「上卿と内記《ないき》（橘《たちばなの》孝親《たかちか》）は、共に暗夜のようなものである。ああ、ああ」と嘆いている。

結局、五日に藤原頼通《よりみち》の裁定で、実資の主張どおり香椎廟に宣命を奉献したのであるが、斉信は深く確執する様子があった。実資は、「戸部《こぶ》（斉信）の恨みは知らない。きっと神明《しんめい》の感が有るであろう」と意に介さないようである。そしてこの八日、斉信に実資を怨《うら》む詞《ことば》があったとの情報が寄せられたのである。つくづく相性の悪い二人のようである。

・十二月十四日（九条本〈広本〉）頼通、実資の勤公を談る

先日《せんじつ》、（藤原頼通《ふじわらのよりみち》が）私《わたし》（藤原実資《ふじわらのさねすけ》）が勤公《きんこう》であることを談《かた》られて云《い》ったことには、「老《お》いてなお強《つよ》く、勤節《きんせつ》の心《こころ》は深《ふか》い。勤公《きんこう》の誠《まこと》が有《あ》るとはいっても、身《み》が弱《よわ》ければ何《なん》としよう。身《み》はまた強健《きょうけん》と云《い》うとはいっても、勤公《きんこう》の志《こころざし》が無《な》ければ何《なん》としよう。両方《りょうほう》を兼《か》ねているのは、はなはだ悦《よろこ》ばしい」ということだ。

❖一日《いちじつ》、下官《げかん》の勤公《きんこう》の由《よし》を談《かた》られて云《い》はく、「老《お》いて猶《な》ほ強《つよ》く、勤節《きんせつ》の心《こころ》、深《ふか》し。勤公《きんこう》の誠《まこと》有《あ》りと雖《いえど》も、身《み》の尩《おう》は何《なん》と為《せ》ん。身《み》、亦《また》、強健《きょうけん》と云《い》ふと雖《いえど》も、勤公《きんこう》の志《こころざし》無《な》きは何《なん》と為《せ》ん。両事《りょうじ》、相兼《あいか》ぬるは、甚《はなは》だ以《もっ》て欣感《きんかん》す」てへり。

一日被レ談二下官勤公之由一云、老而猶強、勤節心深、雖レ有二勤公之誠一、身尩何為、身亦雖レ云二強健一、無二勤公之志一何為、両事相兼、甚以欣感者、

✻相変わらず実資頼みの藤原頼通は、実資のことを、勤公の誠があるうえに、身体が強健であると誉めたたえた。この頃、先に述べた香椎廟の宣命問題や、従者が強盗・強姦《ごうかん》を犯した国正《くにまさ》王の罪名勘申などで、実資は水際だったはたらきを見せており、頼通はことさらに実資に感謝しているのであろう。あまり身体が強健であるとは思えないのであるが。

頼通や教通の消極性と相まって、この頃の朝廷の政務や儀式は、まさに実資を軸として回っていたかの観がある。

・十二月二十日（九条本〈広本〉） 故公業、実資の施餓鬼法を行なうを喜悦する夢想

（藤原《ふじわらの》）為資《ためすけ》朝臣《あそん》が云《い》ったことには、「昨夜《さくや》の夢想《むそう》に、故《こ》（藤原《ふじわらの》）公業《きんなり》が束帯《そくたい》を着《き》て笏《しゃく》を持《も》っているのに、途中《とちゅう》で会《あ》いました。顔《かお》つきは痩《や》せ衰《おとろ》え、すでに気力《きりょく》はありませんでした。私《わたし》（為資《ためすけ》）が云《い》ったことには、『右大殿《みぎのおとど》（藤原《ふじわらの》

実資《さねすけ》）が、あなたの御為《おんため》に施餓鬼法《せがきほう》を行《おこ》なわれた』と。公業《きんなり》は跪《ひざまず》き、手《て》を磨《す》って云《い》ったことには、『ああうれしい、うれしい』と。喜悦《きえつ》の様子《ようす》は、敢《あ》えて言《い》うこともできません」と。先日《せんじつ》の夢想《むそう》は、すでに合《あ》っている。世《せ》間《けん》の人《ひと》は、後生《ごしょう》を恐《おそ》れなければならない。餓鬼《がき》の報《むく》いは、誰《だれ》が逃《のが》れることができようか。悲《かな》しまなければならない、悲《かな》しまなければならない。嘆《なげ》かなければならない、嘆《なげ》かなければならない。

❖為資朝臣《ためすけあそん》、云《い》はく、「去《さ》ぬる夜《よる》の夢想《むそう》、故公業《こきんなり》、束帯《そくたい》・把笏《はしやく》し、途中《とちゆう》に相逢《あいあ》ふ。容顔《ようがん》、枯槁《ここう》し、已《すで》に気力《きりよくな》無し。為資《ためすけ》、云《い》はく、『右大殿《みぎのおとど》、御為《おんため》に施餓鬼法《せがきほう》を行《おこ》なはる』と。公業《きんなり》、跪《ひざまず》き手《て》を摩《す》りて云《い》はく、『あなうれし、うれし』と。喜悦《きえつ》の気《け》色《しき》、敢《あ》えて言《い》ふべからず」と。先日《せんじつ》の夢想《むそう》、既《すで》に以《もつ》て相合《あいあ》ふ。世間《せけん》の人《ひと》、後生《ごしょう》を恐《おそ》るべし。餓鬼《がき》の報《むく》ひ、誰《だれ》か脱《だつ》すべけんや。悲《かな》しむべし、悲《かな》しむべし。嘆《なげ》くべし、嘆《なげ》くべし。

為資朝臣云、去夜夢想、故公業束帯・把笏、相二逢途中一、容顔枯槁、已無二気力一、為資云、

右大殿為レ御被レ行二施餓鬼法一、公業跪摩レ手云、穴宇礼之々々、喜悦気色不レ可二敢言一、先日夢想既以相合、世間之人後生可レ恐、餓鬼報誰可レ脱哉、可レ悲々々、可レ嘆々々、

✲藤原公業《ふじわらのきんなり》は、長元《ちょうげん》元年（一〇二八）に死去しているが、生前は実資に種々の物を献上しているなど、関係の深い人物であった。死去から四年経ったこの年の十二月九日、実資の夢に兄の懐平《かねひら》（すでに寛仁《かんにん》元年〈一〇一七〉に死去）が出てきて、公業が餓鬼道《がきどう》に堕《お》ちて苦しんでいることを告げたのである。

　夢から覚めた実資は、すぐに施餓鬼法という法会を行なわせるとともに、公業の縁者に知らせを出している。実資が公業のために施餓鬼法を行なわせ、それが十六日に結願《けちがん》を迎えたという情報は、おそらくは貴族社会に広まっていたのであろう。餓鬼道において公業が喜んでいるであろうという観測とともにである。

　そしてこの十九日の夢を為資《ためすけ》が実資に語ったことによって、施餓鬼法の功徳《くどく》がまた貴族社会に広まることになり、人々の記憶に残ったはずである。

　なお、現在、写本の形で残っている『小右記《しょうゆうき》』は、この長元五年までであり、年末に記されたこの記事は、『小右記』の最末尾に近い記事である。

## ◆長元六年（一〇三三）

藤原実資七十七歳（正二位、右大臣・右大将・東宮傅）後一条天皇二十六歳　藤原彰子四十六歳　藤原頼通四十二歳　藤原威子三十五歳

・十一月二十八日（『御賀部類記《おんがぶるいき》』鷹司殿七十算による）　源倫子七十歳算賀／
　実資の和歌に満座、感動

「今日《きょう》、女院《にょういん》（藤原彰子《ふじわらのしょうし》）が、母儀《ぼぎ》（源倫子《みなもとのりんし》）の七十歳《ななじっさい》の算賀《さんが》を高陽院《かやのいん》に於《お》いて行《おこ》なわれた。……大納言《だいなごん》（藤原《ふじわらの》）斉信《ただのぶ》は、坐《すわ》ったまま紙《かみ》と筆《ふで》を召《め》した。序題《じょだい》を書《か》いた。人々《ひとびと》の様子《ようす》は、下臈《げろう》に書《か》かせるべきであったか。きっと準《じゅん》備《び》していたようなものであった。私《わたし》（藤原実資《ふじわらのさねすけ》）の和歌《わか》に一同《いちどう》が感動《かんどう》された。和歌《わか》の後《あと》、衣類《いるい》が与《あた》えられた。

❖「今日《きょう》、女院《にょういん》、母儀《ぼぎ》の七旬《しちじゅん》の賀《が》を高陽院《かやのいん》に於《お》いて行《おこ》なはる。……大納言斉信《だいなごんただのぶ》、座《ざ》しながら紙筆《しひつ》を召《め》す。序題《じょだい》。人々《ひとびと》の気色《けしき》、下臈《げろう》に書《か》かしむべきか。最《もっと》も宿構《しゅっこう》に似《に》たり。下官《げかん》の和歌《わか》、満座《まんざ》、感《かん》ぜらる。和歌《わか》の後《のち》、纏頭《てんとう》有《あ》り。

今日女院、母儀七旬賀於二高陽院一被レ行、……大納言斉信乍レ座召二紙筆一、序題、人々気色下臈可レ令レ書歟、最似二宿構一、下官和哥満座被レ感、和哥後有二纏頭一、

✲長元《ちょうげん》六年の『小右記《しょうゆうき》』は、この逸文《いつぶん》のみである。恐ろしいほどの長文で、倫子《りんし》算賀の儀を記録しているなかで、斉信《ただのぶ》が序題を書いて非難されたこと、実資《さねすけ》の和歌に満座が感動したことが特筆される。

自分の和歌についてはほとんど『小右記』に記録しない実資であったが、ここは皆の反応をどうしても書いておきたかったのであろう。それほど自慢なら、和歌そのものも書いておいてくれればよかったのだが。

## ◈長元九年（一〇三六）

藤原実資八十歳（正二位、右大臣・右大将）後一条天皇二十九歳　後朱雀天皇二十八歳　藤原彰子四十九歳　藤原頼通四十五歳　藤原威子三十八歳

・十二月十二日（『宇槐記抄《うかいきしょう》』中・仁平《にんぴょう》元年六月十九日条による）代始官奏への参入

夜《よる》に乗《じょう》じて、（平《たいらの》）範国朝臣《のりくにあそん》が来《き》て云《い》ったことには、「代始《だいはじめ》の官奏《かんそう》は、後朱雀天皇《ごすざくてんのう》の命令《めいれい》が有《あ》って、参《まい》るよう、事情《じじょう》を取《と》りました。関白大臣《かんぱくだいじん》（藤原頼通《ふじわらのよりみち》）が報《ほう》じられて云《い》ったことには、『旬《しゅん》の日《ひ》は必《かなら》ず官奏《かんそう》を行《おこ》なう。そこで参《まい》られるところである。大臣《だいじん》（藤原実資《ふじわらのさねすけ》）は天皇《てんのう》の命令《めいれい》が無《な》いといっても、難点《なんてん》は無《な》いであろう』と」と。ただ仰《おお》せに従《したが》う。内々《うちうち》に思《おも》ったところは、後《のち》の非難《ひなん》を避《さ》ける為《ため》である。そこで披露《ひろう》されたところである。範国《のりくに》は深《ふか》く感心《かんしん》した。

❖夜《よる》に乗《じょう》じて範国朝臣《のりくにあそん》、来《き》たりて云《い》はく、「代始《だいはじめ》の官奏《かんそう》、宣旨《せんじ》有《あ》りて候《こう》ずべき事《こと》、案内《あない》を取《と》る。関白相府《かんぱくしょうふ》、報《ほう》ぜられて云《い》はく、『旬《しゅん》の日《ひ》、必《かなら》ず官奏有《かんそうあ》り。仍《よ》りて候《こう》ぜらるる所《ところ》なり。大臣《だいじん》、宣旨無《せんじな》しと雖《いえど》も、難無《なんな》かるべし』と」と。只《ただ》、命《おお》せに従《したが》ふ。内々《うちうち》に思《おも》ふ所《ところ》、後《のち》の謗《そし》りを避《さ》けんが為《ため》。仍《よ》りて露《あら》はせらるる所《ところ》。範国《のりくに》、深《ふか》く甘心《かんしん》す。

乗レ夜範国朝臣来云、代始官奏有二宣旨一可レ候事取二案内一、関白相府被レ報云、旬日必有二官奏一、仍所レ被レ候也、大臣雖レ無二宣旨一、可レ無レ難、只従レ命、内々所レ思、為レ避二後謗一、仍所レ被レ露、範国深甘心、

✻この年、実資《さねすけ》は八十歳を迎えた。この年の『小右記《しょうゆうき》』も、この逸文《いつぶん》しか伝わっていないが、相変わらず政務や儀式を記録している。なお、この年の四月十七日に後一条《ごいちじょう》天皇が二十九歳で死去し、後朱雀《ごすざく》天皇（敦良《あつなが》親王）が即位した。

　この日は頼通《よりみち》が実資に、代始《だいはじめ》の官奏への参入を促した。後朱雀の命がなくても、大臣は参入しても差しつかえないと、わざわざ言ってくれたのである。頼通にしても後朱雀にしても、相変わらず実資を頼りにするしかなかったのである。それにしても、

「後の謗《そし》りを避ける為」とは、これも相変わらずの皮肉屋である。

◆長暦《ちょうりやく》元年（一〇三七）

藤原実資八十一歳（正二位、右大臣・右大将）　後朱雀天皇二十九歳　藤原彰子五十歳　藤原頼通四十六歳　禎子内親王二十五歳

・七月二日（『親王御元服部類記《しんのうごげんぷくぶるいき》』所引『槐記《かいき》』保延《ほうえん》五年十二月二十七日記首付による）　親仁親王、元服

加冠《かかん》は関白《かんぱく》（藤原頼通《ふじわらのよりみち》）。長橋《ながはし》の元《もと》から下《お》りた。軒廊《こんろう》に於《お》いて御衣《おんぞ》を改《あらた》められた。ただ御下襲《おんしたがさね》と半臂《はんぴ》を□られた。御前《ごぜん》に進《すす》んで、舞《ま》った。

❖加冠《かかん》、関白《かんぱく》。長橋《ながはし》の元《もと》より下《お》る。軒廊《こんろう》に於《お》いて御衣《おんぞ》を改《あらた》めらる。只《ただ》、御下襲《おんしたがさね》・

半臂《はんぴ》を□らる。御前《ごぜん》に進《すす》みて拝舞《はいぶ》す。

加冠関白、下レ従二長橋元一、於二軒廊一被レ改二御衣一、只被レ□二御下襲・半臂一、進二御前一拝舞、

✲長暦《ちょうりゃく》元年は、改元の簡単な記事と、親仁《ちかひと》親王（後の後冷泉《ごれいぜい》天皇）元服《げんぷく》のこれも簡単な記事だけが逸文《いつぶん》として伝わっている。加冠を務めた頼通《よりみち》の拝舞《はいぶ》についての部分だけが残されている。

長暦二年には千古《ちふる》が死去しているが、長暦二年の記事は、まったく残されていない。

## ◆長久《ちょうきゅう》元年（一〇四〇）

藤原実資八十四歳（正二位、右大臣・右大将）後朱雀天皇三十二歳　藤原彰子五十三歳　藤原頼通四十九歳　禎子内親王二十八歳

・十一月十日（『改元部類《かいげんぶるい》』による）改元勘文

（大江《おおえの》）挙周《たかちか》の勘文《かんもん》。

継天《けいてん》〈『帝王世紀《ていおうせいき》』に云《い》ったことには、「大昊帝庖犠氏《だいこうていほうぎし》は、聖徳《せいとく》が有《あ》って継天《けいてん》する」と。〉。

長久《ちょうきゅう》〈『老子《ろうし》』に云《い》ったことには、「天長《てんなが》く、地久《ちひさ》し」と。〉。

（藤原《ふじわらの》）義忠《よしただ》の勘文《かんもん》。

延祥《えんしょう》〈『翰苑《かんえん》』に云《い》ったことには、「延祥祝栩《えんしょうしゅくく》」と。注《ちゅう》に云《い》ったことには、「鳳凰《ほうおう》が集《あつ》まって、祝栩《しゅくく》・懸慮《けんりょ》する。その祥瑞《しょうずい》は宮《みや》を営《いとな》むのである」と。〉。

（橘《たちばなの》）孝親《たかちか》の勘文《かんもん》。

天寿《てんじゅ》〈『尚書《しょうしょ》』に云《い》ったことには、「周公《しゅうこう》が云《い》ったことには、『奭君《せきくん》（召公《しょうこう》）は天寿《てんじゅ》平格《へいかく》で、殷《いん》を保《やす》んじ治《おさ》める』と」と。注《ちゅう》に云《い》ったことには、「天寿《てんじゅ》は、平生《へいぜい》、有《あ》る君《きみ》を言《い》う。故《ゆえ》に殷《いん》を安《やす》んじ治《おさ》める」と。〉。

元功《げんこう》〈『文選《もんぜん》』に云《い》ったことには、「国家《こっか》への偉大《いだい》な功績《こうせき》、このような盛《さか》り」と。注《ちゅう》に云《い》ったことには、『馮衍集《ふうえんしゅう》』に云《い》ったことには、『国家《こっか》の大業《たいぎょう》を決定《けってい》し、天地《てんち》の功績《こうせき》となる』と」と。〉。

❖挙周《たかちか》の勘文《かんもん》。

継天《けいてん》〈『帝王世紀《ていおうせいき》』に云《い》はく、「大昊帝庖犠氏《だいこうていほうぎし》、聖徳有《せいとくあ》りて継天《けいてん》す」と。〉。

長久《ちようきゆう》〈『老子《ろうし》』に云《い》はく、「天長《てんなが》く、地久《ちひさ》し」と。〉。

義忠《よしただ》の勘文《かんもん》。

延祥《えんしよう》〈『翰苑《かんえん》』に云《い》はく、「延祥祝椈《えんしようしゆくく》」と。注《ちゆう》に云《い》はく、「鳳凰《ほうおう》、集《つど》ひ、祝椈《しゆくく》・懸慮《けんりよ》す。其《そ》の祥瑞《しようずい》、宮《みや》を営《いとな》むなり」と。〉。

孝親《たかちか》の勘文《かんもん》。

天寿《てんじゆ》〈『尚書《しようしよ》』に云《い》はく、「周公《しゆうこう》、曰《い》はく、『君奭《くんせき》、天寿平格《てんじゆへいかく》、有殷《ゆういん》を保乂《ほがい》す』と」と。注《ちゆう》に云《い》はく、「天寿《てんじゆ》、平生《へいぜい》、有《あ》る君《きみ》を言《い》ふ。故《ゆえ》に有殷《ゆういん》を安治《あんち》す」と。〉。

元功《げんこう》〈『文選《もんぜん》』に云《い》はく、「元功茂勲《げんこうもくん》、斯《か》くのごとき盛《さか》り」と。注《ちゆう》に云《い》はく、「『馮衍集《ふうえんしゆう》』に云《い》はく、『国家《こつか》の大業《たいぎよう》を定《さだ》め、天地《てんち》の元功《げんこう》と成《な》る』と」と。〉。

挙周勘文、
継天〈帝王世紀云、大昊帝庖犧氏、有二聖徳一継天、〉、
長久〈老子云、天長地久、〉、
義忠勘文、
延祥〈翰苑云、延祥祝栩、注云、鳳凰集、祝栩・懸慮、其祥瑞営レ宮也、〉、
孝親勘文、
天寿〈尚書云、周公曰、君奭天寿平格、保二乂有殷一、注云、言下天寿有二平生一之君上、故安二治有殷一、〉、
元功〈文選云、元功茂勲、若レ斯之盛、注云、馮衍集云、定二国家之大業一、成二天地之元功一、〉、

✲これが現在、我々が目にすることのできるもっとも後代の『小右記《しょうゆうき》』逸文《いつぶん》である。長久《ちょうきゅう》と改元された際の改元勘文（学者が新しい元号を勘申して、その典拠とともに提出するもの）のみを、部類記《ぶるいき》が引用している。

この後、実資《さねすけ》はさらに六年の寿命を得ることになる。この後も『小右記』を記録し続けたものと思われるが、残念ながら逸文も残されていない。

## 略系図

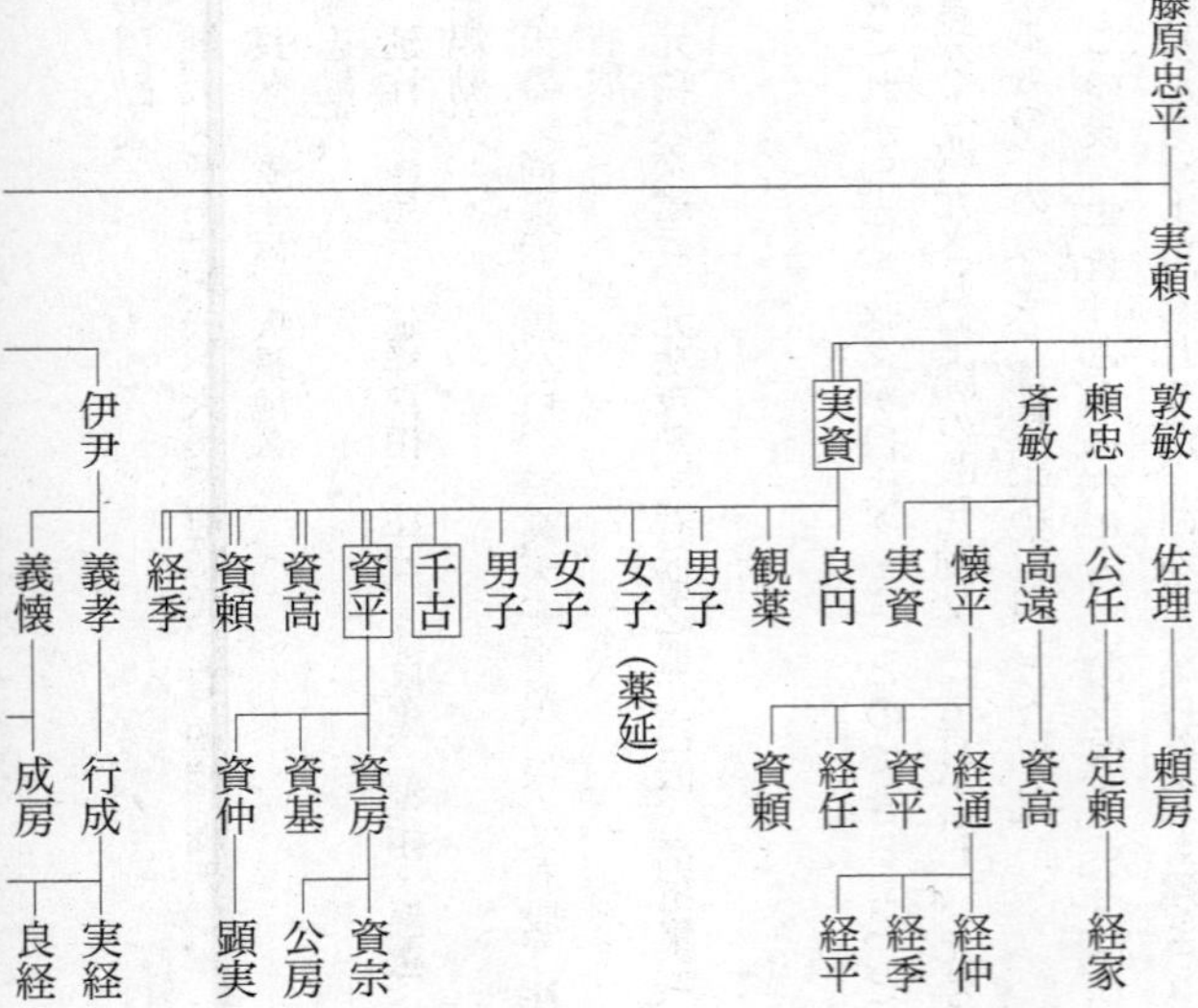
藤原忠平
実頼
敦敏
佐理
頼房
頼忠
公任
定頼
経家
斉敏
高遠
資高
懐平
経通
経仲
経季
経平
資平
経任
資頼
実資
良円
観薬
男子
女子（薬延）
女子
男子
千古
資平
資房
資宗
公房
資基
資仲
顕実
資高
資頼
経季
伊尹
義孝
行成
実経
良経
義懐
成房

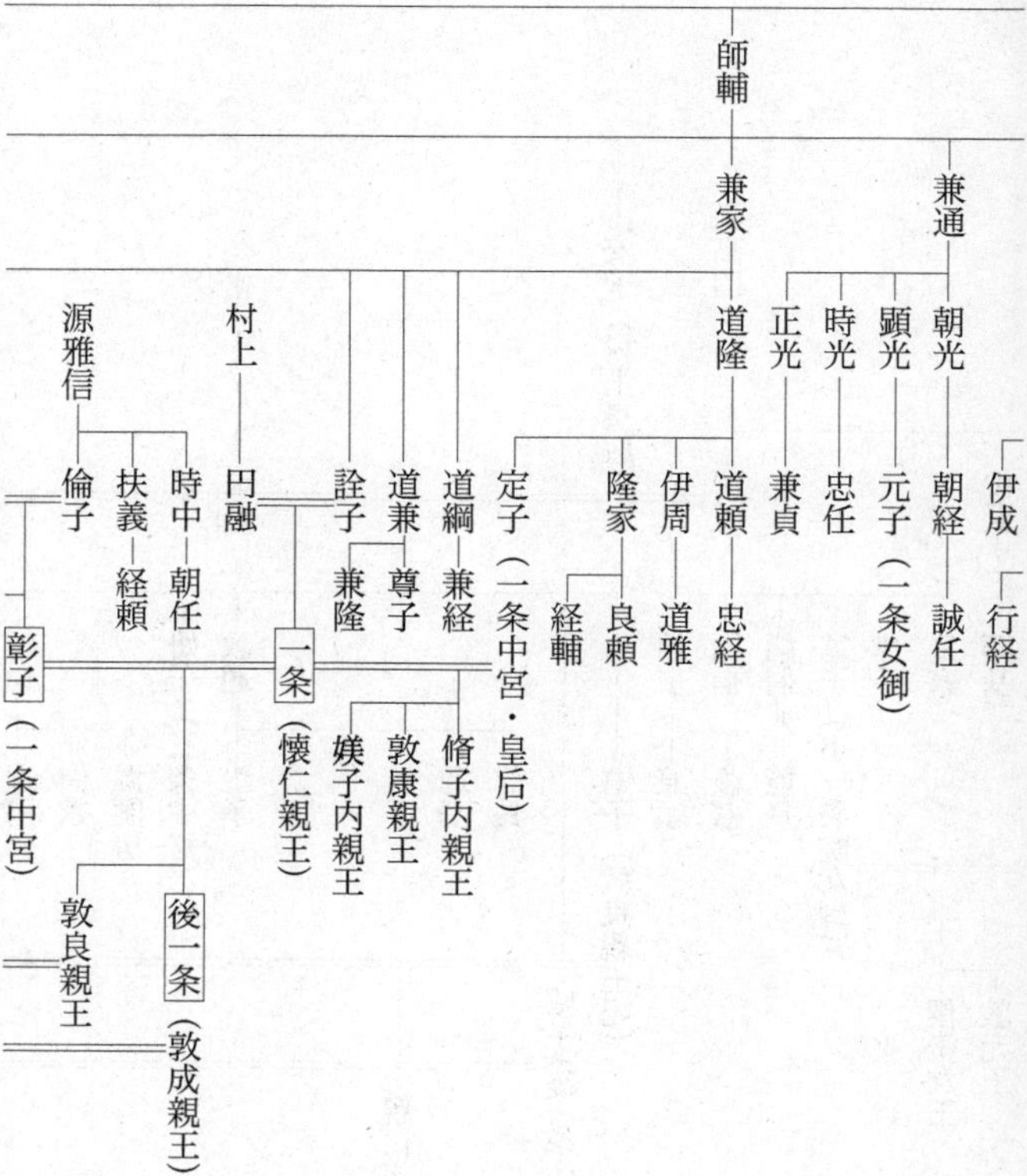
師輔
兼通
兼家
朝光
顕光
時光
正光
道隆
伊成
行経
朝経
誠任
元子（一条女御）
忠任
兼貞
道頼
忠経
伊周
道雅
隆家
良頼
経輔
定子（一条中宮・皇后）
道綱
兼経
道兼
尊子
兼隆
詮子
脩子内親王
敦康親王
媄子内親王
村上
円融
一条
（懐仁親王）
源雅信
時中
朝任
扶義
経頼
倫子
彰子
（一条中宮）
後一条
（敦成親王）
敦良親王

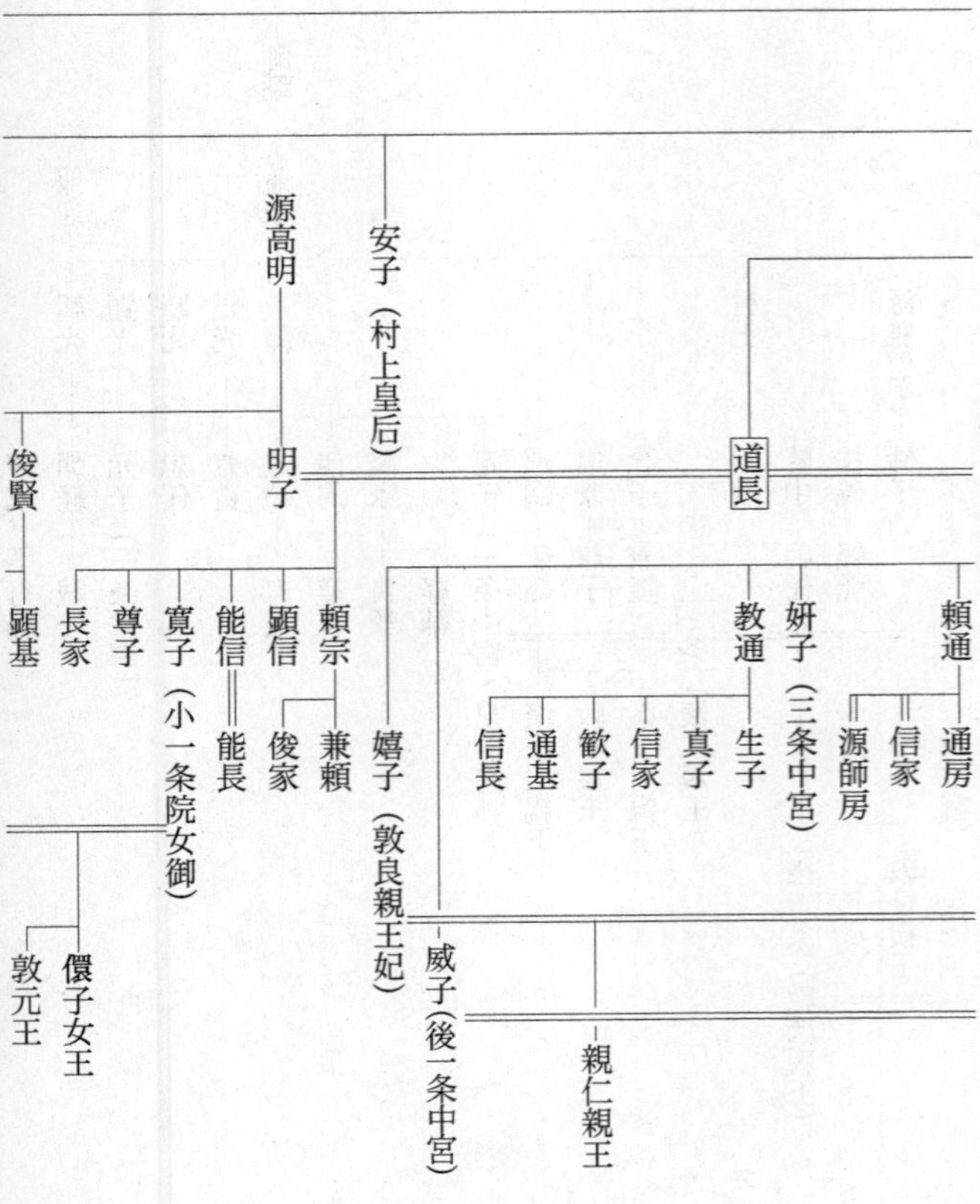
道長
頼通
通房
信家
源師房
妍子（三条中宮）
教通
生子
真子
信家
歓子
通基
信長
嬉子（敦良親王妃）
威子（後一条中宮）
親仁親王
安子（村上皇后）
源高明
明子
頼宗
兼頼
顕信
俊家
能信
能長
寛子（小一条院女御）
尊子
長家
俊賢
顕基
儇子女王
敦元王

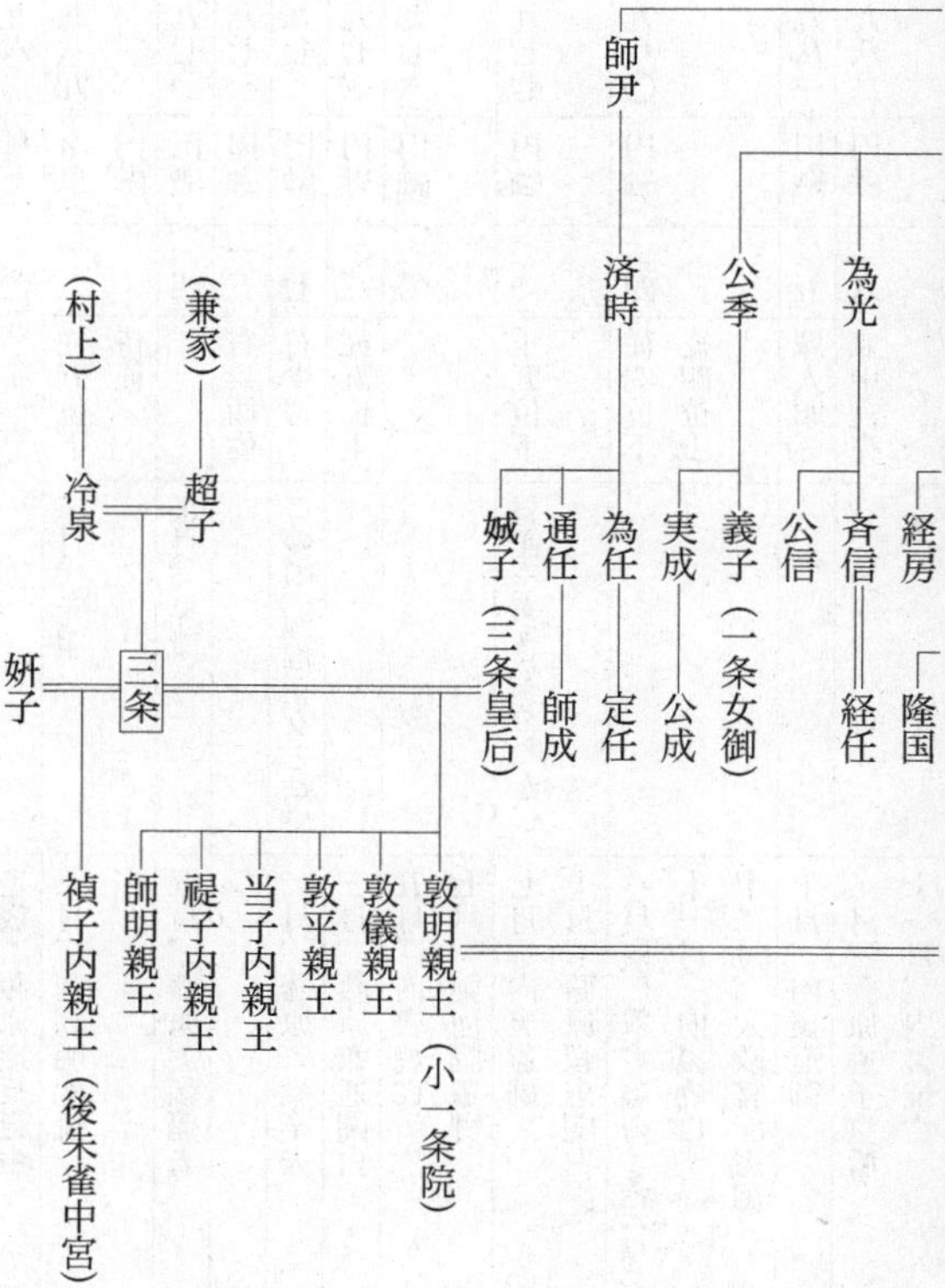

経房
隆国
為光
斉信
経任
公信
公季
義子（一条女御）
実成
公成
師尹
済時
為任
定任
通任
師成
娍子（三条皇后）
敦明親王（小一条院）
敦儀親王
敦平親王
当子内親王
禔子内親王
師明親王
（兼家）
超子
（村上）
冷泉
三条
妍子
禎子内親王（後朱雀中宮）

## 略年表

| 年次 | 西暦 | 天皇 | 年齢 | 官位 | 事績 | 参考事項 |
|---|---|---|---|---|---|---|
| 天徳元年 | 九五七 | 村上 | 一 | | 誕生 | |
| 康保三年 | 九六六 | 村上 | 一〇 | 蔵人所小舎人 | | 是歳、藤原道長誕生 |
| 安和二年 | 九六九 | 冷泉／<br>円融 | 一三 | 従五位下<br>侍従 | 二月、元服 | 三月、源高明配流 |
| 天禄元年 | 九七〇 | 円融 | 一四 | | 正月、昇殿 | 五月、藤原実頼薨去 |
| 天禄二年 | 九七一 | 円融 | 一五 | 右兵衛佐 | | |
| 天延元年 | 九七三 | 円融 | 一七 | 右少将 | この頃、源惟正女と結婚 | 二月、藤原斉敏卒去 |
| 天延二年 | 九七四 | 円融 | 一八 | 従五位上 | | 三月、藤原兼通関白 |
| 貞元元年 | 九七六 | 円融 | 二〇 | | | 五月、内裏焼亡<br>七月、堀河院遷御 |
| 貞元二年 | 九七七 | 円融 | 二一 | 正五位下 | 日記を書き始めたか | 七月、内裏還御<br>十月、藤原頼忠関白 |
| 天元三年 | 九八〇 | 円融 | 二四 | 従四位下<br>従四位上 | | 六月、懐仁親王(後の一条天皇)誕生<br>十一月、内裏焼亡<br>十二月、太政官庁遷御 |
| 天元四年 | 九八一 | 円融 | 二五 | 蔵人頭 | | 十月、内裏還御 |
| 天元五年 | 九八二 | 円融 | 二六 | 兼中宮亮 | | 三月、藤原遵子皇后<br>十一月、内裏焼亡 |

| | | | | | | |
|---|---|---|---|---|---|---|
| | | | | | | 十二月、堀河院遷御 |
| 永観元年 | 九八三 | 円融 | 二七 | 左中将 | 是歳、良円誕生 | 八月、奝然入宋 |
| 永観二年 | 九八四 | 円融／花山 | 二八 | 蔵人頭 | | 八月、内裏還御<br>十一月、『医心方』 |
| 寛和元年 | 九八五 | 花山 | 二九 | 兼中宮権大夫 | 四月、女（薬延）誕生 | 四月、『往生要集』<br>八月、円融上皇出家 |
| 寛和二年 | 九八六 | 花山／一条 | 三〇 | 正四位下 | 五月、源惟正女死去<br>是歳、藤原資平誕生 | 六月、藤原兼家摂政<br>八月、奝然帰朝 |
| 永延元年 | 九八七 | 一条 | 三一 | 蔵人頭 | 五月、痢病 | |
| 永延二年 | 九八八 | 一条 | 三二 | | 十月、腰病 | 十一月、尾張国郡司百姓、守を愁訴 |
| 永祚元年 | 九八九 | 一条 | 三三 | 参議 | 円融上皇の使として諸社に祈願 | |
| 正暦元年 | 九九〇 | 一条 | 三四 | 従三位 | 七月、女（薬延）死去 | 五月、藤原道隆摂政<br>十月、藤原定子中宮 |
| 正暦二年 | 九九一 | 一条 | 三五 | 兼左兵衛督 | | 二月、円融上皇崩御<br>九月、藤原詮子出家、東三条院となる |
| 正暦四年 | 九九三 | 一条 | 三七 | | 二月、子、生まれ夭亡<br>是頃、婉子女王と結婚 | 四月、道隆関白 |
| 長徳元年 | 九九五 | 一条 | 三九 | 検非違使別当<br>権中納言 | | 三月、藤原伊周内覧<br>四月、道隆薨去、藤原道兼関白 |

| | | | | | | |
|---|---|---|---|---|---|---|
| | | | | 兼右衛門督<br>兼太皇太<br>后宮大夫 | | 五月、道長内覧<br>是歳、疫病蔓延 |
| 長徳二年 | 九九六 | 一条 | 四〇 | 中納言 | 六月、一条天皇より恩言有り | 四月、伊周・隆家、左遷 |
| 長徳三年 | 九九七 | 一条 | 四一 | | 七月、藤原道綱に超越される | 四月、伊周・隆家、赦免 |
| 長徳四年 | 九九八 | 一条 | 四二 | | 七月、婉子女王死去 | |
| 長保元年 | 九九九 | 一条 | 四三 | 正三位 | 十月、藤原彰子入内の<br>屏風和歌を辞退 | 六月、内裏焼亡、一条院遷御<br>十一月、定子、敦康親王出産 |
| 長保二年 | 一〇〇〇 | 一条 | 四四 | 従二位 | | 二月、彰子中宮・定子皇后<br>十月、内裏還御<br>十二月、定子、媄子内親王出産、崩御 |
| 長保三年 | 一〇〇一 | 一条 | 四五 | 権大納言<br>兼右大将 | 正月、資平左兵衛佐 | 十一月、内裏焼亡、一条院遷御<br>閏十二月、詮子崩御<br>是頃、『枕草子』 |
| 長保五年 | 一〇〇三 | 一条 | 四七 | 正二位 | | 十月、内裏還御 |
| 寛弘二年 | 一〇〇五 | 一条 | 四九 | | | 十一月、内裏焼亡、東三条第遷御 |
| 寛弘三年 | 一〇〇六 | 一条 | 五〇 | | 正月、資平少納言 | 三月、一条院遷御<br>十二月、紫式部、彰子に出仕 |
| 寛弘四年 | 一〇〇七 | 一条 | 五一 | 兼按察使 | 是歳、藤原資房誕生 | |
| 寛弘五年 | 一〇〇八 | 一条 | 五二 | | 十一月、敦成親王五十日 | 九月、彰子、敦成親王（後の後 |

| | | | | | | |
|---|---|---|---|---|---|---|
| | | | | | の儀で紫式部と語る | 一条天皇）出産 是頃、『源氏物語』 |
| 寛弘六年 | 一〇〇九 | 一条 | 五三 | 大納言 | | 十月、一条院焼亡、枇杷殿遷御 十一月、彰子、敦良親王（後の後朱雀天皇）出産 |
| 寛弘七年 | 一〇一〇 | 一条 | 五四 | | | 十一月、一条院還御 |
| 寛弘八年 | 一〇一一 | 一条／三条 | 五五 | | | 六月、一条院崩御 八月、内裏遷御 |
| 長和元年 | 一〇一二 | 三条 | 五六 | | 四月、藤原娍子立后の内弁を務む | 二月、藤原妍子中宮 四月、娍子皇后 |
| 長和二年 | 一〇一三 | 三条 | 五七 | | 五月、紫式部を介し彰子と接触 | |
| 長和三年 | 一〇一四 | 三条 | 五八 | | 三月、資平、蔵人頭に補されず | 二月、内裏焼亡 四月、枇杷殿遷御 |
| 長和四年 | 一〇一五 | 三条 | 五九 | | 二月、資平蔵人頭 九月、三条天皇より密勅 | 九月、内裏遷御 十一月、内裏焼亡、枇杷殿遷御 |
| 長和五年 | 一〇一六 | 三条／後一条 | 六〇 | | 正月、春宮大夫を固辞 | 正月、道長摂政 六月、一条院還御 |
| 寛仁元年 | 一〇一七 | 後一条 | 六一 | | 三月、資平参議 | 三月、藤原頼通摂政 八月、敦明親王東宮を辞し、敦良 |

| | | | | | | |
|---|---|---|---|---|---|---|
| | | | | | | 親王立太子 |
| 寛仁二年 | 一〇一八 | 後一条 | 六二 | | | 四月、内裏遷御<br>十月、藤原威子中宮（一家三后） |
| 寛仁三年 | 一〇一九 | 後一条 | 六三 | | 六月、藤原顕光左大臣辞任の風聞<br>十二月、千古に遺領処分 | 三月、道長出家<br>四月、刀伊の入寇<br>十二月、頼通関白 |
| 寛仁四年 | 一〇二〇 | 後一条 | 六四 | | | 三月、道長、無量寿院落慶供養 |
| 治安元年 | 一〇二一 | 後一条 | 六五 | 右大臣<br>兼東宮傅 | | |
| 治安二年 | 一〇二二 | 後一条 | 六六 | | | 七月、道長、法成寺堂供養 |
| 治安三年 | 一〇二三 | 後一条 | 六七 | | | |
| 万寿元年 | 一〇二四 | 後一条 | 六八 | | 十二月、千古着裳 | 二月、京都大火 |
| 万寿二年 | 一〇二五 | 後一条 | 六九 | | 十一月、千古と藤原長家の縁談 | 三月娍子、七月寛子、八月嬉子死去 |
| 万寿三年 | 一〇二六 | 後一条 | 七〇 | | 四月、輦車を聴される | 正月、彰子出家、上東門院となる |
| 万寿四年 | 一〇二七 | 後一条 | 七一 | | 正月、千古と藤原長家の婚儀頓挫 | 九月、妍子薨去<br>十二月、道長薨去 |
| 長元元年 | 一〇二八 | 後一条 | 七二 | | 正月、資平権中納言 | 六月、平忠常の乱 |
| 長元二年 | 一〇二九 | 後一条 | 七三 | | 十一月、千古、藤原兼 | |

| | | | | | | |
|---|---|---|---|---|---|---|
| | | | | | 頼と結婚 | |
| 長元三年 | 一〇三〇 | 後一条 | 七四 | | 九月、『小右記』六年分を資平に遣わす | |
| 長元五年 | 一〇三二 | 後一条 | 七六 | | 『小右記』写本、この年で終わる | |
| 長元九年 | 一〇三六 | 後一条／後朱雀 | 八〇 | | 四月、東宮傅を止められる | |
| 長暦元年 | 一〇三七 | 後朱雀 | 八一 | 従一位 | 三月、右大将辞任を請うが、聴されず | |
| 長暦二年 | 一〇三八 | 後朱雀 | 八二 | | 六月、資房蔵人頭<br>是頃、千古、死去 | |
| 長久元年 | 一〇四〇 | 後朱雀 | 八四 | | 『小右記』逸文、この年まで | 六月、長久の荘園整理令 |
| 長久三年 | 一〇四二 | 後朱雀 | 八六 | | 正月、資房参議 | |
| 長久四年 | 一〇四三 | 後朱雀 | 八七 | | 十一月、右大将を辞す | |
| 寛徳元年 | 一〇四四 | 後朱雀 | 八八 | | 六月、致仕を請うも聴されず | |
| 寛徳二年 | 一〇四五 | 後朱雀／後冷泉 | 八九 | | | 十月、寛徳の荘園整理令 |
| 永承元年 | 一〇四六 | 後冷泉 | 九〇 | | 正月十八日、出家・薨去 | |

国土地理院発行1/25,000地形図「京都東北部」
「京都西北部」を基に、縮小・加筆して作成。

①中和院
②職曹司
③外記庁
④小安殿
⑤大極殿
⑥太政官庁
⑦一条院（為光→詮子）
⑧土御門宅（安倍晴明）
⑨高倉殿（道長→頼通）
⑩鷹司殿（源倫子）
⑪土御門第（道長→彰子）
⑫枇杷殿（道長→妍子）
⑬小一条院
⑭花山院
⑮高陽院（頼通）
⑯小野宮北宅（資平）
⑰陽成院
⑱小野宮西殿
（実資姉→千古）
⑲小野宮（実頼→実資）
⑳小野宮東町（実資）
㉑町尻殿（道兼）
㉒小野宮南町（実資）
㉓二条殿（道長→威子）
㉔法興院
㉕堀河殿（顕光）
㉖閑院（公季→能信）
㉗東三条第
（兼家→道隆→道長）
㉘東三条第南院
（道隆→道長）
㉙二条宮（道隆→伊周）
㉚二条第（実資）
㉛小二条第（教通）
㉜三条院（道長）
㉝竹三条宮
㉞高松殿（源俊賢）
㉟三条第（行成）
㊱四条宮（頼忠→公任）

関係地図（平安京北半・北辺）

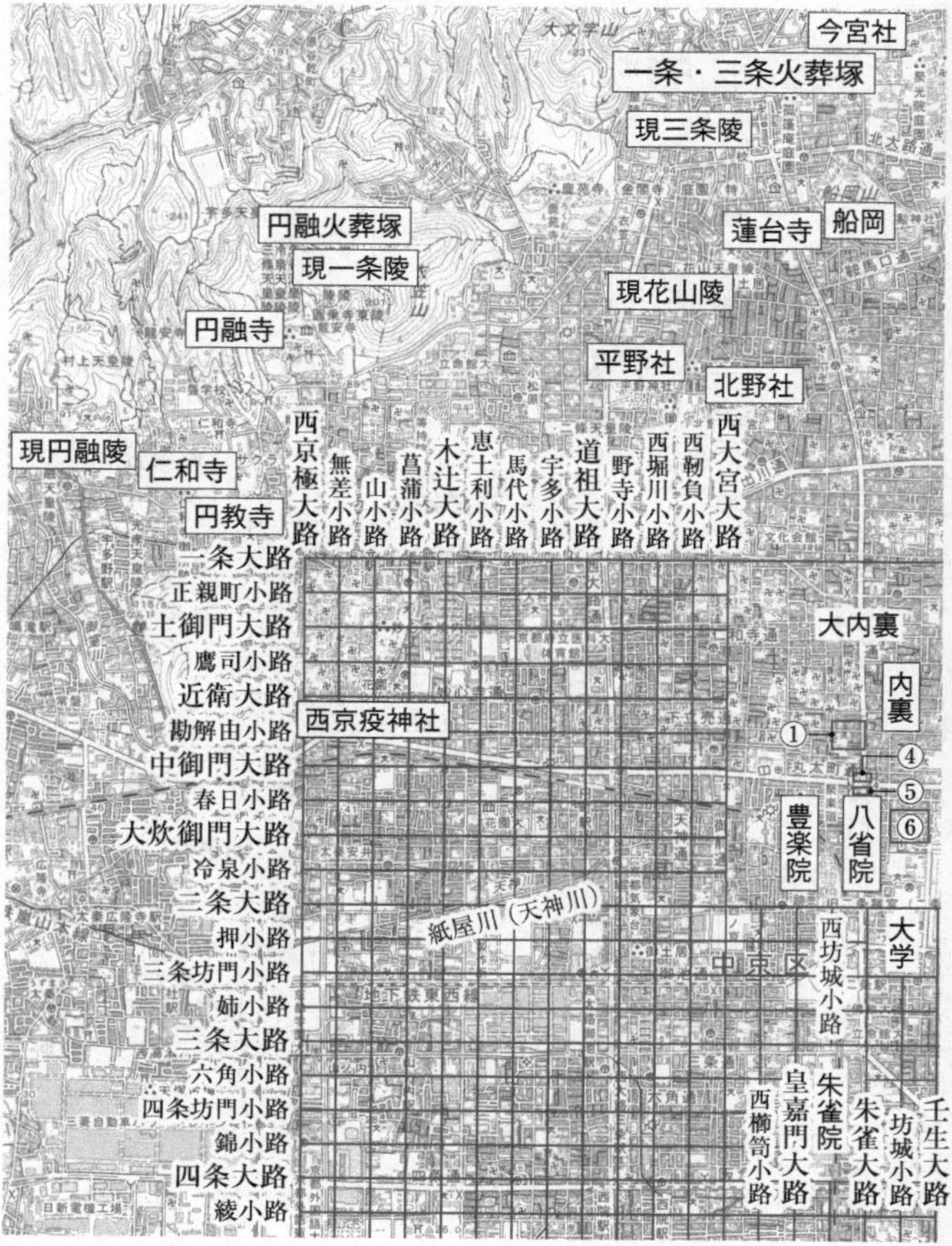

## 平安宮内裏図

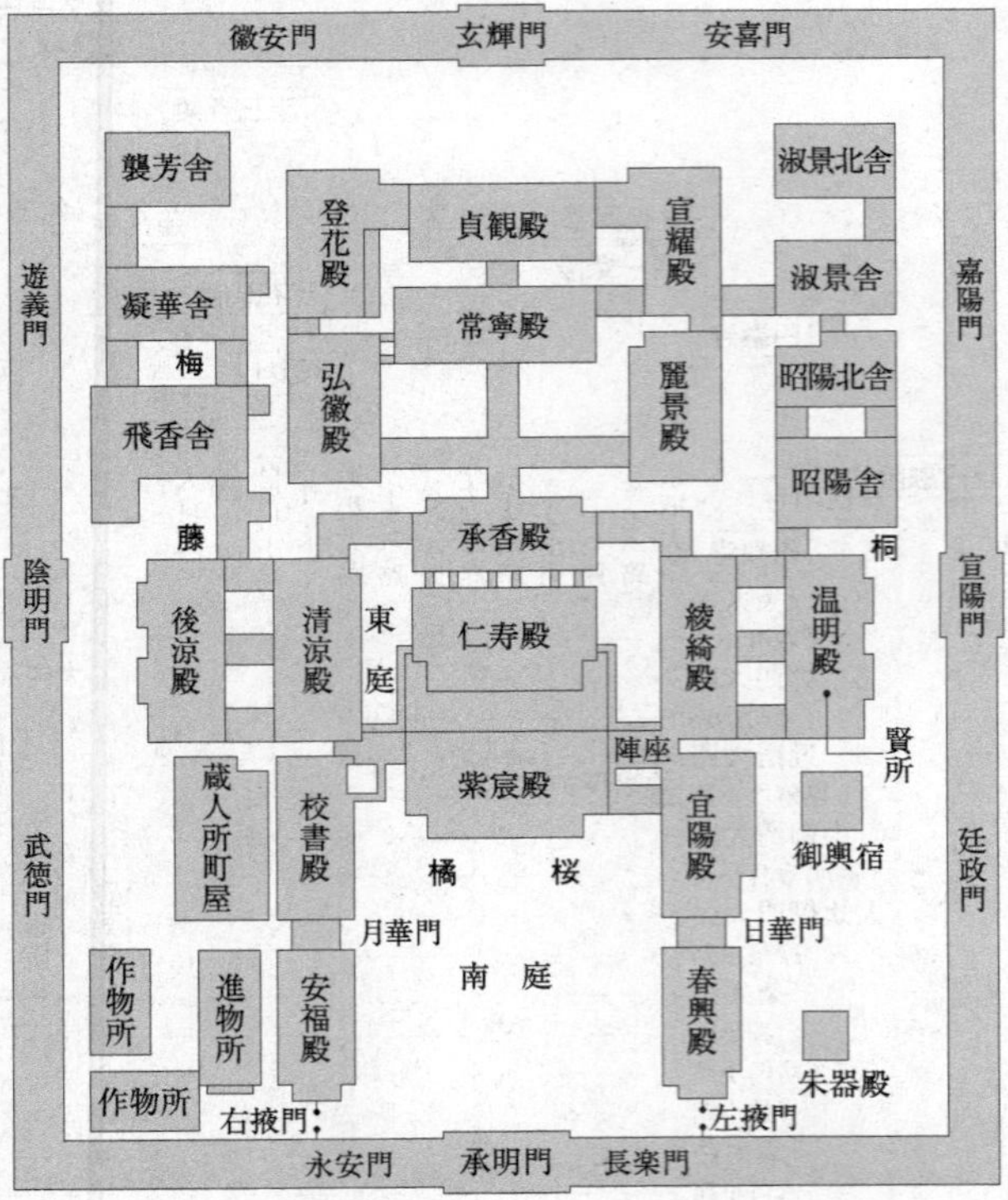
徽安門
玄輝門
安喜門
襲芳舎
登花殿
貞観殿
宣耀殿
淑景北舎
淑景舎
遊義門
嘉陽門
凝華舎
常寧殿
梅
弘徽殿
麗景殿
昭陽北舎
飛香舎
昭陽舎
藤
承香殿
桐
陰明門
宣陽門
後涼殿
清涼殿
東庭
仁寿殿
綾綺殿
温明殿
陣座
賢所
紫宸殿
蔵人所町屋
校書殿
宜陽殿
御輿宿
武徳門
延政門
橘
桜
月華門
日華門
南庭
作物所
進物所
安福殿
春興殿
朱器殿
作物所
右掖門
左掖門
永安門
承明門
長楽門

## 一条院内裏図

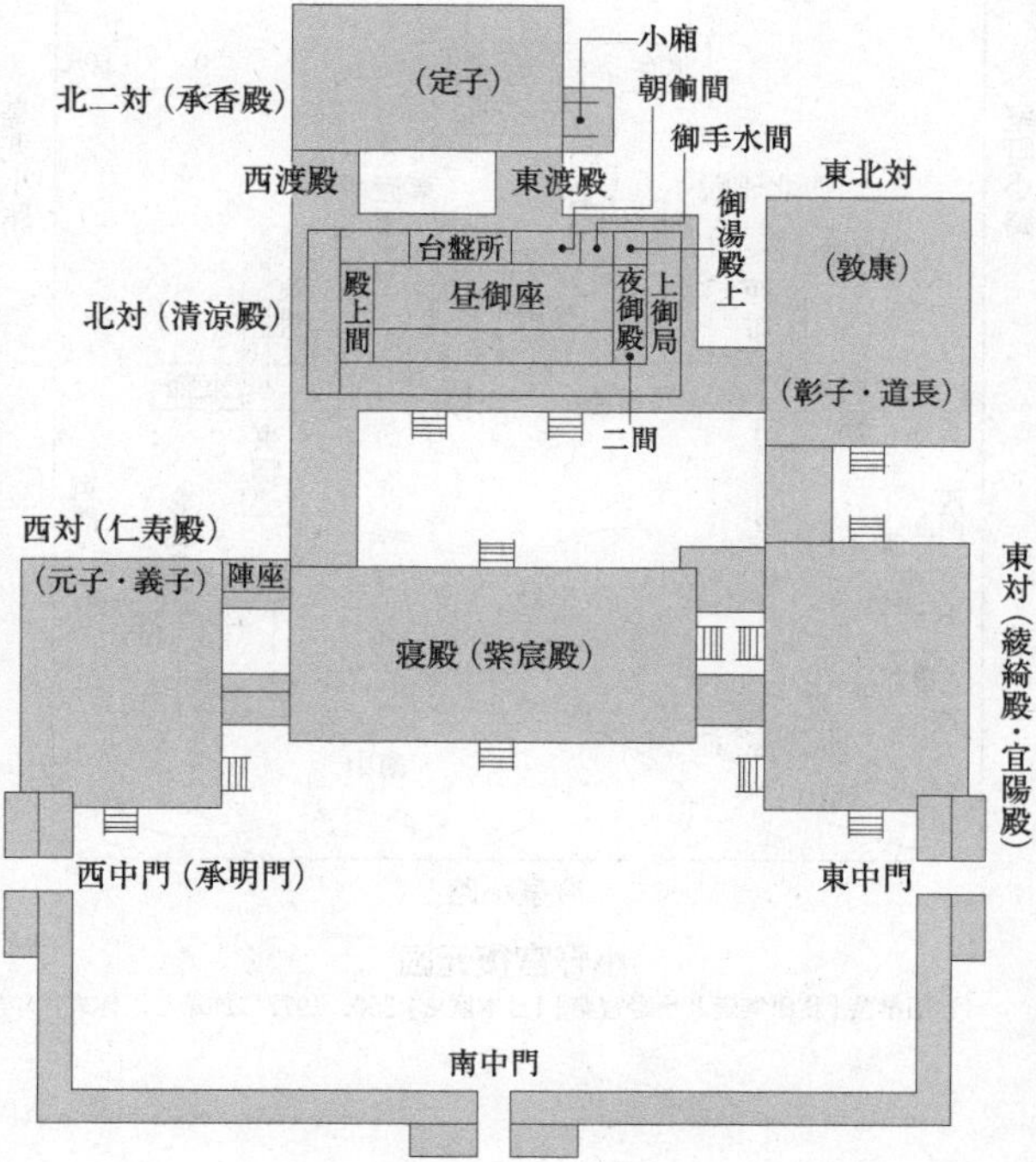
小廂
朝餉間
御手水間
御湯殿上
北二対（承香殿）
（定子）
西渡殿
東渡殿
東北対
（敦康）
（彰子・道長）
台盤所
殿上間
昼御座
夜御殿
上御局
北対（清涼殿）
二間
西対（仁寿殿）
（元子・義子）
陣座
寝殿（紫宸殿）
東対（綾綺殿・宜陽殿）
西中門（承明門）
東中門
南中門

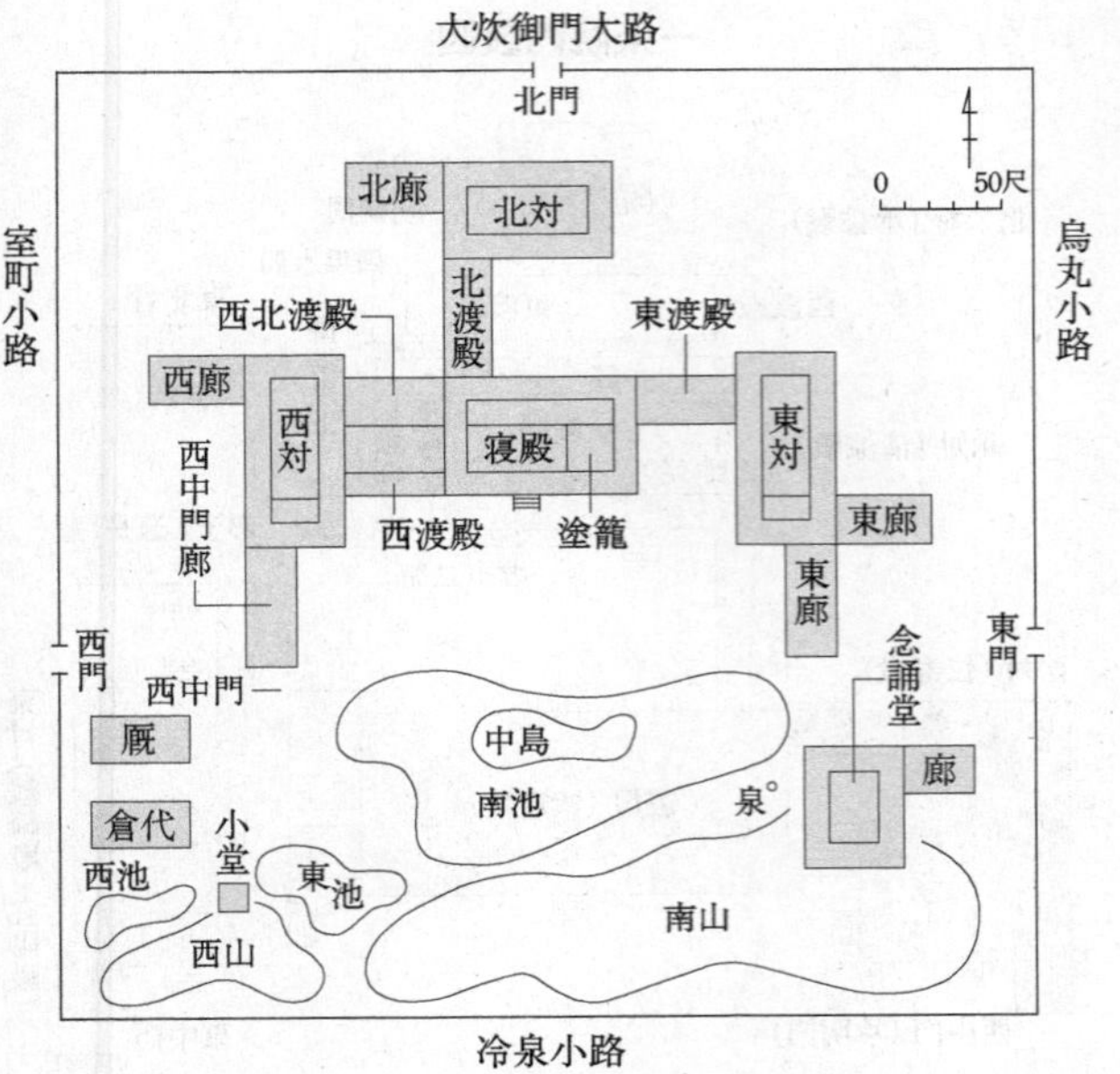


**小野宮復元図**

（吉田早苗「藤原実資と小野宮第」『日本歴史』350、1977に加筆し、作成）

# 『小右記』写本残存月表

『小右記』写本残存月（○は閏月、太字は広本）

| 年 | 残存月 |
|---|---|
| 天元五 | **1 2 3 4 5 6** |
| 永観元 | |
| 永観二 | **10 11 12** |
| 寛和元 | **1 2 3 4 5 6** 7 8 9 10 11 |
| 寛和二 | |
| 永延元 | **1 2 3 4 5 6** |
| 永延二 | 1 2 3 ⑤ 6 7 8 9 10 11 12 |
| 永祚元 | **1 2 3 4 5 6 7 8 9 10 11 12** |
| 正暦元 | **7 8 9 10 11 12** |
| 正暦二 | |
| 正暦三 | **1** |
| 正暦四 | **1 2 3 4 5 6** 7 10 ⑩ 11 |
| 正暦五 | |
| 長徳元 | 1 2 3 4 5 6 7 8 10 |
| 長徳二 | 1 2 3 4 5 6 ⑦ 8 9 10 11 12 |
| 長徳三 | 1 2 3 4 5 6 7 8 9 10 11 12 |
| 長徳四 | |
| 長保元 | **7 8 9 10 11 12** |
| 長保二 | |
| 長保三 | |
| 長保四 | |
| 長保五 | |
| 寛弘元 | **7** |
| 寛弘二 | **1 2 3 4 5 6** 7 8 9 10 11 12 |
| 寛弘三 | |

| 年 | 残存月 |
|---|---|
| 寛弘四 | |
| 寛弘五 | 7 8 9 10 11 12 |
| 寛弘六 | |
| 寛弘七 | |
| 寛弘八 | 1 2 3 **7 8 9** 11 12 |
| 長和元 | **4 5 6** 7 8 9 |
| 長和二 | **1 2 3** 4 5 6 **7 8 9** |
| 長和三 | **1 2 3 4 5 6 10 11 12** |
| 長和四 | **4 5 6** ⑥ **7 8 9 10 11 12** |
| 長和五 | **1 2 3 4 5 6** |
| 寛仁元 | **7 8 9 10 11 12** |
| 寛仁二 | 1 2 3 **4** ④ **5 6 10 11 12** |
| 寛仁三 | **1 2 3 4 5 6 7 8 9 10 11 12** |
| 寛仁四 | 7 8 9 **10 11 12** ⑫ |
| 治安元 | 1 2 3 7 8 9 **10 11 12** |
| 治安二 | 2 3 4 5 6 7 9 10 11 12 |
| 治安三 | **1 4 5 6 7 8 9** ⑨ **10 11 12** |
| 万寿元 | 1 2 3 4 5 6 7 8 9 **10 11 12** |
| 万寿二 | **2 3 7 8 9 10 11 12** |
| 万寿三 | 4 5 ⑤ 6 7 8 9 |
| 万寿四 | **1 2 3 4 5 6 7 8 9** 10 11 **12** |
| 長元元 | **7 8 9** 10 11 12 |
| 長元二 | 1 2 ② 3 4 7 **8 9** |
| 長元三 | 4 5 **6 8 9** 10 |
| 長元四 | **1 2 3 7 8 9** |
| 長元五 | 1 2 3 4 5 6 7 8 9 10 **11 12** |

# 方位・時刻

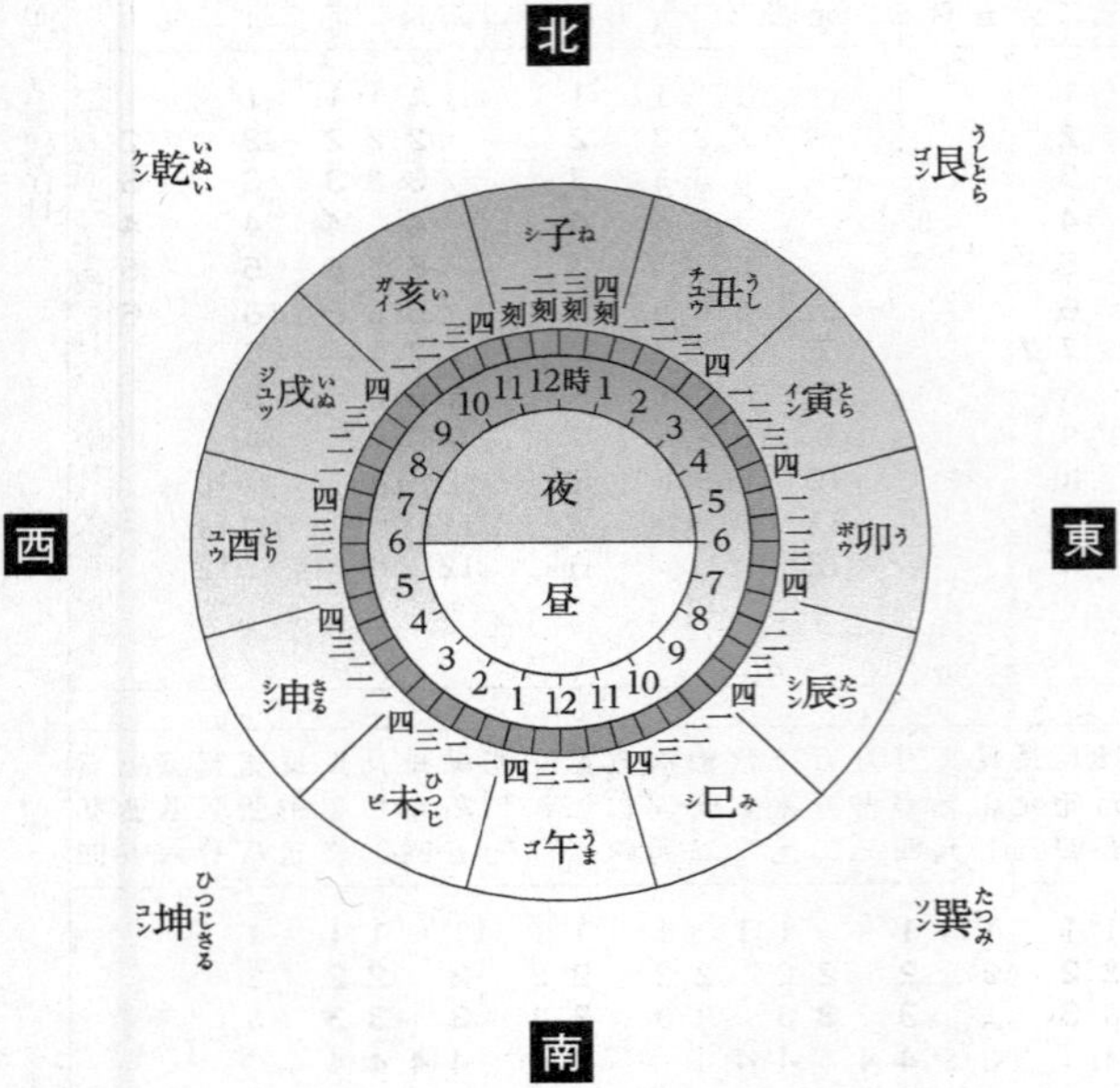
北
東
南
西
乾《ケン》《いぬい》
艮《ゴン》《うしとら》
坤《コン》《ひつじさる》
巽《ソン》《たつみ》
子《シ》《ね》
丑《チュウ》《うし》
寅《イン》《とら》
卯《ボウ》《う》
辰《シン》《たつ》
巳《シ》《み》
午《ゴ》《うま》
未《ビ》《ひつじ》
申《シン》《さる》
酉《ユウ》《とり》
戌《ジュツ》《いぬ》
亥《ガイ》《い》
一刻
二刻
三刻
四刻
12時
夜
昼

# 参考図書

倉本一宏訳『現代語訳　小右記』吉川弘文館　二〇一五～二三年
国際日本文化研究センター「摂関期古記録データベース」(https://rakusai.nichibun.ac.jp/kokiroku/)
東京大学史料編纂所編纂『大日本古記録　小右記』岩波書店　一九五九～九二年
増補「史料大成」刊行会編『増補史料大成　小右記』臨川書店　一九六五年
倉本一宏訳『藤原道長「御堂関白記」全現代語訳』講談社　二〇〇九年
倉本一宏訳『藤原行成「権記」全現代語訳』講談社　二〇一一～一二年
東京大学史料編纂所編纂『大日本史料』第一篇之十六～二十四　東京大学出版会　一九六八～八八年
東京大学史料編纂所編纂『大日本史料』第二篇之一～三十二　東京大学出版会　一九二八～二〇一九年
国史大辞典編集委員会編『国史大辞典』吉川弘文館　一九七九～九七年
角田文衞監修、古代学協会・古代学研究所編『平安時代史事典』角川書店　一九九四年
林屋辰三郎・村井康彦・森谷尅久監修『日本歴史地名大系　京都市の地名』平凡社　一九七九年
柴田實・高取正男監修『日本歴史地名大系　京都府の地名』平凡社　一九八一年

槙野廣造編『平安人名辞典　長保二年』高科書店　一九九三年
角田文衞総監修、古代学協会・古代学研究所編『平安京提要』角川書店　一九九四年
笹山晴生編『日本古代史年表（下）』東京堂出版　二〇〇八年
土田直鎮『日本の歴史5　王朝の貴族』中央公論社　一九六五年
倉本一宏・加藤友康・小倉慈司編『『小右記』と王朝時代』吉川弘文館　二〇二三年
倉本一宏『摂関政治と王朝貴族』吉川弘文館　二〇〇〇年
倉本一宏『一条天皇』吉川弘文館　二〇〇三年
倉本一宏『平安貴族の夢分析』吉川弘文館　二〇〇八年
倉本一宏『三条天皇』ミネルヴァ書房　二〇一〇年
倉本一宏『藤原道長の日常生活』講談社　二〇一三年
倉本一宏『藤原道長の権力と欲望「御堂関白記」を読む』文藝春秋　二〇一三年
倉本一宏『藤原氏　権力中枢の一族』中央公論新社　二〇一七年
倉本一宏『平安京の下級官人』講談社　二〇二二年
倉本一宏編『日本人にとって日記とは何か』臨川書店　二〇一六年

ビギナーズ・クラシックス 日本《にほん》の古典《こてん》

# 小右記《しようゆうき》

藤原実資《ふじわらのさねすけ》　倉本一宏《くらもとかずひろ》＝編

令和5年 7月25日　初版発行
令和6年 5月25日　6版発行

発行者●山下直久

発行●株式会社KADOKAWA
〒102-8177　東京都千代田区富士見2-13-3
電話　0570-002-301（ナビダイヤル）

角川文庫 23749

印刷所●株式会社KADOKAWA
製本所●株式会社KADOKAWA

表紙画●和田三造



●お問い合わせ
https://www.kadokawa.co.jp/（「お問い合わせ」へお進みください）
※内容によっては、お答えできない場合があります。
※サポートは日本国内のみとさせていただきます。
※Japanese text only


ISBN 978-4-04-400726-3　C0195

◆◇◇

# 角川文庫発刊に際して

角　川　源　義

第二次世界大戦の敗北は、軍事力の敗北であった以上に、私たちの若い文化力の敗退であった。私たちの文化が戦争に対して如何に無力であり、単なるあだ花に過ぎなかったかを、私たちは身を以て体験し痛感した。西洋近代文化の摂取にとって、明治以後八十年の歳月は決して短かすぎたとは言えない。にもかかわらず、近代文化の伝統を確立し、自由な批判と柔軟な良識に富む文化層として自らを形成することに私たちは失敗して来た。そしてこれは、各層への文化の普及滲透を任務とする出版人の責任でもあった。

一九四五年以来、私たちは再び振出しに戻り、第一歩から踏み出すことを余儀なくされた。これは大きな不幸ではあるが、反面、これまでの混沌・未熟・歪曲の中にあった我が国の文化に秩序と確たる基礎を齎らすためには絶好の機会でもある。角川書店は、このような祖国の文化的危機にあたり、微力をも顧みず再建の礎石たるべき抱負と決意とをもって出発したが、ここに創立以来の念願を果すべく角川文庫を発刊する。これまで刊行されたあらゆる全集叢書文庫類の長所と短所とを検討し、古今東西の不朽の典籍を、良心的編集のもとに、廉価に、そして書架にふさわしい美本として、多くのひとびとに提供しようとする。しかし私たちは徒らに百科全書的な知識のジレッタントを作ることを目的とせず、あくまで祖国の文化に秩序と再建への道を示し、この文庫を角川書店の栄ある事業として、今後永久に継続発展せしめ、学芸と教養との殿堂として大成せんことを期したい。多くの読書子の愛情ある忠言と支持とによって、この希望と抱負とを完遂せしめられんことを願う。

一九四九年五月三日

# 角川ソフィア文庫ベストセラー

## 権記
ビギナーズ・クラシックス 日本の古典

藤原行成
編／倉本一宏

藤原道長や一条天皇の側近として活躍した、能吏が書き記した摂関期の宮廷日記。『行成卿記』ともいわれ、宮廷での政治や儀式、秘事までが細かく書き残されており、貴族たちの知られざる日常生活が分かる。

## 古事談
ビギナーズ・クラシックス 日本の古典

源　顕兼
編／倉本一宏

鎌倉時代初め、源顕兼により編修された『古事談』は、「称徳天皇が道鏡を愛した事」から始まり、貴人の逸話や故実・奇譚まで多彩な説話が満載。70話を厳選し、原文・現代語訳と書下し文に解説を付す決定版！

## 吾妻鏡
ビギナーズ・クラシックス 日本の古典

編／西田友広

鎌倉幕府初代将軍源頼朝から第6代将軍宗尊親王まで。頼朝の天下取りの後、激しい権力争いの中で、次々と将軍の首が挿げ替えられてゆく。血で血を洗う内部抗争の始終を著す長大な歴史書をダイジェストに！

## 古事記
ビギナーズ・クラシックス 日本の古典

編／角川書店

天皇家の系譜と王権の由来を記した、我が国最古の歴史書。国生み神話や倭建命の英雄譚ほか著名なシーンが、ふりがな付きの原文と現代語訳で味わえる。図版やコラムも豊富に収録。初心者にも最適な入門書。

## 万葉集
ビギナーズ・クラシックス 日本の古典

編／角川書店

日本最古の歌集から名歌約一四〇首を厳選。恋の歌、家族や友人を想う歌、死を悼む歌。天皇や宮廷歌人をはじめ、名もなき多くの人々が詠んだ素朴で力強い歌の数々を丁寧に解説。万葉人の喜怒哀楽を味わう。

# 角川ソフィア文庫ベストセラー

## 竹取物語（全）
ビギナーズ・クラシックス　日本の古典

編／角川書店

五人の求婚者に難題を出して破滅させ、天皇の求婚にも応じない。月の世界から来た美しいかぐや姫は、じつは悪女だった？　誰もが読んだことのある日本最古の物語の全貌が、わかりやすく手軽に楽しめる！

## 枕草子
ビギナーズ・クラシックス　日本の古典

清少納言
編／角川書店

一条天皇の中宮定子の後宮を中心とした華やかな宮廷生活の体験を生き生きと綴った王朝文学を代表する珠玉の随筆集から、有名章段をピックアップ。優れた感性と機知に富んだ文章が平易に味わえる一冊。

## 源氏物語
ビギナーズ・クラシックス　日本の古典

紫式部
編／角川書店

日本古典文学の最高傑作である世界第一級の恋愛大長編『源氏物語』全五四巻が、古文初心者でもまるごとわかる！　巻毎のあらすじと、名場面はふりがな付きの原文と現代語訳両方で楽しめるダイジェスト版。

## 平家物語
ビギナーズ・クラシックス　日本の古典

編／角川書店

一二世紀末、貴族社会から武家社会へと歴史が大転換する中で、運命に翻弄される平家一門の盛衰を、叙事詩的に描いた一大戦記。源平争乱における事件や時間の流れが簡潔に把握できるダイジェスト版。

## 徒然草
ビギナーズ・クラシックス　日本の古典

吉田兼好
編／角川書店

日本の中世を代表する知の巨人・吉田兼好。その無常観とたゆみない求道精神に貫かれた名随筆集から、兼好の人となりや当時の人々のエピソードが味わえる代表的な章段を選び抜いた最良の徒然草入門。

# 角川ソフィア文庫ベストセラー

## 古今和歌集
ビギナーズ・クラシックス 日本の古典
編／中島輝賢

春夏秋冬や恋など、自然や人事を詠んだ歌を中心に編まれた、第一番目の勅撰和歌集。総歌数約一一〇〇首から七〇首を厳選。春といえば桜といった、日本的美意識に多大な影響を与えた平安時代の名歌集を味わう。

## 伊勢物語
ビギナーズ・クラシックス 日本の古典
編／坂口由美子

雅な和歌とともに語られる「昔男」（在原業平）の一代記。垣間見から始まった初恋、天皇の女御となる女性との恋、白髪の老女との契り——。全一二五段から代表的な短編を選び、注釈やコラムも楽しめる。

## うつほ物語
ビギナーズ・クラシックス 日本の古典
編／室城秀之

異国の不思議な体験や琴の伝授にかかわる奇瑞などの浪漫的要素と、源氏・藤原氏両家の皇位継承をめぐる対立を絡めながら語られる。スケールが大きく全体像が見えにくかった物語を、初めてわかりやすく説く。

## 和泉式部日記
ビギナーズ・クラシックス 日本の古典
和泉式部
編／川村裕子

為尊親王の死後、弟の敦道親王から和泉式部へ手紙が届き、新たな恋が始まった。恋多き女、和泉式部が秀逸な歌とともに綴った王朝女流日記の傑作。平安時代の愛の苦悩を通して古典を楽しむ恰好の入門書。

## 更級日記
ビギナーズ・クラシックス 日本の古典
菅原孝標女
編／川村裕子

平安時代の女性の日記。東国育ちの作者が京へ上り憧れの物語を読みふけった少女時代。結婚、夫との死別、その後の寂しい生活。ついに思いこがれた生活を手にすることのなかった一生をダイジェストで読む。

# 角川ソフィア文庫ベストセラー

## 大鏡
ビギナーズ・クラシックス 日本の古典
編／武田友宏

老爺二人が若侍相手に語る、道長の栄華に至るまでの藤原氏一七六年間の歴史物語。華やかな王朝の裏の権力闘争の実態や、都人たちの興味津津の話題が満載。『枕草子』『源氏物語』への理解も深まる最適な入門書。

## 新古今和歌集
ビギナーズ・クラシックス 日本の古典
編／小林大輔

伝統的な歌の詞を用いて、『万葉集』『古今集』とは異なった新しい内容を表現することを目指した、画期的な第八番目の勅撰和歌集。歌人たちにより緻密に構成された約二〇〇〇首の全歌から、名歌八〇首を厳選。

## 紫式部日記
ビギナーズ・クラシックス 日本の古典
紫式部
編／山本淳子

平安時代の宮廷生活を活写する回想録。同僚女房や清少納言への冷静な評価などから、当時の後宮が手に取るように読み取れる。現代語訳、幅広い寸評やコラムで、『源氏物語』成立背景もよくわかる最良の入門書。

## 堤中納言物語
ビギナーズ・クラシックス 日本の古典
編／坂口由美子

気味の悪い虫を好む姫君を描く「虫めづる姫君」をはじめ、今ではほとんど残っていない平安末期から鎌倉時代の一〇編を収録した短編集。滑稽な話やしみじみした話を織り交ぜながら人生の一こまを鮮やかに描く。

## とりかへばや物語
ビギナーズ・クラシックス 日本の古典
編／鈴木裕子

女性的な息子と男性的な娘をもつ父親が、二人の性を取り替え、娘を女性と結婚させ、息子を女官として女性の東宮に仕えさせた。二人は周到に生活していたが、やがて破綻していく。平安最末期の奇想天外な物語。

# 角川ソフィア文庫ベストセラー

ビギナーズ・クラシックス　日本の古典
## 太平記
編／武田友宏

後醍醐天皇即位から室町幕府細川頼之管領就任まで、史上かつてない約五〇年の抗争を描く軍記物語。強烈な個性の新田・足利・楠木らの壮絶な人間ドラマが錯綜する南北朝の歴史をダイジェストでイッキ読み！

ビギナーズ・クラシックス　日本の古典
## 百人一首（全）
編／谷　知子

天智天皇、紫式部、西行、藤原定家――。日本文化のスターたちが繰り広げる名歌の競演がスラスラわかる！　歌の技法や文化などのコラムも充実。旧仮名が読めなくても、声に出して朗読できる決定版入門。

ビギナーズ・クラシックス　中国の古典
## 論語
加地伸行

孔子が残した言葉には、いつの時代にも共通する「人としての生きかた」の基本理念が凝縮され、現代人にも多くの知恵と勇気を与えてくれる。はじめて中国古典にふれる人に最適。中学生から読める論語入門！

ビギナーズ・クラシックス　中国の古典
## 老子・荘子
野村茂夫

老荘思想は、儒教と並ぶもう一つの中国思想。「上善は水のごとし」「大器晩成」「胡蝶の夢」など、人生を豊かにする親しみやすい言葉と、ユーモアに満ちた寓話を楽しみながら、無為自然に生きる知恵を学ぶ。

ビギナーズ・クラシックス　中国の古典
## 韓非子
西川靖二

「矛盾」「株を守る」などのエピソードを用いて法家の思想を説いた韓非。冷静ですぐれた政治思想と鋭い人間分析、君主の君主による君主のための支配を理想とする君主論は、現代のリーダーたちにも魅力たっぷり。

# 角川ソフィア文庫ベストセラー

ビギナーズ・クラシックス 中国の古典
## 陶淵明
釜谷武志

自然と酒を愛し、日常生活の喜びや苦しみをこまやかに描く一方、「死」に対して揺れ動く自分の心を詠んだ田園詩人。「帰去来辞」や「桃花源記」ほかひとつ一つの詩を丁寧に味わい、詩人の心にふれる。

ビギナーズ・クラシックス 中国の古典
## 李白
筧久美子

大酒を飲みながら月を愛で、鳥と遊び、自由きままに旅を続けた李白。あけっぴろげで痛快な詩は、音読すれば耳にも心地よく、多くの民衆に愛されてきた。豪快奔放に生きた詩仙・李白の、浪漫の世界に遊ぶ。

ビギナーズ・クラシックス 中国の古典
## 杜甫
黒川洋一

若くから各地を放浪し、現実社会を見つめ続けた杜甫。日本人に愛され、文学にも大きな影響を与え続けた「詩聖」の詩から、「兵庫行」「石壕吏」などの長編を主にたどり、情熱と繊細さに溢れた真の魅力に迫る。

## 紫式部ひとり語り
山本淳子

女房になりたくなかった紫式部が中宮彰子の女房となった理由、宮中の人付き合いの難しさ、主人中宮への賛嘆、ライバル清少納言への批判……『源氏物語』の時代の宮廷生活、執筆動機がわかる！

## 源氏物語入門
〈桐壺巻〉を読む
吉海直人

『源氏物語』を読み解く鍵は冒頭巻にあった！ 本巻11000字を70章にわけ、原文と鑑賞、現代語訳を掲載。歴史的資料を示しつつ、巧妙な伏線を一言一句のがさず、丁寧に解説。基礎知識も満載。